世界银行集团

世界卫生组织

深化中国医药卫生体制改革：建设基于价值的优质服务提供体系

世 界 银 行
世界卫生组织 著

为世界银行出版

中国财经出版传媒集团
中国财政经济出版社

图书在版编目（CIP）数据

深化中国医药卫生体制改革：建设基于价值的优质服务提供体系 / 世界银行，世界卫生组织著. --北京：中国财政经济出版社，2019.9

书名原文：Deepening Health Reform In China: Building High-Quality And Value-Based Service Delivery

ISBN 978-7-5095-9180-2

Ⅰ. ①深… Ⅱ. ①世… ②世… Ⅲ. ①医疗保健制度—体制改革—研究—中国 Ⅳ. ①R199.2

中国版本图书馆CIP数据核字（2019）第180841号

责任编辑：吴　敏　续　磊　　　　责任校对：李　丽

中国财政经济出版社 出版

URL：http：//www.cfeph.cn

E-mail：cfeph @cfemg.cn

社址：北京市海淀区阜成路甲28号　邮政编码：100142

营销中心电话：010-88191537

北京中兴印刷有限公司印刷　各地新华书店经销

880×1230毫米　16开　22.5印张　500 000字

2019年10月第1版　2019年10月北京第1次印刷

定价：120.00元

ISBN 978-7-5095-9180-2

（图书出现印装问题，本社负责调换）

本社质量投诉电话：010-88190744

打击盗版举报热线：010-88191661　QQ：2242791300

前 言

过去30多年来，中国经历了深刻的经济发展模式转变和社会转型，使六亿多人口摆脱了贫困。与此同时，中国的卫生事业同样取得了令人瞩目的成就。自2009年启动新一轮医改以来，中国对卫生基础设施进行了大量投资，基本实现了医疗保险全覆盖，推进了基本公共卫生服务均等化，建立了基本药物制度。这些措施提升了医疗卫生服务的可及性和公平性，大幅降低了儿童和孕产妇的死亡率以及传染病发病率，显著提高了中国居民的健康水平和预期寿命：2015年，中国居民人均预期寿命达到76.34岁，比2010年提高1.51岁。居民健康水平总体上达到中等收入国家或高收入国家的平均水平，用较少的投入取得了较大的健康绩效，赢得了国际社会的广泛赞誉。

目前，中国已经来到一个转折点，开始面临很多高收入国家曾经历过的挑战和压力。中国65岁以上的人口约有1.4亿人，预计到2030年将增加至2.3亿人。在医疗卫生领域，慢性非传染性疾病已成为最主要的健康威胁，在每年1030万死亡病例中占比超过80%。吸烟、久坐不动等生活方式、饮酒等高风险行为，以及空气污染等环境因素给中国居民的健康带来日益严重的危害。同时，中国经济发展水平和居民收入不断提高，消费结构转型升级加快，人民群众医疗卫生需求的数量和质量不断提升。多种因素拉动了卫生费用的持续增长。随着经济增长的放缓，保持当前卫生支出水平的持续增长将面临更大的挑战。中国的卫生体系需要通过改革来应对新的挑战，中国政府也充分认识到推进卫生体系战略实现转变的必要性。

中国国家主席习近平、国务院总理李克强高度重视医改工作。习近平主席指出，没有全民健康，就没有全面小康，要推动医疗卫生工作重心下移、医疗卫生资源下沉，为群众提供安全有效方便价廉的公共卫生和基本医疗服务。李克强总理多次召开国务院常务会议部署医改重点工作，要求着力建设覆盖城乡居民的基本医疗卫生制度。国务院成立了深化医药卫生体制改革领导小组，加强统筹协调，为改革提供了有力的组织保障。2014年7月，中国政府与世界银行、世界卫生组织决定共同开展一项医改联合研究，以进一步完善政策规划，深化医改工作。《深化中国医药卫生体制改革》便是这项联合研究的成果。本书沿用了此前《2030年的中国：建设现代、和谐、有创造力的社会》和《中国推进高效、包容、可持续的城镇化》等旗舰报告的成功模式，将为中国卫生事业的发展绘制一份蓝图。2016年7月，时任财政部部长楼继伟先生、国家卫计委主任李斌女士和人力资源与社会保障部副部长游均先生与时任世界银行行长金镛先生和时任世界卫生组织代表施贺德先生共同在北京钓鱼台国宾馆发布了联合研究的《政策总论报告》。《政策总论报告》一经发布，获得了媒体和学术界的广泛赞誉，全国各省级卫生政策制定者也广泛阅读，成为各地制定卫生政策的重要参考。

本书的主旨是：中国的卫生服务体系需要向建立以强大的基层卫生服务为基础、以人为本和注重质量的一体化服务提供体系转型。该体系不仅将为公民提供更好的医疗服务，而且可以从经济角度提高服务的价值。本书提出了包括八项相互关联的改革建议，为重塑中国的卫生服务体系、应对其所面临的人口和健康挑战提供参考。

本书立足于改革的顶层设计，同时也关注改革的具体实施这一长期而重要的问题。联合研究进行了大量的文献分析和案例研究，借鉴了其他高收入和中等收入国家的经验以及中国自身在推动改革方面的创新性做法；采用了交付科学的前沿思路，以推动卫生改革的深化和推广——从县、市到省，并最终扩展至全国。

希望本书能够为中央和地方政府在新的五年发展规划期间谋划和推进卫生服务提供体系改革提供借鉴。做好这项改革对中国未来几十年社会经济发展至关重要。放眼世界，其他许多中等收入国家也处于和中国一样的人口和经济转型阶段，我们相信，中国的医药卫生改革经验可以为其他国家提供诸多借鉴，同时也希望这份研究报告可以为全球医改知识积累作出贡献。

致　谢

本研究由中华人民共和国财政部、国家卫生和计划生育委员会、人力资源和社会保障部、世界银行集团与世界卫生组织共同组织实施；由中国国务院总理李克强提议，时任国务院副总理刘延东、财政部部长楼继伟、国家卫生和计划生育委员会主任李斌、人力资源和社会保障部部长尹蔚民，以及时任世界银行行长金墉和世界卫生组织总干事陈冯富珍亲自领导，并在研究的关键阶段给予重要的指导。特别需要指出的是，刘延东副总理密切关注研究进展，分别于2015年3月、2016年3月两次专程会见研究团队，听取研究进展汇报并作出重要指示。

时任财政部部长楼继伟与世界银行常务副行长、首席运营官Sri Mulyani Indrawati对联合研究给予了全面指导。联合研究三方五家机构的领导也亲自给予指导和大力支持，包括财政部史耀斌副部长、余蔚平副部长；国家卫生和计划生育委员会孙志刚副主任、马晓伟副主任；人力资源和社会保障部游钧副部长、原副部长胡晓义；世界卫生组织西太平洋区域主任Shin Young-soo、世界卫生组织驻华代表Bernhard Schwartländer、世界卫生组织西太平洋地区卫生体系发展司司长Vivian Lin；世界银行东亚和太平洋地区副行长Axel van Trotsenburg，世界银行卫生、营养与人口全球实践发展局高级局长Timothy Grant Evans，世界银行卫生、营养与人口全球实践发展局局长Olusoji Adeyi，世界银行中国、韩国和蒙古局局长Bert Hofman，世界银行中国局副局长Mara Warwick和世界银行卫生、营养与人口全球实践发展局副局长Toomas Palu。

特聘专家组对研究提供了极有价值的建议，特聘专家组成员包括：美国哈佛大学商学院战略与竞争力研究所Bishop William Lawrence University教授Michael Porter；健康医疗改善研究所名誉主席及高级研究员、美国联邦卫生与人类服务部医疗照护和医疗救助服务中心前总监Donald Berwick；英国牛津大学Blavatnik政府管理学院卫生政策与经济学教授Winnie Yip；伦敦政治经济学院、伦敦卫生与热带医学院European Observatory负责人Ellen Nolte；国务院发展研究中心社会发展研究部部长葛延风，以及中国财政科学研究院院长刘尚希。

本联合研究成立了技术工作组，由政府相关部委、世界银行集团和世界卫生组织的技术带头人组成。技术工作组负责研究内容的技术沟通，为研究进展提供反馈意见，以及为研究团队协调提供所需的研究数据。技术工作组的成员包括：姚里程、彭翔、王蕾、王敏（财政部）；焦雅辉、赵树理、庄宁、刘岳、秦坤、陈凯（国家卫生和计划生育委员会）；王国栋、赵志宏、宋程锦（人力资源和社会保障部）；Gerard La Forgia、张硕、刘锐（世界银行集团）；Martin Taylor、温春梅、Stephanie Dunn（世界卫生组织）。

世界银行集团的Gerard La Forgia和Mukesh Chawla为研究项目的技术总负责人，世界银行驻华代表处的张硕提供了主要支持，Elena Glinskaya、李岱昕和刘锐对项目给予了全力配合。世界卫生组织的研究技术负责人是Martin Taylor，Clive Tan、王丁、张拓红给予了技术支持。此外，研究获得了来自世界银行集团国际金融公司Edward Hsu和于家娣的一贯支持和建议。Mickey Chopra、Jeremy Veillard、Enis Baris和Patrick Lumumba担任世界银行集团内部技术评审人。国际金融公司的Simon Andrews和比尔及梅林达·盖茨基金的汪宏对联合研究提供了非常宝贵的意见和建议。联合研究团队特别感谢世界银行李莉组织协调媒体，张硕、刘锐、陈天舒所做的翻译及校对工作，刘锐、苏涛对最终文本进行的编辑和校对工作，以及苏涛、Sabrina Terry、彭煊、沈莉丹、陈姝诺和冯欣夜以继日的辛勤工作和给予的大量行政支持。

世界银行Gerard La Forgia负责领导、协调报告的撰写工作。各章节的作者包括：Tania Dmytraczenko、Magnus Lindelow、徐晔、Hui Sin Teo（第1章）；Asaf Bitton、Madeline Pesec、Emily Benotti、Hannah Ratcliffe、Todd Lewis、Lisa Hirschhorn、Gerard La Forgia（第2章）；徐晔、Gerard La Forgia、Todd Lewis、Hannah Ratcliffe、Asaf Bitton（第3章）；Rabia Ali、Todd Lewis、Hannah Ratcliffe、Asaf Bitton、Gerard La Forgia（第4章）；Gerard La Forgia、Antonio Duran、马进、李卫平、Stephen Wright（第5章）；Mukesh Chawla、Mingshan Lu（第6章）；张硕、Edson Araújo（第7章）；Karen Eggleston、Barbara O' Hanlon、Mirja Sjoblom（第8章）；James Cercone、Mukesh Chawla（第9章）；Kedar S. Mate、Derek Feeley、Donald M. Berwick、Gerard La Forgia（第10章）。Mukesh Chawla、刘锐、Joy De Beyer、Aakanksha Pande、Rachel Weaver和Ramesh Govindaraj共同负责并完成了对最终报告英文版的润色和编辑工作，世界银行刘锐和中国财政经济出版社吴敏负责对最终报告中文版的润色和编辑工作。

联合研究在全国21个省、自治区、直辖市、计划单列市开展了基础研究和案例研究，包括北京、上海、天津、重庆、四川、云南、贵州、宁夏、青海、安徽、山东、广东、江苏、江西、河南、浙江、湖北、湖南、福建，厦门和深圳；为了提供更为翔实的国际经验，联合研究还专门针对很多国家开展了案例研究，包括新西兰、丹麦、挪威、英国、德国、美国、荷兰、葡萄牙、新加坡、巴西和土耳其等国。联合研究课题组衷心感谢众多国内、国际专家对基础研究作出卓有成效的贡献，包括：Hui Sin Teo、刘锐、李岱昕、张毓辉、翟铁民、Jingjing Li、柴培培、徐玲、张耀光、David Morgan、Luca Lorenzoni、Yuki Murakami、Chris James、江芹、马谢民、Karen Eggleston、John Goss（第1章）；Zlatan Sabic、李榕、刘锐、孟庆跃、马进、严非、Sema Safir Sumer、Robert Murray、舒婷、Dimitrious Kalageropoulous、Helmut Hildebrandt、Hubertus Vrijhoef（第

2章）；毕晓路、Agnes Couffinhal、Layla McCay、Ekinadose Uhunmwangho（第3章）；Rabia Ali、Todd Lewis、Hannah Ratcliffe、Asaf Bitton和Gerard La Forgia（第4章）；刘国恩、简伟研、于保荣（第5章）；Christoph Kurowski、Cheryl Cashin、陈文、Soonman Kwon、胡敏、王丽洁、Alcx Leung（第6章）；张光鹏、Barbara McPake、刘晓云、Gilles Dussalt、James Buchan（第7章）；蔡江南、陈英耀、陈秋霖、Ian Jones、陈怡（第8章）；刘丹（第9章）；Aviva Chengcheng Liu（第10章）。财政部的姚里程、彭翔、任研和国家卫生和计划生育委员会的庄宁、秦坤、赵锐、任琛以及各省、市财政、卫计和人社等部门的官员为协调现场调研、获得研究数据等工作提供了重要的协助。

在研究报告的撰写过程中，联合研究课题组举办了六场技术研讨会和多次政策圆桌会议。来自财政部、国家卫生和计划生育委员会、人力资源和社会保障部和各地方政府的领导及官员参加了会议，并给予了大力支持。这些会议作为双向政策对话和交流的平台，为联合研究的初步成果提供了及时的反馈意见，也为国家政策制定提供了宝贵的参考依据。联合研究课题组衷心感谢各位领导、官员、专家对于研讨交流作出的重要贡献，他们是：杨少林、林桂凤、陈诗新、杨英明、宋其超、吴海军、童爱萍、刘伟华、姚里程、杨元杰、姜宇、王文君、王蕾、孙绪华、谢飞、彭翔、张磊、王敏、蒋义、周绍雯、张琦、叶辰宸（财政部）；侯岩、梁万年、任明辉、聂春雷、王玉洵、傅卫、何锦国、张锋、金生国、齐剑锋、诸宏明、张扬、胡瑞荣、庄宁、蒋长兴、刘利群、丁一磊、刘岳、徐玲、秦坤、甘戈、章志红、朱永峰、陈凯、王毅、韩健丽、陈岩、姬小荣、金玉军、任琛、赵锐、叶靓、陈小可、张美丽、汝宇龙（国家卫生和计划生育委员会）；颜清辉、李淑春、宋程锦、常军、刘宇彤、王国栋、段政明、傅永生、幸凯红、张蔚、刘嘉月、李朝（人力资源和社会保障部）；葛延风、贡森（国务院发展研究中心）；刘尚希（中国财政科学研究院）；杨洪伟、张振忠、李卫平（国家卫生计生委卫生发展研究中心）；于德志、高俊文、崔礼军、夏北海（安徽省卫生和计划生育委员会）；钟东波、雷海潮（北京市卫生和计划生育委员会）；陈晓春、曾武祈、林旭（福建省卫生和计划生育委员会）；周学山、谢双保（河南省卫生和计划生育委员会）；Patrick Leahy、Henrik Pederson（国际金融公司）；韩晓芳、孟庆跃、刘国恩、蔡江南、Asaf Bitton、马进、陈文、James Cercone、Ian Forde、Barbara O'Hanlon、Karen Eggleston、严非、张光鹏、刘晓云、陈秋霖、胡敏、王丽洁、Antonio Duran、刘丹（世界银行顾问）；陈邦、谢俊明、Roberta Lipson、陈美兰、邢立萍、张颖、Alex Ng、刘远立、高建民、于保荣、Mario Dal Poz、James Buchan、Ducksun Ahn和Stephen Duckett。

此外，联合研究课题组要特别感谢比尔及梅林达·盖茨基金会（通过Results for Development）以及世界银行集团国际金融公司提供的额外资金支持，并对其他给予联合研究巨大帮助的个人和组织一并表示由衷的感谢。

缩略语

ABCS	阿司匹林、血压、胆固醇、中风
ACTION	养老服务转型项目（新加坡）
AEC	门诊急诊服务
AEHG	爱尔眼科医院集团
AHRQ	卫生服务研究与质量局
AMI	急性心肌梗死
ANC	产前护理
ARCH	儿童健康自动病历
ARS	区域卫生管理局
BHRSS	人力资源和社会保障厅
BoG	基金董事会
BRIICS	巴西、俄罗斯、印度、印度尼西亚、中国和南非
BSC	平衡记分卡
CAPEX	资本支出
CATCM	中国中药协会
CCG	临床委员会
CDC	疾病控制部门
CDM	国家，地区和都市
CDSS	计算机辅助临床决策系统
CEC	临床卓越委员会
CHA	北京朝阳医院医联体
CHC	社区卫生服务中心

CHS	社区卫生服务站
CHW	社区卫生服务人员
CIF	资本投资基金
CIHI	加拿大卫生信息研究所
CIP	资本投资规划
CMA	中华医学会
CMDA	中华医师协会
CME	医学继续教育
CMS	社会医疗保险服务中心
CNA	中华护理协会
CoG	医院董事会（英国）
CON	需要认证
CONU	需要认证工作组
COPD	慢性阻塞性肺病
CPAS	医生预约中心系统
CPMA	中华预防医学会
CQI	持续质量改进
CT	计算机断层扫描
DMC	地区医疗中心
DMSM	医疗服务管理局
DRC	发展与改革委员会
DRG	诊断相关分组
DRL	药品报销目录
DTC	马斯特里赫特糖尿病医疗服务项目
ECG	卫生支出超额增长率
ED	急诊科
e-Health	电子医疗
EHR	电子健康档案系统
ESF	家庭卫生战略
FACS	家庭和消费者服务规划框架
FCH	佛山禅城医院
FDA	国家食品药品管理局
FDS	家庭医生制度
FFS	按项目付费
FHS	家庭卫生战略
FT	基金会信托（英格兰）
GDP	国内生产总值
GH	大卫生
GK	金齐格塔尔

GP	全科医生
HAS	法国高等保健管理局
HASU	超急性中风医疗单位
HCA	医联体
HHS	美国卫生与公众服务部
HIRA	卫生医疗保险审核和评估服务署
HMC	医院管理中心/委员会
HMIS	卫生管理信息系统
HR	人力资源
HRH	卫生人力资源
HRSSD	人力资源和社会保障部
HSP	卫生服务计划
HSR	卫生服务研究
HTP	卫生转型规划
IC	整合型医疗卫生服务
ICT	信息技术
IHI	医疗服务改进机构
IMAI	青少年和成人疾病的综合管理指南
IMF	国际货币组织
IOM	医学研究院
IPCD	大病保险
IT	信息技术
JCUH	詹姆斯·库克大学医院
KACC	Abdulaziz国王心脏病中心
LG	领导小组
LLG	地方领导小组
M&E	监测和评估
MBS	Medicare 报销目录
MDT	跨学科团队
MFA	医疗救助
MHC	妇幼保健机构
mHealth	移动医疗
MOE	教育部
MOF	财政部
MOH	卫生部
MOHRSS	人力资源和社会保障部
MOLSS	劳动与社会保障部
MQCC	医疗服务质量控制委员会
MSA	医保个人账户

MSAC	医疗服务顾问委员会
MSMGC	医疗服务管理指导中心
MTEF	中期支出框架
NCD	慢性非传染性疾病（慢病）
NCMS	新型农村合作医疗制度（新农合）
NCQA	国家质量保障委员会
NDP	国家卫生服务质量改善示范项目
NDRC	国家发改委
NDRL	国家药物报销目录
NFO	非营利机构
NHCP	国家卫生和计划生育委员会
NHCQC	国家医疗卫生服务质量委员会
NHDRC	国家卫生发展研究中心
NHFPC	国家卫生和计划生育委员会
NHIA	台湾健康保险管理局
NHIS	国家卫生医疗保险服务署
NHS	英国国民保健制度
NICE	英国国家卫生与临床优化研究所
NPA	国家PACE协会
NPDT	全国初级医疗发展团队
NPO	非营利机构
NQF	美国国家质量论坛
NRCMS	新型农村合作医疗
NSW	新南威尔士
OECD	经济合作发展组织（经合组织）
OOP	自付费用
OSS	社会健康组织（巴西）
P4Q	按质量付费
PACE	全方位老人照护方案
PACS	图像存储与传输系统
PACT	病人协同照料团队
PCG	初级医疗集团
PCIC	以人为本的一体化卫生服务模式
PCMH	以患者为中心的医疗之家
PCP	基层卫生服务提供方
PCT	初级医疗托拉斯
PDCA	计划-执行-检查-改进循环
PDSA	计划-实践-研究-行动循环
PE	私募

PEO	政府机构编制委员会办公室
PNFP	民营非营利性
PFP	民营营利性
PHC	基层卫生服务
PHIFMC	医疗保障基金管理中心
PIH	健康伙伴组织
PKU IDS	北京大学人民医院一体化服务体系
PLG	省级领导小组
PPP	购买力平价
PPP	公私合作
PRC	中华人民共和国
PREM	病人自报服务体验指标
PROM	病人自报服务结果指标
PSU	事业单位
QoC	卫生服务质量
QOF	质量效果准则
QI	质量改进
RHS	区域医疗体系
RLG	上海瑞金-卢湾医院集团
RMB	人民币(元)
SATCM	国家中医药管理局
SCHRO	国务院医改办
SPHCC	加强基层卫生服务能力
SES	圣保罗州政府卫生局(巴西)
SFDA	国家食品药品管理局
SHI	社会医疗保险
SHINe	新加坡医疗服务改进网络
SIKS	对慢病患者的一体化服务
SMS	手机短信服务
SOE	国有企业
SPF	社会筹集资金
SPSP	苏格兰患者安全计划
SRE	严重应报告事件
SORS	区域战略卫生规划(法国)
SU	中风科
TCM	中医药
TFY	“十二五”医改
THC	乡镇卫生院
THE	医疗总支出

TLC	转型学习协作联盟
TQM	全面质量管理
UAE	阿拉伯联合酋长国
UEBMI	城镇职工基本医疗保险制度
UFH	和睦家医院
UK	英国
URBMI	城镇居民基本医疗保险制度
US	美国
VAT	增值税
VBP	价值为基础的购买服务
VC	村卫生室
VC	风险投资
VHA	美国退伍军人健康管理局
VTE	静脉血栓
WAHH	武汉亚洲心脏病医院
WHO	世界卫生组织
WMS	加权管理评分表
WOFI	外商独资
ZKG	江苏镇江康复医疗集团

注：本书所有金额的单位均为美元，除非另有说明。

目　录

概 要

中国医药卫生体制改革

经过几十年经济两位数的增长，中国已使六亿人摆脱了贫困。但近年来经济增速趋缓，经济结构向服务业倾斜，人口结构和疾病负担也发生变化，这些因素使中国更加迫切地需要加强人力资本投入、保障人民群众的健康和生产力。在这样的大背景下，特别需要关注医疗卫生领域，这对于改善公平性、确保人们在长寿的同时保持健康至关重要。

此外，经济增长速度的放缓促使卫生体制改革考虑不同的改革路径，过去几年卫生总费用快速增长的态势已经很难持续：如果不采取有效的成本控制措施，到2060年，中国政府的卫生支出（含社会医疗保险支出）将会上升至目前的3倍，达到GDP的10%。中国正面临着重新调整医疗卫生服务体系的重大历史机遇，可以以此为契机走上一条高效、可负担的优质卫生服务体系之路。

改革措施及好处

中国已经采取了一系列重大改革措施，以提高卫生领域的绩效，满足人民群众的预期。2009年，中国启动了新一轮的国家医药卫生体制改革，大幅增加卫生支出，提出要在2020年实现人人享有公平、有效、价廉的医疗卫生服务。中国政府在本轮改革之初就投入资金8500亿元人民币，并在前一轮改革的基础上重申了政府在卫生筹资和公共产品提供方面的责任。医改实施六年多来，成效显著，以几乎前所未有的速度实现了医疗保险的全覆盖。医保范围逐步扩大，卫生服务利用水平提高，造成低收入人群因病致贫的主要原因——自付费用的比例下降。如与50年前出生的那一代人相比，今天的居民预期寿命增加了30多岁。中国只用了富裕国家一半的时间就取得了这样的显著成绩。

卫生服务提供面临的挑战

快速老龄化以及慢性非传染性疾病（慢病）负担加重，使中国在满足国民医疗卫生需求方面面临新的挑战。死亡率和生育率的下降导致了快速的老龄化，而社会经济转型促进了城镇化，同时也改变了生活方式，肥胖、久坐不动、压力、吸烟、酒精及其他物质的滥用、污染等风险因素随之显现。慢病已经成为中国的头号健康威胁，在每年1030万例死亡中占80%以上。2010年慢病造成的健康生命年损失（DALY）占总量的77%，与经合组织国家的83%相差无几。更重要的是，中国因慢病死亡的居民中约39.7%（男性）和31.9%（女性）死于70岁之前，而日本的这一比例为27.2%（男性）和14.7%（女性），美国为37.2%（男性）和25.1%（女性）。在中国，年龄在30—70岁之间的人中死于心血管疾病、癌症、糖尿病或慢性呼吸道疾病的概率为19.5%，而日本为9.3%，美国为14.3%。上述趋势进一步加剧了中国所面临的挑战的复杂性。卫生体系必须应对这些挑战，通过减少慢病的主要风险因素、降低对环境污染等风险因素的暴露程度来预防疾病的发生，并确保提供满足慢病患者需求的医疗服务。

2009年以来的新一轮医改在扩大医保覆盖范围、改善卫生基础设施方面取得了实质性的进展和重大的阶段性成果，但还需着力改革卫生服务提供体系。2005年以来，中国的卫生总费用每年以高于GDP5—10个百分点的速度增长。可负担性仍然是政府和人民群众关心的问题。虽然近年来自付费用大幅下降，但个人卫生支出仍占卫生总费用的29.9%，而高收入国家的平均水平为21%。社会保险基金超支的压力增大。尽管卫生支出的基数较低，但由于支出压力持续加大，医疗费用快速上升的趋势在短期内难以扭转。例如，中国有几百万人罹患糖尿病、高血压等慢性疾病，却尚未被诊断或接受治疗，扩展对他们的服务意味着大幅增加支出。中国需要进一步深化医疗卫生体制改革，从而避免走向低价值高成本的医疗卫生服务体系的风险。中国需要将其当前以医院为中心、注重服务数量的服务体系向能够为各个层级提供高质量、可负担的医疗服务的体系转变，以满足居民对卫生体系的需求和期望。由于利润驱动和管理不善，很多公立医院出现政府和市场失灵的情况。卫生筹资依然是分散的，医疗保险还没有更加主动地购买卫生服务。医疗质量方面的信息相对较少，但是有限的证据显示临床医疗质量仍然有较大的改进空间。基层缺乏合格的医务人员进一步削弱了基层卫生系统发挥疾病预防、早诊断、早治疗、服务一体化和守门人等核心职能的能力。中国的卫生服务和资本投资规划都是投入导向型的，正在从以往的按照床位数、不同级别医疗机构规模等参数来配置资源向服务人口数转变。中国政府已经允许社会资本投资医疗服务产业，但是在市场管治和公共保险购买能力较弱的情况下，它们还难以在改善医疗质量、扩大服务可及性方面发挥足够的作用。

卫生支出展望

个别经合组织国家虽然卫生支出迅速上升，但健康收益只是小幅增加。中国的卫生支出仍处于较低水平，但要注意避免重蹈这些经合组织国家的覆辙。高成本路径的人均卫生费用可能是低成本路径的两倍或三倍，但不一定带来更好的显著的结果。尽管除卫生服务和支出水平外，还有其他因素影响健康结果，但如图ES1所示，美国的卫生体系是相对低价值的，按购买力平价计算的人均卫生支出接近9000美元；而新加坡则的卫生体系是一个高价值的体系，人均卫生费用不足4000美元，但健康结果和预期寿命都优于美国。这并不是说中国应该效仿某个国家。各国的起点和国情大相径庭。诚然，中国的卫生支出会随着经济发展而进一步上升。但是，审慎选择卫生服务的组织方式和提供模式并高效利用资金及人力资源可以有助于控制卫生支出的增速。

我们需要行动起来。世界银行与中国研究人员共同开展的一项研究得出结论：2015—2020年中国实际卫生费用年增长率将达到9.4%，而同期的GDP年均增长预计为6.5%。[1]2030—2035年预计GDP的年增长率将进一步放缓（本研究使用年均4.6%作为预测值），而卫生费用年增长率将达到7.5%。也就是说，如果不进行深化改革，中国的卫生费用（以2014年价格为基准）将从2015年的3.531万亿元上升至2035年的15.805万亿元，年均增长8.4%。卫生支出占GDP的比重将从2015年的5.3%上升至2035年的9.1%。

如果继续目前的服务提供模式，预计卫生支出60%以上的增量将用于住院服务。住院费用将增加7.915万亿元，而门诊费用将增加3.328万亿元，药品支出将增加1.256万亿元，其他卫生支出将增加1550亿元。

中国如果能够控制驱动成本上涨的主要因素，就可以节省大量开支，其规模相当于GDP的3%（见图ES2）。为此，需要把住院服务的增速降下来，提高门诊服务的利用水平。这意味着要加强基层医疗服务体系，使人民群众信任医院以外的其他医疗机构，各级医疗机构应相互联动，以提供以人为本的优质服务，并丰富人们的就医体验。节省下来的支出可以用来构建“以人为本的一体化卫生服务”体系，而节省的资金远多于构建新体系所需的资金。

图 ES1　21世纪初所选国家的预期寿命与人均卫生支出

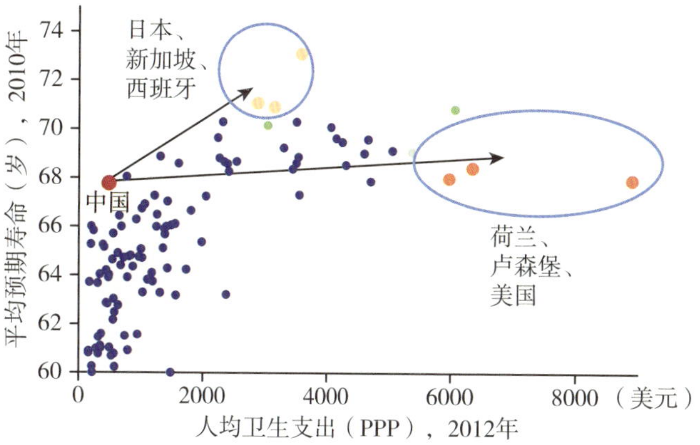

注：PPP=购买力平价。

来源：经济学人智库，2014；国际卫生组织（多个年份）。

医药卫生体系改革展望

中国的领导人已经认识到这些挑战，并制定了影响深远的政策来改革中国的卫生服务提供体系。2015年10月29日，中国共产党十八届五中全会提出了“健康中国”国家战略，将改善全民健康作为卫生系统的主要战略目标。该战略将指导“十三五”期间（2016—2020年）医改的规划和实施。此外，政府还启动了立法工作，即制定《基本医疗卫生法》。这项法律将涵盖医疗卫生领域的各个要素，包括筹资、服务提供、药品、社会力量办医。目前，该项工作已经列入全国人大立法计划，正由人大起草。

各项政策文件涵盖了服务提供体系改革的核心内容，强调要建立分级诊疗制度，包括加强基层和社区卫生服务，进行人事制度改革，更好地发挥社会保险的作用，鼓励社会力量参与办医。各项政策也体现了“以人为本”的原则，如构建和谐的医患关系；通过分级诊疗、跨学科团队和医疗服务联合体促进医院与基层医疗机构之间的协同服务；让资源下沉到基层；防治结合；改革公立医院治理模式；完善区域卫生服务规划。虽然各项工作已经取得了重大进展，但大都限于试点项目范围内，需要加大实施力度，强调试点的推广。

中国已经形成了政府和社会力量共同参与的混合型医疗卫生服务提供体系，这个体系需要强有力的政府治理以实现公共目标。在此背景下，中央和省级政府不能再沿用“传统体制”下对服务提供体系行政命令式的管理，而是要转变为间接治理，引导公立及民营医疗机构提供适当服务，促进政府目标的实现。目前，尽管政策要求卫生领域要管办分开，但政府仍然涉及多个方面，包

图 ES2 2015—2035 年中国卫生支出上涨的主要驱动因素

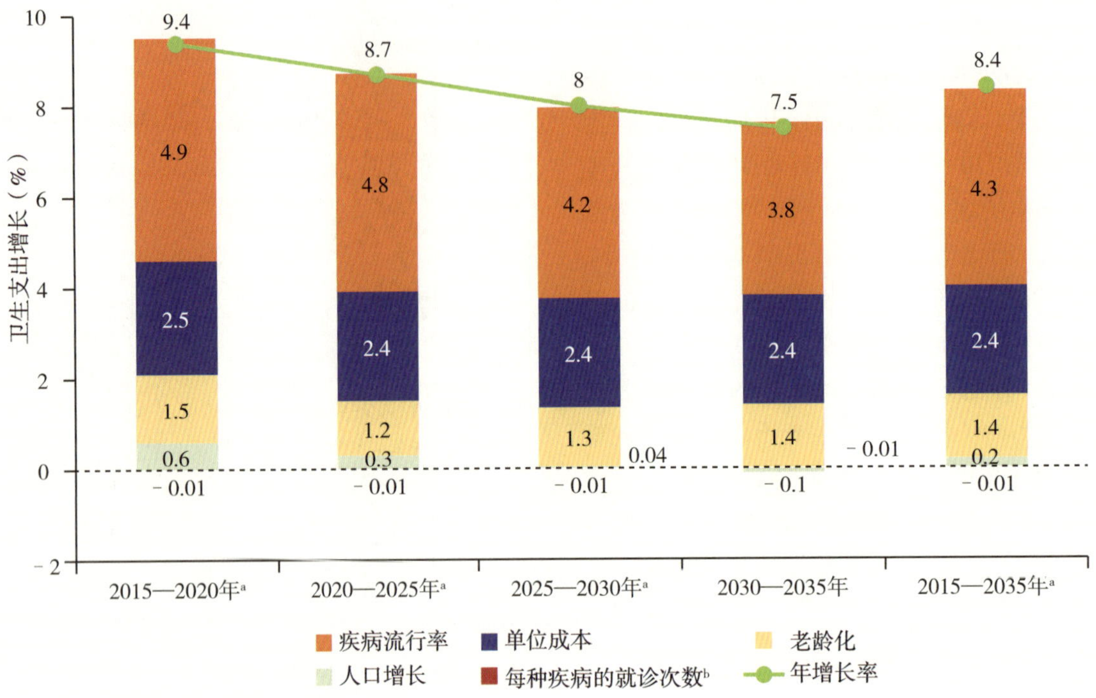

注：a. 增长率为 –0.01% 适用于人口负增长的情况。

b. “每种疾病的就诊次数”指的是在 19 类疾病中每种疾病发作所涉及的门诊次数或住院次数。

来源：世界银行的估算。

括监督、筹资、监管和服务提供。许多经合组织国家正在转向一种卫生服务提供模式，即政府主要负责筹资、监督和监管，在直接管理和服务提供方面的作用相对有限。这里重要的是要运用政策工具和问责机制，把医院目标与公共目标相统一。具体的政策工具包括补助、签约、规范、信息公开和披露规则、独立审计以及税收政策等，其中有些工具已在中国使用。在混合型服务提供体系中，政府的其他核心职能包括建立卫生服务购买机制，引导卫生服务和资本投资规划，制定和实施质量标准并开展监测，规范公立和民营医院，管理卫生专业人员和医疗机构准入，以及建立医疗纠纷解决机制等。运用这些工具，政府可以明确公立和民营机构各自的角色，为公立、民营医疗机构创造公平的竞争环境，并为政府与社会资本合作（PPP）确立更加规范、透明且符合公益性目标的合作路径。但是，国际经验表明，这些工具要足够强大、透明，政府需要具备足够的政策执行和数据监测能力来捍卫公众利益，避免强大的民营（和公立）机构左右政策和监管。

报告的背景及结构

本报告为李克强总理于 2014 年 7 月会见世界银行行长和世卫组织总干事时提议，由中国国家财政部、国家卫生和计划生育委员会、国家人力资源和社会保障部、世界银行集团以及世界卫生组织五家机构共同编写完成。报告有两个目标：就核心措施与实施战略提出建议，以支持中国医改的政策及愿景目标的实现；为编制“十三五”规划提供技术支持。该联合研究委托开展了 20 个背景研究，梳理了 30 多个来自中国、中等收入国家和经合组织国家不同专题领域的案例研究，走访了中国 21 个省，召开了六次技术讨论会，并建立了由政策制定者、医务人员、学术代表、研究人员、感兴趣的利益相关方组成的研究团队，在两年的时间内共同对医改的主要领域进行解析、分析、讨论和研究。

本报告共计10章。第1章总结了中国面临的主要健康威胁和卫生体系面临的重大挑战，说明了报告中各项建议的背景和原由。接下来的八章是报告的主体部分，分别是：根据以人为本的一体化服务模式打造“分级诊疗”卫生服务提供体系（推手1）；提高卫生服务质量，改善服务体验（推手2）；促进公众参与，推动以人为本的一体化服务模式落地（推手3）；推进公立医院治理与管理改革（推手4）；理顺服务购买与供方支付的激励机制（推手5）；加强各级卫生机构人才队伍建设，打造一支素质过硬、工作积极性高的卫生队伍（推手6）；促进社会力量参与卫生服务提供（推手7）；调整对卫生服务及资本投资规划的定位，并完善管理（推手8）。最后一章“加强卫生服务改革的实施”的重点是实施和推广。研究团队对实施策略进行了大量分析，以此为基础，阐述了适合中国国情、具有可操作性的实施“体系”框架及相应策略，以期促进政策的有效实施和全面推广。

建议

本研究报告提出八大战略改革方向，在文中称为“推手”，构成了深化医药卫生体制改革的一套综合性干预措施。每个推手都包含一系列核心措施和相应的实施战略，即深化卫生服务提供体系改革要“做什么、怎么做”，意在为各级政府提供政策实施指南。各项“推手”之间相互关联，不能割裂开来单独实施（见图ES3）。例如，一线卫生服务供方开展的改革行动需要强有力的制度支持，还需要与筹资制度和人事制度改革相结合，以期实现改革目标。

服务提供推手

第一，上述建议的核心是全面采用新的服务提供模式，即“以人为本的一体化服务”模式（PCIC），促进中国尽快实现卫生服务提供体系改革的愿景目标，使投入的资金产生更大的价值。以人为本的一体化服务模式（PCIC）是一种围绕居民及其家庭的健康需

图 ES3 相互联系的八个推手

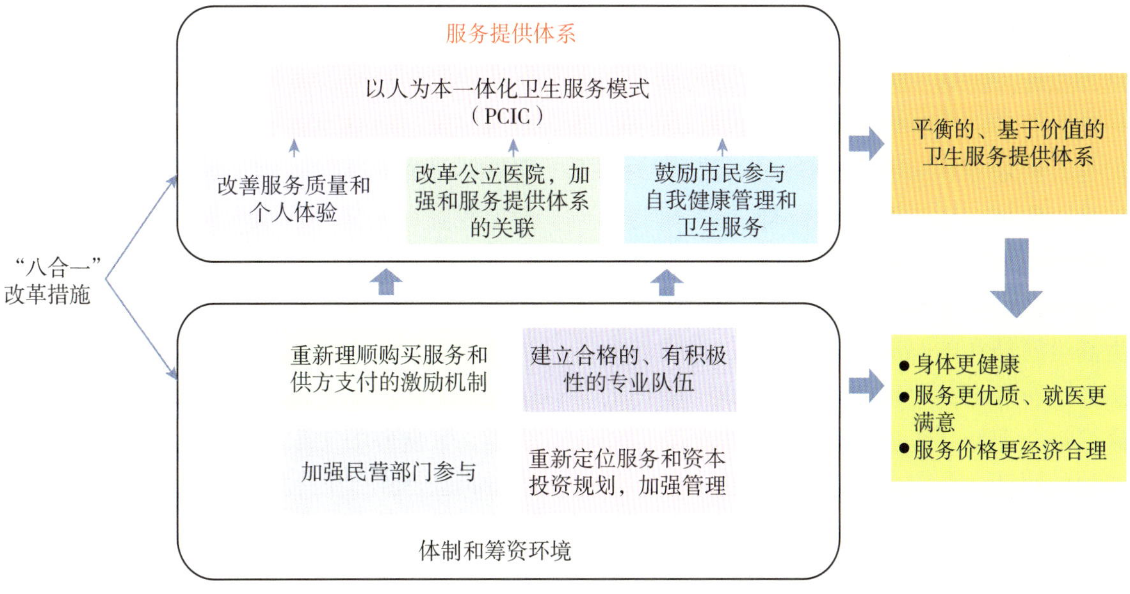

要组织服务的提供模式。PCIC模式有效运行的基础是强有力的基层卫生服务体系。在该模式下，通过正式的安排、优质数据、供方之间以及医患之间的信息共享、患者在就医过程中的积极参与，基层医疗机构与二、三级机构实现了服务一体化。PCIC模式需要组建跨学科服务团队，运用电子医疗工具跟踪患者的状况，在提供持续性服务的过程中不断监测健康结果，并不懈关注医疗质量的持续改进。PCIC将治疗和预防服务相结合，为患者提供综合全面的服务体验，也为医疗机构确立可测量的绩效目标。大型二、三级医院将扮演新的角色，主要负责治疗疑难复杂病例，并牵头开展卫生人才队伍建设。对医患双方行为、医疗服务及其结果的测量、监督和反馈应基于可获得的、经过核实的最新数据。

基层医疗服务是实现卫生体系主要功能的核心。国际经验表明，没有强有力的基层服务体系就不可能提供质优价廉、以人为本的服务。中国需要继续加强村级、乡镇级和区级医疗机构建设并完善人员配备，建立有吸引力的PCIC模式。基层医疗机构的改善将使其为医院和专科服务发挥守门人作用，另外也能为刚出院的患者提供更好的后续服务。可采用签约服务模式来确定供方团队负责的人群（如糖尿病患者），由该团队登记患者信息，积极开展基于这类人群的健康管理。[2]某些地方的基层医疗机构有能力完成这些职能，但是有些地方的基层医疗机构还需要区、县级医院提供一定的支持，在基层服务机构的能力得到强化后，逐步将这些职能移交到基层服务机构。上海和中国其他城市的家庭医生制度已经在试点签约服务模式，对慢性病患者进行登记，初显守门人的功能。签约的家庭被分配给一名全科医生，每位全科医生带领的团队负责管理800—1000个家庭。签约服务模式是德国模式（Gesundes Kinzigtal一体化服务系统）、美国模式（以患者为中心的医疗之家）以及新西兰坎特伯雷模式（卫生服务计划）的主要特点，这种服务提供模式规模不大，但很成功。上述国外案例与上海一样，签约服务是自愿的，病人可以随时选择退出。

在PCIC模式中，通过服务网络或医联体，将各级供方在不同时间、不同地点提供的医疗服务有机结合，并实现信息整合。负责实施PCIC的服务网络均应遵循“三合一”原则：一个系统、一个人群、统一资源。在农村地区，“三合一”适用于包括县医院、乡镇卫生院和村卫生室在内的分级服务网络，而在城市，该网络则涵盖区医院、社区卫生服务中心和社区卫生服务站。市、县一级均可同时设立多个网络，让患者有更多的选择空间；在地广人稀的地方，可以通过虚拟方式或合同安排建立服务网络。中国当前的分级诊疗制度的设计初衷是建立一体化的网络，但组织管理分散、各级服务供方的职能界定宽泛，资金的划拨和治理的安排都限制了服务的一体化以及连续性服务的提供。尽管如此，江苏镇江、安徽肥西和青海湟中已经出现了一些组织有序的分级诊疗一体化网络，应考虑进一步推广这些做法。

每个供方服务网络都需要清晰界定各级供方的功能责任。将常见病的治疗从医院下沉到基层。网络至少在建立之初应考虑避免只由三级医院牵头组织或运行。医院可能会利用在服务网络中的主导地位获得更多的基层病人，而不是将常见病从医院下沉至基层。避免医院利用服务网络来“跑马圈地”，对于加强基层卫生服务、促进服务整合尤为重要。但是，二级医院将是服务网络的重要成员，为服务网络提供技术支持和培训。中国很多地方的区、县级医院已经与基层医疗机构建立了良好的工作关系，这些医院在服务网络的运营和PCIC模式的实施中将发挥重要的技术支持作用。服务网络需要一个管理部门，负责以最有效率的方式对网络内的医疗资源进行选择、分配和监控。理想的情况是，这一管理部门是供方网络治理结构中的执行部门，独立于政府行政管理机构之外。

第二，PCIC需要政府实行强有力的领导，加强能力建设，提高医疗卫生服务的质量，这是报告提出的第二个建议。报告建议设立一个重要的监管部门，就卫生服务质量进行高水平的技术监督。该机构将制定标准化的临床路径，并监督其在临床中的执行情况，从而推动循证医学的发展。该机构还将是临床从业人员获得各类临床、公共卫生和社会服务信息的重要渠道，包括安全执业指南、技术评估和指导、质量标准以及实施工具。质量改进需要坚持不懈的努力，因此要对服务的提供进行监督，依据基准评定卫生服务提供质量，建立绩效评价信息系统，以便监测质量改进的进展。

许多国家已经建立起了统一的制度框架，专门致力于改善卫生服务质量并协调提高服务质量的相关工作。例如，美国国家质量论坛（NQF）和英国国家健康服务评估研究院（NICE）。中国考虑建立类似机构，向中央政府报告，负责协调关于质量保证和质量改进的一切工作，并积极与所有利益相关者沟通合作，确保质量保证和改进策略得以贯彻实施。该机构将开发标准化临床路径并监督其临床应用；制定质量标准，对公立和民营医疗机构进行认证；衡量、跟踪医疗机构的绩效；开展关于改善卫生服务质量的研究并推动相关能力建设。该机构将由有关部委、主要专业机构和科研机构的代表组成，同时还包括社区代表等其他利益相关者。

第三，鉴于患者的信任对于PCIC模式的成功至关重要，报告建议要让患者熟悉、了解医疗卫生体制并积极参与就医过程。要想最大限度地利用稀缺资源，就要根据患者的偏好来进行投资决策，这需要跨学科临床团队与患者进行双向交流。没有这样的沟通，一线服务供方做出的决策就可能出现本来可以避免的漏洞，服务没有满足需要，但又偏离病人偏好，久而久之，效率也会下降。

报告建议患者要积极参与诊疗过程并进行自我管理，这有助于患者管理自己的疾病。患者自我管理是指患者积极参与自己的治疗，同时卫生服务供方充分考虑患者自己的治疗偏好。这是一种更具协作性的方式：医务人员与患者共同找出问题，确定重点，制定目标，形成治疗计划，解决问题。患者的自我管理包括对患者进行系统性教育，帮助患者及其家人了解其健康状况，学会监测病情，并采取健康的生活方式；还包括对医师进行培训，帮助他们更好地与患者进行沟通。促进患者自我管理，有助于减少医疗服务的使用，并使他们在充分了解有关信息的基础上做出看病、用药和治疗决定。例如，上海家庭医生制度鼓励患者及其家属同医务人员一起设定治疗目标，并通过每月患者满意度评分来跟踪进展。同样，德国的Gesundes Kinzigtal体系也特别强调该制度的核心是由患者与医生共同设定并实现治疗目标。在这个过程中，可以使用一些共同决策工具，另外还有病例管理员根据患者的病情和行为变化向其提供支持。美国退伍军人健康管理局（VHA）鼓励患者进行自我管理，向其提供针对具体疾病的行动规划，进行大量的健康教育，特别是有关用药管理方面的内容。丹麦的SIKS项目非常重视通过共同保健计划让患者参与制定自己的治疗方案和治疗目标，此外还希望患者可以就说明是否通过与服务团队合作实现了治疗目标给出反馈意见。

第四，报告建议深化公立医院改革，提升公立医院在费用控制、服务质量和患者满意度方面的绩效。公立医院改革是改革卫生服务提供体系、建立PCIC模式的重要组成部分。医院仍将发挥重要作用，但医院支出不应继续在卫生费用中占主导地位，医院应侧重提供病人需要的专科服务。随着基层卫生服务能力的加强，PCIC模式得以落实，很多服务就会从医院转到日间服务机构（如手术、化疗）和基层卫生服务机构。医院将成为治疗疑难杂症的临床服务中心，但同时也有足够的服务量以保证提供业务娴熟的优质服务。医院将在培训和人才建设方面发挥重要作用，还可以更多地投入生物医药研究，并为基层服务提供方提供临床支持。这些功能正在中国逐步推广。中国当前的“医联体”实践已经显现出这些组织形式的潜在优势；应考虑如何充分利用、进一步发展这些模式。在安徽省肥西县，县医院与乡镇卫生院共享医疗资源和人员，并协调本地乡镇卫生院及其所属村卫生室的服务。同样，青海湟中县也组建了“医联体”，利用县医院的资源强化整合乡镇卫生院。镇江市运用主要县级医院和专科医院的资源，打造了贯通各级医疗卫生机构的一体化康复服务。与此同时，支付制度也需要做出相应调整，以支持这些功能。

报告建议通过全面的治理安排，改善公立医院绩效，促进它们融入PCIC体系。英国、巴西、荷兰、西班牙、挪威等国家历史上也是由政府直接管理公立医院，但近年纷纷采取措施赋予医院更大的独立性。改革的具体内容包括：（1）赋予医院自主管理所有资产和人事的权力，包括公务员或“编制”人员在内（如聘任、解雇和确定薪酬水平）；（2）成立由政府和非政府人员组成的独立董事会或理事会来监督医院的管理和绩效；（3）根据能力选择任命专业的医院管理人员（不过，有时人选的确定需要与政府磋商）；（4）颁布法律来界定医院的自主权，规定董事会或理事会的选择方法、成员资格和职能；规定医院的社会功能和义务，确立董事会或理事会与管理层的分工；规定财务安排、报告要求和其他问责要求（如年度独立审计）。

中国可能想在更广泛的法律框架下考虑公立医院监管的问题，通过立法界定营利及非营利医疗卫生机构的性质、责任（见下文）和对它们的要求。这类立法也许还可以解决编制的问题和医保定点机构的准入问题。评估显示，完全拥有决策权的公立医院绩效水平往往高于政府机构层级式管理的公立医院。关于增加公立医院自主权的实施路线图，国内外经验提供了很多范例。比如，浙江省东阳市人民医院就体现出上述很多特征。镇江、上海和其他城市也出现了新的医院治理模式，但自主程度低于东阳医院。

制度和经济环境推手

第五，鉴于激励机制的重要作用，本报告提出需要重新理顺医疗卫生体制的激励机制，从而促进PCIC模式的建立，加强基层服务提供，实现服务一体化。有效运用战略购买、合约和供方付费方式，有助于增加中国政府在医疗卫生领域巨额投入所产生的价值。近年来，中国采取了很多重要措施，强化卫生服务购买机构的作用，提升这些机构的能力，试点创新性的合同谈判及供方付费方式改革。因此，中国可在国内外诸多成功试点经验基础之上进一步发挥战略购买的作用，建立一整套能够激励各级服务供方的激励机制。建议的核心措施包括采取控制服务量、提高价值的付费手段来有效地控制费用上涨，确保整个系统中采用的连贯一致的激励机制，使各级各类机构的服务利用更加合理，以及强化卫生服务购买机构的能力。

报告建议，统一设计，理顺整个卫生服务网络的激励机制，以促进人民健康水平的提高、改进卫生服务质量并控制费用。与按项目付费相比，预付制（Prospective Payment System，PPS）在提高效率、提升质量、促进建立PCIC模式方面更加有效。为使这些机制发挥作用，提供完整持续性服务（既包括基本卫生服务，也包括三级医院服务）的所有供方（包括医院、医生及卫生服务中心）面临的激励机制必须协调一致。转变激励机制有多种方案，其中的一些中国已经进行了尝试。为了使公立医院回归公益性，报告建议改变医院医生的收入分配方式，把医生薪酬与体现公益性的指标挂钩，如质量、病人满意度、是否服务于弱势群体。这些措施与政府2015年5月出台的政策文件一致。该文件要求强化公立医院的公益性，破除逐利机制，提供公平、可及、高效的卫生服务。

第六，报告就加强医疗卫生人才队伍建设、支撑PCIC模式的实施提出了多项建议。核心行动涵盖人才培养、聘用、薪酬、人事管理、监管、绩效评估等各个方面，包括提高基层医务人员的地位，提供优厚的收入，优化队伍结构、提升队伍能力，建立有效的卫生人力治理监管框架。建立强大的基层卫生服务队伍，为建立PCIC模式创造有利环境。要提高基层卫生服务的地位，必须把全科医疗作为与其他医疗专业具有同等地位的专业，有相应的执业标准，严格监管。这就要求政府、卫生服务机构和公众对基层卫生服务的重要地位形成共识。基层医疗机构与医院一起，共同为居民提供连续性服务。中国可以考虑引入专门面向基层的职业发展路径，以培养基层卫生服务队伍，并为基层卫生服务工作人员提供激励，包括建立全科医生（GP）、护士、中级医务人员和社区卫生工作者各自的职业路径，为从事基层卫生服务的人员提供职业发展空间。在这方面，当前关于农村助理医师的单独认证和基层卫生服务人员职称晋级体系的试点都是良好的范例。

报告建议改革薪酬制度，提供有力的绩效激励。中国需要改变当前的薪酬制度，降低与服务收入挂钩的奖金，提高基础工资和艰苦岗位补贴。尽管固定工资与绩效工资相结合的薪酬制度是可取的，但绩效工资应当与服务质量挂钩，如采用按服务质量付费的方式。此外，还应当使用非经济激励手段，为农村和偏远地区吸引和留住医务人员。国际经验表明，单凭经济激励不能产生充分的激励，非经济激励在满足医务人员的特殊需要方面发挥着重要作用。常用的非经济激励包括提供周转住房，为配偶提供工作机会，为医务人员本人提供深造机会，如提供去大学学习的奖学金、在职培训等。利用通信技术促进服务供方之间的知识共享，可以避免在基层及偏远地区工作存在的职业发展闭塞的问题。

第七，报告认为，尽管中国政府已出台多项政策鼓励社会力量参与办医，但还需要开展大量工作，让民营机构真正融入国家卫生服务体系，鼓励它们提供优质医疗服务，进而改善居民生活和健康水平。建议的措施包括：明确民营机构在实现国家卫生体系发展目标过程中的作用并达成共识；制定相应的法规，使民营机构提供的服务与社会总体目标相一致；为公立及民营医疗机构创造公平的竞争环境，以更好地促进民营机构的积极参与，改善整个医疗卫生行业的激励机制和运行环境。通过这些措施，推动中国建成世界一流的一体化医疗卫生体系，从而确保国家的卫生投入产生更好的健康结果，为居民提供更大的经济保障。

社会力量在卫生服务提供方面可以扮演很多重要角色，中国对此要有明确的愿景，以规范引导民营部门的参与。如果引导得当，民营机构可以通过商业模式创新、关注服务质量和增加服务透明度更好地发挥其作用。民营机构可以在公立机构的比较薄弱的地方以及市场力量主导的领域更有效地发挥作用，例如，在患者可以做出知情选择的领域，诸如长期护理和家庭护理领域。在患者很难选择的领域，民营部门的扩张应该循序渐进、保持谨慎，并取决于是否能够建立起强大的购买服务的能力。也就是说，中国应该充分利用社会办医带来的潜在效益，但是要注意避免出现难以扭转的负向效果。

中国应当通过政策和监管措施指导社会办医，控制劣质民营机构增多的风险。国内外都有民营医疗机构以低成本提供优质服务的例子，同时也不乏依靠过度服务、虚假广告和选择病人来营利，从而损害公众利益的情况。中国的服务提供体系逐渐从完全公有变为混合性体制，需要建立适当的监管和补偿机制，激励包括公立和民营机构在内的所有医疗服务供方提供符合医学规律和公众利益的服务。中国民营医疗机构的发展正处在一个关键时期，可以通过借鉴其他国家的经验教训，避免出现一些国家在开放医疗行业过程中遇到的问题。中国需要考虑采用全方位的监管手段，包括法律禁止、信息披露规则、行业自律和审计等，促进民营机构在可以最好地服务社会利益的领域充分参与；同时还要阻止既得利益企业影响医院（和医生）的行为，不论这些医院是属于营利性、非营利性或是公立的。通过适当的监管和监督，中国可以加快民营医疗机构从低质量供方转变为高质量服务供方的步伐。

对公立机构和民营医疗机构应该采用统一的规则和监管要求。与公立机构相比，民营医疗机构获得经营许可仍然手续烦琐、成本较高且结果不可预见，并且在很大程度上取决于地方政府官员的意愿。关于民营医疗机构的规划、准入、盈余使用和提供公益服务的要求，中央需要给省级政府明确的指引并严格监督这些政策的实施状况。同时，还应确保民营医疗机构在人力资本、土地使用、设备采购、医保定点资格和职称评审等方面与公立机构享受同等待遇。患者自行选择医疗机构之后医保是否可以支付，这是营造公平竞争环境的一个关键因素。随着保险经办机构服务购买职能的不断增强，政府可以考虑对公立和民营医疗机构采取统一的合同标准和支付原则（“为质量而非数量付费”）。这将鼓励良性竞争，使公立机构和民营医疗机构相互促进，以实现更高的价值。

第八，报告建议对中国卫生领域资本投资的决策方式进行重大改革，从以投入为基础的传统规划模式转变为根据各区域实际人口与流行病学状况规划资本投资。预计到2020年，中国卫生领域年度资本投资总额将达到500亿美元。由以宏观标准为基础的投资策略转变为按照居民实际需要进行投资决策，有助于中国更好地规划如此巨大的资本投资，使其能够创造出相应的价值，满足公平、可负担的医疗卫生体制的需求。

从资本投资规划转变为以人为本的服务规划，根据疾病负担、人口分布状况及日常卫生服务需求确定公共投资的优先次序。可以以制定服务规划为契机，重建卫生服务网络，包括服务网络的设计、组织文化和实践，以更好地满足患者及其家属的需求和服务供方的愿望。使用这种服务规划方式，资本投资规划作为优化资金（如保险报销和政府补助资金）使用的必要工具，可以指导未来服务设施的建设，改变当前现状，同时确保不会造成能力过剩，避免效率下降和资本错配。根据人民群众的实际需要制定服务和资本投资规划，能够修正当前以投入为基础的体系，引导卫生服务提供向以人为本的模式转变。英国、法国等有较强规划传统的国家会基于卫生服务需要，针对某些具体的健康问题制定规划。这些国家在制订服务计划时充分考虑人口变化趋势和流行病学因素，还会考虑民营医疗机构可以提供的服务，以实现卫生服务的供需平衡。运用这种方式，可以建立服务的一体化网络，为所覆盖的社区人群提供服务，还可以向各省合理分配资金，用于实物资产（如不动产和设备）的购买和升级，并根据所涉及人群的贫困脆弱程度，公平地分配资金。

保证将现有资产用于最具成本效益的解决方案，需要制定监管框架，引导资本投资从现在的注重规模扩张转向充分利用现有的服务能力，更好地满足人们的卫生需求。这一监管框架应当鼓励卫生服务的各个领域共同对资本投资进行统一的规划和分配，实现可能由此产生的成本优势和质量优势。此外，需要将资本投资规划纳入中期卫生支出计划，以便将规划与预算相结合，通过制定多年度筹资计划来保障资本的投入，并在资金需求预测中纳入项目的运营维护成本。与此同时，还要完善投资规划标准，弥补现有法规中的漏洞，减少卫生服务提供网络中能力过剩、重复建设的现象。另一个可以考虑的做法是，定期发布关于投资标准和投资项目评估的指导细则。一些具有现代资本规划程序的经合组织国家就是这样做的，如澳大利亚和英国定期发布“绿皮书”，向地方政府阐述相关政策。最后，中国还应考虑对省级资本支出或各级卫生服务的专项资金设置上限，推动医疗机构开展日间服务，提供无须住院的手术、化疗、透析、影像等服务。这样做既减少了对医院病床数和高成本基础设施的需求，又可以使服务更接近百姓。

实施医改

报告的最后一章讨论了实施八个推手所面临的主要挑战，提出了可以运用哪些工具来执行建议的核心措施和实施策略，并设计了一个改革实施框架，重点围绕四个“实施”体系：（1）宏观实施与影响；（2）协调与支持；（3）服务提供与学习；（4）监测与评估。鉴于高质量地落实这些改革措施与改革效果密切相关，报告还建议要营造有利的组织环境，以此作为扎实推进改革的前提条件。没有这些，改革将很难取得进展。

通过八项改革推手实现中央深化医改的承诺，需要明确政府责任，建立适当的治理、组织和学习分享平台。中国已经制定了足够完备的改革政策，目前的挑战是如何使这些政策广泛落地。由于制度碎片化和既得利益的问题，即便是试点中非常成功的做法都很难保持或推广。建立适当的治理平台、组织平台和学习分享平台是有效推进改革的先决条件。把建立21世纪现代卫生服务体系必须要采取的干预措施按重要性和时间顺序进行排序，搭建上述平台是第一步，非常关键。这些平台需要中央政府长期给予有力支持，使其充分发挥作用。

明确中央和地方政府的职能，制定政策实施框架，对于深化医改，建立以价值为基础的服务提供体系至关重要。中央政府需要对改革的实施（包括八个推手）进行全面的指导和监督。中国可以考虑由国务院医改领导小组制定统一的政策实施框架，指导地方政府规划和实施改革。这个框架并不是一个“一刀切”的蓝图，而是具有实操性的，分门别类地明确要做的事，以及不能做的事。地方政府需要有足够的自主权，决定“如何”去实施，在与国务院的框架保持一致的前提下，根据地方实际情况制定改革规划、选择改革实施步骤、推进改革实施。

强化问责机制是有效实施改革的另一要素，尤其是加强对省级和地方一级的问责。治理结构应有能力充分协调不同部门和机构的立场，在处理服务供方或既得利益的相关问题时代表政府利益。一种解决办法是，在省级和地市级成立具有充分授权的领导小组或医改委员会，由政府领导（省长和市长）牵头。中国一些地区已经成立了这样的委员会。各级委员会都需要强有力的领导，并充分授予他们推动本辖区医改实施的权力（和责任）。这类委员会应当包括与医疗卫生行业有关的各政府部门代表，还应该有卫生服务机构、民营机构和社区的代表。委员会应与中央政府签订绩效协议或任务书，明确衡量改革实施进展的标准、预期结果以及人群健康指标，以此对委员会问责。省级和地方领导人的晋升考核体系中也应该包含这些指标。重要的是，委员会可以要求人事、规划财务等有关部门颁布相关政策，为改革创造良好的制度环境。

中国可能希望在卫生服务网络和机构层面建立“转型学习协作联盟”（TLC），作为在一线实施、维持和扩大改革的基石。将医疗机构的组织目标从重治疗变为重结果，需要组织文化方面有根本性的变化。医疗卫生机构——无论是卫生服务网络、医院、社区卫生服务中心，还是乡镇卫生院——都必须不断学习和解决问题，鼓励创新，形成一种新的卫生服务文化。与此同时，要对中央和省级的政策指南因地制宜地加以调整，使之符合一线卫生服务的需要。如“推手1”部分所述，实现未来的卫生服务提供模式需要在卫生服务机构层面开展若干重大改革。尽管这些改革可以并且应该由中央、省级和地方政府推动，但在实施过程中仍需要为医疗机构提供一定的帮助，促进它们不断学习、解决问题、适当调整。TLC概念背后的指导思想是，协助和指导地方医疗机构（如村卫生室、乡镇卫生院、社区卫生服务中心、县区医院）实施并扩大新的服务提供模式，消除“知道与执行”之间的鸿沟。TLC这种组织可以迅速向一个县、市卫生服务网络的所有机构传播比较好的做法、推动变革。每个TLC都可以成为一个短期（12—15个月）学习系统，将所有参与机构的团队汇集在一起——最好是属于同一网络的机构。例如，在开展协作之前，县级服务网络人员应该就即将要实施的干预措施以及衡量参与机构实施进展的指标达成共识。医疗机构层面的团队每4—6个月举办一次面对面的“学习讨论会”，讨论实施过程中取得的成就、遇到的障碍和挑战，分享好的做法并分析经验教训。两次讨论会之间的空挡就是“行动阶段”，各团队在本地试点、实施干预行动，并收集和报告监测数据，评价这些改革措施的影响。各团队每月提交进展报告，供整个TLC审核；同时，还有专家通过实地考察、电话会议和其他网上讨论等方式提供支持。做得最好的卫生室和医疗机构可以指导、帮助有困难的机构。采用会议和网上交流相结合的方式，参与机构可以通过互相帮助克服困难，加快改革进程。这种学习联盟的做法已成功地应用于瑞典、苏格兰、英格兰、美国和新加坡。

适当的改革路径的有序实施可以改变中国的卫生体系，向以人为本的一体化服务模式转变。如果能够通过有效的学习总结、不断的评估测量及建立反馈循环来严格实施这些改革，那么这些建议的实施路径可以提高整个卫生服务体系提供核心服务的质量和效率。

注释

1.根据世界银行2018年6月发布的最新增长预测，2017年中国经济增长6.9%，预计2018年增长6.5%，2019年增长6.3%，2020年增长6.2%。

2.签约服务模式是将某一特定机构或地理区域内的所有患者分配到基层医疗服务提供者或团队的过程。

引　言

中国的医改之路

深化医药卫生领域改革是中国社会发展的重要工程。2009年，中国启动了雄心勃勃的国家医药卫生体制改革，承诺显著增加卫生领域的投入，让全体国民到2020年都能享受到可负担、公平、有效的医药卫生服务。国家医疗保障制度在前一轮的改革中得以建立；在此基础上，2009年国家投入了1.38万亿元，重申了政府在医疗卫生筹资和公共产品提供方面的主导作用。经过近六年的实施，医改已经取得多项显著成绩，以前所未有的速度建立了全民医保体系，保险保障范围也逐步扩大。例如，主要面向农村居民的新型农村合作医疗（新农合）的保障范围日益扩大，在将各种大病包括在内的同时，逐步增加了门诊报销额度。许多疾病都不再是导致农村居民因病致贫的诱因。

通过对基层卫生服务设施的大规模投入和人力资源的改革，基本公共卫生服务覆盖面显著扩大，基本实现了医保全民覆盖，覆盖率始终稳固在95%以上，卫生服务利用水平提高，低收入人群因病致贫的主要原因——自付费用在卫生总费用中所占比例下降。服务可及性更加均衡，服务可负担性得到改善。例如，2014年三项主要的社会医疗保险计划（城镇职工、城镇居民和新农合）住院补偿比增加，三个保险之间的差距进一步缩小，分别达到80%、70%和75%。包括慢性病在内的12大类基本公共卫生服务已实现免费覆盖。基本药物制度减少了不合理用药，增加了有效药物的可及性。政府对基层投入大量资金，开展基层卫生基础设施建设，基层医疗卫生服务体系得到强化，服务能力进一步提升。县级公立医院改革全面推开，城市公立医院综合试点不断扩大。改革（包括后续的相应监管机制）鼓励民营部门参与社会办医，在一定程度上减轻了公立医院的过度拥挤。最后，改革还带动了地方在卫生筹资和服务提供方面的许多创新试点，并为下一阶段的改革打下了坚实的基础（本报告将对其中一些创新试点进行研究）。中国在实现全民健康覆盖方面迅速迈进，改革成就举世瞩目。

前方的挑战

伴随着人口的快速老龄化，慢性非传染性疾病（慢病）负担加重和各种影响健康的危险因素日益增长，中国在满足居民医疗卫生服务需求方面面临着新的挑战。死亡率和出生率逐步下降加速了社会老龄化，而社会和经济转型推动了城镇化进程，同时也改变了人们的生活方式，滋生出诸如肥胖、久坐生活方式、压力、吸烟、酗酒和其他药物滥用以及污染、交通事故等越来越多的有害健康的危险因素。慢病已经成为中国的头号健康威胁。这些趋势进一步加剧了中国所面临问题的复杂性。为了防止这些疾病的发生，医疗卫生体系需要积极应对，主要体现在要减少慢病的主要危险因素及控制对危险因素的暴露（如环境污染）来预防疾病的发生，保证卫生服务的提供，以满足慢病患者的需求。此外，收入和受教育水平的提升也使得民众对医疗卫生服务有了更多更高的要求。能否积极应对这些新的挑战将被用来衡量中国医疗卫生服务体系的改革成效。

中国的卫生服务体系需要避免走向高成本低价值的风险（见专栏1）。现有的医疗卫生体系更多地是以医院为中心，服务碎片化，注重服务数量。医疗卫生体系的主要缺陷是存在诱导服务供方抬高成本的机制和对服务质量关注不足。卫生服务提供体系倾向于疾病治疗，而不是注重保障人民的健康，倾向于入院治疗，而不是注重基层医疗机构的服务。医疗服务提供者在各层级间（如三级、二级和基层医疗服务之间）缺乏服务整合（或协调），医防分离。在慢病高发的情况下，这意味着不能带来最优的治疗效果。此外，卫生筹资体制碎片化，保险经办机构被动地购买卫生服务。社会力量的有效参与还处于初级阶段，现行的卫生服务规划方法也没有与时俱进。基层缺乏合格的医务人员，限制了疾病预防、病例发现、及早诊断和服务一体化等核心功能的发挥。

下一阶段："健康中国"

中国领导人已经认识到这些挑战，并制定了影响深远的政策，以改革和完善卫生服务提供体系。2015年10月29日，十八届五中全会提出了"健康中国"国家战略，将改善全民健康作为卫生系统的主要战略目标。这一战略将指导"十三五"（2016—2020年）期间卫生改革的规划和实施（国务院，2016）（见专栏2）。政府还启动了立法程序。《中

专栏1 什么是卫生服务的价值？

价值被定义为实现健康所投入的资金（Porter，2010）。更广义的定义是：以较低的成本获得更好的健康结果、服务质量和病人安全（Yong，Olsen and McGinnis，2010）。从提高卫生服务能力的改革和转变策略的角度来看，价值是指"从以服务量和营利为目标，即门诊量、住院病人数、治疗和（诊断）检查，转到以患者健康结果为目标"（Porter，2010，3）。这就涉及在医疗服务和健康结果上奖励有效的联系。

低价值的医疗服务是指对健康结果有很少或根本没有益处的服务，临床意义上无效甚至有害的服务，以及（与替代方案相比）成本效果低的服务。这个词包括多重概念，主要是指导致成本超支、低质的服务和不良的健康结果，包括不当的治疗、不安全的治疗、不必要的治疗、滥用、过度治疗、过度诊断、错过最佳预防时机和浪费。

专栏2 中共中央关于制定国民经济和社会发展第十三个五年规划及建设健康中国的建议

推进健康中国建设。深化医药卫生体制改革，实行医疗、医保、医药联动，推进医药分开，实行分级诊疗，建立覆盖城乡的基本医疗卫生制度和现代医院管理制度。

优化医疗卫生机构布局，健全上下联动、衔接互补的医疗服务体系，完善基层医疗服务模式，发展远程医疗。促进医疗资源向基层、农村流动，推进全科医生、家庭医生、急需领域医疗服务能力提高、电子健康档案等工作。

鼓励社会力量兴办健康服务业，推进非营利性民营医院和公立医院同等待遇。加强医疗质量监管，完善纠纷调解机制，构建和谐医患关系。

来源：《中共中央关于制定国民经济和社会发展第十三个五年规划及建设健康中国的建议》。

华人民共和国基本医疗保健卫生与健康促进法》已被列入全国人民代表大会的立法规划，由全国人民代表大会起草。中共中央有关“十三五”规划的建议和最近发布的医改政策（国卫基层〔2015〕93号）中都包含了服务提供体系改革的核心内容。例如，政策强调要建立分级诊疗制度，包括强调基层卫生服务和社区卫生服务，推进人事制度改革，更好地发挥医疗保险作用以及鼓励社会力量参与办医。

政策还提出“以人为本”的原则，如构建和谐医患关系；通过建立分级诊疗，使用多学科服务团队和服务联合体来促进防治结合；让资源下沉到基层；改革公立医院治理模式；完善区域卫生服务规划。

虽然已取得重要的进展，但主要限于试点项目。这就显示出推进改革实施，强化改革扩面推广的必要性。当然，这些改革措施的实施有难度，广泛推广也需要假以时日，因此大家都认为改革进入了“深水区”。

中国目前还面临着一个难以避免的难题，那就是经济增速放缓，而医疗卫生支出却持续增长。实际上，随着人口老龄化和新技术的更多应用，医疗费用支出的上行压力进一步加大。为了应对这些不利的趋势，中国需要尽快提出一个基于经济发展新常态的卫生服务生产、筹资和供给的新模式，以满足国民的需要和期望。中国已经认识到现行的模式需要改变：在现有卫生服务提供模式下，继续提供高质量的医疗卫生服务必然会导致卫生费用的快速增长，财政或家庭的负担将会加重或二者兼而有之。实际上，由于任何改革都需要时间在现有的复杂的医疗卫生体系中实施，因此应该立即开始实施改革和扩大改革覆盖面，以免为时过晚或成本过高。

在推动卫生服务提供体系的改革方面，中国应继续将重点放在提高国民健康水平而非提供更多的治疗方面。这就意味着中国卫生系统的重点应从通过服务量和收入来补偿转向注重医疗服务的结果，让投入资金发挥更大的价值。此外，还要特别重视为全体国民提供可负担、公平的医疗卫生服务，让贫弱人群不再面临因病致贫或因为付不起医药费而放弃治疗的风险。将医疗服务体系从关注疾病转变成为关注价值和健康，这就需要有一个集合所有利益相关方，共同朝着以下三个目标努力的战略规划：（1）改善整个人群的健康状况；（2）为个人和家庭提供更优质的医疗服务和服务体验；（3）实现医疗费用的可负担性。

目标和受众

这份报告的目标是为中国卫生改革，尤

其是卫生服务提供体系改革的愿景目标和政策提出核心措施和实施战略建议。报告的近期目标是为编制“十三五”规划提供技术支持。为了成功规划和实施卫生服务提供体系改革，可以借鉴很多国内和国际的创新和经验。例如，中国有很多成功的试点经验还没有得到推广，其中一些为中国进一步深化改革提供了机遇，可以加以推广以形成世界领先的服务提供体系。与此同时，中国可以借鉴一些经合组织国家的经验，完善其卫生服务提供体系，以应对慢性病、人口老龄化和相关费用增长带来的各种挑战。根据本项联合研究所开展的大量案例研究分析，报告总结了从国内和国际案例中可以汲取的经验和教训，提出了支持政策落实的行动建议。

本报告的受众为中央和省级政策制定者和监管者、地方层面的规划者和执行者，包括保险经办机构和医疗服务提供机构。政策制定者们可能会特别关注研究报告建议的改革推手和相应的核心措施领域。最后一章（第10章）中描述的中央和省级政府的改革实施策略模型也是政策制定者关注的内容。同时，规划者和执行者可以将关注点集中在核心行动领域和相应的具体实施策略，改革实施模型中有关如何调动最前沿的改革实施者的内容也对改革规划者和执行者非常有用。

在继续下文之前，需要做一些说明。本研究主要关注如何在中国开展卫生服务提供体系改革，并建立相应的筹资和制度环境。受限于篇幅和时间，没有涉及其他重要改革内容，可留待以后进行研究。这些未涉及的改革包括：药品领域、烟草产业、卫生专业人员的教育和执业资格认定、中医药（与西药的结合）、医学技术的传播和应用。一些内容，如医养结合、医疗保健和社会养老服务之间的联系等将在世界银行集团的另一个研究中进行探讨。

报告结构

第1章总结了中国所面临的健康威胁和卫生服务体系所面临的挑战，提供了本研究报告所提建议的背景和原由。后续章节按主题对具体的挑战加以详细分析。第2—9章是报告的主体部分（见表1）：每一章关注一个改革“推手”或战略方向，以支持政府对卫生服务提供体系改革的规划和实施。这些推手着力于为各级政府提供政策实施指南。每个推手都包含一系列核心措施领域和相应的实施战略，指导“从哪些方面”和“如何”深化卫生服务提供体系改革。这些推手紧密相连，不能只单独考虑或执行单一的推手。可以肯定的是，一线卫生服务提供者进行服务模式的改变需要强有力支持，并结合筹资和人事制度的机制体制改革，才能实现上文所提到的三个目标（改善人口的健康状况、更优质的医疗服务、实现医疗费用的可负担性）。简言之，八个改革推手代表了深化医药卫生体制改革的一套综合干预措施。

表1　本报告各章节内容

章节序号	章节名称
1	中国在改善健康结果方面成绩斐然，但仍然面临诸多挑战
2	推手1：根据以人为本的一体化服务模式打造“分级诊疗”卫生服务提供体系
3	推手2：提高卫生服务质量，实现以人为本的一体化服务
4	推手3：加强公众对以人为本的一体化服务模式的参与
5	推手4：推进公立医院治理与管理改革
6	推手5：理顺服务购买与供方支付激励机制
7	推手6：加强卫生人力建设，实现以人为本的一体化卫生服务
8	推手7：促进社会力量参与卫生服务
9	推手8：实现卫生服务规划现代化，引导卫生领域资本投入
10	加强卫生服务改革的实施

服务提供推手

如何组织和提供卫生服务，服务供方之间及供方与患者之间的关联非常重要。所谓以人为本的一体化服务模式（PCIC）是一种围绕个人和家庭的健康需求来提供医疗服务的模式。PCIC是还是世界卫生组织（WHO）近期提出的以人为本和整合卫生服务全球战略的缩写（WHO，2015a，2015b）。PCIC模式包含有一系列的要素，致力于在可负担的范围内改善健康和提高服务质量。换句话说，让投入的资金产生更大的价值。在实践中具体如何落实PCIC模式，取决于当地的实际情况。

基于上面提到的WHO的全球服务战略和更广泛的文献研究，PCIC包含一系列的战略发展方向，在本研究报告里称为“推手”。在卫生服务提供层面这些推手包括（见第2—5章）：（1）重新定位服务模式，特别是要加强基层卫生服务，转变医院角色，整合不同层级和不同职能的卫生服务提供者；（2）持续提高卫生服务质量；（3）使国民参与到管理其健康的决策当中，并寻求更健康的生活方式；（4）提高医院的治理和管理水平。

总体而言，PCIC模式有效运行的基础是一个强有力的基层医疗卫生服务体系，该体系通过正式连接、在供方之间以及医患之间的数据和信息共享，以及患者对服务的积极参与，与二级和三级医院相结合。该模式需要组建跨领域的服务团队，运用信息技术跟踪患者的状况，在提供连续服务的过程中监测健康结果，并坚持不懈地改进服务质量。评价和反馈能够确保持续地学习和质量改进。PCIC模式将治疗和预防服务相结合，为患者提供综合全面的服务体验，并为医疗机构确立可测量的绩效目标。医院将扮演新的角色，承担疑难杂症的治疗及引领卫生领域人才队伍的发展。医院也要采用更好的治理结构和管理手段。对卫生服务、成效和医患行为的监测和反馈应基于实时的、易获得的和经过核实的数据。

放眼全球，许多国家正在实施PCIC模式，以应对与中国所面临的相似的挑战，如服务成本快速增长、医疗质量令人质疑、健康成效增长停滞等。德国、丹麦、澳大利亚、新西兰、美国、英国、巴西、新加坡和加拿大都尝试进行服务提供模式改革。在这些国家，虽然PCIC模式推广迅速，但大部分都只是在部分地区试点了PCIC模式。初步结果显示，健康成果得以提高、服务质量得到改善、成本增长得到控制，但各国内部和各国之间的差异较大。大规模的推广PCIC改革将会使中国成为卫生服务提供体系改革的世界领袖和卫生体系创新发展的前锋，中国的改革经验也将给其他国家提供借鉴。

筹资和制度环境

建立有利的制度环境、加强激励和问责机制，是国际上普遍认可的推动PCIC模式成功实施和改善服务提供的基本动力（WHO，2015b），中国也不例外。中国卫生服务提供体系改革的实施和可持续发展需要激励机制、能力建设和问责机制方面进行根本性转变，尤其是购买服务的方式、对供方的支付方式和需方报销模式，此外供方应报告其绩效表现，为更优质医疗服务的提供及体现公益性负责。这就需要强有力的治理机制和上级政府持续的支持。例如，PCIC模式的成功还取决于基层卫生机构的卫生人力资源的建设、提高基层卫生人员的待遇和业务水平，以及改革人事管理制度等方面的措施。通过探索更有效的政府与社会力量合作形式，也可以促进PCIC模式的实施。最后，还要建立新的服务和资本投资规划，让投资规划符合新的服务提供模式的需要。重新理顺激励机制，建立一支合格的、有积极性的医疗卫生队伍，促进社会力量参与，改进投资和服务规划等内容在第六到第九章中进行了探讨。

中国已经形成政府和社会力量共同参与的混合型医疗卫生服务提供体系，这个体系需要强有力的政府治理以实现公共目标。在此背景下，中央和省级政府要摆脱对服务提供体系行政命令式的管理（“传统体制”的延续），将自上而下的行政管理转变为间接治理，即政府引导公立和民营医疗机构提供能够实现政府目标的卫生服务。目前，尽管政策要求卫生部门要管办分开，但政府仍然涉及多个方面，包括监督、筹资、管治和服务提供。

相比之下，许多经合组织国家正在转向一种卫生服务提供模式，即政府主要负责筹资、监督和监管，在直接管理和服务提供方面的作用相对有限。这里最重要的是要运用政策工具和问责机制，使医院目标与公共目标相统一。具体的政策工具包括补助、招标、签约、规范、信息公开和披露规则、独立审计以及税收政策等，其中一部分已经在中国开始使用。在混合型服务提供体系中，政府的其他核心职能包括建立卫生服务购买机制，引导卫生服务和资本投资规划，制定和实施质量标准和监测，规范公立和民营医院，管理卫生专业人员和医疗机构准入，以及建立医疗纠纷解决机制等。运用这些工具，政府可以界定公立和民营机构的角色，为公立和民营医疗机构创造公平的竞争环境，并为公私合作确立更加规范、透明且符合公益性目标的合作路径。但是，国际经验表明，这些工具要足够强大和透明，政府要具备足够的政策执行和数据监测能力来捍卫公众利益，避免强大的私营（和公立）机构控制政策和监管。

推进改革实施

报告最后一章提出了有关实施战略、协作安排和组织构架的建议，以促进改革的持续实施和全面推广。建立在广泛的实施策略文献分析上，本章阐述了一个适用于中国的可操作的实施“体系”框架和相应策略，以促进政策的有效实施和全面推广。同时，本章还对实施改革并全面推广的步骤和时间表提出了建议。

案例研究和附录

最后，本报告通篇引用了联合研究开展的许多具体的案例分析。第2章附录2B列出了这些具体案例。此外，在报告的最后，附录部分提供了一些补充表格。

参考文献

《关于进一步规范社区卫生服务管理和提升服务质量的指导意见》，国卫基层发〔2015〕93号。

《中华人民共和国国民经济和社会发展第十三个五年（2016—2020）规划纲要》，国务院，2016年。英文由中共中央编译局翻译。http://en.ndrc.gov.cn/ policyrelease /201612/P020161207645766966662.pdf.

Porter, Michael E.2010. “What Is Value in Health Care?” New England Journal of Medicine 363 (26): 2477–81.

WHO (World Health Organization). 2015a. “People-Centered and Integrated Health Services: An Overview of the Evidence. Interim Report.” Report WHO/HIS/SDS/2015.7,WHO, Geneva.

——. 2015b. “WHO Global Strategy on People-Centered and Integrated Health Services:Interim Report.” Report WHO/HIS/SDS/2015.6, WHO, Geneva.

Yong, P.L.,L.A.Olsen, and J.M.McGinnis, eds.2010.Value in Health Care: Accounting for Cost, Quality, Safety, Outcomes, and Innovation.Washington, DC: National Academies Press.

第1章

中国在改善健康结果方面成绩斐然，但仍然面临诸多挑战

1.1 引言

中国曾是初级卫生保健和公共卫生的先驱，近年来在实现全民医保方面更是成绩斐然。赤脚医生制度[1]、居民医保、职工医保以及轰轰烈烈的公共卫生运动，加之收入增加、贫困率下降和生活水平提高（卫生状况、水质、教育水平、营养状况、住房条件），居民的健康水平显著提高，死亡率大幅下降，预期寿命有了前所未有的增长（Caldwell，1986；Yang等，2008）。与50年前出生的那一代人相比，今天出生的中国人预期可以多活30多年；而且中国只用了富裕国家一半的时间就取得了这样的成绩（Deaton，2013）。

中国的卫生部门推行了一系列涉及各个领域的改革措施，旨在为国民提供可负担、公平、有效的卫生服务。国家于1998年起分阶段建立了社会医疗保障制度，首先面向正规部门职工，2003年扩面后覆盖农村居民，2007年进一步覆盖城镇地区非正规部门职工、儿童和老人。2009年，卫生方面的投入显著增长，政府投入了8500亿元为卫生服务提供资金。随后，中国以近乎前所未有的速度基本实现了全民医保，2011年以来城镇和农村医保覆盖率始终保持在95%以上。同时，政府增加了对社会保障制度的补助，提高了卫生服务利用水平，降低了个人自付比例。政府对基层投入大量资金开展基层卫生基础设施建设，基层医疗卫生服务体系得到强化，服务能力进一步提升。县级公立医院改革全面推开，城市公立医院综合试点不断扩大。

尽管取得了一些成绩，但中国的医疗卫生体制仍面临着诸多挑战，导致费用上涨，造成居民不满意度上升，威胁着未来的健康收益。第一大挑战是人口结构和流行病趋势的变化，包括快速老龄化、慢性非传染性疾病（慢病）来袭及其致病危险因素广泛流行。第二个挑战是对监测和提高医疗服务质量重视不够。第三个挑战则是服务体系内部的一些因素，包括头重脚轻的服务提供体系以及不合理的供方激励机制，这些因素都推动了卫生费用的上涨。本章首先评述了这三大挑战，随后分析了其对体系效率及卫生费用造

成的影响。

1.2 中国的卫生服务需求不断变化

得益于疾病防控工作的改进、医疗服务可及性的提高，以及收入增加、贫困率下降和生活水平提高（卫生状况、水质、教育水平、营养状况、住房条件得到改善），中国的居民死亡率大幅下降，预期寿命有了前所未有的增长（Caldwell，1986；Blumenthal 和 Hsiao，2005；Yang等，2008）。与50年前出生的那一代人相比，今天出生的中国人预期可以多活30多年；而且，中国只用了富裕国家一半的时间就取得这样的成绩（Deaton，2013）。此外，生育率大幅下降，育龄妇女人均生育数量从1950年的6个减少到1979年的2.9个（Hesketh，Lu和Xing，2005；Smith，Strauss和Zhao，2014）。1979年中国实行独生子女政策之后，生育率持续下降，但降速有所放缓并稳定在1.7左右，远低于2.1的替代率。

1.2.1 人口老龄化

死亡率和生育率下降反映了社会的进步，但也造成人口快速老龄化。这会对社会经济政策产生深远影响，也对卫生体系提出了新的需求，即要提供相应的服务，确保民众更加健康长寿。2013年中国60岁以上人口有2.02亿人，占总人口的15%。[2]预计2030年这一数字将翻一番，到2050年老年人口占比将超过1/3（（UN DESA，2015，2013）。与经合组织国家相比，中国调整现有政策应对人口老龄化挑战的窗口期要短得多（见图1.1）；以目前的速度推算，中国将在26年内完成法国经历了115年的老龄化进程（Kinsella和Phillips，2005）。

中国的劳动年龄人口占比于2010年达到74%的峰值，现在已经开始下降。2015年，按目前60岁的退休年龄计算，每位退休人员由4.1位在职职工支撑，这一比率到2050年将下降到1.4。一些测算结果表明，如中国不延迟退休年龄，这种抚养比的变化将需要把税率翻倍，才能支撑老年人的收入福利（Smith，Strauss和Zhao，2014）。

中国的人口老龄化也会对死亡率和患病率产生深远影响。仅仅在25年前，受伤、传染病、新生儿、营养和孕产妇疾病占中国疾病负担的41%，与今天普通发展中国家的水平相当（见图1.2）。而现在，慢病占中国健

图 1.1 1950—2050 年中国和部分国家的老龄化情况

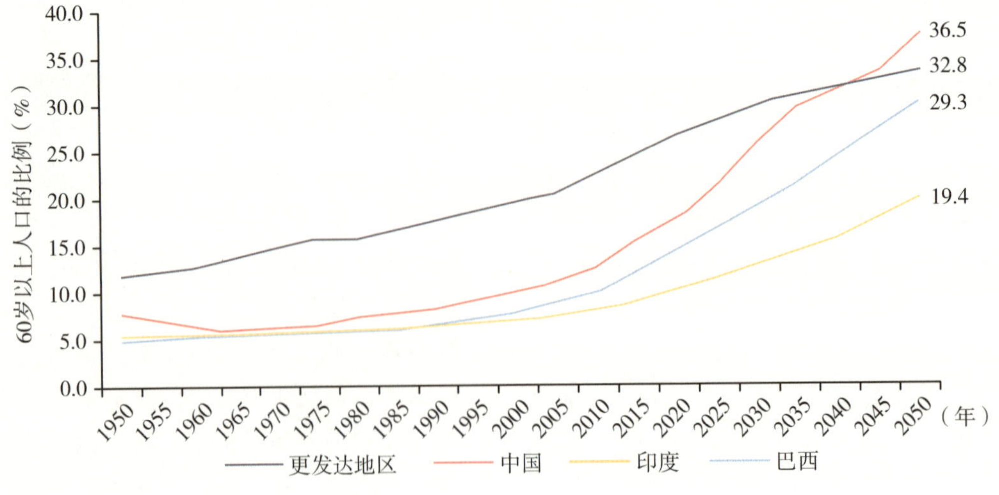

注：按世卫组织标准划分国家组别。

来源：UN DESA，2015。

图 1.2　慢病在疾病负担和死因中占据重要位置

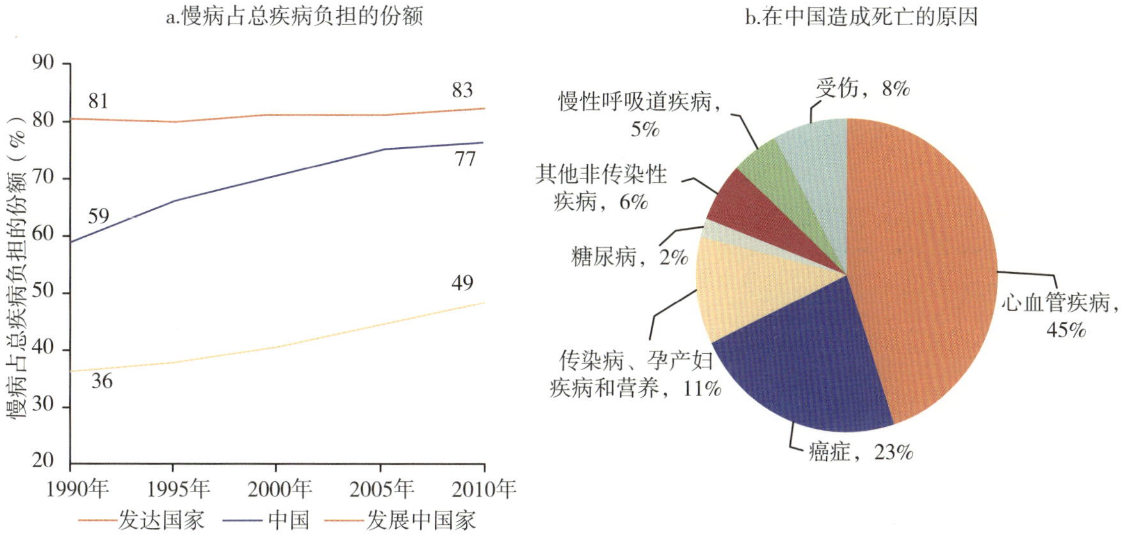

注：按世卫组织的标准划分国家组别。
来源：IHME，2010；WHO，2014。

康生命损失的77%和死亡诱因的85%，与多数经合组织国家的情况相近（IHME，2010）。仅心血管疾病和癌症就占中国总死亡率的2/3（WHO，2014）。中风、缺血性心脏病、慢性阻塞性肺炎、肺癌是过早死亡的首要原因，糖尿病、肌肉骨骼障碍和抑郁症成为失能的主要原因（IHME，2010；Yang等，2013）。

1.2.2　慢病和危险因素的改变

预计慢病流行率还会继续上升。据估计，未来20年40岁以上的中国人中慢病病例数量将翻一番，甚至会增至现在的三倍；糖尿病将是患病率最高的疾病，而肺癌病例数可能会增加五倍（Wang，Marquez和Langenbrunner，2011）。

除人口老龄化之外，中国慢病增长的其他主要因素是一些高危险行为，如吸烟、饮食结构不合理、久坐不动、饮酒以及空气污染等环境因素（Yang等，2008；Batis等，2014；Ng等，2014；Gordon-Larsen，Wang和Popkin，2014）。2009年成人超重的比率为29.2%，是1991年（11.8%）的近三倍。超重在男性中的增幅尤为突出。每天吸烟的中国男性占比达到了需要警惕的水平（49%），是经合组织平均水平的两倍多（见图1.3的图a）。2000—2010年人均饮酒量（5.8升/人）几乎翻了一番，增速高于巴西和印度，并正在快速向经合组织人均9升的平均水平靠拢（见图1.3的图b）。

这些危险因素与中国患病率和死亡率的主因相关性极强。吸烟与肺癌、肝癌、胃癌、食道癌和结直肠癌的因果关系已经得到证实，这些病例加在一起占中国居民过早死亡的近1/5（美国卫生和公众服务部2014；健康测量与评价中心 2012）。位列中国居民死因首位的心血管疾病也与吸烟有关，其他致病因素还包括空气污染、饮食结构不合理以及高血压。据He等（2009）的测算，2005年40岁以上成人心血管死亡病例中有233万例与高血压有关。

这一问题正在恶化。中国健康与营养调查结果表明，15岁以上人群中高血压粗患病率已由1959年的5.1%上升到2002年的18.8%。截至2012年，测算得出的中年人高血压患病率高达40%（Feng，Pang和Beard，2014；Chow等，2013），即超过2亿人患有高

图 1.3 吸烟和饮酒的国际比较

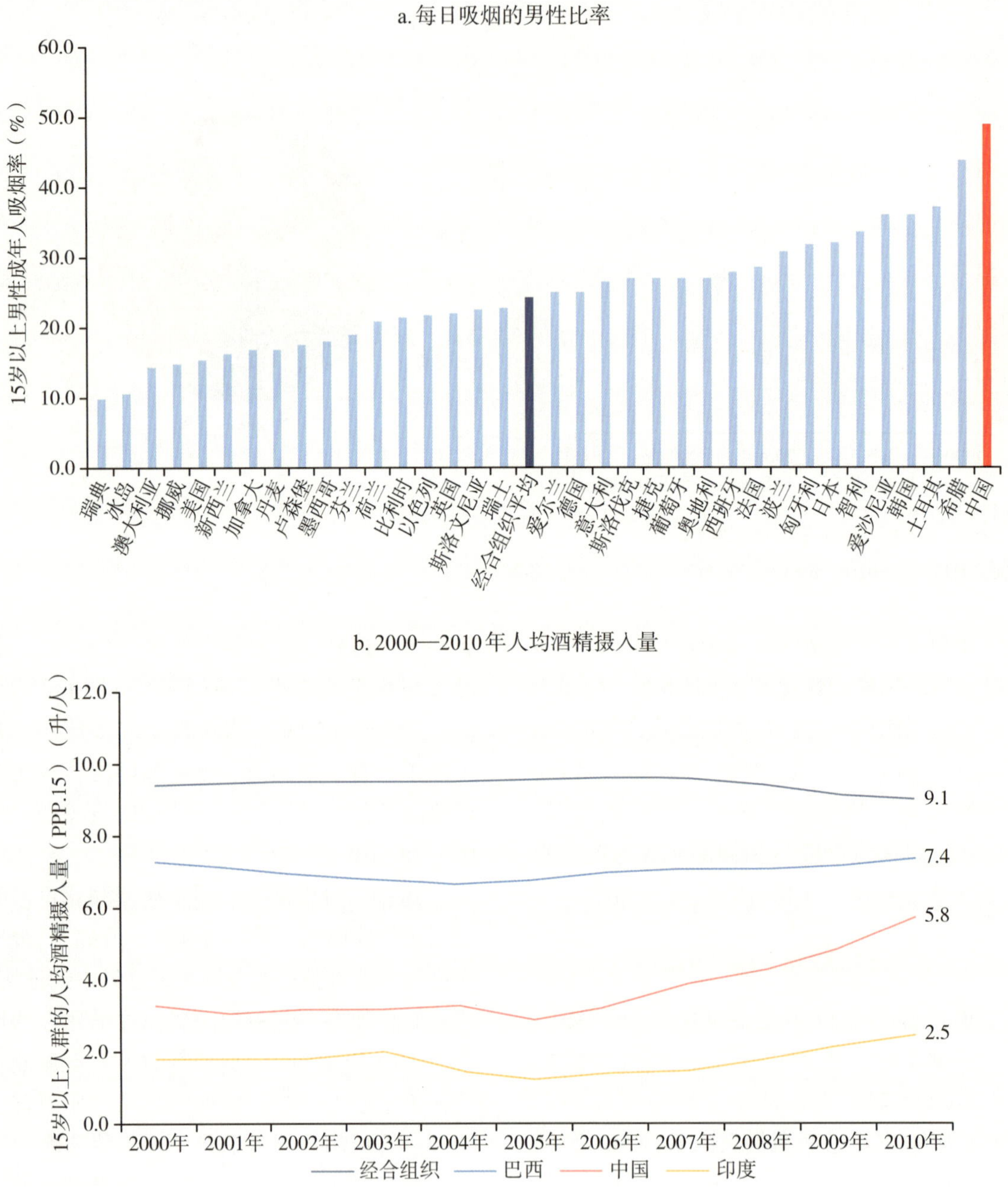

注：吸烟数据为2013年或最近年份的数据。

来源：OECD，2015。

血压，这一比例高于很多中等收入国家和高收入国家（见图1.4的图a）。同样，糖尿病患病率也很高，并不断攀升——糖尿病是过早死亡的病因之一，也是心血管疾病的诱因之一（见图1.4的图b）。20年间成人糖尿病患病率由20世纪90年代初的2.5%蹿升到9.7%—11.6%（取决于测算方法），预计到2035年将达到13%（Yang等，2010；Xu等，2013；Guariguata等，2014）。具有全国代表性的中国国家糖尿病和代谢紊乱研究（2007—2008年）以及Yang等（2011）的研究数据表明，30%的研究样本面临三种或更多心血管病风险因素；如果按中国人口总数计算，那么有超过3亿人（几乎相当于美国全国人口总和）

图 1.4　21 世纪早期中国和部分国家的高血压和糖尿病患病率

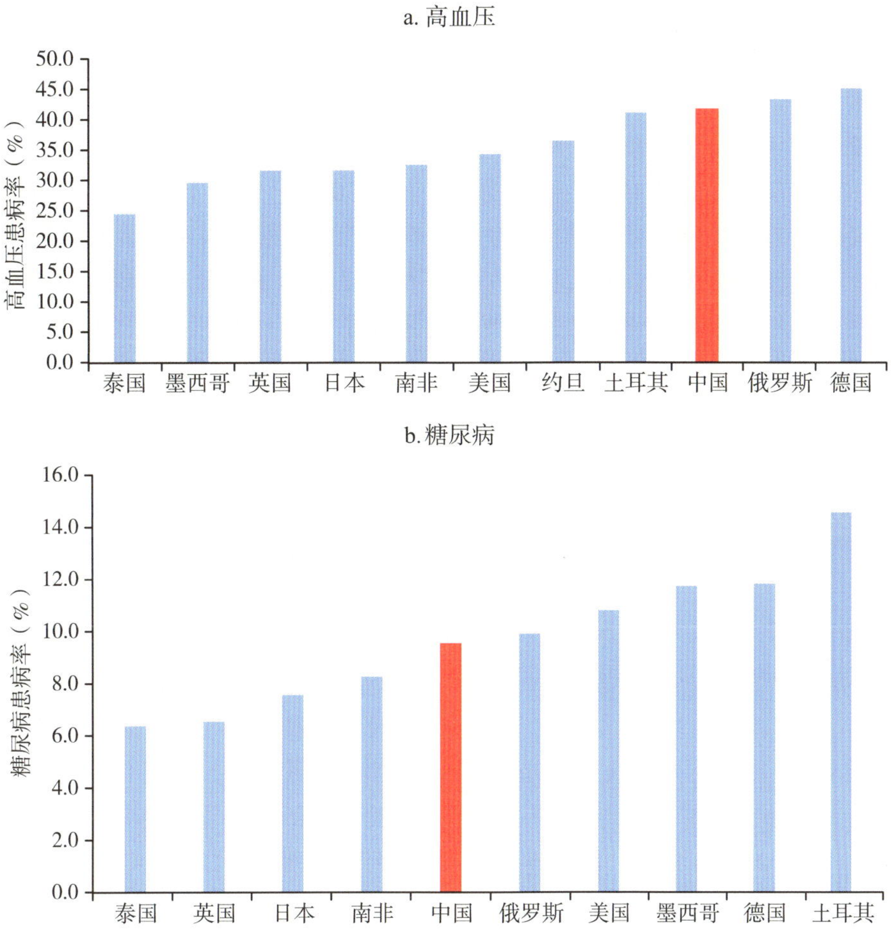

注：图中数据代表了特定年龄组人群中被诊断患有高血压或糖尿病的人口比重。高血压年龄组为 35—84 岁，中国和德国例外，这两个国家的年龄上限分别为 70 岁和 74 岁。糖尿病年龄组为 20—79 岁。

来源：Chow 等，2013；Guariguata 等，2014；Ikeda 等，2014。

属于心血管疾病高风险人群。

慢病可能对个人和社会产生巨大的破坏作用。如果不加以有效控制，糖尿病、高血压和其他慢病还会导致并发症，最终造成失能、疼痛或过早死亡。慢病的经济成本巨大，包括治疗相关的成本以及劳动力丧失、护理及健康生命损失造成的经济成本。从系统层面来看，2005 年中国慢病的直接医疗成本为 2100 亿美元，预计到 2015 年会超过 5000 亿美元（Bloom 等，2013）。再加上慢病对于劳动力供给和资本积累的影响，预计 2012—2030 年五大慢病造成的经济影响总量将高达 27.8 万亿美元。慢病的治疗费用高，患者需要长期照护，因此会也会威胁家庭的经济状况。2009 年，由于慢病入院的次均自付住院费用已经达到城镇居民年均可支配收入（人均每年 750 美元）的 50%，是农村居民年均收入（人均每年 291 美元）的 1.3 倍。冠状动脉搭桥术的费用是城镇居民年均可支配收入的 1.2 倍，是农村居民年均收入的 6.4 倍（Chen 和 Zhao，2012）。2011 年进行的一项研究发现，37.6% 的低收入患者需要住院治疗但却没有住院，其中大多数患者（89.1%）面临经济困难的局面。一项研究表明，被转诊到医院进行治疗的农村低收入慢病患者中，超过 1/3 的人因为经济原因无法得到治疗（Wang、

Marquez和Langenbrunner，2011）。

慢病负担及相关成本不断增长给中国的医疗卫生体制带来了巨大挑战。应对慢病并无捷径，但医疗卫生体制可采取多种措施来加以改善，降低费用：从源头预防疾病；通过定期监测，实行早期诊断和有效控制；支持在行为方面的改变；鼓励药品和其他疗法的适度使用。与急性病症不同，有效控制慢性病需要连贯的协作式服务，慢病常常需要各类供方提供长期干预。过去十年中，很多经合组织国家推行了改革，旨在加强公共卫生和基层卫生服务，改进服务协作。越来越多的证据表明，此类改革会产生显著效果，不但会改善健康结果，也有助于控制相关费用的上涨。

1.3 中国的医疗卫生体制改革：综述

20世纪80年代计划经济解体以及90年代国有企业改革造成大量人员下岗失业，导致城乡医疗保障水平急剧下降；截至2001年，居民自付医疗卫生费用占卫生总费用的60%（Feng，Lou和Yu，2015）。20世纪70年代以来，随着经济体制从计划经济向市场经济转轨，中国政府提出对医疗机构进行改革的新措施，核心是“放权让利，扩大医院自主权；放开搞活，提高医院的效率和效益”。医院虽然仍然依附于卫生行政部门，但在经济管理上走向独立自主经营。医院管理人员和医务人员的积极性大幅提高，使30年来中国城市的医院面貌有了翻天覆地的变化，缓解了看病难、手术难、住院难的问题。但在放权让利的同时，政府在市场监管方面“缺位”，对医疗服务行为缺乏严格的监管，导致市场的无序竞争，医院的趋利性问题凸显。医疗机构被授予充分的经济自主权，可通过对药品和部分服务加价销售进行创收。这一制度刺激了大处方和过度服务，这是当前医疗卫生体制的特点之一。城乡和区域之间的差距迅速拉开，过度服务和浪费导致医疗费用快速上涨（Chen，2009；Ma，Lu和Qan，2008）。

1.3.1 医疗保险扩面

20世纪90年代末，出于对医疗服务可负担性的考虑，国家开始大力推行医保扩面。最初是重新建立面向正规部门就业人员的保障体系，于1998年建立了城镇职工基本医疗保险（职工医保）。随后，2003年建立了为农村居民提供政府补助医疗保障的新型农村合作医疗制度（新农合），2007年建立了面向城镇贫困人口和非正规部门就业人员的城镇居民基本医疗保险（居民医保）。医保的覆盖面迅速扩大，到2013年已覆盖了超过90%的城镇居民和97%的农村居民（见图1.5）[3]。从设计上看，保障水平逐步提升。在最初建立之时，新农合与居民医保只覆盖住院。之后，增加了门诊报销，并对住院分娩及慢性疾病的发现和治疗等重点公共卫生活动降低共付比例（Yip等，2012）。这些改革措施有助于缩小不同保险制度之间的差距，但职工医保的筹资盘子仍然最大，保障水平也高于另外两个制度（Liang和Langenbrunner，2013；Yip等，2012；Meng和Tang，2010）。

中国在实现基本医保全覆盖的同时，部分医疗卫生服务的使用量急剧增长（见图1.6）。例如，2013年医院住院病例数比2003年增加了两倍多（Meng等，2012）。医保极大拉动了住院服务的使用（Yu等，2010；Liu和Zhao，2014；Babiarz等，2012；Zhang、Yi和Rozelle，2010）。医保扩面也推动了其他服务的利用，如年度体检以及免费或几乎免费的其他重点公共卫生服务（Lei和Lin，2009；Meng等，2012；Yip等，2012）。

1.3.2 改革以应对覆盖面不足

很多研究指出，医保制度的设计缺陷导致很难实现更好的结果。供方面临创收压力，

图 1.5　2003—2013 年中国社会医疗保险的覆盖面

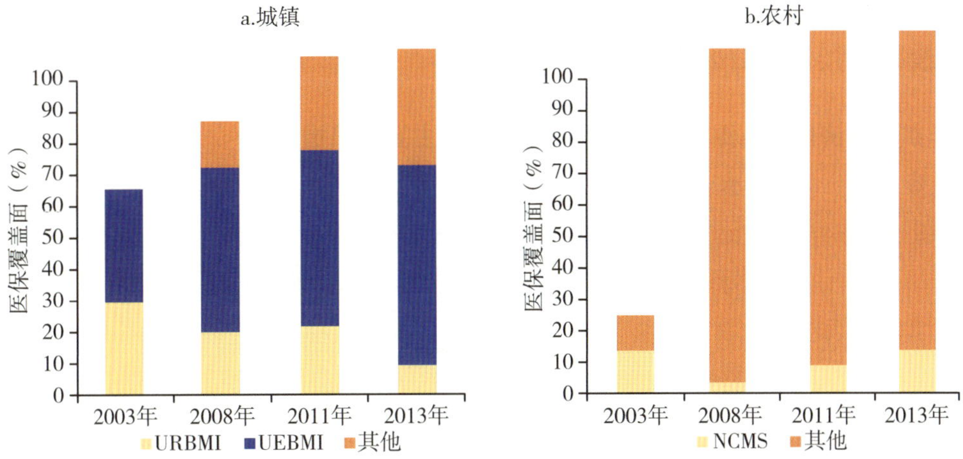

注：NCMS=新型农村合作医疗制度（2003 年数据包括原合作医疗制度数据）；URBMI=城镇居民基本医疗保险；UEBMI=城镇职工基本医疗保险。“其他”保险包括公费医疗、劳保医疗，以及其他商业和非商业保险安排。

来源：国家卫生计生委统计信息中心；Meng 等，2012。

图 1.6　2003—2013 年中国卫生服务利用趋势

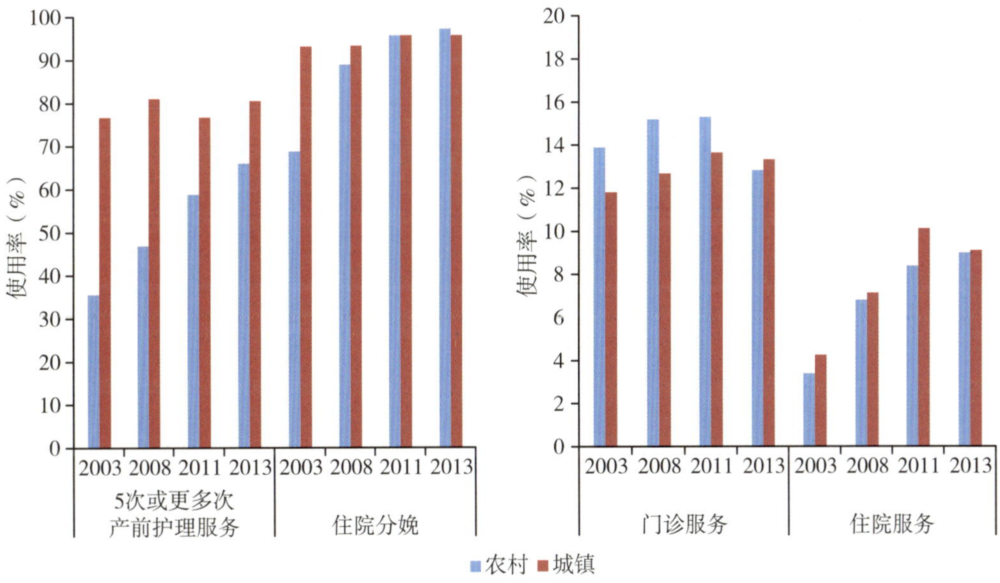

来源：国家卫生计生委统计信息中心；Meng 等，2012。

需要补偿运营成本，而奖金制度将个人收入与单位收入挂钩。这些因素都刺激医疗机构拉长病人的平均住院时间，增加服务量，特别是药品和高科技服务等价格成本差较大的服务。当然，病人也面临更高的收费（在某些情况下，报销后的费用也在攀升），卫生服务总费用不断上涨（Meng 等，2012；Li 等，2012；Liu，Wu 和 Liu，2014；Yang 和 Wu，2014）。

政府认识到这些缺陷，并已出台了一系列国家政策试图解决这些问题，如降低重点慢病的门诊共付水平，基层医疗卫生机构和部分医院（近期）实行零差率药品销售，以及对基层医疗卫生机构实行收支两条线的管理模式（见表1.1）[4]。另外，2015年7月政府启动了大病医疗保险，为面临因病致贫、因病返贫风险的家庭提供经济保护。

表1.1 2009—2015年扩大经济保护范围和控制费用上涨相关的主要改革措施

年份	改革文件	发文单位（文号）	主要内容
2009	《关于建立国家基本药物制度的实施意见》	卫生部（卫药政发〔2009〕78号）	制定基本药物目录，建议社区卫生服务中心和县级医院配备使用的基本药物试点实行零差率销售
2009	《关于完善政府卫生投入政策的意见》	财政部；国家发展改革委；民政部；人力资源和社会保障部；卫生部（财社〔2009〕66号）	建议地方政府试行医疗卫生机构收入全额上缴，包括药品销售收入（不允许医疗卫生机构留存收入）
2011	《关于进一步推进医疗保险付费方式改革的意见》	人力资源和社会保障部（人社部发〔2011〕63号）	结合基本医疗保险制度推进付费方式改革（如诊断相关组、按人头付费、总额预算），控制医疗费用过快增长
2012	《关于印发卫生事业发展“十二五”规划的通知》	国务院（国发〔2012〕57号）	针对新农合及城镇居民基本医保： • 逐步提高政府补助标准，到2015年达到每人每年360元以上 • 提高最高支付限额 • 住院支付比例提高到75%；门诊支付比例提高到50%以上；部分慢性非传染性疾病（如糖尿病、癌症、精神病、帕金森症）的具体治疗支付比例达到100% • 到2015年实现普通门诊统筹全覆盖
2012	《关于加快推进农村居民重大疾病医疗保障工作的意见》	卫生部（卫政法发〔2012〕74号）	重点做好20种重大疾病的医疗保障工作（如儿童白血病、先天性心脏病、尿毒症、肺癌），补充保障范围
2012	《关于开展城乡居民大病保险工作的指导意见》	国家发展改革委；卫生部；财政部；民政部；中国保监会（国医改办发〔2012〕2605号）	从城镇居民医保基金、新农合基金中划出一定比例或额度作为大病保险资金（具体比例或额度由地方政府决定）
2012	《关于开展基本医疗保险付费总额控制的意见》	人力资源和社会保障部；财政部；卫生部（人社部发〔2012〕70号）	建议在全部保障制度中推行付费方式改革（如诊断相关组、按人头付费、总额预算），控制医疗费用过快增长
2012	《关于推进新型农村合作医疗支付方式改革工作的指导意见》	卫生部；财政部；国家发展改革委（卫农卫发〔2012〕28号）	推进支付方式改革（如诊断相关组、按人头付费、总额预算），控制医疗费用过快增长
2013	《关于巩固完善基本药物制度和基层运行新机制的意见》	国务院办公厅（国办发〔2013〕14号）	制定基层医疗卫生机构药品零差率销售政策
2013	《关于建立疾病应急救助制度的指导意见》	国务院办公厅（国办发〔2013〕15号）	针对紧急救治无力支付病人发生的医疗费用提供补助
2014	《关于进一步做好基本医疗保险异地就医医疗费用结算工作的指导意见》	人力资源和社会保障部；财政部；国家卫生计生委（人社部发〔2014〕93号）	建议地方政府试行异地就医结算

续表

年份	改革文件	发文单位（文号）	主要内容
2015	《关于全面推开县级公立医院综合改革的实施意见》	国务院办公厅（国办发〔2015〕33号）	所有县级公立医院取消药品加成
2015	《关于印发深化医药卫生体制改革2014年工作总结和2015年重点工作任务的通知》*	国务院办公厅（国办发〔2015〕34号）	• 城镇居民医保和新农合人均政府补助标准提高到380元 • 门诊和住院费用支付比例分别提高到50%和75%
2015	《关于城市公立医院综合改革试点的指导意见》	国务院办公厅（国办发〔2015〕38号）	所有试点城市公立医院取消药品加成
2015	《关于全面实施城乡居民大病保险的意见》	国务院办公厅（国办发〔2015〕57号）	• 大病保险覆盖7亿人的高额医疗费用（利用商业公司提供再保险） • 符合资格参保人员的补偿比例提高10%—15%
2015	《关于印发国家基本药物目录管理办法的通知》	国家卫生计生委（国卫药政发〔2015〕52号）	建立各个制度的基本药物定价数据库
2015	《关于推进分级诊疗制度建设的指导意见》	国务院办公厅（国办发〔2015〕70号）	推进医保支付制度改革，健全医疗服务价格形成机制，支持分级诊疗
2015	《关于控制公立医院医疗费用不合理增长的若干意见》	国家卫生计生委；国家发展改革委；财政部；人力资源和社会保障部；国家中医药管理局（国卫体改发〔2015〕89号）	8项费用控制措施，21个主要监测指标，包括： • 试点公立医院力争到2017年将药品收入占医疗收入（不包括中医）比重降到30%以下，百元医疗收入（不含药品收入）中消耗的卫生材料降到20元以下 • 推进供方支付方式改革，确保实施临床路径管理的病例数达到出院病例数的30%，实行按病种付费的病种不少于100个

注：*代表顶层设计改革方案，需通过更加具体的政策文件实施落实。

来源：作者整理。

这些政策可能正在产生预期效果[5]，但如果不能改变筹资和服务提供方面的结构性缺陷，中国仍然难以建立世界一流的卫生体制。

1.3.3　旨在加强预防与基层卫生服务整合的改革

中国的政策制定者越来越认识到以医院为中心和服务碎片化给医疗卫生体制带来了不利影响。21世纪初启动的农村卫生体制改革提出，乡镇卫生院和村卫生室要发挥重要作用，并且各级医疗机构要开展有效的协作与合作。[6]随后几年，基层卫生和社区卫生服务的重要性不断提升。政府越来越重视发展社区卫生服务以及相应的人才队伍建设，调整新农合与居民医保的覆盖范围和报销水平，以期推动社区层面的服务利用。[7]

2009年出台的《关于深化医药卫生体制改革的意见》进一步强调了基层卫生的重要性，鼓励制定区域卫生规划，要求各级政府建立协调统一的医药卫生管理体制。2009年之后，政府推出了更为具体的改革方案，旨在加强基层卫生，推进服务整合。改革方案包括建议提高社区层面机构的工资水平、实行绩效工资，具体情况将在第2章中讨论[8]；引入了“全科服务”的理念，将基层医疗卫生机构作为首诊机构，强调全科医生和居民长期保持联系[9]。另外，改革政策还建议大力投资建设并装备社区层面的医疗卫生机构，以及为乡村两级卫生工作人员提供培训。[10]

政府于2013年和2014年进一步承诺深度整合医院与基层机构[11]，2015年提出让资源下沉到基层。2013年，中央政府出资实施基层中医药服务能力提升工程，旨在进一步加强基层服务能力。2015年，中央政府出台一系列政策，支持投资建设以病人为中心的分级诊疗制度。[12]

社区卫生服务扶持性政策一直得到资金方面的保障。2009—2012年中央政府投资190亿元用于建设、翻新和装备数千家村卫生室、社区卫生服务中心和乡镇卫生院。面向基层医疗卫生机构的新培训项目遍及全国，数千名新入职的工作人员接受了关于提供一线基层医疗卫生服务的培训。医院和村卫生室建立了多种技术合作关系，旨在提升一线卫生队伍的技术能力，鼓励各级医疗卫生机构开展协作。中国还大力投资建设社区层面医疗卫生机构的信息系统，试点全科医学模式、乡村一体化管理，以及“守门人制度”和转诊安排。

尽管卫生机构的推广和完善在社区层面取得了长足的进步，但改革对推进基层卫生及服务整合的总体影响仍十分有限。这方面的一个突出问题是社区层面很难吸引并留住合格的卫生人才。尽管政策提出要改善现状，但社区层面的工资水平和激励机制仍不尽如人意，考虑到更高级别医疗机构提供的专业和收入机会，情况更是如此。另一个问题是政策相互掣肘，政府的人事和预算政策限制了提高卫生部门薪酬水平以及壮大卫生人力队伍的空间。第三个重要制约是地方政府和服务供方没有动力重塑医疗卫生体制，推动服务整合。实际上，当前的筹资制度非但不能推动协调与合作，反而还制约了服务数量和复杂性的扩大，抑制了供方之间形成竞争 。

除较为宽泛的筹资和服务提供改革外，政府还实施了旨在改善慢性病服务的各类措施。在21世纪头几年，部分地方政府开始试行社区疾病管理。基于这些经验，中央政府于2009年提出将慢性病管理确定为公共卫生服务重点领域，并强调了社区层面供方的重要作用。[13]国家卫生计生委《中国慢性病防治工作规划（2012—2015年）》提出了雄心勃勃的目标，包括重点干预措施的覆盖范围以及降低慢性病患病率和死亡率。[14]同时，中央政府制定了慢性病管理规范，要求地方政府制定推广疾病管理计划。部分地区在实施此类政策承诺方面取得了重要进展。

1.4 满足中国的卫生服务需求：主要挑战

中国的人口结构和疾病特点正在发生变化，而医疗卫生费用上涨，经济增速放缓。在此背景下，改革医疗卫生体制已迫在眉睫，随之而来的压力也与日俱增。快速变化的需要给政策制定者建立高效、公平制度，创造优质健康结果的努力带来严峻挑战。这些挑战包括过度使用医院服务，而相关服务本可由基层机构更为经济有效地提供；服务质量优劣不一且往往无法满足需求；供方激励机制鼓励提供非临床必要的服务；费用上涨，投入产出不对等；以及健康卫生方面的成果有待进一步提高。

1.4.1 以医院为中心，初级保健薄弱

中国的卫生体系仍然以医院为中心，服务提供呈碎片化。1980—2000年中国的医院床位数翻了一番（从120万张增至217万张），随后的短短13年里又翻了一番（2013年达到458万张）。每千人口床位数从2000年到2015年翻了一番还多（见图1.7）。诚然，起初的基数较低，但中国医院能力的扩张与国际趋势相悖。在过去10多年里，除韩国外，多数经合组织国家大幅减少医院床位数，有的国家的降幅高达30%（OECD，2015）。中国目前的千人床位数高于加拿大、英国、美国和西班牙。中国的住院率从2003年的4.7%迅速升至2013年的14.1%，年均增长11.5%。同期，二级、三级医院的住院量提高了三倍（Xu和Meng，2015）。

图 1.7　2000—2013 年中国与部分经合组织国家的医院床位数变化情况

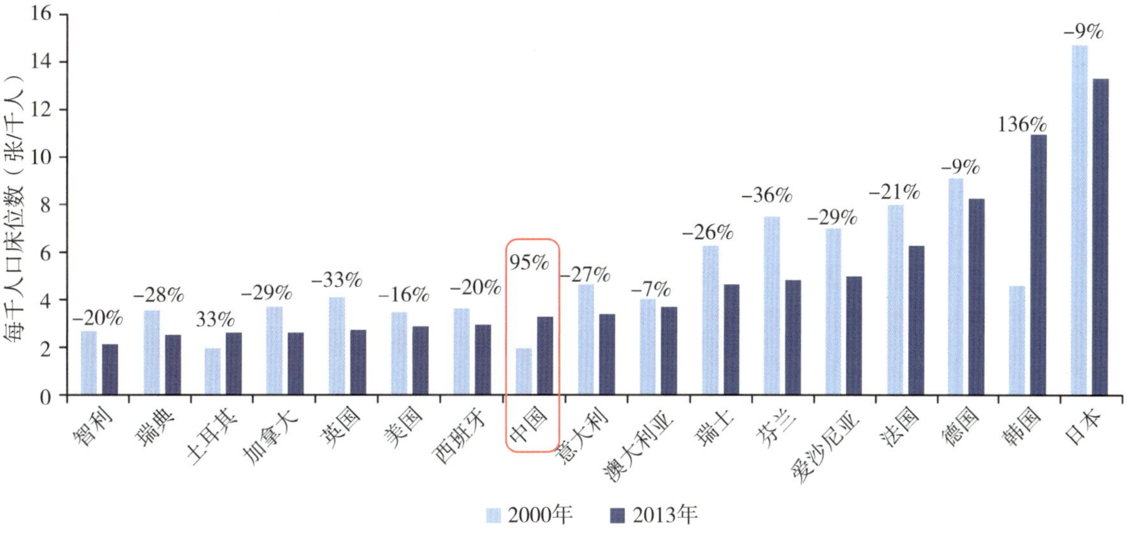

来源：OECD，2015。

中国医院的能力扩张和服务利用也趋向于上级医疗机构。2002—2013 年二级、三级医院的数量分别上升了 29% 和 82%，而基层卫生机构的数量却出现 6% 的小幅下降（见图 1.8）。医疗卫生人员，特别是受过正规医学教育的医务人员（衡量医疗质量的一个标准）不断向上级机构流动，尤其是向医院集中（Xu 和 Meng，2015；Meng 等，2009）。

另外，医院越来越依赖为患者进行检查来创收，以弥补因政府加大以药养医控制力度而出现的收入缺口，因此中国医院不断配置高科技设备，而这些设备也主要集中在医院（见图 1.8）。乡镇卫生院及更基层卫生机构与医院的高值耗材差距扩大了三倍，从 1570 亿元扩大至 4730 亿元（Xu 和 Meng，2015）。从发达国家的经验来看，技术是医疗费用上涨的主要驱动因素之一，因此这种趋势需要引起重视（de la Maisonneuve 和 Oliveira Martins，2013；Smith、Newhouse 和 Freeland，2009）。技术的适当使用有助于提

图 1.8　中国的医院数量迅速增加，服务使用趋向上级医疗机构

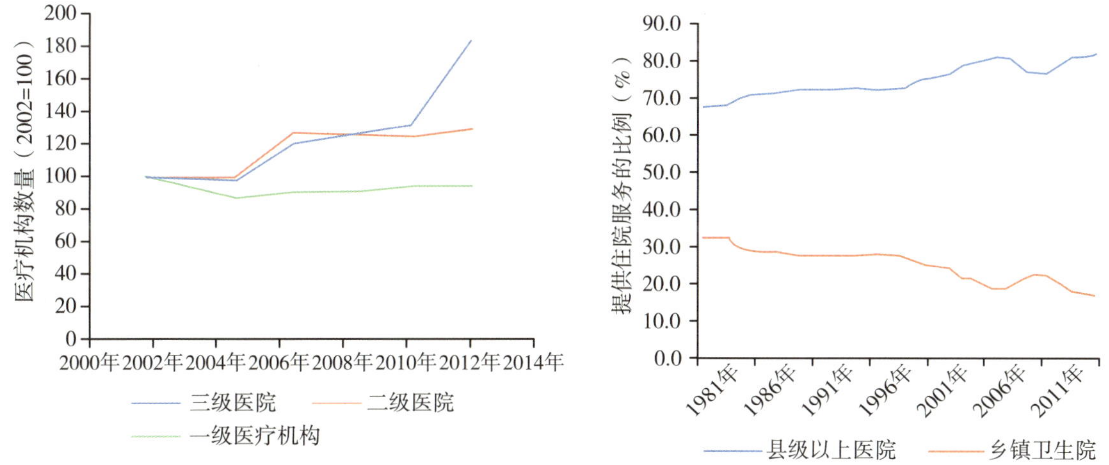

注：基层卫生机构包括农村地区的乡镇卫生院和村卫生室，以及城镇地区的社区卫生服务中心和社区卫生站。

来源：Xu 和 Meng，2015。

高医疗质量，但若缺乏恰当的供方激励机制，高科技设备的存在就会诱导过度服务。

虽然二级医院提供的住院服务量最大，但三级医院的住院量年均增长了18.3%，高于二级医院14.1%的增长率（Xu和Meng，2015）。县医院逐步取代乡镇卫生院，成为农村住院服务的主要供方。

此外，医院在门诊服务方面也发挥着更大的作用。2004年以来，各类医疗卫生机构的门诊量迅速增加，2010—2014年各类医院诊疗人次数占全部医疗卫生机构诊疗总人次数的比重从34.9%上升到39.1%，而同期基层医疗卫生机构诊疗人次数的比重由61.9%降至57.4%。

如上所述，加强分级诊疗的举措包括基层医疗卫生机构资本投资和能力建设；推动建立“守门人制度”、双向转诊制度以及垂直整合网络（如医疗集团）；以及旨在改进基层医疗卫生筹资和供方激励机制的付费方式改革。

关于如何评价这些举措的成效，目前尚无很多系统性的信息。就各类医疗卫生机构服务协作来看，迄今为止本地化试验的结果有限且良莠不齐（Meng，2015）。McCollum等（2014）的研究表明，福州各级医疗卫生机构之间的协作效果不尽人意。在青岛，关于社区卫生服务中心守门人试点的案例研究显示已经取得一些成功经验：从社区卫生服务中心转诊到医院的住院病人占全部住院病人的比重快速提高，从2007年的2.7%提高至2010年的57%，并且此类病人的次均住院费用比直接前往医院就诊的病人低6%。同样，深圳的试点也有一些经验值得借鉴，其首诊在社区的参保人口比例提高了40%。相反，重庆的研究结果表明，双向转诊制度在改革实施后未有改进；急诊病人中转诊过来的不到1/4，并且大部分都是从社区转诊到医院。同样，在北京的垂直整合网络中，向上转诊也多于向下转诊。

医院是服务性单位，不愿意把病人“拱手让人”，因为这意味着收入的损失。医院基础设施更加完备，人力资源能力更强，自然会吸引病人，因此也具有较大的话语权。建立综合有效的分级诊疗制度需要在医院和基层卫生层面推行根本性的变革。目前，无论是从主观角度还是实际情况来说，医疗卫生服务体系的质量都有待提高。

1.4.2 服务质量：激励机制需改进

卫生服务质量通常被理解为服务在多大程度上能够增加预期健康结果的可能性，以及是否依循了现有的专业知识。服务质量受到一些基本要素（充足的设备、药品和人员），以及服务提供过程的影响。服务质量评估过程中经常会问到的一些根本性问题包括：医生或护士是否问对了问题，是否安排了适当的检验和检查，是否做出了正确的诊断，是否跟病人进行了有效沟通，是否提供了适当的治疗，以及是否安抚了病人。这些问题从个体病患和系统层面来看都是根本性的：药品与操作的普遍使用不足、使用过度和使用不当都会导致资源浪费，影响健康结果。

尽管很难提供系统性的证据，但众所周知，服务质量是中国医疗卫生体制面临的一个重要问题。正是由于病人担忧服务质量问题，中国政府才很难将病人引导至基层医疗卫生机构，因为病人认为不同层级的医疗卫生机构的服务质量差异巨大（Yang等，2014；Bhattacharyya等，2011；Jing等，2015）。现有证据表明，很多医疗卫生专业人员都缺乏有效诊治普通病症的基本技能。医生的素质与技术质量关系密切，但城乡地区在医生培训与认证标准等方面都存在较大差异。在一项模拟病人的研究（Sylvia等，2015）中，村医问的问题仅占做出适当诊断建议应提出问题的18%，并且在所问问题中必要的问题仅占1/3多。例如，面对不稳定型心绞痛病例，村医仅能开展15%的推荐检查，只有26%的临床诊断为正确诊断。总体来看，仅有一半左右的问诊做出了正确或部分正确的治疗。另外，村医在问诊中开药的比例高达75%，其中64%被审核医生认定为非必要甚至是有害的药品。政府对此采取了一系列措施，包括扩大培训范围，使用临床路径和指南，但这些措施的成效还有待提高。

可以说，中国目前最突出的服务质量问题就是过度服务。大处方、大检查不但会增加病人的医疗风险，削弱病人对医疗卫生体制的信任，而且还会浪费稀缺的资源；而这些资源若得以适当利用，可以改进人口健康结果，减缓卫生不平等问题。

中国医疗卫生机构的收入很大一部分来自药品销售和部分服务费用。经过多年的发展，这一特点已经转变成各个医疗机构开药、开检查以及提供其他操作的经济动机，同时也影响着病人对于“优质”卫生服务的预期。很多研究表明，大处方在中国是个非常普遍的问题。一项针对山东村卫生室的处方点评研究（Yin等，2015）发现，村卫生室在每张处方开药数量（3种）、使用抗生素（60%）、静脉注射药物（53%）和激素（20%）等各项指标上均超出世卫组织合理用药指数系统的参考水平。为了解中国大处方问题的背后动机，研究人员开展了一系列试验。这些研究一致认为，经济激励是主要动机（Currie、Lin和Zhang，2011；Currie、Lin和Meng，2014）。

1.4.3　费用增长，效率需提高

中国的卫生支出增长一直快于收入的提高。过去20多年间，卫生总费用增长至原来的14倍，由1985年的2200亿元升至2013年的3.17万亿元（扣除物价因素）。[15]2015年中国卫生总费用占GDP的比重为5.98%，接近中等收入国家和高收入国家的平均水平（6.1%）。公共支出的增长包括政府投入大笔资金补助社会医疗保险筹资，使得中国和其他国家的差距正在缩小。

2001—2013年中国政府财政直接投入的卫生预算占国家卫生总费用的比重近乎翻了一番，从16%提高至30%。大部分预算增长用于加大国家对社会医疗保险的补助力度[16]。2001年以来，社会医疗保险负担的卫生总费用比例从1/4上升至1/3多，而居民自付费用比例从60%下降至1/3以下（见图1.9）。

政府卫生支出并无唯一的正确或最佳水平，但快速上涨的趋势引发了对于财政可负

图 1.9　1997—2013 年中国卫生支出的构成

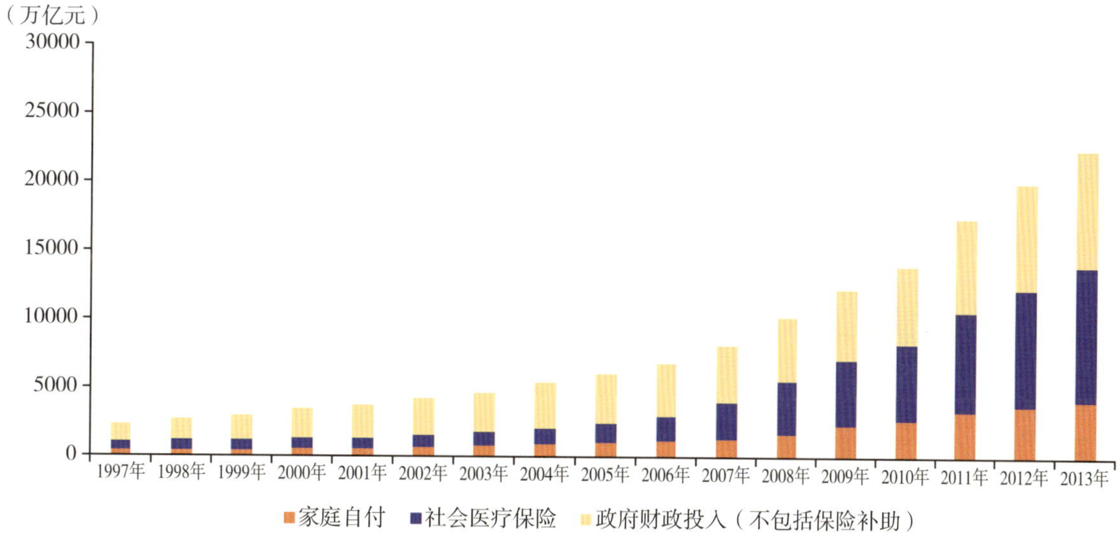

来源：全球卫生支出数据库，世界卫生组织，http：//apps.who.int/nha/database。

担性的关切，尤其是考虑到中国政府收入基数相对较小（占GDP的11.3%），低于中高收入国家甚至是低收入国家的平均水平（分别为14.4%和13.4%）。即便在GDP飞速增长、中央政府因推行改革政策而不断增加补助的时期，不发达地区的地方政府仍觉得依靠本级财力很难实现中央层面要求的社会制度（包括医疗保险）筹资水平（Long等，2013）[17]。对于财政可负担性的关切导致政府越来越重视费用控制，采取的措施包括：直接价格管制或预算限制（通过供方措施控制服务量和单位服务价格），提高费用分担比例，以及旨在影响使用模式的需方措施。国际经验表明，费用控制措施的效果不一，有时候会对实现总体卫生制度目标产生不利影响，如质量和响应性。因此，很多经合组织国家不再单纯地依赖费用控制手段，而是把医疗卫生体制改革的重点更多地放在创造价值方面。

中国的医疗卫生体制也有很多机会可以创造出高价值，其中最直接的方法是遏制浪费，减少低效。据Chisholm和Evans（2010）测算，在全球范围内卫生资源浪费占卫生总费用的20%到40%，主要原因包括人力资源管理相关的技术低效、不合理用药、医疗失误和质量低下，以及欺诈和腐败。中国关于这些问题的系统性数据有限，但在通过减少非必要药品和操作以期控制费用、改进结果方面仍有很大的提升空间。

例如，过去10年间人均药品支出增长了3倍多（见图1.10）。药品支出占卫生总费用的比重有所下滑，但仍高达40%（见图1.10）。相对于东亚和太平洋地区其他国家以及经合组织16%的平均水平，这一比例可谓很高了[18]。如上所述，在中国对于不合理用药的关切日益凸显，抗生素滥用的问题尤为突出（Yin等，2013；Yin等，2015；Currie、Lin和Zhang，2011）。这种行为的一个重要动因是开具抗生素的经济激励（Currie、Lin和Meng 2014），这导致抗生素滥用、非必要的卫生支出，以及出现抗生素耐药性的公共健康威胁。Yip等（2014）指出，供方付费方式改革，特别是实施按人头付费结合按绩效付费，对于控制大处方和不当的处方行为，乃至降低中国部分地区的次均诊疗费用都具有显著的成效。

图 1.10　中国的药品支出以及与其他国家的比较

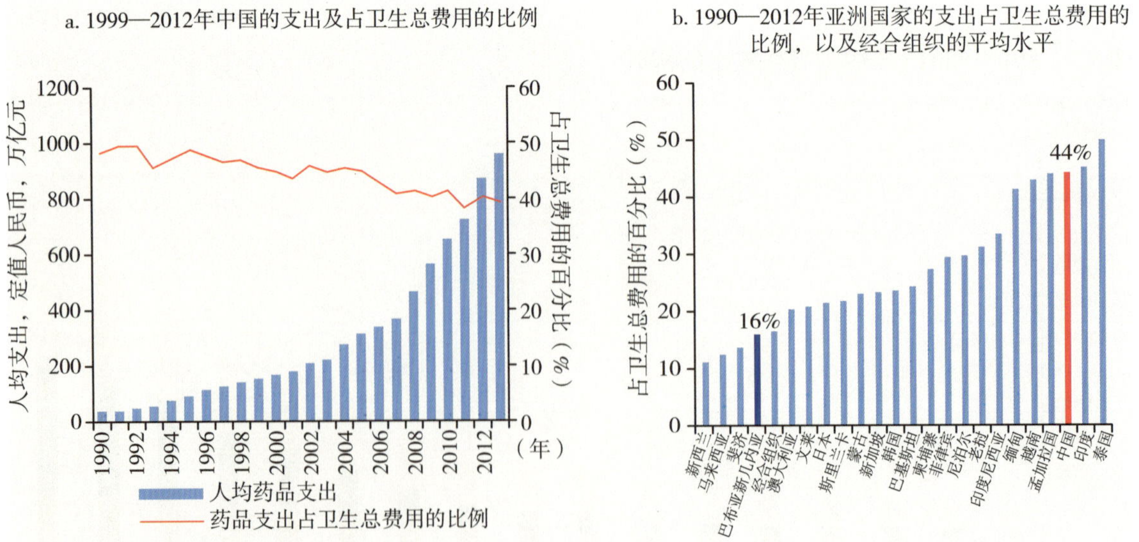

注：不同来源的数据略有差异：中国国家卫生发展研究中心表示，2012年中国药品支出占GDP的比重为42%，而经合组织/世卫组织的测算结果为44%。

来源：2014 China National Health Accounts Report data，中国国家卫生发展研究中心；OECD/WHO，2014。

卫生支出的另一个效率指标是发生在医院的卫生支出比重。医院服务会消耗大量资源，包括先进的医疗技术和操作，导致次均治疗费用高涨。目前，医院支出占中国卫生总费用的54%（见图1.11），而经合组织的平均水平为38%（OECD，2015）。另外，中国的平均住院时间（9.8天）也高于经合组织国家（7.3天），而住院时间增加也是费用上涨的主要驱动因素。

图 1.11　1990 年和 2013 年中国的卫生费用支出构成（按服务提供方划分）

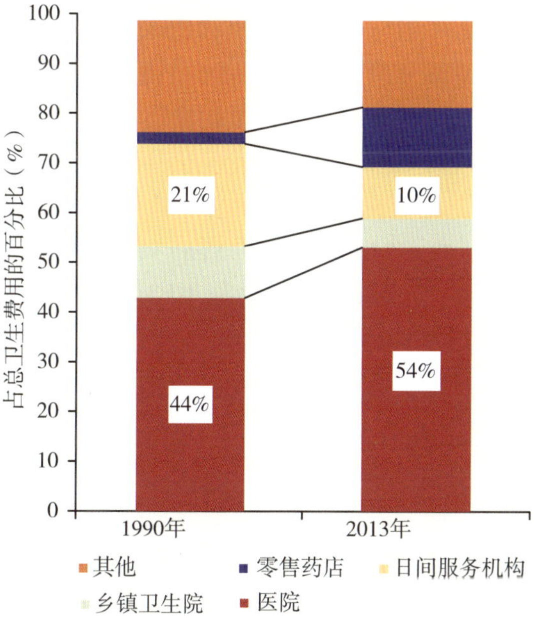

来源：2014 China National Health Accounts Report data，中国国家卫生发展研究中心。

优质的三级服务在卫生系统中不可或缺，但在很多情况下由社区机构或门诊提供相关服务更为适当，费用也更低。中国很大比例（近40%）的门诊咨询发生在医院（见图1.12）。很过研究表示，病人往往会绕过基层机构直接去医院就诊，特别是设备和人员配置更好的三级医院，这导致系统低效；而供方诱导病人过度使用利润较高的医疗技术和操作的行为也有记录可查（Sun、Wang和Barnes，2015；He和Meng，2015；Eggleston等，2008）。此类系统低效可归因于筹资和服务提供系统的具体特点，如依赖按服务付费模式，缺少有效的转诊或分级共付安排，定价制度扭曲（相比于其他卫生服务，定价更有利于药品和高科技操作），卫生工作人员和其他资源集中在城市，医务人员薪酬与服务量和创收额度挂钩（Li等，2012；Liu、Wu和Liu，2014）。

图 1.12　2013 年中国和部分国家的医院门诊服务量的比重

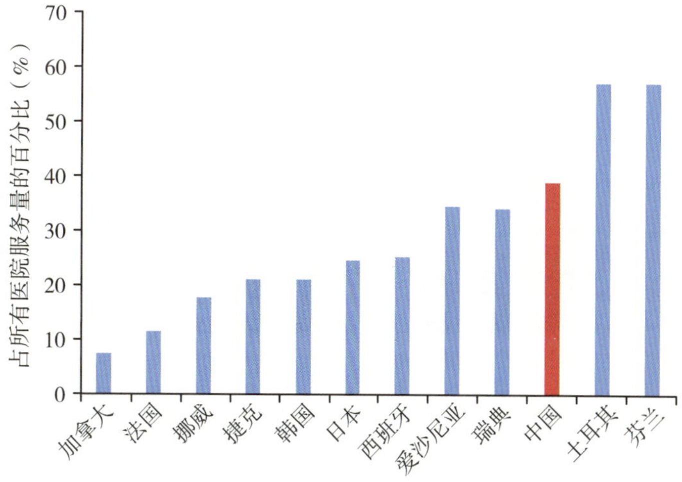

注：西班牙的数据为2011年的数据。

来源：2014 China National Health Accounts Report data，中国国家卫生发展研究中心；OECD，2015。

中国需要执行更加综合全面的改革方案，纠正各级医疗卫生机构的失灵问题，这样才能引导病人树立恰当的就医行为，增加对于可负担的高质量基层卫生服务的利用（He和Meng，2015）。

目前，效率低下的问题不仅增加了卫生系统的成本，也加重了病人的负担，大医院人满为患，不必要的诊疗行为也造成了额外的支出。尽管不同的医疗保险类别之间有所区别，但总的来说患者的实际自付费用有所增多（见图1.13）。这也在意料之中：随着收入的提高，家庭对商品和服务的支付能力增强，医疗卫生服务也不例外。但重要问题是，居民是否必须承担大病费用或是因为医疗费用而陷入贫困。

如本章之前所述，有证据显示，在加大经济保护方面，改革的影响喜忧参半。部分

图 1.13　2003—2013 年中国医保参保人员的自付费用逐年上升

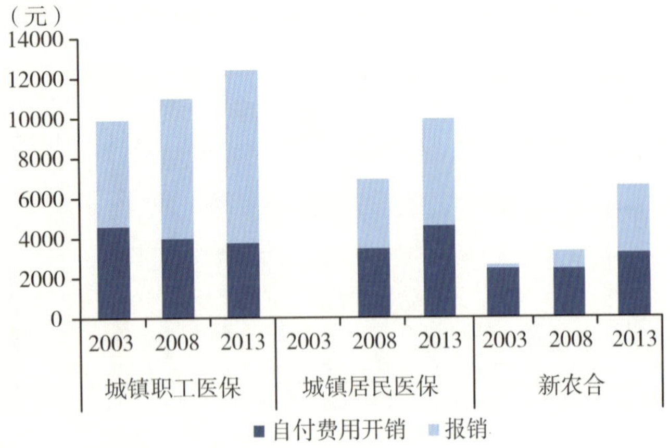

来源：Tang，2014。

研究测算表明，在公共投入增长受限的情况下，自付费用占可支配收入的比重仍在上升（Zhang和Liu，2014）。家庭层面的数据表明医保产生了积极影响，2003年以来由于经济原因而选择自行出院的比例下降了（Meng等，2012）；但是大病支出发生率没有变化。Liu、Wu和Liu（2014）发现，医保报销的费用不足以抵消由于去大医院就诊、住院时间延长、使用更昂贵的治疗手段而增加的费用。

中国自付费用在卫生总费用中的比重已大幅下降，在十几年的时间里从60%下降到30%，但仍高于经合组织21%的平均水平。而且，城乡居民的受益程度存在差异。农村居民的自付费用依旧占人均卫生总费用的50%，仍是家庭收入不小的一笔支出。用不同测算方法计算医疗费用在农村家庭年收入中的比重，虽然得出的具体结果略有差异，但大致为8.4%到10%不等（Long等，2013；Liang和Langenbrunner，2013）。

未来几十年，中国卫生领域的成本压力可能会增大。与很多其他国家一样，人口老龄化、慢性病患病率上升，以及新的药物、诊疗手段、医学技术的出现和推广都会使支出面临上行压力。此外，解决卫生体系内的缺口和差距问题也会加大支出压力。

中国已经基本实现了全民医保，但保障水平仍然较低，还有一些卫生服务没有覆盖到。一项使用报销数据进行分析的研究表明，虽然城镇居民医保与新农合的名义补偿比达到70%—75%，但在将起付线和不在医保补偿范围内的项目纳入考虑后，实际报销比例不到50%（Liang和Langenbrunner，2013）。出现缺口在很大程度上是因为资金不足，特别是在新农合制度中。实际上，参保人员仍需负担较高的自付费用，尽管享有医疗保障，也还是会有大病支出；对于农村居民、贫困人群以及患有慢性病成员的家庭来说尤为如此，这也是公众不满的一个重要原因（Yang，2015；Zhang，Yi和Rozelle，2010）。另外，部分研究表明参保与报销前费用呈正相关，因为与未参保人员相比，参保人员可能会获得更多种类的治疗、去更高层次机构就诊、住院时间更长，这些都会推高费用（Liu，Wu和Liu，2014；Yang和Wu，2014；Wang，Liu和Liu，2014）。因此形成的趋势是：除职工医保外，参保其他制度会增加报销前费用，而对自付费用或报销后费用没有显著影响。

提高补偿水平、缩小城乡差距是重要的政策目标，但也需要巨大的财政投入。另外，如本章之后的具体分析一样，数百万糖尿病、高血压和其他慢性病患者尚未就诊，没有得到所需的服务。提高补偿水平、改进服务质量、缩小不同医保制度之间的待遇差距都需要政府大幅增加投入。

1.4.4　健康结果仍有改善的空间

预期寿命：经过一段时期的快速发展，中国在降低孕产妇死亡率和儿童死亡率方面取得了举世瞩目的成就，但近年来中国卫生投入的明显增加并没有体现为健康水平的显著改善（见图1.14）。与收入和卫生支出水平相近的国家相比，中国的预期寿命较高，超过了许多国家的水平，但在全球的相对优势地位却有所下降（见图1.15）。

图 1.14　1995—2015 年中国预期寿命与卫生总费用的变化趋势

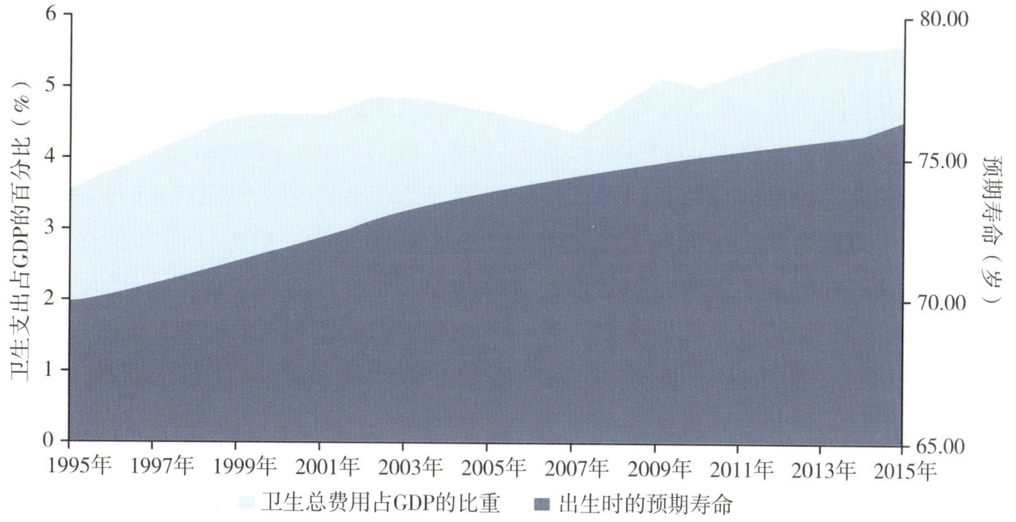

来源：世界银行，2015；中国卫生统计年鉴。

图 1.15　卫生支出与收入相关绩效（预期寿命）的国际比较

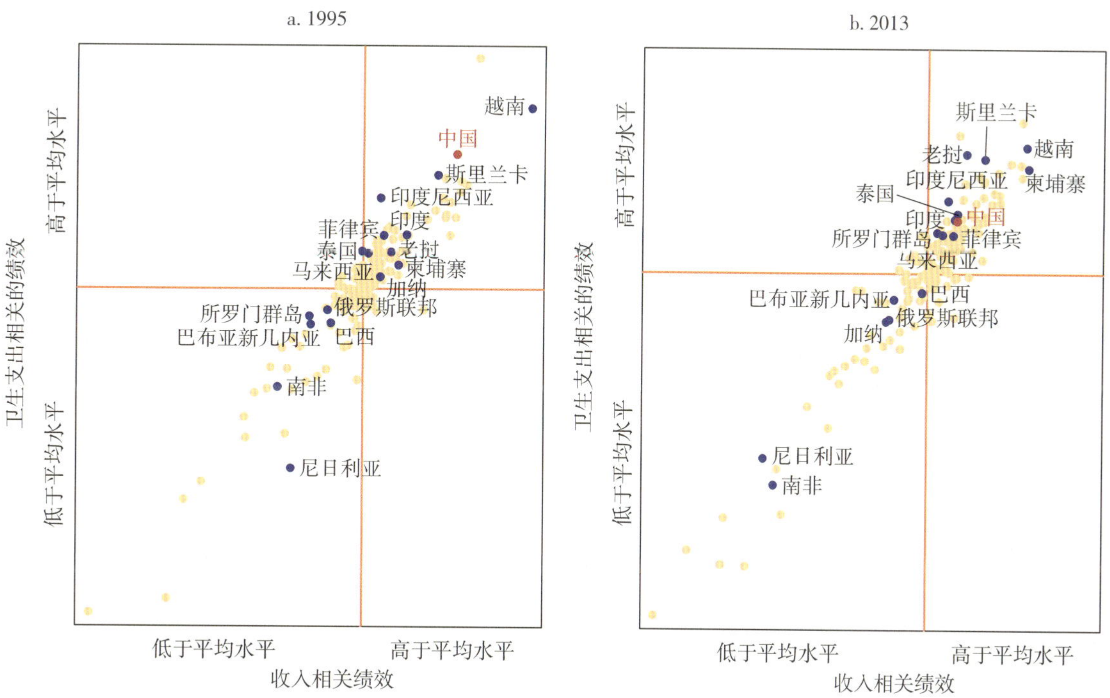

注：以出生时的预期寿命作为指标衡量绩效。纵轴和横轴均为对数标尺。

来源：Global Health Expenditure Database，世界卫生组织，http：//apps.who.int/nha/database；世界银行，2015。

高血压：慢性病是造成健康生命损失的主要原因。尽管诊断率、知晓率和治疗率稳步提高，但在卫生服务覆盖面方面仍存在较大缺口。高血压的统计数据可兹为证。1991—2002年中国的高血压知晓率从26.3%提高至30.2%，治疗率从12.1%提高至24.7%，控制率从2.8%提高至6.1%。换言之，过去20年间约有3000万名高血压患者接受了治疗，约有600万名患者的症状得到控制（Liu，2011）；但仍有1.3亿名高血压患者（65%）不清楚自身的病症。这些人主要生活在农村，农村的中风（高血压的一个主要并发症）死亡率高于城市。在知晓自身病症的高血压患者中，有3000万名患者未接受治疗（43%），而接受治疗的患者中有75%未能有效控制血压。在2011—2012年中国健康和退休纵向研究对于45岁以上人群的分析中，Feng、Pang和Beard（2014）发现诊断率、治疗率和控制率都得到了进一步提高（样本人群的这三个指标分别为56.2%、48.5%和19.2%）。但33%的随机抽样人群表示高血压症状未能得到有效控制（见图1.16）。换言之，高血压预防和管理领域仍有很大的提升空间。

图 1.16　2010 年中国的高血压和糖尿病管理

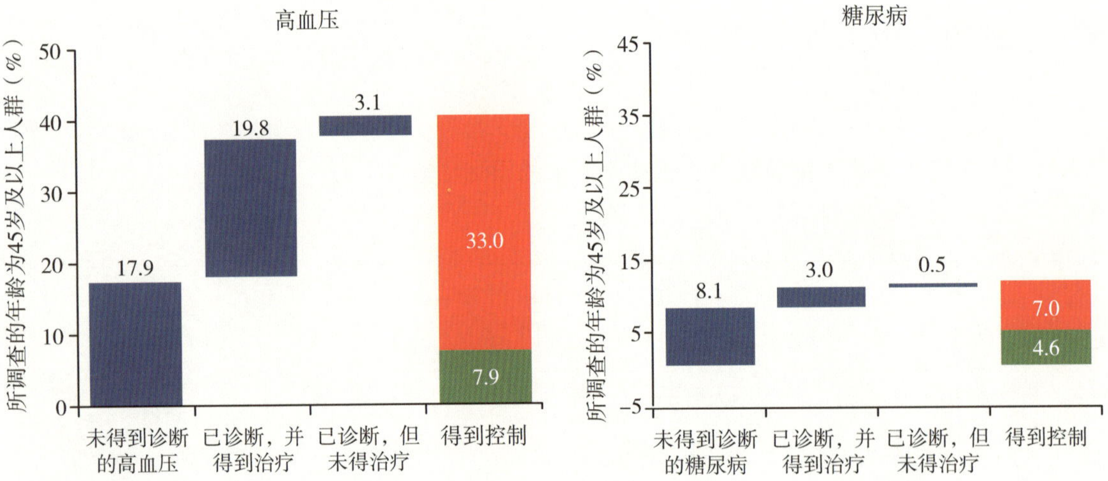

注：高血压的数据为2011—2012年的数据。糖尿病的数据为2007年和2010年的数据，采用了Xu等（2013）和Yang等（2010）研究中的中段测算结果。

来源：Feng、Pang和Beard，2014；Xu等，2013；Yang等，2010。

中国高血压患者的知晓率、治疗率和控制率低于中等收入国家的平均水平，而中等收入国家的高血压管理弱于高收入国家（见表1.2）。美国35岁以上高血压患者中有85.3%知晓自身的健康状况，80.5%的患者服用药物，59.1%的患者控制血压（Chow等，2013；Ikeda等，2014）。

糖尿病：改进糖尿病的预防和管理是中国未来几十年公共卫生政策面临的另外一个巨大机遇和挑战。知晓率低是糖尿病治疗和血糖控制的一个主要障碍，中国有60%—70%的糖尿病患者不清楚自身病症（Xu等，2013；Yang等，2010）。1979—2012年糖尿病知晓率没有有明显提高。而知晓自身病症的糖尿病患者的治疗率和控制率都有所上升。但只有25%—40%的糖尿病接受了治疗，其中只有20%—40%实现了适当的血糖控制（HbA1c<7%）（Li等，2013；Xu等，2013），而美国这一比例为50%（Selvin等，2014）。

表 1.2　2013 年部分国家 35—84 岁成人的高血压诊断、治疗和控制

国家	诊断率（%）	治疗率（%）	控制率（%）
中国	41.6	34.4	8.2
泰国	46.0	38.4	17.7
土耳其	49.7	29.0	6.5
南非	52.8	37.6	21.0
德国	53.1	39.2	7.4
墨西哥	55.8	49.5	28.0
英国	62.5	53.5	32.3
孟加拉国	62.7	54.6	30.2
约旦	73.9	71.0	38.2
俄罗斯联邦	74.9	59.9	14.2
美国	85.3	80.5	59.1
日本	NA	48.9	22.9

注：NA 表示数据不详。

来源：Chow 等，2013；Ikeda 等，2014。

1.5　关于卫生总费用方面几种政策安排的影响

如前文所述，中国卫生支出在GDP中的占比低于经合组织国家，但医疗支出的增长率，尤其是卫生方面的公共财政支出的增长率比所有经合组织国家都高。经合组织的一项研究表明，按此增长率，到2060年中国的卫生领域公共支出将翻三番，高达GDP总额的8%（de la Maisonneuve和Oliveira Martins，2013）。毫无疑问，随着中国逐渐摆脱贫困和财富日益积累，对卫生服务的需求将进一步增加。然而，并不是一定需要增长三倍。此项经合组织研究也得出结论表明，如果实施合理的改革，中国可能将卫生费用控制在合理的范围内（GDP的5%）。这些改革的成效与做法正是本书关注的内容。

世界银行委托中国（中国卫生发展研究中心）和澳大利亚（堪培拉大学）的一项联合研究表明，若以1993—2012年卫生支出的数据作为推断依据（分析和分解方法请参见Zhai等，2015），[19]2015—2035年中国的卫生支出将从3.591万亿元增长至18.039万亿元，相当于年均增长8.4%。卫生费用占GDP的比重将由2016年的6%增长至2035年9.1%。[20]卫生费用增长最重要的驱动因素是每位病人对卫生医疗服务利用数量的增长，这可以解释大概55%的卫生费用增长。[21]卫生服务价格的增长（即卫生产品和服务的价格增长超出其他商品和服务的价格增长的部分）的贡献率为26%。另外，人口因素（如人口老龄化和人口增长）的贡献率为19%，如图1.17所示。

目前需要探讨的一个重要问题是，中国还需要增加多少门诊和住院服务量以到达世界先进水平。要回答此问题，可以参考发达经济体的出院率（见图1.18）。2013年，法国的出院率为每千人166人次，澳大利亚为每千人179人次。经合组织国家出院率的中位数为每千人162人次。东亚地区的出院率，日本为每千人111人次（2011年），中国台湾地区为每千人138人次，而韩国是每千人147人次（2011年）（Zhai等，2015）。

2003—2013年经合组织国家出院率的中位数从每千人159人次上升至每千人162人次；同期，中国的出院率从每千人47人次上升至每千人134人次，而中国的出院率也在短短的10年间从经合组织国家中位数的30%增加至83%。以此增长速度，出院率到2020年将达到每千人201人次，2030年达到每千人241人次。与此同时，中国台湾地区的出院率到2020年将达到每千人152人次，2030年达到每千人182人次。同样，中国大陆的门诊服务年增长率为5.2%，到2035年将达到中国台湾地区水平的62%。

世行研究表明，如果中国大陆降低住院率的增长水平，并将其保持和中国台湾地区相当的水平，到2035年医院支出将减少3.566万亿元（GDP的1.8%）。如不降低住

图 1.17 2015—2035 年中国卫生费用增长的主要因素

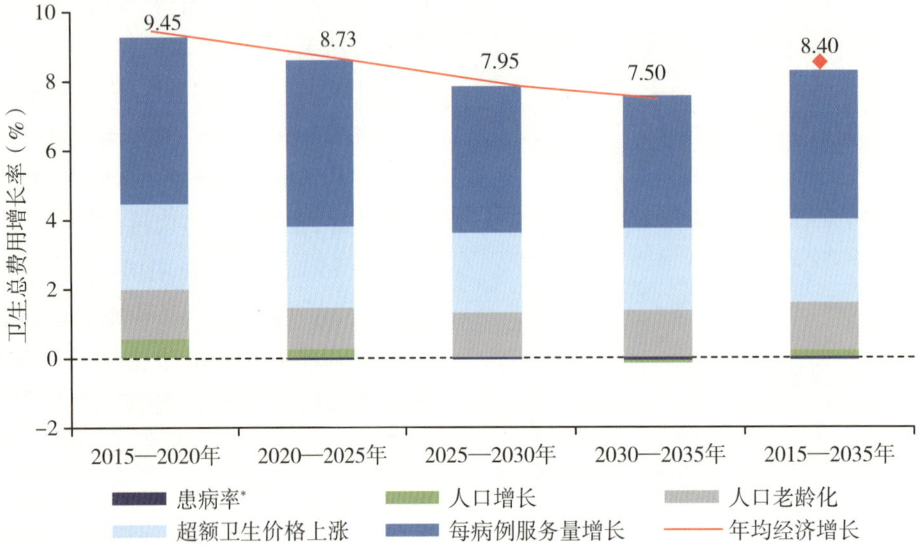

注：*指19个疾病类别中，每个疾病发作的门诊就诊次数，或住院服务的出院次数。
来源：世界银行的估算。

图 1.18 2000—2014 年部分国家和地区的出院率

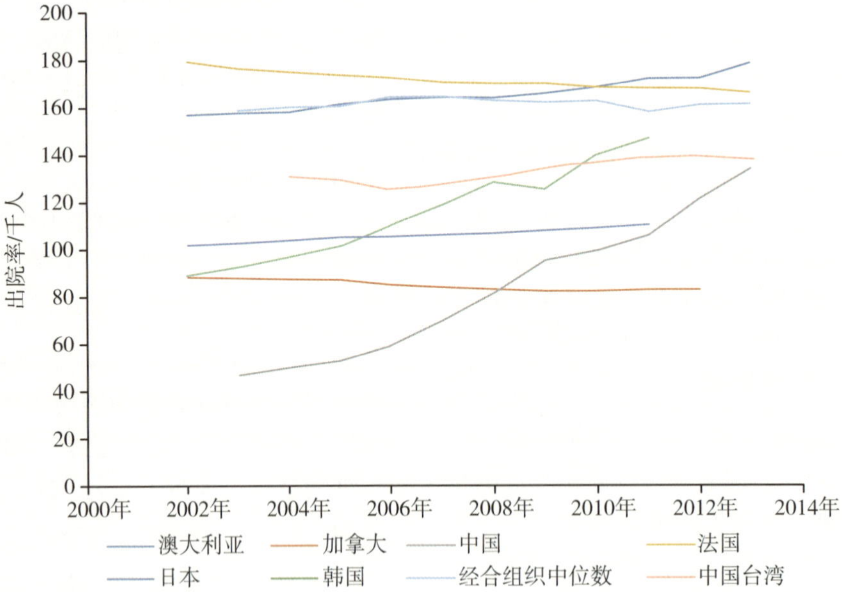

来源：Zhai等，2015。

院率，医院支出将高达9.562万亿元（GDP的4.8%）。换句话说，通过卫生体系改革而减少住院服务使用率将极大节省医疗费用，其规模相当于GDP中3%，到2035年卫生支出将降至GDP的6%。此发现已经得到中国医疗改革试点地区的经验的支持，这些改革在保证医疗质量的同时，成功减少了医疗卫生资金投入，控制了卫生费用和个人支出（Cheng，2013；Gao，Xu和Liu，2014；Yip等，2014）。最重要的是，此项结论强调了卫生体系改革对于卫生支出具有中期和长期影响。

通过卫生政策决策可以显著影响卫生支出和卫生费用增长，同时反映医疗技术革新、收入增长、人口和流行病等因素。社会资本对医疗领域进行广泛投资是因为这些投资有产生巨大价值的潜力，如延长寿命、摆脱伤残，这些虽然不能通过GDP反映出来，但是可以提高个人的生活品质，产生巨大的社会效益。这些价值还体现在减少由于疾病导致的直接经济损失方面，包括卫生服务使用、劳动力和生产力下降，以疾病和过早死亡相关的储蓄和投资可能受到的影响（Bloom等，2013）。当然，卫生费用节约的程度也取决于卫生体系如何促进健康结果的改善。[22]

1.6　结论

基层卫生服务薄弱、以医院为中心、缺乏整合、服务质量良莠不齐，这些都会阻碍健康结果的改善，难以提高卫生投入的回报。政府应将投入重点由医院转向基层卫生机构以及服务质量与协作的改进，这样才能既改善健康结果，又提高投资效率。推行这些措施的好处是基层和二级卫生服务的能力增强，疾病并发症和医院住院服务使用量减少，老年人生活受失能和疾病困扰的时间也将减少。短期内，资金节约可能抵不上为干预措施扩面和质量改进的成本，但长期回报却不可小觑，卫生支出增速将放缓，不良健康相关经济成本将降低。

诚然，中国的卫生费用会随国家经济的发展而进一步增长。但是，审慎地选择卫生服务提供的组织方式和生产模式并高效利用资源却可以控制卫生费用的增速。高成本路径的人均卫生费用可能是低成本路径的二倍或三倍，但产生的健康结果却不一定高出很多。

除卫生服务和支出水平外，还有其他因素也影响着健康结果。美国的体系是一个低价值的体系，按2013年购买力平价计算的人均卫生支出为9146美元；而新加坡和日本则是一个高价值体系，其人均卫生支出仅略高于3500美元（2013年），但健康结果和预期寿命都优于美国（见图1.19）。日本在创造

图 1.19　21 世纪头几年部分国家的预期寿命和人均卫生支出

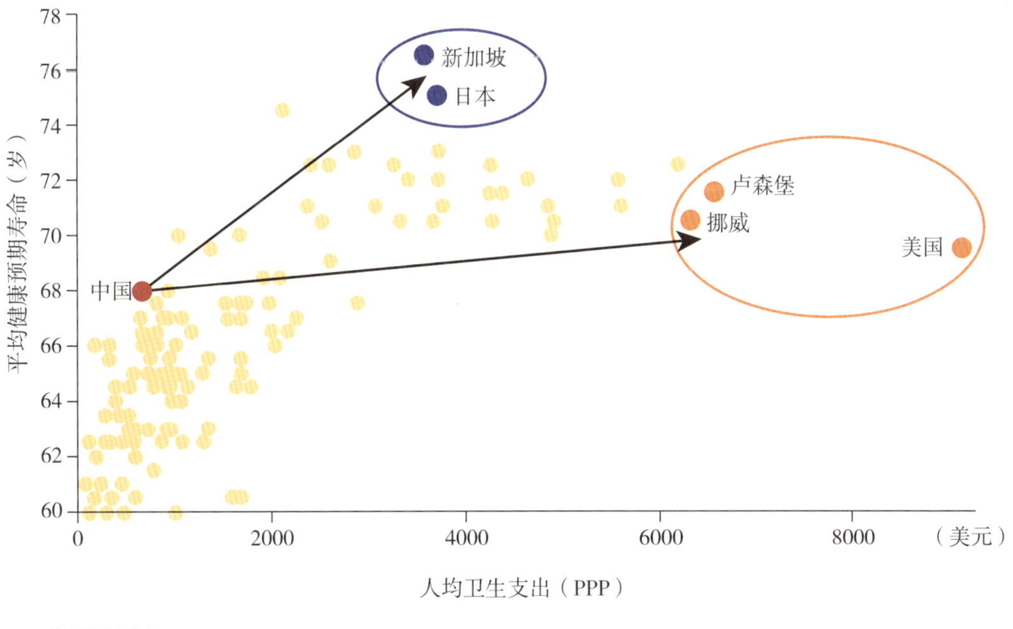

注：PPP=购买力平价。

来源：世界卫生组织全球卫生观察站数据集（http：//apps.who.int/gho/data）。

资金价值方面取得成功的很大一部分原因在于通过鼓励使用更加经济有效的服务对支出进行管理，如在保障内容里强调基层卫生保健，对于提供重点服务的机构优先安排投资（Maeda等，2014）。

中国需要探索建立一个新的卫生服务生产、筹资和服务提供的模式，既要能够满足居民的需求和预期，同时又能扎根于当前的经济现实。听之任之并非上策：否则沿用当前的服务提供模式继续提供卫生服务将会推高卫生费用，给政府和居民都将造成更加沉重的负担。

注释

1. 赤脚医生是指“接受过短期医疗和辅助医疗培训的农民，他们在农村提供基本医疗服务”（Yang和Wang，2017）。

2. 按年龄组划分的人口数据来自《中国统计年鉴2014》，国家统计局。北京：中国统计出版社。

3. 城市/农村按户口划分。农民工为农村户籍，主要参加新农合。由于新农合制度中异地就医的共付水平更高，而他们大部分时间居住在城市，无法享受医保，因此阻碍了医疗卫生服务的获得（Yip等，2012；Peng等，2010）。

4. 此外，部分地方政府试行供方付费方式改革，包括按人头付费和预付制安排，旨在弱化刺激提供服务的动机。

5. 本报告编写时，《2013年中国健康与营养调查的分析》尚未公开，预计分析结果会更加清晰地反映这些政策对卫生服务利用和自付费用产生的影响。

6. 农村卫生体制改革政策的资料来源包括《关于进一步加强农村卫生工作的决定》（中共中央委员会、国务院，2002）和《关于农村卫生机构改革与管理的意见》（卫生部，2002）。

7. 政府对基层卫生服务和社区卫生服务发展的指导意见包括《关于发展城市社区卫生服务的指导意见》（国务院，2006），《国务院关于开展城镇居民基本医疗保险试点的指导意见》（国务院，2007），《关于完善新型农村合作医疗统筹补偿方案的指导意见》（卫生部、财政部、国家中医药管理局，2007）。

8.《关于印发公共卫生与基层医疗卫生事业单位实施绩效工资的指导意见的通知》（人力资源和社会保障部，2009）。

9.《关于建立全科医生制度的指导意见》（国务院，2011）。

10.《“十二五”医改规划实施方案》（国务院，2012）。

11.《关于印发2013年全国卫生工作会议文件的通知》（卫生部，2013）；《关于做好新型农村合作医疗几项重点工作的通知》（卫生部，2014）。

12. 2015年国务院出台的文件包括：国办发〔2015〕38号《国务院办公厅关于城市公立医院综合改革试点的指导意见》、国办发〔2015〕33号《国务院办公厅关于全面推开县级公立医院综合改革的实施意见》、国办发〔2015〕70号《国务院办公厅关于推进分级诊疗制度建设的指导意见》、国办发〔2015〕93号《国务院办公厅关于推进农村一二三产业融合发展的指导意见》。

13.《关于促进基本公共卫生服务逐步均等化的意见》（卫生部和财政部，2009）。

14. 具体目标包括：确保40%的高血压和糖尿病病人获得标准化的疾病管理干预，将中风发病率增幅和中风死亡率控制在5%以内，将慢阻肺患病率控制在8%以下。这一政策要求地方政府制定进一步的细化目标。

15. 卫生支出主句来自《中国卫生总费用核算报告2014》，国家卫生发展研究中心，北京。

16. 在国家卫生总费用系统（2011版）中，社会医疗保险被划归为一般性政府卫生支出的一部分，该类别包括通过税收筹资对社会医疗保险提供的补助。为确保国际可比性，我们按报告中图表分类展示了数据。税收筹资保险补助的细分数据由中国国家卫生发展研究中心提供。

17. 公共补助主要投向最不发达的西部省份。

18. 不同来源的数据略有差异。中国国家卫生发展研究中心的《2014年国民健康报告》显示2012年中国药品支出占GDP比重为42%，而经合组织/世卫组织的估算结果为44%。据中国国家卫生发展研究中心估算，2013年这一比例为40%。

19. Zhai等人（2015）发现1993—2012年卫生总费用的增长主要由于平均每例实际费用的快速增长。卫生总费用共增长了11.6个百分点，其中8.6个百分点是由于平均每例实际费用的增长造成，而其中1.3个百分点和1.2个百分点则分别是由于卫生价格通胀率和老年化造成的。疾病流行率的降低节省了少量资金。人口增长也是总费用增长的一个因素，但贡献比例不大。

20. 这里报告的预测结果和之前中国卫生总费用数据得出的结果稍有不同。考虑到未来的资本形成变数较大很难预测，这里的预测仅仅基于当前费用，不包括资本形成。预测方法也不同于为经合发组织国家和金砖国家(巴西、俄罗斯联邦、印度、印度尼西亚、中国和南非)所作做的预测（de la Maisionneuve和Martins，2013）和为中国所做得的预测（Lorenzoni、Morgan、Murakami和James，2015）以上两个预测基于要素分析模型，考虑到人群年龄和性别结构、人口增长和老龄化（调节预期寿命以把由于健康而节省的卫生成本考虑在内）、收入、卫生相关价格和其他无法解释的要素的影响。

21. 每个病例的服务数量是指19个疾病类别和17个年龄组中，每个疾病发作的门诊就诊次数(或住院服务的出院次数)。

22. 正是出于这种考虑，英国财政部委任的万利斯（Wanless）委员会才建议政府增加卫生投入，以此作为改善健康状况和控制未来卫生费用上涨的手段（Wanless等，2007）

参考文献

孟庆跃，“中国初级卫生保健从业人员的流动性”，《中国卫生人才》2009，7（24）：5。

国家卫计委，《抗菌药物临床应用管理办法》［2012］84号。

国办发［2015］33号《国务院办公厅关于全面推开县级公立医院综合改革的实施意见》，国务院，2015a。

——— 国办发［2015］38号《国务院办公厅关于城市公立医院综合改革试点的指导意见》，国务院，2015b。

———国办发［2015］70号《国务院办公厅关于推进分级诊疗制度建设的指导意见》，国务院，2015c。

尹文强，陈钟鸣，管晖，崔雪丹，于倩倩，范海平，马欣，魏艳，2015.“基于熵权RSR法的山东省村卫生室处方用药评价”，《现代预防医学》，42（3）：2。

Babiarz, Kimberly S., Grant Miller, Hongmei Yi, Linxiu Zhang, and Scott Rozelle. 2012. “China's New Cooperative Medical Scheme Improved Finances of Township Health Centers but Not the Number of Patients Served.” *Health Affairs* 31 (5): 1065-1074. doi: 10.1377/hlthaff.2010.1311.

Batis, Carolina, Daniela Sotres-Alvarez, Penny Gordon-Larsen, Michelle A. Mendez, Linda Adair, and Barry Popkin. 2014. “Longitudinal Analysis of Dietary Patterns in Chinese Adults from 1991 to 2009.” *British Journal of Nutrition* 111 (08): 1441-1451. doi: doi: 10.1017/S0007114513003917.

Bhattacharyya, Onil, Yin Delu, Sabrina T. Wong, and Chen Bowen. 2011. “Evolution of Primary Care in China 1997–2009.” *Health Policy* 100 (2–3): 174-180. doi: http: //dx.doi.org/10.1016/j.healthpol.2010.11.005.

Bloom, David E., Elizabeth T. Cafiero, Mark E. McGovern, Klaus Prettner, Anderson Stanciole, Jonathan Weiss, Samuel Bakkila, and Larry Rosenberg. 2013. "The Economic Impact of Noncommunicable Disease in China and India: Estimates, Projections, and Comparisons." NBER Working Paper No. 19335. Cambridge, MA: National Bureau of Economic Research.

Blumenthal, David, and William Hsiao. 2005. "Privatization and its Discontents—the Evolving Chinese Health Care System." *New England Journal of Medicine* 353 (11): 1165-1170.

Caldwell, John C. 1986. "Routes to Low Mortality in Poor Countries." *Population and Development Review* 12 (2): 171-220. doi: 10.2307/1973108.

Chen, Junshi, and Wenhua Zhao. 2012. "Diet, Nutrition, and Chronic Disease in Mainland China." *Journal of Food and Drug Analysis* 20: 222-225.

Chen, Zhu. 2009. "Launch of the Health-Care Reform Plan in China." *The Lancet* 373 (9672): 1322-1324.

Cheng, Tsung-Mei. 2013. "A Pilot Project Using Evidence-Based Clinical Pathways and Payment Reform in China's Rural Hospitals Shows Early Success." *Health Affairs* 32 (5): 963-973. doi: 10.1377/hlthaff.2012.0640.

China National Bureau of Statistics. 2014. *China Statistical Yearbook.*

Chisholm, Dan, and David B. Evans. 2010. "Improving Health System Efficiency as a Means of Moving towards Universal Coverage." *World Health Report (2010)* Background Paper. Geneva, Switzerland: World Health Organization.

Chow, Clara K., Koon K. Teo, Sumathy Rangarajan, Shofiqul Islam, Rajeev Gupta, Alvaro Avezum, Ahmad Bahonar, Jephat Chifamba, Gilles Dagenais, and Rafael Diaz. 2013. "Prevalence, Awareness, Treatment, and Control of Hypertension in Rural and Urban Communities in High-, Middle-, and Low-Income Countries." *Journal of the American Medical Association* 310 (9): 959-968.

China National Health Development Research Center (CNHDRC). 2014. *China National Health Accounts Report.* Beijing, China.

Currie, Janet, Wanchuan Lin, and Juanjuan Meng. 2014. "Addressing Antibiotic Abuse in China: An Experimental Audit Study." *Journal of Development Economics* 110: 39-51. doi: http: // dx.doi.org/10.1016/j.jdeveco.2014.05.006.

Currie, Janet, Wanchuan Lin, and Wei Zhang. 2011. "Patient Knowledge and antibiotic abuse: Evidence from an Audit Study in China." *Journal of Health Economics* 30 (5): 933-949. doi: http: // dx.doi.org/10.1016/j.jhealeco.2011.05.009.

de la Maisonneuve, Christine, and Joaquim Oliveira Martins. 2013. "A Projection Method for Public Health and Long-Term Care Expenditures." OECD Economics Department Working Paper No. 1048. Paris: Organisation for Economic Co-operation and Development.

Deaton, Angus. 2013. *The Great Escape: Health, Wealth, and the Origins of Inequality.* Princeton, NJ: Princeton University Press.

Department of Health and Human Services (HHS). 2014. *The Health Consequences of Smoking—50 Years of Progress: A Report of the Surgeon General.* Atlanta, GA: Centers for Disease Control and Prevention.

Eggleston, Karen, Li Ling, Meng Qingyue, Magnus Lindelow, and Adam Wagstaff. 2008. "Health Service Delivery in China: a Literature Review." *Health Economics* 17 (2): 149-165. doi: 10.1002/hec.1306.

Feng, Jin, Pingyi Lou, and Yangyang Yu. 2015. "Health Care Expenditure over Life Cycle in the People's Republic of China." *Asian Development*

Review 32 (1): 167-195.

Feng, Xing Lin, Mingfan Pang, and John Beard. 2014. "Health System Strengthening and Hypertension Awareness, Treatment and Control: Data from the China Health and Retirement Longitudinal Study." *Bulletin of the World Health Organization* 92 (1): 29-41.

Gao, Chen, Fei Xu, and Gordon G. Liu. 2014. "Payment Reform and Changes in Health Care in China." *Social Science and Medicine* 111: 10-16. doi: http: //dx.doi.org/10.1016/j.socscimed.2014.03.035.

Gong, Yanhong, Chen Yang, Xiaoxv Yin, Minmin Zhu, Huajie Yang, Yunxia Wang, Yongbin Li, Liqun Liu, Xiaoxin Dong, Shiyi Cao, and Zuxun Lu. 2015. "The Effect of Essential Medicines Programme on Rational Use of Medicines in China." *Health Policy and Planning.* doi: 10.1093/heapol/czv008.

Gordon-Larsen, P., H. Wang, and B. M. Popkin. 2014. "Overweight Dynamics in Chinese Children and Adults." *Obesity Reviews* 15: 37-48. doi: 10.1111/obr.12121.

Guariguata, L., D. R. Whiting, I. Hambleton, J. Beagley, U. Linnenkamp, and J. E. Shaw. 2014. "Global Estimates of Diabetes Prevalence for 2013 and Projections for 2035." *Diabetes Research and Clinical Practice* 103 (2): 137-149.

He, Alex Jingwei, and Qingyue Meng. 2015. "An Interim Interdisciplinary Evaluation of China's National Health Care Reform: Emerging Evidence and New Perspectives." *Journal of Asian Public Policy* 8 (1): 1-18. doi: 10.1080/17516234.2015.1014299.

He, Jiang, Dongfeng Gu, Jing Chen, Xigui Wu, Tanika N. Kelly, Jian-feng Huang, Ji-chun Chen, Chung- Shiuan Chen, Lydia A. Bazzano, and Kristi Reynolds. 2009. "Premature Deaths Attributable to Blood Pressure in China: a Prospective Cohort Study." *The Lancet* 374 (9703): 1765-1772.

Hesketh, Therese, Li Lu, and Zhu Wei Xing. 2005. "The Effect of China's One-Child Family Policy after 25 Years." *New England Journal of Medicine* 353 (11): 1171-1176. doi: doi: 10.1056/NEJMhpr051833.

Institute for Health Metrics and Evaluation (IHME). 2010. "Global Burden of Diseases Study: China Profile."

———. 2012. "Global Burden of Diseases Study: China Profile."

Ikeda, Nayu, David Sapienza, Ramiro Guerrero, Wichai Aekplakorn, Mohsen Naghavi, Ali H. Mokdad, Rafael Lozano, Christopher J. L. Murray, and Stephen S. Lim. 2014. "Control of Hypertension with Medication: a Comparative Analysis of National Surveys in 20 Countries." *Bulletin of the World Health Organization* 92 (1): 10-19C.

Jing, Limei, Zhiqun Shu, Xiaoming Sun, John F. Chiu, Jiquan Lou, and Chunyan Xie. 2015. "Factors Influencing Patients' Contract Choice With General Practitioners in Shanghai: A Preliminary Study." *Asia- Pacific Journal of Public Health* 27 (2 suppl): 77S-85S. doi: 10.1177/1010539514561654.

Kinsella, Kevin, and David R. Phillips. 2005. "Global Ageing: The Challenge of Success." *Population Bulletin* 60 (1): 5-42.

Lei, Xiaoyan, and Wanchuan Lin. 2009. "The New Cooperative Medical Scheme in Rural China: Does More Coverage Mean More Service and Better Health?" *Health Economics* 18 (S2): S25-S46. doi: 10.1002/hec.1501.

Li, Min-zhi, Li Su, Bao-yun Liang, Jin-jing Tan, Qing Chen, Jian-xiong Long, Juan-juan Xie, Guang-liang Wu, Yan, and Xiao-jing Guo. 2013. "Trends in Prevalence, Awareness, Treatment, and Control of Diabetes Mellitus in Mainland China from 1979 to 2012." *International Journal of Endocrinology* 2013. Article ID 753150. doi: http: //dx.doi.org/10.1155/2013/753150.

Li, Xin, and Wei Zhang. 2013. "The Impacts of Health Insurance on Health Care Utilization among the Older People in China." *Social Science and Medicine* 85: 59-65. doi: http: //dx.doi.org/10.1016/j.socscimed.2013.02.037.

Li, Ye, Qunhong Wu, Ling Xu, David Legge, Yanhua Hao, Lijun Gao, Ning, and Gang Wan. 2012. "Factors Affecting Catastrophic Health Expenditure and Impoverishment from Medical Expenses in China: Policy Implications of Universal Health Insurance." *Bulletin of the World Health Organization* 90: 664-671.

Liang, Lilin, and John C. Langenbrunner. 2013. *The Long March to Universal Coverage: Lessons from China.* Universal Health Coverage (UNICO) Studies, No. 9. Washington, DC: World Bank.

Liang, Xiaoyun, Hong Guo, Chenggang Jin, Xiaoxia Peng, and Xiulan Zhang. 2012. "The Effect of New Cooperative Medical Scheme on Health Outcomes and Alleviating Catastrophic Health Expenditure in China: A Systematic Review." PLoS ONE 7 (8): e40850. doi: 10.1371/journal.pone.0040850.

Liu, Hong, and Zhong Zhao. 2014. "Does Health Insurance Matter? Evidence from China's Urban Resident Basic Medical Insurance." *Journal of Comparative Economics* 42 (4): 1007-1020. doi: http: //dx.doi.org/10.1016/j.jce.2014.02.003.

Liu, Kai, Qiaobing Wu, and Junqiang Liu. 2014. "Examining the Association between Social Health Insurance Participation and Patients' Out-Of-Pocket Payments in China: The Role of Institutional Arrangements." *Social Science and Medicine* 113: 95-103. doi: http: //dx.doi.org/10.1016/j.socscimed.2014.05.011.

Liu, L. S. 2011. "2010 Chinese Guidelines for the Management of Hypertension." Chinese Journal of Cardiology 39 (7): 579-615.

Long, Qian, Ling Xu, Henk Bekedam, and Shenglan Tang. 2013. "Changes in Health Expenditures in China in the 2000s: Has the Health System Reform Improved Affordability?" *International Journal for Equity in Health* 12: 8.

Lorenzoni, Luca, David Morgan, Yuki Murakami and Chris James. 2015. "The OECD Health and Long-term Care Expenditure Projection Model and its Application to China." Manuscript. Paris: OECD.

Ma, Jin, Mingshan Lu, and Hude Quan. 2008. "From a National, Centrally Planned Health System to a System Based on the Market: Lessons from China." *Health Affairs* 27 (4): 937-948.

Maeda, Akiko, Edson Araujo, Cheryl Cashin, Joseph Harris, Naoki Ikegami, and Michael R. Reich. 2014. *Universal Health Coverage for Inclusive and Sustainable Development: A Synthesis of 11 Country Case Studies.* Washington, DC: The World Bank.

McCollum, Rosalind, Lieping Chen, Tang Chen Xiang, Xiaoyun Liu, Barbara Starfield, Zheng Jinhuan, and Rachel Tolhurst. 2014. "Experiences with Primary Health Care in Fuzhou, Urban China, in the Context of Health Sector Reform: a Mixed Methods Study." *The International Journal of Health Planning and Management* 29 (2): e107-e126. doi: 10.1002/hpm.2165.

Meng, Qingyue. 2015. Overview of Efforts to Improve Primary Health Care and Enhance Integration in China. Washington, DC: World Bank. Meng, Qingyue, and Shenglan Tang. 2010. "Universal Coverage of Health Care in China: Challenges and Opportunities." In *World Health Report (2010)* Background Paper, edited by World Health Organization. Geneva, Switzerland: World Health Organization.

Meng, Qun, Ling Xu, Yaoguang Zhang, Juncheng Qian, Min Cai, Ying Xin, Jun Gao, Ke Xu, J. Ties Boerma, and Sarah L. Barber. 2012. "Trends in Access to Health Services and Financial Protection in China between 2003 and 2011: a Cross-Sectional Study." *The Lancet* 379 (9818): 805-814. doi: http: //dx.doi.org/10.1016/S0140-6736(12)60278-5.

Ng, S. W., A. G. Howard, H. J. Wang, C. Su, and B. Zhang. 2014. "The Physical Activity Transition among Adults in China: 1991–2011." *Obesity Reviews* 15: 27-36. doi: 10.1111/obr.12127.

Organisation for Economic Co-operation and Development (OECD). 2015. *OECD Health Statistics 2015.* Paris: OECD.

Organisation for Economic Co-operation and Development and World Health Organization (OECD/WHO). 2014. *Health at a Glance: Asia/Pacific 2014.* Paris: OECD.

Peng, Yingchun, Wenhu Chang, Haiqing Zhou, Hongpu Hu, and Wannian Liang. 2010. "Factors Associated with Health-Seeking Behavior among Migrant Workers in Beijing, China." *BMC Health Services Research* 10: 10.

Selvin, Elizabeth, Christina M. Parrinello, David B. Sacks, and Josef Coresh. 2014. "Trends in Prevalence and Control of Diabetes in the United States, 1988–1994 and 1999–2010." *Annals of Internal Medicine* 160 (8): 517-525.

Smith, James P., John Strauss, and Yaohui Zhao. 2014. "Healthy Aging in China." *Journal of the Economics of Ageing* 4: 37-43. doi: http: //dx.doi.org/10.1016/j.jeoa.2014.08.006.

Smith, Sheila, Joseph P. Newhouse, and Mark S. Freeland. 2009. "Income, Insurance, and Technology: Why Does Health Spending Outpace Economic Growth?" *Health Affairs* 28 (5): 1276-1284. doi: 10.1377/hlthaff.28.5.1276.

———. 2015d. "Guidance on promoting tiered care service delivery system" , No 93.

Sun, Zesheng, Shuhong Wang, and Stephen R. Barnes. 2015. "Understanding Congestion in China's Medical Market: an Incentive Structure Perspective." *Health Policy and Planning*. doi: 10.1093/heapol/czv062.

Sylvia, Sean, Yaojiang Shi, Hao Xue, Xin Tian, Huan Wang, Qingmei Liu, Alexis Medina, and Scott Rozelle. 2015. "Survey Using Incognito Standardized Patients Shows Poor Quality Care in China's Rural Clinics." *Health Policy and Planning* 30 (3): 322-333. doi: 10.1093/heapol/czu014.

Tang, Shenglan. 2014. "Developing More Equitable and Efficient Health Insurance in China." *Paulson Policy Memorandum*. Chicago, IL: The Paulson Institute.

United Nations, Department of Economic and Social Affairs, Population Division. 2013. *World Population Aging 2013*. New York: United Nations.

———. 2015. *World Population Prospects: The 2015 Revision, Key Findings and Advance Tables.* Working Paper No. ESA/P/WP.241. New York: United Nations.

Wagstaff, Adam, and Magnus Lindelow. 2008. "Can Insurance Increase Financial Risk? The Curious Case of Health Insurance in China." *Journal of Health Economics* 27 (4): 990-1005. doi: http: //dx.doi.org/10.1016/j.jhealeco.2008.02.002.

Wagstaff, Adam, Magnus Lindelow, Gao Jun, Xu Ling, and Qian Juncheng. 2009. "Extending Health Insurance to the Rural Population: An Impact Evaluation of China's New Cooperative Medical Scheme." *Journal of Health Economics* 28 (1): 1-19. doi: http: //dx.doi.org/10.1016/j.jhealeco.2008.10.007.

Wang, S., P. Marquez, and J. Langenbrunner. 2011. "Toward a Healthy and Harmonious Life in China: Stemming the Rising Tide of Noncommunicable Diseases." Human Development Unit, East Asia and

Pacific Region. Washington, DC: World Bank.

Wang, Shan, Lihua Liu, and Jianchao Liu. 2014. "Comparison of Chinese Inpatients with Different Types of Medical Insurance before and after the 2009 Health Reform." *BMC Health Services Research* 14 (443): 8.

Wanless, Derek, John Appleby, Anthony Harrison, and Darshan Patel. 2007. "Our Future Health Secured? A Review of NHS Funding and Performance." London, UK: King's Fund.

World Health Organization (WHO). 2014. "Noncommunicable Diseases Country Profiles: China." http: //www.who.int/nmh/countries/chn_en.pdf.

———. 2015. World Health Expenditure Database.

World Bank. 2015. *World Development Indicators*. Washington, DC: World Bank.

Xu, Jin, and Qingyue Meng. 2015. "People-Centered Health Care: Towards a New Structure of Health Service Delivery in China." Washington, DC: World Bank.

Xu, Y., L. Wang, J. He, Y. Bi, M. Li, T. Wang, L. Wang, Y. Jiang, M. Dai, and J. Lu. 2013. "Prevalence and Control of Diabetes in Chinese Adults." *Journal of the American Medical Association* 310 (9): 948.

Yang, Gonghuan, Lingzhi Kong, Wenhua Zhao, Xia Wan, Yi Zhai, Lincoln C. Chen, and Jeffrey P. Koplan. 2008. "Emergence of Chronic Noncommunicable Diseases in China." *The Lancet* 372 (9650): 1697-1705. doi: http: //dx.doi.org/10.1016/S0140-6736(08)61366-5.

Yang, Gonghuan, Yu Wang, Yixin Zeng, George F. Gao, Xiaofeng Liang, Maigeng Zhou, Xia Wan, Shicheng Yu, Yuhong Jiang, and Mohsen Naghavi. 2013. "Rapid Health Transition in China, 1990–2010: Findings from the Global Burden of Disease Study 2010." *The Lancet* 381 (9882): 1987-2015.

Yang, Huajie, Xiang Huang, Zhiheng Zhou, Harry H. X. Wang, Xinyue Tong, Zhihong Wang, Jiaji Wang, and Zuxun Lu. 2014. "Determinants of Initial Utilization of Community Health Care Services among Patients with Major Noncommunicable Chronic Diseases in South China." PLoS ONE 9 (12): e116051. doi: 10.1371/journal.pone.0116051.

Yang, Wei. 2015. "Catastrophic Outpatient Health Payments and Health Payment-Induced Poverty under China's New Rural Cooperative Medical Scheme." *Applied Economic Perspectives and Policy* 37 (1): 64- 85. doi: 10.1093/aepp/ppu017.

Yang, Wei, and Xun Wu. 2014. "Paying for Outpatient Care in Rural China: Cost Escalation under China's New Co-operative Medical Scheme." *Health Policy and Planning*. doi: 10.1093/heapol/czt111.

Yang, Wenying, Juming Lu, Jianping Weng, Weiping Jia, Linong Ji, Jianzhong Xiao, Zhongyan Shan, Jie Liu, Haoming Tian, and Qiuhe Ji. 2010. "Prevalence of Diabetes among Men and Women in China." *New England Journal of Medicine* 362 (12): 1090-1101.

Yang, Zhao-Jun, Jie Liu, Jia-Pu Ge, Li Chen, Zhi-Gang Zhao, and Wen-Ying Yang. 2011. "Prevalence of Cardiovascular Disease Risk Factors in the Chinese Population: the 2007–08 China National Diabetes and Metabolic Disorders Study." *European Heart Journal* 33: 213–220. doi: 10.1093/eurheartj/ehr205.

Yi, Hongmei, Grant Miller, Linxiu Zhang, Shaoping Li, and Scott Rozelle. 2015. "Intended and Unintended Consequences of China's Zero Mark-up Drug Policy." *Health Affairs* 34 (8): 1391-1398. doi: 10.1377/hlthaff.2014.1114.

Yi, Hongmei, Linxiu Zhang, Kim Singer,

Scott Rozelle, and Scott Atlas. 2009. "Health Insurance and Catastrophic Illness: a Report on the New Cooperative Medical System in Rural China." *Health Economics* 18 (S2): S119-S127. doi: 10.1002/hec.1510.

Yin, Wen-qiang, Zhong-ming Chen, Hui Guan, Xue-dan Cui, Qian-qian Yu, Hai-ping Fan, Xin Ma, and Yan Wei. 2015. "Using Entropy Weight RSR to Evaluate Village Doctors' Prescription in Shandong Province under the Essential Medicine System." *Modern Preventive Medicine* 42 (3): 2.

Yin, Xiaoxv, Fujian Song, Yanhong Gong, Xiaochen Tu, Yunxia Wang, Shiyi Cao, Junan Liu, and Zuxun Lu. 2013. "A Systematic Review of Antibiotic Utilization in China." *Journal of Antimicrobial Chemotherapy* 68 (11): 2445-2452. doi: 10.1093/jac/dkt223.

Yip, Winnie, Chi-Man Yip, William C. Hsiao, Wen Chen, Shanlian Hu, Jin Ma, and Alan Maynard. 2012. "Early Appraisal of China's Huge and Complex Health-Care Reforms." *The Lancet* 379: 10. doi: 10.1016/S0140-6736(11)61880-1.

Yip, Winnie, Timothy Powell-Jackson, Wen Chen, Min Hu, Eduardo Fe, Mu Hu, Weiyan Jian, Ming Lu, Wei Han, and William C. Hsiao. 2014. "Capitation Combined With Pay-For-Performance Improves Antibiotic Prescribing Practices In Rural China." *Health Affairs* 33 (3): 502-510. doi: 10.1377/hlthaff.2013.0702.

Yu, Baorong, Qingyue Meng, Charles Collins, Rachel Tolhurst, Shenglan Tang, Fei Yan, Lennart Bogg, and Xiaoyun Liu. 2010. "How does the New Cooperative Medical Scheme Influence Health Service Utilization? A Study in Two Provinces in Rural China." *BMC Health Services Research* 10: 9.

Zhai, Tiemin, John Goss, Jinjing Li, Rachel Davey, and Yohannes Kinfu. 2015. "Main drivers of recent health expenditure growth in China: a decomposition analysis." *The Lancet* 386, Supplement 1: S46. doi: http: //dx.doi.org/10.1016/S0140-6736(15)00627-3.

Zhai, Tiemen, John Goss, Tania Dmytraczenko, Yuhui Zhang, Jinjing Li and Peipei Chai. "Impact of selected policy changes on health expenditure growth in China to 2035 and estimates of health expenditure in China 2015 to 2035 by disease." *Forthcoming.*

Zhang, Linxiu, Hongmei Yi, and Scott Rozelle. 2010. "Good and Bad News from China's New Cooperative Medical Scheme." *IDS Bulletin* 41 (4): 10.

Zhang, Lufa, and Nan Liu. 2014. "Health Reform and Out-Of-Pocket Payments: Lessons from China." *Health Policy and Planning* 29 (2): 217-226.

第2章

推手1：根据以人为本的一体化服务模式打造“分级诊疗”卫生服务提供体系

2.1 以人为本的一体化服务（PCIC）模式

一国的卫生服务提供系统应该确保患者在最合适的场所得到适当、及时、公平、可负担的高质量卫生服务。本报告中的“以人为本的一体化服务（PCIC）”是指围绕居民及其家庭的卫生需求组织服务的灵活模式。PCIC一词是世界卫生组织“以人为本和整合型卫生服务全球策略”的简称（WHO，2015a）。专栏2.1根据世卫组织策略来定义PCIC。

PCIC的最终目标是在合适的时间及合适的地点提供适当的服务。除满足病人的需要，该模式尤为重视整合健康促进、疾病预防、疾病治疗和临终关怀等各种医疗卫生服务，减少卫生体系的碎片化和资源浪费。基层卫生服务是PCIC的基础。只有建立起强有力的基层服务体系，才能够以较低的成本提供优质有效、以人为本的一体化服务。有效的PCIC包括加强基层服务，使其成为患者的首

专栏2.1 以人为本的一体化服务（PCIC）

以人为本的卫生服务是“让病人、家属和所在社区共同参与到诊疗服务中，他们是卫生服务的受益人，同时也是参与者。他们对服务体系充满信任，同时服务体系也能够以人性化、一体化的方式，根据他们的需求和偏好提供服务”。一体化卫生服务（也称整合型卫生服务）是指“将包括健康促进、疾病预防、治疗和临终关怀等在内的各种医疗卫生服务的管理和服务提供整合在一起。根据健康需要，协调各级各类医疗机构为病患提供终生连贯的服务”。

来源：WHO，2015a：10–11。

诊地，能满足绝大部分医疗卫生需求，并协调卫生服务体系中包括医院在内的各级各类供方，协作开展卫生服务以满足各类卫生需求。归根结底，PCIC就是调整卫生服务提供体系，构建由相互联系的各层级供方组成的功能完备、为居民健康负责的医疗服务网络。

如第1章所述，从政策的角度来看，中国向PCIC卫生服务模式的转变正在发生，特别是近期国务院发布的指导意见明确提出要建立分级诊疗制度，并规定了各级各类医疗机构的功能定位和责任。[1]指导意见还确立了中国PCIC服务提供模式的基本原则和特点，为本章后面提出的核心行动奠定了基础。新发布的指导意见包含以下重要特征：加强基层卫生机构的能力；推动基层首诊；建立双向转诊制度；确定医疗机构功能定位并推进各级各类医疗机构整合服务；重视旨在治疗和管理慢性病的特殊护理安排；培养全科服务医生（“全科医生”），补充基层医疗卫生机构人力队伍；组织建立医疗卫生机构网络；以及推进医疗卫生信息化。

放眼全球，将重点放在基层卫生上的PCIC模式正在成为医改的核心内容。这些模式普遍具有以下核心特征：强化基层服务、关注病人的健康需求、不同层级供方实现服务整合。在美国，“以病人为中心的医疗之家”模式已经成为加强基层卫生服务的重要方式。澳大利亚、加拿大、丹麦、荷兰和英国等卫生体系较为先进的国家也在建立类似PCIC的模式。甚至巴西、哥斯达黎加、新加坡、土耳其等中等收入国家也明确要根据PCIC模式改革卫生服务提供体系。虽然发展迅速，但目前各种类似PCIC模式的实施主要还是地方性或区域性的。

基于对国际经验的评估，包括一系列中国建立PCIC的举措，本章评估了转向PCIC模式的好处，以及中国在推动医疗卫生体制转向PCIC过程中可能遇到的挑战。随后，讨论了八个核心领域的行动，这些行动将引导主管部门在推动实施PCIC模式的过程中做出实施决策。最后，本章总结了PCIC核心行动领域在中国的发展前景，讨论的重点是围绕病人的健康需求组织服务提供系统，推动实现系统内各级各类医疗机构的服务整合。

2.2 实施PCIC模式的好处

尽管以上很多模式都有具体的背景，而且大多数模式也都是基于高收入国家的经验，但初步研究结果表明该模式可以改善健康结果，提高服务质量和提升患者体验。附件2.1根据300多项研究的结论（包括为编写本报告而委托开展的10个中国案例研究）评估了类PCIC模式对健康结果、服务质量和费用产生影响的证据。经验表明，推行PCIC模式可产生如下影响：

- 住院量和急诊量下降：总结美国“老人全包护理计划”（PACE）和美国退伍军人健康管理局（VHA）的“病人协同照料团队”（PACT）等各种PCIC模式发现，急诊量、未预约的再入院量和住院天数均有所下降（Ali，2015；Ali和Li，2015b）。在很多案例中，可以在门诊治疗的疾病的住院率也下降了。
- 改进了临床诊疗流程：PCIC干预措施改善了疼痛评估和治疗、药物剂量、病人的处方依从性、疾病管理计划的使用和患者健康教育等各方面工作。例如，美国退伍军人管理局的PACT案例研究了48个临床过程，其中41个是有改善的（Ali和Li，2015b）。
- 提高健康结果及患者满意度：PCIC干预措施缓解了疼痛，提高了生活质量，降低了抑郁程度。其他效果还包括：控制了血糖和血脂、提高了生理机能、营养状况和身体平衡。患者的满意度也大都提升了。
- 对费用的影响不尽相同：几乎所有的研究都着眼于对费用的短期影响，不同国家之间，乃至同一国家之内的研究结果差异显著。美国和欧洲的一些PCIC干预措施节省了费用，但在大部分研究中，关于干预措施对维持费用稳定或减少费用的影响的证据有限或不确定；而且在很多案例中，费用甚至增加了（Hebert等，2014）。还需要进一步开展研究，了解质量和健康结果的改善是否会带来长期的费用节约。在中国，由于人们普遍重专科轻基层，节省费用的空间可能会更大。

- 改善卫生系统资源和需求的平衡：在卫生系统层面，推行PCIC模式将重塑服务平衡，让资源配置更加贴合需要。这种转变会减少干预和服务的重复、对医疗卫生机构的非必要使用，并缩短服务等候时间。PCIC模式还会减少医疗失误，加强疾病筛查和预防项目，提高诊断准确度，增强转诊的适当性和时效性，并提高整个服务系统的公平性，从而进一步保障患者安全。

基于对全球范围内PCIC案例文献资料的全面评估，世卫组织（2015a，b）提出了PCIC模式对个人、社区、医护人员和医疗卫生系统的一系列潜在好处（见专栏2.2）。

国际经验表明，要做到以较低的成本实现较好的健康结果，卫生服务体系就一定要重视发挥基层医疗服务的那些关键职能：可及性、满足大部分非急诊临床服务需要、服务和信息的持续性以及促进整合服务的提供（Macinko、Starfield和Erinosho，2009；Friedberg、Hussey和Schneider，2010）。在卫生服务提供层面，PCIC包括至少四项战略目标：[2]

- 重新构建服务模式，特别是转变医院的角色，同时加强基层卫生服务能力；
- 跨专业、跨学科整合各级各类医疗服务；
- 持续改善医疗服务质量；
- 鼓励病患及家属参与其健康管理及服务利用的临床决策。

2.3　中国实施PCIC模式面临的挑战

世行为编写本报告委托开展了22个案例研究，这些案例研究就中国实施PCIC改革服务提供模式过程中可能遇到的挑战给出了一些参考。22个案例研究包括10个中国的案例和12个其他中等收入和高收入国家的案例（见表2.1；详情请参见附件2.2）。在案例调查过程中，研究人员对中国和其他国家的规划人员以及医院和基层医疗卫生机构的工作人员的访谈凸显了加强基层卫生与整合各级各类医疗卫生服务方面的一些典型问题。当然，如本章与其他几章都重点说明的一样，中国目前已经出现了很多应对这些挑战的创新举措。

第一，基层医疗卫生机构要建立病人登记或签约系统[3]，根据病症或风险进行分层。中国的“守门人模式”经验有限，另外还要完善转诊制度，支持实现基层首诊，而非医院首诊。向下转诊制度（即从医院转到基层卫生机构）的运转还不顺畅。尽管各地都明确提出要建立跨学科团队，但很多地方的卫生工作人员都缺乏服务协作所需的知识、技能和文化。政府鼓励基层卫生机构整合预防及治疗服务，但全国范围内实现整合的数量仍然很少。基层医疗卫生机构工资待遇较低，因此合格专业人员和卫生工作者不愿在基层工作或留在基层。

第二，由于收入大部分来自按服务付费，因此中国的很多医院有强烈的经济动机吸引住院和门诊病人，不愿将服务转给基层或推行服务整合。医院只愿意将长期住院的老年病病人转给下级医疗机构，因为针对此类病人的服务往往收不抵支。每个机构都是按照各自提供的服务单独付费，除息县（河南）试点外（Ali和Li，2015a），很少有机构尝试通过加强协作分享收入或资金节约。中国正在试点建立一体化服务机构网络（称之为医院联合体，简称“医联体”），但有些联合体往往由大医院把持，成为向上级医疗机构输送病人的渠道。

第三，医疗机构和服务提供者并未得

专栏2.2 以人为本一体化服务模式的潜在好处

对个人和家庭：

- 增加服务满意度，与服务供方的关系更加密切
- 增加服务的可及性和及时性
- 增加健康素养和健康相关的自我决策能力
- 更多地参与服务规划制定过程，与医疗专业人员共同决策
- 提高自我管理和管控长期健康状况的能力
- 不同的服务供方更好地协调卫生服务

对于医护人员和社区健康工作者：

- 提高工作满意度
- 改善工作量安排，降低疲劳程度
- 增强主人翁意识和业务技能水平，使其能够担当更为重要的任务
- 通过教育和培训机会学习新的技能，如团队合作提供医疗服务

对社区：

- 改善医疗服务的可及性，特别是边缘人群的服务可及性
- 提高个人和社区的健康水平，包括更好的健康行为模式
- 增强社区管控传染病、应对危机的能力
- 改善医患关系，加强社区参与，以及对卫生服务的信任
- 加强社区在卫生资源利用决策方面的参与和代表性
- 公民的健康责任和权利更加清晰
- 医疗服务能够更好地响应社区健康的需要

`对于卫生体系：

- 促使卫生资源配置更加优化、平衡，反映健康需要
- 提高公平性和人人享有卫生服务的可及性
- 降低医疗差错，避免不良反应，改善患者安全水平
- 增加对疾病筛查和预防项目的使用
- 提高诊断准确性以及转诊的及时性
- 增强对基层卫生服务和社区卫生服务的使用，提高疾病管理能力和医疗协作，降低住院率和住院天数
- 降低不必要的卫生服务利用和等候时间
- 避免医疗投资重复建设
- 降低人均医疗成本
- 降低传染病和慢病的死亡率和并发症

来源：WHO，2015a，12。

表2.1 中国和部分国家的基于PCIC的医改案例研究摘要

文内指代称谓	案例研究	地点
中国的案例研究		
北京，CHA	北京朝阳医院联合体，4个案例	北京
北京，PKU IDS	北大人民医院医疗卫生服务共同体（IDS），4个案例	北京
肥西，SPHCC	提高基层卫生服务能力	安徽肥西
杭州，TFY	“十二五”卫生事业发展规划	浙江杭州
湟中，HCA	医疗联合体	青海湟中
上海，FDS	家庭医生制度	上海
上海，RLG	上海瑞金-卢湾医疗联合体，4个案例	上海

续表

文内指代称谓	案例研究	地点
息县，IC	县乡村一体化服务	河南息县
镇江，GH	大卫生（GH）	江苏镇江
镇江，ZKG	江苏镇江康复医院集团，4个案例	江苏镇江
国际案例研究		
坎特伯雷，HSP	健康服务计划（HSP）	新西兰坎特伯雷
丹麦，SIKS	慢性病患者综合服务（SIKS）	丹麦
佛森，DMC	大区医疗中心（DMC）	挪威佛森
詹姆斯库克大学医院，AEC	詹姆斯库克大学医院（JCUH），门急诊服务（AEC）	英国英格兰
金齐希河谷，GK	综合护理服务（GK）	德国金齐希河谷
马里兰州，Carefirst	以病人为中心的医疗之家	美国马里兰州
荷兰，DTC	马斯特里赫特糖尿病服务（DTC）	荷兰
葡萄牙，ULS	本地健康机构（ULS）	葡萄牙
新加坡，RHS	区域卫生系统（RHS）	新加坡
土耳其，HTP	国家卫生转型计划（HTP）	土耳其
美国，PACE	老人全包护理计划（PACE）	美国
退伍军人健康管理局，PACT	退伍军人健康管理局，病人参与的护理团队（PACT）	美国

注：关于每个案例的具体情况请参见附件2.2。

到补偿，或并未得到充分补偿。例如，北京市朝阳区为到社区卫生服务中心坐诊的医生安排了小额年度津贴，但津贴数额太低，无法补偿医生因为离开医院而“损失的收入”（Jian和Yip，2015）。基层医生也很少因为开展服务协作的相关活动获得额外收入；另外，即便基层医疗卫生机构通过改进服务或疾病管理提高了效率，但他们也无法留存因此节约的资金。

第四，病人没有动力依从基层首诊。政府制定的政策允许病人看任何病都可以直接去医院。基层医疗卫生机构药品和人员配置都弱于医院，无法满足复杂病症患者的需求。另外，医院门诊的共付比例仅比基层卫生机构高一点点，自付费用方面的差异并不能阻止病人首选医院。

第五，服务整合需要管理部门在现有基础上提供更高水平的协调。由隶属于不同层级（如市级、区级和县级）政府部门医疗机构组成的网络很难协调关于病人流向、重叠服务、筹资安排、人力资源和物流等方面的决策和行为。健康维护组织的组建也未能克服这一困难。服务协调的两个最佳范例（息县和镇江康复医疗集团）都是单一行政层级管理的机构（Ali和Li，2015a；Li和Jiang，2015）。

第六，尽管中国在医疗卫生信息化建设方面引入了很多创新，但这些举措大都没有实现联动。很多举措都着眼于支持医院，而非基层卫生机构。

案例研究表明，中国应该考虑建立一套统一的、标准化的系统（包括当地和国家层面）来衡量和提高基层医疗服务质量、慢性病管理质量和患者满意度。这套测量体系需要和付出的努力相挂钩。

中国并非唯一一个在医改过程中面临挑战的国家。很多经合组织国家都开始将PCIC作为跨领域改革的部分内容，即增加对整个医疗卫生系统的投资，而非单个卫生项目或机构的投资，满足老龄化人口的需要，应对慢病发病率高企并不断提高以及费用不断增长的挑战。他们在推进改革过程中面临的挑战包括：转变传统服务模式中对急性服务和“疾病治疗”的导向；改革头重脚轻、倒金字塔模式的服务提供系统；以及减少医疗机构和服务层级之间的管理和服务碎片化问题（Cercone和O’Brien，2010；Porter，2010；WHO，2008）。一些经合组织国家的改革措施还试图改变现有模式，转变医疗机构与病人之间的传统关系。这些关系往往仅限于医生问诊的环节，干预措施缺乏连续性，通常是某一个专科医生在问诊时向病人提供建议，而病人的责任就仅仅是听从医生的建议。

2.4 核心行动领域及相应的实施策略

本报告通过开展这些案例研究及大量的文献研究，总结出八个核心行动领域。我们认为这八个领域是建立有效PCIC模式的基础（见表2.2）。针对每个行动领域，我们都简述了中国政府可以采取的策略，以此来引导实施行动。

案例研究中的所有绩效改进举措都运用多种策略推进PCIC模式（见图2.1）。所有这些举措都包括了加强信息化建设以及纵向整合的内容（核心行动领域3和5），反映出要改进协作、加强连续性，确保在正确的地点提供正确的服务。几乎所有的举措都重视加强绩效测量、反馈及横向整合（核心行动领域4

表2.2 PCIC模式的八个核心行动领域及实施策略

核心行动领域	实施策略
1.基层首诊制	• 病人登记签约服务 • 风险分层 • 守门人制度 • 确保可及性
2.跨学科团队	• 团队的构成、职能和领导 • 为患者量身定制个性化服务计划
3.纵向整合，包括医院职能的转变	• 在纵向整合的网络中，明确各级各类机构的职责 • 服务供方间的关系 • 形成医疗卫生机构网络
4.横向整合	• 各级各类医疗之间的整合 • 围绕用户需求组织服务，推进更加以病人为中心的服务
5.医疗电子信息化（电子医疗）	• 统一的电子病历系统 • 沟通和服务管理功能 • 互连互通
6.统一的临床路径和双向转诊制度	• 统一的临床路径促进服务一体化和决策支持 • 在一体化服务网络中的双向转诊路径
7.测量与反馈	• 标准化绩效指标 • 持续不断的反馈循环，促进质量改进
8.认证	• 供地方和国家使用的认证标准 • 机构要得到认证需达到的指标

图 2.1　**PCIC 绩效改进举措案例研究中八大核心行动领域的干预频次**

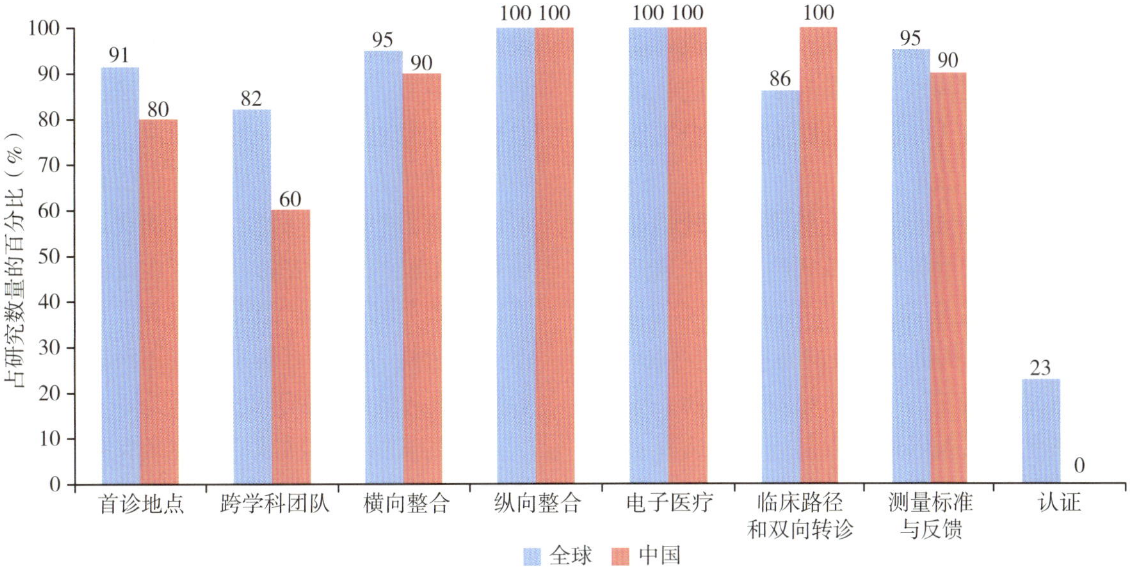

来源：作者整理。

和 7）。重视程度最低的领域为认证（核心行动领域 8），只有约 1/4 的案例涵盖了认证内容；中国没有任何一项举措将认证作为一个绩效改进策略。用于加强服务问责和标准化（核心行动领域 1 和 2）的其他方法包括将付费与质量挂钩、实施临床路径和其他服务标准（核心行动领域 6），以及测量病人满意度。

在每个行动步骤中，PCIC 倡议都综合运用了多项策略，而策略选择要结合提出的优先重点、目标改进领域的范围、当前所面临的挑战、医疗卫生体制的优势和结构、之前的改革历史，以及本地传统和文化。

2.4.1　核心行动领域 1：基层首诊制

基层卫生服务为居民和社区解决健康问题，是建立以人为本一体化服务的着力点。优秀的基层卫生服务体系的一个基本特征是能够作为首诊机构满足大多数患者的需要。若患者一直在自己信任的、合格的基层医疗机构首诊，可以得到具有连续性的、各级医疗机构（如医院、基层机构、专科机构）相互协调的服务，从而在适当的地点得到所需的服务，避免不必要的住院和治疗，以及不必要的风险和医疗费用。

案例研究发现，有四条策略可以确保实现基层首诊，满足群众的大部分卫生需求：一是病人登记签约服务；二是健康风险筛查；三是守门人制度；四是可及性。

2.4.1.1　策略 1：登记签约服务，推进居民健康管理

签约是指特定机构和/或地区的所有病人由一家基层医疗卫生机构或一个服务团队负责。在 22 个 PCIC 绩效改进案例中，有 10 个认为登记签约是关键要素，其中三个是中国的案例。在众多欧洲国家和地区，包括丹麦、英格兰、芬兰、荷兰、苏格兰和土耳其等，登记签约服务都是卫生服务提供体系的重要支柱。在中国，签约服务可以成为改善医患关系、提高信任度的重要步骤，确保基层机构为人们的健康负责，并改变患者只到医院就医的行为。

签约服务主要有两种方式：允许患者进行选择或者根据地理区域来分配患者。最简单的方式就是根据地理位置来分配患者，一般是根据现有的社区来划分。例如，上海家

庭医生制度的成功主要是依靠居民与基层医疗卫生机构签约，在各区按照街道签约登记（Ma，2015a）。上海的试点特别重视将患者和基层医疗机构紧密联系起来，增进社区对家庭医生的信任，让家庭医生成为卫生服务体系中的首诊之选。

另外，中国还运用签约服务来鼓励医疗机构减少对按服务付费模式的依赖，通过一体化慢性病管理和改进后的远程医疗工具，实现在基层提供更加可及的高质量卫生服务。杭州《“十二五”卫生事业发展规划》中提出的签约模式是以地区限制患者的选择：居民可以选择医保指定区域内的社区卫生服务中心的任意一个基层卫生供方。每个居民每次签约一年，一次只能选择一个基层卫生供方（Yan，2015a）。同样，德国金齐希河谷综合护理服务联盟也是按照区域实行签约，确保所有签约患者都有相应的基层保健团队，但患者在该区域内可以自由选择基层保健供方（Hildebrandt等，2015；Nolte等，2015）。

按地理位置登记签约虽然简单，但却限制了患者对医生的选择权，因此降低了患者对该制度的接受程度。也有一些案例是根据患者选择进行签约的。土耳其《2003年国家卫生转型规划》（HTP）的重点是在全国的每个区域建立家庭医学中心，每家中心都有确定的参考人群（Sumer，2015）。土耳其政府起初决定按地理位置将患者分配给家庭医生，设立了“患者登记员”；但是，患者也可以要求从登记地迁出，加入区域以外的另一位家庭医生的患者群。这种方式重视患者的选择，但事实却证明这样做很难实现服务的连续性，特别是有时患者在没有跟医生进行有效沟通就自行更换，转型过程较为漫长。若中国实施基于患者选择的登记签约制度，必须辅以有效的实时信息管理系统，保证患者更换医疗机构时信息可以实现无缝和高效对接。

美国马里兰州的私营医疗保险公司CareFirst优先考虑患者偏好，但同时也确保所有患者都能获得常规的初级保健服务（Murray，2015）。公司设计了一套复杂的过程，将未选定初级保健供方的患者“分配”给某个供方。公司开发了一套算法，根据患者前一次约见的医生和约见频次，为其安排初级保健供方。需要说明的是，CareFirst公司优先考虑患者的选择，并主动找患者确认和更新他们的签约安排。患者在任何时候都可以转到另外一家初级保健供方。尽管这种模式耗时耗力，但有助于那些还没有开展患者签约服务的国家展开此项工作。

签约安排的一项核心内容是保持可行的签约规模（分配给某个供方和/或团队的患者数量）。控制签约规模对于实现签约目标至关重要，这样初级保健供方和团队才能专注于满足患者需要，有效提供PCIC服务。签约规模过大会阻碍形成和维持良性的医患关系；由于分配给每个患者的时间有限，也会削弱协调一致、高质量服务的提供。较大签约规模往往按服务项目计算产出；在这种模式中，牵头供方和机构将更加注重诊疗次数和约见患者人数，而不注重干预质量、提供的服务和健康结果。

2.4.1.2 策略2：签约人群风险分层

做PCIC的规划首先需要对目标人群的健康需要进行摸底调查。风险分层是指主动识别在登记人群中谁的健康风险高，或者谁的服务使用率高，特别是住院服务使用率高或者可能会很高，从而针对识别出的个体进行主动干预，在基层为他们提供更为密集的、协调的服务。同时，服务使用率高的人也可以了解自身的健康需求并加以应对，减少可预防的、昂贵的重症服务。22个案例研究中有10个案例都包含风险分层内容，但其中只有一个案例是中国的。

风险分层可以患者个体为单位或者根据疾病负担开展。在个体层面，可基于临床指南并考虑是否患有某种目标疾病或者近期卫生服务使用情况进行风险分层。临床人员也可以根据临床直觉，列出他们觉得哪些患者的风险较高，需要团队密切关注。河南息县的一体化服务就是通过医务人员的临床判断，根据风险状况将患者分层，识别出高风险人群，然后将其纳入统一的临床路径，为其提供适当的服务，改善服务结果（Ali和Li，2015a）。

另外，以往的服务使用情况或当前的疾病负担也可以作为识别高风险患者的依据。美国马里兰州CareFirst以病人为中心的医疗之家模式发现，根据既往服务利用情况进行风险分层非常有效，不会给服务供方带来过重的负担（Murray，2015）。该项目使用“疾病负担评分表”，根据过去12个月的医保报销数据和诊断计算出得分，将患者的风险量化（见图2.2）。德国金齐希河谷综合护理服务联盟（GK）的医生在签约过程中针对每个新患者都要填写风险状况问卷，然后运用这些信息计算出现不良健康结果的风险，并据此设计出个性化的服务计划，以及针对每个患者的目标设定过程（Hildebrandt等，2015；Nolte等，2015）。该过程确保复杂程度较高的医疗服务只针对高风险的疑难病症。

荷兰的马斯特里赫特糖尿病服务和丹麦的慢性病病人综合服务（SIKS）项目通过识别成本高、管理复杂或风险高健康结果差的具体疾病来进行风险分层（Nolte等，2015；Runz-Jørgensen和Frølich，2015；Vrijhoef和Schulpen，2015）。SIKS设立了四种疾病的康复中心，包括慢阻肺、糖尿病、心衰和髋骨折，并明确界定了每种疾病的临床收治标准。基于疾病进行风险分层使得SIKS住院量减少了18%，门诊量减少了24%（Runz-Jørgensen和Frølich，2015）。基于哥本哈根SIKS中心的成功经验，丹麦将该方法拓展成为国家疾病管理项目，为慢性病患者提供综合一体的服务。

2.4.1.3　策略3：加强守门人制度

守门人制度是确保患者能够在合适的时间、地点得到适当服务的重要机制，但患者可能也会认为该制度限制了他们的选择，强加了不当的限制条件。因此，在设计守门人制度时，必须要考虑如何既给患者留有自主权，又能在总体上控制服务的使用情况。基层卫生服务承担守门人职责是限制患者使用专科服务的一种方法，有助于减少不当服务的过度使用。守门人制度必须包括有效的转诊制度，使患者可以在适当的情况下能够得到更高级别的服务。

守门人制度有严格型与松散型两种模式。在严格型的制度下，患者必须去基层卫生机构，即“守门人”机构首诊，只有“守门人”同意后才能得到二级或三级医疗服务。该机制一般都会对不合规的患者或供方进行

图 2.2　运用疾病负担评分表对患者进行风险分层

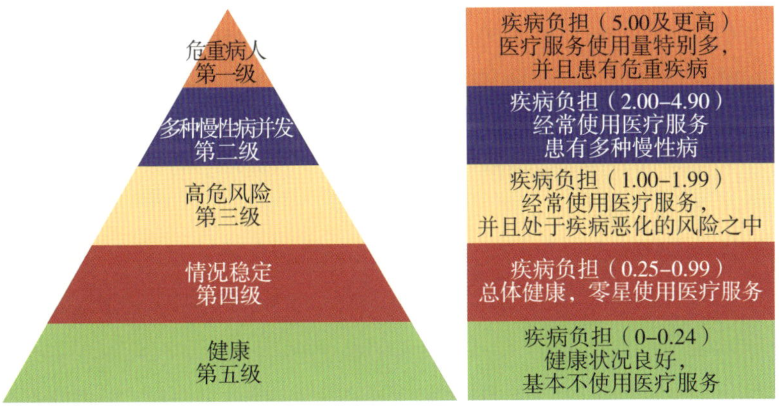

人口百分比	费用百分比	医疗成本
3%	29%	$4436
8%	23%	$1160
12%	21%	$578
27%	20%	$218
50%	7%	$49

来源：马里兰州CareFirst案例研究。

经济上或管理上的处罚。杭州的《健康杭州"十二五"规划》中就包括针对高血压、糖尿病患者的严格型守门人制度（Yan，2015a）。患者必须通过基层医疗机构进入医疗卫生服务体系，随后可以通过社区卫生服务中心转诊，得到更高级别的服务。

而松散型的守门人制度鼓励患者在去看专科医生之前先去基层医疗机构就诊，但对此不做硬性要求。松散型的方式也许更加实用，因为它允许患者对医疗机构保留有更大的自主选择。土耳其的HTP没有建立正规的守门人制度，而是运用经济手段鼓励患者去找家庭医生首诊。由家庭医生转诊到医院的患者可以免除病人对医院服务的共付部分（Sumer，2015）。该项目实施后，去医院就医的患者减少了，但家庭医生感觉有时患者就是为了转诊才来就医的。

2.4.1.4 策略4：确保可及性

在患者有需要时支持其去就诊或与供方进行沟通，是基层医疗服务的重要功能。跟医院相比，基层医疗服务必须更容易获得并更为方便。基层的非工作时间就诊或者当天就诊等安排能更有效地避免患者不必要地使用成本更高的上级服务。22个案例中有14个（64%）都采取了提高可及性的措施。

可运用供方经济激励来提高服务可及性。在美国马里兰州，CareFirst保险公司每月支付初级保健供方一笔费用，这个费用不与诊疗人次挂钩；另外，初级保健供方还会得到质量奖金，而奖金部分取决于服务可及性（Murray，2015）。若供方在周末服务可及性、夜间服务可及性、电话服务可及性以及患者可以查询自身病例方面得分较高，就可以拿到奖金。经济激励会鼓励医生提高服务可及性，包括在八小时之外的时间让患者获得电子健康档案。

可及标准也可通过法律加以规定。在挪威，佛森市推行大区医疗中心（DMC）模式之前，很多大区都没有设立急诊床位。患者到很远的三级医疗中心去接受急诊服务。DMC模式取得成功后，国家政府规定每个大区都要设立急诊床位，但各个大区可根据区内基础设施情况和人群的需要，自行选择设立的地点（Forde、Auraasen和Moreira，2015）。挪威模式中目标是既定的，但实施过程留有灵活性，这种模式的推广实施提高了居民对24小时急诊服务的可及性。

提高初级保健服务可及性的其他方法还包括移动门诊和家庭护理。地处中国西北部的青海省湟中县于2013年建立了医疗联合体制度，旨在推进县乡村医疗机构垂直整合（Meng和Luyu等，2015）。针对老年病护理的后续访视，县医院增设移动门诊，补充基层医疗卫生机构的力量。移动门诊可以筛查疾病，将重病患者转到较大医院，并负责在基层卫生机构和实验室之间运送标本。镇江社区卫生服务中心要求3+X团队每周要花3天的时间开展社区家访（Yan，2015b）。其他服务还包括预约就诊以及在线沟通。使用这些服务的大都是老年人。

土耳其的《卫生转型规划》要求家庭医生进行家访，并使用移动临床服务为无法在传统诊所就诊的病人提供服务（Sumer，2015）。这些方案对农村尤为重要。提供居家护理、移动健康服务和移动药房写入了家庭医生与卫生部签订的合同中。但也有家庭医生抱怨，由于他们因家访等工作需要离开办公室，使得某些病人获得服务的连续性出现了缺口。实施七年后（2010年开始实施），土耳其的《卫生转型规划》要求家庭医生还要通过社区走访，为护理院、监狱和儿童中心提供服务。

2.4.2 核心行动领域2：行之有效的跨学科团队

跨学科团队是多数PCIC项目取得成功的重要因素。原则上，跨学科团队是由临床人员及非临床人员组成的没有级别的服务团队，旨在为患者提供一体化综合服务。该团队由不同专业背景的临床及非临床人员组成，能够提供更为全面的服务。在22个案例中有17个案例（77%）都有这样的安排，人们大都认为跨学科团队是有力的促进因素。不同项目在保障跨学科团队高效运作方面采用了不同的做法，案例研究中也包括一些成功的方法，如保证合适的团队构成和领导，为患者提供综合性协调的服务。

2.4.2.1　策略 1：确定团队目标、构成、职能、文化和领导机制

建立有效团队的首要任务就是明确人群的健康需求，以及初级卫生保健团队在响应这些需求方面的作用。规划之初的一项重要工作是确保社区内人群健康目标与团队构成和任务相称。

跨学科团队的人员组成可以不同，但成功的关键是要清晰界定团队成员各自的职责。一般来说，团队的核心和领导是经验丰富的基层临床医生。例如，在美国退伍军人健康管理局（VHA）的病人参与的护理团队（PACT）项目中，每个服务团队都由一名医生负责，成员包括护士、助理医师、药剂师、服务协调人和社区社会工作者。项目要求所有服务团队清晰界定每个成员的职责（见图2.3），但每个团队也有一定的灵活性，可根据团队需要和具体情况来调整职责分工。

跨学科团队可以指定一名服务协调员，以减轻团队其他成员的压力，给患者提供保健咨询，并帮助他们更好地利用服务提供体系。VHA的患者中很大一部分是病情复杂的慢性病病人，需要较好的协调各方以提供服务。因此，每个团队都指定了一名服务协调员，管理患者的预约、随访、转诊、体检的数据及出院。VHA发现，服务协调员是一个非常重要的职位，在服务团队中负责协调临床人员以及向患者提供的各类服务（Ali和Li，2015b）。

上海家庭医生制度中的跨学科家庭医生团队由一名基层医生作为核心领导者，成员包括护士、公卫医生、助理，有时还包括营养师和药剂师等其他专业人员（Ma，2015a）。同样，镇江“大卫生”战略中的3+X团队包括三名社区卫生服务中心的成员，以及数量不等的医院志愿者。在通常情况下，团队包括一名医生、一名护士和一名其他预防保健人员，医院代表（“X”）为其他医生、护士或管理人员（Yan，2015b）。

跨学科团队在协作式环境中才能发挥最大效用，即供方之间要坦诚沟通，彼此信任，相互平等。团队必须定期会面，并作为一个整体经常参与培训和质量改进活动。挪威和葡萄牙PCIC改进措施的比较可说明一些问题。挪威医疗机构之间合作的历史较长，团

图 2.3　美国退伍军人健康管理局 PACT 团队成员的职责分工

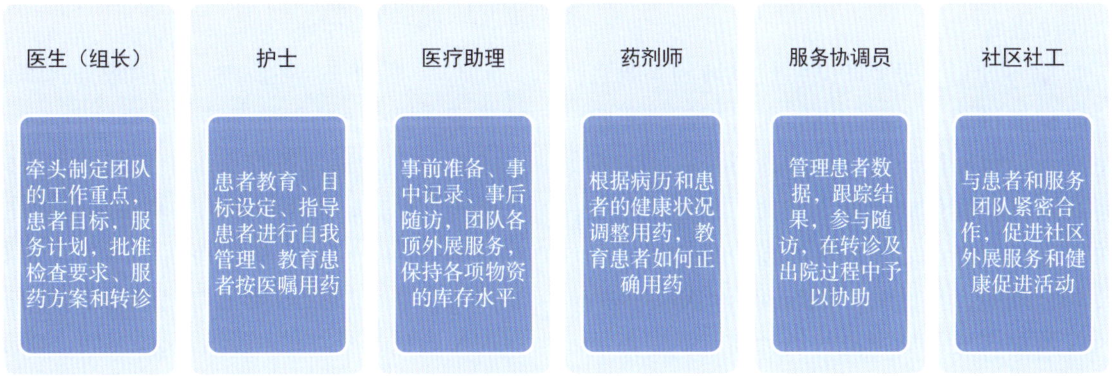

来源：Stout等，2015。

队的思维模式有助于形成跨学科团队。尽管在开展团队工作方面的要求和职责并不多，但在PCIC模式引入后，大区医疗中心的员工很快就建立起了团队意识（Forde、Auraasen和Moreira，2015），甚至公共卫生部门和社区心理门诊也采用了团队模式，而其他国家的同行们仍沿用着层级分明的管理模式。葡萄牙的本地健康机构模式也认识到跨学科团队的重要性。他们的改革明确地要求新成立的本地健康机构组建跨学科团队，提供基本卫生服务、住院服务和公共卫生服务。遗憾的是，供方并未完全接受团队工作的理念，他们表示组建行之有效的跨学科团队的过程是实现服务整合的主要障碍。尽管他们在文件中提出的跨学科团队与很多其他国家的情况相似，但团队工作与协作的文化却始终没有建立起来。本地健康机构模式推出15年后，团队运转仍然困难重重（Forde、Auraasen和Moreira，2015）。

需要说明的是，正如新西兰坎特伯雷健康服务计划所展示的一样，协作文化是可以培养的。为建立协作文化，健康服务计划明确提出了目标并加大推广力度，确保每个人都理解跨学科团队工作模式的重要性，而不是像葡萄牙一样，仅在文件中加以规定。为从一开始就建立起协作文化，坎特伯雷领导委员会签署了章程，并描述了他们同意支持的文化（Love，2015）。

2.4.2.2 策略2：团队与患者共同量身定制个性化服务计划

服务计划为服务于某一位患者的所有医疗机构提供了一个路线图。一般用于高风险患者，但也可用于所有患者，还可以作为患者在家自我管理的依据。成功的服务计划是医护人员与患者之间相互承诺的契约和应急计划。例如，马里兰州CareFirst计划为疾病风险及服务使用特别高的患者制定了服务计划。尽管CareFirst公司的本地服务协调员在启动和维护服务计划方面发挥了一定的作用，但顺利执行服务计划的关键是基层服务供方或护士以及患者本人都要参与进来。服务计划要经患者同意，患者和供方均可在线查询。服务计划还可推动患者赋权。为鼓励供方投入必要的时间和精力来制定并维护服务计划，CareFirst公司还就制定和维护的服务计划向基层卫生服务机构支付费用（Murray，2015）。

2.4.3 核心行动领域3：包括转变医院职能在内的纵向整合

纵向整合是分级诊疗的关键，涉及为患者提供服务时基层、二级和三级医疗机构之间的沟通和协调。在中国，实现纵向整合需要重新定义这些医疗卫生机构（特别是医院）的各自职能及其相互关系。各级医疗机构必须携手实现“三合一”原则，即“一个系统、一个人群、统一的资源”。国务院近期出台的《关于推进分级诊疗制度建设的指导意见》简要提出了各级医疗卫生机构的作用和责任[4]，为下一步工作奠定了良好的基础。

案例研究中部分中国项目的经验表明，纵向整合还能够将各级供方联系起来，互相之间提供支持和技术援助，共同提高医疗服务质量。

22个案例中有15个案例开展了加强纵向整合的工作。主要采取了三个方面的策略：（1）在纵向整合的服务网络中明确各机构的作用；（2）通过技术援助和能力建设，加强供方间的联系；（3）依据“三合一”原则建立正式的服务网络。

2.4.3.1 策略1：在纵向整合的服务网络中重新定义机构，特别是医院的角色

纵向整合需要医疗系统中各级卫生机构之间进行合作，确保服务的协调性和连续性，而这些机构并没有合作的传统。因此，需要重新定义各个机构的角色，确保这些机构在纵向整合的服务网络中能够顺畅运转。确定不同卫生机构的具体服务范围，以及上级机构如何通过监督、技术援助及合作向下级机

构提供支持。

世界各国的医院的职能都在转变。医院不再是处于服务体系核心位置的孤立机构及服务的入口点，也不再提供“一站式服务”，而是日益成为各类服务网络的一部分，与基层卫生机构、诊断中心和社会服务机构等供方协作（Porignon等，2011）。在各类网络之中，医院将成为专注于技术和专业的临床治疗示范中心，专门提供高度复杂的医疗服务以及性命攸关的急救服务，并为下级卫生机构提供人员、技术援助和培训。

中国近期的政策改革方案和中央政府的指导意见强调实行分级诊疗、整合卫生服务，鼓励医院和基层医疗卫生机构建立密切的合作关系（国务院，2012；2015）。[5]县医院、乡镇卫生院、社区卫生服务中心和村卫生室的整合对中国来说并不是特别新的概念，但却一直难以推进。与其他改革一样，政府希望从试点中积累经验。各地实施了很多由医院牵头的小规模举措，旨在协调服务或至少在医院与其他服务提供方之间建立联系。多数此类举措同其他改革也有关联，服务整合只是改进服务提供多项目标之中的一个。

六个中国案例的经验凸显了一些与医院更密切融入服务提供体系相关的问题（这些举措的具体内容见附件2.3）。除河南息县外，这些举措都发生在大城市，有三级医院的参与，而且三级医院通常作为牵头机构。其中，四个模式是由医院管理集团或联合体（医联体）[6]管理，只有一个是由县卫生局管理，还有一个是由一家牵头医院管理。

尽管目标各异，这六种模式都试图提高相关基层卫生机构的能力，即城市的社区卫生服务中心和农村的乡镇卫生院。在这些模式中，医院轮流派出专科医生去基层提供培训和技术支持；转诊制度得以完善；另外，还为网络中附属的下级医疗机构建立了“绿色通道”，帮助病人从基层上转到医院。只有少数模式设计了旨在激励服务协作的付费制度。上海瑞金-卢湾医疗联合体与镇江康复医疗集团都推行了横向整合，将一部分诊断服务合并到单一的地点。两个模式中都有一定程度的信息化创新，如供方之间开展远程会诊，以及通过电话会议提供培训和临床指导（Jian和Yip，2015；Li和Jiang，2015；Ma，2015b）。息县和杭州的项目都推出了电子化会诊安排，这样在基层医疗卫生机构就诊的患者就可以同医院的专科医生互动（Ali和Li，2015a；Yan，2015a）；而镇江与河南的模式中都建立了电子病历系统，加入医联体的供方都可以进行查询。

在很多情况下，服务整合会迫使医疗机构承担他们不熟悉或不擅长的职责。这时，由外部机构明确职责可以提供必要的方向和指南。息县就是一个典型的例子。2014年6月，四家县级医院分别与19家乡镇卫生院签约，共同提供住院服务。合同中明确规定了各级医疗机构的角色和职责。另外，政府规定将付费和报销与绩效挂钩，以此激励医疗机构积极履行自身的职责。

案例研究显示，这些试点改革取得了一些成果。镇江参加慢病管理的人数上升，息县高血压病人参加随访和双向转诊的人数也显著增加。此外，镇江康复医疗集团组建了包括医院、社区卫生服务中心和公共卫生人员在内的跨学科家庭医生团队，旨在支持慢病及妇幼保健的一体化管理。四个社区卫生服务中心的康复病房也针对医院老年科和神经科出院的患者建立了类似的安排，并推行旨在激励社区卫生服务中心开展慢病管理的付费制度。

服务整合仍然存在一些挑战。一体化系统的主要举措——守门人制度、跨学科团队、制定由基层卫生机构负责协调的个性化服务方案、患者跟进以及出院后服务等举措——仍有待推进和完善。息县向上转诊的病例数仍远远超过向下转诊，绿色通道住院仅占医院住院总量的一少部分[7]。从医院转到下一级医疗卫生机构的目标还没有完全实现。

2.4.3.2 策略2：通过技术援助和能力建设，建立供方与供方之间的联系

医院帮助下级医疗机构提高医疗质量和服务能力，可以加强各级供方之间的联系。在大部分中国的案例中，通过医院向基层医疗卫生机构提供技术援助的方式，建立起纵向整合所需的医疗机构之间的联系和沟通。其中的两个例子是安徽肥西的“加强基层卫生服务能力”（SPHCC）项目和青海湟中的“医联体”项目。这两个县都在村卫生室、乡镇卫生院和县医院之间建立了技术援助制度（Meng和Luyu等，2015；Meng和Yinzi等，2015），上一级机构有责任通过培训、教育和会诊的方式向下一级机构的医生提供临床技术援助。这种互动加强了各级医疗机构之间的协调，信息化系统的使用也进一步促进了卫生机构之间的沟通。

杭州市在社区建立了46个“联合中心”（Yan，2015a）。联合中心的人员包括医院专科医生（来自四家市级医院）和基层医生，共同管理糖尿病和高血压患者。联合中心的特点包括在整个服务提供系统中跟踪并协调服务，使用统一的服务路径，制定个性化的服务计划，以及鼓励医院专科医生积极参与社区卫生服务中心提供的出院后续服务。联合中心还设立了同行辅导项目，社区医生与医院心内和心外专家建立帮对关系，以此提升社区卫生服务中心的慢性病管理水平。

镇江“大卫生”项目要求医院专科医生每周至少要在社区卫生服务中心工作五个半天，提供门诊服务、住院查房、病例讨论，有时也会开展讲座（Yan，2015b）。社区卫生服务中心还为职工提供在核心医院进修的机会。例如，康复医疗集团下的黎明社区卫生服务中心每年派出一名医生到镇江市第一人民医院的神经内科进修。另外，医院也会派出三到四名中医、内科和儿童医生在社区卫生服务中心常驻一年，为中心职工提供密集培训。在镇江的“大卫生”项目中，一体化服务团队允许医生多点执业，从而可在提供技术援助方面充分运用医生及其技术能力。镇江还安排专项资金，鼓励医疗卫生资源下沉，如用于技术援助；政府通过专项资金出资，三级医院派出支持乡镇卫生院的每名医生都可以获得80000元的补贴。

上海市瑞金—卢湾医疗联合体在社区卫生服务中心推出了“专科—全科联合门诊”服务，并针对这些中心基层卫生供方制定了培训计划（Jian和Yip，2015；Ma，2015b）。培训内容包括全科医学的基本理论，内科、外科和诊断的基本知识；常见病治疗；以人为本社区卫生服务的提供；计算机技能；以及社区卫生服务管理。

2.4.3.3 策略3：建立正式的服务网络

很多卫生体系是通过建立供方网络实现纵向整合的。完善的网络能够提供全方位的持续性服务，覆盖各级别的服务需求，通过电子健康信息系统实现无缝衔接。这种完全一体化的网络通常还为服务人群的健康结果承担经济风险。纵向整合中还会有较为松散的服务网络，这些“虚拟”网络的形成通常是因为供方之间的距离较近，或是为了和支付方谈成更有利的合同，一般缺乏强有力的治理结构和共享的医疗信息系统工具，比如统一的病历系统。因而，松散的服务网络在一体化服务中往往不能有效地控制成本。

不管是通过非正规的虚拟机制还是正规的治理结构，服务网络的形成似乎都是纵向整合的。

息县的县乡村一体化服务模式原是一个外部资助项目的目标，旨在提高农村卫生服务的可及性、可负担性以及质量。息县的一体化服务还建立了更为正式的医疗机构网络，由各供方联合为患者提供服务（Ali和Li，2015a），通过经济激励强化了机构间的一体化，促使供方将信息系统充分相连。此外，

息县模式非常强调遵循临床指南和统一服务指南的重要性。指南中明确了某种疾病的患者应该由哪一级医疗机构怎样提供服务的建议，并针对各级供方的100多种疾病详细规定了转诊和出院服务标准。乡镇卫生院设立了联络员，负责管理服务协调和转诊，监督村卫生室在后续服务中对定制化服务计划的使用情况。项目还开发了统一路径实施情况的评估标准，并建立了全县范围都能查询的电子健康档案。县医院、乡镇卫生院和村卫生室签订的服务协议体现了上述特点。在息县模式中，对不遵守服务协议没有惩罚措施，但建立了县医院和乡镇卫生院共同分享住院服务保险支付的付费机制，鼓励供方将服务向基层转出，以确保出院后的连续性服务以及医院和乡镇卫生院的协调发展。

然而，服务网络不应该仅由医院来运行。在新加坡，通过整合公共卫生服务与二级医院服务，以及与基层卫生机构签订合同的区域卫生系统（RHS），旨在不再以医院作为卫生体系的中心，而是以患者的需要为中心。医院会争夺病人，即将本可以在基层卫生机构治疗的患者“抓住”并上移至医院系统进行治疗。为了避免这种现象的发生，RHS的管理独立于医院，负责监督整个RHS的主席由政府任命。这是从以医院为中心的模式向PCIC模式转变的一个重要标志（Teo，2015）。

2.4.4 核心行动领域4：横向整合

横向整合旨在提供更加全面、完整的服务，包括保健、预防、治疗、康复和临终关怀服务，由一线医疗机构进行协调。这样的整合是以患者的需要而不是服务提供系统的需要为核心，可以提高医疗服务提供的有效性以及服务的协调性。横向整合还可以减少重复性服务，提高资源使用效率。22项案例研究中有一半都对服务实行了横向整合。

2.4.4.1 策略1：促进各类服务的横向整合

从系统层面看，横向整合的主要形式可以是将服务整合到同一个机构。例如，佛森的大区医疗中心（DMC）将公共卫生、基层卫生服务和急诊服务整合到一个机构，人们可以在同一个地点获得由公共卫生人员和基础医疗机构提供的从疫苗接种到急诊等不同服务（Forde、Auraasen和Moreira，2015）。《健康杭州“十二五”规划》项目主要是在社区卫生服务中心建立慢病联合服务中心，该中心整合了公共卫生、慢病的专科以及基层医疗服务，成功地转变了之前碎片化的服务提供。此外，这种联合中心更方便患者，患者到一线机构单次就诊就能获得多种服务（Yan，2015a）。横向整合能实现更大的规模经济。镇江的“大卫生”项目将所有医院和社区卫生服务中心的临床诊断及实验室合并为单一机构，减少了重复服务，提高了资源使用效率（Yan，2015b）。

2.4.4.2 策略2：围绕用户需求组织服务，推进更加以病人为中心的服务

横向整合融合了预防和治疗服务，关注的不是疾病本身，而是整个人的健康，可为患者提供全面连贯的服务。在患者层面，综合全面的服务模式不仅包括传统意义上的医疗，还涵盖了疾病的心理因素和背景因素。例如，美国老人全包护理计划（PACE）既要求提供综合全面的医疗服务，又要求整合各个领域的服务，以提供全面关怀（Ali，2015）。PACE通过居家服务、餐食提供、密集型社会工作以及对脆弱老年人独自居家生活面临困难的细微理解，做到了对老年人的全面关怀。

在《健康杭州“十二五”规划》基层卫生服务项目中，医生与本地居民签订服务合同，服务内容包括居家综合服务、生活支持以及社区日间服务/老年人护理中心（Yan，2015a）。服务基于本地居民的需要确定，包括医疗服务、生活支持和护理。

安徽肥西的“加强基层卫生服务能力”项目强调将一体化医疗服务纳入现代医疗服

务的重要性（Meng和Yinzi等，2015）。由此，肥西中医院紫蓬分院和一家乡镇卫生院建立了合作关系，全面整合了包括中西医在内的各级各类医疗卫生机构。由于很多居民对中医非常认可，中西医结合模式能够更好地契合患者的愿望和习惯，鼓励他们全面参与制定治疗方案。

2.4.5 核心行动领域5：信息化建设（电子医疗）

随着技术不断进步，强大的电子医疗（e-Health）平台是以患者为中心的医疗服务体系实现互联互通的支柱（Bates和Bitton，2010）。信息技术（ICT）的运用不仅为卫生服务机构间的有效沟通打下基础，也为医务人员和患者提供了全面参与服务过程、改善服务管理和进行决策的工具。电子医疗可以通过连接供方来实现信息的横向整合、纵向一体化、协调性及连续性，极大地提高基层卫生服务体系的功能性和有效性。事实证明，这样的协调可以提高服务效率，减少重复检查及不合理用药产生的不必要支出，以及由于随访不到位造成的本可避免的并发症。运用信息技术，患者除了亲自去医疗机构就诊以外，还可以通过其他方式与供方互动，推动以病人为中心的一体化卫生服务，如涵盖多方面内容的共享型电子健康档案系统，包括挂号、远程或网络会诊以及在线预约挂号系统。

要达成上述目标，就需要在信息化建设上投入大量的时间、精力和资源。PCIC改进计划中采用电子医疗策略的比例为21/22（95%），突显了该行动领域对于加强卫生服务提供体系的重要性和核心作用。案例研究体现了三个主要策略：（1）采用电子健康档案；（2）建立电子沟通和管理功能；（3）保证互联互通。

2.4.5.1 策略1：建立供方和患者都可及的电子健康档案系统（EHR）

有效的电子医疗系统的核心是电子健康档案，事实证明它有利于提高临床决策、登记、团队服务、服务转诊、个人健康记录、远程医疗技术和测量（Bates和Bitton，2010）。在这些关键因素顺利发挥作用时，供方和患者都能够享受更加协调的服务路径。各级供方可以实时沟通，在一个地方就能便捷地获取患者当前及最新的健康信息。

例如，河南息县研发了一个新的电子健康临床档案管理系统，包括双向转诊系统运行状态的关键信息（Ali和Li，2015a），并将住院机构和门诊机构联系起来。乡镇卫生院可以通过该系统监测村卫生室的临床服务。县医院的医生可以查看预约随访的结果，以及接收下转病人的医生是否遵守了临床路径和上级机构医生制定的个性化服务方案。另外，该系统还包括患者的转诊信息。杭州在“十二五规划”期间给本地居民发放了居民卡，包含居民所有健康信息的“智能服务”数据库，支持供方共享这些信息（Yan，2015a）。该数据库包含产前检查和分娩记录，儿童保健，健康筛查，慢病管理、诊断和治疗，住院以及实验室化验等信息，实现了生活支持与护理服务的有机整合。

电子健康档案系统支持患者查询自身健康记录，有助于加强患者赋权，参与自身健康管理。例如，美国退伍军人健康管理局开发了名为“My HealtheVet”的患者门户网站，支持患者对健康需要进行自我管理（Ali和Li，2015b）。患者在此门户网站可以查询个人健康档案，重新填写处方，查看化验结果，向医生发送安全信息以及查看医嘱。该门户网站在协调及整合退伍军人卫生服务方面发挥了重要作用。近期的研究表明，该门户网站改善了患者的服务体验，加强了患者与个人健康团队的联系。

2.4.5.2 策略2：建立沟通和服务管理功能

信息技术可以通过网上预约挂号、视频会诊以及移动工作站等方式，提高医疗卫生服务的可及性。例如，土耳其建立了一个医生预约中央系统（CPAS），该系统通过电话及互联网，为基层、二级和三级医疗卫生机构安排预约（Sumer，2015），患者可以要求预约某位医生、某个地点的机构或某个专科。该系统建立后，诊所等候时间长的问题得以缓解。

上海的家庭医生制度和息县的一体化服务使用微信进行服务，以覆盖年青的一代。结果也证明，微信能快速便捷地将健康信息传递给患者，而患者也可以使用微信查看医生信息，进行预约，更新患者登记和支付表。

远程医疗和视频会议在挪威佛森农村地区的大区医疗中心也发挥了极为重要的作用。电话会议从两个方面提高了医疗服务的可及性：基层医疗机构可与二级、三级医疗机构会诊；患者可联系到二级医疗机构（Forde、Auraasen 和 Moreira，2015）。中心刚刚成立时就采购了六套视频会议设备，连通了二级医疗机构 St. Olav's（距佛森三小时车程）。大区医疗中心的基层卫生提供者都参加 St. Olav's 医院每日召开的早间视频会议。医生在会上讨论大区医疗中心当前收治病人的情况，如有需要，可与专科医生会诊。服务提供者熟悉视频会议软件并相互认识之后，他们就会扩大视频会议范围，让患者参与进来。这种方法在患者晚间来急性服务中心就诊的时候尤为有用。

湟中医疗联合体中基层卫生提供者使用的工作站是通过信息化手段提高服务可及性的另外一个例子。这些移动工作站于 2013 年在 30 个区进行了试点，村医可以携带工作站为更远地区的患者提供服务（Meng 和 Luyu 等，2015）。医生可使用工作站开展很多检查，包括老年人体检和健康评估、高血压管理、糖尿病管理、心电图监测以及血氧测定，并将数据和结果上传到卫生信息服务系统。有了工作站，医生随诊时可在更大范围内开展工作，增加本地居民对高科技检查手段的认可度。

电子医疗工具的运用还有效地提高了患者的安全保障水平。例如，肥西运用信息化手段控制大处方，提高基层卫生服务能力，对乡镇卫生院和村卫生室的用药进行更为精准、细致的管理（Meng 和 Yinzi 等，2015）。运用临床决策支持工具的医疗信息技术系统储存了 50 多种基层医疗卫生机构门诊疾病的推荐用药清单。诊断信息输入系统后，会弹出可选的药品清单，医生只能从清单中进行选择。息县电子健康档案系统通过连通各级医疗机构提高患者的治疗安全性，系统规定了治疗某种疾病的临床路径和指南（Ali 和 Li，2015a）。如果医生偏离了临床路径，出现的偏差就会被记录下来，由一位质量控制官员监督经批准的偏差情况，服务过程的任何调整都要与医院负责人员沟通。

2.4.5.3　策略 3：保证各级各类机构和服务的电子医疗系统具有互联互通的操作性

电子医疗工具在改善医疗服务的质量和安全性方面有着巨大的潜力，但只有各机构之间最大限度实现互联互通，才能将其潜力释放出来。当多种电子医疗系统同时存在时，一个重大的挑战就是如何让系统“互相对话”，从而安全有效地共享患者需求的关键信息。

互联互通的操作性指的是电子医疗工具和记录被不同机构、不同供方查阅的潜力，确保其发挥作用也常常需要有效的规范化管理。在电子医疗系统建立之初，就应该考虑互操作性。佛森大区医疗中心与其合作的二级医院 St Olav's 就实现了病历的互操作性。由于中心在建立之时便有志于与 St Olav's 医院开展合作，因此采用了和医院相同的系统，而没有单独创建自己的系统。中心的医生可以与 St. Olav's 的医生同步随时查看任何患者的病历。

2.4.6　核心行动领域 6：统一的临床路径及行之有效的双向转诊制度

统一的临床路径旨在规范两层及两层以上供方处理某一病情时的治疗和转诊路径，

同时明确各个供方的关系和责任。在这些临床路径中，最终结果常常是转诊到另一级医疗机构。因而，只有在横向和纵向高度一体化的情况下，临床路径才最为有效。双向转诊不仅包括从基层向二级机构转诊，还包括从二级机构转回基层。加强统一的路径和双向转诊制度是实现“在恰当的时间提供正确服务”的关键。

22个案例研究中有13个（59%）采用了双向转诊制度，15个（68%）采用了统一的服务路径。这些案例主要运用了以下两个策略：（1）设计统一路径，促进服务一体化并为供方提供决策支持；（2）在一体化的医疗机构服务网络中加强双向转诊。

2.4.6.1 策略1：设计统一路径，促进服务一体化并为供方提供决策支持

临床路径能够加强供方之间服务一体化，并为供方提供重要的决策支持。在新西兰坎特伯雷健康服务计划（HSP）中，临床医师建立了一个名为健康路径的项目，创立了570个转诊的临床路径（见图2.4），旨在明确向二级机构转诊的依据，减少转诊模式的变异，避免不必要的转诊或重复转诊。加强临床路径效果的措施包括：每两年由医生小组开展一次质量评估，定期开展临床审计，以及通过正式的修改程序进行更新。另外，还应根据国际最佳做法调整临床路径，使其服务于本地居民的需要和利益。由于在开发和评价过程中采用了严格的临床标准，医生对临床路径非常认可，在实践中也广泛使用（80%以上的医生每周访问健康路径网站的次数不少于六次）。医生认为，临床路径使他们的转诊决定更加合理，服务也更加贴合患者需要（Love，2015）。

息县也强调遵循临床路径的重要性。息县县医院的临床路径覆盖188种疾病，乡镇卫生院住院服务的临床路径覆盖104个病种（Ali和Li，2015a）。路径明确了医院和乡镇卫生院各自的责任范围，以及患者何时应该转诊到乡镇卫生院继续接受住院治疗。此外，路径还提供了出院指南及村卫生室随访服务指南（见图2.5）。县医院和乡镇卫生院都安排了专门的联络人员，负责收集病人和医务人员的反馈意见，另外还负责协调双向转诊、预约，并在转诊时移交病人病例。在村卫生室层面，目前已经确立实施了21个疾病路径，以支持村医做出决定，强化村卫生室与乡镇卫生院的双向转诊制度。

2.4.6.2 策略2：推进一体化服务网络中的双向转诊

中国所有的PCIC案例都采用了“绿色通道”向上转诊，即患者通过绿色通道在从服务网络的参与机构转出后，在医院得到便捷的服务。然而，通道的运行并不顺畅。另外，医院将患者转回社区卫生服务中心的概率更低，一些患者也拒绝向下转诊。

值得注意的是，息县的双向转诊制度有费用分担和报销方面的激励安排。医保机构给上级卫生机构补偿转诊病例的所有费用，上级机构根据事先定好的价格和服务量与下级机构分享这笔补偿资金。然而，医保是否补偿要根据两家卫生机构是否都严格遵守了患者服务路径来决定（Ali和Li，2015a）。这种机制鼓励医院向下转诊，以节约成本，提高床位利用率。

2.4.7 核心行动领域7：测量标准与反馈

建立测量体系对于保证PCIC服务的质量和绩效至关重要。绩效测量指标需要反映国家标准，而国家标准则应该体现基于PCIC的服务提供系统的核心功能和目标（协调、全方位、一体化、专业性和体验性质量）。但是，仅仅收集绩效数据无法改善绩效，需要形成一个反馈的循环，保证绩效结果反馈给各级利益相关者，包括社区、供方、管理层和政策制定者。

通过测量绩效，还可以尽早发现一些效

图 2.4　新西兰坎特伯雷健康服务计划的慢性阻塞性肺病（COPD）健康管理路径

评估

- 做出慢阻肺诊断
  - 对于出现症状的、有吸烟史病人，考虑慢阻肺诊断
  - 对于接受过呼吸症状急诊治疗的有吸烟史病人，考虑慢阻肺诊断
  - 对于从未吸烟的患者，考虑慢阻肺之外的其他诊断
  - 区分哮喘与慢阻肺
- 安排使用支气管扩张剂测肺活量
  - 这是做出准确诊断的强制性要求
  - 测最高气流还不够
- 其他检查
  - 胸透：如怀疑是其他症状，可只安排做胸透
  - 查血：全血细胞计数和骨形成蛋白，如可能合并心衰
  - 测血样饱和度：若复测时两次低于92%，则安排动脉气血检查
- 查合并症
- 确定慢阻肺分组（A组、B组、C组或D组）

管理

- 在疾病登记库中记录确诊病例
- 对所有慢阻肺病人来说，非药物干预与药物治疗同样重要，特别是：
  - 戒烟：这是最重要的干预措施，每次见面时都要建议
  - 锻炼：鼓励病人锻炼，考虑对所有病人实施肺康复干预（特别是B组和D组病人），这种干预措施会提高生活质量，缓解呼吸困难的症状，提高运动耐受性
  - 识别并管理常见相关的合并症：B组和D组病人出现心血管合并症的比例较高
- 针对所有病人的重要干预措施包括：
  - 每年接种流感疫苗
  - 就职业风险提供建议
  - 急性恶化管理
  - 慢阻肺行动计划
  - 保证家里充分供暖，或补充供暖
- 考虑采取其他干预措施，特别是针对D组病人
- 具体的管理方案取决于疾病的严重程度

请求

- 如出现以下情况，则请求呼吸科医生进行评估：
  - 无法确诊
  - 病人年龄超过40岁
  - 重病组（D组），年龄超过55岁
  - 频繁恶化
  - 症状很难控制
  - 痰中出现罕见致病菌
  - 呼吸导致睡眠障碍
  - 需要在家吸氧
- 酌情考虑社区呼吸服务
- 病人还可能希望接受私营呼吸协会的评估

来源：根据 Love（2015）进行整理得到。

图 2.5　息县村卫生室、乡镇卫生院和县医院在双向转诊制度中的职责举例

村卫生室 ⇔ **乡镇卫生院** ⇔ **县医院**

村卫生室

- 须编制并使用病人转诊表
- 了解乡镇卫生院医生的专业领域和提供服务
- 协助病人选择乡镇卫生院的医生
- 找出需要服务的病人
- 就转诊到乡镇卫生院征求病人同意
- 在转诊到乡镇卫生院前，完善病人信息

乡镇卫生院

- 须编制并使用病人转诊表
- *村卫生室转上来的病人*：建立绿色通道转诊制度；就转诊征求病人同意；确保乡镇卫生院的医生为村医提供指导和支持
- *县医院转下来的病人*：了解县医院医生的专业领域和提供服务；协助病人选择县医院医生

县医院

- 须编制并使用病人转诊表
- *向下转出的病人*：将病人病例移交给乡镇卫生院；如有需要，则安排将病人转回县医院；填写病人转诊表，具体说明治疗症状、治疗方案和恢复路径
- *转入的病人*：对乡镇卫生院转来的病人进行登记；指定专人，确保转诊病人获得适当服务

来源：Ali 和 Li，2015a。©World Bank。

果较好的做法作为示范，并找出行之有效的措施，便于推广。22个案例中有20个（91%）开展了测量和评价，旨在提升绩效[8]。推动测量和反馈有两种常见策略：（1）开发使用标准化绩效测量方法；（2）建立反馈循环，推进质量持续改善。

2.4.7.1 策略1：利用标准化绩效测量指标

绩效测量应该使用统一、可验证、有意义的指标，实现测量的标准化。例如，德国使用了标准化报告，采用了一整套涉及供方、管理团队和其他利益相关方的核心指标（Hildebrandt等，2015；Nolte等，2015）。测量范围涵盖了系统、专业质量和服务体验质量（患者体验）等，并使用了包括以下维度的指标：（1）结构；（2）过程；（3）结果；（4）质量；（5）一体化；（6）患者体验；（7）效率。使用统一的核心测量指标，可以方便不同机构就取得的进展进行沟通和比较。

被选定作为测量对象的健康结果和过程还应体现卫生系统的工作重点。湟中医疗联合体的领导者和管理者建立了质量安全评价体系，旨在测量除医疗服务外的一整套核心内容，包括管理（财务管理、村卫生室的管理）、疾病防控、患者满意度以及中医服务（Meng和Luyu等，2015）。基层卫生测量指标反映了加强基层团队建设的重点目标，这些指标侧重于供方可供性、激励机制、绩效和患者满意度，而且也包括人员数量和质量（工作热情、技术和能力）指标，以及部分系统指标，包括服务网络内进行协调的相关指标。

很多经合组织国家都建立并使用了对于病人结果报告（PROM）以及病人感受报告（PREM）监测系统。这些监测信息也成为衡量卫生体系绩效的重要组成部分（Klazinga，2014）。

2.4.7.2 策略2：建立持续反馈循环，与行动计划挂钩，促进质量改善

要将标准化绩效评价结果反馈给适当的利益相关方，运用评价结果改进质量。重视探索、学习、认可并推广有效做法对于系统中每个层级的医疗卫生机构都非常重要。这些过程可以加速变革，激励供方和管理人员，进一步提升绩效测量数据的价值和使用性。

测量结果要反馈给PCIC系统的各个层面——首先是患者和社区；通过公开分享机构绩效和社区健康数据，提高他们理解测量结果和参与改进与宣传活动的能力，患者和社区可以成为加强基层卫生的积极合作伙伴。患者和社区的参与能支持社区和供方加强卫生系统的问责，让卫生系统对提供服务的质量、响应性和结果负起责任。机构和地方的服务团队与管理人员也是测量结果的重要使用者。他们可能需要支持和鼓励，以通过反馈信息了解并改进机构、服务网络，乃至整个服务系统的绩效。

将绩效数据转化为行动和改进需要反馈信息定期反馈循环，这种方式有利于发现服务中存在的不足，推动不断学习和改进。另外，还要强调将反馈与系统内各层级要采取的行动挂钩。为确保持续不断的学习，要建立包含以下主要内容的强有力的系统：绩效测量、数据反馈和分析、找到不足、设计并开展干预。以上各项内容都需要对所有改革的参与者进行培训，再把改进的方法运用到实践当中。循环又再重新开始——再测量，评价不足是否已经改正，找到新的不足。

例如，美国的老人护理全包计划（PACE）在章程中规定实施数据驱动、社区牵头、往复循环的质量评估和绩效改进项目，以此实现持续的信息反馈（见图2.6）（Ali，2015）。供方定期收到绩效测量结果的反馈，基于反馈进行检查并找到实践中存在的问题。很多PACE中心正式确立了每月、每两周，乃至每天的反馈流程，综合了各种规定、自愿和机构自发的绩效测量措施。所有PACE中心都接入了Medicare和Medicaid中心（CMS）的健康计划管理系统，每个季度必须向CMS上报核

心绩效测量的基本信息（见图2.7）。根据国家PACE协会（NPA）的建议，PACE各机构认可了持续质量改进工作的价值，开始收集反映地方优先重点的其他测量结果。

图 2.6　美国“老人护理全包计划”的持续反馈环

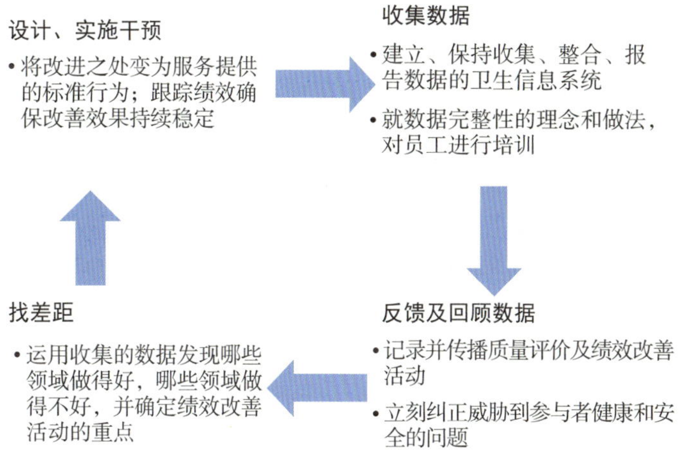

来源：Ali，2015。©World Bank。

在肥西加强基层卫生能力的案例中，乡镇卫生院使用了九个维度的评价工具来测量和改进绩效（Meng和Yinzi等，2015）。这个工具每年使用两次，现已成为预算分配和基于绩效筹资的基础。乡镇卫生院院长的收入与评价结果挂钩；若得到差评，院长会被罚款，卫生院获得的政府补贴也会受到影响。部分医疗机构已经看到评价的价值——评价可以推动机构提供优质服务，表现突出的机构还会受到政府的奖励和认可。

2.4.8　核心行动领域 8：认证

认证是指一家独立机构按照预先设定的指标或公布的标准对医疗卫生机构开展外部评估的正式过程。从根本上说，认证是一种从外部确保整个卫生服务提供系统达到最低标准的机制。认证不同于许可。许可常被认为是政府的监管职责，旨在设定最低标准，保护公众健康和安全。认证设定的则是可实现的最高标准，比许可采用的最低标准更为严格，且声明其目的是建立持续改进的文化（Mate等，2014）。认证（accredication）和证明（certification）两词常常可以互换，但前者通常面向机构，后者也适用于个人（Salmon等，2003）。

2005年，中国政府改革了医院认证体

图 2.7　PACE 中心收集的数据类型

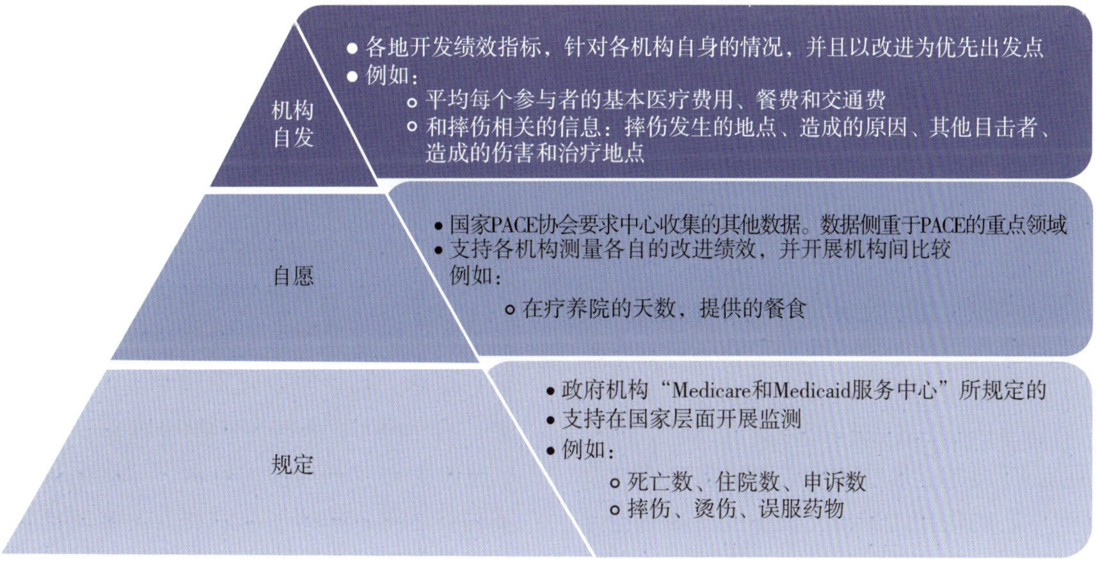

来源：Ali，2015。©World Bank。

系，认证标准由基础设施和设备配置开始转向包括“科研管理”、患者安全和服务质量在内的宽领域指标。改革在朝着正确的方向迈进，但指导意见仍给地方政府留出了很大的系统运行和实施自由度（Wagstaff等，2009）。因此，认证过程并未涵盖很多重要的卫生服务提供机构，包括乡镇卫生院、村卫生室以及民营医疗卫生机构。这种缺陷限制了各地之间进行绩效比较。

近期对38个国家44个卫生服务认证项目的评估表明，认证项目有六个主要特点（Braithwaite等，2012）：（1）制定或采用一整套医疗卫生服务标准；（2）与愿意对照这些标准评估自身绩效的机构签约；（3）招募、教育并管理行业调查员队伍；（4）向医疗卫生机构派驻调查小组，根据这些标准评估机构的进展状况；（5）评价调查小组的报告；（6）给予3—5年的认证（针对合格机构）。

外部组织和临床认证（或认可）标准对于确保优质、可靠、安全的服务组织非常重要（Greenfield等，2012）。尽管如此，本报告研究的22个PCIC绩效改进案例中只有五个涵盖了认证内容。这些案例中的认证策略包括制定标准和设定目标。

2.4.8.1 策略1：确定国家和本地相关的认证标准

初级卫生保健机构认证指标要反映PCIC服务提供系统的优先重点和结构。认证指标应确定各个领域的模范标准，包括基础设施（资源、信息技术和人力资源）；系统组织（整合、医院与基层卫生的角色）；服务提供特点（以人为本、综合全面、连续性、协调协作）；以及预期健康结果。

例如，美国国家质量保证委员会（NCQA）规定，医疗机构若要被认定为“病人为中心的医疗之家（PCMH）”（美国近年来推出的一种PCIC模式），必须满足以下标准：以团队为基础提供服务，协作服务，病人的自我管理，服务可及性和连续性的提高，服务管理以及质量改进（见表2.3）。可基于这些标准确定绩效指标，用以评估机构提供服务的质量，并以标准化的方式比较不同供方的绩效。

美国国家质量保证委员会等一类组织的网站上可方便查询到各种科学严谨的服务规范和指南，中国不妨参考借鉴。设定指标时要考虑报告负担，尽量减少需采取措施的数量。例如，Aarogyasri卫生服务信托基金为印度安得拉邦超过6500万人提供保险；近年来，信托基金制定标准，要求所有为基金参保人提供服务的签约医院都要满足这些标准。信托基金正与印度国家医院认证委员会以及其他几个邦的保险公司共同制定了一整套通用标准，鼓励其他医院也通过认证，提高服务质量（Smits、Supachutikul和Mate，2014）。

2.4.8.2 策略2：设定目标并用于机构认证

一旦确立了标准，下一步就是设定目标并依据标准遵循透明可靠的机制对机构进行认证。正如在PACT案例中所阐述的，基层诊所需要满足一些标准，才能被国家质量保证委员会认定为病人为中心的医疗之家。国家质量保证委员会使用积分制，将卫生机构分为三个等级；此外，还规定卫生机构只有在六个“必须通过”模块的每个模块得分都高于50%，才能通过认证。很多基层卫生机构对外公布实现的认可水平，以此吸引患者（Bitton、Martin和Landon，2010）。

新的认证项目要基于本地医疗卫生机构的现状，设定相对可实现的标准，随后逐步提升标准。马来西亚和泰国都采用了这种方法。自1999年建立认证制度以来，马来西亚已经发布了四版医院标准。泰国的逐步变革包括2004年推出的分步骤认可项目，随后于2006年提出了患者安全目标（Smits、Supachutikul和Mate，2014）。

表 2.3　美国国家质量保证委员会针对以病人为中心医疗之家的认证指南

标准	内容	可能分值
病人为中心的服务可及	病人为中心的预约服务可及	4.5
	全天候24小时临床咨询可及	3.5
	电子方式可及	2
	合计	10
基于团队的服务	连续性	3
	医疗之家的职责	2.5
	提供符合文化和语言习惯的服务	2.5
	服务团队	4
	合计	12
人群健康管理	病人信息	3
	临床数据	4
	全面的健康评估	4
	运用数据开展人群健康管理	5
	提供循证的决策支持	4
	合计	20
服务管理和支持	确认服务管理的对象	4
	服务规划与自我护理支持	4
	用药管理	4
	使用电子处方	3
	支持自我护理和参与式决策	5
	合计	20
服务协作与服务过渡	跟踪检验状况及后续行动	6
	跟踪转诊情况及后续行动	6
	协调安排服务过渡	6
	合计	18
绩效衡量与质量改进	衡量临床质量绩效	3
	衡量资源使用与服务协作	3
	衡量病人/家属的体验	4
	确保持续的质量改进	4
	展示持续的质量改进	3
	报告绩效	3
	运用经过认证的远程医疗记录系统技术	未安排分值
	合计	20
	总计	100

来源：美国国家质量保证委员会（NCQA），2014。

2.5 PCIC核心行动领域的未来发展

中国已在八个核心行动领域中的部分领域启动了改革方案，包括建立了几乎全民覆盖的医疗卫生保障制度，降低了药品销售加成，以及强化了包括医疗机构基础设施和卫生人员培训等投入要素。近期实施的改革措施取得了一定的成效，但要建立能够控制费用、增加价值、改善居民健康状况的高质量PCIC制度，还需要进一步深化改革。

改革措施必须因地制宜，并吸收中国和其他国家绩效改进项目的经验教训。八个行动领域同步推进不大现实；即便在每个行动领域内，也要制定策略，确定先后顺序。因此，中国政府要就改什么、怎么改提出明确的实施指南或工具，说明地方改革要在什么地方改、怎样改。实施指南还要辅以测量及反馈系统，监督改进措施的实施情况，并视需要解决出现的问题[9]。

中国还需要解决支付制度中存在的问题，确保该制度和为实现PCIC而选取的干预措施相一致，并对其提供积极支持。实现整合需要对医疗成本和服务质量两方面负责，通过服务网络、强有力的双转诊制度和医疗信息系统，使患者能够享受跨供方和机构的协同服务。

在几乎所有的研究案例中，善用信息技术建立电子健康系统都是成功的关键。电子健康系统的建构和实施模式可能有所差别，但其核心都是电子健康档案，特定区域或地区的供方和患者都能查询到电子健康档案。中国也应建立电子健康系统，不但要推动并记录医患互动，还要成为双向转诊以及推动综合全面团队服务的协调机制。更为重要的是，电子健康系统必须支持网络内各个层级的供方和机构相互沟通，确保为患者提供的服务实现无缝衔接。此外，我们需要一个有效的电子健康系统，能够发现需要更进一步服务的患者（比如，患者多次入院、慢病控制不佳，或多次在基层医疗机构就诊）。与此同时，我们也需要制定个性化的服务计划并促进多学科团队的通力合作，以有效地响应这些患者的需求。

案例研究凸显了连贯、稳定管理发挥的作用。培养干部队伍的技术和能力、使其能够支持绩效改进目标非常重要。重要的管理职能包括支持绩效测量查找不足，通过支持性督导驱动绩效改进，以及确保问责。1/3的案例研究表示，灵活性和“机动”实施是取得成功的重要因素。给机构管理者留出一定灵活性，支持管理者自主应对一些意料之外的挑战和把握本地的创新机遇——并鼓励他们分享经验教训——对中国而言格外重要，不论采取哪种路径均是如此。另外，还要设计实施有效的测量和反馈循环，在改革措施出台及推广的过程中对其进行监督，促进不断完善。有效的患者参与在整个变革过程中都不可或缺。

附件2.1 研究对于PCIC措施的影响频次（研究数量）

模型	影响	住院和急诊使用	服务过程	中间健康结果及死亡率	病人体验	费用	引用
PCIC一般性研究（52个研究）	改进	17	7	21	9	22	Guanais和Macinko（2009）；Hildebrandt等（2015）；Macinko等（2011）；Nolte和Pitchforth（2014）；Schulte等（2014）；Rand（2012）；世界银行（2015）
	没有变化或不如从前	5	4	10	1	2	
	证据不足/不充分，或未进行测量	30	41	21	42	28	

续表

模型	影响	住院和急诊使用	服务过程	中间健康结果及死亡率	病人体验	费用	引用
以病人为中心的医疗之家（14个干预）	改进	12	7	4	2	6	Bitton（2015）；DeVries等（2012）；Fifield等（2013）；Friedberg等（2014）；Friedberg等（2015）；Gilfillan等（2010）；Hebert等（2014）；Nelson等（2014）；Reid等（2010）；Reid等（2013）；Rosenthal等（2013）；van Hasselt等（2015）；Wang等（2014）；Werner等（2014）；世界银行（2015）
	没有变化或不如从前	2	1	1	0	2	
	证据不足/不充分，或未进行测量	0	6	9	12		
老人全包护理计划（16项研究）	改进	9	0	7	1	0	Beauchamp等（2008）；Chatterji等（1998）；卫生服务筹资与政策处（2005）；Kane、Homyak和Bershadsky（2002）；Kane等（2006a，2006b）；Mancuso、Yamashiro和Felver（2005）；Meret-Hanke（2011）；Mukamel、Bajorska和Temkin-Greener（2002）；Mukamel等（2006）；Mukamel等（2007）；Mukamel，Temkin-Greener和Clark（1998）；Temkin-Greener、Bajorska和Mukamel（2008）；Weaver等（2008）；Wieland等（2000）；Wieland等（2010）
	没有变化或不如从前	1	0	1	3	0	
	证据不足/不充分，或未进行测量	6	16	8	12	16	
疾病/病例管理（257项研究）	改进	82	22	64	28	34	Frølich等（2015）；Elissen等（2012）；Elissen等（2015）；Nolte和Pitchforth（2014）；Runz-Jørgensen和Frølich（2015）；Struijs等（2012a，b）；Vadstrup等（2011）
	没有变化或不如从前	29	6	25	8	37	
	证据不足/不充分	17	0	14	10	9	
	未进行测量	129	229	154	211	178	
中国（6项研究）	改进	1	6	1	1	2	世界银行（2015）
	没有变化或不如从前	0	0	0	0	0	
	证据不足/不充分	5	0	5	5	4	

附件2.2　22个PCIC绩效改进举措的方法与概述，分别在19个案例研究中阐述

案例研究调研分为三个阶段。第一阶段，各个作者快速绘制一国或几国的绩效改进举措图，了解当前进展状况以及重要的背景因素（政策、制度和经济环境）。第二阶段，进一步分析这些举措，侧重以人为本一体化卫生服务的主要内容、实施准备条件、实施策略以及初步和中期的产出。第三阶段，分析影响举措设计的重要背景因素、实施方法以及成效和挑战。研究人员综合使用多种方法，既有定量的二手资料研究，也有焦点小组讨论和主要知情者访谈等定性研究。

由于现有文献中没有适用工具，作者自行开发了一套工具，旨在涵盖案例研究中的以下信息：（1）触发PCIC绩效改进举措设计和实施的挑战；（2）举措的核心内容；（3）举措实施策略；（4）实施的推动和阻碍因素；（5）经验教训；（6）举措对中国医疗卫生体制的适应性；（7）潜在可持续性（见下表）。

22个PCIC绩效改进措施的命名和摘要

PCIC绩效改进措施	说　明	作者
中国案例研究		
江苏镇江：大卫生战略	镇江市地处华东，濒临长江。2011年启动“大卫生”战略，为两个主要市辖区的居民提供健康服务。战略推行后，江苏康复医疗集团和江苏江滨医疗集团正式成立；两大集团依赖新的3+X家庭健康团队实现纵向及横向整合，对所有签约居民的健康服务进行管理。	Yan（2015b）
上海：家庭医生制度	临江的两个相邻市辖区（黄浦区和浦东区）于2011年4月起开始实施家庭医生制度；案例研究侧重分析了两个区内的五家社区卫生服务中心。家庭医生制度的核心是通过改进一线服务提供加强全科医生与签约居民的联系，建立持续的健康服务关系，特别关注慢性病管理。	Ma（2015a）
青海湟中：医疗联合体	地处中国西北部的青海省湟中县于2013年建立了医疗联合体制度，旨在推进县乡村医疗机构垂直整合。医疗联合体的侧重包括统一管理、人员整合、严格的双向转诊安排、卫生信息系统相关联通，以及共享医疗卫生资源，从而建立了“县乡村”一体化医疗卫生制度。	Meng和Luyu等（2015）
浙江杭州：“十二五规划”	浙江省省会杭州市常住人口为800多万人，长期以来一直纠结于如何为居民提供公平有效的医疗卫生服务。为应对各种挑战，杭州于2011年实施了《十二五医疗卫生事业发展规划》，主要内容包括一体化远程会诊服务、非传染性疾病联合中心，以及针对医疗、生活支持及护理提供协作式服务。	Yan（2015）
安徽肥西：强化基层医疗卫生服务	安徽省肥西县地处中国东部，人口约为85万人。2009年，肥西成为政府提出的“加强基层卫生服务能力”方案试点地区，着力强化四个领域：人力资源、网络建设、组织管理和工作条件。	Meng和Yinzi等（2015）
河南息县：卫生服务一体化改革	息县县乡村卫生服务一体化改革于2012年实施了县医院、乡镇卫生院和村卫生室签约安排，着力解决慢病服务质量不高以及卫生机构之间缺乏过渡等问题。该项举措重点是建立有效转诊机制，为下级医疗机构提供技术援助，以及改革付费制度支持费用分担，所有这些措施在初期都取得了显著成效。	Ali和Li（2015a）
北京：朝阳医院医联体（4个案例）	朝阳医院医联体于2012年末成立，目的是鼓励病人小病进社区，以及加强上下层级医疗机构之间的协作。朝阳医院医联体包括一家核心医院、一家三级医院、一家二级医院以及多个社区卫生服务中心，参与单位共同为病人提供协作式服务。在医联体框架下，参与单位2012—2013年均呈加速发展态势。	Jian和Yip（2015）
北京：北大人民医院医疗卫生服务共同体（4个案例）	北大人民医院医疗卫生服务共同体于2007年成立，旨在运用信息化手段加强医疗机构之间的技术援助，改善相互之间的沟通。在共同体制度中，医疗机构可参与远程会诊以及专家教育和培训，让所有参与单位都能了解最新科研成果。	Jian和Yip（2015）
上海：上海瑞金-卢湾医疗联合体（4个案例）	上海瑞金-卢湾医疗联合体于2011年成立，以上海交大附属医院为核心医院，另外还有两家二级医院、四家社区卫生服务中心，为周边地区居民提供卫生服务。医疗联合体设立了共享影像和检验中心，以提高居民使用可及性；另外，还在社区卫生服务中心推出“专科-全科医生联合门诊”，并强化了现有的基层卫生机构培训基地。	Ma（2015b）；Jian和Yip（2015）
江苏镇江：江苏康复医疗集团（4个案例）	江苏康复医疗集团于2009年底成立。医疗集团整合了影像、化学实验室和病理检验科室，要求基层医疗卫生机构在慢性病门诊服务方面承担更多的责任。另外，医疗集团还建立了3+X服务团队，支持更加频繁的信息交流。	Li和Jiang（2015）

续表

PCIC绩效改进措施	说　明	作者
国际案例研究		
丹麦：慢性病病人综合服务（SIKS）	丹麦在哥本哈根四家中心（SIKS康复中心）试点实施了慢性病康复计划。基于试点的成功经验，丹麦制定了国家疾病管理计划，着重提供综合一体的慢性病服务。	Runz-Jørgensen 和 Frølich（2015）；Nolte等（2015）
英格兰：詹姆斯库克大学医院门急诊服务	詹姆斯库克大学医院位于英格兰北部，是一家公立医院，但实行半自治管理。21世纪初，詹姆斯库克大学医院设立了门急诊服务中心，医生根据具体症状按照既定的临床指南为病人提供日间服务，无需住院安排。同时，医院还开发了病人服务路径，有效加强了初级保健医生与医院的联系。	Forde、Auraasen和Moreira（2015）
德国金齐希河谷：综合护理服务联盟（GK）	金齐希河谷综合护理服务联盟于2005年成立，地处黑森林地区。该联盟是由一家医生运营的非营利组织MQNK与一家健康科学管理和投资公司OptiMedis成立。联盟采用了一体化组织模式，重点改善人群健康和病人体验，另外还制定了公平的商业计划，适当鼓励病人和医疗机构加入联盟。	Hildebrandt等（2015）；Nolte等（2015）
荷兰：马斯特里赫特糖尿病服务（DTC）（在文本中：荷兰，DTC）	位于荷兰南部的马斯特里赫特大区建立了糖尿病综合服务框架，保险公司与初级保健医生谈判，确定特定病种完整服务包的价格。基于该框架取得的成功经验，荷兰于2010年将此计划在全国范围内推广。	Hubertus和Vrijhoef（2015）；Nolte等（2015）
新西兰坎特伯雷：健康服务计划	坎特伯雷是新西兰中部的一个大区，该区域2007年制定了健康服务计划。计划包括多项举措，如急性需求管理服务，开发健康路径，建立上百种病症的标准化服务流程，并建立了社区康复与生活支持团队。同步实施的其他配套措施包括：电子病历系统、电子转诊系统、临床持续教育计划，以及医疗卫生机构建立正式联盟，这些都为实现建立以人为本、综合一体卫生服务的目标提供了支持。	Love（2015）
挪威佛森：大区医疗中心	佛森市位于挪威北部峡湾地区，该市建立了综合全面的大区医疗中心模式，为社区居民提供综合一体的急性医疗服务，旨在减少住院。2012年，挪威根据佛森模式的成功经验制定了国家卫生服务举措。	Forde、Auraasen和Moreira（2015）
葡萄牙：本地健康机构	1999年，葡萄牙西北部一个小省成立了一家本地健康机构，为特定地区（马托西纽什）提供一体化的基层和二级卫生服务，推行统一管理和协作服务。2007年以后，又先后建立了七个本地健康机构，总计服务人群占全国人口的10%。	Forde、Auraasen和Moreira（2015）
新加坡：区域卫生系统	新加坡建立了六个区域卫生系统，旨在打造纵向与横向一体化的医疗卫生服务生态系统。区域卫生系统在提供综合一体卫生服务方面各有创新，如养老过渡、居家养老、急症治疗后家庭护理、社区健康支持计划、家庭用药中心，以及一体化服务路径。	Teo（2015）
土耳其：健康转型计划	土耳其2003年推出的国家健康转型计划重点是在国家各个大区建立对居民和人群健康负责的高质量家庭药品中心。另外，同步实施的其他举措也推动了过渡转型，包括重组医院机构，改革医生付费方式，实施数据管理和国家健康保险。	Sumer（2015）
美国马里兰州：以病人为中心的医疗之家	该案例研究描述了马里兰州Carefirst医疗保险公司创立的以病人为中心的医疗之家付费模式。有了保险公司的支持，并在实施新的财务激励架构后，全州一线医疗卫生服务得以改进，因此也带动了医院和专科服务的质量改善和使用数量的减少。	Murray（2015）

续表

PCIC绩效改进措施	说　明	作者
美国：老人全包护理计划（PACE）	全国的老人全包护理计划为可以进入养老院的脆弱老年病人提供综合全面的居家护理服务。该计划由Medicare和Medicaid实行按人头付费，每个PACE中心照护约300个病人。PACE模式起源于加州，现已拓展到美国30个州。	Ali（2015）
美国退伍军人健康管理局：病人参与的护理团队	以病人为中心的医疗之家（PCMH）遍布全国，重点是整合并改进初级保健。退伍军人健康管理局借鉴PCMH的成功经验，开发了病人参与的护理团队（PACT）模式，重组基层卫生提供路径，实现与系统其他环节的纵向整合。目前，退伍军人健康管理局的基层卫生完全基于跨专业团队模式，现已初步积累了一些成功经验。	Ali和Li（2015b）

附件2.3　医院参与的服务整合模式的特点

六个中国医院服务整合模式的特点

	北京：朝阳医联体	北京：人民医院医疗卫生服务共同体	上海：瑞金–卢湾医疗联合体	镇江：康复医疗集团	杭州：慢病联合中心	河南：息县县乡村一体化服务
基本特点						
管理层级	市级和区级	市级，但国家参与很多	市级和区级	主要在区级	市级和区级	县、乡和村
启动时间	2012年	2007年	2011年	2009年	2013年	2012年
参与机构	三级、二级医院和社区卫生服务中心	主要为三级、二级医院和社区卫生服务中心	三级、二级医院和社区卫生服务中心	三级、二级医院和社区卫生服务中心	三级医院和社区卫生服务中心	县医院、乡镇卫生院和村卫生室
牵头机构	三级医院	三级医院	三级医院	三级医院	三级医院	县医院
负责监督和管理服务协作的牵头机构	医联体“理事会”	牵头医院	医院集团理事会	医院管理理事会	非正式市级“领导小组”	县卫生局
采用支持服务整合的付费方式	针对医院医生到社区出诊提供补贴	否	否	就慢病管理向社区卫生服务中心付费	否	是
主要创新	建立“医联体”，改进社区层面卫生服务	学术会议、临床研究交流以及技术培训（会诊）	实验室、影像和放疗服务横向整合	康复/社区卫生服务中心设立康复/恢复病房；实验室、影像及病理服务横向整合	在社区卫生服务中心设立糖尿病和高血压联合门诊中心	一体化服务路径，通过签订“服务协议”和确定联络人协调服务展开
一体化服务的内容						
对病人在服务提供系统中的各个环节加以跟踪	仅针对转诊	否	转诊及相关的诊断检查	转诊及检查	是	是

续表

	北京：朝阳医联体	北京：人民医院医疗卫生服务共同体	上海：瑞金－卢湾医疗联合体	镇江：康复医疗集团	杭州：慢病联合中心	河南：息县县乡村一体化服务
守门人	否	否	否	针对新农合及居民医保	否	否
以人为本、各级各类医疗机构参与的服务协作	否	否	否	否	社区卫生服务中心开展的糖尿病和高血压管理	部分：乡镇卫生院医生监督村医提供服务
使用一体化服务路径和/或个体服务计划	否	否	否	否	高血压和糖尿病服务计划	是
使用指标衡量服务协作情况	否	否	仅限于转诊和诊断检查	仅限于转诊和诊断检查	仅限于转诊和诊断检查	依从统一路径；转诊跟踪
医院相关的活动和角色						
运用跨学科服务团队，医院专家参与其中	否	否	否	是	仅为医院专家	否
医院参与出院后后续护理	否	否	否	向下级医疗机构提供信息	糖尿病和高血压住院病人	是
双向转诊制度	有限	有限	是	是	是	是
医院“绿色”通道*	是	非常有限	有，但有限	有，但有限	是	是
服务从医院转向适当层面的机构	有限：仅为需要康复的部分病人	否	部分检查由三级医院转到二级医院	仅限于一个医院科室	否	否
医院为下级机构提供技术支持、培训或监督	是	是	是	是	是	是
电子健康系统	影像服务会诊	远程实验室检查和影像服务；培训/技术支持电话会议	培训/技术支持电话会议	不同层级医疗机构都能查询电子病历	同医院专家进行会诊	全国范围内都可查询电子病历；同医院专家进行会诊

注：* 医院“绿色”通道是指为下级附属机构向上转诊提供便利，以加快对患者的护理。

注释

1. 例如，国办发〔2015〕70号《国务院办公厅关于推进分级诊疗制度建设的指导意见》。

2. PCIC的战略目标的来源：Barr and others (2003); Berwick, Nolan, and Whittington (2008); Craig, Eby, and Whittington (2011); Curry and Ham (2010); Curtis and Hodin (2009); Ham and Walsh(2013); Hofmarcher, Oxley, and Rusticelli(2007); Øvretveit (2011); Shortell and others(2014); Wenzel and Rohrer (1994); and WHO (2007, 2015a, 2015b)。

3. 签约是指特定机构和/或地区的所有病

人由一家基层医疗卫生机构或一个服务团队负责。

4. 国办发〔2015〕70号《国务院办公厅关于推进分级诊疗制度建设的指导意见》。

5. 此外，参见《国务院办公厅关于全面推开县级公立医院综合改革的实施意见》(2015)。

6. 医院管理集团或联合体的讨论详见第5章。

7. 例如，在北京人民医院，绿色通道住院占住院总量的比重还不到1%。

8. 持续反馈循环改进措施的实施情况在第10章中有进一步分析。

9. 第10章概述了实施计划，即从各省开始，将有效做法推广到预先选定的几个县市。由于学习提高内容已经纳入了改革进程，因此随着改革铺开，变革速度也将加快。

参考文献

Ali, Rabia. 2015. "Programs of All-inclusive Care for the Elderly (PACE) in the US: Background and Rationale." Case study commissioned by the World Bank. Washington, DC: World Bank.

Ali, Rabia and Rong Li. 2015a. "Integrated Care Services in Xi County, Henan Province." Case study commissioned by the World Bank. Washington, DC: World Bank.

2015b. "Patient-Centered Medical Home (PCMH) Model of US Veteran's Health Administration." Case study commissioned by the World Bank. Washington, DC: World Bank.

Barr, Victoria J., Sylvia Robinson, Brenda Marin-Link, and Lisa Underhill. 2003. "The Expanded Chronic Care Model: An Integration of Concepts and Strategies from Population Health Promotion and the Chronic Care Model." *Hospital Quarterly* 7 (1): 73-82.

Bates, D. W, and A. Bitton. 2010. "The future of health information technology in the patient-centered medical home." *Health Affairs* (*Millwood*) 29 (4): 614-21.

Beauchamp, Jody, Valerie Cheh, Robert Schmitz, Peter Kemper, and John Hall. 2008. "The Effect of the Program of All-Inclusive Care for the Elderly (PACE) on Quality." Report submitted to the Centers for Medicare and Medicaid Services. Princeton, NJ: Mathematica Policy Research.

Berwick, Donald M., Thomas W. Nolan, and John Whittington. 2008. "The Triple Aim: Care, Health, and Cost." *Health Affairs* 27 (3): 759-769.

Bitton, A. 2015. "Taking the Pulse of PCMH Transformation Nationwide." Lecture presented at World Bank Group in Washington DC, May 29.

Bitton, A., C. Martin, and B.E Landon. 2010. "A Nationwide Survey of Patient-Centered Medical Home Demonstration Projects." *Journal of General Internal Medicine* 25 (6): 584-92.

Braithwaite. J., C. D. Shaw, M. Moldovan, D. Greenfield, R. Hinchcliff, V. Mumford, M. B. Kristensen, J. Westbrook, W. Nicklin, T. Fortune, and S. Whittaker. 2012. "Comparison of Health Service Accreditation Programs in Low- and Middle-Income Countries with Those in Higher-Income Countries: a Cross-Sectional Study." *International Journal for Quality in Health Care* 24 (6): 568-77.

Busetto, Loraine, Katrien Ger Luijkx, Josephus Elissen, Arianne Mathilda, Maria Vrijhoef, and Hubertus Johannes. 2015. "A Systematic Literature Review of the Implementation of Integrated Care for People with Diabetes Mellitus Type 2: Context, Mechanisms and Outcomes." *International Journal of Integrated Care* (*IJIC*) 15.

Cercone, James, and Lisa O' Brien. 2010. *Benchmarking Hospital Performance in Health.* San Jose, Costa Rica: Sanigest International. http: //sanigest.com/download/white_papers/Benchmarking %2520Hospital%2520Performance %2520in%2520Health.pdf (accessed June 2016).

Chatterji, Pinka, Nancy R. Burstein, David Kidder, and Alan White. 1998. “Evaluation of the Program of All-Inclusive Care for the Elder (PACE) Demonstration: The Impact of PACE on Participant Outcomes.” Report submitted to the Health Care Financing Administration. Cambridge, MA: Abt Associates, Inc.

Craig, Catherine, Doug Eby, and John Whittington. 2011. “Care Coordination Model: Better Care at Lower Cost for People with Multiple Health and Social Needs.” Cambridge, MA: Institute for Health Care Improvement.

Curry, Natasha and Chris Ham. 2010. *Improving Health Outcomes through Integration*. London, UK: King’ s Fund.

Curtis, Jessica, and Renée Markus Hodin. 2009. “Special Delivery: How Coordinated Care Programs Can Improve Quality and Save Costs.” Boston, MA: Community Catalyst. http: //www.communitycatalyst.org/doc-store/publications/special_delivery_care_coordination_ may_2009.pdf (accessed June 2016).

DeVries, Andrea, C. H. Li, Gayathri Sridhar, Jill Rubin Hummel, Scott Breidbart, and John J. Barron. 2012. “Impact of Medical Homes on Quality, Health care Utilization, and Costs.” American Journal of Managed Care 18 (9): 534-544.

Division of Health Care Finance and Policy. 2005. “PACE Evaluation Summary.” Alexandria, VA.

Elissen, A.M., I. G. Duimel-Peeters, C. Spreeuwenberg, M. Spreeuwenberg, and H. J. Vrijhoef. 2012. “Toward Tailored Disease Management for Type 2 Diabetes.” *American Journal of Managed Care* 18: 619-30.

Elissen AMJ, Duimel-Peeters IGP, Spreeuwenberg C, Vrijhoef HJM, Nolte E. Netherlands. Assessing chronic disease management in European health systems. Country reports. Copenhagen: World Health Organization 2015 (acting as the host organization for, and secretariat of, the European Observatory on Health Systems and Policies): 99-110.

Fifield, Judith, Deborah Dauser Forrest, Melanie Martin-Peele, Joseph A. Burleson, Jeanette Goyzueta, Marco Fujimoto, and William Gillespie. 2013. “A Randomized, Controlled Trial of Implementing the Patient-Centered Medical Home Model in Solo and Small Practices.” *Journal of General Internal Medicine* 28 (6): 770-777.

Forde, Ian, Ane Auraasen, and Liliane Moreira. 2015. “Delivering Person-Centered Integrated Care: Three Case Studies from OECD Health Systems.” Case studies commissioned by the World Bank. Paris: Organisation for Economic Co-operation and Development.

Friedberg, M.W., P.S. Hussey, and E.C. Schneider. 2010. “Primary Care: A Critical Review of the Evidence on Quality and Costs of Health Care.” *Health Affairs* (*Millwood*) 29 (5): 766-72.

Friedberg, Mark W., Meredith B. Rosenthal, Rachel M. Werner, Kevin G. Volpp, and Eric C. Schneider. 2015. “Effects of a Medical Home and Shared Savings Intervention on Quality and Utilization of Care.” *JAMA Internal Medicine*. http: //mhcc.maryland.gov/pcmh/documents/JAMA_Savings_Intervention_Article.pdf (accessed June 2016).

Friedberg, Mark W., Eric C. Schneider, Meredith B. Rosenthal, Kevin G. Volpp, and Rachel M. Werner. 2014. “Association between Participation in a Multipayer Medical Home Intervention and Changes in Quality, Utilization, and Costs of Care.” *Journal of the American Medical Association* 311 (8): 815-825.

Frølich, A, R. Jacobsen, C. Knai. 2015. “Denmark.” In E. Nolte and C. Knai, eds., *Assessing Chronic Disease Management in European Health Systems. Country Reports.*”

Copenhagen: World Health Organization (acting as host for, and secretariat of, the European Observatory on Health Systems and Policies): 17-26.

Gilfillan, R. J., J. Tomcavage, and M. B. Rosenthal. 2010. "Geisinger Medical Home Pilot Demonstrates Success." *Managed Care* 16: 607-14.

Greenfield, D., M. Pawsey, R. Hinchcliff, M. Moldovan, and J. Braithwaite. 2012. "The Standard of Health Care Accreditation Standards: A Review of Empirical Research Underpinning Their Development and Impact." *BMC Health Services Research* 12: 329.

Guanais, Frederico C., and James Macinko. 2009. "The Health Effects of Decentralizing Primary Care in Brazil." *Health Affairs* 28 (4): 1127-1135.

Ham, Chris, and Nicola Walsh. 2013. "Lessons from Experience: Making Integrated Care Happen at Scale and Pace." London, U.K.: King' s Fund.

Hebert, Paul L., Chuan-Fen Liu, Edwin S. Wong, Susan E. Hernandez, Adam Batten, Sophie Lo, Jaclyn M. Lemon. 2014. "Patient-Centered Medical Home Initiative Produced Modest Economic Results for Veterans Health Administration, 2010–12." *Health Affairs* 33 (6): 980-987.

Hildebrandt, Helmut, Alexander Pimperl, Oliver Gröne, Monika Roth, Christian Melle, Timo Schulte, Martin Wetzel, and Alf Trojan. 2015. "Gesundes Kinzigtal: A Case Study on People Centered/Integrated Health Care in Germany." Case study commissioned by the World Bank. Washington, DC: World Bank.

Hofmarcher, Maria M., Howard Oxley, and Elena Rusticelli. 2007. "Improved Health System Performance through Better Care Coordination." OECD Working Paper. No. 3. Paris: Organisation for Economic Co-operation and Development.

Kane, Robert L., Patty Homyak, and Boris Bershadsky. 2002. "Consumer Reactions to the Wisconsin Partnership Program and Its Parent, the Program for All-Inclusive Care of the Elderly (PACE)." *The Gerontologist* 42 (3): 314-320.

Kane, Robert L., Patricia Homyak, Boris Bershadsky, and Shannon Flood. 2006a. "Variations on a Theme Called PACE." *Journal of Gerontology* 61a (7): 689-693.

Kane, Robert L., Patricia Homyak, Boris Bershadsky, and Shannon Flood. 2006b. "The Effects of a Variant of the Program for All-Inclusive Care of the Elderly on Hospital Utilization and Outcomes." *Journal of the American Geriatrics Society* 54: 276-283.

Jian, Weiyan, and Winnie Yip. 2015. "Integrated Care in China: Case Study: PKU-Renmin Hospital IDS, Beijing Chaoyang Hospital Alliance, Shanghai Ruijin-Luwan Hospital Groups, Zhenjiang Kangfu Hospital Groups." School of Public Heath, Peking University. Case study commissioned by the World Bank. Washington, DC: World Bank.

Li, Weiping and Mengxi Jiang. 2015. "China' s Public Hospital Governance Reform: Case Study of Zhenjiang." China National Health Development Research Center, Beijing. Case study commissioned by the World Bank. Washington, DC: World Bank.

Love, Tom. 2015. "People-Centered Health Care in Canterbury, New Zealand." Sapere Research Group. Case study commissioned by the World Bank. Washington, DC: World Bank.

Ma, Jin. 2015a. "Primary Care-Centered Care in Two Districts in Shanghai." Shanghai Jiao Tong University. Case study commissioned by the World Bank. Washington, DC: World Bank.

———. 2015b. China' s Public Hospital Governance Reform: Case Study of Shanghai. Shanghai Jiao Tong University. Case study commissioned by the World Bank. Washington,

DC: World Bank.

Macinko, J., B. Starfield, and T. Erinosho. 2009. “The Impact of Primary Health care on Population Health in Low- and Middle-Income Countries.” *Journal of Ambulatory Care Management* 32 (2): 150-71.

Macinko, J., V. B. D. Oliveira, M. A. Turci, F. C. Guanais, P. D. F. Bonolo, and M. F. L. Costa. 2011. “The Influence of Primary Care and Hospital Supply on Ambulatory Care-Sensitive Hospitalizations among Adults in Brazil, 1999-2007.” *American Journal of Public Health* 101 (10): 1963-1970.

Mancuso, David, Greg Yamashiro, and Barbara Felver. 2005. “PACE: An Evaluation. 2005.” Report Number 8.26. Washington State Department of Social and Health Services Research and Data Analysis Division.

Mate, K. S., A. L. Rooney, A. Supachutikul, and G. Gyani. 2014. “Accreditation as a Path to Achieving Universal Quality Health Coverage.” *Globalization and Health*. 10: 68.

Meng, Qingyue, Zhang Luyu, Zhu Weiming, and Ma Huifen. 2015a. “People-Centered Health Care: A Case Study from Huangzhong County, Qinghai Province.” China Center for Health Development Studies, Peking University. Case study commissioned by the World Bank. Washington, DC: World Bank.

Meng, Qingyue, Jin Yinzi, Yue Dahai, and He Li. 2015b. “People-Centered Health Care: A Case Study from Feixi County, Anhui Province.” China Center for Health Development Studies, Peking University. Case study commissioned by the World Bank. Washington, DC: World Bank.

Meret-Hanke, Louise. 2011. “Effects of the Program of All-Inclusive Care for the Elderly on Hospital Use.” *The Gerontologist* 51 (6): 774-785.

Mukamel, Dana B., Alina Bajorska, and Helena Temkin-Greener. 2002. “Health Care Services Utilization at the End of Life in a Managed Care Program Integrating Acute and Long-Term Care.” *Medical Care* 40 (12): 1136-1148.

Mukamel, Dana B., Derick R. Peterson, Helena Temkin-Greener, Rachel Delavan, Diane Gross, Stephen J. Kunitz, and T. Franklin Williams. 2007. “Program Characteristics and Enrollees’ Outcomes in the Program of All-Inclusive Care for the Elderly (PACE).” *The Milbank Quarterly* 85 (3): 499-531.

Mukamel, Dana B., Helena Temkin-Greener, Rachel Delavan, Derick R. Peterson, Diane Gross, Stephen Kunitz, and T. Franklin Williams. 2006. “Team Performance and Risk-Adjusted Health Outcomes in the Program of All-Inclusive Care for the Elderly (PACE).” *The Gerontologist* 46 (2): 227-237.

Mukamel, Dana B., Helena Temkin-Greener, and Marleen L. Clark. 1998. “Stability of Disability among PACE Enrollees: Financial and Programmatic Implications.” *Health Care Financing Review* 19 (3).

Murray, Robert. 2015. “The CareFirst Blue Cross–Blue Shield Patient-Centered Medical Home Model, Maryland, U.S.A.” Case study commissioned by the World Bank. Washington, DC: World Bank.

National Committee for Quality Assurance. 2014. “PCMH 2014 Content and Scoring Summary.” National Committee for Quality Assurance. http: //www.ncqa.org/programs/recognition/practices/patient-centered-medical-home-pcmh/pcmh-2014-content-and-scoring-summary (accessed June 2016).

Nelson, Karin M., Christian Helfrich, Haili Sun, Paul L. Hebert, Chuan-Fen Liu, Emily Dolan, Leslie Taylor. 2014. “Implementation of the

Patient-Centered Medical Home in the Veteran' s Health Administration: Associations with Patient Satisfaction, Quality of Care, Staff Burnout, and Hospital and Emergency Department Use." *JAMA Internal Medicine* 174 (8): 1350-1358.

Nolte, Ellen, and Emma Pitchforth. 2014. "What is the Evidence on the Economic Impacts of Integrated Care?" Copenhagen: WHO Europe.

Nolte, Ellen, Knai C, Saltman R, eds. 2014. Assessing chronic disease management in European health systems. Concepts and approaches. Copenhagen: World Health Organization 2014 (acting as the host organization for, and secretariat of, the European Observatory on Health Systems and Policies).

Nolte, Ellen, Anne Frølich, Helmut Hildebrandt, Alexander Pimperl, and Hubertus J. Vrijhoef. 2015. "Integrating Care: A Synthesis of Experiences in Three European Countries." European Observatory. Case studies commissioned by the World Bank. Washington, DC: World Bank.

Øvretveit, John. 2011. *Does Clinical Coordination Improve Quality and Save Money? Volume 1: Summary Review of the Evidence.* London, U. K.: The Health Foundation. http: //www.health.org.uk/publication/does-clinical-coordination-improve-quality-and-save-money (accessed June 2016).

Porignon, Denis, Reynaldo Holder, Olga Maslovskaia, Tephany Griffith, Avril Ogrodnick, and Wim Van Lerberghe. 2011. "The Role of Hospitals within the Framework of the Renewed Primary Health Care Strategy." *World Hospital Health Service* 47 (3): 6-9.

Porter, Michael E. 2010. "What Is Value in Health Care?" *New England Journal of Medicine* 363: 2477-2481.

RAND, Europe and Ernst & Young LLP. 2012. "National Evaluation of the DH Integrated Care Pilots: Appendices." Santa Monica, CA: RAND Corporation, 2012. http: //www.rand.org/content/dam/rand/pubs/technical_reports/2012/RAND_TR1164z2.pdf (accessed June 2016).

Reid, Robert J., Eric A. Johnson, Clarissa Hsu, Kelly Ehrlich, Katie Coleman, Claire Trescott, and Michael Erikson. 2013. "Spreading a Medical Home Redesign: Effects on Emergency Department Use and Hospital Admissions." *Annals of Family Medicine* 11 (1): S19-S26.

Reid, Robert J., Katie Coleman, Eric A. Johnson, Paul A. Fishman, Clarissa Hsu, Michael P. Soman, Claire E. Trescott, Michael Erikson, and Eric B. Larson. 2010. "The Group Health Medical Home at Year Two: Cost Savings, Higher Patient Satisfaction, and Less Burnout for Providers." *Health Affairs* 29.5: 835-843.

Rosenthal, Meredith B., Mark W. Friedberg, Sara J. Singer, Diana Eastman, Zhonghe Li, and Eric C. Schneider. 2013. "Effect of a Multipayer Patient-Centered Medical Home on Health Care Utilization and Quality: the Rhode Island Chronic Care Sustainability Initiative Pilot Program." *JAMA Internal Medicine* 173 (20): 1907-1913.

Runz-Jørgensen, Sidsel Marie, and Anne Frølich. 2015. "SIKS - The Integrated Effort for People Living With Chronic Diseases: A Case Study on People Centered/Integrated Health Care in Denmark." The Research Unit for Chronic Conditions, Bispebjerg Hospital, Denmark. Case study commissioned by the World Bank. Washington, DC: World Bank.

Salmon, J.W., J. Heavens, C. Lombard, and Paula Tavrow, 2003. "The Impact of Accreditation on the Quality of Hospital Care: KwaZulu-Natal Province, Republic of South Africa." *Operations Research Results* 2 (17). Bethesda, MD: Published for the U.S. Agency for International Development (USAID) by the Quality Assurance Project,

University Research Co., LLC.

Schulte, T., A. Pimperl, A. Fischer, B. Dittmann, P. Wendel, H. Hildebrandt. 2014. “Ergebnisqualität Gesundes Kinzigtal—quantifiziert durch Mortalitätskennzahlen: Eine quasi-experimentelle Kohortenstudie: Propensity-Score-Matching von Eingeschriebenen vs. Nicht-Eingeschriebenen des Integrierten Versorgungsmodells auf Basis von Sekundärdaten der Kinzigtal-Population.” url: http: //optimedis.de/files/Publikationen/Studien-und-Berichte/2014/Mortalitaetsstudie-2014/Mortalitaetsstudie-2014.pdf (accessed July 2015).

Schulte, Martin Wetzel, and Alf Trojan. 2015. “Gesundes Kinzigtal: A Case Study on People Centered/Integrated Health Care in Germany.” Case study commissioned by the World Bank. Washington, DC: World Bank.

Shortell, Stephen, Rachael Addicott, Nicola Walsh, and Chris Haim. 2014. “Accountable Care Organizations in the United States and England.” London, U.K.: King’s Fund.

Smits, H., A. Supachutikul, and K. S. Mate. 2014. “Hospital Accreditation: Lessons from Low- and Middle-Income Countries.” *Globalization and Health* 10. 65.

State Council. 2015a. “Guidance of the General Office of the State Council on Promoting Multi-level Diagnosis and Treatment System.” 2015-09-11, No. 70.

———. 2015b. “Evaluation Report on Urban Public Hospital Reform Pilots.”

———. 2015c. “Supervision of Comprehensive Reform of County-Level Public Hospitals.”

Struijs, J., J. de Jong-van Til, L. Lemmens, H. W. Drewes, S. de Bruin, and C. Baan. 2012a. “Three Years Bundled Payment System for Diabetes Care. Effects on Care Process and Quality of Care.” Bilthoven, The Netherlands: National Institute for Public Health and the Environment.

Struijs, J. N., S. M. Mohnen, C.C. M. Molema, J. T. de Jong-van Til, and C. Baan. 2012b. “Effects of Bundled Payment on Curative Health Care Costs in the Netherlands: An Analysis for Diabetes Care and Vascular Risk Management based on Nationwide Claim Data, 2007–10.” Bilthoven, The Netherlands: National Institute for Public Health and the Environment.

Sumer, Safir. 2015. “Case Study for People-Centered Health Care in Turkey.” Case study commissioned by the World Bank. Washington, DC: World Bank.

Temkin-Greener, Helena, Alina Bajorska, and Dana B. Mukamel. 2008. “Variations in Service Use in the Program of All-Inclusive Care for the Elderly (PACE): Is More Better?” *Journal of Gerontology* 63A (7): 731-738.

Teo, Hui Sin. 2015. “Singapore’s Experience with Care Integration.” Case study commissioned by the World Bank. Washington, DC: World Bank.

Vadstrup, E., A. Frølich, H. Perrild, E. Borg, and M. Røder. 2011. “Effect of a Group-Based Rehabilitation Programme on Glycaemic Control and Cardiovascular Risk Factors in Type 2 Diabetes Patients: The Copenhagen Type 2 Diabetes Rehabilitation Project.” *Patient Education and Counseling* 84: 185–190.

Van Hasselt, M., McCall, N., Keyes, V., Wensky, S. G., & Smith, K. W. 2015. Total Cost of Care Lower among Medicare Fee-for-Service Beneficiaries Receiving Care from Patient-Centered Medical Homes. *Health Services Research*, *50*(1), 253–272.

Vrijhoef, M., J.M. Hubertus and Guy Schulpen. 2015. “Care Group Zio: Integrated Health Care for People with Type 2 Diabetes: A Case Study on People Centered/integrated Health Care in the Maastricht Region, the Netherlands.” Maastricht University Medical Center. Case study commissioned by the World Bank. Washington, DC: World Bank.

Wagstaff, A., M. Lindelow, S. Wang, and S. Zhang. 2009. "Reforming China's Rural Health System." Washington, DC: World Bank.

Wang, Qiuyan Cindy, Ravi Chawla, Christine M. Colombo, Richard L. Snyder, and Somesh Nigam. 2014. "Patient-Centered Medical Home Impact on Health Plan Members with Diabetes." *Journal of Public Health Management and Practice* 20 (5): E12-E20.

Weaver, Frances M., Elaine C. Hickey, Susan L. Hughes, Vicky Parker, Dawn Fortunato, Julia Rose, Steven Cohen, Laurence Robbins, Willie Orr, Beverly Priefer, Darryl Wieland, and Judith Baskins. 2008. "Providing All-Inclusive Care for Frail Elderly Veterans: Evaluation of Three Models of Care." *Journal of the American Geriatrics Society* 56: 345-353.

Wenzel, Richard P., and James E. Rohrer. 1994. "The Iron Triangle of Health Care Reform." *Clinical Performance and Quality Health Care* 2 (1): 7-9.

Werner, Rachel M., Anne Canamucio, Judy A. Shea, and Gala True. 2014. "The Medical Home Transformation in the Veterans Health Administration: An Evaluation of Early Changes in Primary Care Delivery." *Health Services Research* 49 (4): 1329-1347.

Wieland, Darryl, Rebecca Boland, Judith Baskins, and Bruce Kinosian. 2010. "Five-Year Survival in a Program of All-Inclusive Care For Elderly Compared With Alternative Institutional and Home- and Community-Based Care." *Journal of Gerontology* 65 (7): 721-726.

Wieland, Darryl, Vicki L. Lamb, Shae R. Sutton, Rebecca Boland, Marleen Clark, Susan Friedman, Kenneth Brummel-Smith, and G. Paul Eleazer. 2000. "Hospitalization in the Program of All-Inclusive Care for the Elderly (PACE): Rates, Concomitants, and Predictors." *Journal of the American Geriatrics Society* 48: 1373-1380.

World Health Organization (WHO). 2007. *Peopled-Centered Health Care: A Policy Framework.* Geneva, Switzerland: WHO.

———.2008. Primary Health Care (now more than ever): World Health Report 2008. WHO. 42-60. http: //www.who.int/whr/2008/en/(accessed June 2016).

———. 2015a. WHO. "The Framework on Integrated People-Centered Health" . http: //apps.who.int/gb/ebwha/pdf_files/EB138/B138_37-en.pdf (accessed January 2016).

———. 2015b. *People-Centered and Integrated Health Services: An Overview of the Evidence.* WHO/HIS/SDS/2015.7. Geneva, Switzerland: WHO.

World Bank. 2015. *World Development Indicators.* Washington, DC: World Bank.

Yan, Fei. 2015a. "Integrated Health Services Reform between Community Health Service Centers and Hospitals" in Hangzhou, Zhejiang Province." School of Public Health, Fudan University, Case study commissioned by the World Bank. Washington, DC: World Bank.

———. 2015b. "The Integrated Health Care System Based on Health Care Groups in Zhenjiang, Jiangsu Province, China." School of Public Health, Fudan University, Case study commissioned by the World Bank. Washington, DC: World Bank.

第3章

推手2：提高卫生服务质量，实现以人为本的一体化服务

3.1 引言

中国能否成功调整服务提供模式、最终实现以人为本的一体化服务，将取决于卫生系统生产和提供优质服务的能力。这意味着要在卫生服务系统的各级提供临床安全、有效、及时的医疗服务，尤其是在有效的以人为本模式下患者首诊的基层医疗层面。努力提高卫生服务质量、支持以人为本的模式，的确是中国实现增进人民健康、改善患者体验、提高卫生服务效率的改革目标的重要推手之一。

卫生服务质量是一个抽象而复杂的概念（Dayal和Hort，2015；La Forgia和Couttolenc，2008）。美国医学研究所（IOM）把卫生服务质量描述成为“为个体和人群提供的卫生服务能增加实现预期健康结果可能性的程度以及与当前的专业知识相符的程度”（Kohn、Corrigan和Donaldson，1990）。Dlugacz、Restifo和Greenwood（2004）在某种程度上根据IOM的报告提出了一个更实用的优质服务的定义：“具有可测量的安全性、达到尽可能高的标准、循证、统一提供的、对资源和服务恰当利用的服务。”结合卫生体系，“卫生服务质量”的概念被赋予了一系列系统特征，有助于卫生体系整体绩效的发挥。“质量”已经不再仅仅是指某一位具体医生、科室或机构的质量（IOM，2001）。其实，实现循证的高质量卫生服务原则、恰当使用资源和服务以及由训练有素的医生来就诊，将会成为中国卫生体系改革的主要推手，以实现更好的健康结果和患者体验，以及更高效率的卫生体系。

卫生服务质量（QoC）很重要，因为它是健康结果的决定因素之一。在经合组织国家过去十年所减少的过早死亡中，有10%—30%可归因于卫生服务质量的改善（Nolte和McKee，2011，2012）。卫生服务质量低下可能导致医疗差错，给患者带来伤害，而非帮助。例如，根据美国医学研究所的文献记录，每年美国的医院有高达98000例死亡与医疗差错有关（IOM，1999）。2008年，美国因基层医疗服务质量不高而导致的、可避免的住院可能占到住院总数的1/10（Stranges和Stocks，2010）。服务质量低下导致的医

疗差错和不良事件还增加了卫生支出。2008年，仅医疗差错本身就给美国造成约195亿美元的损失（Andel，2012；Stranges和Stocks，2010）。提高卫生服务质量不仅关系到患者有更好的转归和体验，而且由于质量与成本之间存在密切关系，它对卫生服务系统的效率和可持续性而言至关重要。研究显示，高质量服务不一定意味着高成本，但劣质服务的结果往往是更多的住院、更多的监护治疗和用药、住院时间更长和不必要的再入院，从而导致资源浪费和不良的健康结果（Baicker和Chandra，2004；Berwick、Nolan和Wittington，2008）。2012年，美国因药物使用不当和不必要使用给卫生服务造成的损失超过2000亿美元（卫生服务信息研究所，2013）。英国的情况也相似，各种不必要的治疗和操作每年给英国国家卫生服务系统造成的浪费高达23亿英镑（英国皇家医师学会学院，2014）。1995—1996年，如果医疗差错得以避免，澳大利亚卫生服务系统每年可节约30亿美元（澳大利亚卫生部，1996）。总之，劣质卫生服务危害患者的健康，降低了卫生体系的效率。

中国缺乏关于医疗质量及其对于费用的影响的信息。可以比较有把握地假设，在别的国家观察到的质量和成本之间的相关性在中国也同样存在。然而，需要开展更多研究来证实这样的假设。由于缺乏可靠的数据以及质量监测与评价的体制和组织结构薄弱，很难评估卫生服务质量缺陷对患者转归或卫生服务上涨的影响（例如，通过造成医疗差错、不良事件和不必要的再次住院）。不过，人们一致认为需要提高质量，尤其是基层卫生服务机构的质量（Yip和Hsiao，2015）。有关临床服务质量差异日益增多的证据凸显了包括医院在内的服务质量仍有待提升（Xu等，2015）。质量缺陷与基层卫生机构使用率较低有关（Zhang等，2014；Bhattacharyya等，2011），医患关系紧张和纠纷常常会引发法律诉讼，甚至是“医闹”（Hesketh等，2012）。有很多文献记载，提供不必要的过度医疗服务和过度开药会引发质量问题（Li等，2012；Yin等，2015；Yin等，2013）。病人也对过度医疗，以及医生和护士态度冷漠、努力不够、问诊时间短等表示不满（卫生统计信息中心，2010）。

在中国，国家卫生计生委（NHFPC）通过促进临床路径的使用、监管市场准入和制定临床标准等展开改善卫生服务质量的工作（国家卫生计生委，2014）。改革措施的落实还在进一步推进。然而，一些质量改进的重要领域尚未得到充分体现，包括开发、验证和强制使用国家统一标准的质量指标，管理、监测并评估医疗机构的质量，并且协调相关各方在质量方面的努力。

在过去的十年中，大多数经合组织国家都将持续质量改进作为卫生部门发展的一个中心目标，并实施了系统的改革以提高卫生医疗质量。政府越来越作为公众的代表和卫生服务的支付人，引导卫生服务改进，以提高医疗质量。借鉴他们的经验，并结合中国的相关经验，本章安排如下：第3.1节描述了分析卫生服务质量的概念框架；第3.2节探讨了中国在质量改善方面的机遇和挑战；第3.3节介绍了经合组织国家在为质量改善创造有利环境方面的经验；最后，第3.4节提出了一系列核心行动和实施策略，供中国在系统推进质量改善工作时采用。

3.2 卫生服务质量的概念、评估和改善

本节首先通过对国际通用的卫生服务质量的定义及概念进行梳理，探讨了卫生服务质量的含义。然后，在更宏观的政策及体制背景下，提出了评估质量挑战和改善质量的框架。之后的各节阐述了如何在中国和经合组织国家运用这些框架。

3.2.1　卫生服务质量的概念

明确卫生服务质量的概念、阐明质量改善的目的和评估进展不是一项简单的工作。大多数国家按照卫生服务过程及结果在技术、患者体验和可负担性等方面的理想特征，对质量进行定义。例如以下的定义：

• 安全、有效、高效、及时、以患者为中心、公平（美国医学研究所）。

• 临床有效、安全和患者体验良好（英国国家卫生服务系统）。

• 在正确的时间以正确的方式为适当的患者做正确的事情，以实现尽可能好的结果（美国卫生与公众服务部卫生服务研究与质量局；美国国家质量保证委员会的类似定义）。

• 较好的个人就医体验；较好的人群健康水平；人群的人均医疗费用降低（美国卫生服务改善研究所）。

• 利用现有的医疗技术、资源和能力，按照专业伦理和临床标准提供给患者的服务水平（中国国家卫生和计划生育委员会）（NHFPC，2014）。

不同的利益相关方可能会强调质量的不同方面。医务人员多强调医疗实践要遵循当前的专业标准和证据（IOM，2001）。患者看重的是基础设施、与医务人员的沟通和候诊时间等特定要素（de Silva 和 Bamber，2014）。政策制定者和卫生服务管理者往往关注质量、成本和公平之间的平衡。此外，由于新的医学知识和技术会改变人们对（更）高服务质量的理解，质量往往不是一成不变的目标，需要人们对过程、标准和指标不断进行回顾和更新。

质量可被认为有两个方面：技术和人。本章主要关注质量的技术方面，指的是诊断的正确性、根据最佳证据所采取的干预措施的恰当性，以及提供有关干预措施服务的临床团队的能力，最终会增加以可负担的成本改善健康结果的可能性。质量的人的方面包括第 4 章所讨论的患者满意度。简言之，它指的是卫生服务对患者偏好的响应性：能看想看的医生、服务的连续性、良好的沟通、将心比心、尊重隐私等都被认为是较高卫生服务质量的体现。确保达到尽可能高的质量标准意味着所有患者每次都能在正确的时间、正确的场所获得正确的卫生服务。

3.2.2　评估卫生服务质量

有关服务质量最重要的定义当属 Donabedian 提出的定义（2005）。他提出了一个包含结构、过程和结果的有用框架，可用于深入研究中国卫生服务质量相关的问题：结构质量是对发生医疗服务的环境的相对稳定的特征进行评价，如基础设施、设备和人力资源；过程质量是对医患之间的互动进行评价，以及对医生是否按照临床指南的建议制定正确的诊疗计划、是否熟练地提供了诊疗服务进行评价；结果质量评价提供的是患者的健康状况因医疗服务而发生改变的证据。这三个方面共同为评估质量提供了宝贵信息。不遵守最佳实践或专业标准会导致三种过程质量问题：（例如，实验室检查、操作、处方等的）过度使用、使用不足和不当使用。当一项卫生干预措施对健康产生的益处足以大于预期的风险时，我们认为该干预措施是恰当和值得采取的（Brook，1995）。过度使用服务是指在没有充分的医学理由的情况下使用某项干预措施，如用抗生素治疗病毒性感冒患者或一般性感染的儿童。服务使用不足是指未将推荐的或必要的服务（如有效的预防服务）提供给患者。不当使用包括误诊或给患者提供了可能危害其健康的不当干预措施。反过来，劣质的卫生服务过程又会导致患者的劣质结果。

不当或有害的医疗服务在全球范围内都存在。例如，RAND 的一项重要研究显示，美国的成人仅接受了 55% 应获得的预防性服务、急性期服务、慢性病服务、筛查或随访服务。这些发现说明，有效的干预措施，尤其是具有成本效益性的预防性服务远远未得到采用（McGlynn等，2003）。在低收入和中等收入中国家，虽然证据尚有待加强，但已有记录显示存在过度使用抗生素的现象（Laxminarayan和Heymann，2012）。

劣质卫生服务过程往往给患者带来不良的结果。一项对八个国家（埃及、约旦、肯尼亚、摩洛哥、南非、苏丹、突尼斯和也门）入院相关病历的回顾性研究显示，平均不良事件率为8.2%（从2.5%到18.4%不等）。在这些不良事件中，83%被认为是可预防的，30%与患者死亡有关，其中1/3是由在相对并不复杂的临床背景下发生的治疗差错引起的（Wilson等，2012）。一项对已发表的有关低收入和中等收入国家医源性感染的系统性综述也显示，其感染率远高于发达国家，尤其是成人重症监护病房的医源性感染、手术部位感染和甲氧西林耐药感染（Allegranzi等，2011）。

通过系统地收集信息来评估卫生服务的过程和结果，对发现质量缺陷，从而制定质量改善行动计划和监测相应的体制安排发挥着重要作用。世界卫生组织等在开发用于国家层面的质量指标方面做了大量工作。[1]由于卫生服务的复杂性和不确定性，这些指标可能不尽完善；然而，一旦经过卫生服务各利益相关方的批准和采纳，这些指标就可用于明确质量改善工作的优先领域和相应的质量标准，让卫生服务供方按照约定的绩效框架尽职尽责来提供。

3.2.3 提高卫生服务质量：需要整个系统的支持

国际经验表明，任何质量的改善都需要政府强有力的领导，通常与非政府利益相关方合作，共同对持续质量改善工作提供国家层面的支持。提高卫生服务质量不仅仅是某个医生或医疗机构的责任。一个国家评估和提高卫生服务质量的能力对于改善整个系统的卫生服务和患者的健康结果至关重要。医务人员和医疗机构孤军作战，往往准备不足，或缺乏解决如此复杂问题的激励机制。他们不仅需要业内团体的支持，还需要来自更广泛的卫生系统的支持，以培养改善质量的文化。要为持续的质量改善工作提供指导，需要有正确的政策、法律法规、激励机制和监测系统。同样重要的是，还需要有组织机构来对质量进行评估和监督，在提升卫生服务组织能力的同时，为其提供指导并支持对临床实践开展系统研究与评价。

系统支持和领导体制对确立质量改善的高目标和营造有利的政策环境至关重要。在许多国家，卫生服务质量总体愿景的缺乏导致不同医疗机构在质量方面存在巨大差异。把质量改善的决定权交给具体的医疗机构不会有规模地提高卫生服务质量。相反，这样做会对那些在物质、资金和知识资源方面颇具优势的医疗机构更为有利，从而加剧不公平性。

国家层面的专业机构发挥强有力的、统一的领导作用至关重要。机构在保证和提高质量方面发挥领导力，至少有以下三个基本作用（WHO，2006）：

- 领导卫生服务质量分析工作，包括利益相关方的参与和现况分析，以协助建立统一的卫生服务质量目标和证明达到了卫生服务质量的目的。
- 在以下方面发挥技术牵头作用：协调和下发质量指标与标准；发现卫生服务质量不足之处；制定质量改善策略。
- 对质量改善工作的实施进行高层次的监督，对工作进展进行监测。

监测与评价是卫生服务系统的重要组成部分，是连接卫生政策和卫生服务实践的重要环节，并为指导质量改善工作和履行问责制提供最基本的信息。对质量改善工作的进展情况进行监测与评价是必不可少的工作，因为只有发生了有利于实现预定目的积极变革，才能说明卫生系统或医疗机构对质量改善工作的投入行之有效。如果改善情况未达预期，可对现有策略进行评价后及早进行调整，从而使成功的可能性最大化。表彰进步和取得的成绩也有助于在变革过程中鼓舞各利益相关方。根据对指标的持续监测、评估和比较结果向公众公开报告已日益成为一种常见的监测系统的补充机制。

3.3　中国在卫生服务质量方面面临的挑战

中国在提高质量方面受到来自公众的越来越大的压力。中国先进的三级医院与在数量上占绝大多数的较低级别医疗机构在硬件、人力资源、质量文化和临床实践方面差异巨大。政府希望提升所有卫生服务供方的质量标准并进行投入，以扩大和升级卫生服务基础设施，尤其是基层卫生服务基础设施，但直到最近才开始重视改善卫生服务的过程和结果。根据第3.1节提出的结构-过程-结果框架，本节对中国卫生服务体系的重要方面进行了梳理，对近期与质量相关的政策进行了简要研究，并简述了改善卫生服务质量所将面临的挑战。

中国有关卫生服务质量的证据并不充足。大多数人（包括各利益相关方）往往根据对医院声誉、拥有高技术设备的情况、是否有知名专家等进行主观评估后，对医疗机构进行分级。因此，大多数医疗机构缺乏卫生服务质量的证据，也很少努力对质量进行测量和评估。

卫生服务质量研究的范畴也存在差异。大多数质量评估是对一所或几所三级医院进行的描述性研究（例如，Nie、Wei和Cui，2014；Wei等，2010）。对三级医院住院服务的质量研究多于对二级医院和基层医疗机构的研究。由于对此问题的定义存在差异，因此尚缺乏一个各方认同的开展全面质量评估的框架。因采用的质量指标和分析方法纷繁复杂，所以很难对结果进行比较。卫生服务质量相关研究的主题包括不当医疗服务的普遍性和质量与效率之间的关系等（例如，Yin等，2015；Li等，2012；Yin等，2013）。

3.3.1　卫生服务系统的结构

中国大多数有关卫生服务质量的研究都将重点放在卫生服务系统的结构上。经过过去20年的大规模机构扩张，中国的医疗机构具备了现代的基础设施和先进的设备，即使在卫生服务系统的较低层面亦是如此。政府在建设标准（例如，规定机构总面积和布局等的最低要求）的监管方面成绩出色，建立了村卫生室、乡镇卫生院（THC）和社区卫生服务中心（CHC）等基层医疗机构的基本设备目录。例如，机构调查结果显示，贵州乡镇卫生院拥有价值人民币10000元或以上的医疗设备平均达5件，包括X光机、超声波、生化分析仪、心电图机、呼吸机、血细胞计数仪和尿液检测仪。很多乡镇卫生院拥有多功能生命监测仪、电动吸引器、电动洗胃机和麻醉机（Wang和Xue，2011）。2009年开始的医疗卫生体制改革已将发展城镇社区卫生服务中心网络作为优先工作，让居民能在步行15—20分钟的范围内就医。这些旨在让群众及时获得卫生服务的措施都值得赞赏。

卫生服务质量是卫生专业人员的知识、态度和实践的结果。同许多国家一样，中国也面临着训练有素的专业医务人员短缺的问题，这种短缺现象在基层医疗机构和农村尤为明显。在注册医师（和助理医师）中，仅有45%的人具备学士或以上学位，其中大多数在大医院工作。在基层，乡镇卫生院和社区卫生服务中心的医生中约有75%拥有职高学历或2年制的医学大专学历，仅有10%—15%的人拥有学士学位。大多数乡村医生从前是赤脚医生，后来仅接受过医学职高教育。[2]基层医疗机构的医生获得医学继续教育（CME）的机会有限：乡镇卫生院和社区卫生服务中心的医生每年注册参加15天的医学继续教育培训。此外，中国的多数护士都未接受过本科教育。

3.3.2 卫生服务过程

受现有数据缺陷的制约，中国鲜有研究直接探讨卫生服务提供的机制和程序，但现有证据已经凸显了服务过程的一些问题。过度开药和过度服务，尤其是过度提供高技术、高费用的服务，在各类医疗机构中普遍存在。Li等（2012）对2007—2009年中国28个城市的230900张门诊处方进行研究后发现，半数处方为抗生素处方，包含两种或两种以上抗生素的处方占10%。抗生素过度使用的问题在较低级别的医疗机构和较贫困地区尤其常见，因为这些机构对药品收入的依赖度更高。一位高级别卫生官员指出，CT扫描、剖宫产、冠状动脉支架植入和冠状动脉搭桥的过度使用是中国临床实践中明显存在的问题（Liao，2015）（见表3.1）。

表3.1 中国的过度用药和过度干预

过度处方	每张处方的药品平均数量（3）超过世卫组织的合理用药参考水平（Yin等，2015）；抗生素处方占50%，包含两种或两种以上抗生素的处方占10%—25%（Li等，2012；Yin等，2013）
过度静脉输液	静脉输液率（53%）超过世卫组织的合理用药参考水平（Yin等，2015）
过度使用外科手术	剖宫产率为46%，其中50%并无必要（Liao，2015）
过度使用CT	CT的实际阳性率仅为10%，而全球平均水平为50%（Liao，2015）

中国的另一项令人担心的问题是有效疗法使用不足。研究发现，未能充分采用有效预防措施导致手术部位可预防感染的发生（Fan等，2014）。此外，戒烟咨询等具有成本效益性的行为咨询可能使用不足；即使是医生的戒烟率也较低，向患者提供戒烟建议也并非惯常做法（Abdullah等，2013）。其他研究人员发现，对急性心肌梗死患者未能及早使用可使其受益的β受体阻断剂，而对可能因之受害的患者却可能存在过度使用的问题（Zhang等，2015）。过度使用和使用不足的情况都说明了医务人员未能按照最佳实践进行诊疗。

慢性病已成为中国的主要疾病负担，但研究发现基层医生管理常见慢性病的知识和经验不足（Wu等，2009；Liu、Hou和Zhou，2013；Xu，2010）。Wu等（2009）对651名乡村医生进行了高血压治疗的知识测试。结果发现，能给患者正确测量血压的乡村医生不足40%，仅有7%的乡村医生在日常工作中会定期测量患者的血压，而知晓推荐使用的高血压治疗方法或知晓高血压是心血管疾病最主要危险因素的人则不到50%。

有关二级医院和三级医院服务过程是否正确的证据存在矛盾。例如，Wei等（2010）发现在全国城镇医院的样本中，医生对缺血性卒中的二级预防率较高。但Qian等（2001）的研究显示，上海和江苏的四家医院的产科服务不符合最佳实践做法，在六项应避免采用的做法中，有三项做法的日常采用率高达70%以上。急性冠脉综合征患者的用药情况也发现了类似的结果（Bi等，2009）。

3.3.3 结果

许多国家获取病历不易、病历保留情况有差异且缺乏可靠的临床服务数据，给结果研究带来了挑战。中国现有的证据显示，三级公立医院的患者转归差异巨大（Xu等，2015）。医院死亡的下降随时间推移而有所减缓（Li等，2015）。可预防的不良事件仍较常见。一项荟萃分析显示，2001—2012年手术部位的感染率平均为4.5%（Fan等，2014），而美国2006—2008年的该比例为1.9%（CDC，2016）。

3.4 中国的监管和政策环境

部分由于卫生服务的复杂性以及医患之间信息的不对称性，卫生服务需要强有力的监管制度。某些卫生服务可被视为“信用品”，即使在服务提供完成后，消费者也很难或无法确定其功效和影响。政府通过制定质量标准并强制供方遵守，可以在保证卫生服务质量方面发挥重要作用。此外，政府还可以出台政治和经济激励机制来促进质量的不断改善。

3.4.1 质量改善的制度和政策机制

中国政府历来认为保证质量是卫生行政管理部门的核心职责，并在此领域发挥着牵头作用。表3.2总结了实施中的主要监管策略和政策。从20世纪70年代末期起，确保安全和质量的基本监管机制已经到位，根据医疗机构类别明确了设备和人员的最低标准，规定了卫生专业人员的资质并制定了一般的管理原则。1989—1998年中国开展了首轮医院评审活动，根据医院的相对服务质量，对医院进行分类和评级。

表3.2 中国的卫生服务质量监管

监管策略	主要政策文件/行动	目的和实施
监管机构	• 2015年3月成立医疗管理服务指导中心（MSMGC） • 2009年成立国家和地方医疗质量管理委员会（MQCC） • 2008年在卫生部内设立医疗服务管理局	• 医疗管理服务指导中心开展卫生技术评估并为地方质量改善工作提供技术支持 • 医疗质量管理委员会制定各医疗专业标准并实行质量控制 • 医疗服务管理局在公立医院管理和质量监管方面发挥高级别政治领导作用
一般监管	•《临床质量管理条例（征求意见稿）》（2014年） •《全面提升县级医院综合能力工作方案》（2014年） •《三级医院评审标准》（2011年）；《二级医院评审标准》 •（2012年） •《综合医院评价标准（修订版）》（2009年） •《临床路径管理指导原则》（2009年）	• 通常，卫生部仅制定和出台一般性的医院管理条例，其中包括有关质量的内容
临床实践指南和标准	• 从2006年起，中华医学会制定了各专业的临床诊断和治疗指南以及临床技术及操作标准 • 省级和地方医学会制定了针对具体临床问题的各类地方性的临床指南、规范、专家意见、专家共识、指导意见等 • 国家卫生计生委出台了针对具体问题的指南，如《医源性感染管理》（2011年）；《抗菌药物临床应用指导原则（2015年版）》；《单病种质量管理评价系统》（2008年）	• 已制定和下发了47个专业指南 • 然而，对照这些指南对临床实践的监测有限。只要求特定的二级医院和三级医院报告临床数据 • 指南不能作为不当医疗服务诉讼的法律依据
医疗机构评价和质量改善行动	• 两轮医院评审（2011—2012年；1989—1998年） • 进一步改善医疗服务行动计划（2015—2017年） • 从2009年起的“医疗质量万里行” • 医院管理年活动（2005—2009年） • “百强医院”表彰活动	• 虽然制定了新的评审标准，国家卫生计生委仍决定取消2011—2012年期间新评审的240多家三级医院。人们怀疑在认证过程中存在弄虚作假和腐败行为* • 实地调查是评价医院的最常见方法

注：* Dajiang Net，2012。

来源：国家卫生计生委网站（2018年6月27日），http：//en.nhfpc.gov.cn/。

部分由于2009年的医改将公立医院改革作为改革重点之一，当时卫生部（MOH）因此于当年设立了一个新的医政医管局。该局的职责是制定并实施改善公立医院管理与绩效（包括质量保证和提高）的策略。在该局的领导下，对质量标准进行了重新审核，并通过更新标准和指南、推动调查和加强监管解决一些具体的质量问题。[3]《抗生素合理应用指南》经过多次更新，其最新版于2015年出版。[4]该局还在借鉴其他国家的大量经验的基础上，起草了一系列具体疾病的质量控制指南、指标和临床路径[5]，在一些公立医院进行试点。这些工作有助于形成一系列更全面的、最新的质量相关条例。

此外，卫生部成立了国家和地方医疗质量管理委员会（MQCC），负责医疗机构层面医疗专业相应标准的制定和质量控制的实施。地方医疗质量管理委员会设在当地作为技术牵头单位的三级医院和教学医院内，授权其开展质量评价。例如，浙江省目前有47个医疗质量管理委员会，省级医疗质量控制与评价办公室负责协调质量改善工作和医疗质量外部评价工作（ZJOL，2011）。该办公室出台的《医疗质量持续改进工作计划（2009—2012年）》为其他机构提供了一种模式。根据该计划，许多医院都设立了临床服务质量管理委员会，一般由医院院长或负责质量的副院长牵头负责，其成员由各科负责人组成。

从2009年起，国家卫生计生委开展了各种医院管理活动，将安全和质量保证作为核心内容之一。例如，“医院管理年”（2005—2009年）、“医疗质量万里行”（一项每年开展的全国性医院实地调查）和“百强医院”活动。从2015年起开展了“进一步提高卫生服务质量”活动，旨在方便患者就医和改善患者的就医体验（例如，实行网上预约和周末门诊服务，缩短候诊时间，提供查阅病历服务），该活动已取得了一些成功经验。最新的关于城市公立医院改革和县级医院改革的两个政策文件重申要重视质量保证和质量提高。[6]

2015年3月，国家卫生计生委在加强国家体制机构和领导力以支持质量改善工作方面采取了另一项重要举措，即成立了国家医疗管理服务指导中心（MSMGC），负责一系列工作，其中包括卫生技术评估、对地方质量改善工作提供技术支持等。

3.4.2 质量改善方面的挑战

中国卫生服务基础设施的快速扩张和升级为提高卫生服务质量奠定了基础，而国家卫生计生委也努力建设改善质量所必需的体制和政策构架。政策改革的速度惊人，但政策执行的深度及其效果尚有待观察。此外，如下所述，现有做法的一些缺点可能会使其改善质量的潜力受到限制。

首先，卫生服务质量监管与评价强调准入资质和组织结构的完善（例如，是否设立了内部质量控制委员会）。这些做法需要更加宽泛，将审计、控制和临床过程及结果涵盖进来。例如，目前的指标和评估标准更多的是与结构相关，更重视结构因素，而不是过程和结果，即服务是如何提供的，给患者带来了哪些益处。落后地区的许多医疗机构可能仍需加大对基础设施和人力资源的投入，但中国作为一个整体应将质量问题的重点更多地放在监测和改善临床过程及患者的健康结果上。

其次，质量改善工作的领导体制尚不明朗。地方的医疗质量管理委员会（MQCC）被认为是一个技术工作组，而非一个具有执行能力或行政权力的常设机构。医疗管理服务指导中心（MSMGC）当前的重点是卫生技术评估，较少关注质量保证、质量改善以及监测与评价。在规定医疗质量管理委员会和医疗管理服务指导中心应执行的职能中，未包括以下一些重要职能：协调和管理国家质量标准化措施的应用；管理机构层面的质量监测与评价；以及协调各利益相关方的质量改善工作。此外，作为国家卫生计生委系统的一部分，其更关注公立医院，而不是向所有供方提供机构支持。卫计委下的医管局具有权力和技术能力，但缺乏足够的资源进行质量监测与评价，而这是持续质量改善的基础。

再次，为更好地支持整个卫生服务系统的质量改善，需要进一步加强信息系统、质量评价和机构层面的改善行动：

- 信息系统、电子医疗和信息报告：中国临床数据的定期报告工作尚有完善的空间。基于医疗机构的信息系统不是用来收集此类数据的。中国要求数量不明的三级医院和数量更少的二级医院报告临床数据，但范围有限。即使有了数据，也并未进行定期分析，以为了解质量和结果提供依据。研究人员往往不得不抽取不易获得的病历资料来取得临床数据，这一过程成本很高。二级医院和基层医疗机构提供的数据往往缺乏卫生服务质量方面的内容。

- 质量评价：政府通过定期检查对规范执行情况进行评估。这些检查本身不足以推动一线服务质量的持续改善。每年一次的实地调查因过程和结果的可验证数据的缺乏而范围有限。同样，评估结果可能具有主观性，检查结果也仅有受评医院和卫生行政部门了解，不提供给公众或其他利益相关方，也未与经济奖惩挂钩。

- 对机构层面质量改善活动的支持：中国针对持续质量改善的激励机制和问责制还有待完善。一线医务人员没有针对过程及结果质量改善的激励机制。给医疗机构的导向是增加服务数量，从而增加收入和扩大市场份额，而其收入与质量并无直接关系。政府并不为质量改善活动提供资金支持或激励机制，（即使是在有证据的情况下）也不会因医院服务质量低下或患者转归不良而对其进行惩罚。机构缺乏对质量的重视，这意味着鲜有医院愿意对质量改善工作进行投入。

3.5　提高卫生系统质量的国际经验

过去15年中，许多经合组织国家都将持续的质量改进作为卫生事业发展的核心目的，并实施了系统性的改革来提高卫生服务质量。新一轮质量改进浪潮的到来是在人口不断老龄化、慢性病负担日益增加、卫生支出大幅上涨的背景下发生的。这些国家政府的角色越来越成为公众健康的管理者和卫生服务的支付者，不断推动卫生服务系统向提高卫生服务质量的方向发生转变。他们对新的卫生干预措施和技术的成本效益性进行评估，开展质量评价并提出新的质量标准，推广现代管理手段和做法，以改善卫生服务质量。这些经验都对中国快速发展的卫生系统具有参考意义。

如上所述，一个国家卫生系统的特征和体制安排构成了提高质量和持续质量改善所需的支持性基础结构的重要环节。专栏3.1总结了三个欧洲国家在支持质量改善方面的体制结构。之后，更详细地介绍了美国、英国和澳大利亚构建此类结构的经验。案例部分探讨了各国在质量保证与改善、体制领导、问责制和监管机制、管理创新做法方面的总体方法。

3.5.1　美国：公私合作以改善质量

美国是在现代卫生服务质量改善方面的先进国家。20世纪80年代，美国卫生系统的卫生支出呈两位数的增长，急需加强监管，以避免药物滥用。1989年，美国卫生与公众服务部（HHS）成立卫生服务政策与研究机构，以促进卫生服务的质量、适宜性和有效性。HHS利用最新的临床指南和严格的同行评议，并结合经济激励机制，但卫生专业人员的认同感很低，对卫生服务质量的影响极其有限。美国医学研究所（IOM）对推动美国的质量改善工作发挥了重要作用。该机构

专栏 3.1 法国、德国和荷兰的质量改善体制安排

法国高等保健管理局（Haute Autorité de Santé，HAS）是独立的公立权威机构，负责对医疗机构和医生进行认证，总结最佳实施建议，对卫生产品与服务、专业实践、医疗服务的组织水平和公众健康进行评价（Chevreul等，2010）。卫生部和HAS共同设立了一系列质量指标，要求公立和私营卫生服务机构每年都要公布其质量绩效。在法国，对药品的评价涉及药品的效果，以及针对同一指标，该药品优于其他药品的优势。价值不高的药品被从社会医疗保险目录中剔除。

在德国，联邦联合委员会是对各种新技术和现有技术的适宜性和成本效益性进行评价的法定权威机构；卫生服务质量与效率研究所具有科学地评价卫生服务的技术能力。其建议可导致对社会医疗保险支付的服务进行限制。

荷兰于2012年设立了质量研究所，负责提出制定服务标准、临床指南和绩效指标的强制性框架，包括采用循证的医学原则对现有的医学科学和医学实践进行评估。

成立于1970年，是一个由优秀专业人员组成的独立组织，其人员来自不同的领域，包括卫生和医疗、自然科学、社会和行为科学等等，承担着向政府提供医疗和卫生政策方面建议的职责。1996年，IOM召开了一次全国卫生服务质量圆桌会议，对卫生服务进行总结，以发现卫生服务质量相关问题。在一篇共识报告（Chassin和Galvin，1998）中，圆桌会议认为，在全美国医疗服务系统中普遍存在严重的质量问题，给为数众多的人造成了伤害。会议还认为，可以对卫生服务质量进行精确定义和测量，其科学准确性可与临床医学采用的大多数指标相媲美。IOM随后发表了两篇重要报告，呼吁对美国医疗卫生服务进行全面彻查，并提出了以行动为导向的质量改善战略框架，确立了在五年后将医疗差错减少50%的目标（IOM，2001；Kohn、Corrigan和Donaldson，1999）。报告中的研究结果和提出的改善战略受到了政策制定者、支付方和医务人员的欢迎。IOM将质量改善工作纳入卫生服务议程，树立了质量改善的愿景，促进开展全国性的活动、深入研究和质量改善方面的活动。1999年，卫生服务研究与质量局（AHRQ）成立，作为美国政府在卫生服务质量研究方面的牵头机构。AHRQ出资并作为一个证据收集处理中心，旨在让医疗卫生服务更安全、更优质、更可及、更公平和更可负担。它还与各利益相关方合作，确保证据得以理解和应用。例如，AHRQ针对大量的且越来越多的疾病制定和更新临床指南。它还制定门诊和住院服务质量指标，包括预防措施、住院服务质量、患者安全和儿科服务等。AHRQ通过实施全国减少医源性感染规划、“安全性的科学”培训规划以及开发和推广患者安全工具包等，在全国加强患者安全工作中发挥着重要作用。其软件免费向任何计算质量指标的医院提供，医院进而根据质量监管要求向Medicare和Medicaid服务中心（CMS）进行报告。此外，AHRQ每年发布《国家卫生服务质量报告》和《国家卫生服务差异》报告，对在改善卫生服务质量和减少不同人群所获得服务的差异方面的国家重点领域的工作进展进行评估。

参与制定和推广质量指标的其他政府和非政府组织包括：国家质量论坛、国家质量保证委员会联合会、美国医学会的绩效改善医生联盟。国家质量论坛（NQF）是一个私

营的非营利性会员组织（也是联邦政府的签约方），其宗旨是协调和批准其他组织及机构制定的用于公开报告的质量标准和质量指标。NQF有400多个成员组织，分别代表消费者、卫生保健计划、医务人员、职工、政府、药品和医疗器械公司和其他质量改善组织等。NQF采用一种“多步共识发展过程”来决定是否批准采用某一措施（例如，专栏3.2中所述的门诊服务项目）。其对高级别技术专家工作组的召集能力以及其独立性是获得成功的关键。NQF最为人所知的是2002年首次公开报告的“严重应报告事件”（SRE或“绝不应发生”事件）。[7]SRE指的是绝不应在医疗机构中发生的28种可预防的、明确的严重不良事件。Medicare规划不会对这28种“绝不应发生”事件支付费用，因为它们根本就不应发生。

尽管医务人员曾经不赞成公开报告的想法，其对卫生服务质量影响的证据也不尽相同，但现在公开报告在美国已成为标准做法。具体的医生、医生组织、健康计划和医院提供的卫生服务质量由各种组织和规划进行评估并公布结果。[8]其目的是提供供方质量的信息将有助于保护消费者权利，帮助他们更好地选择供方，并让供方对提供服务的安全性及质量负责。除了公开报告外，政府支付机构、Medicare和Medicaid服务中心等主要支付方已在其支付方案中加入了质量绩效的经济激励机制。

私营企业也在探讨如何支持以更低的成本达到更高的质量。例如，1987年开展了名为“国家卫生服务质量改善示范项目”（NDP）的工作，有21家卫生服务组织同意参加为期8个月的工业领域常用质量改善方法之适用性的研究。这21家公司同意在研究期间对上述卫生服务组织提供支持，包括提供免费咨询和资料、帮助参加培训课程和评估等。参加此项实验的公司包括AT&T、康宁、福特、惠普、IBM、施乐等许多美国知名机构。

结果令人印象深刻（Berwick等，1990）：有15家卫生服务组织取得了显著进展，其他

专栏3.2 全国质量论坛的门诊服务项目

门诊服务涵盖各种疾病、服务和场所，是患者接受卫生服务的主要场所。人们越来越希望有评价门诊服务方方面面（包括各种场所的服务）的绩效指标。

优先领域包括确保门诊服务的安全性、适宜性和有效性，服务协调，及时沟通，儿科急诊服务和医生绩效的质量等。绩效评估的领域包括治疗及时性、抗生素使用、患者入院和出院，以及工作人员的正确文书记录等。

国家质量论坛（NQF）门诊服务项目是一项分阶段的工作，旨在就门诊服务的标准化绩效指标达成共识。通过指标公开征询活动让大家提交标准，NQF员工也积极通过文献检索、检索国家质量标准中心、NQF成员网站和环境筛查收集标准。利用包括科学性、可用性和可行性在内的标准化评价标准，门诊服务指导委员会对27个适宜性指标进行了评价，作为自愿约定的问责及公开报告的标准。入选的指标重点关注以下疾病的医疗服务和门诊服务场所的情况：心脏病、糖尿病、高血压、肥胖、哮喘、预防、抑郁、药品管理、患者的医疗服务体验和卫生服务协调。

来源：NQF，2008。

医院某些疾病治疗的住院时间缩短了近一半，急诊科候诊时间缩短了70%，体检所用的时间减少了67%。一家机构的术后感染率减少了一半以上。“国家卫生服务质量改善示范项目”延长了3年时间，之后成为“卫生服务改善研究所”（IHI）。这是一个非营利性组织，在调整卫生服务方面发挥领导作用，以减少医疗差错、浪费、拖延和经费的不可持续性。卫生服务改善研究所采用所谓的“改善的科学”的方法，强调在现场对创新措施进行快速循环测试后进行推广，以了解在何种情况下哪些变革可导致什么改善。[9]

总之，美国的质量改善工作是由政府、非营利组织和私营部门推动的。坚持科学的绩效评估模式并不断进行完善是取得卫生专业人员支持和推广成功经验的关键。政府通过提供经费、支持质量改善及知识积累示范项目对这些组织提供支持，是其重要的合作伙伴。

3.5.2 英国：由公立领域和中央推动的质量改善

英国卫生领域的质量改善工作主要由政府通过卫生部领导，后者承担着卫生领域信息、服务和政策举措的中央提供者的角色。

过去几年中，卫生服务和质量监管都发生了巨大变化。2008年以前，英国国家卫生服务系统（NHS）重点关注加强系统能力和缩短患者候诊时间，以确保人人都能免费获得所需的卫生服务。英国国家卫生服务系统在报告《人人享有优质卫生服务：NHS下阶段综述》中提出，从重点关注推进活动和实现目标的中央推动的绩效管理体制转变为一种新的质量改善计划（卫生部，2008）。该报告提出了解决卫生服务质量差异的建议，支持最佳实践，推动以更多的竞争和选择为手段促进质量改善文化的建设（Keown和Darzi，2015）。它提出了一个医疗服务愿景，即通过让当地医务人员更好地掌握工作效果数据，再配合经济激励机制以及患者在充分知情的基础上做出选择，来推动质量改善，而不是靠上级规定的目标来改善质量。从操作层面上看，该报告提供了更多和更好的有关临床绩效和加强质量改善的激励机制的信息（Maybin和Thorlby，2008）。

两年后，卫生部提出了国家卫生服务系统历史上最有影响力的重组计划（卫生部，2010），国民健康不再是卫生大臣的责任，撤销了初级卫生保健联合体（primary care trust）和战略卫生主管部门（曾负责在地方和区域层面按照卫生部的规定，颁布政策指令和执行财政政策），将600亿—800亿英镑卫生经费从初级卫生保健联合体转移给由全科医生部分运作的211个临床委员会（CCG）。新计划对卫生服务质量监管有重要影响，因为临床委员会秉承三项基本原则：（1）将患者作为国家卫生服务系统的中心；（2）以评估健康结果和卫生服务质量为重点；（3）赋予卫生专业人员权力。

英国政府设立了“卫生和社会服务信息中心”，为卫生和社会服务领域委员会专员、分析人员和临床医生提供全国性的信息、数据和IT系统。其网站提供了“国家卫生服务系统结果框架”的全面指南（见专栏3.3）。[10] 该框架于2010年提出，旨在为国家卫生服务系统提供的医疗卫生服务的结果提供一个国家层面的问责机制，并提高整个国家卫生服务系统的透明度、推动质量改善和结果评估。国家卫生服务系统委托委员会的“结果指标系列”采用同样的五部分结构作为“结果框架”（国家卫生服务系统委托委员会，2012）。患者报告的结果指标（PROM）被加入到质量审查内容中，重点评估髋关节置换术、膝关节置换术、静脉曲张术及腹股沟疝手术患者的健康获益情况。

除了收集和保存卫生服务数据（如，医院服务和全科医生服务的统计数字）之外，卫生和社会服务信息中心还受托开展临床评

专栏 3.3　2013/2014 年英国国家卫生服务系统的“结果框架”和目标领域

1. 预防早死。
2. 提高长期慢性病患者的生活质量。
3. 协助急性期或术后患者康复。
4. 保证患者享受良好的就医体验。
5. 在安全的环境内治疗和关怀患者，防范可避免的伤害。

来源：国家卫生服务系统委托委员会，2012

审。例如，“全国糖尿病评审”是世界上规模最大的年度临床评审，根据英格兰和威尔士的临床指南及质量标准，对基层和二级医疗机构提供的糖尿病服务的效果进行评估，并将其报告在网上发布。该项评审收集数据并进行分析，供各利益相关方用于推动变革以及改善糖尿病患者的服务质量和健康结果。

著名的英国国家卫生医疗质量标准署（NICE）是另一个相对独立于英国卫生部的机构，负责根据最佳证据制定临床指南和服务标准，对国家卫生服务系统采用的卫生技术及干预措施的功效和成本效益进行评估。英国国家卫生医疗质量标准署在政府做出卫生服务资源分配决策时发挥着技术领导作用，并支持循证的临床医疗服务。

虽然英国的卫生服务质量改善工作主要由政府自上而下进行推动，但其基本目的和策略与美国类似。英国的不少体制和机制在结构上与美国相似。这些技术机构负责审查证据和制定临床指南，制定全面额质量框架，实行供方问责制，开展绩效评估和审查，协调有利于质量改善的激励机制。此外，两国均为改善质量而支持开展在组织层面的组织结构创新试点工作。

英国近期成功开展的试点工作之一就是在伦敦集中提供心脏病和中风医疗服务，此举减少了死亡人数并缩短了住院时间（见专栏 3.4）。该试点的情况显示，通过打造一大批高质量医疗机构，强制推行最佳实践规范，以及促进一体化的路径等措施进行服务重组，可提高卫生服务质量。

3.5.3　澳大利亚：中央政府和州政府合作改善质量

同英国一样，澳大利亚也建立了有效的体制安排来促进、支持和指导卫生服务质量改善工作。这包括联邦卫生部（其中包括澳大利亚医疗服务顾问委员会）、澳大利亚卫生服务安全与质量委员会、国家医疗卫生研究委员会和临床卓越委员会。这些机构负责制定临床标准和指南，监测与评价卫生服务供方绩效，评估卫生干预措施及技术的价值，向服务供方和公众提供质量相关信息。

3.5.3.1　澳大利亚卫生服务安全与质量委员会

澳大利亚卫生服务安全与质量委员会是在联邦议会 2011 年通过《国家卫生改革法案》之后成立的一个联邦法人机构。该委员会的资金由各州和领地政府按成本分担的原则共同提供，其年度工作计划要在咨询了联邦、州和领地卫生部长之后制定。该委员会牵头制定了《澳大利亚卫生服务权利宪章》、国家卫生服务安全与质量标准以及国家安全与质量框架。

委员会作为一个高级别协调和促进机构，在推动患者安全与卫生服务质量合作方面有着独特的作用。澳大利亚“卫生服务安全与质量框架”由该委员会制定，2010 年经澳大利亚各位卫生部长批准。该框架为起草战略

专栏3.4 英国改善中风患者医疗服务的新模式

获得适当的卫生服务是中风患者预后的最重要因素。目前，不少国家都采用对急性中风患者进行集中治疗的方法，以提高患者对急性期治疗（包括迅速接受脑部影像检查和抗凝药物治疗）的可及性，以及提供数量较少但流量更大的专科医生服务。不同能力水平的医院共同组成一个中风患者集中治疗体系，由专科治疗中心而不是最近的医院为患者提供治疗。澳大利亚、加拿大、丹麦、荷兰和美国的研究显示，这种方法具有成本效益性。

2010年，选择中风和严重创伤为例开展了旨在改善患者转归的卫生服务新模式的试点工作，原因有二：（1）有关于如何提高中风治疗质量的有力证据；（2）有愿意改善服务的临床医务人员。新的服务模式将中风治疗服务分为不同类别：超急性、急性、一过性缺血性发作和社区治疗。

在伦敦，变革是由地区卫生主管部门牵头，自上而下进行；而曼彻斯特采取的是由当地医疗服务供方和委员牵头、更加自下而上的、基于网络的方法。伦敦将最初的32个急性中风治疗机构中的8个转型为超急性中风医疗单位（HASU），其余的24个成为地方中风医疗单位（SU），负责提供超急性期后的医疗服务，而5家医院不再提供中风医疗服务。曼彻斯特则设立了3家HASU和10个SU，而急性中风医疗服务并未从任何医院退出。两种模式都实现了住院时间缩短的效果；伦敦模式还使得死亡人数减少。

今后，还将考虑设立罕见病专家中心来加强患者保健服务的协调。作为新医疗服务模式的内容之一，将鼓励专科医生在更广泛的领域建立服务网络，根据患者需要将不同机构和服务整合在一起。

来源：Morris等，2014；Rudd，2011；Turner等，2016。

性和实用性安全与质量计划提供了一个基础，为优先领域的工作提供了指导，规定了为完善安全与质量方面的研究和临床服务所需的行动，促进了各利益相关方有关如何加强合作的讨论。该框架明确了三个核心原则：安全和优质服务应：（1）以消费者或患者为中心（患者能够及时便利地获得服务，医疗服务供方能够对患者的选择和需要作出响应）；（2）由信息助推（以知识和证据指导医疗服务决策）；（3）从安全性着手组织服务（让安全与质量成为卫生服务机构运行的核心考量）。该框架提出了21个供各利益相关方考虑的行动领域，以提高所有医疗服务机构卫生服务的安全与质量。

委员会由“国家指标项目”提供经费，制定了55个安全与质量国家级指标：13个用于基层和社区卫生服务的指标；25个用于医院的指标；6个用于专科卫生服务的指标；5个用于老年居家护理的指标；11个用于各类卫生服务的指标。[11]这些指标用于评估安全性、适宜性、有效性、连续性和响应性。其中，大多数都集中在卫生服务的适宜性、是否日益重视循证的卫生服务及最佳实践指南，其他25个则与安全性有关（AIHW，2009）。大多数指标（40/55）可以通过现有信息系统马上进行报告。澳大利亚卫生和福利署公开报告这些质量指标，以便（1）保持信息透明，并为有关安全与质量改善的总体优先重点和全系统层面策略的决策提供信息；（2）协助服务供方的质量改善活动。

3.5.3.2 医疗服务顾问委员会

医疗服务顾问委员会（MSAC）是联邦

卫生部下设的一个独立专家组，其作用类似于英国国家卫生医疗质量标准署。该委员会根据对新的或现有的医疗服务及技术的安全性、临床效果和成本效益性进行比较研究后得出的最新证据，就更适宜、更有价值的卫生服务向卫生部长提出建议；负责向卫生部长提供澳大利亚公共支付的按项目付费的保险Medicare Benefits Schedule（MBS）所覆盖的医疗服务是否足够安全和具有成本效益性的信息，以确保公共补贴的合理性；还负责制定治疗及诊断服务以及医患沟通的技术指南。在一项对澳大利亚卫生技术进行的大规模评估中，医疗服务顾问委员会建议政府建立MBS上市后监测系统（澳大利亚政府，2009）。该系统可以找出有关适宜性、效果和成本效益性的技术审查重点。根据审查结果，可以删除MBS的覆盖内容，减少付费，限制医疗服务的频率和间隔，修改服务描述或技术规格，以更好地锁定最可能受益的患者群体。医疗服务顾问委员会还牵头对初级卫生保健和Medicare遵从性规则的其他审查工作。

3.5.3.3　澳大利亚国家医疗卫生研究委员会

澳大利亚国家医疗卫生研究委员会是2010年3月成立的一个组织，协助临床人员、研究人员、政策制定者和消费者通过其在线门户查阅各种临床指南。该委员会下的国家临床研究所的宗旨是帮助缩小卫生服务知识与临床实践之间的差距。其出版物包括对临床实践现况进行统计分析的结果以及如何进行改善。根据上述分析结果，该机构与临床小组和卫生服务机构合作，推动将证据应用于实践。该机构为卫生专业人员、研究人员和政策制定者提供有关的资料和证据。

3.5.3.4　临床卓越委员会

澳大利亚的各州及领地有卫生政策的独立决策权，因此，不少州成立了自己的机构，以监测并改善卫生服务的安全与质量。例如，新南威尔士州在2004年成立了临床卓越委员会（CEC），负责领导该州卫生系统的安全与质量改善工作。临床卓越委员会的主要活动包括：通过审计和审查，协调对全系统的问题进行分析；与卫生服务各利益相关方展开合作；针对发现的问题，执行各种规划、项目和活动。临床卓越委员会的“临床实践改善系列”向临床医生提供培训，采用与美国卫生服务改善研究所的“改善的科学”之模式类似的方法，提高卫生服务质量，改善患者转归。

3.5.4　结论

总之，经合组织国家正在努力解决服务质量差异的问题，以提供更安全、有效、价值更高的卫生服务，满足公众不断变化的卫生需求。美国、英国和澳大利亚的情况显示，三国所采用的策略有着惊人的相似之处：对卫生技术进行评估；传播最新临床指南；临床实践审计和评估；公开报告和披露具体医疗机构的绩效信息；针对供方的经济激励机制；卫生信息和教育。这三个国家都在政府内或与私营组织及学术机构联手设立了相应的体制安排来实现这些功能。

3.6　对中国提高卫生服务质量的建议

中国要成功应对在卫生服务质量方面所面临的挑战，可建立统一的领导机制、适合国情的体制结构、让各利益相关方参与其中和开发实施工具，从而促进卫生服务系统各个层面的质量不断得到改善。中国可考虑构建包含以下三个核心行动领域的全面战略框架：

- 加强体制领导和系统支持。
- 建立质量评估和反馈机制。
- 改革组织管理，以促进质量不断改善。

供方技能和患者参与是另外两个核心行动领域，在第4章和第6章中阐述。表3.3列出了本章的核心行动领域，并提出了相应的实施策略（见表3.3）。

表3.3 提高卫生服务质量的三个核心行动领域和实施策略

核心行动领域	实施策略
1. 促进设立有利于建立信息库和制定质量改善策略的组织结构	• 探讨培养国家级协调机制，以监测卫生领域系统性的质量改善 • 深入开展全国性的卫生服务质量研究，在卫生系统各级开展质量改善行动 • 制定国家质量改善战略
2. 系统地评估卫生服务质量，并利用产生的数据不断为质量改善工作提供支持	• 将质量评估的重点从结构转向过程和结果 • 建立并维护反映过程与结果质量差异的地图集 • 利用质量评估来改善绩效 • 通过建立参与性模式来支持同行学习，共同提高质量
3. 通过改革管理模式来提高医疗机构的卫生服务质量	• 促进循证的标准化服务将质量文化融入医疗机构的管理理念，促进现代管理技术 • 使用信息技术来支持质量改善

3.6.1 核心行动领域1：促进设立有利于建立信息库和制定质量改善策略的组织结构

政府的领导和指引对提高卫生服务质量的能力建设而言至关重要。国际经验显示，政府可考虑三类活动：（1）扩展现有机构的职能或成立新的机构来领导、监督和实施质量改善工作；（2）开展全国性总结评估；（3）采用全国性的提高质量的方法。

3.6.1.1 策略1：探讨培养国家级协调机制，以监测卫生领域系统性的质量改善

该国家级协调机制可负责协调各方的卫生服务质量保证与改善的工作，积极让各利益相关方参与进来，促进为实现上述目的而实施的质量保证和质量改进的相关战略。其主要职能包括：（1）确保设立国家质量目标；（2）建立质量标准和质量指标；（3）根据上述标准，不断对进展情况进行评估和报告；（4）有标准化的国家医学课程设置，将现有的最佳科学知识融入其中；（5）确保医学专业人员都经过认证，能够按照相应标准提供卫生服务；（6）对公立和私营的医疗服务供方的认证工作进行监督；（7）根据成本效益性分析和伦理考量结果，确定可由社会医疗保险报销的治疗和干预项目；（8）评估和促进临床指南；（9）开展推动卫生服务质量持续改善所需的研究和能力建设。

包括国家卫生和计划生育委员会、财政部、人力资源和社会保障部、主要专业和科学团体、私营医疗机构和公众在内的各利益相关方组织可向此机构派驻代表。[12]该组织还可作为一个充分利用国际专家、分享改善卫生服务相关知识的平台。从长远来看，可作为中国医务人员和公众获取所有质量相关科学信息的重要来源，成为在促进卫生服务质量、确保始终以最高标准提供循证服务方面的牵头机构。

如上所述，过去15年间许多经合组织国家都建立了此类机构。比较知名的有：（1）英国国家卫生医疗质量标准署（NICE），负责制定循证临床指南和路径，对临床干预措施进行评价；[13]（2）法国国家卫生主管部门“高等保健管理局”，负责评估药品、医疗器械和手术操作，发布指南，评审医疗卫生机构，认证医生（Chevreul等，2010）；（3）荷兰质量研究所，编写有关制定医疗服务标准、临床指南和绩效指标的强制性框架（VWS，2018）；（4）美国卫生服务研究与质量局，负责支持制定质量指标，发布国家质量报告和

开展质量研究；[14]（5）德国卫生服务质量与效率研究所，负责审查有关某些疾病的诊断与治疗的证据，提供循证报告（例如，关于药物、非药物干预、诊断和筛查检验），以及就疾病管理规划提出建议。[15]

就操作层面而言，中国可以考虑的办法之一是扩大“医疗管理服务指导中心”（MSMGC）的职能，以便将其他的政府和非政府机构纳入进来，提高其执行拟议的各项职能的能力。“医疗管理服务指导中心”具备了上述某些职能，但其人手有限（30人）、各方在其中缺乏代表性以及仅局限于公立医院等特点可能导致其难以承担上述的各项职能。

另一种可考虑的办法是成立一个国务院协调机制机构，以最高级别的权威来确保能调动公立、私营和专业各利益相关方的资源。重要的是，选定的机构要对公立和私营机构采用相同的质量标准。

3.6.1.2　策略2：深入开展全国性的卫生服务质量研究，在卫生系统各级开展质量改善行动

在不少国家，有关质量与绩效的全面循证报告促进了卫生系统绩效的完善工作。这些报告有助于收集可靠的绩效信息和对问题领域进行分析，有助于让领导和专业人士重视可避免的质量欠缺，重视抓住完善患者和社区服务的机遇。此类研究可让质量问题成为政策论证的关注焦点。此外，通过显示政府对满足真正需求的承诺，还有助于提升公众对卫生服务系统的信心。

例如，面对大量质量问题的证据、公众的需求和不断上涨的费用，多个国家都对国家质量方法进行了系统性综述和现况分析并提出了建议。如前所述，美国美国医学研究所发布了两个重要报告《人孰无过》（2000年）和《跨越质量的鸿沟》（2001年），暴露了美国质量问题的广度和深度，提出了解决这些问题的战略（IOM，2001；Kohn、Corrigan和Donaldson，1999）。另一个例子是澳大利亚卫生部委托开展的“澳大利亚卫生服务质量研究”（Wilson等，1995）。该研究采用回顾性临床评审方法，对医院的不良事件进行了评估。英国发表了《一流的服务：新的国家医疗服务体系的质量》（卫生部，1998），强调了加强问责、绩效评估和卫生服务质量监督的关键机制。

该类研究尚未在中国开展。中国开展了收集绩效数据和监测医院质量及患者安全的试点工作，但尚未发表对这些数据的严谨分析结果（Jiang等，2015）。在拟建的国家卫生服务质量主管机构的领导下，中国可以开展类似研究，系统地记录与结构、过程和结果相关的质量问题。这样做有助于推动全国性的质量改善。为此，可组建由中外卫生服务质量专家组成的独立专家组，与中国的学术研究机构一起开展拟议的研究。专家组可总结研究成果，提出中国卫生服务质量的全面报告，并就质量改善的目的与目标以及政策、培训及实践的改革提出建议。

3.6.1.3　策略3：制定国家质量改善战略

在上述研究结果的基础上制定出相应战略，明确可接受的质量水平，提出质量目标，明确各利益相关方的职责，规定各级应开展的活动。

例如，美国2011年启动了“国家卫生服务质量改进战略”（美国卫生与公众服务部，2011）。该战略阐述了三个国家目标（更好的服务、健康人群/健康社区、可负担的卫生服务）和六大重点：

- 通过减少医疗服务引起的危害，让医疗服务更安全。
- 确保每个患者及其家庭都作为合作伙伴参与医疗服务。
- 促进有效的服务沟通与协调。
- 针对主要死因，促进最有效的预防及治疗实践。
- 从心血管疾病入手，与社区合作促进最佳实践的广泛应用，让人们生活更健康。

• 通过建立和推广卫生服务新模式，让个人、家庭、职工和政府更能负担得起优质医疗服务。

该战略的目标与重点将构成设计地方行动和监测工作进展的基础。战略以现有工作为基础（全国性的总结将为战略提供借鉴），并不断为全国提供指导。可每年进行修订完善。

3.6.2 核心行动领域2：系统地评估卫生服务质量，并利用产生的数据不断为质量改善工作提供支持

经合组织国家过去十年质量改善工作的显著特点之一是卫生服务过程和结果定量数据的广泛使用。得益于数据的丰富和统计方法的进步，现在获得可靠的质量指标比过去要容易得多。这些指标给政策制定者提供了有力的工具，使其能够衡量供方的服务质量，确定绩效优秀者和绩效低劣者，制定奖励质量优异者的激励机制，并随时间对工作进展进行评价。

3.6.2.1 策略1：将质量评估的重点从结构转向过程和结果

结构质量的评估相对容易。在中国，可以获得有关基础设施、设备和人力资源的可靠数据，但如前文所述，结构质量固然十分必要，但仅靠结构质量并不能保证获得更好的卫生服务结果或体验。因此，还需有了解医患之间服务过程的指标。这类指标的制定更加复杂，应建立在最佳科学与临床证据或临床指南的基础之上。例如，应比对推荐的过程对医务人员的临床实践进行评估，使循证医疗服务成为常规做法。

服务过程质量的变化又会体现在结果的变化上。结果指标主要关注生存率和卫生服务导致的健康与功能的恢复情况，可能是对任何卫生系统的受益者最重要的指标。因此，要评估任何以患者为中心的医疗服务模式的绩效，它们显得至关重要。中国虽然收集死亡和医疗并发症等患者结果数据，但指标比较粗放，难以对不同供方的质量进行比较。例如，中国的死亡率分析往往未考虑入院患者在健康风险上的差异，使得不同医疗机构的数字缺乏可比性。

许多经合组织国家都在努力让患者参与质量评估工作，并正在开发从患者角度评估健康结果的工具。患者报告的结果指标（PROM）和患者报告的体验指标（PREM）是患者对躯体、精神和社会健康状况以及患者对自身慢性疾病或健康问题管理有效程度的反馈。如第2章所述，可将这些指标纳入质量评估框架中，既可用于对一体化卫生系统的评估，也可用于对某一卫生服务提供方的评估。

3.6.2.2 策略2：建立并维护反映过程与结果质量差异的地图集

在包括中国在内的大多数国家里，卫生服务质量和结果在不同地区之间，甚至在同一城市的不同医生之间都存在差异。专业人员在看法、习惯、培训和科学标准应用方面的差别造成了这些差异。这种针对特定疾病采用特定临床手段显示出的较大差异被认为是“供方敏感”差异，因为这主要是供方选择（供方是否认为有必要收患者入院或进行手术）造成的，而非科学原因或患者偏好造成的。要控制差异，首先要了解差异。例如，美国和国际文献都有在择期手术（如，扁桃体摘除或前列腺切除）和慢性病相关住院方面重大差异的记录（Wennberg，2010）。Xu等人（2015）发现，在对患者风险差别进行调整后，患者转归在北京不同三级公立医院之间差异巨大。

中国可考虑制定中国版的《达特茅斯医疗卫生地图集》，来体现卫生服务地域差别性，为公众和专业人员提供在重要卫生事项方面差异的信息。美国的《达特茅斯医疗卫生地图集》[16]生动地图示了不同区域在卫生服务质量、结果、成本和利用方面的差异；在

英国，《国家卫生服务系统地图集》[17]则提供了类似信息。对区域差异进行评估，可让领导者发现通过标准化来改善卫生服务的机遇。区域数据有助于发现应加以推广的最佳实践，并找出存在不适宜服务、过度服务或服务欠缺的地方。在拟成立的质量负责部门的监督下，可由一个专门团队制定中国的差异地图集。

3.6.2.3　策略3：利用质量评估来改善绩效

将质量指标用于改善一线服务质量的方式有三种：评审、公开报告和按绩效支付。将三者联合起来使用，可建立起提供绩效结果反馈和绩效激励机制的全方位系统。

• 评审：在美国，医院评审必须要报告质量数据和指标情况，而医院评审是医院参加公共保险方案Medicare和Medicaid的前提条件。联合委员会是美国负责医疗机构评审的独立机构，要求被评审的医院要通过患者病历或电子病历，报告特定的疾病或过程（如急性心肌梗死、围产期保健、中风、急诊人次、外科手术改善项目或静脉血栓栓塞）的至少六套核心指标的数据。对申请评审的公立和私营医院来说，中国可考虑要求其报告质量方面的数据。

• 公开披露卫生服务质量信息：公开质量信息是营造供方之间的同行压力、通过让供方知道自己处于监督之下而鼓励其追求质量改善的有效方式之一。公开披露质量信息还有助于患者在充分掌握信息的基础上，根据供方的安全及质量绩效选择医疗服务供方。过去十年间，这已在经合组织国家成为常规做法。

例如，在美国，可在美国卫生服务研究与质量机构的网站查阅州级的质量地图；具体医疗机构和医疗保健计划的质量信息可在多家网站上查阅，如Medicare和Medicaid服务中心管理的“医院比较”网站、国家质量保证委员会网站和联合委员会网站。[18]法国的做法类似，将供方服务质量信息发布在“卫生范畴（Scope Santé）网站”上；[19]在加拿大，则是由加拿大卫生信息研究所发布相关信息。[20]“医院比较”可让用户一次对三家医院的六个质量领域进行比较：患者体验调查；服务的及时性和有效性；并发症；再住院和死亡；医疗影像的使用；付费和服务价值。患者可根据自己的需要和偏好选择最合适的医院。

• 支付与质量改善挂钩：按质量支付（P4Q）方案提供了改善质量的经济激励机制。虽然其效果不尽相同并取决于激励机制的设计，但已有多个国家采用了这类方法。

2004年，美国Medicare和Medicaid服务中心开始对联合委员会收集绩效数据的、但未向该中心同时报告数据的医院进行经济惩罚，并决定不再对28种“绝不应发生”事件（见前文所述）进行支付。Medicare和Medicaid服务中心还启动了两个P4Q规划：（1）减少再住院规划：将支付与医院在减少某些高成本或高数量的疾病（如心脏病、心衰和肺炎）方面的绩效挂钩；（2）基于价值的医院采购规划：Medicare根据医院质量评估结果和在质量改善方面的进展情况，对支付给医院的资金进行一定比例的调整。

从2004年开始，英国政府针对家庭医疗服务质量采用按绩效支付的方式，内容涵盖慢性病管理、医疗服务组织和患者的服务体验。按此方式支付的数额最多可占到家庭医生收入的25%（Kroneman等，2013；Doran和Roland，2010）。有证据显示，公开报告结合按质量付费的激励机制，可强化对质量改善的效果（Werner等，2009；Lindenauer等，2007）。

按绩效付费近年来在中国日益增多。中国虽然可以实行依据医生工作量、服务质量和患者满意度的支付系统，但缺乏标准化指标，而且目前仍盛行的鼓励创收的按项目付费的激励机制也让这一做法的推行面临困难。在理想状态下，按质量支付的方案是为了避免无意的成本转移。例如，贵州试点去除过度开药的激励机制时就出现了成本转移的现象。医生的反应是增加注射和不必要的医院转诊等非药品服务，进而使医疗总费用有所增加（Wang等，2013）。但也有好的例子。例如，宁夏采用按人头付费结合按质量付费的激励机制，减少了抗生素处方和门诊总支出，同时又未对服务的其他方面产生明显的不良影响（Yip等，2014）。[21]

3.6.2.4 策略4：通过建立参与性模式来支持同行学习，共同提高质量

除了将医院的质量与同行机构进行比较之外，还应鼓励医院分享宝贵的经验和相互支持，提高医疗机构服务质量和共同实现既定的明确目标。在美国，此类相互支持的例子有“CMS患者伙伴关系”和医院参与网络。医生、护士、医院、雇主、患者及其支持者、联邦政府和州政府共同组成“患者伙伴关系”，其共同目标是让医疗卫生服务更安全和完善医疗服务转型。医院参与网络协助探索减少医源性疾病的成功方法，并将其推广到其他医院和医疗服务单位。后述的第10章提出了有助于共享信息和经验的供方-供方同行网络。

3.6.3 核心行动领域3：通过改革管理模式来提高医疗机构的卫生服务质量

安全和质量保证离不开有效的组织管理。即使是最能干的医务人员也可能在忙乱而拥挤不堪的临床环境中、在开展日益复杂的医疗技术活动中犯错误。管理人员可以利用已知且已经检验的工具，为质量改进工作提供支持。

3.6.3.1 策略1：促进循证的标准化服务

临床指南和临床路径是使医疗服务标准化、减少实践差异的有效工具。在英国国家卫生医疗质量标准署（NICE）的技术援助下，中国卫生部制定了循证的临床路径，并在农村公立医院改革中用于多项试点。其目的是提高医疗服务的标准化程度，限制医院和医生随意提供服务和药品。一项初步评价提示，实行临床路径缩短了患者的平均住院时间，遏制了不必要的服务（Cheng，2013）。患者自费支出减少，医患沟通和医患关系明显改善，双方的满意度都有所提高。但其他研究显示，管理人员和医务人员不愿意执行临床路径，因为这样做会导致其收入减少。管理人员受创收驱使，并未将临床路径作为有效的管理手段（He、Yang和Hurst，2015）。中国可考虑对经验教训进行分析，为进一步制定和改编临床路径提供信息。

中国尚无标准的循证系统来确保全国性的标准化服务，也没有不断将中国指南与国际临床标准接轨，并在改编后用于中国。重要的是，要制定出范围更广的标准化临床路径，并要求所有医院予以执行。在拟建的国家机构的指导下，在中国名牌医院、专业协会和临床领导小组的协助下，可参考国际标准制定出或采纳符合中国卫生系统特点的循证服务指南。标准可将重点集中在以下几个方面：（1）循证服务规程；（2）合理用药；（3）以人为本的服务；（4）持续质量改进的技能和方法。

3.6.3.2 策略2：将“质量文化”融入医疗机构的管理理念，促进现代管理技术

仅靠单纯的监督检查并不能产生高质量卫生服务。确保医疗安全和持续改善质量，需要“质量文化”，需要管理者和员工对质量改善的持续关注。质量文化的要素包括：对待差错持开放态度，管理上不是等级森严，较好的团队合作精神，学习气氛浓厚，重视持续系统改进等。相反，着眼于个人和对犯错个人进行“点名批评”式处分的问责机制所营造出的文化氛围对差错回避不报，同时让人们深信服务质量是训练有素和刻苦努力的结果。有证据表明，“点名批评”仍是常用的管理手段。2013年对上海六家二级综合公立医院

员工的调查显示，医院员工对工作场所的安全氛围总体反映积极，但“害怕批评”和“害怕丢脸”是最主要的担心。而在美国，这是人们担心最少的事情（Zhou等，2015）。

我们已掌握了治疗许多疾病的有效科学证据，可以帮助改进服务，而且在某些情况下，可以降低成本。但大部分证据尚未完全用于日常临床实践。所有医疗机构都致力于持续的质量改进，以发现并缩小知识与实践之间的差距。通过能改变医务人员的行为和优化临床服务系统现代管理方法，医疗机构可改善服务质量（Deming，2000；Langley等，2009）。例如，持续质量改进（CQI）和全面质量管理（TQM）方法强调全机构成员持续努力满足客户的需要和期望，管理者和临床医生共同找出服务过程中的不良做法并加以改进；“六西格玛”（Six Sigma）法的目标是将差错率降至过程均值的六个标准差以内，从而确保提供必要的标准化服务；计划-实践-研究-行动（PDSA）循环是临床团队利用连续监测的可测量的特定目标，在一系列测试“循环”中学习如何将重要的改革理念应用于自己机构的机制。

可将上述方法与其他管理方法结合后加以灵活应用，目的是利用它们吸引人们持续关注管理质量的提高。上述有些做法已经在中国一些大医院得到应用。例如，安贞医院已将PDSA循环用于医院战略管理（Nie、Wei和Cui，2014）；北京大学人民医院将TQM与PDSA结合，用于提高专科医生门诊登记的效率（Chen等，2014）。应对上述经验加以研究，并在全国推广类似做法。[22]

3.6.3.3 策略3：使用信息技术来支持质量改善

许多国家在以下领域进行大规模投入：（1）电子医疗（e-health）和移动医疗（m-health）工具，以希望通过采用电子病历（EHR）来提高效率；（2）图像存储与传输系统（PACS）；（3）计算机辅助临床决策系统（CDSS）；（4）远程患者监控及其他技术。

电子病历（EHR）是电子医疗系统的基础，包括基本的患者数据，通常含有影像、病史和相关的非临床数据。电子病历平台可以捕获、处理和共享数据，因而可能在医疗机构和卫生系统内以及整体上减少差错和提高效率。电子病历还能作为信息技术中枢，供其他电子医疗机制（如，计算机化医嘱输入系统）借助其进行运行。电子工作站等平台既可实现类似目的，又能提高医生的移动性。在某些情况下，电子病历除了能提高效率外，还有助于完善医生的医疗实践，最终提高服务质量和安全性。

美国的一个例子显示，电子病历系统对提高儿科服务质量具有较好的效果（Adams、Mann和Bauchner，2003）。在波士顿医疗中心儿科初级保健中心一个年门诊量超过28000人的诊所里，医生们采用了“儿童健康自动病历”（ARCH）。该系统的“即点即选”界面可令医生想起他们十分熟悉的纸质病历。每间诊室都放置有这种“儿童健康自动病历”，医生可用其记录日常健康状况、问题目录和用药目录，监测患儿生长情况，记录产科史、用药史和家族史，查阅部分实验室数据，链接到互联网资源，以及打印报告。ARCH提醒医生询问并记录特定的危险因素，而且随时间进行跟踪，可以提供纸质病历无法提供的纵向健康发展情况。研究人员发现，与使用纸质病历的医生相比，使用ARCH的医生明显更会谈到日常保持健康的话题，如饮食、睡眠、社会心理问题、在家吸烟、暴力遭遇、行为或社会发育重要标志等。使用ARCH的医生报告说，使用该系统提高了卫生服务的总体质量，改善了给家庭提供的指导。有些使用者注意到，使用该系统会减少与患者的目光接触，但所有人都建议应继续使用。

2013年，青海省卫生厅为湟中县的30个村卫生室都配备了一个全科医生（GP）工作站。该电子系统可让医生进行医疗检查，开展化验，从当前位置下载数据并向区域卫生系统上传数据。该工作站为便携式，便于医生出门携带，将优质可靠的卫生服务送到患者家中。乡卫生院人员每三个月对该系统进行常规检查，并根据需要对村级医务人员报告的事项做出回应。该工作站让村级和县级之间的信息共享得到了加强。全科医生可利用该平台获得上级医疗机构专家的支持，而上级医疗机构的工作人员可浏览全科医生上传的数据并提供反馈意见。村级医务人员得益于与乡镇卫生院医生建立的联系，以及电子系统提供的标准化处方和医疗服务标准等内容信息，绩效水平得到显著提升。使用者对工作站反应积极，表示由于技术结果的可靠性，患者满意度得到了提高。

计算机辅助临床决策支持系统（CDSS）是整合了临床和人口统计数据、以对临床医生决策提供支持的电子平台。它有多种用途，如使电子处方（有时被认为其本身就是计算机辅助临床决策支持系统的一种形式）更加完善或提供治疗建议。计算机辅助临床决策支持系统通常包括主动和/或被动的提示来指导临床医务人员的决策，目的是让医疗服务标准化，减少差错，从而改善质量与安全（Black等，2011）。决定计算机辅助临床决策支持系统是否有用的因素包括：对医务人员提供的培训，以及根据系统的预期目的所进行的定制化服务的质量。在以下案例中，人们成功地利用计算机辅助临床决策支持系统来提高质量和减少差错。

2014年，肥西县卫生局采用了标准化处方政策，希望对医生的处方行为进行监管，确保乡镇卫生院和村卫生室的用药安全。乡镇卫生院和村卫生室医生经常遇到的50种门诊常见病（如流感和支气管炎）所推荐的相应的药品目录被纳入当地的计算机辅助信息系统。该系统还包含预设的处方组。当村医键入某一诊断和相关症状时，计算机系统会提出处方建议供其参考，而医生必须从系统推荐的方案中进行选择。肥西县的计算机辅助临床决策支持系统提高了基层医生处方行为的标准化程度，以及患者安全和可靠性。

美国也有通过计算机辅助临床决策支持系统取得类似效果的记录。例如，一所大学医院为门诊医生配备了计算机辅助临床决策支持系统，通过其手持个人数字设备进行连接，为开非类固醇类抗炎药处方的医生提供指导（Berner等，2006）。其计算机辅助临床决策支持系统名为“医疗决策”（MedDecide），包含一系列根据循证文献制定的临床预测规则。研究发现，使用该系统的医生开具的处方比不使用该系统的医生所开具的处方更安全，而且使用该系统的医生对患者风险评估的记录更为全面。该试验虽然是一个狭义的例子，但它凸显了移动技术和计算机辅助临床决策支持系统可以帮助医生做出更安全的治疗决策，以及医疗场所的移动医疗规划可改善门诊医生的绩效。

图像存储与传输系统（PACS）是指能够让医疗机构获取、存储、处理和传输数字图像（如放射扫描影像），以提高患者服务质量的临床IT系统（Black等，2011）。该系统往往与电子病历结合使用，旨在鼓励扩大专家服务在机构内和跨机构的使用。借助图像存储与传输系统，医生可与机构内或机构外的临床医生分享影像数据，并通过平台听取专家意见和治疗建议。有些国家已经成功利用图像存储与传输系统延展专科医生的服务。以下描述的中国的此类系统就是一个很好的例子。

杭州市从2013年开始对市三级医院和社区卫生服务中心进行了更好的整合，利用图像存储与传输系统建立起医疗影像和心电图区域电子会诊中心。这一改革的目的是帮助社区卫生服务中心的基层医务人员更好地获得市级医院专家的支持；提高社区卫生服务中心的质量能力；让患者获得更多的影像专家服务。杭州市将其电子会诊网络分为四个区合作小组，由市级医院负责组织。每家医院提供场地，用于设置一个医疗影像电子会诊中心和一个心电图电子会诊中心，此外还要安排一名负责人和工作人员以及辅助设施，并对社区卫生服务中心的医生提供培训和技术支持。

该规划主要按实施计划进行，由杭州市政府和市卫生局提供技术指导，市卫生局负责制定电子会诊服务的要求并监管规划的实施。目前，图像存储与传输系统服务免费向社区卫生服务中心和患者提供，由卫生局提供经费支持。卫生局根据当年的电子会诊数量，按以下价格向市医院进行回补：每例普通影像电子会诊30元人民币；每例CT或核磁共振电子会诊50元人民币；每例心电图电子会诊10元人民币。截至2013年底，杭州市下城区通过图像存储与传输系统向46个社区卫生服务中心提供了电子会诊服务，对300多个电子会诊病例进行了评价。2014年，该市江干区提交了20755例以上的心电图申请；通过电子会诊中心对16425例影像申请进行了评价。

患者远程监测泛指利用各种技术让医生对在传统场所之外的患者进行观察，如患者在家中或患者在一个医生并未到场的医疗场所。患者远程监测可以扩展医生的服务半径，增加医生用于治疗患者的时间，更主动地让患者参与到其治疗中。一些住院和门诊服务的患者远程监测的案例显示了这种方法对改善服务质量和患者安全的积极作用。

以门诊为例，美国的一项研究显示，借助手机进行自我管理给罹患哮喘的青少年带来了潜在的益处（Rhee等，2014）。认识到哮喘自我管理带来的潜在益处以及手机的普及，研究人员对手机技术是否有助于症状监测、提高治疗依从性和加强青少年–家长针对哮喘进行合作进行了评价。该系统让青少年能够用自然英语以手机短信的形式进行交流，并在自动辅助系统的支持下展开互动。参加者会收到系统的提醒短信（如服药）。他们还可以通过预约或非预约的沟通与系统进行交流，分享他们对症状、药物或其他哮喘相关活动的担心。系统会自动产生应答，由经认证的哮喘教育师对应答内容进行评价；教育师也可随时介入，通过系统进行应答。青少年参加者的家长会收到系统自动发出的电子邮件，告知他们孩子哮喘的控制水平、活动水平、急救药物（如舒喘宁）和控制药物的使用频率等信息。

研究发现，青少年对系统短信的应答率为81%—97%，青少年在为期两周的试验期内平均向系统发送信息19次。试验后专题小组阐述了移动医疗方法如何让青少年哮喘患者获益，指出该方法提高了患者对症状和诱发因素的认识，改善了自我管理和遵医嘱性，提高了患者对哮喘的控制感。总体而言，移动支持平台提高了青少年哮喘的卫生服务质量，显示了针对特定的患者群体，移动医疗是促进卫生服务质量提高的一项有用的手段。

3.7　结论

本章总结了中国在提高卫生服务质量和价值方面所面临的挑战，并根据中国及经合组织国家的经验提出了一系列建议。我们建议政府继续让各利益相关方参与到卫生服务领域中来，公开明确其质量改善的目的，加强对临床服务质量的监测与评价的技术领导，通过支持医疗卫生服务创新和推广成功经验来促进一线工作的改善。本文提出的医疗卫生服务改革与中国政府在2015年和2016年初提出的“供给侧改革”相吻合，将是建立以人为本的卫生服务模式的重要推手之一。

注释

1. 美国情况见https://www.cms.gov/Medicare/Quality-Initiatives-Patient-Assessment -

Instruments/QualityMeasures/index.html?redirect=/QUALITYMEASURES；世卫组织美洲区项目（http://www.pathqualityproject.eu）和Veillard等（2005）；OECD HCQI项目：http://www. oecd.org/els/health-systems/health care-quality-indicators.htm；以及Arah等（2003）。

2. 赤脚医生是指“接受过短期医疗和辅助医疗培训的你农民，他们在农村提供基本医疗服务”（Yang和Wang，2017）。

3. 例如，《综合医院评审标准（修订版）》（2009）；《三级综合医院评审标准（2011年版）》（卫医管发〔2011〕33号）；《二级综合医院评审标准（2012年版）》。《医疗质量安全事件报告暂行规定（2011年）》（卫医管发〔2011〕4号）。

4. 国家卫生和计划生育委员会（NHFPC）2012，No.84；NHFPC，2015。

5. 卫医政发〔2012〕65号《卫生部关于“十二五”期间推进临床路径管理工作的指导意见》。

6. 国办发〔2015〕38号和国办发〔2015〕33号。

7. 有关SRE，参见“严重应报告事件”，国家质量论坛主题（2018年6月28日查阅），见http://www.qualityforum.org/topics/sres/serious_reportable_events.aspx。

8. 医院指标请见https://data.medicare.gov/data/hospital-compare。这些“医院比较数据库”可让人们对全美国4000多所Medicare认证医院的卫生服务质量进行比较。

9. 更多信息，参见“如何改善”，IHI网站（2018年6月28日查阅），http://www.ihi.org/resources/Pages/HowtoImprove。

10. 国家卫生服务系统结果框架的网站：https://digital.nhs.uk/data -and-information/publications/ci-hub/nhs-outcomes-framework。

11.“国家指标项目”由澳大利亚卫生与福利研究所与委员会和一系列临床及其他利益相关方密切磋商后开展。

12. 第4章讨论了如何让患者和公众参与质量指标的制定和报告。

13. 更多信息，见NICE网站：https://www.nice.org.uk/。

14. 更多信息，见AHRQ网站：https://www.ahrq.gov。

15. 更多信息，见IQWiG网站：https://www.iqwig.de/en。

16. 有关达特茅斯的更多信息，参见http://www.dartmouthatlas.org/。

17. 有关国家卫生服务系统地图集的更多信息，参见https://www.england.nhs.uk/rightcare/products/atlas/。

18. 有关这些质量方面的数据，参见“National Healthcare Quality and Disparities Reports,” AHRQ, http://nhqrnet.ahrq.gov/inhqrdr/state/select? utm_source=AHRQ-E N &ut m _ m e d iu m = a r t i c l e &utm_campaign=SS2015；“Hospital Compare,” CMS, https://www.medicare.gov/hospitalcompa re/search.html；“HEDIS & Performance Measurement,” National Committee for Quality Assurance, http://www.ncqa.org/HEDISQualityMeasurement.aspx; and “Pioneers in Quality,” Joint Commission, http://www.joint-commission .org/accreditation/top_performers.aspx。

19. 法国卫生范畴网站：http://www.scopesante.fr/。

20. 加拿大卫生信息研究所“卫生系统表现情况”的来源：https://www.cihi.ca/en/health-system-performance。

21. 按人头付费是一种医疗服务供方（如，医生或执业护士）支付方法，对分配给医生的每位登记者按照一定数额向医生或医生团队进行支付，不论该人是否就医。

22. 第10章提出了一种推广借助PDSA改善医疗服务的方法。

参考文献

卫生统计中心，2010，“医患关系全国调查研究”，国家卫生和计划生育委员会。

陈明、赵红梅、贾赛军，“运用全面质量

管理方法改进专家门诊诊间加号流程”，《中国医院》18（1）。

马进，“中国公立医院管理改革：上海案例研究”，上海交通大学，世界银行委托案例研究，2015。

聂晓敏、魏永祥、崔筱燕，“PDCA框架下公立医院战略管理的实施”，《中国医院管理》，2019，34（3）。

中发〔2009〕6号《中共中央国务院关于深化医药卫生体制改革的意见》，国务院2009。

王旭辉、薛花、董华群，“贵州省乡镇卫生院设施设备与卫生人力资源现状分析”，《中国公共卫生管理》2011年第27期（2）：117—120。

吴显儒、骆书秀、陈斌、卢运康、甘翠容、杨勇、王卡琳，“村卫生室医师高血压防治指南知识掌握及实施情况现状”，《内科》2009年第4期（6）：910—912。

徐俊，“乡镇医师心肺复苏知识和技能培训的调查分析”，《中国医学创新》2010年第21期。

徐玲、孟群，“第五次国家卫生服务调查结果之一——居民满意度”，《中国卫生信息管理》，2014，11（2）。

尹文强、陈钟鸣、管晖、崔雪丹、于倩倩、范海平、马欣、魏艳，“基于熵权RSR法的山东省村卫生室处方用药评价”，《现代预防医学》2015，42（3）：465—467。

Abdullah, A. S., F. Qiming, V. Pun, F. A. Stillman, and J. M. Samet. “A Review of Tobacco Smoking and Smoking Cessation Practices among Physicians in China: 1987–2010.” *Tobacco Control* 22 (1): 9-14.

Adams, W. G., A. M. Mann, and H. Bauchner. 2003. “Use of an Electronic Medical Record Improves the Quality of Urban Pediatric Primary Care.” *Pediatrics* 111 (3): 626–632. http: //doi.org/10.1542/peds.111.3.626.

Agency for Healthcare Research and Quality (AHRQ). 2010. “Potentially Preventable Hospitalization for Acute and Chronic Conditions.” http: //www.hcup-us.ahrq.gov/reports/statbriefs/sb99.pdf.

Allegranzi, Benedetta, S. B. Nejad, C. Combescure, W. Graafmans, H. Attar, L. Donaldson, and D. Pittet. 2011. “Burden of Endemic Healthcare-Associated Infection in Developing Countries: Systematic Review and Meta-Analysis.” *The Lancet* 377 (9761): 228-241.

Andel, Charles. 2012. “The Economics of Health Care Quality and Medical Errors.” *Journal of Health Care Finance* 39 (1): 39.

Academy of Medical Royal Colleges (AoMRC). 2014. “NHS Wastes Money on Unnecessary Treatment.” http: //www.theguardian.com/society/2014/nov/05/nhs-wastes-over-2-bn-on-unnecessary-treatment.

Arah, O. A., N. Klazinga, N. S. Klazinga, D. M. J. Delnoij, A. H. A. Ten Asbroek, and T. Custers. 2003. “Conceptual Frameworks for Health Systems Performance: A Quest for Effectiveness, Quality, and Improvement.” *International Journal for Quality in Health Care* 15 (5): 377-398.

Australian Ministry of Health. 1996. “Final Report to the Australian Health Ministers’ Advisory Council of the Taskforce on Quality in Australian Health Care.” June.

Baicker, Katherine, and Amitabh Chandra. 2004. “Medicare Spending, the Physician Workforce, and Beneficiaries’ Quality of Care.” *Health Affairs* 23 (3): 291-291.

Berner, E. S., T. K. Houston, M. N. Ray, J. J. Allison, G. R. Heudebert, W. W. Chatham, and R. S. Maisiak. 2006. “Improving Ambulatory Prescribing Safety with a Handheld Decision Support System: a Randomized Controlled Trial.” *Journal of the American Medical Informatics Association* 13 (2): 171–9. http: //doi.org/10.1197/jamia.M1961.

Berwick, Donald, M. Godfrey, A. Blanton, and Jane Roessner. 1990. *Curing Health Care: New*

Strategies for Quality Improvement. San Francisco: Jossey-Bass.

Berwick, Donald, Thomas W. Nolan, and John Whittington. 2008. "The Triple Aim: Care, Health, and Cost." *Health Affairs* 27 (3): 759-769.

Bi, Yufang, Runlin Gao, Steve Su, Wei Gao, Dayi Hu, Dejia Huang, Lingzhi Kong, Wenhang Qi, Yangfeng Wu, Yuejin Yang, and Fiona Turnbull. 2009. "Evidence-Based Medication Use among Chinese Patients with Acute Coronary Syndromes at the Time of Hospital Discharge and One Year after Hospitalization: Results from the Clinical Pathways for Acute Coronary Syndromes in China Study." *American Heart Journal* 157 (3): 509-516.

Bhattacharyya, Onil, Yin Delu, Sabrina T. Wong, and Chen Bowen. 2011. "Evolution of Primary Care in China 1997–2009." *Health Policy* 100 (2): 174-80.

Black, A. D., J. Car, C. Pagliari, C. Anandan, K. Cresswell, T. Bokun, and A. Sheikh. 2011. "The Impact of e-Health on the Quality and Safety of Health Care: A Systematic Overview." *PLoS Medicine* 8 (1), e1000387. http: //doi.org/10.1371/journal.pmed.1000387.

Brook, R. H. 1995. "The RAND/UCLA Appropriateness Method." U.S. Department of Health and Human Services. Reprinted by RAND Corporation, Publication No. RP-395.

Centers for Disease Control (CDC). 2016. Need details.

Chassin, Mark, Robert Galvin, and National Roundtable on Health Care Quality. 1998. "The Urgent Need to Improve Health Care Quality." *Journal of the American Medical Association* 280: 1000-1005.

Cheng, Tsung-Mei. 2013. "A Pilot Project Using Evidence-Based Clinical Pathways and Payment Reform in China' s Rural Hospitals Shows Early Success." *Health Affairs* 32 (5): 963-73.

Chevreul, Karine, Isabelle Durand-Zaleski, Stéphane Bahrami, Cristina Hernández-Quevedo, and Philipa Mladovsky. 2010. "France: Health System Review." *Health Systems in Transition* 12 (6).

Currie, Janet, Wanchuan Lin, and Juanjuan Meng. 2014. "Addressing Antibiotic Abuse in China: An Experimental Audit Study." *Journal of Development Economics* 110: 39-51.

Currie, Janet, Wanchuan Lin, and Wei Zhang. 2011. "Patient Knowledge and Antibiotic Abuse: Evidence from an Audit Study in China." *Journal of Health Economics* 30 (5): 933-949.

Deming, William Edwards. 2000. *The New Economics*: *For Industry*, *Government*, *Education*. Cambridge, MA: MIT Press.

Department of Health. 1998. *A First-Class Service*: *Quality in the New NHS.* http: //webarchive.nationalarchives.gov.uk/+/www.dh.gov.uk/en/publicationsandstatistics/publications/publicationspolicyandguidance/dh_4006902.

———2008. *High Quality Care for All*: *NHS Next Stage Review.* https: //www.gov.uk/government/uploads/system/uploads/attachment_data/file/228836/7432.pdf.

———. 2010. *Equity and Excellence*: *Liberating the NHS.* https: //www.gov.uk/government/uploads/system/uploads/attachment_data/file/213823/dh_117794.pdf.

Department of Health and Human Services. 2011. "Report to Congress: National Strategy for Quality Improvement in Health Care." March. http: //www.ahrq.gov/workingforquality/.

de Silva, D., and J. Bamber. 2014. *Improving Quality in General Practice.* London, UK: The Health Foundation. http: //www.health.org.uk/sites/default/files/ImprovingQualityInGeneralPractice.pdf.

Dlugacz, Yosef D., Andrea Restifo, and Alice Greenwood. 2004. *The Quality Handbook for*

Health Care Organizations: A Manager's Guide to Tools and Programs. New York, NY: John Wiley.

Donabedian, Avedis. 2005. "Evaluating the Quality of Medical Care." *Milbank Quarterly* 83 (4): 691-729.

Fan, Yunzhou, Zhaoxia Wei, Weiwei Wang, Li Tan, Hongbo Jiang, Lihong Tian, Yuguang Cao, and Shaofa Nie. 2014. "The Incidence and Distribution of Surgical Site Infection in Mainland China: a Meta-Analysis of 84 Prospective Observational Studies" *Scientific Reports* 4, article no. 6783.

He, Jingwei Alex, Wei Yang, and Keith Hurst. 2015 "Clinical Pathways in China: An Evaluation." *International Journal of Health Care Quality Assurance* 28 (4).

Hesketh, Therese, Dan Wu, Linan Mao, and Nan Ma. 2012. "Violence against Doctors in China." *British Medical Journal* 345: e5730.

Institute of Medicine (IOM). 1999. *To Err Is Human: Building a Safer Health System.* Edited by Linda T Kohn, Janet M. Corrigan, and Molla S. Donaldson. Washington, DC: National Academies Press.

———. 2001. *Crossing the Quality Chasm: A New Health System for the 21st Century.* Washington, DC: National Academies Press for the Committee on Quality of Health Care in America.

Institute for Healthcare Informatics. (2013) "Avoidable Costs in U.S. Healthcare." http: //www.quotidianosanita.it/allegati/allegato4982969.pdf.

Jiang, Lixin, Harlan Krumholz, Xi Li, Jing Li, and Shengshou Hu. 2015. "Achieving Best Outcomes for Patients with Cardiovascular Disease in China by Enhancing the Quality of Medical Care and Establishing a Learning Healthcare System." *The Lancet* 386 (10002): 1493-1505.

Keown, Oliver P., and Ara Darzi. 2015. "The Quality Narrative in Health Care." *The Lancet* 385 (9976)): 1367-1368.

King' s Fund. 2008. "Briefing: High Quality Care for All." http: //www.kingsfund.org.uk/sites/files/kf/briefing-high-quality-care-for-all-jo-maybin-ruth-thorlby-kings-fund-july-2008.pdf.

Kroneman, Madelon, Pascal Meeus, Dionne Sofia Kringos, Wim Groot, and Jouke van der Zee. 2013. "International Developments in Revenues and Incomes of General Practitioners from 2000 to 2010." *BMC Health Services Research* 13.

Langley, Gerald J., R. Moen, K. M. Nolan, T. W. Nolan, and C. L. Norman. 2009. *The Improvement Guide: A Practical Approach to Enhancing Organizational Performance*. New York, NY: John Wiley & Sons.

Laxminarayan, Ramanan, and David L. Heymann. 2012. "Challenges of Drug Resistance in the Developing World." *British Medical Journal* 344.

Li, Yongbin, Jing Xu, Fang Wang, Bin Wang, Liqun Liu, Wanli Hou, and Hong Fan. 2012. "Overprescribing in China, Driven by Financial Incentives, Results in Very High Use of Antibiotics, Injections, and Corticosteroids." *Health Affairs* 31 (5): 1075-82.

Liao, Xinbo. 2015 "An Ethical Analysis of Over-Treatment." *Clinical Misdiagnosis and Mistherapy* 28 (1): 1-5.

Lindenauer, Peter K., Denise Remus, Sheila Roman, Michael B. Rothberg, Evan M. Benjamin, Allen Ma, and Dale W. Bratzler. 2007. "Public Reporting and Pay for Performance in Hospital Quality Improvement." *New England Journal of Medicine* 356 (5): 486-96.

Liu, Dongying, Qingchun Hou, and Haiyan Zhou. 2013 "Appropriate Technology for General Practice in Township Health Centers." *Chinese Journal of General Medical Practice* 16 (12A): 4027-30.

Mantas, J., A. Hasman, and M. S. Househ.

2015. *Enabling Health Informatics Applications.* Amsterdam, Netherlands: IOS Press.

McGlynn, E. A., S. M. Asch, J. Adams, J. Keesey, J. Hicks, A. DeCristofaro, and E. A. Kerr. 2003. "The Quality of Health Care Delivered to Adults in the United States." *New England Journal of Medicine* 348 (26): 2635-2645.

Nolte, Ellen, and Martin McKee. 2011. "Variations in Amenable Mortality—Trends in 16 High-Income Nations." *Health Policy* 103 (1): 47-52.

———. 2012. "In Amenable Mortality—Deaths Avoidable through Health Care—Progress in the U.S. Lags That of Three European Countries." *Health Affairs* 10: 1377.

OECD Health Statistics (2014). Accessed at http: //www.oecd.org/els/health-systems/oecd-health-statistics-2014-frequently-requested-data.htm.

Qian, Xu, Helen Smith, Li Zhou, Ji Liang, and Paul Garner. 2001. "Evidence-Based Obstetrics in Four Hospitals in China: An Observational Study to Explore Clinical Practice, Women's Preferences, and Providers' Views." *BMC Pregnancy and Childbirth* 1 (1): 1.

Rhee, H., J. Allen, J. Mammen, and M. Swift. 2014. "Mobile Phone-Based Asthma Self-Management Aid for Adolescents (mASMAA): a Feasibility Study." *Patient Preference and Adherence* 8: 63–72. http: //doi.org/10.2147/PPA.S53504.

Sylvia, Sean, Yaojiang Shi, Hao Xue, Xin Tian, Huan Wang, Qingmei Liu, Alexis Medina, and Scott Rozelle. 2014. "Survey Using Incognito Standardized Patients Shows Poor Quality Care in China's Rural Clinics." *Health Policy and Planning* 2014/014.

Veillard, J., F. Champagne, N. Klazinga, V. Kazandjian, O. A. Arah, and A.-L. Guisset. 2005. "A Performance Assessment Framework for Hospitals: the WHO Regional Office for Europe PATH Project." *International Journal for Quality in Health Care* 17 (6): 487-496.

Wang, Jin-cai, J. Zhen, W. Fan, Q. Zhang, and Guo-li Zhang. 2013. "Investigation and Analysis of the Effects of National Essential Drug System on Medical Expenses in Different Levels of Medical Institutions." *China Pharmac*y 23: 2982-84.

Wei, Jade W., Ji-Guang Wang, Yining Huang, Ming Liu, Yangfeng Wu, Lawrence K. S. Wong, and Yan Cheng 2010. "Secondary Prevention of Ischemic Stroke in Urban China." *Stroke* 41 (5): 967-74.

Wennberg, John E. 2010. *Tracking Medicine: A Researcher's Quest to Understand Health Care.* Oxford University Press.

Werner, Rachel M., R. Tamara Konetzka, Elizabeth A. Stuart, Edward C. Norton, Daniel Polsky, and Jeongyoung Park. 2009. "Impact of Public Reporting on Quality of Post-Acute Care." *Health Services Research* 44 (4): 1169-87.

Wilson, R. M., P. Michel, S. Olsen, R. W. Gibberd, C. Vincent, R. El-Assady, O. Rasslan, S. Qsous, W. M. Macharia, A. Sahel, S. Whittaker, M. Abdo-Ali, M. Letaief, N. A. Ahmed, A. Abdellatif, and I. Larizgoitia. 2012. "Patient Safety in Developing Countries: Retrospective Estimation of Scale and Nature of Harm to Patients in Hospital." *British Medical Journal* 344: e832.

Wilson, R. M., W. B. Runciman, R. W. Gibberd, B. T. Harrison, L. Newby, and J. D. Hamilton. 1995. "The Quality in Australian Health Care Study." *Medical Journal of Australia* 163 (9): 458-71.

World Bank Data (2015). Accessed at http: //data.worldbank.org/indicator.

World Health Organization (WHO). 2006. "Quality of Care: a Process for Making Strategic Choices in Health Systems." http: //apps.who.int/iris/handle/10665/43470.

Xu, Y., T. Shu, W. Yang, M. Liang, and Y. Liu. 2015. "Variations in Quality of Care at Large Public Hospitals in Beijing, China: A Condition-Based Outcome Approach." *PLOS One 2015*: 2 (10).

Yin, Xiaoxv, Fujian Song, Yanhong Gong, Xiaochen Tu, Yunxia Wang, Shiyi Cao, Junan Liu, and Zuxun Lu. 2013. "A Systematic Review of Antibiotic Utilization in China." *Journal of Antimicrobial Chemotherapy* 68 (11): 2445-52.

Yip, Winnie, and William C. Hsiao. 2009. "Non-Evidence-Based Policy: How Effective Is China' s New Cooperative Medical Scheme in Reducing Medical Impoverishment?" *Social Science & Medicine* 68 (2): 201-09.

Yip, Winnie, T. Powell-Jackson, W. Chen, M. Hu, E. Fe, M. Hu, W. Jian, M. Lu, W. Han, and W. C. Hsiao. 2014. "Capitation Combined with Pay-For-Performance Improves Antibiotic Prescribing Practices in Rural China." *Health Affairs* 33 (3): 502-510.

Yip, Winnie, and William C. Hsiao. 2015. "What Drove the Cycles of Chinese Health System Reforms?" *Health Systems & Reform* 1 (1): 52-61.

Zhang, Peipei, Lianyi Zhao, Jing Liang, Yan Qiao, Quanyan He, Liuyi Zhang, Fang Wang, and Yuan Liang. 2014. "Societal Determination of Usefulness and Utilization Wishes of Community Health Services: A Population-Based Survey in Wuhan City, China." *Health Policy and Planning*: czu128.

Zhang, Lihua, Jing Li, Xi Li, and Lixin Jiang. 2015. "National Assessment of Statin Therapy for Patients with Acute Myocardial Infarction 2001–11: Insight from the China PEACE-Retrospective Acute Myocardial Infarction Study." *The Lancet* 386: S42.

Zhou, Ping, M. K. Bundorf, Jianjun Gu, Xiaoyan He, and Di Xue. 2015. "Survey on Patient Safety Climate in Public Hospitals in China." *BMC Health Services Research* 15 (1): 1.

第 4 章

推手 3：加强公众对以人为本的一体化服务模式的参与

4.1 引言

以人为本的一体化服务（PCIC）模式依据中国公民与社区的健康需求，而不仅是依据他们所患的疾病，来组织基层卫生服务。这一模式成功的关键在于患者对卫生服务提供体系的信心，即他们相信卫生服务体系能够积极、适当并及时地满足他们的需求。与此同时，卫生服务体系也应充分引导并发挥公众自身的能量，帮助他们掌握有关的健康知识并主动采取促进个人健康的行为；在公众与医疗服务体系的良性持续互动中，使他们的健康知识和行为得以不断充实和强化。提高公众参与医疗卫生服务的能力和积极性是世界卫生组织提倡的以人为本的一体化卫生服务体系全球战略中的重要战略方向（WHO，2015b）。

收入增长、城镇化进程加快以及对卫生服务需求的增加，使得中国百姓对医改寄予厚望，认为改革会提高卫生服务提供体系的绩效。日益改善的卫生服务的可及性和卫生服务费用报销比例让这些愿望部分得到了满足。满足这些预期非常重要。事实上，公众对卫生服务体系的不满已导致伤医事件的发生（Chen，2012；Yuan，2012）。虽然卫生当局对此的反应是加强医院的安保力量、将收受红包认定为非法行为（把红包作为礼物）和其他权宜之计，但却未能解决医患之间不信任的实质问题。

本章将重点讨论如何通过加强患者与公众对卫生服务体系的参与措施来促进民众直接参与卫生服务和卫生服务体系以及改善医患关系的核心行动领域。对于任何一项致力于提高效率，让医疗机构对其所提供的服务负责的医疗改革而言，患者赋权和参与都至关重要。要优化资源使用，须依据患者偏好来决定投资哪些服务，或终止对哪些服务的投资（Coulter、Roberts 和 Dixon，2013；Mulley、Richards 和 Abbasi，2015）。此外，不同的结果对不同患者的意义亦不相同。当临床医师忽略或误解患者的偏好时，其后果与误诊对患者造成的损害不相上下（Mulley、Trimble 和 Elwin，2012）。除了医院与急诊服务之外，大部分的医疗卫生服务，包括疾病预防与健康促进，都是知识密集型服务产业，其价值是通过跨学科的临床医师团队与他们所服务的患者之间的双向交流而共同创造的（Mulley，2009）。医疗卫生服务的这种双向本质需要提高健康素养，以及促进知识共享的工作方法与流程。如果没有这种交流，在提供医疗服务的第一线，所做的决定将不可避免地具有片面性，提供的服务将不能满足需求，而效率将会随时间的推移而下降。

对于中国而言，加强患者参与是一个非常重要的目标，这体现在一系列的国家政策上。[1]这些政策呼吁卫生服务体系及其利益相关方：（1）加强健康促进、健康教育及医学与健康知识的传播，宣传健康、文明的生活方式，鼓励公众保持合理的营养水平，强化百姓健康意识及自我保健能力；（2）构建健康和谐的医患关系；（3）通过定期公布医院的财务、绩效、服务质量与安全、价格及住院费用等信息，促进医院信息透明等。最新的国务院办公厅的指导意见明确指出，需要“充分发挥公众媒体作用，广泛宣传疾病防治知识……合理选择就诊医疗机构”，以及加强宣传，以引导群众提高对基层医疗卫生机构和分级诊疗的认知度。[2]

2015年，党的第十八届五中全会通过了公报，强调要推进“健康中国”建设。“健康中国”的目的是通过多种措施提高卫生服务的产出和全民健康，其概念包括深化卫生体制改革、理顺药品价格、实行综合服务、改善覆盖城乡的基本医疗卫生服务、建立现代医院管理制度、实施食品安全战略。

同时，该公报也强调了个人改善自我健康状况的责任，指出建设“健康中国”人人有责，每个人都要加强自身健康管理，尽可能避免生病。因此，“健康中国”的创新之处不仅包含了卫生服务方面的内容，还包含通过教育改变人们对于健康和健康生活方式的认识，每个人通过增强体育锻炼、改善饮食习惯等行为变化实现自身健康管理。基于这些原则，国家卫生和计划生育委员会发起了“健康中国建设规划（2016—2020年）”。

这些政策与中国所实施的一系列加强患者参与的活动相互呼应。江苏常熟作为世界卫生组织健康城市联盟运动的参与者，在全市推广了糖尿病预防和控制的措施，这一模式在控制糖尿病发展方面取得了一定的成效（Szmedra和Zhenzhong，2013）。国家卫生计生委也在2014年提出了“全民健康素养促进行动规划（2014—2020年）”，为公众提供基本健康知识、健康的生活方式和基本医疗技巧方面的信息（NHFCP，2014）。卫生部与中国新闻工作者协会从2005年起联合启动了“中国健康知识传播激励计划”，每年选定一个威胁民众健康的主要慢性病，如高血压（2005年）或癌症预防（2006年），制定相关的健康知识宣传策略。在上海，一项根据高血压防治手册设计的高血压患者自我管理项目在社区预防高血压俱乐部中展开，其效果初步显示出该项目有助于参与者降低血压（Xue、Yao和Lewin，2008）。上海市开展的慢性病自我管理项目改善了参与者的健康行为、自我管理的有效性、健康水平，并减少了患者的住院次数（Fu等，2003）。近期，《健康报》刊登的一篇文章讨论了在中国实行医患共同决策的必要性（Zhong，2015）。此外，2013年 建立的“国家临床信息系统”是提供服务质量控制相关信息的官方平台。

本章依据加强患者参与卫生服务体系的国内外经验，阐述引导患者参与的各种措施。本章由以下部分组成：“加强公众参与所面临的挑战”一节介绍了中国医患关系急需改善的事实证据及其潜在成因；“促进居民参与健康维护和重建公众信任的两个途径”一节描述了患者和公众参与卫生服务体系的“个人途径”和“公共途径”，并解释了本章专注于后者的原因。随后，在“建议：加强医患关系中的患者参与”一节中概述了患者参与卫生服务体系的个人途径的概念和核心行动领域：（1）提高健康素养；（2）加强自我管理；（3）促进医患共同决策；（4）使用信息及通信技术加强患者参与。[3] 这些加强患者参与的做法互为补充，相得益彰。以医患共同决策为例，如果患者不具备最基本的健康素养就无法参与决策，而健康素养又与患者对管理自我健康能力的自信心及这种自信心的培养相关。这方面的经验在患者与医务工作者讨论共同确定治疗方案时，会直接影响他们能否提供有用信息，从而最终决定他们对此类决策所产生的结果的影响力的大小。最终的核心行动领域自然是“公共参与途径”：建立公众参与的支持环境。这个领域的战略目标是旨在改进患者参与的宏观环境，动员社会力量保证人们能健康地生活。相关的实例包括世界卫生组织推出的“健康城市和乡村”（CSDH，2008）和通过环境设计推进健康行为等模式。

4.2　加强公众参与所面临的挑战

虽然官方的政策立场多次表明政府力图建立以患者为中心的卫生服务体系，且这个方向毋庸置疑，中国仍亟须采取一个全面和系统的路径来加强公众对卫生服务的参与，并明确规定患者与服务供方的各自职责。卫生服务体系需要更加以人为本。由于收入增加、城市化进程加快以及对于医疗服务的需求增加，公众对于医改能够改善医疗服务有很高的期待。满足公众的这些期待很重要。公众对于卫生服务体系的不满有时会导致一些伤医事件的发生（Chen，2012；Yuan，2012）。

近些年，中国的医疗纠纷有上升的趋势（Moore，2012；中国医学论坛报，2012、2013；Hesketh等，2012；中国医师协会，2013），约有三分之一的医疗纠纷事件导致医护人员受伤（广州日报，2014）。当前的医患关系有待改善，特别是避免医务人员成为医闹事件攻击的对象。

一般认为，患者的失望和愤怒的爆发是由于对服务不满意、错误医疗和超高的药费引起，但很少有研究分析引起患者不满及随后的医患冲突的根本原因。国家卫计委统计信息中心2010年的一份报告指出，只有59%的患者对门诊服务满意，55.8%的患者对住院服务满意。病人对医生不满意的主要原因包括态度不好（51%）、问诊时间短和感觉医生没有尽力看病（43%）、开不必要的药物和检查（23%）。病人对护士的不满主要是因为觉得护士的态度不好（78%）、护理技能低下（24.7%）和行为不职业（23%）。与此相一致，Sylvia等（2014）的调查发现，在村卫生室患者和医生的平均交流时间为7.2分钟，并且一半的时间都用于开处方。临床医师平均仅用1.6分钟给患者看病，尽管患者的候诊时间很长。Liang和Bao（2012）的有关调查发现，在上海，门诊患者平均要用13分钟挂号，而住院病人平均要用16分钟进行登记；之后，患者还需要再等30分钟才能见到医生。一方面，患者对社区卫生服务中心便利、候诊时间短以及与医生的沟通等方面感到满意，而另一方面，又对其医疗收费、药品价格和医疗设施等方面不太满意（Tang等，2013）。从积极一面来看，国家卫生计生委第五次卫生服务调查显示，76.5%的门诊患者和67%的住院患者对他们的就医体验表示满意（NHFPC，2015）。

Tucker等（2015）对广东省七家医院的医患冲突事件进行的研究表明，患者认为受到不公正待遇主要是因为医疗费用（见专栏4.1）、医疗服务商品化和利益冲突。人们认为医生治愈病人的愿望受到各种非工资的负面激励的影响，包括间接好处和免费旅游及开会；医院和临床科室的创收压力；制药公司按照所开品牌药物的数量给医生的现金回扣；病人给医生的各种好处、现金红包和礼

专栏4.1 理解公众猜疑：患者与医疗服务提供者的观点

2013年，一项对广东省七家医院的25000起医患冲突事件的研究发现，患者对医生的猜忌主要是因为患者强烈认为受到了不公正待遇。患者感到药费和总医药费用过高，而且临床医师开的诊断检查和药物处方主要是为了利益最大化，而不是提高治疗效果。患者和医务人员的观点如下：

病人认为："现在一切向钱看。医院给医生发的工资远远比不上医生收到的回扣和现金奖励。也许医生为了让钱包鼓起来，甘愿违反职业道德也要增加自己的收益。"

医生认为："你会发现，有些病人看病是语气带着极端不信任、敌对和否定的情绪。这些病人流露出这样的观点：报纸在谈论暴力事件，不能相信医院以及医生很坏。如果你看100个病人，仅仅有一个病人对你不信任，这也是个问题。因为这会慢慢影响你对病人的看法。"

医生认为："最大的问题是病人和医生之间的信息不对称。医生掌握的信息太多，而病人得到的信息太少。医生的信息非常系统，而病人的信息却支离破碎。这种信息不对等会带来很多矛盾。"

护士认为："卫生职业教育只是按照书本逐条讲授，非常死板教条。例如，患者和医生缺乏交流。实际上，我们在病床边学会了很多与患者的沟通技巧，而我们之前在学校学到的沟通技巧不符合实际工作需要。"

医疗体系内的医生也认为不受到了不公平待遇，工作量大（例如，门诊上4小时班，要看50个病人），工资低，面临科室的创收压力，病人期望过高和媒体不负责任的报道。医生还指出，医疗培训体系导致有限的各专业专家聚集在城市三级医院，在很短时间内要诊断大量的病人，而大量基层医疗机构的医生只能长期治疗少数病人。另外，医疗教育注重生物医学技术能力的培养，忽略了对患者的人文关怀（认知、行为、情绪和精神方面的支持）及对患者的状况感同身受的能力。

来源：Tucker等（2015）。

物。而且，人们认为整个医院体系不愿为贫困患者和因病致穷家庭的病人提供医疗服务，同时基本医疗保险制度和不健全的法律制度不能给负担不起医疗服务的病人提供多少帮助（Yip等，2012）。

医患之间的相互信任无疑是改进医疗体系和取得健康结果的基石。医生信任病人和病人信任医生有内在的固有关系，两者对于医疗服务的合作伙伴关系都至关重要。为治疗疾病建立道德层面的相互信任与生物医学方面的根治疾病既密切相关又有所不同。患者的满意度是基于其期望，患者感知的服务与其之前的期望差别越大，患者就越不满意（Linder-Pelz，1982），政策制定者应该理解并引导患者和医生在财务、认知和情感方面的预期。在此背景下，国家卫生计生委第五次卫生服务调查结果显示，76.5%的门诊患者和67%的住院患者对他们的就医体验表示满意（NHFPC，2015），这一结果令人鼓舞。

4.3 促进居民参与健康维护和重建公众信任的两个途径

大量文献指出，加强患者和公众参与卫生服务能够提高医患合作质量，而且通过明确卫生服务提供者和患者在共同维护健康的合作中各自所承担的职责，可以提高患者满意度和健康结果。因此，患者不仅仅是卫生服务的消费者，也应该赋予他们能够采取行动改变自我健康状况的能力。这种患者赋权行动有助于改变患者意识中根深蒂固的文化和观念，即认为自己无能为力，缺乏控制。这种观念导致了各种不良后果，从患者不满意到在极端情况下使用暴力。专栏 4.2 对赋权、参与和合作生产健康等关键概念进行了定义。

中国政府领导人意识到医患关系紧张的现实，认为公众对卫生服务体系缺乏信任是造成医患关系紧张的原因，并呼吁采取行动解决这一问题（Hesketh 等，2012；Zhong，2015；《柳叶刀》，2012、2014）。但迄今为止采取的应对政策集中于加强医院的安保力量、将医生收红包认定为非法行为以及其他一些权宜之计。

这些措施治标不治本，未能触及公众对卫生服务不信任的根本原因。正如前文所述，医疗费用高、医疗卫生服务商业化、过度服务和服务不足以及临床服务质量等都是造成对卫生服务体系不满的因素。第 3 章（有关医疗卫生服务的质量）和第 6 章（有关医疗服务机构的激励机制）给出了解决这些问题的方案。可将着手消除过度医疗的负面激励作为改善医患关系的第一步。但是，仍需采取更多的措施来修复医患关系并建立长久的信任。

大致来说，加强患者参与的措施可以在两个层面进行组织（见专栏 4.3）：（1）患者个人参与的“个体途径”；或（2）作为公众成员来参与的“公共途径”。这两种参与方式也可以说成是“患者参与”，即“患者为自身健康做决定”；以及“公共参与”，即“公众成员参与制定卫生服务体系的战略决策和地方或国家层面的政策”（Florin 和 Dixon，2004）。本节以下部分将阐述上述两种参与方式的不同之处，并给出所推荐的核心行动领域的基本原理。

专栏 4.2　医疗卫生服务的赋权、参与和合作生产健康的定义

“赋权”“参与”和“合作生产”等词语在描述旨在与实现此类目标的政策或干预措施时常常交替使用，但实际上它们所代表内容有重叠，但是策略方面又有不同。

“赋权”是指帮助百姓和社区控制其自身的卫生服务需求。譬如说，使得居民实施健康行为、具备自我管理疾病的能力和促进生活环境的变化。

“参与”是指患者和社区参与卫生服务的设计、规划和提供。这样能使患者选择服务和治疗的方案，或参加做出如何利用卫生资源、在哪里使用以及使用到哪些服务方面的战略决策。“参与”也与社区的自我组织及改变生活环境的能力紧密相关。

“合作生产”是指医疗卫生体系要在临床和非临床机构与使用卫生服务的患者、患者家属、看护者以及社区之间平等而互惠的关系之上提供服务。因此，“合作生产”超越了参与的内涵，意味着患者、卫生服务提供者和医疗卫生体系之间要建立长期关系，共享信息、决策和服务提供。

来源：WHO，2015a，22。

专栏4.3 患者参与卫生服务的个人途径和公共途径

人们可以作为个体患者或公众成员来参与卫生服务的提供及政策制定。个人参与和公共参与对参与者的要求截然不同。Jones等（2004）指出，患者参与本质上是私人参与，患者促进并保护自身的偏好和价值取向。公共参与途径在治疗和公共卫生服务方面要求公众抛开其特殊偏好，争取共同利益（Tenbensel，2010）。

个人参与途径：在医疗机构，加强患者个人参与其自身健康的努力明显是“通过以人为本或以患者为中心的服务方式来让医疗服务重新聚焦患者观点”的一种措施（Laine和Davidoff，1996）。美国国家医学研究院认为，以患者为中心的卫生服务是改进卫生服务的六个领域之一（IOM，2001）。美国国家医学研究院对这种以人为本的服务模式的定义是：尊重并响应患者的偏好、需求和价值观，确保以患者的价值取向指导所有的临床决策（IOM，2001）。这一模式的其他定义则更加强调以人为本的医疗服务的伦理内容，“强调患者的自主权、知情同意权和赋权”（Edwards 和 Elwyn，2009）。

公共参与途径：公众参与的举措与加强以公民为中心的卫生服务有许多相似之处，因为卫生服务的提供努力以患者为中心。公众对卫生服务的参与可以是多种形式的，如给参加者提供有关信息、征求参加者的意见或将他们作为政策制定的积极合作伙伴（Arnstein，1969；Charles和DeMaio，1993；Feingold，1977）。有些国家采取了一种更全面和更雄心勃勃的方式来鼓励公众参与不同层次的决策过程，包括医疗卫生服务的规划以及在国家层面参与医疗卫生政策的制定，如英国（https：//www.nice.org.uk）、美国（https：//www.pcori.org）和德国（https：//www.iqwig.de/en）。澳大利亚消费者健康论坛（https：//www.chf.org.au）则成为全国消费者的声音和合作伙伴，在倡导、研究、发现问题，以及在健康素养、以人为本的法律法规和政策制定、质量与患者安全、信息获取、新技术引进和卫生服务的公平使用等大量主题方面担当消费者代表。

来源：Williamson，2014。

4.3.1 个人参与途径：让患者参与医患关系的微观环境

患者参与卫生服务的第一个途径是更好地处理患者与医疗服务提供者个人之间的关系。世界卫生组织关于以人为本的一体化卫生服务体系战略指出：“从根本上说，公众个人用在应对和解决自身的健康需求的时间最多，同时选择自身健康行为，以及自我保健和为家人提供保健服务的能力。由于公众更了解自己健康行为的动机，要实施以人为本的医疗服务模式就必须鼓励公众个体参与”（WHO，2015b，22）。

在个人层面，患者参与卫生服务大体上包含两个关键方面：患者赋权和激发患者的主动参与。患者需要掌握必要的知识和信息，提高科学就医的能力，包括改变不健康行为，合理选择就诊医疗机构，甄别手术与非手术治疗方案的利与弊，知道如何及时有效地使用投诉机制，并消除生活环境中可能引发健康问题的潜在威胁。一旦拥有这些必要信息，就可以“调动”患者参与各种管理自我健康及医疗服务的活动，应对风险行为、保护生活环境。医疗服务提供者在促进患者参与上发挥至关重要的作用，他们需要向患者提供各种治疗方案的信息；解释各方案的潜在利与弊；鼓励患者讨论并表达自己的偏好；帮助患者制定长期的自我管理规划。因此，患者参与医疗服务需要服务方与患者自身的共同努力。

卫生服务体系采取各种办法在个人层面对患者进行赋权并激发患者的主动参与，包括：（1）提高健康素养；（2）加强自我管理；（3）加强使用技术，促进医患共同决策。这三种办法是推荐的加强患者参与的核心行动领域，后面第4.4节对此进行了详细阐述。有大量证据说明患者参与措施的效果，尤其是在提高医疗卫生服务质量、适宜的决策和更好的健康结果方面（见专栏 4.4）。

4.3.2　公共参与途径：地区和国家层面宏观环境的作用

单独以微观层面的医患关系为目标不足以提高患者信心和对卫生服务体系的信任。这是因为医患关系取决于所处的宏观环境，并受到国家力量和社会力量的影响。患者除了是医疗卫生服务的寻求者和消费者，还是国家公民，同样可以参加活动，影响塑造其健康及所生活的社会的福祉的更广泛的政策环境。这就是公共参与途径。下文将对每个领域进行详细介绍。

我们不是关注中国的患者作为公众怎样参与改进卫生服务体系的活动，而是关注如何通过政策和集体行动塑造更好的宏观环境以助力个人参与医疗卫生服务的提供。推荐的两个公共参与途径的核心活动领域从临床环境和医患的个人关系扩大到包括个人、家庭、社区和组织的全生态系统。第一个核心行动领域指的是诸如“世界卫生组织的健康城市与乡村”等类似举措。这些积极举措秉承的精神是可动员全社会力量创建让人们健康生活的环境。第二个核心行动领域是受近来行为经济学研究成果的启发，需要将提醒人们采取健康行为的信息嵌入物理和社会环境中。以下将对详细阐述每个核心行动领域。

专栏 4.4　患者参与策略的效果

英联邦基金对11个经合组织成员国的调查显示，患者参与有助于改善服务质量及患者体验，降低医疗错误，提高患者治疗依从性，并最终通过更低的医疗费用带来更好的健康结果（Osborn和Squires，2012）。有效的患者参与策略包括以下内容：

• 加强自我管理的干预措施不仅增加了患者（特别是对于老年人来说）的有关知识，提高其应对疾病的技能及管理慢性病的信心，还能有助于立即产生更好的健康结果，在有些情况下甚至降低住院率（Picker，2010）。

• 医患共同决策在不同情况下都显示出提高患者满意度和医疗服务水平的潜力（Stacey等，2011；Coulter和Collins，2011），并有助于使患者选择使用创面相对较小且费用往往相对较低的治疗方式，而非外科手术治疗（Morgan等，2000；Kennedy等，2002；Deyo等，2000；Wennberg，2010；National Voice，2014）。

• 电子医疗（*e-healt*）和移动医疗（*m-health*）可以成为加强患者参与的策略的强大工具（Bennett等，2010；Bove等，2013；Chen等，2008；Nolan等，2011；Rhee等，2014；Wong等，2013）。尤其是，这些手段可以通过加强患者的相关知识，增加他们参与自己的医疗保健服务的意愿，加强问责性并帮助患者自我监测，促进患者的参与。

4.4 建议：加强医患关系中的患者参与

表4.1重点描述了支持以人为本的一体化卫生服务体系的四个加强公众参与的核心行动领域及对应的实施战略。核心行动领域1-4讲述通过患者赋权和改善医患关系，建立患者信心和信任。建立健康素养（核心领域1），通过提供改进健康行为的信息和帮助患者调整对可接受治（包括损害）的期望，可以赋予他们更多的掌控权，也可以让患者对与医务工作者的沟通做到心中有数。加强自我管理和医患共同决策（核心领域2和3）的措施培育一种患者与卫生服务提供者共同管理健康的文化。这些患者参与措施有助于改善医患关系、逐渐建立医患相互信任、给患者赋权，从而突破医患间的紧张关系并防止医患冲突。电子医疗和移动医疗技术解决方案可以促进这些核心行动领域的实施。核心行动领域4关注创建有利于公众和患者参与的大环境的广泛集体行动。

所推荐的措施主要关注个人参与途径。当然，患者作为医疗卫生的共同参与者，其所处的宏观环境也影响着他们的个人体验。任何主张界定并强化患者作为公民的职责的策略，以及创造一个能让中国的百姓持续广泛参与的大环境，从而弥补当前公民“参与不足”（WHO，2015a）的战略都很可能是长期才能实现的目标。但这些议题超越了如本书这样的卫生领域研究报告的范畴。要充分剖析这些问题，需要深入研究中国治理制度的政治经济学以及政府与社会的关系。

4.4.1 核心行动领域1：提高健康素养

健康素养是指个人理解和运用健康信息的能力，这种能力可以使个体具备更大的动力和能力来掌控自身健康。这一概念包括了理解基本健康知识的认知能力以及运用有关信息来指导健康相关决策。健康素养对实现良好健康必不可少，对公共卫生至关重要。如果公众不能获得、理解和运用健康知识，就不能有效地照顾自己的健康，在使用卫生服务系统时也会感到困难吃力，还不能针对自己、家人和社区健康做出适当抉择。健康素养低的人对自身健康及治疗状况的了解相对较少，健康状况较差，对预防保健服务理解差、使用少，住院次数更多，看急诊的次数也更多（Berkman等，2011；Kindig、Panzer和Nielsen-Bohlman，2004）。令人出乎意料的是，在美国，一半的成年人对健康信息的理解和运用有困难，导致无效服务

表4.1 加强公众参与的四个核心行动领域及实施战略

核心行动领域	实施战略
1.提高健康素养	• 加强公众对循证医疗服务、健康行为和疾病预防措施的认识 • 发动公共媒体开展鼓励健康促进和疾病预防活动的宣传
2.加强自我管理实践	• 培训医务工作者支持并促进患者的自我管理 • 教育并支持患者怎样进行自我管理
3.改进医患共同决策	• 培育患者参与自身医疗服务决策的期望 • 医疗机构开发并促进使用决策辅助工具
4.创建支持公众和患者参与的宏观环境，使其参与到健康促进和改善中去	• 改善宏观环境，推动健康促进：开展健康城市（健康乡村）活动* • 创建有利环境，促进健康选择

注：* WHO，1998。另请参见“Healthy Cities,” Health Promotion Programmes，World Health Organization Western Pacific Region，http：//www.wpro.who.int/health_promotion/about/healthy_cities/en/.

（Kindig、Panzer和Nielsen-Bohlman，2004）。

Nutbeam（2008a，2008b）指出，健康素养有两个维度：健康素养作为风险因素以及健康素养作为资产。这两种维度对同一概念的处理方式有着微妙差别。前者力图寻找方法降低低健康素养对健康相关行为和结果的负面影响。为此，美国医学研究所将健康素养定义为“个体获得、处理并理解基本健康信息和服务的能力，而这些信息和服务都是做出正确健康选择必不可少的条件”（Kindig、Panzer和Nielsen-Bohlman，2004）。与此理论相关的研究将健康素养和一系列健康行为结果联系起来，包括有效的慢性病管理、对用药和其他健康建议的依从性以及对健康和筛查项目的参与。缺乏健康常识将成为需方服务利用的障碍。特别是对于穷困人群及少数民族种族而言，低健康素养问题会导致较差的健康状况、更多的住院治疗、更多的用药及治疗失误、预防保健服务利用率低，以及更差的治疗依从性（Berkman等，2011；Kindig、Panzer和Nielsen-Bohlman，2004）。老年人健康素养低则会导致更高的死亡率（Berman等，2011）。改善健康素养被认为是优化临床服务有效性和促进健康公平的一项重要内容。

与此相对，健康素养作为资产的观点则强调促进健康教育与传播在培养个人及全人口开展健康促进活动的能力方面的积极作用。世界卫生组织特别建议，“健康素养意味着有相应的知识、技能以及信心采取行动，通过改变个人生活方式和生活环境来改善个人及社区健康”（CSDH，2007）。获得健康素养资产可以从根本上解决狭义的医疗体系之外的一些健康社会决定因素。

这两种观点有显著的不同，一个是基于临床医学视角，另一个是基于公共卫生视角，但两者都非常重要，并且在指导相关政策制定来提高健康素养方面相辅相成。也就是说，我们可以有两种较为互补的策略来提高健康素养。卫生系统一方面要提高有效的学校教育的可及性，为健康素养较低的特定人群提供成人教育（CSDH，2007），同时还应提高健康传播和健康教育的质量，为提升健康素养提供更多的支持，并提供量身定做的信息，通过功能性健康素养的提升来帮助公众理解并使用信息来管理健康和疾病（Coulter和Ellins，2007）。

4.4.1.1　策略1：加强群众对循证医疗服务、健康相关行为及预防保健的重要性的认识

虽然健康素养是个人、社会和经济发展进程综合作用的结果，但卫生服务体系是改变健康素养的一个重要切入点。患者希望通过医务工作者掌握如何管理疾病或慢性病的信息和能力。除了通过医患之间一对一的交流所获取的信息，许多国家都针对弱势人群实施正规的健康教育项目，如为部分群体、大学和成人教育机构所开设的课程，以及一对一的咨询服务。

英国和阿联酋是这方面的成功典范。英国卫生部作为实施机构之一的国家“健康促进技能”项目通过提高目标人群的语言、读写及计算能力来帮助改善他们的健康状况。该项目力图通过提供有用的信息和技能来加强人们照顾自我健康的信息。项目主要培养参与者在健康饮食、吸烟、体育锻炼、饮酒以及关注精神健康方面的知识，为贫困匮乏地区居民举办系列健康专题讲座，如健康饮食、体育锻炼及急救（ContinYou，2010）。阿联酋通过大学的学生“宣传大使”开展遗传病筛查宣传，这些“宣传大使”接受过遗传病筛查的基本知识培训，然后鼓励他们向其他同学宣传遗传病筛查的重要性（Laurance等，2014）。

4.4.1.2　策略2：启动公共媒体宣传项目，鼓励健康促进及预防保健行为

其他提高大众健康素养的策略主要关注如何提供高质量的健康信息。一些媒体宣传活动既关注医疗服务供给方，也关注需求方。以加拿大的“国家健康素养与健康项目”为

例，其致力于加强医务专业人员与患者对健康素养和健康状况之间的联系的认识。许多媒体宣传活动还运用了诸如印刷材料、视频、网站、正式与非正式课程等手段。及时提供符合大众需求的、可靠且便于理解的高质量健康信息是任何支持患者自我保健、医患共同决策、慢性病自我管理及健康促进策略的不可或缺的内容。[4]以下是公共媒体健康教育宣传的几种典型方式：

• 健康宣传材料：作为健康教育项目部分内容，通过医疗机构或电子手段向个人提供具有针对性的健康信息，并通过临床医师的口头宣讲及网络宣传进行强化。

• 报纸、杂志和广播媒体：世界各国开展的健康教育活动都将媒体宣传作为主要内容，如鼓励戒烟；怀孕女性服用叶酸（荷兰）；呼吁关注过度的和不断上升的子宫切除率（瑞士）；消除对抑郁患者的歧视（英国）；鼓励使用计划免疫和癌症筛查服务；艾滋病风险教育及宣传心肌梗塞疑似患者所需的适当服务。

• 社会营销：为了社会公益，政府机构和卫生主管部门可以利用社会营销手段实现具体的行为目标（French和Blair-Stevens，2007）。社会营销借助于经过反复检验与测试的手段，依据商业洞察分析（如市场细分、营销理论）及行为改变理论系统开展健康促进。此类宣传方式旨在帮助人们做出健康的选择，采取健康的生活方式或提高科学就医能力，主要针对健康饮食、药物滥用、体育锻炼、职场及综合健康状况。例如，社会营销在中国预防和控制乙肝运动中发挥了关键作用（见专栏4.5）。

在中国，宣传信息不仅要引导公众改变对吃药、静脉注射和其他诊断治疗手段的期望，同样需要让公众意识到过度治疗或者治疗不当造成的危害。需要安排一系列的信息宣传和公共教育活动来改变公众对于用药、治疗手段和临床服务的认知。这需要连续多年通过多渠道开展宣传教育，理想的情况是调动医务人员及民间组织的力量共同参与其中。宣传教育的目标是帮助公众了解基于循证的高质量的医疗服务的重要特征。在策划宣传活动的时候，最好能够借用已有的科研成果，根据中国老百姓在选择就医时对有关信息的认知及使用情况来设计。尤其需要努力降低公众对于某些治疗手段的不科学的过度依赖，如当前基于服务量的支付方式所激励的静脉注射、用药、不必要的门诊和住院治疗。

此外，可以考虑在全国层面呼吁公众集体参与改善健康的活动。首先，要进行以实证为基础的技术分析，确定公民个体为了改善未来的健康状况，其个人生活所需改变的三到五个主要方面（例如，对于烟民来说就是戒烟，对于饮酒者而言就是减少饮酒量，

专栏4.5 中国的社会宣传活动：乙肝的预防与控制

中国的抗乙肝公益宣传活动是社会宣传的一个成功典范，由于高度重视社会、文化和监管政策，其设计和实施达到了最大效果。中国的电视台在1986年首次播放公益广告，此后，政府与媒体每年都组织播放全国性的公益广告并颁发最佳公益广告奖（Cheng和Chan，2009）。中国政府在这个全国性的宣传活动中发挥了重要作用。该宣传活动由中国肝炎防治基金会与卫生部信息办联合主办，麦肯健康传播免费提供技术支持，许多媒体免费提供播放时段和广告位。

来源：Cheng、Kotler和Lee，2011。

而对于肥胖或糖尿病患者就是每天至少走1.6公里）。然后，据此设计全国或省一级的有助于改善健康的行为的宣传活动，让每个公民开展一个或多个促进健康的行为。鉴于人们获取信息的能力各异，对于低收入、老年、少数民族群体应额外提供更具针对性的干预措施。

一个值得中国借鉴的例子是美国的“百万心脏”的宣传活动（见专栏4.6），这个

专栏4.6 美国“百万心脏”运动

“百万心脏”运动动员社区、医疗卫生专业人士、卫生服务系统、非营利组织、联邦机构及民营部门组织为实现一个共同的目标而努力：截至2017年，预防100万例心脏病和脑卒中。* 为了实现这一目标，实施了一系列的改革措施（见专栏图1）。到目前为止，这一宣传活动取得了如下进展：（1）100多个合作伙伴正式承诺采纳宣传活动的目标并采取相应的具体措施；（2）通过ABCS策略（必要时服用阿司匹林，血压控制，胆固醇管理及戒烟）优化服务，目前已经初见成效。

该活动还有助于创造健康环境的法律的颁布，如控烟法，减少社区居民钠的摄入量，以及消除反式脂肪酸。

美国“百万心脏”运动促进了ABCS的临床和人口范围的目标。这里显示的70%的数值是卫生系统涉及人群的临床目标。对于整个美国来说，ABCS的目标是65%。

专栏图1　美国“百万心脏”运动的目标

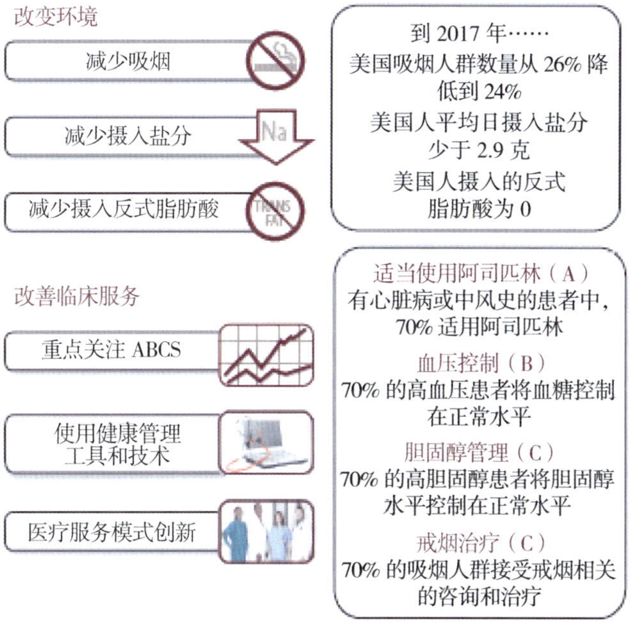

注：ABCS策略包括必要时服用阿司匹林、血压控制、胆固醇管理及戒烟。

注：*“百万心脏”运动由疾病控制部门（CDC）和Medicare和Medicaid服务中心（CMS）共同发起。更多的信息，请见“百万心脏”的网站：https://millionhearts.hhs.gov/about-million-hearts/index.html.

来源：“Infographic：Million Hearts Targets，” About Million Hearts，https：//millionhearts.hhs.gov/about-million-hearts/targets.html. ©U.S. Department of Health and Human Services（HHS）。

全国性的项目制定了到2017年预防100万例心脏病和脑卒中的宏伟目标，主要通过提高有效医疗服务的可及性，采用ABCS策略（即服用阿司匹林，控制血压，控制胆固醇和戒烟）提高医疗服务质量，将临床服务的重点放在心脏病和脑卒中的预防上，鼓励公众采取有助于心脏健康的生活方式，改进处方合理性及用药依从性。

另一个相似的公众宣传活动的国际实例是苏格兰当前正在开展的“人之初”早教协作项目。[5]该项目要求全地区的父母每晚睡觉前给孩子读一个故事。已有证据表明，这有助于提高儿童未来的读写能力及受教育程度。中国可以参考这些模式设计符合本国国情的宣传教育活动。

4.4.2　核心行动领域2：加强自我管理

除了短期小病（如感冒或其他常见的病毒感染）的自我护理以外，现在世界各国的大部分居民的自我保健都主要是涉及慢性病（如哮喘、关节炎和糖尿病）的日常管理。严格而言，此类慢性病的患者需要时时刻刻进行“自我管理”，应对和降低慢性病带来的对日常生活的影响，在大部分情况下都不需要依赖医生。对自我管理的技术定义为“个体管理慢性病症状、慢性病治疗以及应对由慢性病所带来的生理、社会和生活方式变化的能力”（Barlow等，2002，178）。这同时意味着要赋予公众能力，使他们能够“做出知情选择，用新知识和所获得的技能解决新出现的问题，实践新的健康行为及保持或重获情感稳定状态”（Lorig，1993，11）。通过促进患者自我管理，卫生服务体系可以赋予患者更多的权力，减少他们对服务的使用，并在是否就诊、如何选择用药和手术以及采取有助于控制其病情的行为方面做出知情决策。

慢性病患病率的增加及其后果范围之广给医疗服务领域带来了巨大变化。如Holman和Lorig（2004）所述，患者、医务人员及医疗服务现在必须扮演新的角色：

- 患者——必须负责日常管理，行为改变，情绪调整，准确报告病情的趋势与进展，成为自己最主要的护理服务提供者。用经济术语来说，健康是医疗服务产品，而患者作为主要的服务提供方，是健康的生产者（Hart，1995）。像任何生产系统一样，生产者必须掌握产品知识并具备生产流程所需的技能。
- 医务工作者除了担任医疗管理服务设计的专业顾问及服务的合作伙伴以外，也是患者管理技能开发的老师。在当前的卫生服务体系中，医生、护士和公共卫生服务工作者没有接受过承担此类责任的培训。
- 卫生服务体系作为患者和医务工作者扮演新角色的组织方和资助方，确保服务的延续性和一体化。

所有自我管理的方法都包括细致地引导患者阐述自己的健康问题、担忧、价值观和偏好；医务人员以照顾患者感受的方式提供基于实证的信息并通过讨论与患者达成共识。患者的自我管理需要对患者及其家人就其所患疾病、如何进行监测及如何把健康行为纳入其生活方式开展系统教育。当慢性病患者在寻求专业建议时，他们需要得到适当的帮助和支持，以提高自己的自我管理技能。以哮喘患者为例，他们必须知道什么时候使用定量吸入气雾剂，糖尿病患者必须监测他们的血糖水平，而关节炎患者则要学会如何适应疼痛感及如何减轻疼痛，如果可能的话。通过自我管理，慢性阻塞性肺疾病（COPD）患者可以将他们的肺功能最大化并改善其生活质量（见专栏4.7）。

4.4.2.1　策略1：培训医务人员以支持并促进患者的自我管理

培养适当的患者自我管理需要医务人员改变其职业文化。要呼吁医务人员改变他们既往的观点，即认为自己的工作目标就是提高患者

专栏 4.7　美国退伍军人慢性阻塞性肺疾病的自我管理

慢性阻塞性肺疾病（COPD）的管理非常复杂，因为患者往往同时还患有很多会影响其生活质量的其他慢性疾病。所面临的一个主要挑战是帮助患者避免急性发作，病情恶化而导致住院。譬如，在美国退伍军人健康管理局（VHA）所服务的军队退伍人员当中，慢性阻塞性肺疾病是导致住院的第四大常见因素。肺部康复，包括锻炼与教育，能帮助患者管理用药及如何调整适应部分能力的损失。有两个主要难题：一些患者得长途跋涉去接受康复服务，以及即使是在那些使用康复服务比较多的患者当中，有些人也很难把所学到的行为坚持下去。

为了解决这些问题，美国退伍军人健康管理局开发了一个慢性阻塞性肺疾病患者自我管理的模块，让他们进行“自我帮助”。该模块的设计考虑了如何改善患者对自己的呼吸困难的看法以及自己的最大功能的认识等许多内容。这个自我管理模块的设计围绕着多数肺功能康复目标都可以远程实现的原则，而自我管理是远程实现康复目标的部分内容，可以帮助患者保持健康行为并让项目的收益持续下去，这样还能减少住院治疗。为了设计这一模块，退伍军人健康管理局分析了有关研究并向美国各地的肺病专科医师征求建议，为护理团队开发一个共同的服务包，促进最佳与最重要的策略的沟通。这一模块关注三个重要领域：加强患者对锻炼的承受程度并改善其健康状况；症状的管理；管理/减少病情的恶化。在这些领域中，模块阐述了诸如在用药、锻炼和戒烟等方面的策略。总而言之，这一工具旨在与让患者能够与医生更密切地合作，使其肺功能最大化并改善其生活质量。

来源：Ali 和 Li，2015；Basu，2014。

对他们提出的任何建议的依从性；与此相反，他们应该提高患者做出知情决策的能力。医务工作者应该做到以下五点（Glasgow、Emont 和 Miller，2006）：（1）定期评估患者知识、行为和信心；（2）依据科学证据和当前掌握的信息为患者提供建议；（3）就治疗目标和治疗方案与患者达成共识，以改善患者的自我管理；（4）帮助患者克服所面临的障碍；（5）安排其他有用的服务。

需要对医务人员展开培训，使他们至少能够履行以下职责：

- 帮助患者了解其所患疾病、各种可选的治疗或管理方案；
- 教育患者如何开展有效的自我管理；
- 培训患者掌握必要的技能，如糖尿病患者如何测血糖，哮喘患者如何测量最高呼气峰值流速值等；
- 为必要的行为改变提供建议：如何调整现有行为或采取新做法；
- 质疑不利于患者健康的观念，包括对病因的错误认识；
- 就情绪管理为患者提供建议，如何应对疾病对其生活造成的影响及对其情绪的影响，如焦虑和抑郁。

医学院、对研究生的临床培训及继续医学教育都应包括有关沟通技巧、团队合作和建立牢固医患关系的技能的培训。最为广泛使用的是凯尔加里-剑桥（Calgary-Cambridge）沟通过程指南。该指南将一次临床咨询分为五个阶段：咨询开始、信息收集、身体检查、病情解释与治疗规划，以及咨询结束。每个阶段都有明确的必须完成的任务清单（Kurtz

等，2003）。

医务人员与患者进行有效沟通的能力应该成为他们获取执业资格的一个条件，我们应该关注有关人际交往和沟通技能的研究结果。人际交往与沟通能力是可以学习和提高的。譬如，可以培训医务人员如何表达对患者处境的感同身受（Bonvicini等，2009），如何帮助医务人员更妥善地传达坏消息（Makoul等，2010），以及如何与患者共同决策（Bieber等，2009）。

同样，可以培训医务人员使用临床决策辅助工具[6]（将在后文进行讨论），提高其解答问题的能力，尤其是如何沟通不确定因素、不同治疗方案的相对风险以及决定风险与结果的时间因素。Flinders是一个循证教育项目，致力于慢性病管理。该项目力图评估并改善医疗提供者与患者之间的关系，目标是促使患者主动监督自身病情，同时选择健康的生活方式（Horsburgh等，2010）。[7]该项目包括一系列培训模块，以强化医疗服务提供者的慢性病管理知识，同时强调沟通技能。

4.4.2.2 策略2：教育并支持患者开展自我管理

需要通过教育，在患者中建立自我管理的文化。一种常见的形式是由同伴领导的患者自我管理短期培训课程（通常为六周）。在培训过程中，患有同样慢性病的人可以相互学习（Lorig等，2001）。此类课程往往由志愿者组织主办。许多国家都实施了此类培训模式，包括澳大利亚、巴巴多斯、智力、丹麦、日本、秘鲁、韩国、英国和美国。接受培训的学员学习如何设定目标、制定行动计划；解决问题；培养沟通能力；管理情绪；控制日常活动的节奏；管理与家人、朋友及同事的关系；与医务人员及提供社会工作服务人员进行有效沟通；如何发现所在社区的其他医疗资源；了解体育锻炼的重要性；保持健康饮食以及管理疲倦、睡眠、疼痛、愤怒和抑郁情绪。

一些国家采取了新技术，通过互动的方式提供电子信息。例如，英国的“专家病人”项目是一个具有提醒邮件功能的网络模块（Lorig等，2008）。该项目为慢性病患者（如哮喘、糖尿病、进食障碍和尿失禁患者）开发了基于网络的工具包，提供健康信息、决策支持及行为改变支持。在美国，有通过电话为患者提供健康辅导的项目（通过电话为患者提供建议和支持已经成为各类疾病管理项目的一个必要组成部分）以及各种远程医疗技术的应用（运用一些设备，通过电话线将信息传送到复杂的医疗设备上，监测患者生命体征）（Rollnick、Miller和Butler，2002；审查委员会，2004）。让患者获得自己的病历，无论是让患者能够阅读自己的病例，或是鼓励他们自己持有一份病例，都能够增强患者自我管理的信心。

将自我健康管理培训与初级和二级医疗卫生服务结合起来，并由医务人员不断强化培训所学知识，有助于实现此类教育项目的最佳效果。有效的自我管理项目往往实施时间长、力度大且与卫生服务体系有机结合，医务人员在对患者的定期随访中不断强化患者知识。患者教育工作应该着眼于帮助患者培养实际的自我管理技能，并树立管理自我健康的自信心。身体力行的参与式学习方法比传统的说教式教学法更为有效（见专栏4.8）。

4.4.3 核心行动领域3：促进医患共同决策

医患共同决策是医疗服务方与患者协作工作的过程，双方一起明确问题，确定工作重点、工作目标，形成治疗方案并解决问题。医患共同决策是以人为本的医疗服务模式之根本。这样做不仅可以确保医生依据科学给出正确的诊断，同样可以使为患者所提供的服务“不比他们所需要的少，也不比他们想要的多”（Coulter和Collins，2011，vii）。医患共同决策反映了公民认为自己在多大程度上有权参

专栏 4.8　鼓励进行自我健康管理：英国和印度的例子

英国的“糖尿病关怀年”是一个促进患者参与的试点项目，让患者参与共同决定，同意并参与自己病情的管理。试点的核心理念是革新既往进行年度健康检查的传统做法（只关注病人是否完成了一系列常规检查），而采取一种真正协作式的就医过程，鼓励患者与为其提供医疗服务的团队成员沟通自己的顾虑，糖尿病对他们的生活所造成的影响，以及他们可能需要的任何服务或支持。患者与服务团队就工作重点或目标达成共识，并据此采取行动。

“大白墙”（The Big White Wall）是英国的一个精神健康网上社区，其成员可以在该网上社区上获得来自临床医师、家人和其他患者有关疾病管理方面的帮助，这有助于他们更好地配合临床医生、家人和同伴所提供的医疗护理服务。这一网上社区能让成员及时获得帮助，从而有可能避免今后费用更高的医疗服务。成员可以通过社区所提供的检测和问卷资源评估自己的精神健康状况，在社区获取指导性的支持服务。个人通过安全的类似Skype的网络电话接受实时治疗，并追踪他们的治疗进展。虽然这一项目以自我管理为重点，所实施的干预措施也包括提高患者健康素养的内容。

由世界卫生组织开发，在印度实施的“七日母婴健康检查清单”帮助母亲在婴儿出生后最为重要的第一周发现危险迹象。在出院时，医务工作者会向母亲解释如何使用检查清单，随后通过手机向母亲发送短信和音频信息，询问婴儿和母亲自身是否有任何危险迹象。这一项目同样包括提高居民健康素养的内容（如何谓危险迹象）和提高居民自我管理的能力（如什么时候需要寻求专业帮助）。

来源：Laurance 等，2014。

与自我的医疗服务。

有充足的伦理及现实理由让患者参与关乎自身健康的决策。患者对治疗和健康结果的期望和偏好可能与医务人员有所不同。发现患者的期待和偏好十分重要，这有助于在医疗服务中满足并尊重患者的需求。在现实中，服务提供者常常会高估自己预测患者偏好的能力。一项调查研究显示，医生认为71%的乳腺癌患者最看重的是保留自己的乳腺组织，而实际上仅有7%的患者持这种观点（Lee等，2010）。另一项研究关于良性前列腺增生的研究显示，在告知患者手术的利与弊后，选择手术治疗的患者人数减少了40%（Wagner等，1995）。虽然切除手术可以减轻该疾病带来的泌尿系症状，但是很多得知手术利弊信息的患者会放弃手术，避免术后出现性功能障碍。

一项Cochrane循证医学研究发现，与通常的医疗服务相比，提供决策辅助可以增加健康常识，特别是当决策辅助工具可以提供具体而非简单信息时（Stacey等，2011）。给患者提供讲明各种可能性的决策辅助意见，患者就可以更加准确地衡量医疗干预措施所带来的风险。如果患者能够获得有明确价值分析的决策辅助信息，那么更多的患者就可以做出符合其价值取向的选择。决策辅助信息可以促进患者与服务提供者间的沟通，提高患者对最终决策和服务过程的满意度。这样做也减少了由于患者认为不知情或对他们的价值观不清楚而造成的决策冲突。Cochrane消费者与沟通系统综述工作组持续提供关于最有效的干预措施的最新信息，如何改善患者与医疗服务方之间的沟通，以及如何通过患者参与实现最佳的健康结果。[8]华西医院中国循证医学中心可以考虑扩大其临床综述研究的范围，包括如何通过决策辅助工具实现高质量的医疗服务方与患者之间的交流。

正如培养自我管理的做法能让患者感觉对自己的健康有了更多的掌控权，医患共同决策可以促进权力在患者与医疗服务人员之间更好地进行再分配（Coulter，2011）。可以把知情同意的伦理及法律要求变为一个更为积极的通行做法，即患者的知情选择（Wennberg，2010）。下文介绍了可以采取的具体措施。

4.4.3.1 策略1：建立患者参与医疗服务决策的预期

有调查表明，3/4的患者希望临床医生在确定治疗方案时考虑患者自身的偏好和想法（Coulter和Magee，2003）。譬如，一项对英国国民健康服务（NHS）的医院患者的调查显示，几乎一半患者都希望更多地参与治疗决策。医疗人员应该告诉患者，他们期望患者积极参与自己的医疗服务。患者也应该意识到虽然他们没有医学专业知识，但也能为决策过程带来具有同等重要性的信息。

国际上有一些如何改善患者在医疗机构对医疗服务流程的参与的例子。以美国的PACE 模式为例，患者和医疗服务团队的成员一起确定并就患者的健康目标达成共识（Ali，2015）。另一个例子是美国贝斯以色列女执事医院医疗中心所实施的以患者为导向的服务模式（见专栏4.9）。上海的家庭医生制度鼓励患者及其家人与医疗工作者一起制定治疗目标，并每月通过患者满意度评估来追踪进展（Ma，2015）。同样，德国的Gesundes Kinzigtal医疗系统的一个核心特点是医患共同确定并实现治疗目标，通过医患共同决策的工具来支持双方的合作，患者管理员协助患者改善健康状况与健康行为（Hildebrandt等，2015；Nolte等，2015）。丹麦的SIKS项目强调让患者参与制定自己的治疗方案，通过共同制定的医疗保健方案明确服务目标，并通过患者反馈确定服务团队的合作是否实现了这些目标（Nolte等，2015；Runz-Jørgensen和Frølich，2015）。

专栏4.9 美国贝斯以色列女执事医院改善患者参与的案例

在美国贝斯以色列女执事医院，改善患者参与的策略包括患者参与医疗决策，培养患者的医学知识素养和患者自我管理。医院建立了一个患者服务委员会，其职责在于组织患者和家庭顾问小组。他们的使命是确保患者的声音被医院听到，改善医院和患者之间的沟通，以及支持有关改善患者就医体验的创新措施。患者和家庭咨询员参与焦点小组和会议，商讨需要重新设计哪些医疗服务过程。

这家医院还开发了网络平台，允许患者察看他们的检查和治疗结果，通过电子邮件和医生进行沟通，预约门诊和续订处方。如果家庭成员对患者的健康状况存有严重的疑虑，他们可以通过一个“触发响应”的系统寻求医疗团队的帮助。医院对患者进行检查结果知情权、阅读和理解医生的处方和治疗记录，以及如何和医生进行有效沟通等方面的素养进行培训。所采用的策略包括发放信息和宣传材料，以及对使用外语的病人提供翻译服务等。

最后，从人员招募这一环节就开始对医务人员进行培养和教育。医务人员通过情境学习来了解如何创造一个以患者为中心的医疗环境，以及医院与此相关的各项标准。

来源：Laurance等，2014。

4.4.3.2　策略 2：为医疗机构开发决策辅助工具并促进此类工具的应用

很多治疗及疾病筛查决定都受到各种原因的影响。在一些情况下，没有一个所谓的最佳选择，因为人们在其价值取向以及对不同治理或筛查方案的利弊的重视程度方面各不相同。而且，有时对于不同方案的利弊的科学证据也具有不确定因素。一些临床操作指南建议患者向医生沟通自己的价值取向，尤其是对于治理和筛查决定，因为最好的做法取决于患者对各方案的利弊的重视程度（Eddy，1992；ACP，1992；Sawka等，1998）。

决策支持干预措施的定位是医务人员诊疗服务的一个辅助工具（Bekker等，1999；Estabrooks等，2000；Molenaar等，2000；O'Connor等，1997，1999；RTI，1997）。各种决策辅助工具的具体目标各不相同，所支持的决策也各异（ACP，1992；Entwistle、Sowden和Watt，1998），但总体而言，它们的设计宗旨都是为了帮助用户：

- 通过提供不同决策的有关信息，让他们知晓不同方案可能产生的后果；
- 通过澄清自己的偏好，考虑个人对各种方案的利弊的重视程度；
- 在决策过程中得到支持；
- 在做决定时完成所有的必要步骤；
- 参与自己的医疗服务的决策过程。

有几个国家开发了卫生领域的决策辅助工具，主要分布在北美和欧洲。其发展主要受到几个因素的影响：消费主义的兴起，强调知情选择而不是知情同意；以实证为基础的工作方式不仅仅影响医务工作者，也开始向消费者渗透；通过瞄准消费者的信息宣传减少各地区临床工作的地理差异；通过决策分析技巧来确定那些对于患者价值观高度敏感的治疗决定；关注费用节省，但是对于认为治疗利大于弊的人，允许其接受可选的治疗；在评价医疗服务质量时，评价标准也包括患者对医生是否告知其各种方案的满意度。总而言之，决策辅助工具提供了可靠的、平衡的、以实证为基础的信息，阐述了各种治疗方案、治疗结果以及各治疗方案的不确定性与风险，旨在与帮助患者与医生讨论自己的偏好。

患者的决策辅助工具形式多样，简单的只有一页纸，介绍各种治疗方案，也可以是内容更为翔实的宣传单或计算机软件（见专栏4.10）、应用程序或可以互动交流的网站。

专栏 4.10　稳定型冠心病治疗决策辅助工具（由知情医疗决策基金会开发）

"稳定型冠心病治疗决策辅助工具"是一个计算机互动应用，依据患者的具体临床情况提供个性化的信息。这一辅助工具通过预测模型帮助患者了解自己所做出的选择的短期及长期后果。比如，决策辅助工具帮助患者了解手术有可能提高长期的生存率，但是潜在的并发症可能会降低短期生存率。因此，如果一名患者的唯一心愿是在六个月后参加女儿的婚礼，那么这名患者可能会选择放弃手术。除了其他的一些功能外，这一工具还以真实录影的形式提供相似患者在选择不同治疗方案后的不同治疗效果，提供直观可信的同类经验，这可以帮助那些担忧自己未来健康状况的患者做出决定。通过这一互动平台，患者可以直接打印疾病和治疗相关的资料，在后续的医患交流中这能够帮助患者更明确地表达自己的偏好。

注：更多信息请见：http：//med.dartmouth-hitchcock.org/csdm_toolkits.html.

来源：Mulley、Trimble和Elwyn，2012。

此类工具的一个重要特点是其设计不仅仅是为患者提供信息，同样也能帮助患者了解不同的方案对于他们来说意味着什么，并依据科学信息来确定自己的偏好。可以在患者就诊之前就提供给他们处方，这样患者可以做好准备与医生讨论自己的偏好，一起决定如何治疗或管理自己的疾病。

使用患者决策支持工具所带来的好处可以通过调动患者进一步扩大，如健康辅导以及患者与医生、药剂师、精神科医师、健康教育人员及遗传咨询师等专业人员之间一对一的互动交流。这些辅导与互动交流有助于答疑解惑及提供决策支持，同样增强了患者管理自我健康并做出治疗决策的信心。提示问题清单能够启发患者在与医务人员交流时应该问什么样的问题，从而使之受益。大部分健康辅导员都是接受过激发性访谈技巧或具体决策支持技巧培训的护士。激发性访谈技巧主张从一方主导谈话的模式转为医患间的对话这些方式避免在培训或提供建议时下指令的做法，因为可能会引起接受方的抵制或引发其绝望感。就医指导同样对于患者合理选择使用卫生服务而言至关重要，他们可以依据自己的健康需求、偏好和所掌握的医疗机构的信息主动选择服务机构（见专栏4.11）。

决策辅助工具和健康教育材料不同。前者更加详细具体，针对具体情况给出各种选项和结果，以协助患者做决策为目标。相比之下，健康教育材料较为宽泛，帮助患者整体了解其诊断、治疗和疾病管理，不一定能够帮助患者在各种选项中做出选择。

4.4.4 核心行动领域4：创建公众参与的有利环境，推动健康促进和改善

人们生活的环境对健康行为和健康状况有重要的影响。公众知情是促进和改善健康的先决条件，但是如果没有有利的环境，知识难以转化为行动，也无法长时间持续。这种有利环境不仅仅指临床环境，同时也与个人、家庭、社区、组织以及社会的生态环境有关。可以动员所有社会力量，为使人们生活得更健康创造条件。支持市民参与健康促进和健康改善也是世界卫生组织“健康环境路径”的基础，并写入了1986年“渥太华健康促进宪章”（WHO，1986）。此外，行为经济学的研究也表明了直接外部环境在人们行为选择中的重要性（如Thaler和Sunstein，2008）。一个更有前景的健康促进战略可能是设计嵌入物理和社会环境中的劝诫信息，提示人们选择更健康的行为。下文对此类战略进行了阐述。

专栏4.11 新加坡通过医疗协调员协调医疗护理服务的提供

为了提高服务质量与效率，新加坡为有复杂的医疗护理服务需求且获得的社会支持非常有限的老年人实施了一个名为“老年照护服务改革”的项目。该项目旨在改善各服务供方之间的协调配合与服务的连贯性，减少再住院和去急诊就诊的次数。接受过培训的专职服务协调员为老年人及其家人提供辅导，帮助他们了解老年人的健康状况，有效地表达个人偏好，并培养自我管理和制定保健规划的能力。这些服务协调员大部分都是护士和医疗社工，由整合服务管理机构（Agency for Integrated Care）聘用。项目重点面向65岁以上的患者；患有多种疾病与合并症和服用五种以上不同药物的患者；行动不便、有严重的身体功能下降的患者。

来源：Wee等，2014。

4.4.4.1　策略 1：创建健康城市（和健康乡村）

在人们日常活动的物理和社会环境中，环境、组织和个人因素相互交织，影响健康与福祉。这些有关健康的社会决定因素影响了人群中的健康分布，是健康促进的重要目标。在中国快速的城市化进程中出现了一系列“城市病”，如环境污染、交通拥堵、住房短缺、公共设施短缺、饮用水和食物不安全、慢性非传染性疾病、压力增大、事故和外伤。这些环境和社会因素严重威胁到人们的健康。环境退化和中国农村地区社会支持的缺乏同样也是危害人们健康的突出因素。其他国家也面临相似的复杂挑战。

为了应对这些复杂挑战，世界卫生组织推出全球“健康城市”运动的综合战略，旨在建立一个对促进健康和解决导致健康问题的社会决定因素的支持性环境。健康城市运动的发展目标是在促进健康的环境中让人们能够在履行生活各方面的职责时相互支持，并实现各自最大的潜能（Hancock 和 Duhl，1986）。在城市，影响居民健康的关键因素分为三大类：物理环境、社会环境、卫生和社会服务的可及性（Galea 和 Vlahov，2005）。地方政府可以通过持续改善物理与社会环境以及扩大卫生服务的可及性从而提高健康水平的方式来规划、建设和管理城市，如改变物理环境（增加城市绿色空间，或者设计更宽的自行车道），或监管公共卫生（如禁止在公共场所吸烟，或要求司机系安全带）。

建设健康城市从本质上来说是一项跨领域的工作。例如，地方政府住房政策、住房市场、市民对住房环境的反应以及当地铅中毒控制项目都有可能共同影响某个城市的铅中毒率（Galea、Freudenberg 和 Vlahov，2005）。因此，要改变当地的铅中毒率，需要地方政府的政治承诺、制度改变、能力建设、创新和合作。健康城市行动非常关注公民赋权和参与。这种方法提倡参与式治理，即给个人赋权，并重视社区在健康决策与行动中的作用（CSDH，2008，18）。

健康城市运动已在全球范围内吸引了很多城市参与其中（Green、Jackisch 和 Zamaro，2015；De Leeuw 等，2008，2015；De Leeuw，2009）。健康城市市长论坛分别在 2008 年和 2010 年召开，帮助各城市交流经验和教训。中国政府也对健康城市行动做出了积极的回应。早在 1994 年，一些城市就被选中与世卫组织合作实施健康城市计划。最近，杭州、大连、苏州等 10 个城市参与了中国的健康城市试点（见专栏 4.12）。中国正在起草一项政策，旨在推广健康城市行动，这一政策将把健康作为地方发展议程的核心内容，并可能将地方官员的绩效考核与健康城市运动的进展联系起来。

伦敦大学学院—《柳叶刀》健康城市委员会为实现健康城市战略提出了五点重要建议（Rydin 等，2012）：

- 城市政府应当和广大利益相关方合作，建立城市健康政治联盟。市政规划人员和公共卫生领域的专业人员尤其应当加强彼此间的沟通交流。
- 规划城市环境时应当着力关注城市内不同人群健康方面的不平等，需要社区参与政策制定与规划。
- 应当在城市范围内采取行动，通过改变城市环境创造并为城市规划提供新的着眼点，实现并保持城市在健康结果方面的优势。
- 国家和城市的政策制定者将从开展复杂的分析中受益，此类分析有助于理解影响城市健康结果的各种互相交织的错综复杂的关系。政策制定者应当关注所颁布的政策产生的那些始料未及的结果。
- 通过在地方试行一系列项目，对执行者的行动和决策过程进行评估，可以最好地推动促进城市健康方面的进展。这些行动应当推动实施者和社区间活跃的对话并相互学习。

专栏4.12　常熟：中国健康城市的一个案例

常熟位于中国东南华东地区的江苏省，在上海西北100公里处，坐落于发达的长江三角洲，拥有近两百万人口。为实施健康城市项目，常熟市卫生局着手引进由医务工作者组成的讲师团，对城乡居民进行教育，并向城乡居民传授知识。讲师团由医生、护士和临床研究人员组成，定期举办健康教育讲座和健康筛查，主办社区活动和其他健康促进活动。这些活动向居民说明健康是一件必须积极争取的事，而个人是控制其未来健康发展轨迹的关键，此外也向其证明身体健康和避免因不良的生活方式致病是每个人自觉行动的结果，而不是听天由命。健康城市项目促进个人赋权，是迈向内化健康责任的第一步。健康城市传达的信息是：经济增长的所有必要条件都可以落实，但缺乏健康人群，经济增长在起步阶段就会步履阑珊。健康人群是实现可持续经济增长的重要基础。

常熟市卫生局为负责公共卫生的干部制定了“百姓健康素养的基本知识和技能”的标准指南，包含“66项健康原则”，是公共卫生论坛的主要内容。此外，在公共卫生工作人员走访小区时，他们还会向居民发放关于疾病管理和治疗以及如何通过改变生活方式以避免生病的小册子。为了更好地宣传公共卫生政策，常熟市卫生局开发了评估常熟地区百姓公共卫生知识的问卷。调查显示，该地区居民对十种最严重的慢性病所掌握的信息非常少。

在确定了当地人群对慢性病知识掌握情况的基线水平后，常熟市卫生局于2009年发布了题为“慢性非传染性疾病预防与控制的公共知识测试方案”。该文件要求常熟地区的所有医疗卫生机构都应用名为“确定慢性非传染性疾病的预防与控制的公共知识500问”的宣传资料里的内容，从而确保那些被认为会增加人们对慢性病的预防、管理和控制的认识的方法确实在临床得到了应用。每家医疗卫生机构在履行患者教育时都要遵守以下做法：

1. 通过实现农村卫生事业和农民医疗卫生服务现代化，集中力量创建健康城市。

2. 印制并发放针对健康问题的宣传资料，特别是与生活方式相关的慢性疾病，如糖尿病、心血管疾病和高血压。

3. 向政府机关、企业、事业单位和学校提供“500问”小册子，作为人们有关生活方式和慢性病相关信息的主要参考来源。

4. 对患有慢性病的患者进行疾病管理的特殊培训。

5. 在政府机关、企事业单位和学校举办活动，提高人们对慢性病的认识。

6. 采用各种方法在各种媒体上进行宣传。

7. 将“500问”小册子的基本学习内容与面向公众的宣传资料结合起来。

常熟市于2011年12月举办了“促进公共健康生活方式的活动”，这是通过各种媒体途径提高公共卫生水平以促进健康城市的一个例子。常熟市副市长通过广播媒体提高健康生活方式的公共意识，他鼓励人们合理饮食、适量运动、戒烟。他同样还鼓励大家饮酒适度，强调在生活中保持心态平衡。卫生局对那些遵守承诺保持健康生活方式的“健康家庭”进行奖励。

健康城市活动的参加者也会收到与健康有关的书籍以及精确测量食物份量的调味瓶和量匙等小礼物，此外他们还表演了促进健康生活方式的戏剧小品。常熟的广播访谈节目邀请市医院的专家谈论高血压、糖尿病和癌症等慢性病，并与听众互动。此外，卫生局通过其他措施来提高人们对慢性病的认识，如在每年的11月14日（世界糖尿病日）进行糖尿病免费筛查和咨询。

来源：世界银行委托开展的案例研究。

4.4.4.2　策略 2：创建环境“提示信息”改善健康选择

多数人都很重视健康问题，但却始终难以放弃不健康的生活方式。这种价值、认知和行为之间的不一致是由许多心理因素造成的，如人们的行为可能受到环境和/或情绪潜意识的诱导，而这些诱导因素又受到默认的做法、习惯和社会规范的影响（Thaler 和 Sunstein，2008）。这些固有的偏见为非强制性的、鼓励大家改变行为模式、做出健康选择的政策干预创造了机会。通过改变物理、社会以及政策环境中看似微妙的提示信息，所谓“健康促进教育”干预措施可以指导人们做出更好的健康选择，而不用采取强制手段或物质激励措施。

“健康促进教育”可能还包括潜意识层面的暗示（如在小便池内画出标靶，可以避免尿液四处横流），或者纠正对于社会规范的误解（如告诉公众大多数人都不会饮酒过度）。这些可以改变所提供的不同选择（如在餐厅突出健康食品）或者改变人们的默认选择（如人们需要特意申明拒绝器官捐献，而不是申明同意捐献）。“健康促进教育”还能够激励人们做出某些选择，或者为其他选择增加一些经济或认知成本（如让戒烟者把节省的钱存到银行，直到身体检不出尼古丁时才能取出）。表 4.2 给出了与监管策略相反的“健康促进教育”的例子。

有些策略被证明非常有效。澳大利亚、法国、波兰和葡萄牙采取了默认捐献器官的方式，也就是除非明确表示不捐献器官以外，都默认同意捐献。结果全国注册器官捐献者达到总人口的 90%—100%，相比较而言，未使用这种方法的国家的器官捐献率仅为 5%—30%（Johnson 和 Goldstein，2003）。在美国的某些州，手写医嘱默认药剂师可以给仿制药，除非医师标明“按医嘱配药”（Blumenthal-Barby 和 Burroghs，2012）。纽约市是另一个凸显健康信息从而使公众能够据此采取行动的例子。该市要求餐馆在菜单上标注食物的热量，这一做法使得人们选择卡路里更低的食物，而餐馆也主动降低了食物的热量（Rabin，2008）。人们也会对所感知到的社会规范的变化做出反应。蒙大拿州曾在 2000 年至 2003 年开展了“我们大多数人都系安全带”的媒体活动，交通部门告知公众 85% 的人都系安全带。这大大提升了安全带的使用率（Linkenbach 和 Perkins，2003）。最后，还

表 4.2　用提示信息和法规改变目标行为的案例分析

行为	健康促进教育宣传	法规
吸烟	• 提升禁烟的媒体曝光率，向公众传播“大多数人不吸烟、大多数吸烟者希望戒烟”的信息 • 将香烟、打火机、烟灰缸等物品放置在不容易看见的地方，减少吸烟诱因	• 公共场所禁止吸烟 • 提高烟草价格
酒精	• 在饮用酒精饮品时，使用小酒杯 • 宣传应少饮酒，通过大众媒体宣传大多数人都不会饮酒过量	• 通过税收或规定单位最低定价来调控市价 • 提高对购买酒精类产品的最低年龄限制
饮食	• 在超市设置果蔬购物专区 • 将沙拉而不是薯条作为默认配菜	• 限制大众媒体中针对儿童的食品广告 • 禁止使用工业化生产的反式脂肪酸
体育锻炼	• 在公共建筑中突出楼梯而不是电梯的位置，使楼梯看上去具有吸引力 • 宣传骑单车的交通方式，如通过城市单车租赁系统	• 逐年提高燃油税（提升燃油价格） • 在学校周边设置禁止下车区域

来源：Marteau 等，2011。

有一个策略成功地增加了在校学生的水果和蔬菜摄入量。具体方法是，将水果和蔬菜摆在餐厅突出的位置，并且要展示得非常吸引人。这也体现出提示信息对行为塑造所产生的影响。

注释

1. 中发〔2009〕6号《中共中央 国务院关于深化医药卫生体制改革的意见》；国发〔2012〕57号《卫生事业发展“十二五”规划》；国办发〔2015〕38号《国务院办公厅关于城市公立医院综合改革试点的指导意见》；国办发〔2015〕33号《国务院办公厅关于全面推开县级公立医院综合改革的实施意见》；国办发〔2015〕14号《全国医疗卫生服务体系规划纲要（2015—2020年）》。

2. 国办发〔2015〕70号《国务院办公厅关于推进分级诊疗制度建设的指导意见》。

3. 有关电子医疗的主题在第3章中讨论。

4. 公共教育宣传项目应成为促进健康的全面战略的一部分，包括立法和监管，如通过禁止香烟广告、禁止在公共场所吸烟、对香烟销售征税等立法行动来反对吸烟。对可选措施的全面处理超出了本报告的范围。

5. 2016年，苏格兰“人之初”早教协作项目和“提高所有人的成就”项目构成了“儿童与青少年改善项目”，更多信息，见https://beta.gov.scot/policies/improving-public-services/children-and-young-people-improvement-collaborative/。

6. 决策辅助是一种干预手段，旨在通过提供与个人健康状况相关的选项和结果的信息，帮助人们做出具体和慎重的选择。

7. 有关Flinders项目的更多信息，见https://www.flindersprogram.com.au/。

8. Cochrane循证研究的更新，参见http://cccrg.cochrane.org/our-reviews。

参考文献

卫生统计中心，2010.“医患关系全国调查研究”，国家卫生与计划生育委员会。

陈飞，“深圳鹏程医院发生菜刀砍医事件”http：//health.sohu.com/20120904/n352262739.shtml。

“医殇2012：盘点年度医院血案 路人三思，闻者足戒”，http：//www.cmt.com.cn/detail/111139.html（2013年8月16日）。

广州日报，2014.“医患纠纷10年增长10倍 医生平均2.4分钟看1病人”，http：//gd.sina.com.cn/news/m/2014-06-30/0726109553.html。

中国政府公共信息在线，2013.“加强医院安全指南”，http：//govinfo.nlc.gov.cn/scsfz/xxgk/scswst/201311/t20131122_4286649.shtml?classid=451。

《生命时报》，2014年1月24日，“不信任是医患鸿沟”，http：//paper.people.com.cn/smsb/html/2014-01/24/content_1382292.htm。

梁颖、鲍勇，“上海市居民就医等待时间调查分析”，《上海交通大学学报（医学版）》，2012-10。

全民健康素养促进行动规划，国家卫生和计划生育委员会，2014。

袁泉，2012，“哈尔滨患者持刀捅医生致1死3伤被抓”，http：//www.chinanews.com/fz/2012/03-24/3769439.shtml。

钟南山，2015，“医患共同决策，是人文精神的核心体现”，《健康报·医学人文》，http：//www.jkb.com.cn/medicalHumanities/2015/0619/372485.html。

American College of Physicians (ACP). 1992. “Guidelines for Counselling Postmenopausal Women about Preventive Hormone Therapy.” *Annals of Internal Medicine* 117 (12): 1038–41.

Arnstein S. 1969. “A Ladder of Citizen Participation.” *Journal of American Institute of Planners* 35 (4): 216–224.

Audit Commission. 2004. *Implementing Telecare.* London: Audit Commission.

Barlow, J., C. Wright, J. Sheasby, A. Turner,

and J. Hainsworth. 2002. "Self-Management Approaches for People with Chronic Conditions: a Review." *Patient Education and Counseling* 48 (2): 177-187.

Bekker, H., J. G. Thornton, C. M. Airey, J. B. Connelly, J. Hewison, and M. B. Robinson. 1999. "Informed Decision Making: An Annotated Bibliography and Systematic Review." *Health Technology Assessment* 3 (1): 1–156.

Bennett, G. G., S. J. Herring, E. Puleo, E. K. Stein, K. M Emmons, and M. W. Gillman. 2010. "Web-Based Weight Loss in Primary Care: A Randomized Controlled Trial." *Obesity* 18 (2): 308–13.

Berkman, Nancy D., Stacey L. Sheridan, Katrina E. Donahue, David J. Halpern, and Karen Crotty. 2011. "Low Health Literacy and Health Outcomes: An Updated Systematic Review." *Annals of Internal Medicine* 155 (2): 97-107.

Bieber, Christiane, J. Nicolai, M. Hartmann, K. Blumenstiel, N. Ringel, A. Schneider, M. Härter, W. Eich, and A. Loh. 2009. "Training Physicians in Shared Decision Making—Who Can Be Reached and What Is Achieved?" *Patient Education and Counseling* 77 (1): 48-54.

Blumenthal-Barby, Jennifer S., and Hadley Burroughs. 2012. "Seeking Better Health Care Outcomes: The Ethics of Using the 'Nudge.' " *American Journal of Bioethics* 12 (2): 1-10.

Bonvicini, Kathleen A., Michael J. Perlin, Carma L. Bylund, Gregory Carroll, Ruby A. Rouse, and Michael G. Goldstein. 2009. "Impact of Communication Training on Physician Expression of Empathy in Patient Encounters." *Patient Education and Counseling* 75 (1): 3-10.

Bove, A. A., C. J. Homko, W. P. Santamore, M. Kashem, M. Kerper, and D. J. Elliott. 2013. "Managing Hypertension in Urban Underserved Subjects Using Telemedicine: A Clinical Trial." *American Heart Journal* 165 (4): 615–21.

Charles C., and S. DeMaio. 1993. "Lay Participation in Health Care Decision Making: A Conceptual Framework." *Journal of Health Politics, Policy and Law* 18 (4): 881–904.

Chen, Z.-W., L.-Z. Fang, L.-Y. Chen, and H.-L. Dai. 2008. "Comparison of an SMS Text Messaging and Phone Reminder To Improve Attendance at a Health Promotion Center: A Randomized Controlled Trial." *Journal of Zhejiang University. Science. B* 9 (1): 34–8.

Cheng, H., and K. Chan. 2009. "Public Service Advertising in China: A Semiotic Analysis." In H. Cheng and K. Chan, eds., *Advertising and Chinese Society: Impacts and Issues* (pp. 203-221). Copenhagen, Denmark: Copenhagen Business School Press.

Cheng, H., P. Kotler, and N. Lee. 2011. *Social Marketing for Public Health: Global Trends and Success Stories.* Boston, MA: Jones & Bartlett Learning.

———. 2013. "Violent Events against Doctors in the First Half of 2013." http: //www.cmt.com.cn/detail/270013.html (accessed August 16, 2013).

Chinese Medical Doctors' Association. 2013. "Four Doctors Dead within a Week: Who Will Guard the Physicians' Health?" http: //www.cmda.gov.cn/xinwen/redianxinwen/2013-07-14/12299.html (accessed August 16, 2013).

ContinYou. 2010. "Skilled for Health Has the 'Heineken' Effect." Coventry, U.K.: ContinYou.

Coulter, Angela. 2011. *Engaging Patients in Health Care.* London, U. K.: McGraw-Hill Education.

Coulter, Angela, and Alf Collins, Alf. 2011. *Making Shared Decision-Making a Reality. No Decision about Me, Without Me.* London, U.K.: The King's Fund.

Coulter, Angela, and Jo Ellins. 2007. "Effectiveness of Strategies for Informing, Educating, and Involving Patients." *British Medical Journal* 335 (7609): 24.

Coulter, Angela, and H. Magee. 2003. *The European Patient of the Future.* Maidenhead, U.K.: Open University Press.

Coulter, A., S. Roberts, and A. Dixon. 2013. *Delivering Better Services for People with Long Term Conditions. Building the House of Care.* London, U.K.: King' s Fund. www.kingsfund.org.uk/sites/files/kf/field/field_publication_file/delivering-better-services-for-peoplewith-long-termconditions.pdf.

De Leeuw, Evelyne. 2009. "Evidence for Healthy Cities: reflections on practice, method and theory. Health Promotion International. 24: i19-i36. doi: 10.1093/heapro/dap052. https: //heapro.oxfordjournals.org/content/24/suppl_1/i19.full.

De Leeuw, Evelyne, Geoff Green, Mariana Dyakova, Lucy Spanswick, and Nicola Palmer. 2015. "European Healthy Cities Evaluation: Conceptual Framework and Methodology." *Health Promotion International* 30 suppl. 1: i8-i17.

Deyo, R. A., D. C. Cherkin, J. Weinstein, J. Howe, M. Ciol, and A. G. Mulley Jr. 2000. "Involving Patients in Clinical Decisions: Impact of an Interactive Video Program on Use of Back Surgery." *Medical Care* 38: 959-69.

Eddy, D.M. 1992. *A Manual for Assessing Health Practices and Designing Practice Policies: The Explicit Approach.* Philadelphia, PA: American College of Physicians.

Edwards A., and G. Elwyn. 2009. *Shared Decision-Making in Health Care: Achieving Evidence-Based Patient Choice.* 2nd edn. Oxford, U.K.: Oxford University Press.

Entwistle, V.A., A. Sowden, and I. Watt. 1998. "Evaluating Interventions to Promote Patient Involvement in Decision Making: By What Criteria Should Effectiveness Be Judged?" *Journal of Health Services Research and Policy* 3: 100–7.

Estabrooks, C.A., V. Goel, E. Thiel, S. P. Pinfold, C. Sawka, and J. I. Williams. 2000. *Consumer Decision Aids: Where Do We Stand? A Systematic Review of Structured Consumer Decision Aids.* Technical Report, Institute for Clinical Evaluative Sciences. March, issue 00-01-TR.

Feingold, E. 1977. "Citizen Participation: A Review of the Issues." In H. M. Rosen, J. M. Metsch, and S. Levey, eds., *The Consumer and the Health Care System: Social and Managerial Perspectives.* New York, NY: Spectrum (pp. 153–160).

Florin D., and J. Dixon. 2004. "Public Involvement in Health Ethics." *British Medical Journal* 328: 159–161.

French, J., and C. Blair-Stevens. 2007. *Big Pocket Book: Social Marketing.* London: National Social Marketing Center.

Fu, Dongbo, Fu Hua, Patrick McGowan, Shen Yi-e, Zhu Lizhen., Yang Huiqin, Mao Jianguo, Zhu Shitai, Ding Yongming, and and Wei Zhihua. 2003. "Implementation and quantitative evaluation of chronic disease self-management programme in Shanghai, China: randomized controlled trial" . *Bulletin of the World Health organization*, 81(3), 174-182. http: //www.scielosp.org/pdf/bwho/v81n3/v81n3a07.pdf.

Galea, Sandro, and David Vlahov. 2005. "Urban Health: Evidence, Challenges, and Directions." *Annual Review of Public Health* 26: 341-365.

Galea, Sandro, Nicholas Freudenberg, and David Vlahov. 2005. "Cities and Population Health." *Social Science & Medicine* 60 (5): 1017-1033.

Glasgow, R. E., S. Emont, and D. C. Miller. 2006. "Assessing Delivery of the Five 'A' s' for Patient-Centered Counselling." *Health Promotion International* 21 (3): 245-255.

Green, G., J. Jackisch, and G. Zamaro. 2015. "Healthy Cities as Catalysts for Caring and Supportive Environments." *Health Promotion International* 30 (suppl. 1): i99-i107.

Hancock, T., and L. Duhl. 1986. "The Healthy City: Its Function and its Future." *Health Promotion* 1 (1).

Hart, J.T. 1995. "Clinical and Economic Consequences of Patients as Producers." *Journal of Public Health Medicine* 17: 383-6.

Hesketh, T., D. Wu, L. Mao, and N. Ma. 2012. "Violence against Doctors in China." *British Medical Journal* 345: e5730.

Hibbard, J. H., J. Greene, and M. Tusler. 2009. "Improving the Outcomes of Disease Management by Tailoring Care to the Patient' s Level of Activation." *American Journal of Managed Care* 15 (6): 353-60.

Holman, Halsted, and Kate Lorig. 2004. "Patient Self-Management: A Key to Effectiveness and Efficiency in Care of Chronic Disease." *Public Health Reports* 119 (3): 239.

Horsburgh, M., J. Bycroft, F. Mahony, D. Roy, D. Miller, F. Goodyear-Smith, E. Donnell. 2010. "The feasibility of assessing the Flinders Program of patient self-management in New Zealand primary care settings." Journal of Primary Health Care. 2 (4): 294-302.

Institute of Medicine (IOM). 2001. *Crossing the Quality Chasm: A New Health System for the 21st Century.* Washington, DC: National Academy Press.

———. 2004. *Health Literacy: A Prescription to End Confusion.* Kindig, David A., Allison M. Panzer, and Lynn Nielsen-Bohlman, eds. Washington, DC: National Academies Press.

Johnson, E. J., and D. Goldstein. 2003. "Do Defaults Save Lives?" *Science* 302 (5649): 1338–1339.

Jones, I. L., M. Berney, M. Kelly, L. Doyal, C. Griffiths, G. Feder, S. Hillier, G. Rowlands, and S. Curtis. 2004. "Is Patient Involvement Possible When Decisions Involve Scarce Resources? A Qualitative Study of Decision Making in Primary Care." *Social Science and Medicine* 59: 93–102. http: //www.ncbi.nlm.nih.gov/pubmed/15087146.

Kennedy, A. D., M. J. Sculpher, A. Coulter, N. Dwyer, M. Rees, and K. R. Abrams. 2002. "Effects of Decision Aids for Menorrhagia on Treatment Choices, Health Outcomes, and Costs: A Randomized Controlled Trial." *Journal of American Medical Association* 288: 2701-8.

Kurtz, Suzanne, Jonathan Silverman, John Benson, and Juliet Draper. 2003. "Marrying Content and Process in Clinical Method Teaching: Enhancing the Calgary–Cambridge Guides." *Academic Medicine* 78 (8): 802-809.

Laine, C., and F. Davidoff. 1996. "Patient-Centered Medicine: A Professional Evolution." *Journal of the American Medical Association* 275 (2): 152–156. http: //www.ncbi.nlm.nih.gov/pubmed/8531314.

Laurance, Jeremy, Sarah Henderson, Peter J. Howitt, Mariam Matar, Hanan Al Kuwari, Susan Edgman-Levitan, and Ara Darzi. 2014. "Patient Engagement: Four Case Studies that Highlight the Potential for Improved Health Outcomes and Reduced Costs." *Health Affairs* 33 9: 1627-1634.

Lee, Clara N., Rosalie Dominik, Carrie A. Levin, Michael J. Barry, Carol Cosenza, Annette M. O' Connor, Albert G. Mulley, Jr, and Karen R. Sepucha. 2010. "Development of Instruments to Measure the Quality of Breast Cancer Treatment Decisions." *Health Expectations* 13 (3): 258-272.

Linder-Pelz, Susie. 1982. "Toward a Theory of Patient Satisfaction." *Social Science & Medicine* 16 (5): 577-582.

Linkenbach, J., and H. W. Perkins. 2003. "Most of Us Wear Seatbelts: The Process and Outcomes of a 3-Year State Wide Adult Seatbelt Campaign in Montana." Presented at the National Conference on the Social Norms Model, Boston, MA, July 17.

Lorig, K. 1993. Self-management of Chronic Illness: a model for the future. Generation. 17, 11-14.

Lorig, Kate R., Philip Ritter, Anita L. Stewart, David S. Sobel, Byron William Brown, Jr., Albert Bandura, Virginia M. Gonzalez, Diana D. Laurent, and Halsted R. Holman. 2001. "Chronic Disease Self-Management Program: 2-Year Health Status and Health Care Utilization Outcomes." *Medical Care* 39 (11): 1217-1223.

Lorig, Kate R., Philip L. Ritter, Ayesha Dost, Kathryn Plant, Diana D. Laurent, and Ian McNeil. 2008. "The Expert Patients Programme Online, a 1-Year Study of an Internet-Based Self-Management Programme for People with Long-Term Conditions." *Chronic Illness* 4 (4): 247-256.

Marteau, Theresa M., D. Ogilvie, M. Roland, M. Suhrcke, and M. P. Kelly. 2011. "Judging Nudging: Can Nudging Improve Population Health?" *British Medical Journal* 342.

Molenaar, S., M. A. G. Sprangers, F. C. E. Postma-Schuit, E. J. Rutgers, J. Noorlander, and J. Hendriks. 2000. "Feasibility and Effects of Decision Aids." *Medical Decision Making* 20 (1): 112–27.

Moore, M. "Female Doctor Axed to Death in Chinese Hospital." 2012. *The Telegraph*, November 29. Accessed August 16, 2013. http: //www.telegraph.co.uk/news/worldnews/asia/china/9711408/femaledoctor-axed-to-death-in-chinese-hospital.html.

Morgan, M. W., R. B. Deber, H. A. Llewellyn-Thomas, P. Gladstone, R. J. Cusimano, and K. O' Rourke. 2000. "Randomized, Controlled Trial of an Interactive Videodisc Decision Aid for Patients with Ischemic Heart Disease." *Journal of General Internal Medicine* 15: 685-93.

Mulley, A. 2009. "Inconvenient Truths about Supplier Induced Demand and Unwarranted Variation in Medical Practice." *British Medical Journal* 339: b4073.

Mulley, Albert, Tessa Richards, and Kamran Abbasi. 2015. "Delivering health with integrity of purpose." BMJ. 2015: 351: h4448. doi: 10.1136/bmj.h4448. http: //www.bmj.com/content/bmj/351/bmj.h4448.full.pdf.

Mulley, A., Chris Trimble, and Glyn Elwyn. 2012. *Patients' Preferences Matter: Stop the Silent Misdiagnosis.* London, U.K.: The King' s Fund.

National Voices. 2014. "Prioritising Person-Centered Care – the Evidence." (Accessed September 16, 2015.) http: //www.nationalvoices.org.uk/evidence)

Nolan, R. P., R. E. Upshur, H. Lynn, T. Crichton, E. Rukholm, D. E. Stewart, and M. H. Chen. 2011. "Therapeutic Benefit of Preventive Telehealth Counseling in the Community Outreach Heart Health and Risk Reduction Trial." *American Journal of Cardiology* 107 (5): 690–696.

Nutbeam, D. 2008a. "The Evolving Concept of Health Literacy." *Social Science & Medicine* 67 (12): 2072-2078.

———. 2008b. "Health Literacy: Perspectives from Australia." London, U.K.: Society for Academic Primary Care–Health Literacy Group.

O' Connor. A. M., E. R. Drake, V. J. Fiset, J. Page, D. Curtin and H. A. Llewellyn-Thomas. 1997. "Annotated Bibliography of Studies Evaluating Decision Support Interventions for Patients."

Canadian Journal of Nursing Research 29 (3): 113–20.

O'Connor, A. M., V. Fiset, C. De Grasse, I. D. Graham, W. Evans, and D. Stacey. 1999. "Decision Aids for Patients Considering Options Affecting Cancer Outcomes: Evidence of Efficacy and Policy Implications." *Monograph of the National Cancer Institute* 25: 67–80.

Osborn, Robin, and David Squires. 2012. "International Perspectives on Patient Engagement Results from the 2011 Commonwealth Fund Survey." *Journal of Ambulatory Care Management* 35 (2): 118–128.

Picker Institute Europe. 2010. "Invest in Engagement: Self-Management" . http: //www. invest inengagement.info/SelfManagementtop.

What is the proper format for citing the following state policies: Zhong Fa［2009］No.6; Guo Fa［2012］NO.57; Guo Ban Fa［2015］No.38; Guo Ban Fa［2015］No.33; Guo Ban Fa［2015］No.14); General Office of the State Council 2015.

Rabin, R.C. 2008. "New Yorkers Try to Swallow Calorie Sticker Shock." MSNBC, July 16. http: //www msnbc.msn.com/id/25464987/ns/ health-diet and nutrition.

RTI 1997. *The Effects of Informatics Tools and Decision Aids to Support Shared Patient Decision Making about Medical Screening and Treatment.* Report to the Agency for Health Care Policy Research. RTI (formerly Research Triangle Institute) International.

Rhee, H., J. Allen, J. Mammen, and M. Swift. 2014. "Mobile Phone-Based Asthma Self-Management Aid for Adolescents (mASMAA): a Feasibility Study." *Patient Preference and Adherence* 8: 63–72.

Rollnick, S., W. R. Miller, and C. C. Butler. 2002. *Motivational Interviewing: Preparing People for Change.* New York, NY: Guilford Press.

Rydin, Yvonne, Ana Bleahu, Michael Davies, Julio D. Dávila, Sharon Friel, Giovanni De Grandis, Nora Groce, Pedro C. Hallal, Ian Hamilton, Philippa Howden-Chapman, Ka-Man Lai, C. J. Lim, Juliana Martins, David Osrin, Ian Ridley, Ian Scott, Myfanwy Taylor, Paul Wilkinson, and James Wilson. 2012. "Shaping Cities for Health: Complexity and the Planning of Urban Environments in the 21st Century." *The Lancet* 379 (9831): 2079-2108.

Sawka, C. A., V. Goel, C. A. Mahut, G. A. Taylor, E. C. Thiel and A. M. O' Connor. 1998. "Development of a Patient Decision Aid for Choice of Surgical Treatment for Breast Cancer." *Health Expectations* 1 (1): 23–36.

Stacey, Dawn, C.L. Bennett, M. J. Barry, N. F. Col, K. B. Eden, M. Holmes-Rovner, H. Llewellyn-Thomas, A. Lyddiatt, F. Légaré, and R. Thomson. 2011. "Decision Aids for People Facing Health Treatment or Screening Decisions." *Cochrane Database Systematic Reviews* 10.10. doi: 10.1002/14651858.

Sylvia, Sean, Yaojiang Shi, Hao Xue, Xin Tian, Huan Wang, Qingmei Liu, Alexis Medina, and Scott Rozelle. 2015. "Survey Using Incognito Standardized Patients Shows Poor Quality Care in China' s Rural Clinics." *Health Policy and Planning* 30 (3): 322-333. doi: 10.1093/heapol/ czu014.

Szmedra, Philip, and Li Zhenzhong. 2013. "Implementing a Healthy Citites Plan in China: The Impact of Focused Public Health Education on a Diabetes Epidemic." Southeast Review of Asian Studies (SERAS). 35: 230-240. http: //www.uky.edu/Centers/ Asia/SECAAS/Seras/2013/16SzmedraZhenzhong.pdf.

Tang, C., Z Luo, P Fang, and F Zhang. 2013. "Do patients choose community health services (CHS) for first treatment in China? Results from a community health survey in urban areas" . *Journal of community health*, *38*(5), 864-872.

Tenbensel, T. 2010. Public Participation in Health Policy in High-Income Countries—Why, Who, What, Which, and Where? *Social Science and Medicine*. 71 (9): 1537–1540. http: //www.ncbi.nlm.nih.gov/pubmed/20869799.

Thaler, R., and C. Sunstein. 2008. *Nudge*: *Improving Decisions about Health*, *Wealth*, *and Happiness*. New Haven, CT: Yale University Press and London, U.K.: Penguin Books.

The Lancet, editorial. 2012. Ending Violence against Doctors in China. *The Lancet*: *379*: *1764*.

———. 2014. "Violence against Doctors: Why China? Why Now? What Next?" *The Lancet* 383: 1013.

Tucker JD, Yu Cheng, Bonnie Wong, Ni Gong, Jing-Bao Nie, Wei Zhu, Megan M McLaughlin, Ruishi Xie, Yinghui Deng, Meijin Huang, William C W Wong, Ping Lan, Huanliang Liu, Wei Miao, Arthur Kleinman, and the Patient-Physician Trust Project Team 2015. "Patient–physician mistrust and violence against physicians in Guangdong Province, China: a qualitative study." BMJ Open. 2015; 5: e008221. doi: 10.1136/bmjopen-2015-00822.

Wagner, Edward H., Paul Barrett, Michael J. Barry, William Barlow, and Floyd J. Fowler. 1995. "The Effect of a Shared Decision-Making Program on Rates of Surgery for Benign Prostatic Hyperplasia: Pilot Results." *Medical Care* 33 (8): 765-770.

Wee, Shiou-Liang, Chok-Koong Loke, Chun Liang, Ganga Ganesau, Loong-Mun Wong, and Jadon Cheah. 2014. "Effectiveness of a National Transitional Care Program in Reducing Acute Care Use." *Journal of the American Geriatrics Society* 62 (4): 747-753.

Wennberg, John E. 2010. *Tracking Medicine*: *a Researcher's Quest to Understand Health Care.* Oxford, U.K.: Oxford University Press.

World Health Organization (WHO). 1998. "Health Promotion Glossary" . WHO/HPR/98.1. WHO, Geneva.

———.2008. *Healthy Cities*: *Promoting Health And Equity – Evidence for Local Policy And Practice. Summary Evaluation of Phase V of the WHO European Healthy Cities Network.* Evelyne de Leeuw, Agis D. Tsouros, Mariana Dyakova, and Geoff Green, eds. Copenhagen, Denmark: WHO Regional Office for Europe.

———. 2015a. *WHO Global Strategy on People-Centered and Integrated Health Services.* WHO/HIS/SDS/2015.6. Geneva, Switzerland: WHO.

———. 2015b. *People-Centered and Integrated Health Services*: *An Overview of the Evidence.* WHO/HIS/SDS/2015.7. Geneva, Switzerland: WHO.

WHO Commission on Social Determinants of Health. 2007. "Achieving Health Equity: from Root Causes to Fair Outcomes: Commission on Social Determinants of Health, Interim Statement." Geneva, Switzerland: WHO.

———. 2008. *Closing the Gap in a Generation*: *Health Equity through Action on the Social Determinants of Health.* http: //www.who.int/social_determinants/final_report/csdh_finalreport_2008.pdf.

Williamson, L. 2014. "Patient and Citizen Participation in Health: The Need for Improved Ethical Support." *American Journal of Bioethics* 14 (6): 4-16. doi: 10.1080/15265161.2014.900139.

Wong, C. K., C. S. Fung, S. S. Siu, Y. Y. Lo, K. W. Wong, D. Y. Fong, and C. L. Lam. 2013. "A Short Message Service (SMS) Intervention to Prevent Diabetes in Chinese Professional Drivers with Pre-Diabetes: A Pilot Single-Blinded Randomized Controlled Trial." *Diabetes Research and Clinical Practice*

102 (3): 158-166.

Xue, F, W Yao, and RJ Lewin. 2008. "A randomized trial of a 5 week, manual based, self-management programme for hypertension delivered in a cardiac patient club in Shanghai." BMC Cardiovascular Discord. 2008 May 6; 8: 10. doi: 10.1186/1471-2261-8-10.

Yang X. 2014. "Medical Disputes and Medical Mobs in Three Cities." *Yangcheng Evening News.*

Yip, Winnie, Chi-Man Yip, William C. Hsiao, Wen Chen, Shanlian Hu, Jin Ma, and Alan Maynard. 2012. "Early Appraisal of China' s Huge and Complex Health-Care Reforms." *The Lancet* 379: 10.

Zan, S., S. Agboola, S. A. Moore, K. A. Parks, J. C. Kvedar, and K. Jethwani. 2015. "Patient Engagement with a Mobile Web-Based Telemonitoring System for Heart Failure Self-Management: A Pilot Study." *JMIR mHealth and uHealth* 3 (2), e33.

Zhang, X., and M. Sleeboom-Faulkner. 2011. "Tensions between Medical Professionals and Patients in Mainland China." *Cambridge Quarterly of Health care Ethics* 20: 458–65.

第5章

推手4：推进公立医院治理与管理改革

5.1 引言

医院改革是以人为本的医疗服务改革模式的一部分。医院仍将发挥重要作用，但随着时间的推移，医院在卫生支出中不再占据主导地位，而是更加注重提供只有医院才能提供的专科服务。随着基础卫生服务的加强，以人为本的一体化服务（PCIC）模式得以落实，很多服务就会从医院转到门诊机构（如某些手术、诊断和化疗）和基层卫生服务机构。医院将成为复杂病例的临床治疗中心，同时保持相当的服务量以提供高质量的医疗服务。医院还要履行培训和人才队伍建设这一重要职能，更加关注生物医学研究，并为基层供方提供临床治疗上的支持。如第2章所述，许多变化正在发生。

2009年以来国务院颁发的政策文件都强调将治理与管理方式的改革作为包含筹资、提供者支付方式、定价和服务一体化等内容的医药卫生体系综合改革方案的重要组成内容。[1]公立医院改革的核心目标之一是“把政府的行政管理和医院管理分离”。中央政府拟赋予公立医院独立的法人资格，已颁发一些政策文件赋予医院在一些主要管理职权（如人事聘用、财务管理和医院内部薪酬分配）上更大的自主权，减少上级行政主管部门的直接控制。不过，公立医院须保持其“公共机构”的身份，完成政府指定的重点政策目标，特别是保持公益性。在放弃对公立医院的直接控制后，政府部门的主要职能转变为加强监管、卫生规划、制定标准及监测与评估医院绩效。与此同时，政府也发布了一些政策文件，旨在改善医院的管理实践：促进专业化管理，强化成本核算、临床管理、后勤与材料管理、就诊流程及护理服务管理等管理职能。

我们需要加强医院的治理和管理，以改变医院的作用和责任，还要加强医院和整个医疗卫生服务体系之间的联系。治理和管理在改善医院绩效方面的作用是最难被理解的，也是最难被单独分析的。中国和其他国家新出现的情况表明，良好的治理包括对支付方和政府负责的、具体明确的、切实加强的问责机制；某种程度上的自主决策权；理顺的激励机制；有效地把政府（作为所有人）和医院管理联系起来的组织形式。管理还有如下重要作用：正如管理良好的公司会有更好的绩效，医院也是如此。管理者将与更广泛的治理和激励环境相一致的组织行为和措施落实到位。

本章重点研究公立医院改革议程的两个主要问题：治理和管理，[2]内容框架如下："概况和趋势"一节介绍了中国公立医院的概况。依据现有文献和本报告的案例研究以及调查结果，"公立医院治理"一节考察了中国和世界各地在医院治理方面所面临的挑战和经验教训。"医院管理实践"一节考察了中国和其他国家的管理措施。"推进公立医院改革的建议"一节提出了改善治理和管理措施的核心行动以及相应的改革战略建议。

5.2 概况和趋势

医院在中国整体医疗卫生支出中所占的比例较高。根据政府的数据，2013年在整个医疗卫生支出中医院所占比例达到了70%。[3]经合组织国家采用不同的计算方法，估计医院支出占整个医疗卫生支出的54%。[4]这两个数据都超出了经合组织国家38%的平均比例。

更为引人关注的是中国快速上升的医院支出增长率，这反映了医疗卫生服务供应和利用的增长。2005—2013年医疗卫生支出总额增长了2.7倍，医院支出激增三倍（见图5.1）。在同一时期，医院的数量增加了约三分之一（从18703家增加到24709家）；医疗卫生机构的床位数量增加了83%（从337万张增加到618万张）；医院的入院人数增长了1.7倍（从5110万人增加到1.401亿人）。目前，中国每千人床位的数量超过了某些经合组织国家，包括加拿大、英国和美国（见图5.2）。多数经合组织国家每千人口床位数呈下降趋势，但中国则呈现出上升趋势。

由于在医疗卫生体系中占据主要地位，医院是大多数中国人寻求医疗卫生服务的切入点。半数以上患者的首诊是在医院，40%的门诊设在医院。在城市，一半以上的门诊病人在医院就医，在农村这一比例低于20%。

在中国的医院和医疗卫生服务体系中，公立医院是卫生服务的主要提供者。官方数

图 5.1 2005—2013 年中国医疗卫生支出总额以及医院支出的增长情况

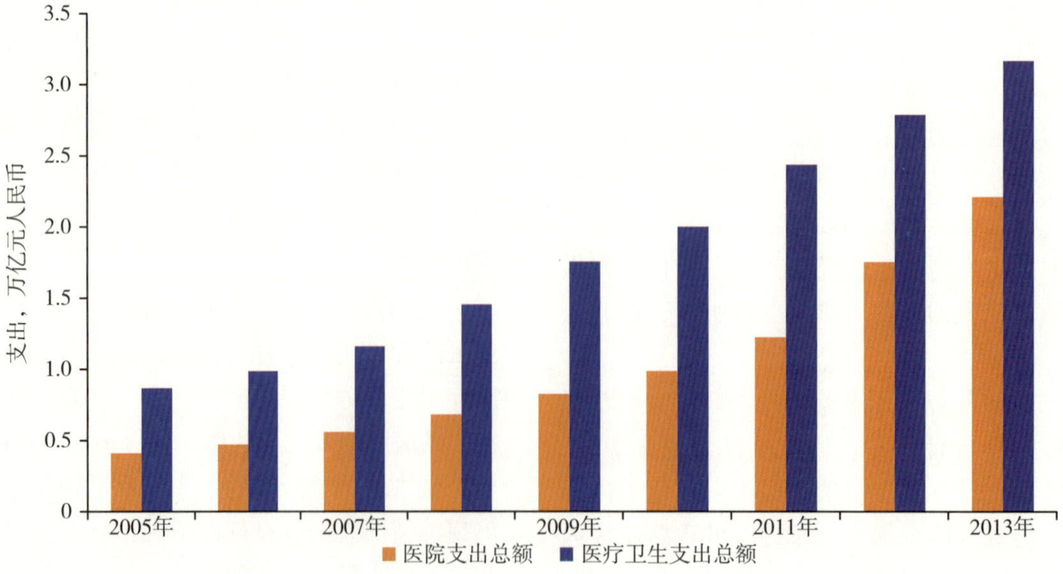

来源：中国国家卫生计生委，《中国卫生统计年鉴》。

据表明，近年来增加的几乎都是民营医院，而公立医院的数量实际在减少（见图5.3）。但是，大多数床位数量的增长出现在公立卫生机构（见图5.4）。尽管公立医院的数量只占医院总数的47.37%，但其拥有的病床数量却占到了80.6%，而民营医院的占比仅为19.4%。同样，大多数的住院病人（88%）选择公立医院，85%的卫生专业人员就职于公立医院。因此，大多数公立医院的规模都相当大，2014年平均每个公立医院有310张床位，而民营医院的规模则要小得多，平均只有67张床位。医院规模不断扩大，特别是以公立医院为主的、位于大都市的三级医院（见图5.5）。这些趋势反映在使用率数据上：三级医院的住院病人数量比二级医院的增长更快（见图5.6）。

公立三级医院规模不断扩大主要有以下几个原因，有些原因将在本报告的其他章节讨论：鼓励住院治疗而不是门诊治疗的社会保险体系；正在兴起的中产阶级要求专业的和高科技的医疗卫生服务（KPMG，2010），这些资源主要集中在三级医院；基层医疗卫生网络有待完善，卫生专业人员的技术水平有待提高；医院和基层医疗机构之间分工协作机制不健全（包括转诊体系）；投资规划实践有利于医院的建设和扩张（Huang，2009）。

正如第三章所讨论的那样，现有的关于中国医院医疗服务质量的信息很少，关于医院的效率和生产率的信息更少。虽然平均住院天数在下降，但仍比大多数经合组织国家的要长（中国二级医院和三级医院的住院天数分别是10.4天和8.9天，而经合组织国家平均为8.1天）。[5]此外，在经合组织跟踪的34个国家中，只有七个国家的住院天数超过了中国。病床使用率通常很高——三级医院超过了百分之百，可见其拥挤程度。二级医院和基层医院的病床使用率分别是88%和60%。

微观研究运用稳健方法衡量医院的效率，所得的结果不具有说服力。例如，研究者运用不同的数据包络分析法[6]考察了广东省（Ng，2011）、潍坊市（Audibert等，2013）、深圳市（Yang和Zeng，2014）等地的医院，以及30个省市的地区医院（Hu、Qi和Yang，2012）的效率 。Chu、Zhang和Chen（2015）运用方向性距离函数法衡量技术效率。总的来说，这些研究发现不同医院在技术效率方面的差异巨大。[7]高等级公立医院、位于大城市的医院（北京、上海、广东）和民营医院的效率较高。通常，公立医院的技术效率有待提高，其规模是造成民营医院效率低下的

图 5.2　2000—2013 年中国和部分经合组织国家每千人床位数的趋势

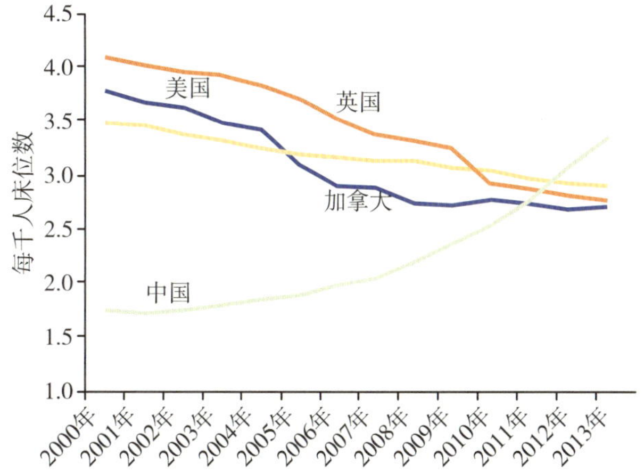

来源：中国国家卫生与计划生育委员会，“2014年卫生和计划生育事业发展统计公报”。

图 5.3　2005—2013 年中国按照所有权统计的医院增长情况

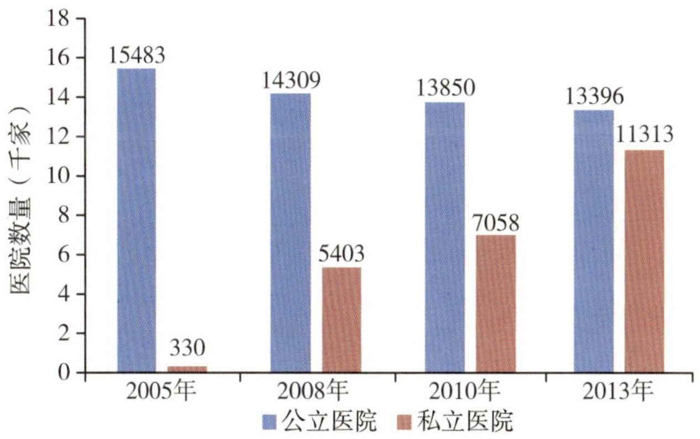

来源：中国国家卫生计生委，《中国卫生统计年鉴》。

图 5.4　2005—2013 年中国按照所有权统计的医院病床数量增长情况

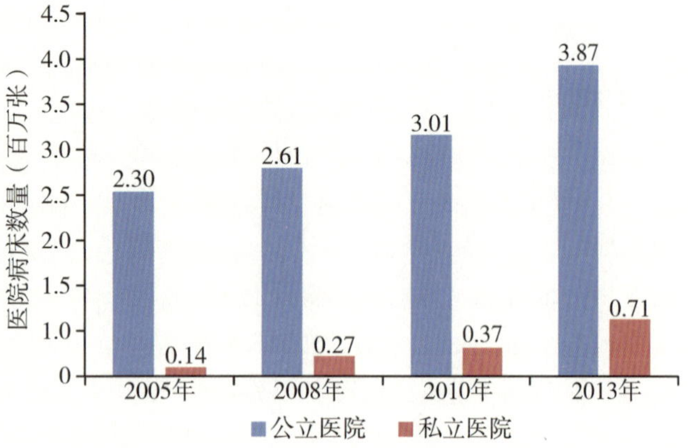

来源：中国国家卫生计生委，《中国卫生统计年鉴》。

图 5.5　2008—2014 年中国二级医院和三级医院平均床位数的发展趋势

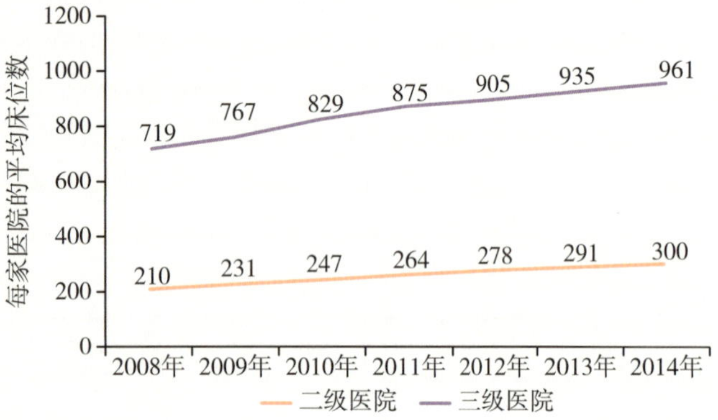

来源：中国国家卫生计生委，"2014 年卫生和计划生育事业发展统计公报"。

图 5.6　2006—2014 年中国三级医院和二级医院住院病人数量的增长情况

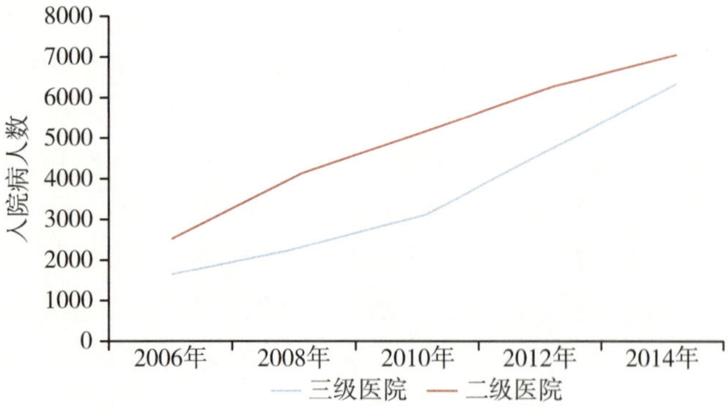

来源：中国国家卫生计生委，《中国卫生统计年鉴》。

原因（因为它们的规模小）。[8]但是，Yang 和 Zeng（2014）的报告认为，由规模导致的效率低下也是大型公立医院效率低下的主要原因，说明上述医院规模的扩张可能对生产率造成负面影响（也就是说，U 型成本曲线表明由规模导致的效率低下在曲线两头都可能发生）。用同样的方法进行衡量，中国医院的效率得分比经合组织国家的要低很多。中国引入的医疗卫生保险已经对提高效率产生了作用，而预算补贴则伴随着效率低下。改善效率也和技术变革有关。需要采用更大的数据库进行更多的研究，才能得出有说服力的结论。

5.3　公立医院治理：国际社会和中国医疗卫生改革面临的挑战和教训

治理的含义多种多样，在不同的语境和背景中的用法不同。医院治理被定义为"一套和决策有关的过程和工具，用于引导制度化活动的整体性，影响组织行为的主要内容，识别不同利益相关方之间的复杂关系"（Durán、Saltman 和 Dubois，2011，38）。从组织角度来说，治理包括可以制定和实施政策，代表组织及所有人做出决策并实现其权威的组织结构和功能。重要的医院治理功能包括制定和检查任务、职能和目标；提供资金管理；制定未来战略；任命和评估首席执行官（CEO）；确保临床效率和质量；代表医院的利益相关群体（Coile，1994）。

公立医院治理改革的目标是通过提供激励措施和问责机制，更好地理顺政府（作为医院的所有人）的政策、绩效目标与医院经理人的行为之间的关系，这些激励措施和问责机制通常由董事会或理事会等组织形式实施。虽然公立医院改革非常复杂，需要具体环境具体分析，但总体而言已经从政府的行政部门对医院的集权式命令和控制、直接管理的模式走向保持一定距离，更为间接的监管，这可以让医院能更加独立地做决定（Huntington和Hort，2015；Saltman、Durán和Dubois，2011；La Forgia和Couttolenc，2008；Preker和Harding，2003）。赋予医院更多自主权需要改变政府和医院的关系。这需要实施一套新的问责机制，并且制定激励机制来支持这些问责机制。总体来看，这些问责机制和激励机制促进医院的行为和政府的目标协调一致，同时尊重医院不断增加的决策自主权。

本节运用专为分析公立医院治理设计的分析框架[9]，对公立医院改革的几个重要内容展开讨论：（1）政府建立的问责机制确保医院的绩效及医院的行为符合公共目标；（2）医疗机构所面临的激励机制是否能强化问责机制；（3）授予医院的自治权或决策权的程度；（4）治理模式的组织结构和法律地位；（5）落实决策、回应问责机制和激励机制的管理措施的质量（这一点将在"建议"那一节讨论）。

5.3.1　中国医院治理面临的挑战

上海、浙江和三明的公立医院改革都是力图通过将医院管理人员的收入与绩效挂钩来改变医院的行为。不过，没有充足的证据来判断这种绩效评估制度的影响，以及其与传统的评价院长的做法究竟有何不同。现实证据表明，三明公立医院的改革之所以取得了较好的成绩，主要是因为院长的职位与其绩效评估结果挂钩。东阳人民医院董事会建立了一个全面的医院绩效评估制度，包括财务、效率、质量、患者满意度及服务安全等内容。与东阳模式不同，上海和浙江的医院管理委员会并不独立评估医院的绩效或医院是否遵守有关规定及标准，而是主要依赖政府部门的常规监督管理。三明市领导小组对其制定的人事、薪酬和定价改革措施的实施进行认真的监督。然而，一些学者认为，要对医院管理层的行为产生影响存在一些困难，因为他们似乎更多的是对任命他们的上级领导负责，而不是对负责改革实施或医院日常绩效管理的政府部门负责。

如果想要提高质量和效率，推进服务整合，服务于公共利益而不是和创收有关的利益（WHO和世界银行，2015；Allen、Cao和Wang，2013；He，2011；Tam，2008），中国的公立医院需要更有力的治理架构。[10]本小节总结了中国公立医院面临的主要治理挑战。

5.3.1.1　问责机制

医院管理层在改善服务效率、质量和履行社会职能方面的问责机制还需要加强。由于激励机制鼓励提高收入，管理层更倾向于增加服务量和扩张基础设施，包括购买高科技设备。责任划分的分散使得平衡这些激励机制变得困难。原则上，医院管理层要接受地方政府的多个部门的管理。例如，国家卫生和计划生育委员会（NHFPC）负责和卫生相关的事务，但是定价和支付机制、分配人力资源和资金投资，以及购买服务分属于其他部委。政府机构监督医院的主要形式是分级管理，往往是通过向医院发布政府指令（"红头文件"），要求医院实施公共政策及遵守有关人事管理、资金及资产的使用、物品采购等方面的公共管理规定。在实践中，这些指令往往含糊不清，有时甚至相互冲突，因为并没有清楚界定公立医院的职能、责任和问责，并且颁布指令的政府部门自己的政策和利益关注点也不一致（Yip等，2012）。这些政策也未能得到严格实施，部分原因应该归结于对公立医院的多头监管。虽然对公立医院的财务报告要求较高，但在改善服务安全性、质量、效率及患者满意度方面，政府及保险部门对他们的要求较弱，对这些方面进行改进也不是他们的工作重点（Tam，2008）。政府很少监督医院管理人员是否遵守了政府指令，即使他们违反了政府政策或没有达到事先约定的目标，也很少为此受到处罚（He和Qian，2013）。

5.3.1.2 激励机制

医院收入的很大比例来自医保及患者自付，通常是通过按项目付费的方式支付。收入盈余是通过不透明的奖金制度，依据科室的业务量和所实现的收入在员工中进行分配。这种情况对医院及临床医生的激励机制就是鼓励他们通过增加服务量，提供不必要的服务，多收住院病人及延长住院时间来将收入最大化。[11]鉴于现有的激励机制是获取更多的患者，医院没有与下级医疗机构开展一体化服务或向下转诊的动力，也没有动力履行他们的社会职能。与此同时，公立医院的创收机制也造成了公众的不信任。

5.3.1.3 自主权

与其他国家相比，中国公立医院的自主权可谓独具特色。大部分公立医院在财务与资产管理、保留结余资金、服务的开设与终止、扩大业务面积和采购医疗器械，以及举债和偿债方面都有相当大的自主权。然而，计划经济的影响仍然存在，高级管理人员的任命、编制内人员较低的固定工资还是由地方政府部门直接决定的。因此，医院管理层对于人员的聘用、解雇和薪酬政策没有完全的决策权。这可能成为院内管理政策的掣肘。但是，鉴于前文所讨论的问责机制薄弱、激励机制扭曲的问题，有些地方官员的观点可能是正确的，即仅仅赋予医院更多自主权或者使医院摆脱上级政府的控制，可能会导致混乱（WHO和世界银行，2015）。

5.3.1.4 组织架构安排

中国大部分公立医院都由政府主管部门直接管理。如前所述，监管的实施通过不同的政府部门下发政策文件来完成。每个政府部门都有责任和医院管理层直接接触，评估和促进各项政策的落实。有些政府部门可能不愿处罚公立医院违反监管标准的行为，因为他们把医院看作政府行政管理机构的延伸。除了少数试点之外，大部分医院没有成立独立监督的组织架构（如董事会或理事会）来监督和管理医院内部和质量、效率有关的日常工作和绩效，或者监督医院履行社会功能。

中央政府主张公立医院应具有运营管理的自主权，因此把医院运营管理自主权与政府出资人权限分离（国务院，2015a，2015b）。重要的是，中央政府还主张通过监督和评估医院绩效的不同领域（如功能、质量、支出、患者满意度、可及性和效率），设立适当的问责框架。但是，就之前的改革政策来说，还不清楚如何设计或者运用这样的框架，也不清楚谁拥有权力去评估（和落实）绩效和遵守监管标准的问题。国际经验可能会提供一些关于改革公立医院治理架构的指导，我们将在下一节对此进行阐述。

5.3.2 有关医院治理所面临的挑战和教训的国际经验

在高收入国家和中等收入国家出现了很多种医院治理模式，各种模式的法律规定、融资方案、问责架构和决策权各不相同。所有模式都根据具体的激励环境进行运作，不同国家的激励环境也各不相同（Nolte和Pitchforth，2014）。英国的国民健康服务（NHS）基金信托机构（Foundation Trusts）、荷兰的非营利性私人基金、挪威的地区卫生企业、西班牙的公共医疗公司和基金会、巴西的社会健康组织等都反映了公立医院的不同方面以及他们采取的不同架构（Durán和Saltman，2015；Mossialos等，2015；Preker和Harding，2002；La Forgia和Couttolenc，2008）。

采取这些模式的动力是要避免计划经济所造成的扭曲变形，包括：所有权的利益交叉和矛盾，监管和管理（常常由单个政府部门执行的功能）；对医院运作的政治干预，特别是人力资源管理；严格或者灵活的适用于所有投入的行政规章制度；有些服务供应不足，而有些则供应过剩；低效率和预算超支；质量低下；患者不满意，跟不上技术进步的步伐，或者更笼统地说是不能改变卫生服务模式；缺乏和整个医疗卫生体系的联系。

另一个促使医院拥有更多自主权的动力是一项被称为“新式公立医院管理”的改革运动（Greenwood、Pyper和Wilson，2002）。改革者力求将医院的组织文化现代化，通过引入市场或者类似市场的环境，促进竞争，激发创业精神，以此提高效率和改善对患者的响应。在有些国家（如西班牙和英国），改革赋予公立医院更大的自主权，这在一定程度上是为了避免私有化而做出的某种政治妥协。而在有些国家，公立医院改革是更大范围的公共管理改革的一部分（如巴西），或者是医疗卫生系统改革的组成部分，如将购买和提供服务分离，引入替代的提供者支付机制。

改革公立医院决策权非常复杂。国际经验表明，成功的改革需要颁布法律或者监管框架；建立新的组织架构（如董事会或理事会）；建立政府和医院保持适当距离的关系；利用问责制度的间接工具（如绩效考评、监督医院是否遵守监管标准、外部评审、利用合同、合同管理）以及落实这些问责制度的条款；建立与公众目标相一致的激励机制（Saltman、Durán和Dubois，2011；La Forgia和Couttolenc，2008；Deber、Topp和Zakus，2004；Preker和Harding，2003）。中国在这方面的经验尚不成熟（Allen、Cao和Wang，2013；世界银行，2010）。下面的讨论总结了组织架构、自主权、问责制度和激励机制的国际经验。我们主要讨论三个国家：英国、西班牙和巴西。[12]

5.3.2.1 组织架构

几乎所有的改革都是建立在立法或者监管的基础之上，至少是通过立法或者监管开始的。立法或者监管的广度和深度在不同国家不同时期各不相同。在有些国家，如巴西和英国，通过颁布法律框架规定所有参与改革的医院都建立同样的治理模式。在巴西圣保罗，依据1998年国家法颁布的法令条例，进行治理改革的公立医院通过民法被纳入“公共利益”的非营利性社会组织，被称为社会健康组织（OSS）。[13]在西班牙，为不同的治理模式颁布了不同的法律。巴拿马和印度在少数医院实行改革，通过颁布具体的法律使这些医院成为独立的公共实体。英国采取两步走的方法在法律上赋予公立医院自主权：20世纪90年代中期的自治信托地位被21世纪初的基金信托所取代。

不同的治理模式有不同的法律形式、组织形式和专门的名称（见表5.1），并且在监管框架中有详细的说明。在20世纪90年代和21世纪初期出现了不同的模式，这些不同的治理模式所建立的组织架构（以及医院所获得的自主权程度）差别很大。它们取代了政府的层级行政管理模式。

表5.1 某些国家的医院治理模式

国家	医院治理模式
巴西	• 社会健康组织（OSS）
捷克	• 有限责任公司 • 股份合作公司
爱沙尼亚	• 股份合作公司 • 基金会
挪威	• 国有企业
葡萄牙	• 公立企业实体医院（PEEH）
西班牙	• 公共医疗公司 • 基金会 • 联合体 • 行政特许经营（由私企来经营）
瑞典	• 公共股份公司
英国	• 自治信托机构 • 基金信托

来 源：Saltman、Durán和Dubois，2011；La Forgia和Couttolenc，2008。

大部分国家通过立法建立某种形式的独立的理事会或者委员会，成为医院管理层与政府所有者之间的责任部门。大致而言，理事会的职责是制定医院的总体政策与战略，批准与监督医院运营计划和财务事务，监测业务目标实现进展，任命管理人员及保障公众利益。

理事会可以承担很多职责，有不同的形式，由不同的成员构成，既可以负责一家医院的管理，也可以管理多家医院，甚至是区域医疗机构网络的管理。以英国为例，国民健康服务（NHS）基金信托机构（Foundation Trusts）的管理理事会成员既有选举产生的代表，也有任命的成员。管理理事会任命医院治理董事会或理事会的成员，既有医院的管理人员，也有代表各种专业人员利益的非管理人员。而在巴西圣保罗，州政府卫生秘书处（SES）与非营利机构（NPO）签署协议，请其代管公立医院。每家签署协议的非政府组织都需要建立管理委员会，对政府负有法律责任。委员会成员可以是政府官员、民营机构代表以及非政府组织选择的公民代表。不在具体的医院设立管理委员会。在西班牙，医院成立了不同类型的治理委员会，其成员由政府任命。根据治理模式，委员会成员可能是某个地区的高级公共卫生官员，或者是既有公共卫生官员，也包括个人。在西班牙，有一种模式是为区域网络成立委员会，包括医院和获得行政特许经营权的民营门诊服务机构。在挪威，医院是独立的信托组织，治理委员会由选举出来的被任命的官员和区域卫生权威人士组成。

5.3.2.2 自主权

虽然很多国家的公立医院采用了新的治理模式，获得了相当大的决策权，但很少有医院获得类似独立的民营医院所享有的完全自主权。在世界范围内，即使是实质上拥有自主权的公立医院也缺乏私立医院灵活的决策权。经验表明，决策权的界定是动态的，会随着政治和财务情况不断变化。有些案例表明，具有良好初衷的改革无法完全实施，因为政府不愿意或者没有能力放弃行政和政治控制（Huntington和Hort，2015；Preker和Harding，2003；Saltman、Durán和Dubois，2011）。

英国的基金信托（FT）和巴西的社会健康组织（OSS）治理模式在人员聘用、解聘、薪酬政策的制定、投入的管理、采购和财务管理方面享有很大的自主权，只要它们的财务状况可控，医疗卫生服务质量和绩效在监管者看来可以接受（对于FT来说），并且遵守圣保罗州政府卫生秘书处（SES）所拟定的合同条款（对OSS来说）。它们可以保留并投资结余资金，并且进行商业举债。在这两个国家，进行改革的公立医院可以以能力为标准自由聘任首席执行官。[14]首席执行官不是由政府任命的。作为公共卫生医疗机构，公立医院不能选择前来就诊的患者，两个国家都要求医院在政府批准后才能对自己提供的服务进行重大改变。同样，基础设施扩建以及昂贵的医疗器械的采购需要政府审批。

需要指出的是，英国的基金信托（FT）和巴西的社会健康组织（OSS）治理模式之间存在差异。对于FT来说，基础设施的扩建通常需要一个由经济监管部门和英国卫生部制定的多年期规划。英国的FT可以建立合资公司或是设立分支机构，但是不能出售土地和建筑，因为为了避免私有化，资产已被锁定，不能用于债务担保或清偿债务。而巴西的OSS不能出售股份，或寻找投资者。FT有权对全国统一制定的医疗人员和工会成员的劳动合同及工资级别进行调整。不过，截至目前还没有这样做。巴西的OSS有权确定所有员工的劳动合同以及薪酬标准。在制定医疗服务费用方面，理论上来说FT有更多的自由，但在实际中这两类模式都执行政府统一制定的医疗服务及辅助服务（如健康教育收费）的价格政策。巴西的OSS没有定价权，不能对“公费”患者收费。然而，最近OSS与私人保险计划协商，为购买保险的人提供收费服务。

在西班牙，获得特许经营权的民营合资医疗机构可能在所有投资决策（包括资本投资和扩大服务）等方面比欧洲其他模式都有更多的自主权，不过政府规定此类医疗机构的利润上限为7.5%。在人事改革过程中，老员工可以保留公务员身份或选择成为普通雇员（非公职人员）。所有新员工都是普通雇员，即他们的薪酬待遇由获得特许经营权的民营企业来确定。不过，与此相比，西班牙采用其他治理模式的公立医院并没有这么多的自主权。例如，基金会和医疗联盟有投入和投资决策权，但是要遵守公共项目采购条款。它们有雇佣和解雇员工的权力，但是除了奖金之外，在员工的收入水平方面只有很小的决定权。[15]西班牙的公立医院只有有限的自主权。它们雇用的员工受公务员法规保护。因为它们的董事会或理事会成员主要是地方卫生官员，因此地方卫生部门仍然对其有相当的控制权。

5.3.2.3　问责机制

公立医院改革的一个基本内容是如何建立良好的问责机制来规制医院的行为，以改善其绩效，遵循社会赋予公立医院的使命和帮助公立医院实现政府的公共政策目标。国际经验表明，任何涉及自主权的公立医院改革，其成功的关键取决于所建立的问责机制的有效性。在中国，很多人担心赋予公立医院更多自主权，或换而言之，把他们从直接行政控制中解放出来，会导致“混乱”，因为“公立医院就会自行其是”。然而，中国和国际的经验都证明，如果建立良好的间接问责机制有效实施，可以避免这种问题的出现。

建立良好的问责机制是公立医院治理改革的一个基本内容，是取得良好效果的重要推动力。当然，赋予公立医院更大的自主权需要实施有力的可落实的问责机制，目的是规制医院的行为以改善其绩效，使医院遵循社会赋予公立医院的使命，帮助公立医院实现政府的公共政策目标。国际经验表明，任何涉及自主权的公立医院改革，其成功的关键取决于所建立的问责机制的有效性，判断的标准是对公共政策目标的实现程度。通常，医院需要通过具体的“制衡”手段（如报告要求、检查、审计、合同和公民的参与）对不同领域（如资源的使用，绩效，对法规、程序和标准的遵守）的若干个机构（如政府所有人、支付者和监管者）负责。需要再次指出的是，制衡的关键在于切实有效的落实，这需要健全的信息系统的支持，下文会进一步解释。通常，董事会或理事会是监管机构和医院之间的纽带，并且最终对医院的行为和绩效负责。

英国的FT模式主要通过三种机制监管董事会或理事会的绩效和责任。首先，FT监理会（Council of Governors）要求理事会（包括主席）的非执行董事（NED）在个人和集体层面对医院的绩效、财务报告、服务质量以及其他方面负责。非执行董事要求医院的管理层（包括首席执行官）负责。董事会或理事会主席和首席执行官的角色不同，这是英国公立和私营医院治理模式的基本特征。其次，英国政府设立了两个监督机构。一个是“针对基金信托经济”的监管部门，被称为监测部（Monitor），负责为FT服务机构颁发许可，监督这些机构的财务绩效，评估它们实现国家目标方面的情况（如等候时间的目标），有关法律的遵守情况，并分析医院治理的质量。监测部不监督（或者规定）FT如何达到目标。监测部还有责任促进竞争，制定系统范围内的价格，保证持续提供医疗卫生服务。另一个监督机构是服务质量管理委员会，负责确保所有公立和民营医疗服务机构都遵守有关服务质量和安全性的监管标准。[16]FT还对其他领域（如财务管理、医学教育和生育治疗）的监管机构负责。最后，要求FT卫生服务机构编制向公众公开的年报，披露它们的财务状况、患者参与情况以及一系列质量指标，如不良反应、感染率、死亡率、患者反馈信息、员工意见以及目标的实施进展等。除了少数医院，英格兰的公立医院特别注重提供公共卫生服务，履行社会功能，虽然这种功能没有明确指出，而是更为隐性地植入社会安排当中。

在西班牙，董事会或理事会和管理层需要通过审计、检查、报告财务状况及质量和其他信息等方式对地方卫生部门负责。法律规定所有医院需要收集的强制性最小数据集（自主和非自主的）是信息跟踪和报告的主要特征，将活动指标、可及性和绩效一体化。根据地方卫生行政部门颁布的法规和程序，各个地区对报告的具体要点、周期以及综合程度的要求都不一样。拥有最大自主权的模式是在地方医疗卫生行政机构和医疗卫生服务提供机构之间订立服务项目合同，将之作为最好的筹资和问责机制。合同条款对报告的内容和其他医院需要向地方医疗卫生服务部门提交的文件做出具体要求。

不同的模式有不同的问责安排；对拥有更多自主权的医院设立了更为明确的问责方法。例如，在颁发特许经营权的模式中，私立医疗机构和政府之间的合同要求医疗机构提供具体的信息，包括关于监管指标的结构良好的报告、详细的业务和财务记录、基于大量指标的临床报告。公立医疗卫生机构和基金会拥有的自主权较少，这种模式对报告的要求和为了支付进行的绩效评估有关。公立医疗卫生机构、基金会、医疗卫生联盟运用一些基于收入和支出的中等经济指标，但同时在预算监督方面起着很大作用。联盟每个月报告病人等候情况、每个季度报告财务状况。

巴西圣保罗的社会健康组织（OSS）治理模式的问责机制包含以下几个互相交织的部分：

- 绩效衡量方法包括生产目标、质量基准、州政府卫生秘书处（SES）和每个OSS签订的具有法律效力的“管理合同”所规定的具体规章条例；OSS董事会或理事会在法律上负责并且监督医院遵守合同条款。
- SES制定专门的服务购买和合同管理单元，用来审查和分析OSS的绩效、遵守规章条例的情况，并且协商预算。
- 合同管理单元通过经济制裁促使OSS遵守管理合同，实施绩效测量指标。如果医院表现不佳就会导致资金被扣留，政府合同被取消（以及重新招标其他合同医院）。
- SES执行内部审计，国家总审计长执行外部审计，以核实OSS提交的绩效数据和财务报表。
- SES开发安装了标准的信息系统，把所有OSS和SES的管理单元联系起来，为绩效监督提供帮助；很多信息都在公共领域披露。
- SES建立了独立的审查委员会（Independent Review Commission），主要由民间社会代表组成，对OSS的运作进行“社会审计”，保证医院履行其社会义务（如不向对患者收费，不拒绝提供服务，不对患者推荐不必要的服务），保证医院的行为与公立医院的使命一致。

5.3.2.4 激励机制

任何医院的行为都受到经济或者非经济因素的影响。激励因素通常体现在如何对医院和医务人员进行补偿，但是有些激励因素植根于服务体系的文化当中，如英国的国家健康服务（NHS）是以免费医疗和竭诚为公众服务作为核心价值。英国要求医疗卫生服务人员要严格遵守“行为准则”，虽然这些准则表面上看是自愿的和依靠自我约束的。但是，这些自愿遵守的行为准则是建立在很多强制要求（如保证医疗质量）之上的，是有法律效应的。对临床医疗行为的监管是严格的，并得到强制执行。FT承担预算超支的财务风险。倘若监测部（即经济监管者）发现FT财务难以为继，就会对其进行集中控制。重要的是，英国有些最有声望的医院没有成为FT，部分原因是因为它们以往总是支出大于收入。所有FT根据现行的、对标准程序的定价，按照固定价格水平进行支付，同时还有其他一系列针对专业活动、急诊护理、医学教育以及科研收入的支付机制。标准价格是根据疾病诊断相关组（DRG）全国平均回顾性成本信息计算出来的，是地区综合医院收入的主要组成部分。

综合性三级医院的收入更多来源于专业服务价格和教学。这类医院还必然会吸引大量私人或者公共赞助研究资金，还会受益于其他补贴方式，如位于主要城市的市中心。在一定程度上，全国标准DRG价格是医疗卫生服务价格的基础，昂贵的治疗费对医疗卫生机构而言没有了吸引力，事实上还相反，虽然医疗活动越多收入就越多是实际情况。这就是说，私立基金信托机构和FT医院都和地区服务购买机构签有框架合同，规定了总收入的上限（因此也造成了一个事实，即很多英国医院现在都在遭受经济上的损失）。

FT医院的专业人员，特别是资深专业人员的薪酬相当高，而且几乎不受业务活动的影响。通常，在FT模式（或者更广泛地说，在NHS背景下）中几乎没有动力进行额外诊断检查、购买更多药品，或者进行临床上认为不必要的干预。员工在合同规定的标准外加班可以得到补贴，可能是适当的奖金，但是通常NHS临床医师大体上收入较低。

医院员工还可以选择在医院里或者医院外治疗自费患者。一项研究发现，来自自费患者的收入平均是FT总收入的2%，这说明营利性服务所占比例极小。[17]同样，员工也不分享医院的利润或者盈余。当某个部门改变其内部管理或者提高效率从而降低了成本，盈余的大部分会记在医院的总账上。挑选患者或者竞争对个体临床医师或者医疗卫生机构而言也并没有构成很大的吸引力。例如，绝大多数的基层转诊病人去了地区医疗卫生机构，或者病情更严重者去最近的专科医疗机构，因此，挑选患者不太可能是激励绩效的重要因素。

巴西圣保罗的OSS模式促使医院具有强大的动力完成绩效（和生产）目标，改善服务质量并努力满足公众的关注点。更为重要的是，如果预算超支或绩效差，OSS会面临财务风险。首先，90%的机构都是按月补贴，与是否完成管理合同规定的具体服务（如住院、门诊、诊断、外科手术）的生产或者治疗量目标挂钩。如果医院减少应提供的服务，会受到经济制裁。例如，如果医院只完成了生产目标的70%，如外科手术，就会减少30%的资金。相反，医院几乎没有动力超过服务目标，因为它们不会因为多提供的服务而得到经济补偿（除非是出现了如流行病这样情有可原的情况）。其次，10%的预算都放在一个留置基金中，每季度按照其服务质量与效率指标（如感染率、死亡率、住院日及再住院率等）的达标情况进行拨付。

重要的是，两套指标都得到了执行，如果OSS医院达不到指标，按月或者按季度拨付的财政拨款就会减少。州政府率先在每家OSS医院安装标准成本核算系统，该系统和SES的合同管理部门相连接。成本数据可以作为医院管理人员监督各科室投入成本的工具，还可以作为合同管理部门对所有医疗机构及服务成本进行对比，分析效率和生产率，并据此与医院谈判总预算额度的工具。获得成本信息改变了服务购买方设定年度预算的性质（及透明度），从原来或多或少的主观设定上限转为依据服务量和成本来进行计算。掌握治疗量和成本信息使得SES能够监督潜在的投机行为，如减少成本高的服务。OSS不能给管理层发奖金，管理层的薪酬是固定的；可以给员工发奖金，但是没有人这么做。没有证据表明，OSS的薪酬水平高于传统公立医院。OSS管理层青睐招聘非常适应组织文化的高素质员工，会迅速解雇不能履约的人（世界银行，2006）。

在西班牙，只有在特许经营权模式下的医院面临严重的财务危机。瓦伦西亚市（Valencia）的阿尔兹拉区（Alzira region）提供了一个值得人们注意的例子。这是一个公私合作的项目，一家私立企业获得特许权，经营一家有300个床位的医院，同时还有40个公立基层医疗卫生服务中心，为该地区25万人提供医疗服务。该特许权获得者必须为该地区提供全面的可及性服务，负责几乎所有的卫生服务；地区政府按人头支付固定的费用。服务义务和其他责任在合同里有具体的规定。政府有权审计和检查医疗卫生机构，确保它们遵守规章制度和合同条款，并对违反者进行处罚。获得特许权者必须用按人头计算的补助费来支付所有开支，包括分期偿还、投资、工资以及其他运营费用。医务人员的薪酬由固定部分（80%）和浮动部分（20%）组成。后者根据可及性和质量目标的完成情况支付。如果患者去该区以外的其他地方就医，由获得特许权者负责支付所有的符合有关规定的医疗卫生服务费用（基于DRG）。按人头计算的补贴方式使得医院有强烈的动机加强基层卫生服务，避免不必要的住院和服务，而且将医院和基层卫生服务机构一体化，在合适的地方提供高成本的卫生服务。获得特许权者在支付去该区以外的其他地方就医的患者的费用时面临着财务风险，因此它们特别有动力加强服务质量，保证患者有良好的就医体验。

5.3.2.5 国际经验：成功的公立医院改革内容

国际经验表明，公立医院治理改革在以下条件下效果最好：社会对于公立医疗卫生服务达成共识；有强大的法律框架界定治理的组织形式，包括其作用、功能和问责制度；医院管理层完全有权聘用、解雇、提拔员工，制定激励机制（通过薪酬、工作时间、奖励、处罚），管理所有其他的投入；良好的问责机制和有效的落实措施以保证医院的绩效，确保医院和公共目标保持一致；正确的激励机制让医院和员工的行为和预期的绩效以及结果保持一致，最重要的是，避免个人寻租等不良行为，如增加临床业务、诊断检查或者售卖药品等。

英国的趋势是：促进公立医院更加独立，但是加强了问责制度。巴西的OSS和西班牙的两个模式（特许经营权和医疗卫生联盟）的可持续性可能与和私人合作伙伴建立强有力的合同关系有关，这种关系牵涉到财务风险的转移。与此形成对比的是，公立卫生机构和基金通过董事会或理事会成员与政客以及公共行政人员关系密切；随着时间的推移，对这些医院管理的政治干预逐渐增加，法律被修改，管理自主权下降。

在英国，大量医院陷入财政困难，监测部门（即经济监管者）不再注重把自我治理的基金转为FT，而是更为注重对陷入财政困难的医院的支持。监测部和其他政府机构依靠“国家健康服务的医疗机构”，即代表公立和私立医院的NHS成员代表单位，该组织在医院转为FT的早期阶段提供积极的支持，帮助它们重新设计组织架构，并为董事会或理事会成员提供培训。

总的来说，虽然证据尚不明确 ，但具有上述特征的公立医院改革已经表明效率、质量和患者满意度都得以提高（Preker和Harding，2003；La Forgia和Couttolenc，2008；McKee和Healey，2002；McPake等，2003）。最近的一项研究考察了美国和英格兰的医院，发现医院董事会或理事会治理模式和质量提高以及评级有密切关系（Tsai等，2015）。最近的分析表明，从较低的再住院率、更短的等候时间、更高的生产率和更高的患者满意度等方面进行衡量，与对照医院相比，西班牙阿尔兹拉区的特许经营权模式提供了更为有效的、质量更好的服务（NHS European Office，2011）。其他的研究发现，涉及自主权的治理改革没有产生什么效果（Govindaraj和Chawla，1996；Allen等，2012）；可能这些研究所分析的那些改革只涉及有限的自主权，而且很少强调问责机制以改善绩效（Castano、Bitran和Giedion，2004；Preker和Harding，2003）。事实上，已经发现有些欧洲公立医院的改革在提高效率方面收效甚微，部分原因是它们只赋予医院部分决策权；在这些案例中，政治干涉仍然存在，问责制度涣散（Saltman、Durán和Dubois，2011）。然而，尽管效果有限，欧洲的改革被认为"相当成功"（Saltman、Durán和Dubois，2011，71），这些改革或多或少都被政府、管理层和公众认可。毫无疑问，在很多国家，让医院拥有更大独立性的趋势很难被扭转改变。

5.3.3　中国的医院治理改革模式

中国通常的做法是采用试点来推动改革的实施。地方公立医院改革经验是制定政策、广泛推广成功"模式"、解决上述问题的基础。2010年，有17个城市被确定为公立医院改革试点。

通过分析本报告所挑选的案例，本节阐述了中国医院治理所面临的机会和制约因素。根据前文提供的分析框架，表5.2展示了治理模式的主要组成部分和特征。这些治理模式出现在四个主要地区：上海、镇江（康复）、东阳和三明。[18]我们将按照各组成部分逐一介绍。[19]

5.3.3.1　组织架构

上海和镇江模式是中国医院治理改革试点的典型模式，以21世纪初在无锡、潍坊以及其他城市进行的改革为基础（世界银行，2010）。这些城市通过立法成立新机构——通常称作医院管理中心或者委员会（HMC）——由上一级市级官员领导，包括和医疗卫生部门的运营或者监管有关的公立机构的代表。HMC的职员都是公务员，该机构具有法人资格，但它们的成员医院也保留自己的法人资格。这两个城市的HMC的目标不同。上海的目标是改善参与医院的运营和绩效。镇江虽然也有这个目标，但是还有另外一个目标，即促进更好的三级、二级、初级医疗卫生机构的纵向融合。

东阳的试点是单个医院在政府和非政府机构的参与下成立独立的董事会或理事会，由政府机构、私人公司、地方和外地医疗学校的代表组成。医院具有特殊的法律地位，和民营医院的公司治理模式类似。[20]试点项目的目标是建立公司治理架构，以改善绩效、提升能力和服务质量，同时通过其"社会责任"保持医院的公立性质（Li和Wang，2015）。

三明没有成立新的机构，但是成立了一个领导小组（LG），赋予其全权领导医疗卫生改革的实施，初步重点是全市22家三级和二级医院（Ying，2014）。[21]

5.3.3.2　自主权

在上海和镇江，人力资源管理、职工补贴和服务定价等关键决策权仍在政府手中。医院在很大程度上保留了剩余索取权和管理自己资产的权力。在镇江，医疗实体不愿意把控制权交给医院管理中心，该机构包括独立的市级和区级公共行政管理部门（Li和Jiang，2015）。结果，区级行政部门保留了对初级医疗单位和一些二级医院的资产管理的控制权，而市级行政部门和医院管理层共同控制大型医院的资产管理。与此相反，东阳独立的医院董事会或理事会和三明的领导小组拥有更大的自主权。东阳仍然遵守政府的定价政策以及聘用和解雇在编人员的规章条例，但是董事会或理事会全权决定对所有职工的补贴方案（Li和Wang，2015）。

三明的领导小组拥有完全的决策权，除了招聘和解雇在编人员的权力，它修改了对医院院长和所有医疗专业人员的补贴政策。例如，由政府直接发放医院院长的薪水，医生的收入不再和以收入为基础的奖金挂钩。领导小组全权决定所有重大的资产投资、价

表5.2 2015年中国部分公立医院治理模式改革的特征一览表

组成部分	上海（申康）	镇江（康复）	东阳	三明
组织架构				
组织单位/名称	多个医院管理中心	多机构网络“委员会”	医院董事会或理事会	县医疗卫生改革领导小组
辖区	市级	市级	市级	县级
医院数量	24	5[a]	1	22
自主权				
聘用/解聘医院院长	部分[b]	无	有	有
聘用/解聘在编员工	无	无	无	无
确定在编员工薪酬的灵活程度	无	无	有	有
定价	无	无	无	有
剩余索取权	无[c]	无[c]	有	部分
资产管理	部分[d]	部分[d]	有	有
问责机制				
医院院长绩效评估[e]	有	有	有	有
医院绩效评估	无	无	有	无
评估/落实安全和质量标准	无	无	有	无
合规性监督	和其他公立机构类似	和其他公立机构类似	有	部分
激励机制				
理顺员工激励机制	部分	无	有	有
管理部门：成员的职位风险	无	无	无	无
医院院长的职位风险	无	无	有	有
对违规或者绩效差的处罚	和其他公立机构类似	和其他公立机构类似	有	有

注：a. 网络包括九个门诊。b. 可以向政府推荐。c. 保持在医院层面。d. 与政府机构协商。e. 通常需要治理部门和医院院长签订“责任书”。

来源：Ma，2015；Ying，2014；Li和Wang，2015。

格以及社会保险的报销率（Ying，2014）。

5.3.3.3 问责机制

有三种治理模式旨在通过将医院院长的收入和绩效挂钩来影响医院的行为。但是，还不确定已经实施的绩效评估体系是否不同于传统的体系，也不确定该体系是否足够敏感和详尽，能够用客观可靠的方式发现得到改善的地方。另一个问题是医院院长似乎更多地是对任命他的上级领导负责，而不是对负责改革的实施或者实际绩效的政府机构负责（Qian，2015）。

在本报告研究的四个案例中，只有东阳的董事会或理事会建立了以医院为基础的综合的绩效评估体系，包括财政、效率、质量、患者满意度和安全等领域（Li和Wang，2015）。事实上，东阳的架构是这四个案例中唯一能够授权实施持续改善质量项目的治理架构，这要求成立质量管理部门，控制医疗记录的委员会，以及评估医生和护士的临床评估体系。上海和镇江的医院管理中心肩负着政府机构的监督责任，并不独立评估医院的绩效或者合规行为（Li和Jiang，2015；Ma，2015）。东阳的董事会或理事会和三明的领导小组都可以全权实施处罚。但是，在实践中，三明的处罚集中于违反领导小组改革的行为。领导小组认真监督自己制定的人力资源、补贴、价格等改革的实施，但是依赖于政府部门对其他领域进行监督（Ying，2014）。

5.3.3.4　激励机制

东阳和三明实行医生工资制度，将其奖金收入和医院出售药物、医疗物资、诊断检查等收入脱钩。工资包括固定和浮动两部分。后者和医院收入脱钩，但是和诸如生产率、成本控制、质量、患者满意度等指标挂钩（三明市政府，2015）。如上文所建议的那样，改变医生的补贴方式是一项主要成就，解决了公立医院广泛存在的成本上涨扭曲问题。

上海严格控制全体人员开支总额，但是这种方法没有对奖金体系产生显著的影响。盈余收入仍然由医院院长和科室主任自主分配给医生（Ma，2015）。在上海和镇江，因为大多数治理部门由政府人员组成，这部分导致即使成员单位绩效不好或者没有遵守政策，其地位也不会面临风险（Li 和 Jiang，2015；Ma，2015）。相反，在东阳和三明，医院院长可以因为绩效差而被解雇（由董事会或理事会或者领导小组分别决定）（Li 和 Wang，2015；Ying，2014）。至于剩余索取权，三明的领导小组设定了住院时间和门诊量报销的上限；如果医院的开支低于上限，节余的资金将和社会保险制度分享（Ying，2014）。

5.3.4　各种医院治理模式的局限

这四个案例表明，中国公立医院治理改革已经取得了重要成果，但是没有把医院管理和政府行政管理切实分开。已经出现了一批组织架构，但是多数为试点性质。每种组织架构都旨在通过协调负责医疗卫生的不同政府部门之间的行动和政策来加强单个实体的决策权。因为没有严格评估这些模式，以及公立医院改革通常受到干预，使得从这些试点模式中取得的经验教训有限（见专栏 5.1）。

在上海和镇江实施的各种医院管理中心或者委员会"模式"在中国的其他试点项目中也很常见（世界银行，2010）。实际上，医院管理中心的成员都是现任或者前政府官员，看起来更像是政府的延伸，而不是独立的机构。额外的决策权还没有从政府部门转到医院管理中心。与此同时，医院管理中心管理的医院保留了财政独立，在财务上不对医院管理中心负责。没有建立能够促进问责制度的独立的工具和机制，医院管理中心通常依赖于传统上由有关政府机构操作的直接的监督管理机制。医院管理中心也没有健全的业绩记录来理顺激励机制。

与此相反，东阳医院具有很多国际通行的公司治理的特征。医院由独立的董事会或理事会运营，其成员包括政府和非政府机构人员，董事会或理事会比医院管理中心享有更多的决策权。董事会或理事会建立了有力的问责机制和激励机制来控制成本、改善质量和患者就医体验。但是，东阳治理模式的源头涉及外部合作伙伴提供的财政和技术支持，这在中国的其他地方可能很难复制。在存在了 20 年后，这种模式尚有待复制。和巴西的 OSS 模式以及西班牙的特许经营权和联合体模式一样，拥有外部合作伙伴可能有助于捍卫（和促进）改革模式。

面对财政危机，三明的高层领导成立了领导小组，要求进行广泛的改革，虽然其初衷是解决县级医院成本上涨问题。对领导小组的描述，最好是把它看作医疗卫生系统治理安排，而不是医院治理模式。领导小组完全有权改变问责机制和激励机制来促进对医院资源更为有效的利用。值得赞扬的是，领导小组着手解决的是复杂且根深蒂固的问题，这些问题扭曲了医院的激励机制。医院本身没有被赋予更多决策权，也没有正式的问责机制平台。领导小组的确加强了跨机构的决策权。该小组缺乏制度化，将来关键岗位官员的轮替可能会逐步损害其有效性和可持续性。尽管中央政府不断推动，三明模式还有待在中国进行复制。

专栏5.1 中国公立医院改革的影响

考虑以下案例均未经过严格的评估，很难把公立医院改革的结果和其他医疗卫生改革的结果区分开，如药品零差率政策。

根据有限的现有管理数据，每个案例的重要研究结果如下：

上海：与上海同类医院相比，2003—2013年医院管理委员会的成员医院在服务量（住院人次）、住院天数或者资产扩张等方面的发展趋势没有不同。

镇江：与省级以及国家平均水平相比，2009—2013年镇江能够控制收费和支出、门诊量和住院量。支出增长的降低可能和对所有医院管理委员会成员加强绝育、病理和后勤服务等有关。

东阳：在2012年实施药品零差率政策之前和之后，东阳的药品销售收入比对照医院低10%—15%。平均门诊成本和住院成本比同时期那些作为样本的对照医院低得多。严格限制抗生素的使用已经超过了国家标准。医院报告手术部位感染率是1%，整体医源性感染率是7%。这些比例都受到密切监控。

三明：对于门诊量和住院量，政府报告显示，2009—2013年三明医院的支出增长比福建全省和国家平均水平低得多。2011—2013年三明平均住院时间成本降低了3.9%，而福建全省增长了11.6%，全国增长了14.7%。在三明全体医院的总收入中，药品收入的比例从47%下降到28%。

来源：Li和Jiang，2015；Li和Wang，2015；Ma，2015；Ying，2014。

5.4 医院管理实践：国内外经验与挑战

医院管理人员如何应对治理和组织框架环境下的问责和激励机制是决定医院绩效的关键因素。管理实践可定义为“为达成机构的各项目标而采取的一系列正式或非正式的规则与程序，以便有效实行资源的选择、调配与监督”（Over和Watanabe，2003，122—123）。医院管理涉及多种临床和非临床职能，与资源的选择、使用及监督有关。管理的有效性是决定医院绩效的关键因素。本节首先简要综述了国际上关于医院管理与绩效相关性的文献，并对中国公立医院管理实践的已知研究成果进行了分析，最后简要阐释了中国一小部分私立医院在管理实践方面的创新。

5.4.1 管理举措：国际证据与经验

对若干国家的医院管理进行的研究表明，好的管理实践会带来更优的结果、更高的服务质量和更好的财务状况（Tsai等，2015；Bloom和Van Reenen，2010；Lega、Presnestini和Spurgeon，2013；McConnell等，2013）。通过对文献的系统研究，Parand等（2014）发现，管理与提高服务质量和患者安全之间呈正相关性，但是对于在实践中如何具体实施，还需展开进一步的研究。例如，管理实践对最终结果的影响或许会受到其他因素的干扰，如医生的管理参与度、领导风格、责任心以及组织文化等（Parand等，2014；Curry等，2011；Kirkpatrick等，2009；Mannion、Davies和Marshall，2005）。

一项对英美两国医院的实证研究表明，有效治理会带来更好的管理实践（Tsai等，2015）。20世纪80年代，英国医院引进入了职业化管理模式。高水平的管理能力促成了英国基金信托机构（FT）和巴西OSS医院的成功（Edwards，2011；La Forgia和Couttolenc，2008）。相反，低水平的管理能力或许是造成西班牙公立医疗公司绩效很差的原因之一，并导致该国地方政府放弃对治理体系的改革（Durán，2015）。

总之，虽然仍没有确切结论，但业内普遍认为提升管理能力以及改善医院绩效的管理实践是医院和医疗体系的一项重要目标。如何提升管理能力并创建一个高效的组织环境已成为高收入国家医疗体系日益关注的重要问题（Lega、Presnestini 和 Spurgeon，2013）。为改善其绩效状况，除传统的管理培训外，国际医疗机构越来越多地借鉴其他行业的管理测评和组织工具，包括全质量管理（TQM），计划－执行－检查－改进循环（PDCA），精益管理，平衡记分卡（BSC）以及 5S 循环（清除、整理、清理、标准化和规范）等。尽管还不能明确证实这些工具的有效性，但医院管理人员均认为它们可以有效地促进行为改变和组织变革（La Forgia 和 Couttolenc，2008；Mazzocato 等，2012；Naranjo-Gil，2009）。

5.4.2　中国公立医院的管理实践

关于中国医院管理实践的资料非常有限，已有文献多为质性研究，或数据规模很小（大多基于一家医院），或仅关注诸如员工绩效、患者就诊流程等单个管理职能，或仅研究平衡记分卡等管理工具的应用。本节综述医院管理方面的调查及案例研究文献，[22] 首先阐述已有的公立医院管理方式，然后探讨成功的私立医院的管理实践。

近期的一项试点研究对 27 个省份的二级（35 家）和三级（75 家）公立医院进行了管理实践抽样调查（Liu，2015）。[23] 研究人员采用了“全球管理调查”（WMS）这一研究方法，该方法最初是为了评估制造业的管理和组织实践而开发，随后应用于若干国家的医院并得到了验证（Bloom 和 Van Reenen，2010，2007；Bloom 等，2010；McConnell 等，2013）。调查问题涉及标准化服务与运营、绩效监督、目标管理和人才管理等四大管理领域的 20 项管理实务。研究小组对 291 个科室的主任和护士长进行了访谈。依照全球管理调查法，对这 20 项管理实务按照 1—5 分的评分系统进行打分，分数越高说明表现越好。

管理得分的加权平均数为 2.68，分数分布非常分散，从 1.85 到 3.35。与采用同一调查方法（WMS）的经合组织成员国相比，中国的医院处于平均水平，得分低于美国（3.0）和英国（2.86），但是高于法国（2.4）和意大利（2.48）。[24] 图 5.7 给出了四个领域各项管理实务的平均分。二级医院的得分（2.66）明显低于三级医院（2.90），并且各省之间差别较大，这也在意料之中。医院在人力资源的使用、晋升表现出色的员工、绩效评价和吸引人才方面得分最高，但在标准化与临床诊疗方案、持续改进、后果管理、奖励表现出色的员工和解聘表现差的员工方面得分最低。

这个打分结果，再加上通过对有关人员的访谈获得的信息，凸显了管理方面的不足：

• 由于医院没有发现并应对潜在问题的制度或持续改进流程和服务的制度，医院管理在对问题的应对措施上似乎比较被动。

• 由于缺乏在人员聘用和薪酬制度方面的自主权，医院管理层几乎没有什么权利来奖励表现出色的员工或解雇表现差的员工；人才管理不受重视，员工表现差也很少受到惩罚。

• 医院对绩效数据不做系统分析，也不利用此类数据为进一步改进提供反馈信息。

• 缺乏标准化的服务可能表明临床管理的不足，而这可能对服务质量与结果产生负面影响。

• 绩效管理主要用于员工的奖金分配，而不是提高个人及医院的绩效。一个有趣的发现是，自主权（被定义为在人事、资产和财务管理方面的决策权）与更高的管理得分相关。

该研究同时分析了造成得分差异的因素，包括竞争（方圆 30 公里内的医院数量）、医院

图 5.7　2015 年中国医院管理实践的平均得分

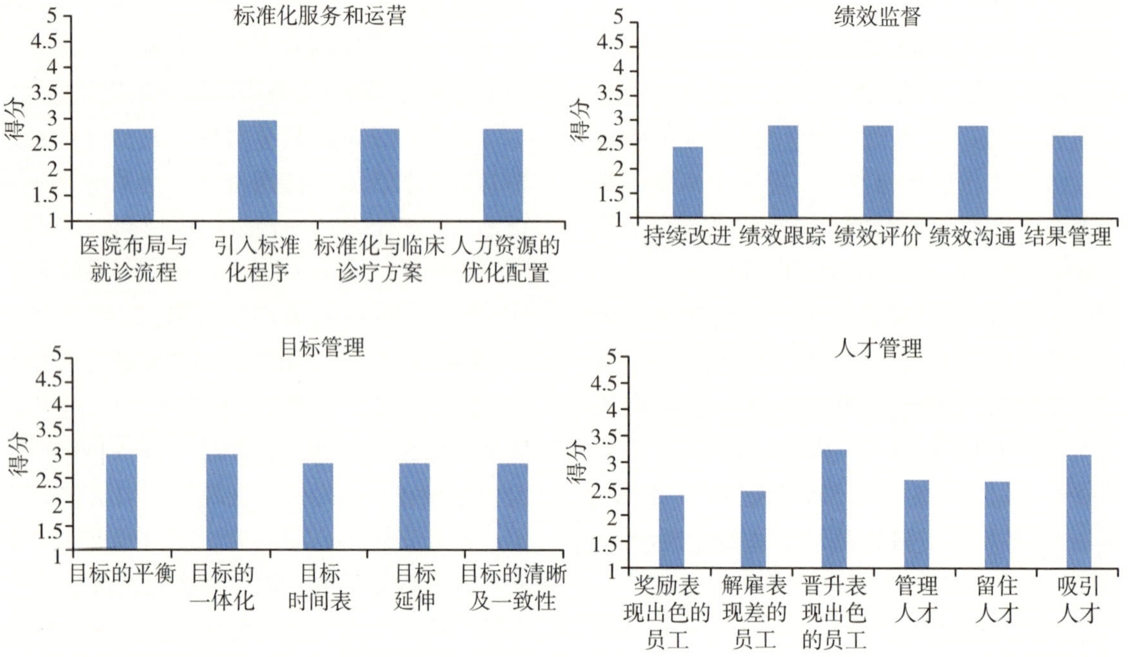

来源：Liu，2015。

特点（设施年限和床位数量）、地理位置（不同地区）、经济状况（人均国内生产总值）和自治权（人事、资产和财务管理方面的决策权）。结果显示，床位数量、竞争和自治权与更高的管理得分相关，但对竞争如何改善管理实践未做直接调查。

对具体管理实践的研究也验证了基于全球管理调查法的部分研究结果。例如，有关调查显示平衡计分卡（BSC）已广泛应用于中国，尤其是附属于医学院的三级公立医院（Lin、Yu和Zhang，2014）。与国际上的通常做法一致，中国医院使用平衡计分卡以推广四维度绩效评价体系：财务、患者满意度、服务质量以及科研和培训。研究发现，平衡计分卡有助于改善组织绩效和员工满意度。而Gao和Gurd的一项小规模调查（2014）则发现，中国医院对平衡计分卡的使用多集中于财务方面，而不是质量和患者满意度方面，即主要用该工具来评估医生的表现并依此发放奖金。

来自个别案例研究的证据表明，中国的医院已开始使用国际认可的管理工具来改善其运营状况和服务质量。例如，广东省的省级医院已使用“精益管理”技术来提高手术室的手术量次和效率（Guo、Ma和Zhang，2014）。为改善全院的临床和非临床业务，东阳医院应用了全质量管理、品管圈和计划-执行-检查-改进循环等管理工具（Li和Wang，2015）。虽然全质量管理和计划-执行-检查-改进循环已应用于中国的专门医疗机构（Chen等，2014），但这些工具在其他领域的应用状况仍不清楚。

如前所述，公立医院的高级管理人员由上级党和政府部门任命，并且选拔任命过程不是以能力和业绩为基础。即使在医院内部，升职往往是依据工作年限，而不是业务竞争力。大部分医院管理人员都几乎没有接受过正规培训。例如，2004年曾对21个省份的96家医院进行过调查，发现仅仅不足三分之一的管理人员受过短期职业培训，而超过一半的管理者是通过其工作经验来积累管理技能（世界银行，2010）。公立医院的院长往往要负责所有的管理、临床和学术工作，并且常常是在他们的“空闲”时间进行管理，或将管理职能下放给资历较浅的员工。没有专门针对医院管理人员的标准或资质制度，而且大部分人认为管理技能的培养应该由政府而不是医院自己来投资。

5.4.3 私立医院的管理实践

中国的一些精英私立医院已采用了先进的管理方式和服务模式，这使它们不同于国内的其他公立或私立医院，而更接近于经合组织成员国的医院。以三家医院为例：爱尔眼科医院集团、佛山禅城医院和武汉亚洲心脏病医院。为了占有并扩大市场，这些医疗机构创建了有利于持续发展的组织和管理环境，以便提供高效优质的服务。虽然不是中国私立医院的典型代表，但这几家医疗机构却为其他私立医院和公立医院改善临床和非临床管理提供了学习平台。值得关注的管理做法如下所述。

尽管概要中未提及，每一个案例都证明了管理实践会影响医院的服务质量、患者满意度和财政状况，但证据未经独立验证。公立医院或许也实行了类似的管理实践，但需进一步的研究来记录这些管理创新。例如，前文提到东阳公立医院率先实行了持续质量改善方案，许多公立医院采用平衡计分法来监测医院绩效。

爱尔眼科医院集团

爱尔眼科医院集团（简称爱尔眼科）是一家医疗机构，截止到2014年已在全国范围内建立了70家专业眼科医院，拥有5000余名医疗专业人员（包括医生、护士和技术人员）。爱尔眼科采用经合组织成员国私立医院普遍实行的公司治理结构，将重大决策和关键职能（如采购业务、人事管理和资产管理）集中于总部（Chen、Gao和Wang，2015）。[25]董事会或理事会监管集团的整体运营，包括四个专门委员会：战略、审计、薪酬和管理监督。管理分为七个主要领域：战略投资、医疗器械、市场营销、医疗管理、运营、人事和财务。各连锁医院管理团队由董事会或理事会任命，负责策划并实施符合公司目标和政策的经营方案。同时，爱尔眼科实行“一体化管理框架”，各连锁医院定期向总部提交标准化报告，包含财务报表、客户分析、服务数量和质量。每月都会随机抽取五家连锁医院进行核查。

爱尔眼科管理模式强调优质服务和患者满意度。例如，要求每一家连锁医院必须成立六个质量委员会，涵盖医疗质量控制、护理管理质量、医学道德、药物管理、医院内感染控制以及医疗记录管理。这些委员会负责监控并评估相关业务，每月审查一次，每年进行两次实地视察。各家连锁医院每月均需向总部的质量领导小组提交医疗质量报告。每一科室成立由主任、副主任和护士长组成的质量控制小组，负责不良事件的审查和报告。爱尔眼科精心制定了标准临床路径和操作程序，包括诊断服务核对清单、外科手术前后的护理程序、感染控制、医药处方和医疗记录等。同时，实施了一系列措施以加强与患者的沟通，提高患者满意度，如网上预约、年老体弱者的弹性无预约就诊、微信挂号、每位医生的日门诊病人接待量不超过40、患者候诊时间不超过20分钟、24小时热线服务、残障人士免费接送服务，以及专门负责风险告知和提高患者本人治疗与康复参与度的患者服务小组。

佛山禅城医院

2004年，佛山禅城医院（简称禅医）从公立医院改制为非营利机构，员工与民营投资者持有股份。虽是一家综合医院，禅医在妇产科、儿科、矫形外科和泌尿科等专科领域尤为有名。到2013年，该医院共有700张床位以及1300名员工。

禅医实施了一系列“以人为本、以患者为中心”的新举措，树立了为患者带来积极体验的医院文化。例如，设立了“护士长之家”项目，护士长积极主动地为患者和患者家属排忧解难，协助他们入院就诊，为患者的诊疗护理及病况提供咨询服务，并在门诊部安排出院后医疗护理。同时，医院还引入了“一卡通”系统，将智能卡与手机软件（微信）接通，以促进各服务流程，包括一站式支付、预约及提醒服务、诊断结果的访问权限、流动配药机的使用、专家咨询服务等。禅医的管理人员介绍说，一卡通系统极大地减少了诊断和其他门诊服务的等候时间。医院为年老体弱患者就诊和治疗提供免费班车服务。

禅医采用平衡计分卡（BSC）体系来评价员工绩效和科室绩效，该体系包含一系列指标，涉及经济效益、患者信任度、服务质量、患者安全（减少医疗失误）和员工职业发展等各个方面。医生和护士的薪酬与其平衡计分卡得分密切相关。禅医高度重视患者和患者家属的医疗投诉，建立了根源分析项目，专门用来调查医疗投诉、医疗失误、医疗事故及其原因，并负责整改措施的提出和实施。

武汉亚洲心脏病医院

武汉亚洲心脏病医院（简称亚心医院）是一家拥有759张床位的心血管疾病专科医院。截止到2014年，共有2000名员工，包括450名医生和850名护士。亚心医院实行成本控制措施，部分原因是为了使医疗费用与社会医疗保险偿付率持平（Chen和Gao，2015），包括如下措施：（1）所有药物和医疗耗材以及患者病例记录均实行统一条形码和跟踪系统；（2）利用标准化成本核算来确定每一诊疗流程的费用；（3）通过跟踪系统识别偏离标准成本20%或更大的偏差，并启动审计程序（旨在将此类偏差控制在患者数量的5%以内）；（4）对门诊手术和短期手术实行套餐式定价；（5）实行临床路径；（6）严格药品采购和管理，将住院病人的药物费用控制在总费用的14%以内，门诊病人的药物费控制在25%以内。

爱尔眼科和武汉亚心医院都实行“差异化管理模式”，临床和科研管理由医院院长负责，非临床管理由总经理负责；而公立医院的临床和非临床管理都由院长负责。各科室也实行分化管理模式，科室主任均配有一名行政经理协助来处理非临床管理事务以及与其他科室的协调工作。同时，各科室还设有医疗助理一职，通常由护士担任，负责与患者的沟通、出院后的随访以及患者自我管理能力的提高。例如，武汉亚心医院设立了患者服务中心，为患者提供预约、医疗咨询、分诊和科室就诊引导服务。在出院后的长期服务方面，亚心医院实行了“生命线”随访项目，60%的出院患者参与其中。另外，该医院还实行了标准运作程序，以方便患者就诊，并明确门诊、诊断、病房和手术室等各部门的责任划分。

5.5 推进公立医院改革的建议

在中国，各方都认为有必要深化改革，提高医院在控费、服务质量和患者满意度方面的绩效。但公立医院改革是件复杂的事，涉及财务、人事、规划及服务一体化等各方面的改革，而治理方式和管理体制的改革仅是其中的两个方面。上述其他方面的改革在本报告其他章节中阐述。

国内国际经验表明，公立医院改革没有唯一的路径，但是已出现的改革模式存在一些共同要素：

- 建立（并实施）问责机制。
- 形成有力的激励机制，使医院和医务人员的行为与绩效目标和公众的关注点相一致。
- 建立良好的医院治理组织架构。
- 将更多的决策权下放到医院管理层。
- 提升管理能力。

本节依据中国（上海申康、镇江康复、

东阳和三明）和国际（巴西、英格兰和西班牙）的试点经验以及相关文献研究，对这五个领域提出了具体的政策建议。对核心行动和相应实施策略的概述见表 5.3。

正如本报告所建议的其他方面的改革一样，公立医院改革也需要全面改革的整体视野。本节介绍的国际模式都是经过长期的实践逐渐发展而成的。在英国，医院治理改革受益于早期的医疗体系改革，包括管理的职业化、购买方和供货方的分离以及管制定价等；同时还受益于不收取服务项目费和无牟利的医院临床医生高薪酬制度以及强有力的临床监管和执行措施。在巴西圣保罗，OSS 模式最初是作为更广泛的公共行政改革的一部分，其设计借鉴了早期医院治理改革的失败经验，并涉及国家混合型服务体系的加强，包括民营医疗机构的公共购买。即使有这些优势，圣保罗依然花费了五年多的时间才成功实行了支撑治理模式的问责机制和激励措施。[26]

虽然这五个核心行动领域相互联系、不可分离，但问责机制和激励措施显然是至关重要的。核心行动领域 1 和 2 提出建立稳健的问责机制和强效的激励措施以改善医院的绩效，使公立医院的行为与公益性目标协调一致。这两个核心措施是支撑另外几个核心行动领域的基础：核心行动领域 3 提出建立有效的组织治理模式，核心行动领域 4 是关于强化公立医院自主权，核心行动领域 5 指出需提高公立医院管理水平。

没有强有力（并且切实施行）的问责机制和合理的激励机制，新的公立医院组织架构不可能会代表政府和患者的利益。相反，更大的医院自主权只会招致更功利的行为，离公益性目标越来越远，医院管理的改善根本不会受到重视。达到决策自主权和问责性之间的有效平衡实非易事。实际上，无论公立

表 5.3　改善公立医院治理和管理实践的五个核心行动领域及实施策略

核心行动领域	实施策略
1. 为实现自主管理的公立医院建立强有力的问责机制以提高绩效	● 明确规则、上报要求和其他机制，以建立政府对公立医院的有力问责制度，包括合同、财 ● 务管理、审计、患者安全流程、绩效要求等 ● 建立制度安排，促进对医院的监测与监督 ● 确定须向公众披露的信息 ● 建立有效的执行机制
2. 建立与公众目标及问责制度相一致的激励机制	● 逐渐让医院承担预算超支以及服务质量、效率和患者满意度方面低绩效的财务风险 ● 开发有利于培养成本意识的支付体系 ● 在医院安装标准化成本核算系统，将收集到的数据用于预算编制
3. 建立合理的公立医院治理组织架构	● 建立支持公立医院治理的组织架构模式 ● 建立相应的法律框架 ● 确定诸如董事会或理事会等治理机构的职能、任务和成员构成
4. 逐渐把更多的决策权下放给医院	● 建立正式申请和审批流程，以便医院实现（更大范围的）自主管理 ● 确定时间表，将目前由政府主管部门管理但必须下放的职能分阶段逐步移交给（经核准的）自治医院 ● 创建正式机制，协助医院发展治理方式，并评价效果及提供反馈以进行必要的调整
5. 加强医院职业化管理能力	● 评估医院管理人员的技能和现行管理做法的质量，以及他们对医院运行和服务质量与效率的影响 ● 研究主要的公立及私立医院的管理做法，然后因地制宜地实施 ● 为高层管理人员实施管理培训，提高他们的管理能力 ● 鼓励开展应对具体管理挑战的示范项目

还是私立医院，都不可能不顾其所有者的利益而行事。改革策划者必须找到一个切实可行的方案，在兼顾当地情况和能力的情况下，把这些内容有机结合起来。改革的实施方也必须愿意在实施过程中进行必要的调整。

5.5.1 核心行动领域1：强有力的问责机制

公立医院改革的一个基本内容是如何建立良好的问责机制来规制医院的行为以改善其绩效，遵循社会赋予公立医院的使命并帮助公立医院实现政府的公共政策目标。国际经验表明，任何涉及自主权的公立医院改革，其成功的关键在于问责机制的有效性。在中国，许多学者担心赋予公立医院更多自主权（或换而言之，把他们从直接行政控制中解放出来）会导致其行为更加不受约束。然而，中国和国际的经验都证明，如果建立良好的间接问责机制并有效实施，可以避免这种问题的出现。重要的是，明确问责机制的规章制度必须严格可行，保证其实施的措施也必须落实到位。

建议采取加强问责机制的战略措施包括：建立规则和其他机制，以促进问责制；实施促进监测与监督的制度安排；确定须向公众披露的信息；建立有效的执行机制。

5.5.1.1 策略1：明确规则、上报要求和其他机制，以建立政府对公立医院的强有力的问责制度

为自主管理的公立医院建立的独立的问责机制通常包含各项规则和合规性监督，涉及医院理事会的任命和运行、会计和财务报表、质量和服务标准、患者治疗效果以及社会功能的履行情况等方面的内审与外审。

医院董事会或理事会（作为所有者）和政府（作为服务购买方）所签署的法律合同中，报告要求、绩效目标以及其他方面的制约与平衡机制越来越多。如前文介绍的英国、巴西和西班牙等国的案例研究所示，合同往往是分配资源、确定绩效要求、评估对政府规则的遵守情况以及要求上下级医疗机构服务整合等方面的工具。合同的整体内容、条款以及签订都可以在规章制度中明确说明。然而，如下文所论述的，好的合同必须具备强有力的合同管理、监督和执行机制。

5.5.1.2 策略2：建立制度安排，促进对医院的监测与监督

监督机构或现行机构的类似部门对问责机制的加强和法规的执行起着至关重要的作用。有些国家发现，有必要设置新的公共部门来负责新建的间接的问责工具；还有一些国家建立了合同管理部门来负责协商、监督并执行公共基金接收方面的问责要求；而另外一些国家则建立了专门的部门以支持医院董事会或理事会的建立和运转。如前所述，在英国，监测部（Monitor）负责监督医疗机构的财务绩效、相关法律和规章的遵守情况以及国家目标的实现情况，而医疗质量管理委员会（Care Quality Council）则负责复核医疗机构是否遵守服务质量和患者安全方面的政策和标准。在圣保罗，州卫生秘书处下设的购买部门负责管理并监督合同的执行，由公民、专业人士和政府联合组成的独立监察委员会（Independent Review Commission）对OSS机构遵循社会功能方面的情况进行社会审计。

5.5.1.3 策略3：确定须向公众披露的信息

在英国，要求基金信托机构向公众公开年报，披露它们的财务状况、患者参与情况以及关于不良反应、感染率、死亡率、患者反馈信息、员工看法、目标的实施进展等方面的质量、患者安全和绩效措施。巴西圣保罗的社会健康组织（OSS）需要报告单位成本和各科室的业务量，以及质量、患者满意度和效率等方面的度量指标。州政府在自主管理的公立医院设立信息系统，以核查所报告的绩效和费用信息，并在圣保罗州政府卫生

秘书处（SES）的网站公布所有相关数据。而西班牙实行特许管理模式的医院则必须向政府提交详细的监督指标和财务报表数据表，并时时更新。

5.5.1.4　策略 4：建立有效的执行机制

问责机制的有效性取决于其是否能有效执行。在圣保罗，如果OSS机构未能达到约定的绩效基准，州卫生秘书处每年会拒付其全部或者部分留置基金（医院约定财务总额的10%）。如果连续两年绩效不佳，则会终止代管该OSS机构的非营利机构（NFO）与卫生秘书处的合同，并通过公开招标另选一家非营利机构。

在中国，上述的许多间接问责工具已经得到应用，但仅限少数医院。以东阳市人民医院为例，院长与董事会或理事会签定与其薪酬挂钩的绩效协议。如果持续表现不佳，院长可能会失去该职位。董事会或理事会对医院财务账簿进行内部审计，东阳市审计局进行外部审计。董事会或理事会依据一系列指标评估医院绩效，如控费、服务质量与效率。

5.5.2　核心行动领域 2：建立与公众目标及问责制度相一致的激励机制

医院的行为会受到激励机制的影响，而激励机制通常体现在如何对医院和医院员工进行补偿上。如第 6 章所述，所有支付系统都隐含着一整套激励机制。然而，医院也会受到非物质激励的影响，即卫生服务机构和更广泛意义上的卫生服务体系的文化和行为。例如，英国国民健康服务（NHS）所体现的激励机制显然得到了大部分甚至所有医疗工作人员的认可，他们支持公共服务、免费医疗以及一定程度的道德规范。这种文化在其他体系中可能并不明显。医疗专业人员还会受到发展和职业道路方面激励机制的影响。

建议采取以下战略措施，以建立与公众目标相一致的激励机制：（1）逐渐让医院承担预算超支以及服务质量、效率和患者满意度方面绩效低下的财务风险；（2）开发有利于培养成本意识的支付体系；（3）赋予政府机构监测绩效和实施处罚的权力。

英国的基金信托机构（FT）和巴西圣保罗的OSS医院都处于预算超支和未达到绩效目标的财务风险之中，但两国采取的方式不同。与许多其他经合组织成员国一样，英国采用基于诊断相关组（DRG）的支付体系为各医院以及基金信托机构拨款，该支付体系为总开支设有上限。DRG将患者一次诊断的各项服务打包组合并统一收费，以便提高医疗服务的利用效率。该体系不鼓励过度治疗、延长住院时间或者采用昂贵的治疗方案，而总开支上限的实施则可以阻止医院增加患者数量（从而增加DRG支付量）。[27]一些国家将质量和结果标准并入DRG体系，根据绩效进行支付。以英国为例，医院年度收入（来自DRG支付）的一定比例会有所调整，调整依据是医院与地方管理部门签订的合同所规定的质量目标完成情况（Mason、Ward和Street，2011）。如第 6 章所述，中国已实行了类似于DRG体系的激励机制。

巴西圣保罗的OSS医院采取了不同的方式来调整财务激励机制。州政府实施以绩效为导向的总额预算制，设定服务量、质量和效率目标。没有任何激励机制鼓励医院多提供服务或减少服务。例如，如果医院减少应提供的服务，会受到经济制裁。但是，如果超过服务提供目标，除非是出现了如流行病这样情有可原的情况，他们不会因为多提供的服务而得到经济补偿。如上所述，10%的预算都放在留存基金，每季度按照其服务质量与效率指标（如感染率、死亡率、住院天数及再住院率等）的达标情况进行拨付。这些措施都得到了严格执行。

为加强监督，每家OSS医院配备成本核算系统，并与卫生秘书处的服务购买和合同管理部门相连接。该部门协助医院管理人员监督各科室的投入成本，通过所得数据对所有医疗机构及服务的成本进行比对，分析效率与生产率并据此与医院协商总额预算额度。获得成本数据改变了年度预算设定的性质（及透明度），从原来或多或少的主观设定上限转为依据服务量和成本来进行计算。采用DRG支付体系的国家也加强了他们的成本核算系统，并实施了标准化，法国和德国采取财务激励机制以鼓励医院遵从成本核算标准（Busse和Quentin，2011）。

5.5.3 核心行动领域3：建立合理的公立医院治理组织架构

董事会或理事会这样的组织架构或组织形式将政府（作为所有者）和医院管理层及员工（作为服务提供方）组织连接起来。尽管这些组织架构在成员构成、规模、任务、职能以及相对政府的独立程度等方面差别很大，但它们构成了公立医院治理问责制框架的关键组织要素。任何组织形式的本质都会融入治理模式的构造之中，并以立法或规章制度的形式体现。董事会或理事会依法对所有者或其代表所做各项决策行使最高权力。在中国，非常有必要建立这种组织架构，以达到“政府行政管理与医院管理分离”这一改革目标。

这一核心行动领域的建议战略措施包括：（1）建立支持公立医院治理的组织架构模式；（2）建立相应的法律框架；（3）确定诸如董事会或理事会等治理机构的职能、任务和成员构成。

5.5.3.1 策略1：建立支持公立医院治理的组织架构模式

立法法案通常会明确说明公立医院新模式的主要要素，包括本章概括的四个组成部分：组织形式、问责机制、激励机制和自主权。新模式法律架构具有独立于政府的法人实体这一特点。根据各国的法律，不同国家出现了不同的法律形式，包括非营利企业、公益企业、非政府组织、合资企业、公共基金会以及信托机构。在几乎所有的情况中，法律模式内的医院被认为是政府实体，但其治理与政府分离并独立于政府。而政府的参与程度差异很大。

5.5.3.2 策略2：建立相应的法律框架

英国的立法创立了新的医院治理国家统一模式，即作为一种公益性企业的基金信托。在公共行政改革的国家法律框架背景下，巴西的圣保罗州立法确定OSS为新的治理模式，将其定性为“社会利益”（*utilidadpublica*）的非营利组织（一种公益性组织的形式）。在政府高度分权的西班牙，出现了多种公立医院治理模式，并由地方法律框架加以支持。许多国家都通过专门法案或者特定机构法案为授予公立医院独立性。

国际上，各种治理改革模式均明确一种组织形式，同时在形式意义和法律意义上负责医院行为和绩效。几乎所有国家都通过立法建立院级组织或多家医院组织（在某些国家）来取代公立医院的直接政府管理。该组织的成员构成、任期和选拔标准（及程序）均由法律或相应的规定详细说明。从理事会的成员构成可以看出，所建组织与政府管理机构的分离程度各不相同。例如，在西班牙，政府官员在公立医疗公司和基金会的理事会成员中占绝对优势，表明政府在决策制定中的参与度很高。在巴西OSS机构的治理组织和西班牙的特许权模式中，理事会成员主要来自民营企业和非政府组织，其他国家的则由公立、民营和公民代表组成，如英国的基金信托机构（FT）和中国的东阳人民医院。英国基金信托机构是一个特例，本地公民、医院职员和患者都可以成为FT成员并当选为理事会成员，而其他成员则由政府任命。[28]

到目前为止，中国所建立的大部分医院理事会（如医院管理委员会）的成员都仅仅是政府官员。但是，最新的国务院指导意见指出治理理事会或委员会的成员范围应该更为广泛，包括政府部门、人大代表、中共党员代表以及其他利益相关方。[29]

5.5.3.3　策略 3：确定治理机构的职能、任务和成员构成

最后，医院理事会或委员会的职能和职责必须划分明确。发表于医院和医生相关领域期刊的大量文献为确定理事会职能、职责以及运行程序提供了指南和准则（Gage、Camper和Falk，2006；Bjork，2016；Gill、Flynn和Reissing，2005；Cuervo-Cazurra和Aguilera，2004；Holland、Ritvo和Kovner，1997；Bley和Shimko，1987）。理事会的主要职能包括：（1）财务管理，如运营计划、预算和资本支出的审批；（2）制定战略措施；（3）管理评价；（4）医院绩效监督，如保证高效业务量、服务质量以及与社会功能的一致性；（5）应对政府、纳税人和患者等利益相关方的问责（Edwards，2011；Coile，1994）。重要的是，监管框架以及医院治理法令必须明确理事会的职责，如确定组织的目标和使命、选拔执行总裁及评估其业绩、确保有效规划和充足资源、监督程序和服务、保证道德诚信、保持政府和其他利益相关方的问责制，以及新理事会成员的招募、培训和评价（Ingram，1996）。建议治理机构（理事会或委员会）基于绩效标准以及条例和医院规章制度明确的程序来招募和选拔医院管理人员。

5.5.4　核心行动领域 4：逐渐把更多的决策权下放到医院

国际经验表明，授予公立医院更大的自主权不是一个从无到有的简单过程，其实施过程非常复杂。对决策权的界定差异很大，并随着时间不断变化，同时还会受政治和财务情况的影响。与其他国家的自治公立医院相比，中国的公立医院已经实行了高度的财务自治，但在人力资源方面享有的自主权较低。

有些学者把自主权视为公立医院治理的“酸性测试”，分界线的一侧是高层次的政策决策，另一侧是一线领域的经营决策，包括服务质量、效率和反应能力等，而这些决策必须免除高层次的审查、监督及政策干预（Saltman、Durán和Dubois，2011）。正如巴西和英国的情况所示，自主权的实施需要经过长期的协商与调整，同时将问责机制和激励机制落实到位。

赋予医院更多决策自主权的建议战略措施包括：（1）建立正式申请和审批流程，以便医院实现（更大范围的）自主管理；（2）确定时间表，将目前由政府主管部门管理但必须下放的职能分阶段逐步移交给（经核准的）自治医院；（3）创建正式机制，协助医院发展治理方式，并评价效果及提供反馈以进行必要的调整。

5.5.4.1　策略 1：建立正式申请和审批流程，以便医院实现（更大范围的）自主管理

一旦治理模式和相应的法律形式落实到位（见核心行动领域 3），中国可以考虑建立一套正式化的程序，以便医院根据所采用的治理模式申请更多的自主权。这一程序明确哪些职能将会从公共管理机构移交至（经核准的）医院、移交时间表以及政府机构和监管部门的审批流程。需移交的职能包括人员聘用、解聘、薪酬政策的制定；投入的管理；各项服务的开设和关闭；采购和财务管理；投资；借贷等等。

5.5.4.2　策略 2：确定时间表，将职能从政府移交给自治医院

同等重要的是，政府必须确立自主管理的先决条件，医院必须满足这些条件才能获得完全自治权。中国或许希望调研其他国家在这方面的做法。例如，英国为想获得FT资格的医院设立了申请和审批流程，FT资格会使它们拥有更大的决策自主权。基于已立法

的FT模式，这一流程明确了三个阶段，涉及审批程序以及政府机构和监管部门（Monitor）的职责。依据所定标准对申请者进行评估，评估范围包括服务质量、财务可行性、运营策略、治理结构、服务绩效以及利益相关者关系等。如果医院符合标准，将签署正式协议，明确规定FT、政府和监控部门各自承担的职能和职责。中国需要建立选拔和审批程序，界定自主权的不同阶段和程度，以及制定相应的标准。选拔和申请过程透明，这一点至关重要。

5.5.4.3 策略3：创建正式机制，协助医院发展治理方式，并评价效果及提供反馈

最后，政府可以考虑为医院提供有效的技术支持，协助它们引入新的治理方式，帮助它们实现更多的自主决策扫清障碍，使它们适应更严格的问责机制，尤其在早期阶段。需要更多的支持来协助完成治理机构（理事会或委员会）的成员构成和策划、成员的选拔和任期、内部法规（符合法律法规框架）的起草准备等工作。政府还需要开发一些项目，以帮助理事会成员入职并在以后的工作中给以持续支持。这些项目关注主要治理领域，包括战略规划和运营计划、绩效监督、财务管理、监管和法律职责的行使，以及与管理人员的互动。

中国可以借鉴经合组织成员国的经验，学习它们如何为公立和非营利组织的治理实践提供技术支持和培训。在英国，作为国民健康服务（NHS）医疗组织的成员机构和行业协会的NHS提供者，为基金信托机构提供技术和培训支持，包括为NHS基金信托理事制定的培训方案、为申请FT资格的医院制定的培养方案，以及帮助FT理事履行职能职责的课程和活动。[30]在美国，一个名为“治理研究所”（Governance Institute）的公司为理事会成员提供培训、研讨会和“如何实施”的资料，以帮助他们在非营利医院成功履行其职责。[31]新西兰的财政部下设专门小组，以加强新任命董事会或理事会成员的效能。按照“任命、入职和专业发展方案”，专门小组为国有企业董事会或理事会成员的选拔和入职提供咨询及管理服务（COMU，2011）。

5.5.5 核心行动领域5：加强医院职业化管理能力

中国的公立医院面临提高效率和改善质量的挑战。中国正在推进公立医院治理改革，探索管办分开的实现形式。没有高质量的医院管理（和领导力），就不可能实施提高效率与质量的改革。

医院管理人员需要有很强的规划能力，确定组织发展目标，制定年度及长期规划，高效分配资源，监测绩效，建立责任明确的行政管理系统，确保具有有效机制以履行筹资、人力资源、信息和数据流、后勤和物料管理、质量保证等方面的管理职能。可以通过许多长短期结合的措施来实现专业化管理，很多措施可以同步推进。[32]推进专业化管理并改进管理方式的具体措施如下所述。

5.5.5.1 策略1（短期措施）：评估医院管理人员的技能和现行管理做法的质量，及他们对医院运行和服务质量与效率的影响

可以通过上文所述的全球管理调查（WMS）以及其他可用的工具开展这项工作。此类调查为争取政府对改进管理的支持提供有用信息，并为相应战略和行动的制定奠定基础。

5.5.5.2 策略2（短期措施）：研究主要公立及私立医院的管理做法，然后因地制宜地实施

例如，为撰写本报告开展的个案研究分析了高端私立医院为提高服务质量和效率所实施的管理实践。可以从它们的创新中学到很多东西。私立医院实施的许多管理技巧和做法都可以为公立医院所借鉴。表5.4列出了医院管理的一些最佳做法。

表 5.4　医院管理的最佳实践

管理领域	具体做法举例	更多信息
培训和发展项目	• 满足员工的培养需要 • 不同学习风格的临床训练 • 基于计算机的培训模块 • 交互式项目 • 培养医生领导者	• Becker's Hospital Review（2012）
培养领导能力	• 找出能力差距 • 扩大管理团队 • 尝试不同的组织方式 • 提高临床医生对改善质量和效率的参与度	• HRET（2014）
人才管理和接班人计划	• 加强人才管理、候选人评价和接班人计划之间的联系 • 领导能力模式的应用 • "延伸" 工作分配 • 专业发展计划 • 依照关键指标，严格评估领导能力，并实行重复评估	• NCHL（2010）
医疗排程、预约和患者就诊流程	• 减少等候时间 • 设计患者就诊路径 • 医生会诊利用率的最大化 • 促进与患者的沟通	• Brandenburg 等（2015） • Willyard（2006） • Becker's Hospital Review（2010） • Drazen 和 Rhoads（2011）
临床管理	• 为提高临床服务质量和效率并优化服务的综合方法 • 建立目标、制定优先次序 • 使用数据和策略 • 提高患者满意度	• Potash（2011） • AHRQ（2017） • Jefferson University Hospitals（n.d.）
以患者为中心的医院服务	• 提高应对患者需求的反应能力 • 改善出院后服务 • 改善疼痛管理	• Aboumatar 等（2015）
医院的医疗团队	• 提供基于证据的团队绩效反馈 • 建立支持性的学习环境 • 优化医生和护士的关系，培养团队合作能力	• Salas 等（2008） • Cocchi（2012） • Rice（2014）

5.5.5.3　策略 3（短期措施）：为高层管理人员实施管理培训，提高他们的能力

高层管理人员需要提高以下几个方面的管理能力：（1）服务的标准化（如任务清单、交接流程、出院程序等）；（2）提高目标制定能力（如目标范围、相互间的联系、实现难度等）；（3）绩效监督（如失误与副反应的监督、持续质量改进流程等）；（4）改进人才管理（高级管理人员的评估、内部招聘、留住人才、解聘和晋升政策等）。从事临床服务管理和非临床服务管理的医院管理人员都需要培养和提高其管理能力和领导水平。

5.5.5.4　策略 4（短期措施）：鼓励开展应对具体管理挑战的示范项目

管理挑战包括服务的标准化、感染控制和物料管理。可以借鉴其他行业的管理工具来提高效率、质量和患者满意度，如计划-执行-检查-改进循环（PDSA）、全质量管理和精益管理。

5.5.5.5 策略5（长期措施）：为医院专业管理人员制定一个职业发展路径

为医院专业管理人员制定一个职业发展路径，将管理与领导能力纳入招聘和升职政策。

5.5.5.6 策略6（长期措施）：建立一个医院管理基准指标分析体系

医院管理基准指标分析体系定期追踪管理指标，并将其与重要的绩效指标相关联。基准指标分析体系不应该仅被用于评估医院管理，还应通过此体系来积极发现管理问题，改进管理做法，从而提高医院的绩效。

5.5.5.7 策略7（长期措施）：与学术机构加强合作并扩大医院管理学历教育项目

与学术机构加强合作并扩大医院管理学历教育项目，最终建立许多培养管理与领导人员的卓越教育中心。这可能需要调整及更新课程设置，为毕业生建立实习制度和在职培训制度，并培养各个管理与领导领域所需要的技能。

注释

1. 相关政策文件包括：国办发〔2015〕38号《国务院办公厅关于城市公立医院综合改革试点的指导意见》、国办发〔2015〕33号《国务院办公厅关于全面推开县级公立医院综合改革的实施意见》。

2. 公立医院改革议程的其他组成部分涉及支付方法、融资和人力资源，将在第6章和第7章中讨论。

3. 除了注明出处的引用之外，本节的数据来源如下：中国卫生统计年鉴，不同年份；2014卫生和计划生育事业发展统计公报。

4. 估算的医院支出占整体医疗卫生支出的份额来自经合组织健康统计（数据库），OECD，巴黎，http://www.oecd.org/els/health-systems/health-data.htm。

5. 不同国家平均住院天数的数据来自经合组织健康统计（数据库），OECD，巴黎，http://www.oecd .org/els / health-systems/health-data.htm。

6. 数据包络分析法是普遍用来评估效率的方法，涉及根据相关效率使用线性规划对公司评级，其理念基础是生产单位——或者决策单位——寻求在定量的投入中把产出最大化，或者说，在定量的产出中寻求把投入量最小化。

7. 技术效率和内部因素有关，如生产过程的管理和控制。技术效率由定量的投入组合生成——或者说，用较少的投入生产定量的产品，效率更高是技术层面的过程。

8. 规模效应由运作的规模决定。小医院通常效率低，因为小规模导致较高的单位成本。

9. 改编自 La Forgia 等2013.

10. 此外，参见国办发〔2015〕70号《国务院办公厅关于推进分级诊疗制度建设的指导意见》。不当的激励措施的问题将在第六章讨论。虽然公立医院是政府所有，由政府运营，财政受到直接补贴、社会保险支付和使用者费用等支持，还是有大规模的把创收决策权到医院管理层和医生手中的行为，他们倾向于像私立机构一样把自己的收入最大化。

11. 提供者的激励结构是第六章的主题。

12. 该讨论基于Duran（2015），Wright（2015），Saltman等（2011），La Forgia 和Couttolenc（2008）准备的案例。

13. 州法律的基础是改革巴西行政管理机构的国家框架法律，目的是把完全或者部分由州政府资助的社会活动的管理功能转移到私立管理，虽然由州立机构直接管理。

14. 英国医院从1980年代开始聘用或者解雇CEO，FTs继续这一做法。

15. 管理团队有权决定和绩效有关的占薪酬相当大的比例的激励机制（对于医务人员，在联合团体中平均达到8%，在公立医疗卫生公司中平均达到15%，对于行政管理人员，达到其薪酬的40%）。

16. 医疗卫生部门（以及州秘书处）对策略方向具有全面的政治责任。

17. 医疗卫生部门自己的数据表明医院平均0.9%的收入来自于自费患者，虽然有些部门的收入更多（癌症治疗、眼科和儿科的四个单位的收入超过10%），来源："Private Services in Foundation Trusts," NHS Privatisation（博客），2015年4月7日查阅，https://nhsprivate.wordpress.com/executive-summary/）。

18. 正如所指出那样，一些地方政府已经探索实施公立医院的不同治理模式。有些是中央政府批准的官方试点，有些则不是。上海和浙江市的属于官方试点，东阳和三明则属于地方自己实施的试点。

19. 遗憾的是，还没有经过核实的关于试点项目的效果的数据。这些案例（或者任何官方试点项目）中没有一例经过严格或者独立的评估。

20. 这种安排是城市领导者和一个台湾商人签订的特殊协议的一部分，该商人在1993年捐助大笔资金重建医院。

21. 县是中国所有省份中最常见的行政单位，通常包括城区和农村地区两部分。三明县位于福建省，拥有人口2700000，包括两个城区和十个镇。2013年该县有166个医疗卫生机构，其中22是二级和三级医院，共有8000个床位。

22. 单点研究无法为分析管理实践的总体质量提供充足信息，需谨慎判断该医院体系。

23. 这项调查由世界银行组织开展，本文介绍了初步调查结果。

24. 应谨慎看待各国医院打分的比对结果。最初所联络的中国医院79%都拒绝参加调查，这可能会导致抽样偏差，即接受调查的可能都是管理情况最好的医院。由于无法验证医院的绩效指标，研究人员没有分析管理得分与医院绩效指标间的关联关系。

25. 80%的商品和服务购置由总部负责，其余的由各连锁医院负责。

26. 例如，在SES内设立购买和合同管理部门，以有效分离购买和供给，这是促进OSS改革的一大举措。直接管理非OSS医院的医院"管理"部门则可以转向"保持距离"的监管。

27. 采用DRGs的国家同时采取措施以消解DRGs体系内的两种不正当激励。他们加强审计体系以发现医院为增加收入的各种不正当行为。另外，为了阻止医院为降低成本而 缩减医疗服务或者拒绝高成本患者，包括英国和西班牙在内的诸多国家都会提供额外款项，以支付高成本患者的医疗费用以及其他服务和活动的费用，如重症监护、特殊疗法、医学教育等（Cots等2011）。

28. 例如，FT理事会成员包括主席、医院总裁、副总裁、护士长、医疗总监、财务总监、人力资源总监以及五名选举产生的非行政成员。

29. 国办发〔2015〕38号《国务院办公厅关于城市公立医院综合改革试点的指导意见》。

30. 详见https://www.nhsproviders.org (2016年1月30日查阅)。

31. 更多信息，见"治理研究所"网站：http: //www.governanceinstitute.com（2016年1月30日查阅）。

32. 增强和专业化管理以及改进管理实践的措施是基于Frenk and others(2010)；Lega, Prenestini, and Spurgeon (2013)；MSH (2005)；Shaw (1998)；以及为本报告专门开展的个案研究。

参考文献

陈明、赵红梅、贾赛军、王力华、赵越，"运用全面质量管理方法改进专家门诊诊间加号流程"，《中国医院》2014，18（1）。

江蒙喜，《中国公立医院管理改革：镇江案例研究》，中国卫生发展研究中心，北京。世界银行委托案例研究。

马进，《中国公立医院管理改革：上海案例研究》，2015，世界银行委托尚未发表的案例研究。

国办发〔2015〕38号《国务院办公厅关于城市公立医院综合改革试点的指导意见》，国务院，2015a。

———国办发〔2015〕38号《国务院办公厅关于城市公立医院综合改革试点的指导意见》，国家卫生和计划生育委员会，2015-05-17。

———国办发〔2015〕70号《国务院办公厅关于推进分级诊疗制度建设的指导意见》，2015-09-11。

Allen, P., Keen, J., Wright, J., Dempster, P., Townsend, J., Hutchings, A. & Verzulli, R. (2012). Investigating the governance of autonomous public hospitals in England: multi-site case study of NHS foundation trusts. Journal of health services research & policy, 17(2), 94-100.

Allen, Pauline, Qi Cao and Hufeng Wang. 2013. "Public Hospital Autonomy in China in an International Context." International Journal of Health Planning and Management, doi: 10.1002/hpm.2200.

Audibert, Martine, Jacky Mathonnat, Aurore Pelissier, Xiao Xian Huang, and Anning Ma. 2013. "Health Insurance Reform and Efficiency of Township Hospitals in Rural China: An Analysis from Survey Data." *China Economic Review* 27: 326-338.

Bjork, David A. 2006. "Collaborative Leadership: A New Model for Developing Truly Effective Relationships between CEOs and Trustees." Chicago, IL: Center for Health care Governance. http: //www.americangovernance.com/resources/tools/collaborative-leadership-tool.pdf (accessed February 5, 2016).

Bley, Charles M., and Cynthia T. Shimko. 1987. "A guide to the board's role in hospital." Chicago: American Hospital Publications.

Bloom, Nicholas, and John Van Reenen. 2007. "Measuring and Explaining Management Practices across Firms and Countries." *Quarterly Journal of Economics* 122 (4): 1351-1408.

Bloom, Nicholas, and John Van Reenen. 2010. "Why Do Management Practices Differ across Firms and Countries?" *Journal of Economic Perspectives* 24 (1): 203-24.

Bloom, Nicholas, Rebecca Homkes, Raffaella Sadun, John Van Reenen, Stephen Dorgan, and Dennis Layton. 2010. *Management in Health care: Why Good Practice Really Matters.* London: McKinsey and Centre for Economic Performance. http: //cep.lse.ac.uk/_new/events/event.asp?id=114.

Busse, Reinhard, and Wilm Quentin. 2011. "Moving towards Transparency, Efficiency, and Quality in Hospitals: Conclusions and Recommendations." In Reinhard Busse, Alexander Geissler, Wilm Quentin, and Miriam Wiley, eds., *Diagnostic-Related Groups in Europe*. Berkshire: Open University Press, WHO, and European Observatory on Health Systems and Policies (pp. 149-174).

Castano, R., Ricardo Bitrán, and Ursula Giedion. 2004. "Monitoring and evaluating hospital autonomization and its effects on priority health services." Partners for Health Reform*plus*. Bethesda, Maryland. Accessed at: http: //www.phrplus.org/Pubs/Tech052_fin.pdf.

Chu, Kejia, Ning Zhang, and Zhonfei Chen. 2015. "The Efficiency and its Determinants for China's Medical Care System: Some Policy Implications for Northeast Asia." *Sustainability* 7: 14092-14111.

Coile, R. 1994. *The New Governance: Strategies for an Era of Health Reform.* Ann Arbor: Health Administration Press.

Cots, Francis, Pietro Chiarello, Xavier Salvador, Xavier Castrells and Wilm Quentin. 2011. "DRG-Based Hospital Payment: Intended and Unintended Consequences." In Reinhard Busse, Alexander Geissler, Wilm Quentin and

Miriam Wiley, eds., *Diagnostic-Related Groups in Europe*. Berkshire: Open University Press, WHO, and European Observatory on Health Systems and Policies (pp. 75-92).

Cuervo-Cazurra, Alvaro, and Ruth V. Aguilera. 2004. "Codes of Good Governance Worldwide: What is the Trigger?" *Organization Studies* 25 (3).

Curry, Leslie A., Erica Spatz, Emily Cherlin, Jennifer W. Thompson, David Berg, Henry H. Ting, Carole Decker, Harlan M. Krumholz, and Elizabeth H. Bradley. 2011. "What Distinguishes Top-Performing Hospitals in AMI Mortality Rates? A Qualitative Study." *Annals of Internal Medicine* 154: 384-390.

Deber, 2004. Private Delivery and Public Goals: Mechanisms for Ensuring that Hospitals Meet Public Objectives. Unpublished background paper commissioned by the World Bank.

Duran, Antonio. 2015. "New Roles for Hospitals in China; Lessons from Public Hospital Governance Reforms in OECD: Spain." Unpublished case study commissioned by the World Bank.

Durán, Antonio, Richard B. Saltman, and Hans FW Dubois. "A framework for assessing hospital governance." Governing public hospitals (2011): 35-53.

Duran, A., and R. B. Saltman. 2015. "Governing Public Hospitals." In E. Kuhlmann, R. Blank, I. L. Bourgeault, and C. Wendt, eds., *The Palgrave International Handbook on Health care Policy and Governance*. London, U.K., and New York, NY: Palgrave McMillan (pp. 443-461).

Edwards, Nigel. 2011. "England." In Richard B. Saltman, Antonio Duran, and Hans. F.W. Dubois, eds., *Governing Public Hospitals: Reform Strategies and the Movement towards Institutional Autonomy*. Copenhagen: WHO, European Observatory on Health Systems and Policies.

Frenk, Julio, Lincoln Chen, Zulfiqar A. Bhutta, Jordan Cohen, Nigel Crisp, Timothy Evans, and Harvey Fineberg. 2010. "Health Professionals for a New Century: Transforming Education to Strengthen Health Systems in an Interdependent World." *The Lancet* 376 (9756): 1923-1958.

Gage, Larry S., Anne B. Camper, and Robert Falk. 2006. *Legal Structure and Governance of Public Hospitals and Health Systems.* Washington, DC: National Association of Public Hospitals and Health Systems.

Gao, Tian, and Bruce Gurd. 2014. "Meeting the Challenge in Performance Management: the Diffusion and Implementation of the Balanced Scorecard in Chinese Hospitals." *Health Policy and Planning*. doi: 10.1093/heapol/czu008.

Gill, Mel, Robert J. Flynn, and Elke Reissing. 2005. "The Governance Self-Assessment Checklist: An Instrument For Assessing Board Effectiveness." *Nonprofit Management and Leadership* 15 (32).

Greenwood, J., R. Pyper, and D. Wilson. 2002. *New Public Administration in Britain.* London, U. K.: Routledge.

Govindaraj, Ramesh, and Mukesh Chawla. 1996. *Recent Experiences with Hospital Autonomy in Developing Countries: What Can We Learn?*. Harvard school of public health. Department of population and international health. DDM.

Guo, Jinshuai, Shijun Ma, and Xun Zhang. *Three successful improvement projects at a hospital in Guangzhou are proving that lean healthcare in China is an opportunity that the sector cannot afford to miss.* The Lean Global Network Journal. September. Accessed at: http: //planet-lean.com/lean-management-to-transform-a-chinese-hospital.

He, Jingwei Alex. 2011. "Combating Healthcare cost Inflation with Concerted Administrative Actions in a Chinese Province." *Public Administration and Development* 31: 214-228. doi: 10.1002/pad.602.

He, Alex Jingwei, and Qingyue Meng. 2015. "An Interim Interdisciplinary Evaluation of China' s National Health Care Reform: Emerging Evidence and New Perspectives." *Journal of Asian Public Policy* 8 (1): 1-18. doi: 10.1080/17516234.2015.1014299.

He, Jingwei Alex, Wei Yang, and Keith Hurst. 2015. "Clinical Pathways in China–an Evaluation." *International Journal of Healthcare Quality Assurance* 28 (4).

Holland, Thomas P., Robert A. Ritvo, and Anthony R. Kovner. 1997. *Improving Board Effectiveness: Practical Lessons for Nonprofit Health Care Organizations.* Chicago, IL: American Hospital Publishing.

Hu, Hsin-Hui, Quinghui Qi, and Chih-Hai Yang. 2012. "Analysis of Hospital Technical Efficiency in China: Effect of Health Insurance Reform." *China Economic Review* 23: 865-877.

Huang, Yanzhong. 2009 "An Institutional Analysis of China' s Failed Healthcare Reform." in Guoguang Wu and Helen Landsowne, (eds). Socialist China, Capitalist China: Social Tension and Political Adaptation under Economic Globalization. New York: Routledge.

Huntington, Dale, and Krishna Hort, eds. 2015. *Public Hospital Governance in Asia and the Pacific.* Vol. 1, No. 1. Geneva: WHO, Asia Pacific Observatory on Health Systems and Policies.

Ingram, T.T. 1996. *Ten Basic Responsibilities of Nonprofit Boards.* Washington, DC: National Center for Nonprofit Boards.

International Health Summit. 2003. *Hospital Boards: an International Journal for World-Class Governance Effectiveness: Global Trends Survey 2003.* International Health Summit.

Kirkpatrick, I., P. K. Jespersen, M. Dent, and I. Neogy. 2009. "Medicine and Management in a Comparative Perspective: the Case of Denmark and England." *Sociology of Health and Illness* 31 (5): 642–58.

KPMG. 2010. "The Changing Face of Health Care in China: Changing Public Policies and Resulting Opportunities." Hong Kong: KPMG. https: //www.kpmg.com/CN/en/IssuesAndInsights/ArticlesPublications/Documents/Health care-in-China-201010.pdf.

La Forgia, Gerard Martin, and Bernard Couttolenc. 2008. Hospital Performance in Brazil: The Search for Excellence. World Bank Publications. Washington, DC. USA.

La Forgia, Gerard, April Harding, Loraine Hawkins, and Eric Roodenbeke. 2013. "A Framework for Developing and Analyzing Public Hospital reforms in Developing Countries that Involve Autonomy." Working draft, unpublished.

Lega, Federico, Anna Prenestini, and Peter Spurgeon. 2013. "Is Management Essential to Improving the Performance and Sustainabilty of Health Care Systems and Organizations? A Systematic Review and a Roadmap for Future Studies." *Value in Health* 16: S46-S51.

Liu, Gordon. 2015. "Quality of Hospital Management Practices in China". *China Hospital Management Survey (CHMS)* [Unpublished Manuscript] .

Mannion, R., H.T.O. Davies, and M.N. Marshall. 2005. "Cultural Characteristics of 'High' and 'Low' Performing Hospitals." *Journal of Health Organization and Management* 19 (6): 431-439.

Mason, Anne, Padraic Ward, and Andres Street. 2011. "England: The Health care Resource Group." In Reinhard Busse, Alexander Geissler, Wilm Quentin, and Miriam Wiley, eds., *Diagnostic-Related Groups in Europe*. Berkshire: Open University Press, WHO, and European Observatory on Health Systems and Policies (pp. 197-220).

Mazzocato, P., Holden, R. J., Brommels, M., Aronsson, H., Bäckman, U., Elg, M., & Thor, J. (2012). How does lean work in emergency care? A case study of a lean-inspired intervention at the Astrid Lindgren Children' s hospital, Stockholm, Sweden. *BMC Health Services Research*, *12*, 28. http: //doi. org/10.1186/1472-6963-12-28.

McConnell, K. J., R. C. Lindrooth, D. R. Wholey, T. M. Maddox, and N. Bloom. 2013. "Management Practices and the Quality of Care in Cardiac Units." *JAMA Internal Medicine* 173 (8): 684-92.

McKee, Martin, and Judith Healy. 2002. Hospitals in a changing Europe. European Observatory on Health Care Systems Series. WHO. Open University Press. Philadelphia, USA.

McPake, Barbara, Francisco Jose Yepes, Sally Lake, and Luz Helena Sanchez. "Is the Colombian health system reform improving the performance of public hospitals in Bogota?." *Health policy and planning* 18, no. 2 (2003): 182-194.

Mossialos, Elias, Martin Wenzl, Robin Osborn and Chloe Anderson. 2014. International Profiles of Health Care Systems. The Commonwealth Fund. United Kingdom.

Naranjo-Gil, D. (2009). Strategic performance in hospitals: the use of the balanced scorecard by nurse managers. *Health Care Management Review*, *34*(2), 161-170.

National Health and Family Planning Commission (NHFPC). Various years. *China Health Statistical Yearbook*. Beijing: NHFPC.

———. 2015. *2014 Health and Family Planning Development Statistics*. Beijing: NHFPC.

National Health Service (NHS) European Office. 2011. The Search for Low-Cost Integrated Health care: The Alzira Model – from the Region of Valencia." Brussels: NHS European Office.

Ng, Y.C. 2011. "The Productive Efficiency of Chinese Hospitals." *China Economic Review* 22: 428-439.

Nolte, Ellen, and Emma Pitchforth. 2014. What is the Evidence on the Economic Impacts of Integrated Care. WHO Europe. Copenhagen.

OECD. 2015. Health Statistics 2015. http: // www.oecd.org/els/health-systems/health-data.htm accessed 1/28/16.

Over, M., and N. Watanabe. 2003. "Evaluating the Impact of Organizational Reforms in Hospitals." In Alex Preker and A. Harding, eds., *Innovations in Health Service Delivery: The Corporization of Public Hospitals.* Washington, DC: World Bank.

Parand, Anam, Sue Dopson, Anna Renz and Charles Vincent. 2014. "The Role of Hospital Managers in Quality and Patient Safety: A Systematic Review". *BMJ Open* doi: 10.1136/ bmjopen-2014-005055.

Preker, Alex, and A. Harding, eds., *Innovations in Health Service Delivery: The Corporization of Public Hospitals.* Washington, DC: World Bank.

Saltman, Richard B., Antonio Duran and Hans F.W. Dubois. 2011. Governing Public Hospitals: Reform Strategies and the Movement towards Institutional Autonomy. European Observatory on Health Systems and Policies. Observatory Studies Series 25. World Health Organization (UK).

Shaw, Jane. 1998. *Hospital Management: Training and Professional Development.* Geneva: World Health Organization.

Tam, Wai-keung. 2008. "Failing to Treat: Why Public Hospitals in China Do Not Work." *The China Review* 8 (2): 103-130.

Tsai, T. C., A. K. Jha, A. A. Gawande, R. S. Huckman, N. Bloom, and R. Sadun. 2015. "Hospital Board and Management Practices are

Strongly Related to Hospital Performance on Clinical Quality Metrics." *Health Affairs* 34 (8).

WHO/World Bank. 2015. Technical Roundtable Discussions.

World Bank. 2006. Brazil Enhancing Performance in Brazil's Health Sector: Lessons from Innovations in the State of Sao Paulo and the City of Curitiba. World Bank. Report No. 35691-BR.

———.2010. China Health Policy Notes: Fixing the Public Hospital System in China. The World Bank. Washington, DC USA.

Wright, Stephen. 2015. "New Roles for Hospitals in China: Lessons from Public Hospital Governance Reforms in OECD, MICs, and China: Analysis of Governance Arrangements in England: the Foundation Trust Model." Unpublished case study commissioned by the World Bank. Washington, DC: World Bank.

Yang, Jinqiu, and Wu Zeng. 2014. "The Trade-Offs between Efficiency and Quality in the Hospital Production: Some Evidence from Shenzhen, China." *China Economic Review* 31: 166-184.

Ying, Yachen. 2014. "Achieve Win-Win-Win Situation by Jointly Reforming the Drug Sector, Health Service Sector and Health Insurance Sector: Field Study Report on Public hospital reform in Sanming." August. Unpublished case study. Beijing: Health Development Research Center (NHFOC).

Yip, Winnie Chi-Man, William C. Hsiao, Wen Chen, Shanlian Hu, Jin Ma, and Alan Maynard. 2012. "Early Appraisal of China's Huge and Complex Health-care Reforms." The Lancet 379: 10. doi: 10.1016/S0140-6736(11)61880-1.

第6章

推手5：理顺服务购买与供方支付激励机制

6.1 引言

以人为本的一体化服务（PCIC）模式是中国建立高质量以价值为基础的卫生体系工作的核心。PCIC有三个重要元素（如第2章所述）：（1）围绕居民的需要进行卫生体系组织；（2）促进初级保健成为满足患者大部分卫生需求的第一接触点，因此要基于强大的基层卫生保健基础；（3）优先整合和协调从健康促进与预防到治疗和姑息治疗各个层级服务，以减少整个卫生系统碎片和资源浪费。重新调整在采购和供方支付的激励，以充实加强PCIC的发展和应用，因此必须进行改变，使供方支付对应、符合并最终实现上述PCIC的关键要素所蕴含的三个基本结果。这是本章的目的。

卫生领域的激励机制是指"服务提供方在其工作的组织和经营的机构中设立具体的奖励或惩罚干预措施"（WHO，2000，61）。根据这个定义，激励机制是卫生专业人员工作环境下的某些条件。这些条件能够促使、激励他们留在岗位，每天来工作，并且出于职业要求和客户需要，贡献足够多的时间和努力。

服务提供方支付方式产生了强大的激励，影响提供者的行为和卫生财政改革的效率、公平性和质量结果。支付给医疗服务从业人员和组织的金额和类型将影响消费者获得的这类产品和服务的金额和类型，并最终影响所有支付方的总成本，包括政府、保险公司、雇主和个人。支付的金额和类型也对医疗服务组织和个人的行为产生了影响，影响他们向消费者提供的服务的质量。与此同时，消费者为医疗服务所支付的金额和类型也影响他们的健康和寻求预防保健的行为、对医疗服务专业人员的选择以及他们寻求的服务的数量。

激励措施最关键的决定性因素是事后支付还是事前支付，因为这决定了由谁来承担服务提供成本的风险，反过来也会对治疗方式的选择产生影响。其他决定性因素包括供方支付方式的范围（即提供者的支付是否仅针对自己提供的服务或打包相关服务，如实验室检查和其他提供的服务）、支付的慷慨程度（即支付费用的低高）。这些因素同时并且各自影响服务提供方面对的激励机制，并且因此影响供方行为的很多变量，如包括防治医疗服务在内的服务数量和强度、控制成本的努力、对低风险和高风险患者的治疗、开出的转诊数量，以及高质量医疗服务的提供等等。激励机制同时受支付者的决定影响——支付者是指那些不仅支付保费的人（如个人、企业和政府），还有在保费支付给服务供方之前，对保费进行控制的保险公司和政府。虽然患者和企业是最终购买方，保险公司和政府充当了处理或支付者的角色。服务购买方也会顾虑财务管理的问题，包括预留一定比例的保费为已允诺但未发生的医疗服务提供资金，为不确定的情况划拨资源，如超过预期的医院利用水平、转诊的过度使用、突发事故，以及其他财务负债。类似地，支付方会担心保险福利（即医疗保险覆盖的具体范围，如门诊量、住院量等）构成支付方宣传的医疗服务范围。所有这些由支付方（涉及保险福利和资源管理的确定）和购买方（涉及财务管理、保险福利设计、订立合约和监测）日常运行展开的工作都影响着服务供方的激励机制和行为。

本章其他部分结构如下：第6.2节简要讨论了历年来卫生体系激励措施的发展演变；第6.3节展示了从入选的一些中国案例研究中学习到的经验教训，从而评估服务购买实践中的机遇和挑战、制定加强社会保障机构能力的路线；第6.4节讨论了近期服务提供者支付改革试点的挑战和经验；第6.5节通过对核心行动领域和相关的执行策略的讨论，对本章进行了总结。

6.2 卫生体系激励措施的发展演变

6.2.1 从计划经济到市场经济：1949—2009年

在中华人民共和国成立后的第一个十年，医疗卫生服务体系的建设和发展顺应了社会主义计划经济结构，并以由政府主导的服务提供为特点，公共财政支持城市地区，社区财政支持农村地区。农村地区的集体和城市地区的单位为职工购买并提供卫生医疗服务。在“缺医少药”的环境下，医疗卫生服务体系创新性地利用兼职医生提供预防和基础医疗服务（Manuel，2010）。公立医院的费用很低，而且因为医院灵活的政府预算体系受到赤字保护，他们没有动力去提供增加患者经济负担的不必要的医疗服务（Jing，2004）。在这一阶段，人们的健康水平得到了大幅改善，支出也保持在很低的水平（Liu，2004）。

毋庸置疑，另外两项政策的初衷都很好，却产生了不理想的结果。一是为提高医生的绩效水平，实行医生收入与其创收挂钩的奖金制度。二是为了提高卫生服务的可及性，人为地压低基本医疗服务和基础药物的价格，可是高价的服务项目和药物却有高利润率加价。这些扭曲的激励机制产生了众所周知的后果：为了实现收入最大化，医生往往诱导患者消费，以创造更高的收入；为了实现利润最大化，医院鼓励医生多开药和昂贵的检查。这些行为导致服务提供普遍低效，并进一步增加了患者的经济负担（Chen，2009；Feng、Lou和Yu，2015；Ma、Lu和Quan，2008）。这些及其他互不配套的激励机制在当前的卫生服务体系中根深蒂固，导致医疗费用攀升、因病致贫以及公众满意度下降。

与此同时，为了让医疗卫生机构能够在经济上存活，政府将一些新的和高科技的手段的定价设在成本之上，并且医院获许将药品加价15%。结果可以预料：医生们提供更多高利润的服务、开具更多药品，以获得更高的收入；医院开始鼓励医生多开药和过度的昂贵的检查，以获取收入。这使得公共机构变成利润追逐者，消极的状态也随之而来，即“服务供方［不得不］配价值七美元的药物来赚取一美元的利润”（Yip 和 Hsiao，2008，462）。这些行为导致服务提供普遍低效，并进一步增加了患者的经济负担。这些及其他互不配套的激励机制在当前的卫生服务体系中根深蒂固，导致医疗费用攀升、因病致贫及公众的广泛不满（Liu 和 Mills，1999；Blumenthal 和 Hsiao，2005；Yip 和 Hsiao，2008）。

这些政策导致中国卫生筹资和服务提供体系都更加倾向于医院越来越高昂的医疗服务。省级物价局的定价体系支持医院，致使高价医疗服务和技术过度使用。这也加剧了服务供方为追求更多利润的普遍趋势，而不是围绕医疗服务需求或者改善健康水平来配置资源、投资、升级设施和提供医疗服务。按项目付费的服务供方支付系统鼓励服务提供，并促使医疗卫生支出快速增长。大量的公共投资使国家医疗保险体系快速吸纳参保人（Meng 等，2012），同时，按项目付费鼓励医疗卫生机构为患者提供过度医疗服务。另外，为降低患者自付（共付）的费用、提高报销费率也诱导了消费者需求的增多（Babiarz 等，2012；Lei 和 Lin，2009；Liu 和 Zhao，2014；Meng 等，2012；Yip 等，2012；Yu 等，2010；Zhang、Yi 和 Rozelle，2010），使得卫生支出以两位数的速度高速增长。

6.2.2　医疗卫生改革：2009 年至今

针对快速上涨的医疗费用以及对高质量、可支付卫生医疗服务日益增长的需求，中国政府于 2009 年推出了近年来最大规模的卫生改革。这项改革针对 13 亿人口，在 2009 年和 2014 年之间投入了超过 3 万亿元人民币，以扩大社会保险制度的覆盖范围、建立基本药物制度、推动公立医院改革、改善基层卫生服务体系、提高公共卫生服务的公平性和可及性（Chen，2009）。这项投资令政府在卫生领域的支出翻倍，标志着政府在财政支持医疗卫生领域开始扮演越来越重要的角色。

2009 年的医疗卫生改革确定公立医院运营为五项核心变革之一。目标改革的具体领域包括医院治理、医院融资、服务供方支付方法以及鼓励私营医院的发展。随后，“十二五”医改规划（2011—2015 年）明确指出公立医院的目标是贯彻医疗卫生的公益性，并介绍了一揽子的政策，旨在理顺公立医院的激励机制，服务公共利益，提高效率（国务院，2011）。这些政策包括将药品收入与医院收入和职工薪酬脱钩，改变服务供方支付方式，提倡药物合理使用，测试其他治理结构，改革人力资源管理以及采用更加有效的内部管理。推行零加成的药品政策，使公立医院的收入与药品销售脱钩。然而，该政策仅适用于主要药品清单列明的药物，医院对主要药品清单未涵盖的药物继续征收加成费用。为了弥补医院在药品收入上的损失，鼓励当地政府向公立医院增加直接财政补贴。另外，这项政策修改了医院价格明细表，降低了高科技诊断测试的价格，提高了之前定价过低的劳务密集型医疗服务价格。人社部分别于 2011 年和 2012 年印发了《关于进一步推进医疗保险付费方式改革的意见》（人社部发〔2011〕63 号）、《关于开展基本医疗保险付费总额控制的意见》（人社部发〔2012〕70 号），明确了付费方式改革的目标路径，确定了总额控制的工作方法。[1]各地按照人社部门的要求，全面实施了医疗保险付费总额控制，按病种、按人头、按单元等付费方式的应用范围逐步扩大，复合式医保付费方式初步建立。通过医保支付对医疗机构的激励与约束作用，规范医疗服务行为，调动医疗机构和医务人员主动控制医疗成本的积极性，控制医疗费用不合理增长，引导医疗资源合理配置和患者有序就医。

6.2.3　激励机制的弱点

尽管在很短时间内取得了接近全民医保覆盖的显著成绩，但中国仍然需要对卫生系统内在的激励机制进行更多的调整，这些激励机制支配供方行为并且影响购买医药卫生产品和服务的性质和范围。2009年启动的大规模改革正在积极尝试纠正执行了30年的激励错位。在这种情况下，医院通过将奖金和医生绩效与医院收入乡挂钩从而借助医生的力量。最终的结果就是出现和PCIC几乎完全背离的情况，即卫生部门的资源重新分配给医院利润中心、远离以病人为中心的原则、医师陷入创收的困境，而这也影响了他们的治疗选择。

在服务购买机构广泛使用的收费价目表中，有些服务的价格低于成本（如健康促进、预防和咨询），而有些则高于成本（如昂贵的诊断）。这促使供方过度提供利润率高的服务，而不再优先考虑公共利益。由于服务购买机构使用的收费价目表使得预防和健康促进服务的利润最低，因而这些服务就被忽视了，即使是简单的健康问题，医生也更愿意开具抗生素和静脉注射的处方从而获得利润。不出所料，中国75%患普通感冒的患者和79%的住院患者的处方中包含抗生素，超过国际平均水平两倍，导致卫生支出增长（Zhou，无日期）。

同时，服务价目甚至刺激公立医院通过高额操作获取利润，因此公立医院在新科技和医疗器械方面进行大量投入并通过大量的患者数量来抵消固定成本。再加上追求利润的驱动，处于资本投资优势地位的高级别医院持续扩张，吸引越来越多的物质、资金和人力资源，而下级医院无法在技术水平上与上级医院竞争。最终结果就是资源充裕的三级医院与资源贫乏的下一级医院角逐，对下级医院提供高质量的医疗服务的能力形成负面影响，并促使医生谋取收入前景更光明的三级医院的职位。患者更愿意去高级别医院就诊，导致上级医院人满为患而基层医疗机构资源闲置的低效局面。在这种情况下，中国全部医疗卫生支出中大医院所占份额从1990年的56%上升到2012年的63%，与此同时，乡镇医院的份额从11%下降至6%，而门诊的份额从21%降至9%（见图6.1）。

最终，由于基层医疗机构能力有限且缺乏有效的转诊制度，患者自己可以选择去

图 6.1　1990—2012 年中国各级医疗机构的卫生总费用占比

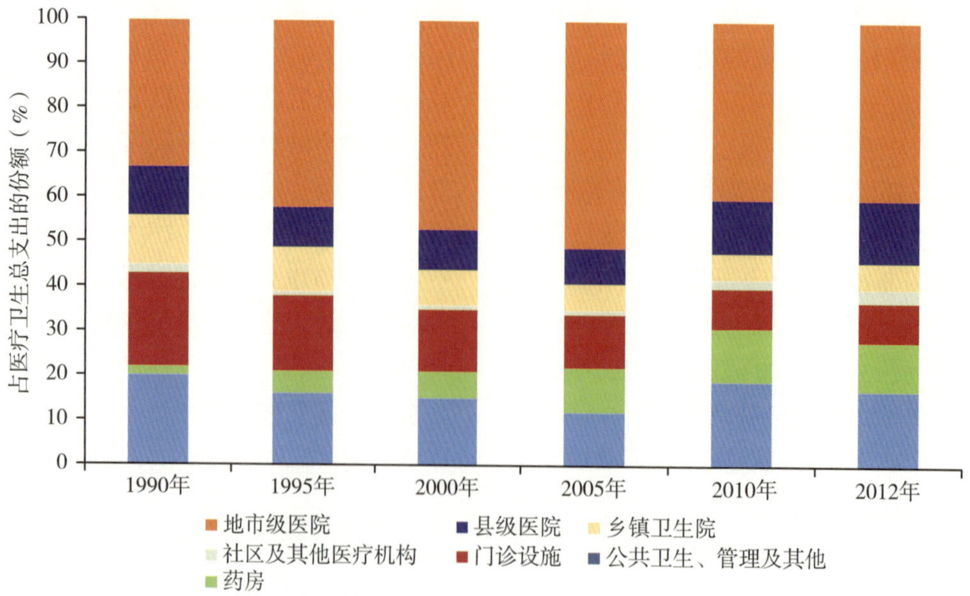

来源：卫生部，《2013年中国卫生统计年鉴》。

任何级别的医疗机构就诊。虽然在不同级别的机构，患者的自付比有所差别，对于同样的治疗，越基层的医疗机构的报销比例越高（如对同样的手术，二级医院的报销比例高于三级医院），但报销比例的差额不足以阻止患者越过基层医疗机构直接去三级医院就诊，因为三级医院的服务质量高于基层机构。最后，鉴于级别高的医疗机构往往能吸引更多的经过规范化培训的医生，并且配备了更多的高科技设备，因此即使是非常普通的治疗，患者也往往更愿意去级别高的医疗机构。这种选择的最终结果是大医院人满为患，患者等候时间长，提供服务的边际成本更高，医生为每名患者提供服务的时间越来越短，更多地使用高科技诊断工具，以及因此而产生的低效和费用的增长。

6.3 来自特定案例的挑战和经验

6.3.1 医疗保险制度和医疗救助计划概览

正如第1章提到的，中国的医疗保障体系包括三个基本医疗保险制度：城镇职工基本医疗保险制度（职工医保）、城镇居民基本医疗保险制度（居民医保）和新型农村合作医疗制度（新农合）。此外，还有包括城镇特困人口医疗救助和乡村特困人口医疗救助在内的特困人口医疗救助计划。截止到2015年底，职工医保、城镇居民医保以及新农合已经分别覆盖了2.89亿、3.77亿以及6.7亿居民。[2]另外，重大疾病保险计划为重病患者的高额医疗费用提供财务保护，并且对面临重大医疗支出的家庭，覆盖基本保险上限50%或以上符合条件的支出。[3]最后，2013年建立的疾病紧急救助和财务救援体系为没有身份文件的患者提供紧急医疗费用，为有身份文件但是无力支付的患者提供未付部分的紧急费用。[4]

三个基本医疗保险制度的区别在于它们是如何筹资和运行的。职工医保具有强制性，雇主和职工分别缴纳职工工资的6%和2%。筹资分为两部分：雇主缴纳部分的2/3用于风险统筹（社会统筹基金），雇主缴纳部分的1/3和职工缴纳的工资的2%部分计入职工个人账户。在某些情况下，个人账户用来支付门诊服务，而统筹基金用来支付住院服务。在另一些情况下，在使用统筹基金前，可用个人账户里的资金支付门诊和住院费用的低于起付线的部分。一般情况下，患者可报销总住院费用的65%—70%。

居民医保覆盖儿童、学生、老人、残疾人和其他城市无业居民。这一制度主要由受保险人和政府补贴来筹资，政府补贴部分从2007年的40元增长到2016年的420元。地方政府有权根据其负担能力和筹资情况来决定不同人群的保费和收益水平。[5]最初，城镇居民医疗保险只覆盖住院，随着时间的推移，各地政府已经建立了门诊统筹基金。一般来说，患者可以报销总住院费用的45%—50%。

新农合覆盖农村居民。保费主要由政府补贴（2016年是420元），个人缴纳的金额很低（120元）。大部分的新农合模式最初仅覆盖住院医疗服务，一些覆盖住院以及主要急性病的门诊服务，另有少部分模式是门诊和住院医疗服务都覆盖。中西部地区最广泛使用的模式是由覆盖门诊服务的个人账户和起付线很高的、覆盖住院服务的大病保险组成。从2010年起，越来越多的地区停止使用个人账户，开始基于事先确定的药品和医疗服务的报销范畴，使用统筹基金报销门诊和住院服务。一般来说，新农合可以报销55%的住院费用和50%的门诊费用。

以上三种保险有各自报销的药品和服务的范畴。城镇职工保险和城镇居民保险报销最多，覆盖超过2000种药品。新农合报销相对少很多。城镇职工保险和城镇居民保险的范畴很接近，但前者报销多。国家基本药品目录（2012年包括520种药品）包含在这三种保险的报销范畴中，比其他药品的报销比例稍高。基层医疗机构只能够提供基药目录上的药品，制约了在这些机构就诊能享受到的实际福利包。

本节将介绍特别委托的在特定省份和乡镇开展的一份研究结果。它以各个医疗保险制度和国家地理区域为代表，用以评估服务购买中的机会和问题，并明确加强社会医疗保险机构和当地卫计委能力的路线图。研究的样本包括东部——北京、浙江杭州、成都、江苏江阴、上海、天津、广东珠海；西部——重庆九龙坡区、贵州普定、宁夏盐池和青海西宁；中部——河南息县。战略购买职责包括战略计划和政策发展、财务管理、保险金设计、与服务供方制定合约和绩效监测。

大多数的改革都纳入了对服务购买方能力的投资，尤其是对维持基金收支平衡和提高保险覆盖率和报销比例主要职责。然而，服务购买方在运用合约、发展和管理有效的服务供方支付系统，或者供方绩效监测方面的能力仍然有限。很多服务购买和供方支付的创新建立在过去的要求上，依靠外部专家的技术贡献，而不是日常的内部能力，因此服务购买方仍旧没有足够的能力去监测病例组合和服务质量。

6.3.2 基本医疗保险机构购买能力弱

中国三种医疗卫生服务制度购买机构的职责是收支平衡，同时为受保人维持并提高现有财务保护水平。尽管2009年和2012年的改革指南承认需要更好地利用战略医疗服务购买，促进服务供方行为的改变，但社会保险机构的绩效评估依然主要依据其能否实现收支平衡以及能否在提高报销率的基础上确保基金安全。

新农合管理办公室的义务和职责是发展当地新农合政策，在省级新农合政策的框架下组织和推动执行政策，计划项目收支，招揽目标人群参加保险，并且培训乡镇下级部门收集保险收入、检查服务提供方的资历、监督卫生医疗服务、审计费用以及公布财务报告。大部分乡镇的新农合办公室人员短缺，没有足够的能力完成上述所有职能。因此，四分之一的国家新农合办公室聘请商业保险公司完成一些日常任务。当地新农合办公室按照国家和省级卫计委的要求，更多地负责战略布局和制定政策的工作。部分省份的研究表明，在普定、息县、江阴和常熟，当地新农合办公室制定保险金范围、服务供方支付、监测和合同规则等方面的决策。

6.3.3 保险收入不容易预测

通常而言，三种制度的财务管理过程类似，包括预算、收入、分配和使用基金、处理负债和盈余、审计和监督。当一个财年结束时，每个服务购买方需要预估下一年的收入和支出，并得到财务部门的审批。

新农合和居民医保的收入很难预测，因为加入保险是自愿的，而且政府补贴直到新一财年开始才公布。保险收入直到年中才能收到，因为费用的缴纳来自不同的渠道，政府补贴的划拨也需要时间。相反，由于职工医保的保险金缴纳是强制性的，并且自动从雇主收入和职工工资中扣除，这些保险金通常能够稳定及时达到基金账户。对职工医保收入的预测是基于经济增长的预测、保险覆盖面、员工平均工资和保费贡献率。支出的预测是基于受保人的年龄结构、疾病种类、通货膨胀水平、保险金范围和保险基金的结余情况。

所有机构在年内通常按月分析支出，但在现代信息系统先进的地区（如上海、天津和常熟），有时也进行实时分析。盈余和负债根据中央政府颁布的规定进行管理，指出新农合结余应至少达到年需求的15%，职工医保和城镇居民医保结余要求是累计结余可支付月数为6—9个月。通常，定期向服务供方进行支付，但是如果准备金不足（如2013年贵州普定和北京的案例），或者支付方需要更长的时间评估绩效（如宁夏盐池的案例），支付也可能会暂停。

6.3.4 不同保险制度间碎片化的保险金设计

每个新农合统筹基金办公室都可以决定保险福利、费用分摊和其他安排，因此出现了很多不同的模式。省级卫生厅通常负责设计疾病范围、医疗服务包、药品清单和每一级服务供方的报销比例。当地乡镇的办公室可以调整服务包，并在乡镇政府和卫生局的领导下设置费用分摊的安排以反映当地人群的需求和偏好。新农合在决定医疗服务保险覆盖范围时需要进一步考虑人们的偏好、疾病负担、成本效益或者服务供方的能力。

医疗保险福利包中的服务和药物考虑国家政策的优先级和资源的限制。最近几年，国家卫计委要求新农合保险覆盖22种重大疾病，包括白血病、耐药及耐多药肺结核和乳腺癌，并且设定了最低70%的报销比例。中央政府也规定了报销药品的数量（乡镇卫生服务中心是500—800种，乡镇医院是800—1200种），并且为基本药品设定了高出5%—10%的报销比例。

相比起新农合，人力资源和社会保障部制定了国家基本医疗保险保险药品目录，省级和当地人力资源和社会保障厅局确定卫生医疗服务和医药技术和设备的目录。省级厅局还可以根据本地实际情况，按规定对国家医保药品目录中乙类药品进行调整。国家和地方药品目录均在专家评审基础上产生，这些专家来自药学、临床以及药物经济学、医保管理等领域。药物按通用名称列出，省级卫计委管理的省级竞争性招标和批量采购系统确定具体的药品种类、数量和供应商。省级和更低级的基本医疗保险制度有权决定疾病范围和费用共摊的安排，通常老年人和患有慢性和重大疾病的患者不会享受更高报销比例和封顶线。从2012年起，中央政府鼓励各省在居民医保的基础上设立一项新的保险制度。由商业保险机构运行的这项制度针对在城市支付高额自付费用的未就业人群，为其提供额外最少50%的报销。此外，建议在基本新农合的基础上同时采用这项保险制度。

6.3.5 基本医疗保险制度未有效使用选择性合约订立

理论上，新农合和居民医保都能够选择与公共和商业医疗保险服务供方订立年度合约，为受保人群提供指定清单的药品和服务。然而，实际上城市中所有公共服务供方都订立了合约，而且他们基本每年都会续约。这就引出了一个新问题：基本医疗保险制度是否有效地使用了选择性订立合约的方式，起到激励机制的作用？此外，合约内容对每个服务提供方基本都一样，通常是较为宽泛的原则，它们更像没有具体条款和支付金额的普通政策。因此，服务供方“被迫”承担合约内容，而非通过共同协商的方式来处理。最后，服务购买方、提供方的法律地位和规章制度的依据不明确，削弱了合约的执行效力。

直到几年以前，职工医保和城镇居民医保的服务供方支付大多还是按项目收费。2012年，人力资源与社会保障部启动了服务供方支付改革，将事后支付改为事前支付，引入混合支付方法，以控制项目开销，提高效率，提升质量。支付价格依据不断调整的历史价格和与服务供方协商后的结果进行设置。允许服务供方保留结余，服务购买方和供方合理共摊超额支付部分。在两年的时间内，超过80%的地区启动了试点，并采用了门诊服务按人头或者总额预付制，某些住院服务按具体情况或按日付费的方式进行。然而，由于缺乏数量和质量上的分析，很难判断这些改革是否在控制支出或提高服务质量方面达到了预期效果。

6.3.6 服务供方绩效监督有待提高

大多数新农合保险服务的购买方扮演了被动第三方支付者的角色。尽管试图引入绩效评估，但是考核指标却多与看病次数和提供的服务数量挂钩，很少评价服务质量。总的来说，新农合办公室强调审核报销申请和资金支付的重要性，但未能在绩效方面定期收集数据进行评估。但是，也有一些例外，如宁夏盐池和海原通过定期对诸如抗生素使用率等系统指标和结果进行评估，并根据相应的绩效表现，扣留40%的人头费。大多数基本医疗保险制度有权设立标准，检查标准遵循情况，并决定质量较低的后果。江阴和常熟不仅监督服务供方的绩效，还帮助供方提高绩效。盐池的绩效考核系统注重质量和诊疗结果，并建立了一个由外部专家团队专业管理的按绩效支付的竞争机制。

基本医疗保险通过信息系统监测预算执行、患者实际报销、患者每次看病/入院的花费、住院时间、总量、看病次数和总患者数的比例以及再入院率等指标。同样地，服务供方监测药品和消耗品支出，因为这些项目的利润较高。他们还通过监测一些其他效率指标，如息县的“高费用编码”（为医疗过程或治疗分配一个不准确的费用代码来提高报销率）、北京的费用消费指数（治疗同种疾病的费用）和基于病种复杂程度的指数来确保诊断相关分组提供合适的支付（组内存在费用差别，但是差别不大）。

保险机构也注意开处方的问题，因为这是医疗成本上升的重要因素。保险机构追踪的最普遍的指标是药物花费占总花费的比例。一些乡镇也监测其他的指标，比如：标准处方率（息县）；抗生素使用率以及“分开处方”率，以监测单一处方被故意分成两个或更多单独费用单的情况（盐池、常熟）；处方量，以观察为个人自用或利润而非法获取处方药的行为（北京、九龙坡）；抗生素使用的强度、激素使用率，以判断最低必要剂量的激素在最短的需要时间内使用，以及输液率（常熟）；社区卫生服务中心是否只使用了新农合开具的药品（江阴）。

一些乡镇和省份监测质量和医疗结果指标，如诊疗行为是否遵循规则（息县），药品测试的阳性率（息县、杭州、江阴、常熟），诊断和处方的准确性（常熟），按说明治疗的情况（杭州），按要求住院的情况（江阴），剖腹产率（三级医院小于等于45%，社区卫生服务中心小于等于20%），死亡率（盐池），再入院率（杭州、西宁、上海、常熟），以及转诊率（西宁、常熟）。

在不同的情况下使用不同的绩效指标。当结余或超支的比例在预付制中被设为一项绩效考核的指标时（息县、杭州、西宁、珠海），通常可用来判断当出现结余或赤字时服务供方能收到多少付费。有一些保险机构（九龙坡、北京、天津、珠海）使用效率和费用扣留的指标，在下一年初调整预算。其他地方（息县、盐池、江阴、常熟）划拨最终预算的一个固定部分与绩效相挂钩，通常是质量、效率、诊疗结果或者患者满意度这类指标。在北京和常熟，超出报销上线后的报销比取决于评估结果，保险机构只与在绩效考核中表现良好的服务供方共享盈余。

6.4 中国服务供方支付改革：从近期试点中获得的经验

全世界范围内服务支付方都开始从按项目付费、注重服务数量的医疗卫生服务转向价值为基础的支付模式，这样能够激励服务供方（医院、医生和其他职业医疗卫生服务提供者）注重质量、结果和成本控制。通过提倡患者价值和效率，这些支付方法将一些风险转移给服务供方（专栏6.1介绍了支付分类）。中国很多地方试验都试图利用支付激

专栏6.1 支付方法分类

支付方法可以总结如下：

- 按时间付费，即每年支付固定费用，就像工资那样。
- 按受益人或者按人头付费，服务供方按受益人（人头）获得固定金额的费用。
- 按接收方付费，同按人头付费一样，但是覆盖患者可能接受的特定服务。
- 按时期付费，比如打包支付或者预付、诊断相关分组付费。
- 按日付费，服务供方每日获得固定金额的费用，无论提供的是何种服务。
- 按服务付费，即根据服务数量付费。
- 按成本付费或者依据成本报销。
- 按次数付费，即成本与固定利润的加成。

基于风险的支付模式

基于风险的安排是根据治疗特定情况或患者人群的预期成本来估计，包括按人头付费、打包支付和结余共享安排。这些模型将管理服务使用和治疗费用的责任放在服务供方身上。基于风险的合同两种固有风险：保险风险和绩效、使用风险。保险风险将疾病、事故或损害的财务费用分散在一部分保险覆盖的人群。保险风险的携带者通常有足够的财务储备来支付保险风险。绩效或使用风险涉及管理特定人群使用医疗服务的使用比例。服务供方通常对医疗服务，尤其是不必要医疗服务的使用，以及他们所提供的服务及其质量有很大的控制权。在基于风险的契约下，绩效风险全部或部分转移给了服务供方。基于风险的模型包括“上行风险”，如果服务供方只分享结余，而不共担损失的风险；“下行风险”的安排则是指服务供方分享结余，并对任何损失的一部分负责。

打包支付

打包支付是一种预付支付。在打包支付下，针对特定范围内的服务，服务供方共享一笔支付，而不是每个服务供方单独收到支付的费用。打包支付的目的是促进多个服务供方之间的合作，以协调服务，控制成本，减少不必要服务使用并改善患者医疗护理。打包支付在付款人和服务供方间分享风险，处于按服务付费（即服务支付方承担风险）和按人头付费（即服务供方承担风险）的中间地带。服务供方往往对打包支付有些担忧，因为报销并不反映出异质性，而且在缺乏准确的成本数据情况下可能造成财务风险。

来源：Frakt，2016；“Alternative Payment Models：Frequently Asked Questions”，American Academy of Pediatrics（2016年1月19日），https：//www.aap.org/en-us/professional-resources/practice-transformation/getting-paid/Pages/Payment-Models.aspx.

励措施来支持PCIC的某些方面。有些试验的目的是整合城镇和农村卫生服务提供者的服务；另外一些则致力于创建使县医院成为有效“守门人”的激励措施。这些试点经验和PCIC的讨论紧密相关。

中国的供方支付方式改革开始于15年前。1999年，劳动与社会保障部在颁发的一项政策文件中推广城镇职工基本医疗保险实施总额预付制、按项目付费和按床日付费。[6]几年后，2004年卫生部在七家试点省份实施了按病种付费。[7]但直到2009年国务院发布深化医改意见，鼓励各地试点按病种、按人头付费及总额预付制度，各地才把支付制度创新列入重点工作议程。[8]2011年，人力资源与社会保障部发布了《关于进一步推进医疗保险付费方式改革的意见》，明确了实现全国改革任务目标的路径[9]：（1）要根据基金收支预算加强付费总额控制；

（2）探索总额预付办法，根据不同定点医疗机构级别、类别、特点以及承担的服务量等因素，落实到每一个定点医疗机构；（3）对于门诊医疗费用的支付，探索实行以按人头付费为主的付费方式；（4）对于住院及门诊大病医疗费用的支付，探索实行以按病种付费为主的付费方式，或者在暂不具备实行按人头或按病种付费的地方，作为过渡方式，可以结合基金预算管理，将现行的按项目付费方式改为总额控制下的按平均定额付费方式；（5）医疗保险基金与医疗机构间科学合理地确定付费标准的谈判机制。

文件建议，新支付方式的付费标准要对历史费用数据进行测算，在此基础上，根据医保基金总体支付能力和现行医保支付政策，确定作为参照的医保基础付费标准。同时，综合考虑经济社会发展、医疗服务提供能力、适宜技术服务利用、消费价格指数和医药价格变动等因素，建立付费标准动态调整机制。政府还颁发文件要求对各类医疗机构全面开展医保支付总额控制。2012年人保部、卫计委和财政部联合颁布了《关于开展基本医疗保险付费总额控制的意见》，总额控制目标应该考虑基金预算收入、各类支出风险、物价水平和医疗机构历史服务提供情况等因素。[10]同年，国务院指导意见中要求医疗机构推行支付制度改革，包括总额预付、按病种付费或按床日付费等。[11]

在这些近年来颁发的政策文件驱动下，各地纷纷开展试点，从按项目付费转向总额预算支付、按人头付费、按病种付费、按床日或按绩效付费，财务风险也开始转移给服务供方。

6.4.1 总额预付制

一些省市和县开始执行支持医疗服务和控制支出上限的总额预算付费制度，这种付费方式对降低医疗服务支出的增速有一定效果。比如，上海城镇职工基本医疗保险支付方式在2003年从按项目付费调整为总额控制付费方式，并实施了混合支付方式，包括按项目付费，精神病医院按床日付费，对部分病种和治疗措施采用按病种付费。2009年，对所有医疗机构全面执行总额预算预付制。类似地，杭州根据每家医院的总额预算值的历史报销数据为依据并根据医疗机构的级别和服务特点、通胀和价格变化进行调整。预付后所产生的结余或损失由城镇职工基本医疗保险和医疗机构共同分担。

6.4.2 按人头付费

按人头付费也有很多成功的试点。江苏省镇江市在总额预算制下还设定了按人头付费的标准，主要是依据含药品和检查费的年度治疗费用进行设定。对于基层医疗机构来说，只有某个慢性病患者的费用达到了年度慢性病人头费的70%以上，医疗机构才能得到人头费的全额支付。类似地，湖南常德市甚至对三级医院的住院患者也实施按人头付费。城镇居民基本医疗保险87%的基金都是以按人头付费的方式支付给医疗机构的，结余资金作为储备和风险调剂金。在2008年到2010年间开展的评估表明，支付方式改革将住院患者自付费用减少了19.7%，患者自付费用比例减少了9.5%，住院日缩短了17.7%。然而，与之前实施按项目付费时相比，在住院患者总费用、药品费用占比、治疗效果和患者满意度方面的差别不大。

6.4.3 按病种付费

尽管推行试验已有十年，按病种付费（即按医疗的病种协商付费）的情况仍然比较少。而且，费用计算主要反映过去按服务付费体系下病种、服务数量和价格的趋势，按服务付费仍旧是设定患者自付的基础。然而，存在一些特例。在北京，2011年城镇职工基本医疗保险在六家医院首次实施了疾病诊断相关分组（DRG）制度，包括108个诊断组。

对这六家试点医院和八家仍然使用按项目付费的对照医院的出院数据的分析结果显示，DRG 支付方式使患者每次住院的总费用和自付费用分别下降了6.2% 和10.5%。然而，对于年纪较大且有更多并发症的老年患者，医院仍然使用按项目付费。在上海，医保对服务提供者按固定的病种费用支付，与实际费用无关。对上海做法的评估显示，为了保证自己的利润，医院会采取一些投机做法，包括减少住院时间。医院同样还会采取一些转移费用的做法，如提高非参保人员的费用来补偿在参保患者那里的收入损失。在某些情况下，总额预算付费包括按绩效（或活动）付费，如常熟、杭州和重庆九龙坡区施行的那样，但都没有注意可能对医疗服务质量产生的负面影响。

6.4.4 按床日付费

有些市县正在试验按床日付费，如深圳对于住院患者实施按床日付费。支付总额的确定是依据每个住院日的付费标准及调整后的住院量。调整后的住院量是实际住院量乘以住院与门诊之比。支付标准与实际收费（基于收费表）之间的差额由双方共担。另外，在江苏常熟，城镇居民基本医疗保险依据疾病严重程度、治疗时间和医疗机构级别设定了不同的按床日付费标准。对于手术患者，手术前的住院日、手术日及术后住院日的支付标准不同，并且如果患者住院日延长，支付标准会随之下降。

6.4.5 混合付费方法

有些市县在试验混合式支付方式。贵州为村医实施了工资加奖金的支付方式取代了原来的按服务项目收费的做法，并消除了村医过度开药的激励机制。一项评估表明，门诊患者费用和药费都出现了下降，但是村医增加了非药品服务（如注射），而且更愿意把患者转诊到医院，这样做增加了医疗总支出。宁夏针对基层医疗机构实施了按人头付费和按绩效付费相结合的支付方式。一项评估表明，抗生素的使用和总门诊支出都有所下降，并且没有对医疗服务的其他方面产生大的负面影响。

在河南息县，新农合按照诊断和病例混合的诊疗特征，将所有县级公立医院治疗的疾病分为三类（A类、B类和C类）。对于多发和不太严重的病例（A类和B类），采取包括诊疗指南里规定服务的按病种付费。病例付费收费根据过去三年按服务收费的实际平均费率，并与服务供方进行协商。对于更复杂的病例（C类），仍按服务付费。新农合预先支付总费用的40％给服务供方，剩下的60％根据绩效表现来支付。息县评估绩效的主要指标包括抗生素和类固醇按要求的使用率（>95％），在大型设备上试验的阳性率（>70％），是否与入院诊断标准合规（>90％）以及患者的满意度（>95％）。同时，邀请专家评估服务供方绩效，获得评价分数大于等于85分的机构可以100％地拿到他们要求的支付金额。分数在80—85分的机构能收到95％的支付，75—80分的能收到90％的支付，依此类推；60—65分的机构只能收到75％的支付，并会收到一份警告。那些连续三年不足60分的机构，息县新农合将不会再与其签订合约。

6.4.6 绩效指标和监测体系

西宁居民医保收集一些效率指标的信息，如再住院率、转诊和转院率、平均住院病床使用天数、大型设备成本比例，以及一些患者的经济负担指标，如总花费中的药品花费比例、自付支出比例和患者满意度。如果住院率或者转诊和转院率超过标准的1％，年付费就会减少0.2％；如果医药成本比例和自付比例超过标准的1％，基金付费将减少1％。对其他指标也有类似的处罚。江阴和常熟还设定了门诊和住院服务的绩效指标。除了江阴的诊断和检查准确性的指标外，常熟的新农合还使用外部医疗的转诊率作为服务供方能力和质量的一个指标。常熟还注意开处方药的做法，监测抗生素和混合药品、激素、静脉注射液的使用，以及分开处方的情况。

杭州、九龙坡、珠海、息县、西宁、北京、上海改进了用科技和信息管理监测绩效的方法。息县还开发了一项运行良好的服务供方绩效评估系统，将IT系统生成的日常绩效指标与随机诊疗审计相结合。然而，大多数机构的进展受到碎片化的IT系统、职工能力有限和较差的联通性等问题影响而搁置。一些更具创新性的服务购买方称，他们通过增强员工培训、提高招聘要求、进行IT、数据分析战略投资以及开展更多对外学习交流项目来加强能力建设。

6.4.7 案例研究：三明市的激励措施改革

三明市位于福建省的西北部，人口274万人，是一座老工业城市，人口构成中退休人员的比例较高。三明市22所公立医院的医疗卫生服务支出从2008年的856万元逐渐增长到16.9亿元。因而，三明市的职工医保从2009年开始就出现赤字（到2011年已经积累到175万元）。在这样的背景下，三明市在2012年2月启动了广泛的改革，主要包括（Ying，2014）：

• 建立三明医疗保障基金管理中心（PHIFMC），制定包括药品采购、使用率审核以及成本监控等决策。

• 三明医疗保障基金管理中心集中负责省级药品的采购，通过由三明医疗保障基金管理中心而不是医院管理的网上竞标来挑选药品供应商。

• 对处方药和易耗品实施零加成政策，将医院收入与开处方分离。

• 提高医院费用，22家公立医院87%的损失是因为处方药零加成造成的。

• 通过提高年工资绩效奖金来提高医院主任和卫生医疗服务专业人员的收入。

通过这些干预措施，卫生医疗服务支出下降，职工医保（在这么多年赤字后）开始出现盈余，卫生专业人员的收入提高。取得的一些显著成果如下：

• 22家公立医院的处方药支出下降了18%，从2011年的680元降到了2013年的560元。患者门诊的平均药品费用低于全省及全国的平均水平。

• 2013年的住院服务支出与2011年相比下降了6.6%，而之前五年平均每年增长6.2%。

• 门诊服务的支出在2011—2013年没有明显的变化，但从全省范围看，三明市的增速是最低的。

• 在经历了几年赤字后，职工医保在2012年盈余263万元，2013年盈余1168亿元。

• 在三明市的22家公立医院中，药品和消费品的收入从2011年占所有收入的60.1%下降到2013年的38.3%。

• 卫生医疗专业人员的工资增长显著。医院的工资总账单上升了42%，从2012年的4.984亿元增长到2013年的7.092亿元。医生的平均年收入上升了48%，达到99800元。

6.5 通过理顺激励机制来深化改革的核心行动和执行战略

即便是对于最发达的经济体，实施卫生财政改革也是很具有挑战性的。大部分卫生体系的共同特点是资金从居民和政府通过各种各样的机构流向各种不同的卫生产品和服务提供者。每一次资金的流转都涉及各种交易信任的交换，其中支付人将钱委托给代理人以换取期待所得的医疗保健服务。有时候交易是瞬时的，比如去药房买非处方药。但在很多时候，交易的形式是承诺。家庭把钱委托给代理机构就是相信机构会在其有需要时购买并提供最佳的医疗保健服务。在卫生系统中，资金的每次流转都会引起委托代理情况，即一方受托做事来获得另外一方的支付。在这种情况下，很容易出现代理的行事动机是基于自己的最佳利益，而不是委托人的。这和卫生筹资的几个关键要素相关，如筹集资金，对不同层次的供应商转移资金，由不同的代理商采购卫生服务等。每个都会带来真正的危险，卫生体系参与者的利益会受到影响，特别是消费者的利益。

卫生领域的非正常经济这一特点使情况进一步复杂化（Hsiao，1995）。不确定性、外部性和信息不对称相关问题众所周知。事实上，医疗保健服务提供的特殊性是如此不同寻常，以至于新古典经济学关于合理性的假设、效用最大化的行为和偏好稳定的一般原理并不是很有用。最后，就医行为和卫生产品和服务的品类和特质的巨大差异使得市场体系产生了巨大的交易成本问题，对中央计划经济造成了具有挑战性的激励规范的问题（Hodgson，2008）。

人们普遍认为，更加有效地发挥战略购买、合同签订以及服务供方支付的作用可以提高中国政府大量投入卫生医疗领域的价值。近年来已经采取了重要措施，以确立卫生医疗购买方的职能，发展机构能力，并且检验创新合约订立和服务供方支付方法。如今需要开展更深层次的改革，以克服过去政策的遗留问题，支持PCIC模式，并实现物有所值。中国可以通过学习国内和国际成功经验，更好地发挥战略购买的作用，并在各个层面实施激励措施来促进各级供方为群众提供成本低质量高的服务。

所建议的卫生筹资改革分为四个大主题类别，每个类别都有自己不同的目标和相关的行动要点（见表6.1）：（1）推行供方支付改革，以支持PCIC模式；（2）激励机制产生连贯性和一致性，并加强医疗服务；（3）按机构级别理顺服务提供；（4）加强服务购买方的能力建设。

将这些战略目标分解到各个运行单元方案中需要明确其中重要的驱动力，并且需要将复杂的卫生医疗筹资体系分解到跨单元和跨时间的具体管理构成中。最终的“路线图”将展示不同力量之间的相互作用，有助于将各种过程中出现的需要管理问题聚集起来。

表 6.1　理顺激励机制的四个核心行动领域和实施策略

核心行动领域	实施策略
1.推行供方支付改革，以支持PCIC模式	• 评估进行中的预付支付改革试验，并在所有省份和城市系统性地复制成功做法 患者直接负担的医疗费用由按项目付费转为预付制 建立机制，对正在进行中的和新的供方支付改革开展同步评估
2.激励机制产生连贯性和一致性，并加强医疗服务一体化	• 分析各省不同医疗保险制度采用的激励机制，发现一致点与不同点 • 确定应采取的纵向与横向整合的战略 • 在中央和省级成立专门机构，监督执行情况并进行同步评估
3.按机构级别理顺服务提供	• 按照医疗机构级别，订立、规范和确定流程清单 • 重新评估不同级别的共付制度，显著提高由三级医院提供的基本诊疗服务的起付线和自付金额
4.加强服务购买方的能力建设	• 培养员工的专业技能和数据分析能力 • 为服务购买机构赋权，使其对结果负责 • 加强成本核算体系

这一过程非常烦琐，但是对医疗卫生领域的执行者、政策制定者以及中国政府来说，非常有益且必要，可以帮助他们判断需要对内外部环境中的哪些方面进行整合以使想法和行动相一致。卫生医疗筹资改革本质上是复杂的，组建框架可以帮助理顺各种行为，并为实现预期目标指引方向。

6.5.1 核心行动领域1：推行供方支付改革，以支持PCIC模式

服务供方支付改革是卫生医疗筹资改革的核心部分，主要是因为支付方法能产生巨大的激励作用，影响供方行为，并对卫生医疗筹资改革的效率、公平和质量产生直接影响。没有一种单一的最优支付供方的方法：根据市场和机构环境，服务供方支付方法会产生不同的激励作用，正面或者负面地影响卫生医疗支出、效率、公平及消费者满意度。确定在何种情况下使用何种方法需要深入了解医疗供方服务的市场，需要健全的判断以及监管者拥有强大的管理和监管能力。

6.5.1.1 策略1：评估进行中的预付支付改革试验，并在所有省份和城市系统性地复制成功做法

中国的承包和供方支付创新提供了需要加以协调和深化的经验基础，从而创建跨医疗水平的有效激励环境（见专栏6.2）。根据正在实施的试点经验，对于住院患者，综合使用病例组合调整和基于数量的总额预算；对初级保健，使用按人头付费和绩效激励；对专科门诊服务，使用限制上限的按病例支付可能是最适当的支付方式。这种支付方式能对成本上升进行有效管理，限制不必要的转诊，并能在中期和短期内将基本医疗服务转移到初级医疗卫生机构。

在中国各省市系统地复制这些成功的做法不仅有助于鼓励改善初级医疗保健一级的医患接触关系，而且还有助于全面加强初级医疗保健。

在全球范围内，供方支付体系也在经历一次范式变革，卫生医疗服务支付方从被动为供方服务进行报销到开始努力运用多项的政策提高服务的质量和效率。例如，经合组织国家开始对基本医疗采取混合支付方法，运用按人头付费、预算付费，并增加了一些其他方法来提升质量和提高产出。

经合组织国家使用很多方法为基本医疗服务供方设定服务费用（见表6.2）。比如，在智利、爱尔兰和荷兰，费用只由中央政府单方面设定。在希腊、瑞典和瑞士，费用是由主要服务购买方设定的。在其他国家，如捷克、德国、韩国和英国，费用则是由中央级别的服务购买方和提供方协商而定。智利使用第三方协商，而澳大利亚、奥地利和加拿大在地区层面展开协商。

很多经合组织国家的住院医疗服务是根据诊断相关分组和其他一些政策一起支付的，以控制总预算、鼓励竞争、强调服务效率。在很多国家，支付制度已由按服务付费和按预算付费发展到以诊断相关分组的活动为基础来为服务提供资金。另外，根据医院的种类（公立／私营）的不同，以及根据是社会卫生医疗保险（见表6.3）还是税收制度（见表6.4）缴纳费用的不同，支付方法会发生变化。

6.5.1.2 策略2：患者直接负担的医疗费用由按项目付费转为预付制

在执行总额预算支付时，要着重发展病例混合调整的、数量控制的方法，以有效控制医院费用的增长。医疗保险机构会将节省的开支运用到基础医疗服务上。一种可能采取的措施是为调整病例混合开发一套简单的诊断相关分组，配以严格的监控和按绩效支付的成分，以保证获得服务并取得优质的服务，最大限度地减少服务供方的精打细算。该方法可以借鉴北京的经验，北京的诊断相关分组用于调整所有263家卫生医疗服务机构混合病例的总额预算支付。另外，全国各地的试点工作也为检测和激励良好供方服务

专栏6.2 中国支付方式改革实例

总额控制

• 在上海，城镇职工基本医疗保险支付方式在2003年从按项目付费调整为总额控制付费方式，并实施了混合支付方式，包括按项目付费、精神病医院按床日付费，对部分病种和治疗措施采用按病种付费。在2009年，对所有医疗机构全面执行总额预算预付制。

• 在杭州，对每家医院的总额预算值的确定是依据其历史报销数据、医疗机构的级别和服务特点，并考虑通胀和价格因素。预付后所产生的结余或损失由城镇职工基本医疗保险和医疗机构共同分担。

按人头付费

• 江苏镇江在总额预算制下还设定了按人头付费的标准，主要是依据包括药品和检查费的年度治疗费用。对于基层医疗机构来说，只有某个慢病患者的费用达到了年度慢病人头费的70%以上，医疗机构才能获得人头费的全额支付。

• 湖南常德甚至对三级医院的住院患者也实施了按人头付费。城镇居民基本医疗保险87%的基金都是以按人头付费的方式支付给医疗机构的，结余资金作为储备和风险调剂金。2008—2010年开展的评估表明，支付方式改革使住院患者的自付费用减少了19.7%，患者自付费用比例下降了9.5%，住院时间缩短了17.7%。然而，与以前实施按项目付费时相比，在住院患者总费用、药品费用占比、治理效果和患者满意度方面的差别不大。

按病种付费

• 在上海，医保按固定的病种费用支付服务提供者，与实际费用无关。对上海做法的评估显示，为了保证自己的利润，医院会采取一些投机做法，包括减少住院时间。医院同样还会采取一些转移费用的做法，如提高非参保人员的费用来补偿在参保患者那里的收入损失。

• 在北京，2011年城镇职工基本医疗保险在六家医院首次实施了疾病诊断相关分组（DRG）制度，包括108个诊断组。对这六家试点医院和八家仍然使用按项目付费的对照医院的出院数据分析显示，DRG支付方式使患者每次住院的总费用和自付费用分别下降了6.2%和10.5%。然而，对于年纪较大且有更多并发症的老年患者，医院仍然使用按项目付费。

按床日付费

• 广东深圳对于住院患者实施按床日付费。总支付额的确定是依据每个住院日的付费标准及调整后的住院量。调整后的住院量是实际住院量乘以住院与门诊之比。支付标准与实际收费（基于收费表）之间的差额由双方共担。

• 在江苏常熟，城镇居民基本医疗保险依据疾病严重程度、治疗时间和医疗机构级别设定了不同的按床日付费标准。对于手术患者，手术前的住院日、手术日及术后住院日的支付标准不同，并且如果患者的住院时间延长，支付标准将下降。

按绩效付费

• 贵州为村医实施了工资加奖金的支付方式，取代了原来的按服务项目收费的做法，并消除了鼓励村医过度开药的机制。一项评估表明，门诊患者费用和药费都出现了下降，但是村医增加了非药品服务（如打针），而且更愿意把患者转诊到医院，这样做增加了总医疗支出。

• 宁夏针对基层医疗机构实施了按人头付费和按绩效付费相结合的支付方式。一项评估表明，抗生素的使用和门诊总支出都有所下降，并且没有对医疗服务的其他方面产生大的负面影响。

来源：Feng和Hairong，2014；Gao、Xu和Liu，2014；Hong，2011；Hu，2013；Jian等，2015；Jiang等，2011；Liang、Wang和Jing，2013；Liu等，2012；Wang，2011；Wang等，2013；Yip等，2014；Zhang，2010；Zhang和Wu，2013；Zhang和Xu，2014；Zhen，2009。

表6.2　2014年经合组织国家基本医疗服务的薪酬体系

基本医疗服务的主要模式	国家	设定服务供方的薪酬					医生薪酬			
		按人头	按服务	按绩效	总额预算	其他	工资	按服务	按人头	其他
医生和其他卫生医疗专业人员构成的私营部门	澳大利亚	○	●	●	○	○	○	●	○	●
	丹麦	●	●	○	○	○	○	●	●	○
	爱尔兰	●	●	○	○	○	○	●	●	○
	日本	○	●	○	○	○	○	○	○	○
	荷兰	●	●	●	●	○	○	●	●	●
	新西兰	●	●	●	○	○	●	●	○	●
	挪威	●	●	○	○	○	○	●	●	○
	波兰	●	○	○	○	○	○	○	●	○
	英国	●	●	●	○	●	●	●	●	●
	美国	●	●	●	○	●	●	●	●	●
医生构成的私营部门	加拿大	●	●	○	○	○	●	●	●	●
	意大利	●	○	○	○	○	○	○	●	○
只有私营的情况	奥地利	○	●	○	○	○	○	●	○	○
	比利时	●	●	○	○	○	○	●	●	○
	捷克	●	●	●	○	○	○	●	●	○
	爱沙尼亚	●	●	●	●	○	○	●	●	●
	法国	○	●	●	○	●	○	●	○	●
	德国	○	●	○	○	○	○	●	○	○
	希腊	○	●	○	○	○	○	●	○	○
	韩国	○	●	●	○	○	○	●	○	○
	卢森堡	○	●	○	○	○	○	●	○	○
	斯洛伐克	●	●	○	○	○	○	●	●	○
	瑞士	●	●	○	○	○	○	●	●	○
医生和其他人构成的公立基础医疗	智利	●	●	○	○	○	●	○	○	○
	芬兰	○	○	○	●	○	●	●	○	○
	匈牙利	●	○	●	●	○	○	○	●	○
	冰岛	○	○	○	●	○	●	○	○	○
	以色列	●	○	○	●	○	●	○	○	○
	墨西哥	●	○	○	●	○	●	○	○	○
	葡萄牙	●	○	●	●	○	●	○	○	○
	斯洛文尼亚	●	●	○	○	○	●	○	○	○
	西班牙	●	○	●	○	○	●	○	●	○
	瑞典	●	●	●	○	○	●	○	○	○
	土耳其	●	○	●	○	○	●	○	○	○

来源：经合组织国家卫生医疗体系特点调查和秘书处预测，问题27和33（有关数据库和问卷调查，请参见http：//www.oecd.org/els/health-systems/characteristics-2012-results.htm）。

表 6.3　采用社会卫生医疗保险体制的经合组织国家的医院薪酬体系

国家	公立医院	私立非营利医院	私立营利医院
奥地利	诊断相关分组	诊断相关分组	诊断相关分组
比利时	总额预算预付	总额预算预付	不适用
智利	诊断相关分组	诊断相关分组	项目薪酬
捷克	诊断相关分组	诊断相关分组	诊断相关分组
爱沙尼亚	诊断相关分组	不适用	不适用
法国	诊断相关分组	诊断相关分组	诊断相关分组
德国	诊断相关分组	诊断相关分组	诊断相关分组
希腊	诊断相关分组	诊断相关分组	按项目付费
匈牙利	诊断相关分组	诊断相关分组	按项目付费
以色列	按项目付费	按项目付费	按项目付费
日本	诊断相关分组	诊断相关分组	不适用
韩国	按项目付费	按项目付费	不适用
卢森堡	总额预算预付	总额预算预付	不适用
墨西哥	总额预算预付	按项目付费	按项目付费
荷兰	诊断相关分组	诊断相关分组	不适用
波兰	诊断相关分组	诊断相关分组	诊断相关分组
斯洛伐克	按项目付费	按项目付费	按项目付费
斯洛文尼亚	诊断相关分组	诊断相关分组	诊断相关分组
瑞士	诊断相关分组	诊断相关分组	诊断相关分组
土耳其	总额预算预付	总额预算预付	总额预算预付
美国（Medicare）	诊断相关分组	诊断相关分组	按项目付费

来源：经合组织卫生医疗体系特点调查 2012 和秘书处预测，问题 31（有关数据库和问卷调查，请参见 http://www.oecd.org/els/health-systems/characteristics-2012-results.htm）。

表 6.4　以税收为基础的经合组织国家的医院薪酬体系

国家	公立医院	私立非营利医院	私立盈利医院
澳大利亚	诊断相关分组	按项目付费	按项目付费
加拿大	总额预算支付	总额预算支付	总额预算支付
丹麦	总额预算支付	不适用	诊断相关分组
芬兰	诊断相关分组		
冰岛	总额预算支付	不适用	不适用
爱尔兰	总额预算支付	总额预算支付	
意大利	总额预算支付	诊断相关分组	诊断相关分组
新西兰	总额预算支付	不适用	不适用
挪威	总额预算支付	总额预算支付	诊断相关分组
葡萄牙	总额预算支付	按项目付费	按项目付费
西班牙	项目薪酬	总额预算支付	
瑞典	总额预算支付	总额预算支付	总额预算支付
英国	诊断相关分组	按项目付费	按项目付费

来源：经合组织国家卫生医疗体系特点调查 2012 和秘书处预测，问题 31（有关数据库和问卷调查，请参见 see http://www.oecd.org/els/health-systems/characteristics-2012-results.htm）。

提供了广泛的经验和教训。

在订立合约和支付方式时，一方面需要提高医疗服务质量、确保患者享有经济保障，另一方面要确保受保人和服务供方经济风险共担。首先，服务供方支付需要从按服务后报销变为按成本定价。服务供方支付如何定价将影响服务提供效果，所以将支付价格与成本相关联可以导向更有效率的成本结构。比如，将重点服务的支付价格设在成本价之上，将不重要的服务价设在成本价之下，这样可以提高混合服务的效率。

有越来越多的供方支付方法创新试验，尤其是针对跨医疗服务层级支付体系。中国可以考虑的一个选择是打包支付（见专栏6.3），尤其是因为没有一个单独的方法可以直接提高服务价值。按人头支付，特别是总额按人头支付（即一次性支付一名患者所有需求的方法），分离了供方能够直接控制的支付，奖励供方少支出，而不针对供方提高结果或价值的情况进行奖励。按服务支付鼓励供方增加服务数量，但这并不一定能提高价值。打包支付或许与价值关联度最大，其涵盖重病医药情况的全医疗过程，一段时间内慢性病的所有医疗服务，或者某一疾病人群的基本和预防性医疗服务。

6.5.1.3 策略3：建立机制，对正在进行中的和新的供方支付改革开展同步评估

严密、科学地评估服务供方改革试点，对评价国内其他地方改革的有效性和可复制性至关重要。中国可能会委托开展一项对国内不同地方的各种改革活动的系统评估。这需要建立一个不受政府干预的、独立、专项、资金重组的自主机制，确定最终的指标清单，收集相关数据，发展可追踪和收集数据的持续系统，在省级和中央层级继续对指标进行基线评估，在省和国家层面定期审核、监测进程，并建立可靠的外部核查机制。这项评审和评估活动需要省级和中央政府不同政府级别的协同合作。这个过程对于开展公正、科学的评估以支持改革升级而言非常必要。

随着试点经验在更大的范围内推广，保险机构也需要结合供方支付改革的成功经验。例如，已经引入全额预付制以控制医院支出的增加，但还没有显著将大量资源转移到基层医疗。在很多情况下，按人头付费已经被引入门诊服务，但其并不总是与绩效付费相结合，以减轻对服务数量和质量产生的不利影

专栏6.3 打包支付模式

打包支付模式的普及正在改变医疗服务提供的方式。很多国家的政府、保险人和卫生医疗系统都在尝试打包支付的方法。在瑞典，斯德歌尔摩省政府在2009年对所有髋关节和膝关节置换手术都采用了打包支付。这一变革使得成本降低，患者满意度提高，并且一些成果也得到了改善。德国对医院住院医疗服务采用打包支付，控制了住院医疗服务支出的上升（不再产生同一疾病再入院的额外费用）。打包支付在美国器官移植的医疗服务方面的应用广泛，如加州大学洛杉矶分校的肾移植项目。美国的一些雇主也开始采纳打包支付模式，包括沃尔玛。沃尔玛引进了一个项目，鼓励对需要进行心脏、脊椎和其他特定手术的雇员在全国六家服务提供方中挑选一家进行治疗，这六家服务供方有很多成功案例，并且记录良好。医院由一项单一的打包支付进行报销，包括所有医生、医院住院和门诊所有手术前后的医疗服务费用。

来源：Porter和Lee，2013。

响。此外，在新的机制下，费用设置普遍反映了过去按照病例数量和服务量计价的趋势。这种历史方法就是为什么全额预付的试验对成本控制的影响有限的原因。同时，系统缺陷仍然存在：扭曲的支付方式，不论新与旧。最重要的是，在缺乏适宜的成本信息情况下，费率继续反映了定价体系仍鼓励过度使用更昂贵的医疗服务和价格较高的技术，并加剧服务提供方投资和升级设施的总体趋势。例如，全额预付制的计算是基于过去的费率，即对提供相同服务的更专业的卫生人员支付更高的费用（如二级和三级医院）。加上针对供方的财政激励措施的改革，相关工作必须着力于转变患者面临的经济激励措施，以引导他们更多寻求基层医疗服务。

6.5.2　核心行动领域 2：激励机制产生连贯性和一致性，并加强医疗服务一体化

卫生体系不同层面卫生筹资的安排方式可能也是造成低效的原因，尤其是体系碎片化、医患互动不同点互相排斥的激励措施、高昂的管理成本。建立内部一致的连贯的激励环境是让卫生服务支付者和提供者提高效率的必要步骤。

6.5.2.1　策略 1：分析各省不同医疗保险制度采用的激励机制，发现一致点和不同点

中国卫生医疗服务供方的收入来自多种渠道：患者自付（按项目付费）；医保支付（尽管支付机制在快速发生变化，但其主要也是基于按项目付费）；政府直接财政补助（与提供公共服务产品和投入要素挂钩）。如果将前两个来源都统一在同一个预付制方式下付费，可以大大增加预付制的正向激励作用。如果一个支付方改变对供方的支付方式，因为有很多支付方存在，服务供方可以将费用转嫁到没有被纳入支付改革的其他支付方。

有很多健康问题需要不同层级的服务供方参与治疗过程的不同阶段。如果制度中的激励结构促使每一层级的服务供方留住患者，而不是基于诊疗需要将他们转诊到合适的医疗服务层级，那么患者接受的服务可能不是最好的。如果不同层级支付服务供方的不同方法导致互相矛盾或者互相加强但是负向的激励时，内部不一致的激励机制也会出现。比如，按人头付费的基本医疗服务供方可能会将高成本的患者转诊给其他专家，如果这些专家以按服务付费的标准获得支付，那么他们会很乐于接受这些患者。因此，保证卫生体系中存在激励结构的内部一致性很重要。就像Shortell写道的，“最大的限制因素不是缺少资金、技术、信息或者人员，而是缺乏一种能够将资金、人员、技术和想法连在一个系统中的组织原则，有了这样的组织原则，才会提供比现在更加具有成本收益（即更有价值）的医疗服务”（Shortell，2013）。

6.5.2.2　策略 2：确定应采取的纵向与横向整合的战略

横向和纵向的一致性——在机构联盟或网络内部或之间——都会增加支付机制实现预期服务供方行为改变的可能性。只有在整个卫生医疗服务从基本医疗服务到三级医院的服务中的产出和提供都保持一致时，供方支付机制的效果才最好，而且当包括医院、医生、乡镇、社区和村卫生服务中心在内的所有服务供方的激励类型相似时，才能相协调。

为了在县或区一级实施以人为本的一体化服务提供模式（PCIC），可建立医疗机构服务网络或医联体，可以依据按人头付费标准对服务网络进行总额预算预付，并覆盖所有收入。总额预算意味着硬性的预算约束，并要同时采取措施防止医疗机构把费用转嫁到患者身上。总额预算标准一开始可以依据当前的支出水平来确定，但重点在于控制整个医疗网络未来的支出上涨。总额预算可以包括一定比例的预留基金，预留部分依据与PCIC模式相关的一些指标的实现情况进行支

付，如质量改进、一体化服务、减少不必要服务以及将不应该由医院提供的服务转诊。这需要服务网络重新确定医院和基层医疗机构各自的职责，并建立正式的分工协作制度。服务网络的内部管理部门需要进一步为网络内的医院和基层医疗机构建立相应的激励机制，如依据各机构面临的风险设立每个卫生服务机构各自的总额预算标准。将一定比例的总额预算资金预留，依据服务质量和服务一体化指标的执行情况进行支付（见专栏6.4）。这对于让医院和基层医疗机构的激励机制保持协调一致，从而促使其共同提供以患者为导向的服务而言至关重要。

另一个可考虑的方法是在总额预算之外设立需要通过特别表现才能获得的经费（即额外的资金）。医院的绩效指标可以以患者安全、质量和效率改进为主。此类指标不仅能促进卫生服务体系内各方的分工协作，还能鼓励服务网络让患者在适当层级的医疗机构就诊。服务网络节省的资金可以由网络内的医院和基层医疗机构共享。

保险机构也可以通过仔细研究其预算、保险福利和费用受益，更好地平衡重大疾病进行医院服务、普通疾病进行基本医疗服务的比例。还需要一些具体措施来限制对医院的过度使用，随着基本医疗服务提供能力的发展，将一些资源转移到后者。可以将法规与支付方式激励措施相结合，以推动合适的级别提供合适的医疗服务。

国际经验表明，只要还允许医院提供基础门诊服务，并且医院也能够从中获利，那么将服务提供体系转变成以患者为中心的整合服务提供模式几乎是不可能的。可以做出的选择是将法规、行政管理和合约工具相结合。法规可以明确服务提供体系的每一层可以提供（以及不可以提供）哪些服务，并且配备基础医疗服务供方作为守门人；可以预先分配一级、二级和三级的医疗卫生预算，将

专栏6.4 美国的兼顾质量的总额预付体系

在美国，两家医疗保险提供者都成功地在医疗机构服务网络中实施了改进质量、减少浪费和不必要服务的供方支付方式，为中国提供了有益的经验。

新型服务质量合同

2009年1月，马萨诸塞州的蓝十字-蓝盾医疗保险公司实施了一种新的支付方式，被称为新型服务质量合同。合同采用了变更后的总额支付方式（在特定时间段内，对患者的服务按固定标准进行支付）。这一新型支付模式与既往采取固定支付标准或按人头付费的做法的不同之处在于，其明确地将支付水平与质量目标的实现情况挂钩，并且规定了每个签订合同的服务网络在未来五年的年度预算增长幅度。在合同实施的第一年，所有签署新型服务质量合同的服务网络都获得了较高的服务质量奖金。

以患者为本的医疗之家

服务优先以患者为本的医疗之家项目（CareFirst's Patient-Centered Medical Home）2011年开始实施，在三年内项目服务区域（包括北弗吉尼亚州的部分地区、哥伦比亚特区和马里兰州）超过80%的初级保健服务机构都参加了这一项目。自从该项目实施以来，其成员单位的医疗支出年度增长率从项目实施之前五年的平均7.5%下降到2013年的3.5%。与此同时，用服务质量主要指标进行衡量，接受参与该项目的医生所提供服务的患者的情况也不错。

来源：Chernew等，2011；Murray，2015。

服务数量和资源引向较低层的医疗服务；合约可以明确每一供方层级的哪些服务可以报销。

6.5.2.3　策略3：在中央和省级成立专门机构监督执行情况并进行同步评估

Kutzin等（2010）指出，卫生筹资不同分支职能的有效协调对于改革的成功设计和执行非常必要。推进中国卫生领域筹资改革成功进行的三项重要分支职能分别是：理顺收入收缴和集中资金；理顺收入收缴和购买；以及理顺集中资金和购买。前面章节已经对这些重要分支职能及其内部协调关系进行了评述，此处总结如下，以供参考。

第一，加强医疗保险机构发挥卫生医疗服务战略购买方的作用无疑可以极大地提高政府在卫生领域大量投入的收益。中国已经做出重要努力，加强卫生医疗保险机构的机构能力，但是需要深化改革以实现物有所值。第二，需要明确主导保险机构的法律职能和立法框架，保险机构有责任选择性地签订服务供方合约、激励供方绩效。另外，作为当地政府部门，医疗保险机构和公立医疗服务供方属于同一法律主体，会削弱合约关系的法律执行力。在这种情况下，当地保险机构往往会考虑平衡收支，而且为了增加筹资，与公立服务供方的需求相竞争。第三，需要努力简化源于不同公共基金的激励，规范服务供方行为。比如，和其他项目一样，当地政府通常用大额拨款的方式支付普通职工工资，向公共服务供方提供直接补贴。第四，保险机构需要尽快地、极大地提升监测服务获取、服务质量和供方回应服务的能力。目前，保险机构主要投入处理索赔和发现诈骗的能力建设。第五，所有保险机构需要加强监测能力，并在不同主要绩效维度上建立一套核心指标。

整合或者至少统一不同的福利、制度管理和采购方法以及通过保险体系引导供方补助对改善基金池、提高公平性和建立合理的供方激励措施是非常重要的。新农合和城镇居民基本医保的合并在部分试点地区已经开始试行。和其他地区一样，杭州人社局正管辖三个医保制度并统一采购做法。我们可以进一步研究这些经验，并加快整合和统一医保制度的新趋势和减少供方补贴。

在中国，保险制度内部和不同保险制度之间保险机构的碎片化限制了其对服务供方行为的影响。在每个保险制度内，服务购买的职能权利下放到了市级和乡镇层级，与医疗卫生服务的供方订立合约进行支付的保险机构数以千计。比如，在江苏常熟，居民医保按人头支付服务供方普通门诊医疗费用，其中5%的费用以满足医疗质量标准为前提，而职工医保的受益人用个人医疗存款账户、按服务支付服务供方。主管保险制度的三家机构之前如果更好地进行沟通，可以帮助消除很多购买过程中的不统一。然而，合并三项保险制度不一定能解决问题。合并保险制度将导致创建一个庞大部门，这造成了管理和行政方面的困难。事实上，通过加强三个机构之间服务购买合作，而不建立一个庞大的保险垄断方，也能达到同样的效果。

尽管不同地区不同制度之间的筹资、保险金范围、效率和管理结构有着很大差别，政府致力于将这三项医疗保险制度一体化。居民医保和新农合的筹资渠道（受保险人和公共财政）、保险金范围（住院和重大疾病门诊服务）以及报销比例类似，但是和职工医保的区别很大，因而造成与职工医保一体化非常困难。然而，将居民医保和新农合与职工医保一体化的工作已经展开，在重庆、广东、宁夏和天津都有试点。居民医保有两种合并形式：保费缴纳、保险金范围、报销比例、保险基金共享、支付方法和管理机构的全部合并以及部分合并，即两种制度由同一机构管理，但是基金共享和保险金的政策不同。在一些居民医保制度下，受保险人可以选择不同的保费水平。[12]2016年1月，国务院公布了居民医保和新农合合并的意见，以确保城市和农村居民享受平等的医疗卫生和报销服务，努力提高医疗保险体系的整体服务效率。省级和市级政府需要在2016年6月底前制定医保整合的具体计划方案。

中国也可以参考一些此类改革的国际经验。比如，韩国在2000年的7月将所有法定的卫生医疗保险基金合并到一家保险公司（Kwon，2015）。在这之前，保险基金之间在招收参保人方面完全没有竞争，每个保险基金覆盖一个特定人群。除了审核和评估服务供方的要求之外，卫生医疗保险基金并没有主动发挥其购买作用，没有有选择地与服务供方签订合约。2000年的合并不仅引入了一家新的单独保险机构——国家卫生医疗保险公司（之后更名为国家卫生医疗保险服务署，NHIS），而且创建了一家新的保险审核机构——卫生医疗保险审核和评估服务署（HIRA）。国家卫生医疗保险服务负责保险金收缴、基金集中以及服务供方报销。卫生医疗保险审核和评估服务署决定购买（如索赔评估），以及保险福利包和服务供方支付系统的设计。在合并之后，国家卫生医疗保险服务署扩大了卫生医疗保险的福利和覆盖范围，开始覆盖癌症检查，减少了重病情况共同保险的费率，并引进了受保服务自付费用每六个月累进计算的上限等等。在合并后，管理的规模经济效应节省了行政支出，因而有益于扩大福利（尽管很难确定二者之间的因果关系）。

中国台湾也将其碎片化的劳动力保险市场统一为拥有单一支付方的体系，并设立了台湾健康保险管理局（NHIA）来管理大众卫生医疗服务（Leung，2015）。随着健康保险管理局的建立，中国台湾开始大量投入开发资源和科技，高效的行政管理和有效的政策制定推动了购买职能和能力的提高。这项改革得益于高层政治领导人的努力和强力推崇、经济的增长以及一个有知识、有经验的卫生政策咨询团队。强有力的组织和基础设施成为构建健康保险管理局的坚固基础，包括设计保险福利包、开发服务供方支付体系以及监测供方绩效表现在内战略能力，使得健康保险管理局能够影响中国台湾卫生医疗服务的使用和推进。根据法律规定，健康保险管理局拥有设定费率、起草和实施合约以及监测服务供方的买方垄断权利，这使其能在控制成本和提高卫生医疗服务质量的同时管理分配医疗卫生服务资源。这种单一服务支付方的方法有统一系统和流程的行政管理优势，同时也为所有不同人群和地区的患者提供接受优质卫生服务的平等权利。大量资源投入开发台湾健康保险管理局索赔系统。该系统在建立后提高了管理局监测卫生医疗服务使用和支出的能力，减少了索赔过程的资源要求，并为其他项目和技术的发展铺平了道路。大量科技系统和基础设施的投资增强了行政管理过程的效率和有效性，提升了服务购买方管理保险项目的能力。

6.5.3 核心行动领域3：按机构级别理顺服务提供

中国卫生医疗服务的产生和提供被认为是一种“过度的”服务配送系统，成本费用高昂，服务价值大打折扣。在20世纪最后几十年里占主导地位的按服务付费的支付体系鼓励机构提供全套服务。由于缺乏整个网络的合理分配，这个体系在其操作过程中重复提供昂贵服务，过度投入医院能力建设，对基础医疗服务的配送投入不足。在转为按价值为基础的体系时，中国需要减少服务的不合理使用，并为患者在合适的时间、合适的地点提供满足质量、成本和获取目标的合适服务。

6.5.3.1 策略1：按照医疗机构级别，订立、规范和确定操作清单

首先，合理提供医疗服务需要确定省、市、乡镇不同层次卫生医疗可以提供的服务的范围。这意味着较低水平的卫生医疗不需

要使用复杂的服务线，否则被占用的专家服务和基础设施可能会影响高质量医疗的提供。对于高级卫生医疗，需要尽可能地减少日常服务，因为他们比社区服务供方提供的服务成本高很多。这样，所有级别的服务供方才会集中提供最佳成本和质量组合的医疗服务。

6.5.3.2 策略 2：重新评估不同级别的共付制度，显著提高由三级医院提供的基本诊疗服务的起付线和自付金额

对于基本卫生医疗保险机制所涵盖的服务，中国可能会根据商议好的以及指定医疗级别提供服务的成本，设定某些服务的报销费率。换言之，如果一项服务被认为在区医院级别提供是最好的，而且区级医院也有能力提供这类服务，那么这一级别按病例支付评估的、病例混合调整的费用可能会在整个医院系统中应用。然而，如果只有最高级的医院有能力提供某项服务，那么将设定一个预先决定好的病例混合调整费率并支付给那家医院，但是需要按总额预算支付确定一个商议的支付上限。对于医疗卫生保险没有涵盖的服务，需要更正支付方法，使其与成本之间的联系更加密切。这与政府于2015年5月颁布的政策规定相一致，这项政策要求卫生医疗保险涵盖大部分的医疗费用，并且为每位患者设立目标线，即到2017年，自付支付比例小于30%。

这项安排的一个巨大优势在于，卫生医疗服务可以在价值最高的地方提供。一级、二级费用更低的卫生医疗服务可以处理相对不太复杂的病例情况和日常服务，同时收取相应的费用。高强度的服务，如心脏病和肿瘤医疗服务，可以按专家领域，在资源、人员配备良好的机构提供，同时设置合适的收费标准。

全球范围内有很多将服务复杂性和所需技能与机构资源相匹配带来明显价值提升的案例。例如，美国的费城儿童医院将日常鼓膜造孔术（将引流管置入儿童耳朵鼓膜，减少浆液积聚和感染的风险）和简单的尿道下裂修和（一种泌尿学手术）从其主要部门转移到了郊区急救手术医疗服务部门。这一做法降低了成本，将教学医院的手术室和人员释放到更复杂的工作中，估计节省了30%—40%（Porter和Lee，2013）。还有其他一些在更少的地方整合服务的案例。2009年，英国伦敦32家医院的超急性中风部门配备了包括神经医学家在内的一些高水平专业团队去照理中风患者。为同一项服务配备这么多人员设施并没有使他们获得大量的业务，享受规模化的便利。伦敦城市大学合伙公司（UCL Partners）是一个包括六家知名教学医院的服务提供系统，服务范围为伦敦中北部地区。该公司决定整合中风部门，并把它们都搬到城市大学内。之后，他们整合了所有紧急血管手术和复杂主动脉手术，并将其搬到皇家自由医院，一个不同的部门。很快，这些举措的效果便显现了出来。城市大学治疗的中风案例从2008年的大概200例攀升到2011年的超过1400例，城市大学中风病的死亡率下降了约25%，每位患者的成本下降了6%（Porter和Lee，2013）。

资本投资也需要与激励机制更好地结合，降低三级机构提供服务的频率，将更大份额的服务推向更低级别机构。国际经验表明，将服务提供转移到基础医疗机构时，通常会伴有对基本医疗机构基础设施和人力资源的大量投入，以建立一个“推拉”效应，因此当激励机制将服务推向基础医疗级别时，更好的能力也同时拉动了患者的需求。发展和加强人力资源的质量是关键：中国在近几年已经大量投资基础设施，如果基础设施增加的同时并没有带来人力资源质量的提高，那么这一做法就并不会获得很大的成效。

6.5.4 核心行动领域 4：巩固和加强保险机构的能力建设

加强服务购买机构的机构和人员能力对于将其从被动的卫生服务支付者转变成为代

表所辖人群的主动的具有战略性的卫生产品和服务的购买者而言非常关键。

6.5.4.1 策略1：培养员工的专业技能和数据分析能力

中国和全球医疗服务购买机构的经验表明，加强能力建设的四个最有效的步骤包括：

• 培养员工的专业技能。关键是要确保服务购买机构雇用的员工了解其岗位职责，懂得卫生筹资和购买政策的理论和实际操作，并在这些方面接受过良好的培训。可以开发一套标准化的培训课程，并在日后当地的培训中继续使用。

• 培养数据分析能力。战略性地投资于建立管理内部信息和数据的信息技术和数据分析能力有益于制定决策。确实，在信息技术基础设施、软件开发和编程上的投入，以及在员工数据分析和研究方面的培训是服务购买能力发展的一个重要方面。

• 学习国内外经验。在全球范围内，一些最有效的医疗服务购买机构自己开发或与富有经验的研究机构合作，致力于研究卫生医疗保险机制的运行、影响和改善情况。非常有必要通过中国和国际的学习交流项目来了解最先进的做法。中国有许多零散的学习交流计划的例子，我们需要好好改善这些项目，并用一种更加系统的方式、让更多的医疗服务购买方能够获得同样的学习机会。另外，与当地研究机构和智库合作是加强能力建设的普遍做法。如果有可能的话，应该继续推崇这样的做法，并通过拨款或者其他财务资源进行资助。

• 发展评估服务质量的能力。最后，评价服务质量的能力和专业技能对于设计任何基于绩效的支付机制而言都至关重要。医疗服务供方需要负责在不将费用转移给患者的同时，高效地提供高质量的服务。服务购买机构的监测工作注重碎片化的服务供方绩效，包括有上限的索赔支出、药品支出以及一些有限的诊疗过程指标。可以更好地利用高度自动化的索赔体系来发展全面自动化的服务供方监测体系，依照医疗规则、经济保护和通知服务购买、供方支付战略调整的信息，提供有关服务数量、强度和转诊的报告。

6.5.4.2 策略2：为服务购买机构赋权，使其对结果负责

为了提高中国政府在卫生领域大量投资的价值，需要更加有效地发挥医疗卫生服务购买的作用。服务购买机构需要具备一定的职责、能力和市场力量，以真正影响服务供方行为以及提供服务的数量和质量。中国基本卫生医疗保险机制的首要职责和任务需要转向战略购买和实现物有所值。尽管过去改革的指导方针已经认识到需要更好地利用战略医疗卫生服务购买、推动服务供方行为转变，服务购买机构应该努力争取取得除确保保险基金的安全、维持或提高医疗保险的参与度和报销费用的信托义务以外的成果，以提高服务质量和患者的健康状况。在这样的背景下，医疗服务购买者应对绩效和质量加以区分，这一点非常重要。中国有很多按绩效付费的例子，但鉴于大部分情况下绩效仍旧是“活动”，而且和提高服务质量或者改善患者健康情况无关，因此按绩效付费的机制对于提高服务量的激励很强。

6.5.4.3 策略3：加强成本核算体系

预期投资成本会计系统可以获得可观的长期受益。准确的成本信息对于设置现实的支付费率很重要，非常有益于最大限度地减少服务供应方选择回报率最高的方案。事实上，它将使卫生服务的购买方设定高于或低于平均成本的价格，从而创造激励机制，以提高服务组合的效率，鼓励在最恰当的服务背景下提供医疗服务。成本信息也有助于服务供方提前计划预算，在医疗服务机构内和跨医疗服务机构间按基准检测，并监测服务的提供情况。几乎所有的经合组织国家都有成本会计系统，提供用于设置支付费率的成

本信息。通常情况下，成本数据从选定的服务供方处收集和汇集，这些供应方使用可比的成本核算系统，符合预定的质量标准。此外，这些国家强制要求成本会计或使用成本会计准则，以鼓励服务供方考虑其成本，并使用这些会计方法或准则进行管理。

注释

1.《关于进一步推进医疗保险付费方式改革的意见》（人社部发〔2011〕63 号）推行城镇职工基本医疗保险的支付改革。《关于开展基本医疗保险付费总额控制的意见》（人社部发〔2012〕70 号）建议在所有保险计划中实施支付改革，以控制医疗支出的增加。

2. 覆盖面的统计数据来自《2016 中国卫生和计划生育统计年鉴》，中国协和医科大学出版社，北京。

3. 国办发〔2015〕57 号《国务院办公厅关于全面实施城乡居民大病保险的意见》。

4. 国办发〔2013〕15 号《国务院办公厅关于建立疾病应急救助制度的指导意见》。

5. 国办发〔2008〕119 号《国务院办公厅关于将大学生纳入城镇居民基本医疗保险试点范围的指导意见》；计价格〔2001〕1560 号《医疗服务项目成本分摊测算办法（试行）》。

6. 劳社部发〔1999〕23 号《关于加强城镇职工基本医疗保险费用结算管理的意见》。

7. "Notice on Pilots of Cased-Based Service Pricing Management," Ministry of Health (Peking Union Medical College University Press, 2004).

8. 中发〔2009〕6 号《中共中央　国务院关于深化医药卫生体制改革的意见》。

9. 人社部发〔2011〕63 号《关于进一步推进医疗保险付费方式改革的意见》；人社部发〔2011〕59 号《关于普遍开展城镇居民基本医疗保险门诊统筹有关问题的意见》。

10. 人社部发〔2012〕70 号《关于开展基本医疗保险付费总额控制的意见》。

11. 卫农卫发〔2012〕28 号《关于推进新型农村合作医疗支付方式改革工作的指导意见》。

12. 人社部发〔2011〕63 号《关于进一步推进医疗保险付费方式改革的意见》。

参考文献

蔡高晨、董朝晖，"按人头付费的'常德模式'"，《中国社会保障》，2014（2）：76—79。

胡善联，"总额控制探索前行"，《中国社会保障》2013，2：73。

梁鸿、王峦、荆丽梅、娄继权、崔欣，"上海市城镇职工基本医疗保险支付方式改革的历程及启示"，《中国卫生资源》，2013，4：265—267。

林枫、王海荣，"镇江市慢性病管理与医疗保险支付方式探索"，《中国卫生资源》，2014，3：211—212。

刘石柱、詹长春、周绿林，"支付方式对医疗保险费用控制的实证研究——以江苏镇江市为例"，《中国卫生事业管理》，2012，（12）：909—912。

卫生部，《中国卫生统计年鉴 2012》，中国协和医科大学出版社，2012。

卫生部，《中国卫生统计年鉴 2014》，中国协和医科大学出版社，2014。

人社部发〔2011〕63 号《关于进一步推进医疗保险付费方式改革的意见》。

人社部发〔2011〕59 号《关于普遍开展城镇居民基本医疗保险门诊统筹有关问题的意见》。

人社部发〔2012〕70 号《关于开展基本医疗保险付费总额控制的意见》。

劳社部〔1999〕23 号《关于加强城镇职工基本医疗保险费用结算管理的意见》。

人社部发〔2012〕70 号《关于开展基本医疗保险付费总额控制的意见》。

人社部发〔2011〕63 号《关于进一步推进

医疗保险付费方式改革的意见》。

人社部发〔2011〕59号《关于普遍开展城镇居民基本医疗保险门诊统筹有关问题的意见》。

计价格〔2001〕1560号《医疗服务项目成本分摊测算办法（试行）》的通知。

国发〔2008〕119号《国务院关于开展城镇居民基本医疗保险试点的指导意见》。

中发〔2009〕6号《中共中央国务院关于深化医药卫生体制改革的意见》。

翟建，“北京试点新农合支付方式改革”，《中国农村卫生》2013，3：33。

张再生、徐爱好，糖尿病“按人头付费”支付模式效果分析，《中国农村卫生事业管理》2014，9：1058—1060。

郑杰，“北京市医疗保险多元化费用支付方式改革之路”，《中国医疗保险》2009，5：34—35。

Blumenthal & Hsiao (2005): “Privatization and Its Discontents—The Evolving Chinese Health Care System”, N Engl J Med 2005; 353: 1165-1170.

Carrin, G. and Hanvoravongchai, P. (2003). Provider payments and patient charges as policy tools for cost containment: how successful are they in high-income countries? Human Resources for Health 1(6), 1-20.

Chen Gao, Fei Xu, Gordon G. Liu (2014): “Payment reform and changes in health care in China”. Social Science & Medicine 111 (2014) 10e16.

de Lagasnerie, G. *and others* (2015), “Tapering payments in hospitals: Experiences in OECD countries”, *OECD Health Working Papers*, No. 78, OECD Publishing. http: //dx.doi.org/10.1787/5js4h5rlkxxr-en.

Doran, T. and others. (2006). Pay-for-performance programs in family practices in the United Kingdom. The New England Journal of Medicine 355, 375-384.

Eggleston, Karen, and Chee-Ruey Hsieh (2004): “Health care payment incentives: A comparative analysis of reforms in Taiwan, South Korea and China,” *Applied Health Economics and Health Policy* 3, (1): 47-56.

Eggleston, Karen, and Winnie Yip. 2004. Hospital competition under regulated prices: Application to urban health sector reforms in China. *International Journal of Health Care Finance and Economics* 4, (4) (12): 343-68.

Eggleston, Karen, Li Ling, Meng Qingyue, Magnus Lindelow, and Adam Wagstaff (2007): “Health service delivery in China: A literature review,” *Health Economics* 17 (2008): 149–165.

Eggleston, Karen, Mingshan Lu, Congdong Li, Jian Wang, Zhe Yang, and Jing Zhang (2008): “Comparing public and private hospitals in China: Evidence from Guangdong,” BMC Health Serv Res. 2010; 10: 76. doi: 10.1186/1472-6963-10-76.

Eichler, R., Auxila, P., and Pollock, J. (2001) Promoting preventive health care: Paying for performance in Haiti. In Brook, P.J., and Smith, S.M. (eds.). Contracting for public services: Output-based aid and its applications. pp.65-71. World Bank Publications.

Ellis, R.P., and McGuire, T.G. (1986). Provider behavior under prospective reimbursement: cost sharing and supply. Journal of Health Economics 5, 129-152.

Figueras, J., R. Robinson, and E. Jakubowski (2005): “Purchasing to improve health systems performance”, European Observatory on Health Systems and Policies Series, Open University Press.

Fuenzalida, H., O’Dougherty, S., Evetovits, T., Cashin, C., Kacevicius, G., and McEuen, M. (2010): “Purchasing of health care services”, in J. Kutzin, C. Cashin, and M. Jakab: “Implementing

Health Financing Reform: Lessons from Countries in Transition", Copenhagen: World Health Organization, pp. 155-186.

Gao-chen, Cai (2014): "The capitation model of Changde", China social security, 2: 76-79.

Guo, Shan-shan (2013): "Study on the payment reform of Residents Medical Insurance System in Jilin Province—based on abroad and home research", Graduate Student Thesis, Northeast Normal University.

Han, Qide, Lincoln Chen, Tim G Evans, and William Summerskill (2010): "Recent scientific health developments in China", The Lancet, 375: 9720, pp. 1055-1056.

He, J and Qingyue Meng (2015): "An interim interdisciplinary evaluation of China's national health care reform: Emerging evidence and new perspectives", Journal of Asian Public Policy, 2015 Vol. 8, No. 1, 1–18,

He, J. and Yang, W., 2015. Clinical pathways in China: an evaluation. International Journal of Health Care Quality Assurance, 28 (3).

Hodgson, Geoffrey M. (2008): "An institutional and evolutionary perspective on health economics", Cambridge Journal of Economics, 32: 235–256; doi: 10.1093/cje/bem033.

Hong, Yao (2011): "Discussion on case-based payment practice in Shanghai", Health economic research, 4: 30-31.

Hsaio, WC (1995): "Abnormal economics in the health sector", Health Policy, 32: 1-3.

Jegers M., Kesteloot, K., De Graeve, D., and Gilles W, (2002) A typology for provider payment systems in health care. Health Policy 60 255–273.

Jian, Weiyan; Lu, Ming; Chan, Kit Yee; Poon, Adrienne N; Han, Wei; Hu, Mu; Yip, Winnie 2015): "Payment Reform Pilot In Beijing Hospitals Reduced Expenditures And Out-Of-Pocket Payments Per Admission," Health Affairs, Vol. 34, No. 10, 01.10.2015.

Jiang Ji-yuan, Sun De-yao, QI qi, and others. (2011): "Research on payment system based on diagnosis related groups in Beijing", Chinese journal of hospital administration. 2011; 27 (11): 587-589.

Jing M, Lu M, Quan H. (2008): "From a national, centrally planned health system to a system based on the market: lessons from China," Health Affairs. 2008; 27(4): 937–948. doi: 10.1377/hlthaff.27.4.937.

Jing, F. (2004): "Health sector reform and reproductive health services in poor rural China", Health Policy and Planning, 19: 1.

Kalman, N.S. (2014), "Removing a constraint on hospital utilization: Implications for cost growth", Am J Manag Care, vol. 20(6).

Kwon, S. (2003). Payment system reform for health care providers in Korea. Health Policy and Planning 18(1), 84-92.

Kwon, Soonman (2015): "Institutional Capabilities for Health Service Purchasing – Case Study of Korea's National Health Insurance Service (NHIS) and Health Insurance Review and Assessment Service (HIRA)", prepared for the World Bank.

Langenbrunner, J., Cashin, C., and O'Dougherty, S. (2009): "Designing and Implementing Health Care Provider Payment Systems: How-to Manuals", Washington, D.C.: The World Bank.

Leung, Alexander T. (2015): "Health Services Purchasing: A Review of Taiwan's Development and Experience", prepared for the World Bank, May 2015.

Liu, X & Anne Mills (1999): "Evaluating payment mechanisms: how can we measure unnecessary care?" Health Policy and Planning; 14(4): 409–413.

Liu, Xingzhu, and Anne Mills. 2003. The influence of bonus payments to doctors on hospital revenue: Results of a quasi-experimental study. *Applied Health Economics and Health Policy* 2, (2): 91-8.

Liu, Y. (2004): "Development of the rural health insurance system in China" , Health Policy and Planning, 14: 4.

Liu, Y., W. C. Hsiao, and K. Eggleston. 1999. Equity in health and health care: The Chinese experience. *Social Science & Medicine* (*1982*) 49, (10) (Nov): 1349-56.

Manuel, Ryan (2010): "China' s health System and the next 20 years of reform" , in Ross Garnaut, Jane Golley and Ligang Song (eds) "China: The Next Twenty Years of Reform and Development" , ANU Press: Canberra.

McGuire, T.G. (2000). Physician Agency in A.J. Culyer A.J., and Newhouse, J.P. (eds.) Handbook in Health Economics, North Holland. pp. 461-536.

Ministry of Health (2004): "Notice on Pilots of Cased-based Service Pricing Management" , China Union Medical University Press, People' s Republic of China.

Ministry of Health notice on pilots of cased-based service pricing management. Aug. 2004.

Ministry of Human Resources and Social Security notice on pilots of cased-based service pricing management. Aug. 2004.

Ministry of Labor and Social Security (1999): The opinion on enforcement of payment NHFPC (2012): Wei Nong Wei Fa no.28, 2012.

OECD Health Statistics. 2013. "Health at a Glance, " OECD Publishing.

Rosenthal, M.B. and others. (2006). Pay for performance in commercial HMOs. The New England Journal of Medicine 355, 1895-1902.

Rosenthal, M.B., Frank, R.G., Li, Z., and Epstein, A.M. (2005) Early evidence with pay-for-performance: From concept to practice. The Journal of American Medical Association 294, 1788-1793.

Shortell, Sam.M. (2013): "Bridging the divide between health and health care, " JAMA, 309(11): 1121-2.

Wagstaff, Adam, Magnus Lindelow, Gao Jun, Xu Ling, and Qian Juncheng. 2007. *Extending health insurance to the rural population: An impact evaluation of China's new cooperative medical scheme.* The World Bank, Policy Research Working Paper Series: 415.

Wang and others (2011b), Journal of Asian Public.

Wang Kun, Wu Hua-zhang, Du Yu-kai and others. Analysis on the Modes of Medical Insurance Payment of Mental Health Institutions. Chinese journal of social medicine. 2013; (01): 57-59.

Wang Xiang. The strategy choices of payment reform: based on 17 years reform in Zhenjiang. China health insurance. 2011; (07): 35-36.

Wang, Kun, Wu Hua-zhang, Du Yu-kai, and others. (2013): "Analysis on the Modes of Medical Insurance Payment of Mental Health Institutions" , Chinese journal of social medicine, 1: 57-59.

Wang, Xiang (2011): "The strategy choices of payment reform: based on 17 years reform in Zhenjiang. China health insurance" , 7: 35-36.

Yan Xue-feng, Wang Hai-yang (2012): "An exploratory discussion on the payment method of medical insurance in Wuxi City. Jiangsu health care management, " 2012; (02): 1-3.

Yao Hong (2011): "Discussion on case-based payment practice in Shanghai" . Health economic research. 2011; (04): 30-31.

Yip, W. and Eggleston, K., 2004. Addressing government and market failures with payment incentives: hospital reimbursement reform in Hainan, China. Social Science and Medicine, 58, 267–277. doi: 10.1016/S0277-9536(03)00010-8.

Yip, W. and Hsiao, W., (2009): "Non-evidence-based policy: how effective is China’s new cooperative medical scheme in reducing medical impoverishment?” Social Science and Medicine, 68, 201–209. doi: 10.1016/j.socscimed.2008.09.066.

Yip, W. and Hsiao, W., (2009): “China’s health care reform: a tentative assessment. China Economic Review, ” 20, 613–619. doi: 10.1016/j.chieco.2009.08.003.

Yip, W., and WC. Hsiao WC (2008): “The Chinese health system at a crossroads”, Health Affairs, 27: 460–68.

Yip, Winnie and William Hsiao (2014): “Harnessing the privatization of China’s fragmented health-care delivery. The Lancet, 9: 384(9945), pp.805–818. DOI: 10.1016/S0140-6736(14)61120-X.

Yip, Winnie, Timothy Powell-Jackson, Wen Chen, Min Hu, Eduardo Fe, Mu Hu, Weiyan Jian, Ming Lu, Wei Han, William C Hsiao (2014): “Capitation Combined With Pay-For-Performance Improves Antibiotic Prescribing Practices In Rural China”, Health Affairs 02/2014; 33(3). DOI: 10.1377/hlthaff.2013.0704.

Zhang Ying, and Wu Yong-ling (2013): “Changshu URBMI (NCMS) payment reform practice and exploration”, Business, 22: 238-239.

Zhang, J. (2010): “The impact of a diagnosis-related group-based prospective payment experiment: the experience of Shanghai”, Applied Economics Letters, 17: 1797–1803; doi: 10.1080/13504850903317347.

Zhou, R “Responsible Utilization of Antibiotics Should Be a Societal Responsibility, ” Health Affairs. Volume 27, number 2467.

第7章

推手6：加强卫生人力建设，实现以人为本的一体化卫生服务

7.1 引言

中国的医疗服务转型为以人为本的一体化卫生服务（PCIC）将对卫生人力系统有一些启示。第一，在PCIC模式下，基层卫生服务处于中心地位，为非传染病患者提供持续性的服务。目前，中国的基层卫生机构必须得到扩大和加强，使其能够为整个卫生系统把关，发挥协调的作用。第二，PCIC模式改变了卫生系统的组织和管理：它依靠以全科医师为主的跨专业团队，与社区和社会关怀紧密相连，高效协调卫生系统中不同层次的服务者，把重点放在预防、风险分层处理和保健上。中国医疗人力的组成明显不平衡，专业人员也相当短缺，这些困难需要中长期的策略来应对。第三，PCIC模式强调患者参与和自我管理。在这种更强调医患合作的方式下，医生和患者共同努力来发现问题，区分轻重缓急，设定目标，明确治疗方案，最终解决问题。这是一种医患之间新的互动方式，对临床医生与病患的沟通能力和人际关系能力提出了更高要求。

采用PCIC模式也将为中国卫生人力的培训、部署、组成和管理带来深刻的变化。为实现卫生人力转型以应对PCIC所带来的挑战，国际专家建议的措施包括：重新划分不同类型卫生工作者的职责和功能范围，重新规划卫生团队的构成囊括不同的专科，制定新的技能和专业技术组合，注重实现不同层面卫生服务之间人力分配的平衡，改善管理系统，制定良性的激励机制以及重视上岗培训和在岗培训。实施这些指导卫生人力改革的核心原则将会从制度、财政和管理上彻底改变中国卫生人力系统。

本章评估了PCIC背景下中国卫生人力面临的主要挑战，并提供了若干政策建议。第7.2节评估现存的挑战、中国卫生人力市场的体制和政策环境，发掘造成失衡的根源和原因。第7.3节提供相应的政策建议。本章在第7.4节部分进行了总结，提出四个关键行动领域以及实施相关改革的策略。

7.2 中国卫生人力市场：趋势和挑战

7.2.1 卫生专业教育系统

中国的卫生人力市场在近些年里发生了巨大的变化。1998年，全世界最庞大的中国卫生专业教育系统启动了雄心勃勃的改革计划。从前卫生部下属的西医院校被合并到综合性大学，改由教育部管理。中国逐渐建立起一个综合性的医学教育系统，包括本科、研究生教育和专业再教育。学生高中毕业后就可直接进入3年制的临床医学专科教育、5或6年制本科教育、7年制硕士教育或8年制博士教育。2013年，医科毕业生总数超出2003年两倍，其中高等医科教育（本科及以上）毕业生超出四倍。2013年有约50万名护士毕业，其中大部分所持的是职业文凭（见表7.1）。

卫生专业教育的快速扩张也带来了一系列问题，包括医疗教育和卫生人力市场需求之间缺乏协调；学生数量高速增长但教育质量得不到保障；课程设置过分集中在生物医学、医疗技术和住院治疗方面，而忽视了社区基层医疗和农村医疗卫生。教育部（改革后负责全国卫生教育）和国家卫生计生委之间需要进行更好的配合。一项相关研究发现，相当一部分医科大学不是根据卫生人力的需求决定招生人数，而是根据教师数量，甚至是学生宿舍的数量（Liu，2015）。医科院校的师资力量也没有跟上医科学生扩招的步伐（见图7.1）。

招生数量的剧增导致师生比显著下降和临床实习岗位的紧缺（Daermmich，2013），从而影响了医学教育的质量。医学培训过于关注临床生物医学和医院治疗，而忽视社区、基层、农村医疗服务（Hou等，2014）。

截至目前，中国仍没有一个全国性的住院医师规范化培训制度；刚毕业的医科学生通常直接进入医院或基层卫生机构工作。按照国际通行的标准，医科毕业生在独立行医之前，必须在医院作为住院医师进行临床实践训练（通常为3年）。这种制度被认为是保证临床医疗质量的关键。2013年12月，国家卫生计生委员会同六部委印发了《关于建立住院医师规范化培训制度的指导意见》，要求医科毕业生（5年制医科大学毕业）在具有资格的卫生机构完成3年的规范化住院医师培训。培训机构的相关经费和住院医师学员的工资补贴由中央和地方政府提供。

7.2.2 卫生人力组成失衡

政府着力加强专业医务人员的培训，卫生人力队伍明显扩大，其组成也发生了重大改变。薪酬结构也发生了一定变化，最显著的动

表7.1 2013年医科学生入学数量和医科毕业生数量 （单位：人）

学生类别	入学人数			毕业人数		
	高等教育	中职教育	合计	高等教育	中职教育	合计
临床医学（包括中医学）	124279	108947	233226	107904	108382	216286
公共卫生	9593	–	9593	6793	–	6793
护士和助产士	42646	521159	563805	34145	534502	568647
药学（包括中药学）	38904	27216	66120	31404	24249	55653
医疗检验技术	21167	52353	73520	11091	40568	51659

来源：Liu，2015。

图 7.1　1998—2012 年医科学生和教师数量以及师生比

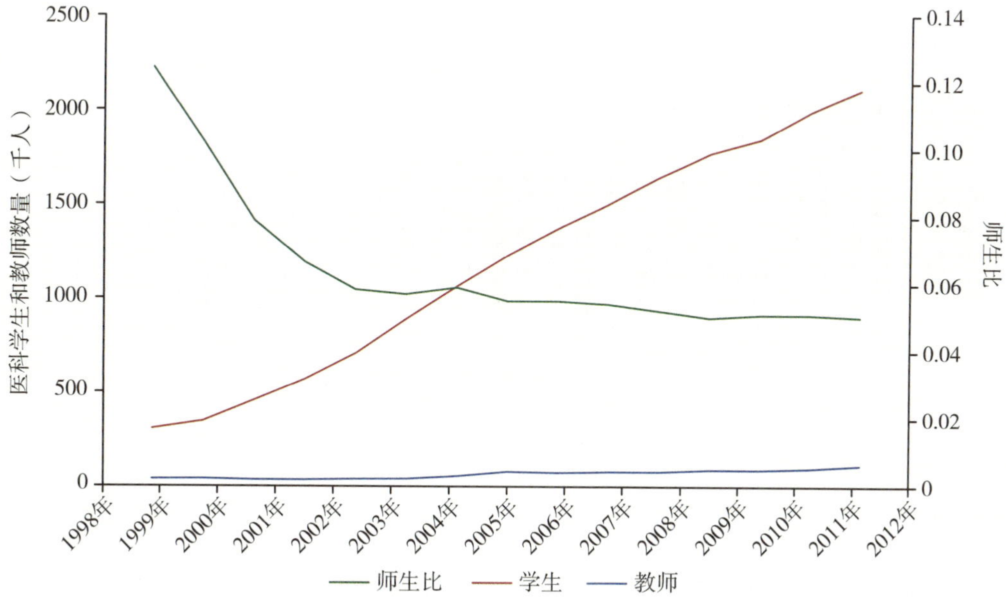

来源：Hou 等，2014，823。

因是“处方药零差率”政策的实施。同时，对卫生人力监管机制也进行了修改，以增加医务人员跨地区、跨单位服务的机动性。这些变化反映了中国卫生人力市场和医疗市场体制改革的特点：既有高速增长的市场经济的活力，也受国家的干预和调控。

然而，中国力争强化公共卫生和初级卫生保健服务，其中一个主要的挑战来自卫生人力（Yip 等，2010）。专科医生的数量超过全科医生，并且在基层卫生机构工作的医生数量很少。薪酬水平不具吸引力，潜移默化地诱导医生去医院工作。卫生人力治理结构的特点是编制制度，医务人员的编制和医疗机构挂钩，造成了系统僵化且限制了流动性。医疗机构在雇佣医务人员方面的自主权很小，导致了人员需求和可用技能之间的不匹配。我们将在下文中具体讨论这些问题。

虽然卫生人力供给有了显著增长，但是卫生人力组成仍然面临着许多挑战。

第一，尽管中国医务人员总数从 2011 年的 620 万人上涨到 2013 年的 721 万人，但是截至 2013 年末，中国每千人口拥有的卫生技术人员数仅为 5.3 人，其中包括 2 名执业医师（及执业助理医师）和 2 名注册护士（国家卫生计生委员会，2014），低于经合组织国家每千人口 3.2 名医师和 9.6 名护士的平均水平（OECD，2014，见图 7.2）。

第二，在所有的医务人员中，护士面临着全国性的缺口。虽然执业护士人数翻了一番且护理专业的学生数大幅上升，但是中国的护士医生比率仅为 1∶1，低于国际经合组织国家平均每名医生配 2.8 名护士的比率（Qin、Li 和 Xie，2013）。尽管如此，护理专业的学生数大幅上升还是利好消息。仅 2013 年，护理院校就招收了 56 万名学生，其中 62% 进入三年制职业学校学习。结果来看，每千人口护士数量从 2003 年的 0.98 名增加到 2013 年的 2.04 名（见图 7.3）。

第三，中国的一些关键科室存在专业医师严重短缺的问题。例如，儿科医师、精神科医师和全科医师的数量都严重不足。在所有执业医师中，儿科医师、精神科医师和全科医师分别仅占 3.9%、0.9% 和 5.2%。相对较低的收入和较高的职业风险，使得这些专

图 7.2 2012 年（或最近年份）世界各国护士医生比

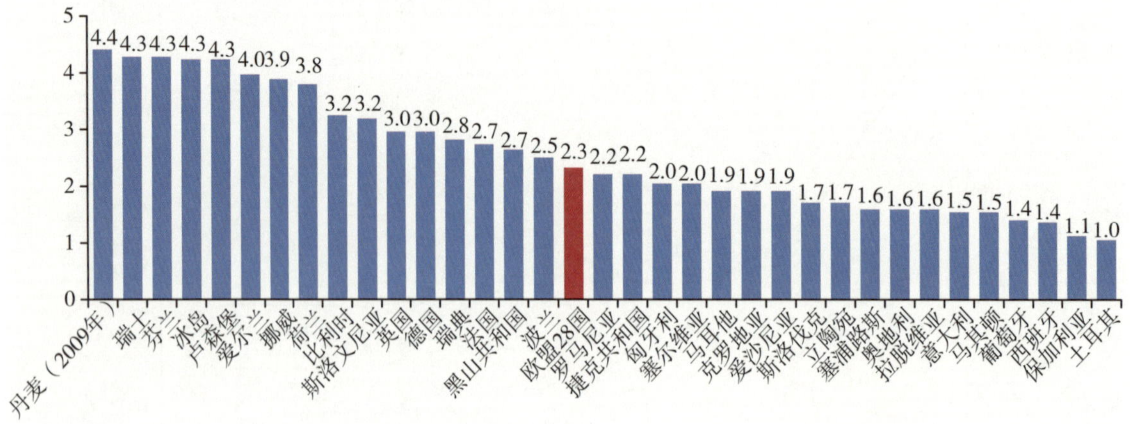

注：奥地利只统计了医院雇佣的护士人数。

来源：2014年经合组织国家卫生统计数据，欧洲国家统计数据库，世界卫生组织欧洲全民健康数据库。

图 7.3 2003—2013 年中国每千人口拥有的卫生技术人员数量

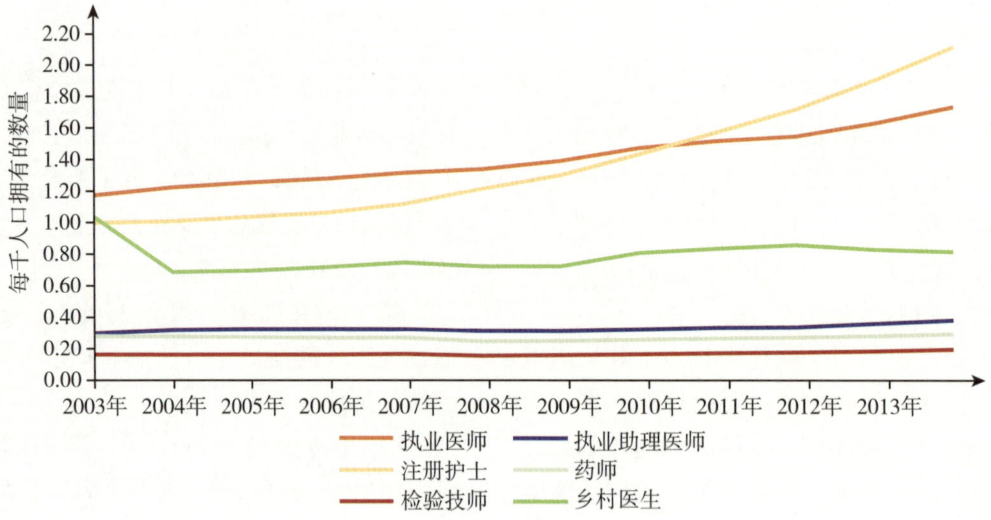

来源：Liu，2015。

业的岗位缺乏吸引力。5.2%的全科医师比例远远低于30%—60%的国际标准。

2011年的一项国务院政策提出建立一个基于全科医师的基层卫生服务体系，要求每万人口拥有2—3名全科医师（国际标准为每2000人口拥有一名全科医师）。[1]要达到这一目标，中国至少需要30万至40万名全科医师，超出目前全科医师人力两倍（2014年全科医师总数为172597人）（国家卫生计生委员会，2015）。和很多国家的情况一样，中国的全科医师比起专业医师来缺乏职业吸引力。全科医师的社会地位和收入更低，职业发展也更加受限，对医科毕业生的选择意愿产生负面影响。2016年，政府招收了七万名医学毕业生参加三年住院医师培训项目，其中全科医师8637人。第四，虽然在农村地区工作的医务人员绝对数量有所增加，还是有相当一大部分的医务人员在城市地区工作。城市与农村医生的比率从2005年的2∶1扩大到2013年2.5∶1（见图7.4和附件7.1）。2013

图 7.4　2003—2013 年中国城市和农村每千人口拥有的医务人员数量

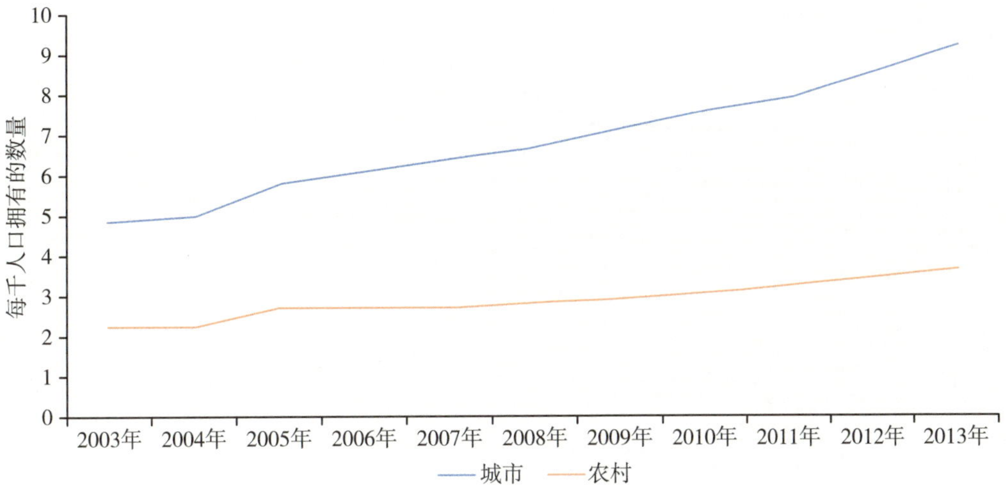

来源：Liu，2015。

年，城市地区每千人口医师数量是农村地区的2.3倍，护士数量是农村地区的1.8倍。同样，农村地区护士短缺情况也更为严重，尤其在基层卫生机构，护士医生比率分别为0.82∶1和0.55∶1。

公立和私立卫生机构之间的人力分配这些年也发生了改变（Liu，2015）。其趋势是私立卫生机构所占人力比例缓慢但稳定地增加，从2010年的14%增长到2013年的15.8%（见图7.5）。其中，执业助理医师在私立机构工作者比例最高（20.1%）；检验技师比例最低（12.3%）。

中国卫生人力的分配不平衡导致了基层卫生机构和农村地区严重的人力短缺。在基层卫生机构中工作的医务人员数量虽有所增长，但总量仍然不足。2013年，所有医务人员中只有30%，注册护士中只有21%在基层卫生机构（包括农村地区的乡镇卫生院和城市地区的社区医院/卫生所）工作。尽管卫生人力规模总体在扩大，基层卫生人员的比例却从2009年的高于40%下降到2013年的不足30%。国家卫生发展研究中心（NHDRC）最近进行的一项调查发现，在乡镇卫生院流失的助理医师和护士中，近50%转移到了县级或以上医院工作。此外，相对于高级别的卫生机构和城市地区，基层卫生机构和农村地区的医务人员接受的医疗教育也更少。2012年，城市地区的医务人员中20%持有大学本科及以上学历，而农村地区仅有6%。[2]社区卫生站和乡镇卫生院的绝大多数医务人员只接受过职高培训或高中教育。基层卫生机构和贫困的农村地区一直难以招聘和留住高资质的医务人员。患者们绕过基层卫生服务机构，直接去正规医院就诊，最主要的原因就是基层卫生机构缺乏合格的医务人员。

7.2.3　医务人员的薪酬待遇缺乏吸引力，经济激励机制不合理

中国基层卫生人力持续短缺的原因之一是薪酬待遇缺乏吸引力。医疗行业收入（一般包括基本工资、绩效奖金和劳务费）差异很大，且基层医疗机构从业人员收入最低。正规医疗行业的平均收入在各行业中排名第九，比整个经济的平均收入仅仅高出13%（见图7.6），而且年增长率相对其他行业较低（Zhang，2015）。

薪酬结构方面也存在问题。2012年卫生人员基本工资占总薪酬的23%，岗位津贴占20%，绩效奖金占57%（均为全国平均数字）。[3]这种薪酬结构驱使着医务人员，尤其

图 7.5 2005—2013 年私立卫生机构卫生人力占比（%）

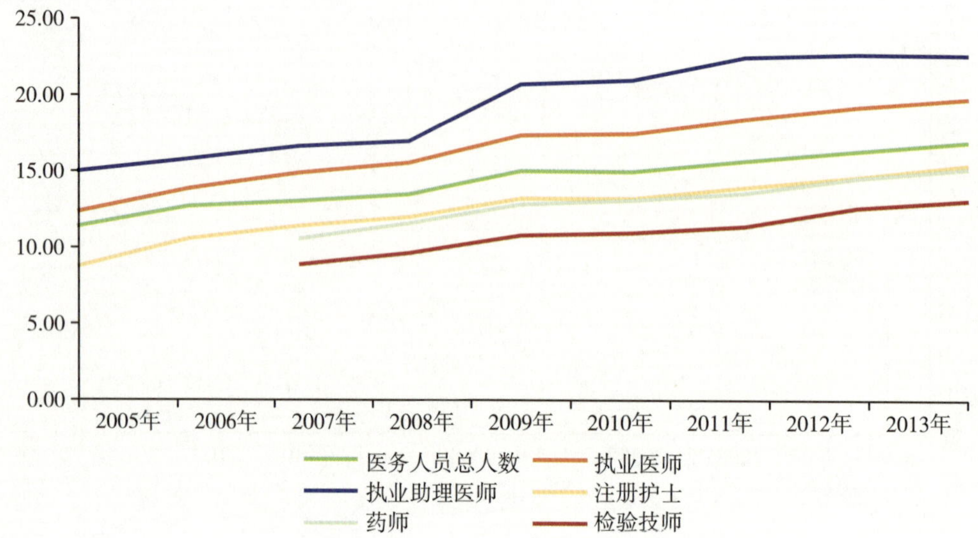

来源：Liu，2015。

图 7.6 2005 年和 2012 年中国城市各行业雇员年平均工资

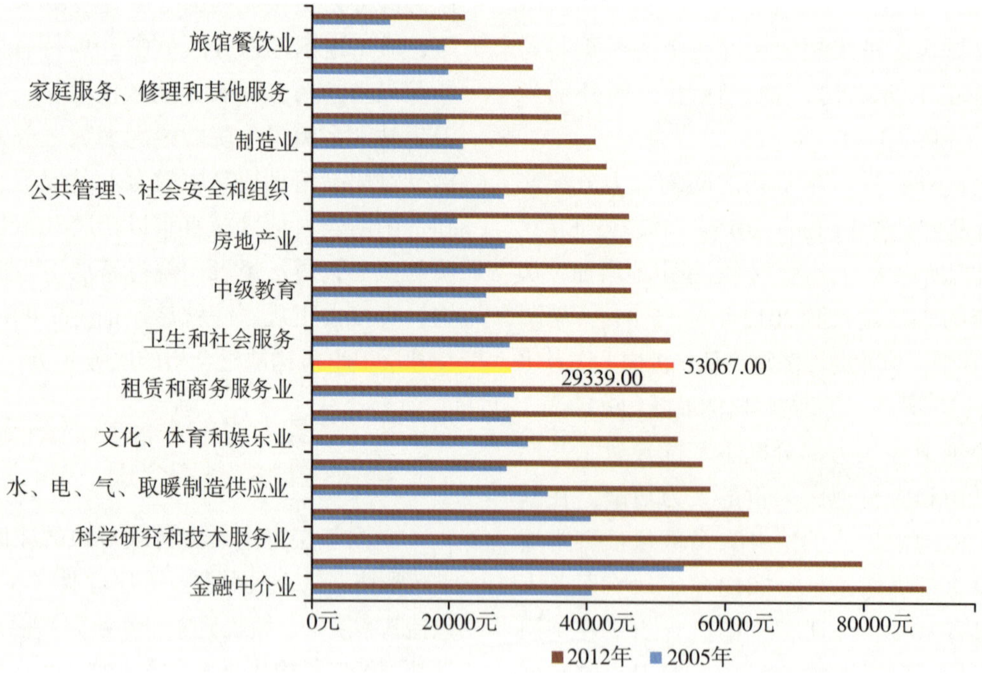

来源：国家卫生计生委卫生发展研究中心，2014。

是医师，寻求奖金等额外收入，而这些额外收入又是基于医院的总收入，其中包括医疗服务费用（治疗费，住院费），处方药费和检验费，患者私下的非常规报酬（红包）以及私人行医（院外兼职）等等（Woodhead，2014；Yip等，2010）。这些不合理的激励机制带来了医疗服务诱导需求，医生过度让患者进行诊断检查和开昂贵的品牌药。

不同层次的医疗服务之间薪酬水平有很大差距。公立医院，尤其是城市公立医院的薪酬待遇比基层卫生机构和农村地区高（见图 7.7）。城市公立医院的薪酬水平是全行业

图 7.7　**2013 年中国各层次医务人员薪酬水平**

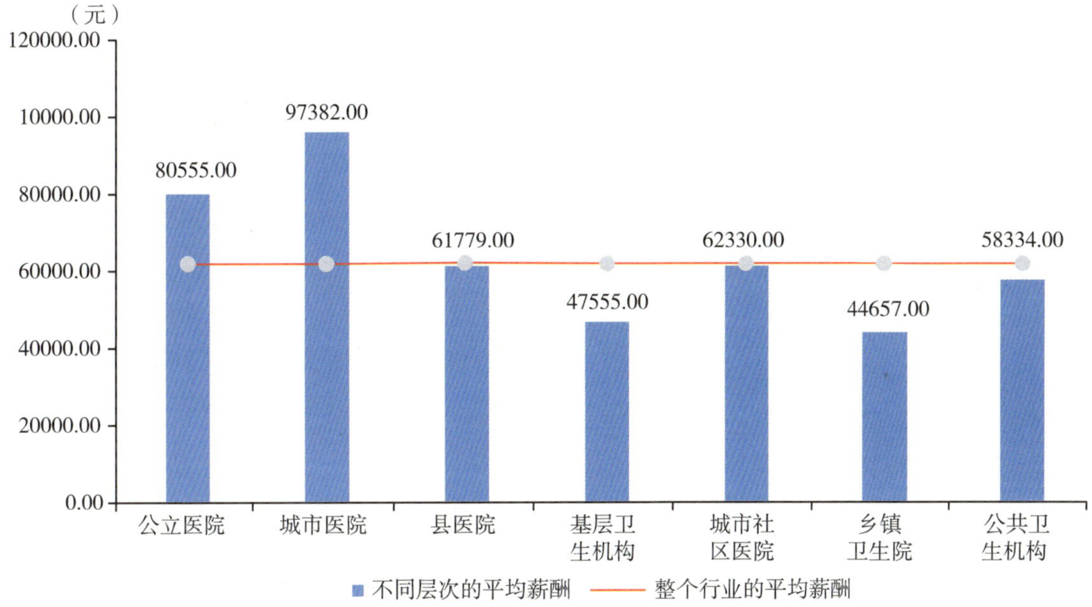

注：基层卫生机构包括城市社区医院和乡镇卫生院。公共卫生机构包括防疫中心、卫生检查站等。
来源：国家卫计委卫生发展研究中心，2014。

平均水平的1.6倍，而基层卫生机构和乡镇卫生院的医务人员薪酬分别是全行业平均数的76%和72%。然而，医务人员的工种之间薪酬差别不大，小于其教育水平之间的差别在薪酬上应有的反映。例如，医师的平均薪酬仅为护士的1.1倍至1.96倍（Zhang，2015）。

医院和基层卫生机构之间的巨大薪酬差距，与政府加强基层卫生服务的改革战略互相矛盾。低工资和其他因素一起，妨碍着基层卫生机构招收和留住具备资质、质量过硬的医务人员。

此外，医科院校反映很难招收到高考中的高分学生，实际招生中也有很大一部分人的第一志愿并非医学（Hou 等，2014；Waldmeir，2013）。2013年的一项调查显示，1977年至2012年的高考状元中仅有不到2%的人选择了卫生或医学专业。与之形成鲜明对比的是，其中38%的人选择了经济和工商管理专业。[4] 2014年大学医科专业招生出现了显著的下滑。例如，南方医科大学计划招生200人，但只收到50份报考志愿。广州中医药大学计划招生1807人，但只收到485份报考志愿。中国医师协会的常规性调查问卷包含如下问题：“你是否愿意你的孩子上医科学校？”否定回答的比例超过50%，并且逐年上升（见表7.2）。

表 7.2　**医师对“你是否愿意你的孩子上医科学校？”调查问卷的问答**

年份	是（%）	否（%）
2002	10.9	54.0
2004	10.4	63.0
2009	11.9	62.5
2011	6.8	78.0

来源：中国医师协会，全国医师问卷调查，http://www.cmdae.org。

同时，医疗行业的公众形象在持续恶化，而最近针对医务人员的暴力行为剧增（如第5章所述，三分之一的医生都曾经历过）更使医疗职业越来越缺乏吸引力。[5]

7.2.4 制约性的人事编制制度

中国的卫生人力资源管理政策，与中国所有的事业单位一样，遵循人员编制制度。[6]人员编制制度为每个事业单位（PSU）规定正式职工总人数，这是一种特殊的，针对公务员和公共机关的人力资源管理体制。事业单位的人员编制方案由政府机构编制委员会办公室（PEO）决定，编制人数由编委办批准。人员编制也是人力资源和社会保障局（不是卫生机构的主管部门）确认职位的基准。人员编制内的雇员享有固定职位、退休金和其他社保福利，而且卫生机构管理人员解雇他们的难度较大。

公立医院的人员编制定额取决于病床数。国家编制指标[7]规定的病床数/人员数比例是：病床数少于300的医院为1∶1.30—1.40；介于300—500之间的医院：1∶1.40—1.50，多于500的医院：1∶1.60—1.70（见附表7.5）。[8]原则上，乡镇卫生院的人员编制定额是所在服务地区总人口的1%；具体的人员数，通过考虑乡镇卫生院的交通便利程度和地方政府财政能力进行编制。现行的实际编制，经调查华东、华中和西部的6省12个县，平均为每千人口1.2名。[9]社区卫生服务中心的编制标准是每万名居民拥有2—3名全科医师和1名公共卫生医师，全科医师/护士比率要求为1∶1。

全国各地都报告了人员编制造成的很多问题。人员编制制度跟不上卫生服务改革步伐、需求增长以及技术进步。例如，很多医院（包括妇幼保健院）的编制总额于20世纪80年代设立，且从未更新过。人员编制已经不再适应卫生机构变革的需求。

带来的后果是，无论在哪个层级和地区，几乎所有的卫生机构都面临明显的编制定员短缺的问题。他们不得不雇佣编制外医务人员。卫生人力资源发展中心（卫生部下属单位）和山东大学最近联合进行了一次覆盖10个省的卫生机构调查，发现在社区卫生服务中心、妇幼保健院和乡镇卫生院中编制外医务人员分别占15%、11%和8%。例如，2013年云南省基层卫生机构雇员中有31%（43595名雇员中有13502人）是编制外人员。

卫生机构必须从自身收入中支付他们的工资和福利。这加重了医院创收的压力，而且制造出一个“二等雇员”群体，与编制内人员签订不同的合同，使用不同的薪资体系，同工不同酬。编制外雇员收入更低，福利更差，比如他们就不能享受退休金。

7.2.5 有限的流动性和市场准入

医师（及助理医师）、护士、药师和乡村医生要进入卫生行业执业，都由两个程序管理：资格认证和执照颁发。[10]具备合格条件的医务人员可以参加每年举办的全国资格证考试，通过考试者就能获得医师资格证、护士资格证或药师资格证（没有全国性的乡村医生资格证考试）。获取了资格证的医务人员就能向当地卫生机关申请从业执照，获得了执照才能执业行医。

重新认证程序存在一定的局限性。现行资格管理条例要求护士每两年必须更新他们的从业执照，执业医师每两年必须参加一次在职培训。现行程序对重新认证并没有规定具体的要求条件，但仍有一些质量保证措施。比如，中国医师协会创办了医师资格再认证考试，并要求执业医师每两年参加一次。负责医务人员在职培训的国家卫生计生委科学教育司，也发布了政策要求执业医师参加学分制的在职培训。然而，这些质量保障措施与执照更新程序并未挂钩，所以医务人员并不总是遵守它们，也就没有多少效力。

现行的人力执照管理办法，使人员编制制度造成的卫生人力市场流动性低下问题更加严峻。根据《中国执业医师法》，执业医师的执照必须注明执业的医疗机构，执业种类（临床医疗、中医、牙科或公共卫生）和专业。这种执照管理办法使医务人员只能在执照指定的机构执业。由于执业医师大都从业于公立医院，医师的流动性被严重限制，并使得基层卫生机构和私立医院更难招聘到高资质的医务人员。为了解决这种局限，2009年政府颁布了医师“多点执业”的试点政策（见专栏7.1）。这个新政策允许医师在同城市三个以内医院/诊所同时注册行医，如果他们满足三个条件：（1）取得原执业机构的许可；（2）取得当地卫生管理机关的批准；（3）跟所有注册执业的机构签订关于医疗事故和诉讼的法律协议。[11] 尽管2011年政府把试点范围扩大，这项政策并未取得预期的效果。截至2011年6月，只有166名医师注册了多点执业。在最初的试点省份广东，约有100名医师注册。有三个原因来解释这样的低参与率：（1）超负荷工作是公立医院的常态，医师们没有时间到其他卫生机构工作；（2）这项政策要求医师们对医疗事故和纠纷自担风险；（3）在现行的人员编制体制下，医师们的退休金、员工福利、职称、科研培训机会都与他们所在的医院直接挂钩。他们害怕如果参加多点执业，他们在原先所属医院的提升、考核和科研培训机会都会受到影响。

专栏7.1　中国医师多点执业政策的历史

中国的医师私人兼职从20世纪90年代开始普遍出现，当时没有任何监管或者确保服务质量与安全的政策。1999年，中国颁布了《中国执业医师法》，规定医师只能在执照上指定的地点或机构执业行医。这项法律控制了医师的私人兼职，但严重限制了医师的流动性，也造成私立医院和基层卫生机构难以招聘具备资格的医师，因为他们绝大部分受雇于公立医院。

政府明确意识到了这种消极影响，并采取措施进行补救。第一项“医师多点执业”试点政策于2009年9月颁布，在试点地区允许医师在多个医院/诊所同时注册执业，如果他们满足三个条件：（1）取得原执业机构的许可；（2）取得当地卫生管理机关的批准；（3）跟所有注册执业的机构签订关于医疗事故和诉讼的法律协议；（4）具有副主任医师或以上职称。

2011年7月，卫生部发布了新政策：《关于扩大医师多点执业试点范围的通知》（第95号）。政策要求：（1）试点扩大到更多的地区；（2）把最低职称要求从副主任医师（高级职称）降低到主治医师（中级职称）。

2014年11月，六部委联合发布了推进多点执业的指令性政策，向具有中级职称（含）以上，并在本专业工作五年以上的临床治疗、牙科和中医医师开放多点执业注册。另外，医师不再需要原先所属机构的书面同意和本地卫生管理机关的批准。政策还强调医院不得在职称评定和临床研究机会方面歧视多点执业的医师。

各省在国家政策指导的基础上都制定了地方政策。例如，广东省的多点执业政策不限制医师执业机构的数量，而是规定执业的地区，比如某个县或者城市。医师不再需要原属医院的同意，只需在申请执照时向当地卫生局提交申请。据报道，在此项优惠政策颁布后，一些公立医院医师开始运营独立诊所。

在全国范围内，申请多点行医的医师数量只有少量增长。最主要的障碍是员工福利由人员编制决定，并且被绑定在医师所属的卫生机构。人员编制制度是医师流动性受限的根本原因。

7.2.6 在雇佣医务人员方面缺乏管理和决策自主权

自2006年起，卫生机构所有的专业技术人员、管理人员和工勤技能人员（即后勤保障以及专业技术辅助人员）都通过公开招聘录用。2000年3月颁布了《关于深化卫生事业单位人事制度改革的实施意见》，指导公共事业单位改革其人事制度，取消管理人员和专业技术人员的铁饭碗，并通过公开招聘填补医务人员职位空缺。[12]卫生机构和雇员通过合同建立雇佣关系，明确双方的责任、权力和利益。

在招聘医务人员方面面临的一个主要问题是卫生医疗机构缺乏自主权。在公共服务领域，政府将医务人员分为三个工种：专业技术、管理和工勤技能，且制定所有工种的数量、结构和职责。人力资源和社会保障部（人保部）和各地的人力资源和社会保障局（人保局）设立和管理事业单位的职位，并负责相关政策的制定和指导、宏观调控、监督和最终审批。在当地编制办公室和财政局确定了每个公共机构的编制数量（包括每个大类的数量，比如全科医生和护士）之后，各医疗机构的人力资源管理部门在人保局的指导下，制定后续实施方案，并提交给当地人保局审批。

按照现行做法，当地政府设定编制配额，在某些情况下，限制发放新的配额。因此，卫生机构可能无法聘用他们所需要的新员工。此外，“公开招聘”是由当地的人力资源和社会保障局，而不是由医疗机构本身负责。标准化的资格考试、招聘程序和评价标准均由人保局制定，往往和卫生部门的特点不相合。例如，试题及评价标准不能反映基层医疗服务工作者和全科医生的功能定位和技能，使他们处于不利的地位，有时甚至无法对他们进行雇用。此外，要求至少达到三年大专学历，而大多数乡镇卫生院的员工只接受过相当于中学学历的培训。乡镇卫生院的职位也很难达到每个职位至少三个申请人的要求。

这种职位管理系统导致卫生人力管理的僵化。第一，编制短缺并非个别情况，编制短缺意味着卫生机构正式职位的短缺。这些短缺对基层医疗机构的影响超过对医院的影响。因为基层医疗机构更多地依赖于政府投入。第二，它限制了基层医疗机构最高级别职位的设置和职位数量，从而限制了基层医疗机构医务人员的职业发展。第三，医疗机构缺乏自主权，去界定需要哪些职位及其数量以满足本社区的服务需求。任何对于批准后的后续实施方案的修改都需要得到人保局批准。

最近，中国的人事管理改革取得了些新进展。在2014年2月，国务院出台了《事业单位人事管理条例》，正式推行事业单位岗位管理制度。[13]新条例规定事业单位应当按照国家相关规定，根据职责、任务和需求设置岗位。每一个职位应该有一个具体的职位名称，并明确责任、评价标准和选拔条件。这次改革的目标之一是从基于身份的（人数配额）转向基于岗位的人力资源管理。根据新政策，政府确定职位的类别和等级，然后医疗机构负责招聘、考核、薪酬设置和相关的培训。

7.2.7 职称评定

评定职称的目的是用来反映卫生技术人员的专业技术能力。中国的医师职称有三个等级：初级职称包括医师和医士，中级职称是主治医师，高级职称包括副主任医师和主任医师。职称的提升是职业发展的一个重要组成部分，并且与工资、退休金和其他福利挂钩。

中国的职称评定制度制定于1955年。低级和中级职称（住院医师和主治医师）评定有全国性的大纲，用每年定期举办的国家技术资格考试和国家职称评定来衡量和授予。高级职称按照国家职称评定标准，省一级通过考试和评审来评定。省级职称评定委员会由省卫生计生委和人社局组建。

职称评定制度有三个主要问题：一是过于强调论文发文情况；二是不能反映不同岗位、专业和不同层次卫生服务者之间的差异；三是行业协会参与有限。

2015年，人力资源与社会保障部、国家卫生计生委联合下发《关于进一步改革完善基层卫生专业技术人员职称评审工作的指导意见》，该意见旨在探索和完善符合医务人员特点的评价指标体系。[14]根据卫生医疗机构功能定位和分级诊疗的要求，对基层医疗卫生机构的专业技术人员，不再将论文、职称外语等作为申报的“硬杠杠”，论文和科研可作为评审的参考条件，引导医生回归临床。各省结合实际制定实施细则，并在职称评审中贯彻落实，这一问题得到改善。

7.3　人力资源改革的政策建议

要实施以人为本的一体化卫生服务模式，关键在于一支能力胜任、运转良好的卫生人才队伍。卫生人力资源是卫生系统的重要组成部分，在向公众提供可负担且优质的医疗服务中起核心作用。我们在卫生人才的可得性、分布和绩效方面还面临巨大的挑战，现存文献提供了丰富的解决这些问题的经验。为此，本节提出了一系列的建议来应对中国卫生人力资源面临的挑战。

这些建议有些是基于国际上建设卫生人才、实施（或加强）基层卫生服务的经验评述，有些是基于中国正在进行的卫生人力资源改革经验。回顾的目的是为了理解这些国家和地区如何让其卫生人才适应基层卫生服务模式的进步，并从中吸取在中国背景下可以应用的经验。国际回顾的对象包括澳大利亚、巴西、英格兰、挪威、土耳其和中国台湾，这些国家和地区都致力于扩大基层卫生服务覆盖，并改革了卫生人才的教育、部署、管理和监管方式，以支持基层卫生服务的扩张。

表7.3总结了四个关于加强卫生人才建设的核心行动领域和相关的执行策略，包括：（1）创造有利环境，加强基本医疗服务的卫生人才建设，推动以人为本的整合医疗；（2）提高基层医疗服务的人才层次和能力；（3）改革薪酬体系以激励优良绩效；（4）改革编制制度，促进更为灵活的卫生人才市场和高效的卫生人力资源管理。

国际经验表明，如果有明确坚定的政策和充足的投资，大规模和快速扩大的基层卫生服务是完全可行的。首要任务是增加基层卫生服务人力和便利服务途径，但保证医务人员提供优质高效的服务也同样重要。这需要医务人员群体发展一种职业文化，让评价和自我评价成为提高服务质量的有力工具。这种文化始于专业教育，在整个职业生涯中都坚持不懈，保证可持续的职业发展。表7.4总结了其中一些国家卫生体系的主要特点。

7.3.1　核心行动领域1：创造有利环境，加强基本医疗服务的卫生人才建设，推动以人为本的整合医疗

7.3.1.1　策略1：建立健全全科医疗，使其与其他医学专业地位等同

要应对基层卫生人力面临的各种挑战，就迫切需要提高基层卫生服务的地位。政府、卫生服务者和大众之间必须取得共识：基层卫生服务和医院同样重要，卫生体系中不同层次的机构只是在公共卫生服务这个整体中有着不同的角色和功能。

7.3.1.2　策略2：确保基层卫生服务成为患者和卫生系统的第一接触点

关于基层卫生服务重要性的共识意味着要改变提供服务的模式，确保基层卫生服务成为患者和卫生系统的第一接触点，并起到协调和整合服务的关键作用，以实现PCIC模式。可以引入守门人机制，以确保患者首先

表7.3 加强卫生人才建设的四个核心行动领域和实施策略

核心行动领域	实施策略
1. 创造有利环境，加强基本医疗服务的卫生人才建设，推动以人为本的整合医疗	• 把全科看作一个专科，和其他专科享有同等地位 • 引入“守门人”机制，引导患者将基层卫生服务机构作为首诊点，在以人为本的整合医疗体系建立后，强制执行基层首诊 • 引入职业发展规划，培养和激励基层医务人员，包括给予全科医生、护士、中层医务人员、社区医务人员各自独立的职业发展路径 • 提高基层医务人员的薪酬使其和其他有声望的专科相当，以促进招聘、留住员工并给予其激励
2. 提高基层医疗服务的人才层次和能力	• 推广住院医师和全科医生标准化培训 • 加快推广现有成功经验，增加全科医生和护士的从业人数 • 改革课程设置，提升医学培训水平，培养以人为本的整合医疗所需的新技能 • 改进在职培训项目，支持在岗医务人员能力提升，使初级卫生保健水平达到新高度 • 建立卫生工作者骨干队伍（例如，临床助理、助理医师、临床人员和社区卫生工作者），加强初级医疗保健服务
3. 改革薪酬体系以激励优良绩效	• 提高医务人员的基本工资，提高幅度应该和中国劳动力市场的总体趋势相吻合，保持医疗服务行业的吸引力 • 提高医生基本工资（相比于绩效工资）在总收入中的比重 • 提高农村和偏远地区医务人员的补贴，并引入或增加非经济激励措施 • 改进激励体系，将收入和绩效评估相挂钩，绩效评估系统由综合性的绩效指标组成而不是和创收相联系
4. 改革编制制度，促进更为灵活的卫生人才市场和高效的卫生人力资源管理	• 给予管理者在人力资源方面的自主权，包括基于岗位的招聘、薪酬、部署、评估和培训 • 取消医生行医执照和就职机构的联系 • 取消医务人员来自编制和医疗机构的就业福利

表7.4 各个国家卫生体系的主要特点

国家	卫生体系	基层卫生服务的主要提供形式	专科服务的主要提供形式	是否由全科医师/基层卫生人员把关	全科医师相较于专科医师的收入
澳大利亚	税收支持的全民医疗保险，以少量强制性的医疗保险税作为补充	私人集体执业	私人集体执业/公立医院私立医院	是 需要全科医师的转诊推荐，专科医师才能报医疗保险	较低
巴西	基于税收的卫生系统，以私人医疗保险作为补充 地方分权制，地方市政府有提供服务的自主权	公共卫生服务中心	私立医院	是	较高
加拿大	全民卫生系统，为所有居民提供税收支持的医院和医师服务 高度地方分权制，各省和地区独立负责规划和提供卫生服务，并负担卫生经费总额的3/4	私人集体执业/私人单独执业	公立医院/私人集体执业	是（按规定）	平均低20%
土耳其	社会医疗保险计划	私人集体/单独执业	公立医院/私立医院	是	接近
英国	高度集中制的，税收支持的国民医疗服务体系（NHS）	私人集体执业	公立医院	是	接近

接受基层卫生服务提供者的服务，一旦PCIC系统建立，就可以强制执行这种安排。

7.3.1.3　策略3：引入基层卫生服务特有的职业发展前景，激励基层卫生人员

要为全科医师、护士、中层雇员和社区医护人员引入基层卫生服务特有的职业发展前景，以明确基层卫生人员的职业前途，激励他们的职业发展。全科医学必须拥有和其他医学专业同等的地位，以及同样完善规范的执业标准。中国目前的改革试点，让乡村助理医师单独进行资格认证，以及为基层卫生服务人员设立独立的职称晋升系统，都是很好的范例，应该进行认真评估并在全国推广。

7.3.1.4　策略4：提高基层卫生人员的薪酬，及使之与其他医务人员薪酬水平相近

通过对一系列基本公共卫生服务发放财政补贴，中国的基层卫生服务经费已经得到显著的增加。然而，要把基层卫生人员的薪酬提高到其他专业医务人员的水平，还需要投入大量经费。中国政府可以考虑将逐年增加的卫生财政收入引导到基层卫生服务。大多数国家把卫生防疫和基层卫生服务包括在医疗保险中，且有很高的赔付率，通常是固定的自付额度或80%的报销比例。

中国的医疗保险政策正在扩大对门诊患者费用和基层卫生服务的赔付，以逐年增加的保险费和政府补贴（2015年，人均补贴从320元提高到380元；而个人支出部分从90元提高到120元）进行财政支持。这将鼓励在基层卫生层面中用门诊为病人服务，减少对医院的依赖，增加基层卫生机构的经费。

7.3.2　核心行动领域2：提高基层医疗服务的人才层次和能力

在中国实现以人为本的一体化基层卫生服务模式，需要努力实现人力资源的再平衡，培养出具备必要技能和能力的基层卫生人员。他们的技能组合和业务范围需要重新规划，还需要针对性教育项目提升他们的文化和心理能力、沟通技巧、在跨领域团队中工作的能力，以及支持群众自我保健的能力。需要实施或加强一系列的质量保证机制，比如教育机构和培训项目的授权授信，以及卫生技术人员的资格认证。

7.3.2.1　策略1：建立卫生工作者骨干队伍以强化初级医疗服务

许多国家建立卫生工作者骨干队伍（比如，临床助理、助理医师、临床人员和社区卫生工作者）以加强初级医疗保健服务，这是其中的一个趋势。国际经验表明，尽管该类卫生人员的教育培训投入有限，但在一个互相支持、管理完善的跨领域团队中提供卫生服务，可以和传统的类型一样有效和符合成本效益。

从当地社区中招募的社区卫生员被广泛应用于外展服务范围和预防性服务。巴西让社区卫生员成为他们基层卫生服务模式的关键环节（Johnson，2013）。巴西的卫生行业改革集中致力于扩大基层卫生服务，加快部署家庭卫生战略（FHS）和社区卫生专员计划（Programa de Agentes Comunitários de Saude）。家庭卫生战略采用多专业的卫生团队，包括一名医师，一名护士，一名护士助手，四到六名社区卫生员（见专栏7.3）。在卫生服务围绕家庭卫生战略重组之后，社区卫生专员计划变得日益重要。社区卫生专员从他们工作的社区招募，经过三个月培训，由市政区卫生机关雇佣。他们负责很大一部分基层卫生服务：慢性病护理，患者分流，儿童发育和公共卫生（卫生普查、免疫接种等等）。在家庭卫生战略没有充分运行的地区，社区卫生专员计划就成为过渡性的模式。巴西全国有234767名社区卫生专员在农村和城市周边地区工作（Johnson等，2013）。

15年来（1998—2013年），巴西的家庭

卫生团队数量增加了6.9倍，所服务的人口增加了7.8倍，达到总人口的60%以上（见图7.8）。一个人是否属于某个团队的负责范围，取决于他（她）是否居住在该团队的集流区域，而非个人选择。在人口密集的地区，一个卫生机构中可能不止一个团队，每个团队都负责一个特定区域，并有详细的服务家庭列表。巴西全国的家庭卫生战略扩展并不均衡，在小市政区的覆盖率高于大市政区，但是目前巴西5565个市政区中，90%以上都有了家庭卫生团队（Gragnolati、Lindelow和Cottoulenc，2013）。

中国可以探索建立和整合卫生工作者骨干队伍，尤其是社区卫生工作者的可能性。例如，如果将村医更好地整合到系统中，并改进培训、提高薪酬和加强监督，村医可以发挥类似的作用。

7.3.2.2 策略2：加速全科医师和护士的供给

另外一个出现在高收入国家（澳大利亚、加拿大、德国、荷兰以及英国）的趋势是，提供基于团队的基层卫生服务，并且团队中纳入更多的护理师、注册护士和其他医务人员以协助医生开展工作（Freund等，2015）。例如，澳大利亚、加拿大和英国在全科医师的报销机制中加入激励措施，鼓励他们雇佣更多的护士来提供基层卫生服务。大多数高收入国家给予家庭医生和护士更高的认可度，许多国家有数量很大的家庭医生。

在英国，提高基层卫生服务质量和可及性的策略之一是扩展护士的职能范围。2000年国家医疗服务的一项计划引入了“新型工作业务”，作为迈向高级护士执业的关键一步。关于扩展护士职能的争论持续了十年以上，到2012年4月，一项新的立法生效，允

图 7.8 1998—2014 年巴西家庭卫生战略（FHS/ESF）和社区卫生专员覆盖情况

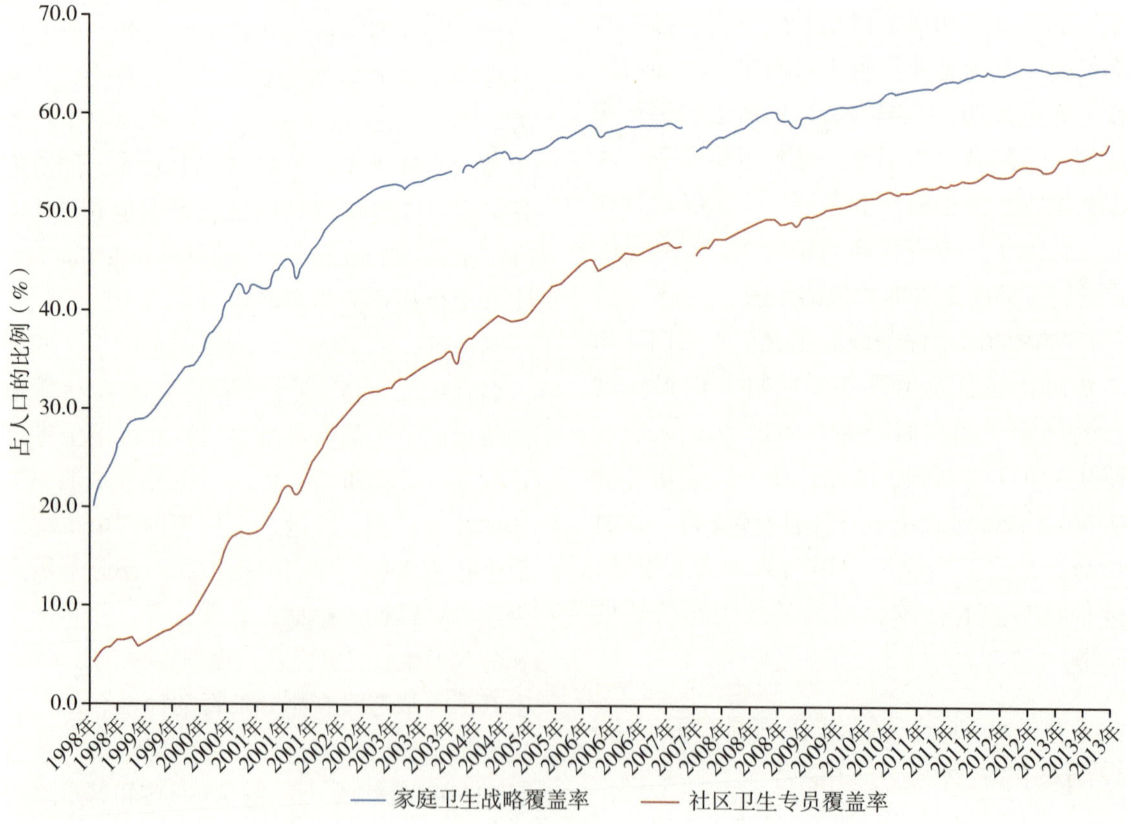

来源：DATASUS/巴西卫生部。

许两万多名通过了专科级别课程，并持有独立注册认证的护士，在专业能力范围内像医师一样开处方，处方药许可清单也和医师相同。2012年的“国家卫生系统卫生与社会护理法案”提倡综合的、个性化的积极护理，更好地协调医院和社区卫生服务（包括基层卫生服务和社会护理）配合工作。

此外，英国的全科医师越来越趋向于在多人合伙制的全科诊所工作。一个典型的执业团队包括5—6名全科医师，1名护理师，2—3名护士，以及6—10名行政人员（Roland、Guthrei和Thomé，2012）。团队还可能包括乡村巡回护士、卫生访视员、助产士、社区心理护士，以及其他合作的卫生技术人员和社工。患者的第一接触点通常是独立执业的全科医师，因为英国国家医疗服务要求每个人都在一位全科医师或全科诊所处注册登记。全科诊所负责把患者转诊到医院的专科服务或者社区的专科医师处。国家医疗服务基于75个服务质量指标，向全科医师提供经济激励，指标中很多都与慢性病人的治疗护理有关（Roland、Guthrei和Thomé，2012）。英国没有限制医师公私结合的多点执业行为；顾问医师（英国专业医师的叫法）必须向雇主报告他们的私人执业情况，并取得国民医疗服务的授权，才能在私人执业中使用国民医疗服务的设施和人员。

从2003年以来，加拿大增加了基层卫生服务的公共投资（联邦和省两级）。为增加提供基层卫生服务的跨领域团队数量，各省都致力于建设跨领域基层卫生服务团队，目标是到2011年为至少50%的人口提供全天候的服务。每个省都设计了自己的模式，目前进度较慢，各省之间的成果也不均衡，不过护士已经较好地融入了基层卫生服务行业中（Freund等，2015）。据估计，目前四分之三的家庭医师在多个专业诊所中工作（Marchildon，2013）。

世界各国采取了很多政策来改善医师和护士地理分布不平衡的问题。即使在美国和加拿大这样的高收入国家，要在乡村和贫困地区招募和留住优质医护人员也是一项挑战。经济激励（包括增加工资和福利）政策取得了一些成效，但是还不能完全解决农村偏远地区招聘和留住医务人员的问题。例如：（1）在巴西，乡村偏远地区缺乏医疗资源的问题仍然很严峻，因为医务人员仍然更愿意在城市执业。在巴西非常盛行的多点执业只有在城市才有可能实现，因为在城市地区私人医疗保险和公共卫生服务计划并存，能提供增加收入的机会。（2）中国台湾最近制定了一个详细的治理策略，包括流动诊所和相关通信技术，以为偏远地区提供高质量的卫生服务。（3）2005年，土耳其重新引入了强制性服务立法，以应对某些地区长期存在的专科医师和全科医师短缺问题。这项法律要求公立医科学校的新毕业生在公立卫生行业执业一至两年，医学专科培训的新毕业生服务二到四年，具体时限取决于具体地区的经济社会特点。如果不完成这项强制性服务，可能会导致禁止在土耳其行医执业的处罚（Aran和Rokx，2014）。强制性服务完成之后能够留住多少卫生技术人员，效果还不得而知。

7.3.2.3　策略3：扩大住院医生和全科医生的标准化培训

农村出身的医务人员在完成教育之后，更倾向于在农村地区执业；因此一种策略是把医科院校分散化，特别是分散到偏远和农村地区并招收本地学生。挪威的极北地区就是一个例子。中国台湾在离岸岛屿地区发展了类似项目。中国的很多省实施了专门的定向培训项目，招收和培训医科学生去基层卫生机构和农村地区工作。例如，从2015年开始，江西省连续三年计划每年招收200名高中毕业生参加三年制的大专临床医学培训，不收学费。省政府每年为每个学生提供5000元的财务补贴。这些学生毕业后将作为公共卫生专家在农村的乡镇卫生院工作。

从实践角度考虑，政策和解决方案需要根据不同的当地背景进行区别化，并为乡村贫困地区提供特殊的形式。例如，中国目前规范的5+3医师/全科医师培训（5年制医科大学本科教育，然后3年住院医师培训）对贫困地区的乡镇卫生院并不合适，因为拥有这种学位的医师会迅速向城市流动，在正规医院工作。而3+2培训模式（3年制医科大学本科教育，然后2年住院医师培训），对乡镇卫生院招聘和留住医务人员可能更现实。

针对乡镇卫生院难以招募正规（助理）医师的困境，中国的部分省（如陕西）采取一种称为“综合人力资源管理”的途径进行招聘。这种管理模式允许县医院招聘医师作为医院雇员，并让他们在乡镇卫生院和乡村诊所轮转工作。

7.3.2.4 策略4：提高在职培训水平，加强现有基层卫生机构劳动力的能力

卫生专业教育和培训需要进行改革以加强现有人力的能力，建设新工作人员的服务能力。具体措施包括：

- 为新的职业类型引入新的教学重点，比如门诊助理和社区卫生员。
- 改革医学和护理课程，增强以人为本的卫生服务能力，比如沟通技能和以病人为中心的服务方式（Hou等，2014）。
- 改革门诊实习培训，增加与社区/基层卫生服务的接触和了解，鼓励跨领域团队合作。
- 培养大批能够帮助学员学习新技能的培训医师，同时也加强规范化的医师/全科医师三年住院培训。
- 把在职培训和卫生技术人员的再认证结合起来。

7.3.2.5 策略5：改革课程，提高医学培训水平，培养PCIC所需的新技能

所有国家都利用课程改革和继续教育来加强医务人员的基层卫生服务能力。在巴西，卫生行业的新雇员必须在基层卫生机构进行入职培训；在土耳其，在建立家庭医疗和社区卫生服务中心时，所有员工都必须进行专门培训。

7.3.3 核心行动领域3：改革薪酬体系以激励优良绩效

7.3.3.1 策略1：提高医生基本工资（相对于绩效工资）在总收入中的比重

总体来说，中国卫生工作者的标准薪酬不是很有吸引力，特别是在基层和农村地区。根据现有工资结构，卫生工作者的收入在很大程度上取决于他们可以为医院带来的收入。基本工资平均占总薪酬的23%，津贴占20%，绩效占57%（2012年全国卫生部门年度财务报告）。[15]城市医院的工资结构更加失衡。国家卫计委在二级和三级城市医院进行的全国薪资调查（由国家发改委实施）发现，对于公立医院的卫生工作者，基本工资只占总薪酬的13%—14%，津贴和补贴占14%，基于绩效的薪酬和奖金（与医院收入挂钩）占74%。

虽然薪酬由固定部分和基于绩效的可变部分组成是可取的，但中国可以修改其补偿制度，减少对基于服务收入的奖金的依赖，并增加基本工资和劳务津贴。就平均水平而言，这个百分比低于30%，远低于国际标准（超过50%）。

7.3.3.2 策略2：提高医务人员的基本工资，提高幅度应与劳动力市场趋势相吻合，以保持医疗卫生服务行业的吸引力

把基层卫生人员的薪酬提高到其他受人尊敬的专业医师水平，会增加基层卫生职业的吸引力和竞争力。几乎所有重视基层卫生服务的国家，都显著提高了基层卫生人员的薪酬。在基层卫生服务优秀的国家，例如，英国和加拿大，全科医师大多比专科医师收入更多（反映了他们更加全面的职责）。增加全科医师的相对收入，也会改善中期和长期的全科医师来源。巴西、英国和土耳其等国

家已经消除或者倒转了基层全科医师和医院专科医师之间的薪酬差距（见图 7.9）。然而在中国，这个差距还相当大。

薪酬究竟需要增加多少，要结合中国总体劳动力市场的趋势来考虑。图 7.10 显示了各国不同类别的医务人员薪酬水平在各自国家的收入分布中处于什么相对水平。在英国，收入最高的 10% 平均年收入为 111252 美元（以下用收入最高的十分之一人群平均收入代表“高收入”，作为各国相对比较标准），一个医院顾问医师平均收入为 164345 美元，大致是标准的 1.5 倍。巴西的家庭医师收入是标准的 4.5 倍，在土耳其和英国，医师收入大致和标准相当；加拿大医师则是两倍。英国和加拿大的护士收入大致是标准的一半，相对位于全民平均收入分布的前五分之一边缘。当然图中这两者的数据不能直接比较，因为中国的数据没有依照医务人员的类别细分。然而，中国基层卫生机构的收入状况就糟糕多了。基层卫生人员相对收入不到标准的 30%，比全民人均收入高一点，处于全民人均收入分布的前四分之一边缘。

7.3.3.3　策略 3：修改激励机制，将收入与综合绩效考核挂钩，而不是与创收挂钩

一些国家（例如，澳大利亚、加拿大和英国）将激励机制引入到全科医生的补偿体系中，以鼓励他们雇佣护士来提供初级卫生保健。欧洲许多国家出现的另一个趋势是，和全科医生签订承包合同，通过各种绩效激励机制来支付报酬（Kringos 等，2013）。这导致了按合伙人制度或由私人公司运营的诊所数量激增。澳大利亚正在进行类似的试点。由于全科医生采用按服务付费的支付方式，而这种支付方式有其固有弱点，政府在 1998 年推出了“诊所激励支付”计划。这种按绩效付费的支付方式提供了三个领域的激励：医疗服务质量、医疗能力建设和对于农村地区的支持。医疗服务质量部分促进糖尿病诊疗、子宫颈筛查、哮喘诊疗和土著居民健康（Cashin 等，2014）。

在中国，福建省三明市的综合薪酬改革提供了一个成功的范例（见专栏 7.2）。

图 7.9　医院员工和基层卫生人员之间的相对收入水平

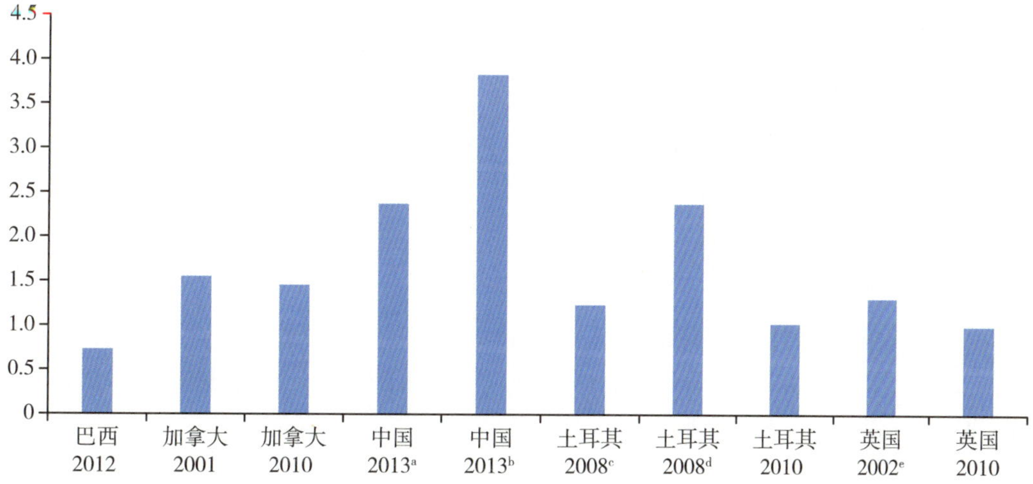

注：“中国 2013[a]”的数据是比较公立医院员工的平均水平和基层卫生机构的情况。“中国 2013[b]”的数据是比较“专业和技术岗位”的专业医师和基层卫生机构的“在职员工”。“土耳其 2008[c]”显示 2008 年医院专科医师和基层全科医师的相对收入（在家庭医疗计划内）。“土耳其 2008[d]”显示医院专科医师和基层全科医师的相对收入（在家庭医疗计划外），因此更能体现历史差别（相当于家庭医疗计划实施之前的水平）。“英国 2002[e]”的数据来自卫生部（2010），顾问医师净收入以 23 页图估算。

来源：McPake 等，2015。

图 7.10 中国及其他国家医务人员薪酬水平与收入最高的十分之一人群人均收入的比值

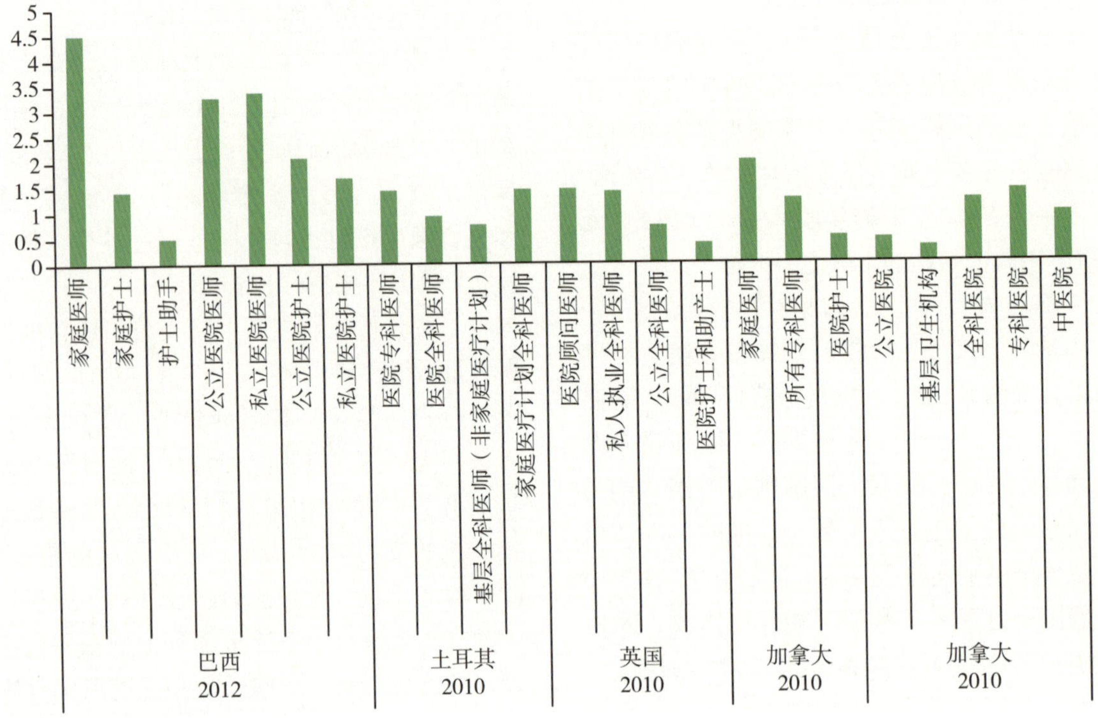

来源：世界银行的数据。

专栏 7.2 三明市公立医院综合薪酬改革

2013年，福建省三明市推出了综合性公立医院补偿改革，主要包括三个部分：

新的管理构架：医院院长由政府直接任命和支付工资。他们享有医院日常管理的自主权。根据医院对政府制定的年度目标任务指标完成情况，考核院长的工作表现。

结束对医疗检验和体检收入的依赖，并完全停止药品销售收入（基于药品零差价政策的全面实施）。对三明市内的22所医院，政府规定每所医院的工资总额。标准有三个：（1）医院的医疗服务劳务收入，不包括医疗检验、体检和医疗器材；（2）反映不同类型医院创收能力的工资权重；（3）医院院长的工作考核成绩。

工资包括基本补贴和绩效激励奖金。每个医院员工的工资组成为：

• 由技术等级、资历和管理岗位决定的基本津贴。

• 基于工作量的服务工资：如门诊次数，住院病人的出院人数。工作量指标会根据诊断相关分类定义的复杂度进行调整。

• 根据患者满意度、医疗事故、加班小时数、紧急抢救等等情况进行的奖励或处罚。

来源：Ying，2014。

近年来，在全球范围内，薪酬制度变得非常复杂，尤其因为各国试图通过创新支付方式来寻找激励卫生工作者的新途径。由于各项试点的连续开展，各国通常采用多种支付方式的组合，包括工资、按项目付费、按人头付费、绩效奖金等。例如，在主要支付方法是按项目付费的国家引入其他支付方式，如工资（加拿大），人头费（比利时、法国），绩效（法国）和综合费（比利时、丹麦）。在全科医生传统上受薪的国家，引入按人头付费和按项目付费（瑞典、芬兰）。为了提高服务的效率和质量，英国引入了按绩效支付（见专栏7.3）。

从传统上来说，加拿大主要用按项目付费的方式向医生支付薪酬，但也在过去十年中引入了一些其他支付方式。2013年，医生薪酬支付方式占比最大的是混合支付，通过按项目付费的方式向医生支付薪酬的比例从2004年的51%下降到2013年的38%。家庭医生的混合支付方式的比率（46%）比专家高（37%）。[16]Wranik和Durier-Copp（2010）发现，加拿大的混合支付方式对疾病预防、协作、招聘和留住卫生人员在人口密度低的省份工作有积极的影响。但与此同时，该研究

专栏7.3 英国全科医生的绩效薪酬体制

2004年，英国进行了全科医师薪酬体制综合改革。原先的合同和工资都是针对独立的全科医师个人，改为基于诊所；原先大致是按人头计酬的薪酬体制改为绩效工资占很大一部分（Kroneman，2013；Doran和Roland 2010）。改革的目标是提升服务质量，帮助招聘和留住全科医师，改善全科医师的工作满意度、薪酬和工作环境，解决人力分布不平衡问题，以及提高基层卫生服务的劳动生产率（Doran和Roland，2010）。在改革之前，全科医师的合同包括基本津贴（按资历分级）和病人津贴（以全科医师病历上患者的人数和病情为基准）。改革加入了绩效工资的组成部分，以“质量效果准则”（QOF）提出的要求作为基准。质量效果准则包含四个方面：临床标准（强调癌症、高血压等疾病的治疗）、组织标准（信息、沟通、教育等）、附加服务标准（宫颈普查、儿童卫生、孕产和避孕服务等）和患者体验标准。据估计，基于QOF的绩效工资将提高全科诊所的收入约15%—20%。改革后新合同的关键组成部分是：基本服务工资（总数）、高级服务，加班和QOF绩效工资（Boyle，2011）。

改革的效果是：2005—2006年度全科医师的收入与2002—2003年度相比增长了58%，更接近医院专科医师的标准，尤其是那些非薪金制的全科诊所合伙人医师。此外，全科医师（特别是薪金制全科医师）的数量和人口保持同步增长，职位空缺率下降（Doran和Roland，2010）。由于绩效工资激励了慢性疾病护理服务的积极性，基层卫生机构雇佣的护士数量也有所增加（慢性疾病护理的质量跟护士人数有直接关系）（Freund等，2015）。改革后的头三年内，“质量效果准则”中的各个绩效指标都得到了改善（Doran和Roland，2010）。潜在的负面激励机制也随之而来：那些没有列入QOF激励指标的疾病和按项目可能会遭到忽视；这方面的证据还得不出明确结论。其他的问题包括：可量化的服务会优先于不可量化的服务；外在的激励会取代内心的动力；物质激励可能会削弱职业道德（Doran和Roland，2010）。2008年，英国试行了一个方案，在全科医师薪酬中加入基于患者意见调查的成分。这个做法的试行带来了很多问题，于2011年取消（Roland、Guthrie和Thomé，2012）。

也发现新的支付方式提高了成本，对卫生系统带来了财政压力。加拿大的医生收入在过去十年中大幅增加（是加拿大平均工资水平的4.5倍）。在集体谈判模式的帮助下，医生得以给省份不断施压以增加薪酬。多年来加拿大集体谈判中各方的相对实力受到公众支持的影响（例如，安大略省由于公众支持的转变而得以暂停医生薪酬上涨），在公众认为医生短缺造成了病人等候时漫长的情况下，医生一般都能够成功地谈判到更高的工资。国际上还有一个趋势，由几位全科医师合伙经营全科诊所或者私立全科诊所。表7.5提供了一些国家组织基层医疗服务和专科医疗服务以及相应的医师薪酬模式的概览。

7.3.3.4 策略4：提高农村和偏远地区医务人员的补贴，并引入或者增加非经济激励措施

中国还需要经济以外的激励形式来吸引和稳定基层卫生服务人员，特别是在乡村和偏远地区。国际经验表明，单是经济激励，不足以提供足够的动力，而一些非经济激励措施能够更好地满足医务人员的期望和需求。常用的形式包括住房、配偶的工作机会、子女教育问题的解决、教育培训的机会（如研究生进修和在职培训）。

中国卫生人才的薪酬改革还要求薪酬设定的方式也相应改变。薪酬设定的程序差异很大，有死板的官僚主义程序，也有灵活的劳资谈判程序。前一种要求行政或者立法措施来改变薪酬方式。后一种取决于雇主需要向工会妥协到什么程度，有无仲裁机制来解决争端，以及员工是否有权利进行罢工，作为薪酬设定程序的合法组成部分（Gregory和Borland，1999）。

工会和雇主协会的结构会影响薪酬设定程序中的集体化程度；这些组织可以按地理区域，也可以按员工类型或工作内容（如护士工会、医师工会等等）划分。工会和职业协会被认可为代表卫生工作人员的行为主体，它们达成的协议对具体行业或职务的全体卫生人员都适用，不管是否有会员资格（Buchan、Kumar和and Schoenstein，2014）。

Buchan、Kumar和Schoenstein（2014）研究了八个经合组织国家（加拿大、法国、德国、荷兰、新西兰、挪威、葡萄牙和英国）医院员工的工资设定机制。这项研究关注工资设定程序的三个特点：集体谈判（工资多大程度上由集体谈判决定，通常由职业协会和工会同意），集中化（工资在什么层面设定，作为工资设定程序集中化或地方化的指标）和协同性（行业和公司之间工资设定的协同性，政府的参与程度，工资设定的发生频率）。表7.6总结了这些国家薪酬设定程序的主要特点。

表7.5 各国医师薪酬模式和主要服务提供模式

国家	基层卫生服务医师薪酬	门诊患者专科医师薪酬	住院患者专科医师薪酬	基层卫生服务主要提供模式	专科医疗服务主要提供模式
澳大利亚	按项目计酬	按项目计酬	薪金制	私人集体执业	私人集体执业/公立医院
巴西	薪金制	薪金制	薪金制	公共卫生中心	私立医院
加拿大	按项目计酬	按项目计酬	按项目计酬	私人集体执业/私人单独执业	公立医院/私人集体执业
土耳其	按人头计酬	绩效工资和薪金制	绩效工资和薪金制	私人集体/单独执业	公立医院
英国	薪金制/按人头计酬/按项目计酬	薪金制	薪金制	私人集体执业	公立医院

来源：Paris、Devaux和Wei，2010；McPake等，2015。

表7.6 八个经合组织国家薪酬设定程序的特点

集体谈判（集体化）	• 所有国家都认可工会和职业协会代表医院员工 ——不同国家工会的会员率差异很大，但集体协议通常适用于指定行业或专业的所有员工，无论是否工会会员。 • 在所有国家，雇主都直接参与谈判和达成集体协议 ——在加拿大、新西兰、荷兰、挪威和英国，雇主在全国工资设定中由某种雇主协会代表，协会有专业的工资设定谈判能力。
工资设定的集中化	• 大多数国家采取全国/全行业设定模式 ——在法国、新西兰、荷兰、挪威、葡萄牙和英国，主要焦点是在全国层面上，覆盖整个卫生行业，或者卫生行业中的分行业或某专业。 • 尽管国家协定是政策的核心，法国、挪威和英国（某种程度上）允许在地方层面上进行补充性工资设定。 ——作为从前的分散式工资设定模式的历史残留，新西兰也有某种区域性或当地的集体谈判协议。 • 在这八个国家中，加拿大在省一级的工资设定具有最重要的意义。 • 德国的模式是全国方式和地区方式的混合，而且有工资设定分散化的倾向。
协同性和政府参与	• 所有国家工资设定程序中都有全卫生/医院行业某种程度的协同。 ——全国卫生行业（或子行业）集体谈判（法国、荷兰、挪威、葡萄牙和英国）协同，或省级地区协同（加拿大），或中央和地方政府协同（德国）。 • 有些国家也进行公共服务业大框架下的跨行业协同（如新西兰），而挪威在工资设定中以“领先”行业为基准，进行广泛的跨行业协同。 • 大多数国家的政府直接或间接参与工资设定，反映了卫生行业高度的公共服务性质。 ——在葡萄牙和英国，政府是医院工作人员的主要雇主和出资者。 • 法国、葡萄牙和英国每年都有工资设定周期；挪威是两年一次。其他国家的工资设定周期在18个月到3年之间。

来源：Buchan、Kumar和Schoenstein，2014。

改革工资设定方式的推动力可以来自一系列因素。从经合组织国家的经验来看，劳动力市场的问题（例如，医务人员短缺或地区分布不平衡）促动了整体工资的增长，也让人开始质疑传统的全国设定方式是否能应对不同地区、专业和职位的人力短缺。通常认为生活费用高昂的中心城市地区和偏远乡村地区工资水平应该高于全国平均，来补偿它们招聘和稳定性的困难；有些相对难以招聘人员的专业也应该高于标准工资水平。其他的改革压力包括薪酬公平问题，特别是关于女性员工较多的非医学专业职位；薪酬体制的结构性变化（比如增加薪酬体制灵活性，或者卫生行业薪酬体制脱离公共事业的大框架）；改善整个组织生产力和服务质量的尝试；以及增强工资水平的国际竞争力等等。

7.3.4 核心行动领域4：改革编制制度，促进更为灵活的卫生人才市场和高效的卫生人力资源管理

编制制度导致中国卫生人力资源管理效率低下，需要进行改进。新的政策应该与卫生部门改革总体趋势相一致，包括增加医院自主权，增加卫生劳动力市场流动性和使用基于绩效/结果的融资政策。中国政府已经意识到这一问题，正采取行动进行改革。改革至少需要四个方面的行动。

7.3.4.1 策略1：给予医疗机构管理人员必要的人事自主权

首先，给予医疗机构管理人员必要的人事自主权，允许其基于岗位而不是编制管理员工。这种方法可以消除编制内和编制外工作人员之间的差别。每个医务人员都会和卫

生机构签订规范的劳务合同，合同中描述岗位的职责、工作范围和义务。政府继续规定普通岗位的类别和级别，但给予机构管理者自主权决定他们需要的人力组成，包括岗位、级别、技术资质和职称。机构管理者负责岗位招聘、岗位部署、岗位考核、岗位工资设定和岗位培训。他们有权开除不能按合同履行职责的员工。管理者自身的考核将由政府进行，并对他们管理的员工和卫生机构的表现和绩效负责。

很多经合组织国家都同时采用集中制的工资设定和分权制的招聘。据Buchan、Kumar和Schoenstein（2014）的研究，14个经合组织国家在全国或州/省级层面设定医务人员薪酬，但把招聘的职责给予医院管理者。在另外5个国家（希腊、爱尔兰、以色列、意大利和西班牙），中央或州/省级政府负责公立医院的员工招聘。在澳大利亚和葡萄牙，公立医院负责招聘，但需要中央或州/省级政府的批准（Buchan，2015）。在19个国家，薪金制医务人员的合同是同公立医院直接谈判达成。这些模式很可能反映了这些国家各自独特的行政模式，并不一定意味着公立医院自己设定了工资标准。然而，值得注意的是有三个国家（美国、波兰和瑞典）的医院既有工资等级的自主权，也由医院签订招聘合同（Buchan 2015）。表7.7提供了五个国家医院招聘和工资设定情况的概览。

7.3.4.2　策略2：使医生的行医执照与就职机构脱钩

中国可以考虑将医生的行医执照和就职机构脱钩，以增加医务人员的流动性。2009年的多点执业政策开启了该转变的道路。例如，广东省不再限制一个医师能在多少个机构执业，只要他和每个机构都达成协议。医师只需要在当地卫生机关登记注册他们在哪些卫生机构工作。然而，这还未成为全国通行的做法，而且在广东省也只适用于中级和中级以上的医师。

虽然多点执业可以增加流动性和稳定性，但也可能对公立医疗的质量和服务量产生负面影响。尤其是对于医师来说，私人执业一般都有更高的收入和更好的工作条件（如巴西），使公立机构难以留住员工。很多允许多点执业的国家都面临一个问题：医师把去公立机构就诊的患者“走私”到自己的私人诊所。2010年，土耳其通过一项法律，全面禁止医师多点执业（在大学执业的医师除外，他们只要达到了每天的公立医疗工作量要求，就可以进行多点执业），

表7.7　五个国家的医院员工招聘和工资设定

国家	医务人员的招聘	医务人员工资水平设定	其他卫生技术人员招聘	其他卫生技术人员工资水平设定
澳大利亚	医院管理者有完全自主权	在州级工资协议范围内医院管理者有自主权	医院管理者有完全自主权	在州级工资协议范围内医院管理者有自主权
巴西	分权制，州和市政区政府有自主权	分权制，州和市政区政府有自主权	分权制，州和市政区政府有自主权	分权制，州和市政区政府有自主权
加拿大	医院必须与当地卫生机关协商	全国统一设定或谈判工资等级范围	中央或省级政府决定	全国统一设定或谈判工资等级范围
土耳其	中央或省级政府决定	全国统一设定或谈判工资等级范围	中央或省级政府决定	全国统一设定或谈判工资等级范围
英国	医院管理者有完全自主权	全国统一设定或谈判工资等级范围	医院管理者有完全自主权	全国统一设定或谈判工资等级范围

来源：Paris、Devaux、Wei，2010；McPake等，2015。

并提高公立卫生行业工资。

有些国家禁止双重执业（医生同时进行私立医院兼职和公立医院工作），其他一些国家以不同的力度或监管办法进行限制。最终，每种方式的成功与否取决于制度背景、资源和政府执行监管的能力。

7.3.4.3　策略 3：使医务人员的员工福利与编制和就职机构脱钩

中国可以将医务人员的员工福利与编制和所就职的卫生机构脱钩。最近的一项改革已经将养老金脱钩，标志着该进程的开始。这能够去除中国卫生行业中对于人员流动性的重大约束。如前所述，目前与岗位相关的员工福利由编制决定，并与工作的卫生机构绑定。如果医务人员离开所绑定的机构，他会失去所有的相关员工福利，包括退休金。废除人员编制制度，福利与所在卫生机构脱钩，变为随工作移动，能够消除对人员流动的事实惩罚。政府已启动退休金改革，但是将退休金与事业单位挂钩，编制外人员享受企业养老保险计划。

7.3.4.4　策略 4：努力废除人员编制制度

改革和最终废除人员编制制度是实现卫生人力资源有效管理的关键步骤，也是把医生从“医院财产”变为独立执业者的关键环节。为废除人员编制制度，需要一系列互补的改革措施作为前置条件和组成部分——退休金改革、岗位管理改革、职称晋升制度和政府财政拨款改革，以及改革临床研究和进修机会的管理方法。尽管已经开始局部试点，但还需要时间才能够成功实施。此外，还需要建立一个平台，来替代公共事业单位行使某些人力资源管理的职能。

职业协会能够承担很多此类职能。在很多国家，职业协会都承担着重要的管理职能。最普遍的功能是通过授权和资格认证确立行业标准、保证服务质量。它们在管理职称晋升和进修方面也处于有优势。在很多国家，职业协会代表会员参与立法和薪酬设定程序，还能为患者权益进行申诉。

然而，职业协会的这些职能有可能和卫生系统的整体利益或者社会整体目标相矛盾。例如，在加拿大，职业协会对政府施加压力，要求提薪幅度超过消费者物价指数的增加幅度；还有在巴西，医师协会阻碍护士职能扩展的改革。目前中国正在探索职业协会怎样在卫生人力管理架构中发挥更大作用，但同时也应该警惕其潜在的负面影响。

7.4　实施路线图

关键行动领域和实施策略分别对应卫生人力资源的各个主要因素：生产、招聘、部署、管理和监管、绩效考核和薪酬。实施这些政策需要短期和长期的步骤。有些为其他政策搭台的策略需要立即执行；而有些则比其他政策需要更长的时间才能生效，如提高质量。

牢记以下几条原则，将对实施人力资源改革大有裨益：

- 要克服卫生人力资源挑战规模庞大，重要性强的瓶颈，需要改革者高度的重视和坚定的决心。卫生体制改革的领导者们应该把卫生人力资源作为首要任务和卫生改革行动计划中不可缺少的部分。
- 卫生人力资源方面的问题是中国卫生医疗改革所面临的各种挑战的根源。它们和其他方面的改革交织在一起，不能当作孤立问题去解决。例如，经费和工资制度的改革是卫生技术人员薪酬制度改革的先决条件。要提高工资，就需要先增加人事开销的经费。一个综合改革方案中各项政策之间的连贯性和一致性对于改革的成功至关重要。
- 没有“以不变应万变”的解决方案，政策的设计和实施必须针对当地环境进行调整和适应。农村和城市地区可能需要不同的模式和不同的时机，因为它们对卫生人才的需求不同；政策解决方案需要根据国内不同情况的需要进行细分和匹配。

• 卫生人才的转型需要时间。行动步骤的良好次序和配合有益于产生成功的改革结果。改革的实施需要长远的眼光，辅以详尽的实施路线图，对短期、中期和长期的行动计划做好规划。

表7.8总结了具体行动、领导实施的部门，以及为支持人力资源改革实施、维持和产生积极效果可能需要的配合措施。

表7.8 实施路线图

政策建议	短期	中期	主管单位	需要的辅助改革措施
1. 创造有利环境，加强基本医疗服务的卫生人力建设，推动以人为本的整合医疗	• 为基层卫生人员（特别是全科医师）建立独立的职称制度和职业发展前景 • 引入专门的基层卫生职业发展路线，以此激励基层卫生人员 • 包括分别针对全科医师、护士、中层人员和社区卫生员的职业发展路线	• 全科成为一种真正的专业（家庭医疗），和其他医学专科享有同等地位 • 相对于其他专科，增加基层卫生人员的经济和非经济酬劳，使基层卫生职业更有吸引力和竞争力	• 国务院 • 财政部 • 人力资源和社会保障部 • 国家卫生计生委	• 建立基层卫生服务的把关机制，确保其成为患者的第一接触点，从而保证基层卫生服务的全面运行 • 将卫生财政经费导向基层卫生服务 • 修改医保政策，扩大对基层卫生服务的医保覆盖 • 将政府卫生经费的增量导向基层卫生服
2a. 改善基层卫生人才队伍的构成（技能组合）	• 继续增加全科医师和护士的培训 • 进行乡村医生培训和再培训，扩展他们的业务范围 • 颁布专门的农村基层卫生人员资格和提升政策，以改善基层卫生人员的招聘和稳定性 • 实施调控措施，强制性保障农村和基层卫生服务人力（例如，以毕业后地区性定向服务为条件，提供免费教育或培训） • 对农村学生进行定向特招，改善农村和偏远地区的招聘困难 • 综合招聘：县医院招聘医师作为医院雇员，并让他们在乡镇卫生院和乡村诊所轮转工作。	• 创立和整合新的卫生人员类型，如门诊助理、医师助理、门诊管理人和社区卫生员 • 为短缺的专业增加工资，如儿科医师和精神科医师，以吸引医科学生	• 国家卫生计生委 • 人力资源和社会保障部	• 提高基层卫生人员地位（政策建议1）的实际行动 • 引入激励跨专业卫生团队服务的薪酬机制 • 医院和基层卫生机构之间形成卫生联合体，使医务人员能够在联合体内部轮转
2b. 提高基层卫生人力的工作能力	• 推广住院医师和全科医师的规范化培训 • 进行课程改革，在医科教育中纳入以人为本的一体化卫生服务需要的新技术、新能力，如沟通能力和跨领域团队执业的教育培训 • 加强现有的继续教育和在职培训项目，支持在职医务人员提高能力和学习新型基层卫生服务技能 • 把在职培训要求和执照/资格证在认证联系起来	• 在职业教育学校和医科大学中引入新的专业和课程，培养新类型的卫生人力，如门诊助理、医师助理、门诊管理人和社区卫生员	• 教育部 • 国家卫生计生委 • 人力资源和社会保障部	• 引入卫生专业教育的质量保证机制，比如教育机构和培训项目的授权授信，以及卫生技术人员的资格认证 • 卫生专业教育学院的授信

续表

政策建议	短期	中期	主管单位	需要的辅助改革措施
3.改革薪酬体系以激励优良绩效	• 以服务质量为根据，提高卫生人员的基本薪酬，改变现行激励 • 增加农村和偏远地区卫生人员的补贴 • 增加或引入非经济激励（如住房等），以吸引和留住农村和偏远地区卫生人员	• 薪酬制度合理化（包括提高基本工资相对绩效奖金的比例）	• 国务院（包括人力资源和社会保障部、财政部、国家卫生计生委和国家发改委）	• 调整定价体系，提高人力服务费，如医生门诊费、手术费、护士服务费，等等 • 增加人事开支占医院总开支的比例，将中国平均低于30%的水平提高到接近国际水平的50%。 • 整合现行散碎的卫生经费来源（特别是基层卫生经费），提高支付和采购的影响力 • 改革薪酬制度，将薪酬与服务质量挂钩，而非创收 • 改革薪酬制度，鼓励以人为本的一体化卫生服务形式创新
4.改革编制制度，促进更为灵活的卫生人力市场和高效的卫生人力管理	• 以岗位管理制度取代编制制度，给予卫生机构管理者人事自主权，包括岗位设置、招聘、部署和绩效考核 • 对农村基层卫生机构实行切合实际的招聘政策 • 医务人员的执照和具体的医疗机构脱钩，增加医务人员的流动性 • 建立绩效考核制度，实行卫生机构管理者责任制 • 为卫生人员多点执业制定恰当的监管政策	• 通过退休金改革，将医务人员的员工福利与编制和具体卫生机构脱钩 • 在市级和县级逐步改革编制制度，把医生从“医院财产”转变为“个人执业者” • 加强职业协会的功能和作用	• 国务院（包括人力资源和社会保障部、财政部和国家发改委）	• 改变政府补贴卫生机构的方式—把人员支付改为任务/绩效支付，或者把补贴和需求方人均经费挂钩 • 进行政府退休金改革，把退休金同事业单位脱钩，并将其合并到社会养老保险计划中 • 进行其他辅助改革，把编制制度同职称晋升、临床研究和进修机会分离。建立一个平台替代公共事业单位行使某些人力资源管理的职能 • 定义私立医院在提供卫生服务和医疗费用中的角色（从而制定医务人员多点执业的最佳政策）

附件 7.1　补充表格

附表 7.1　2012 年中国卫生人才：类别、数量及占总数的百分比

一级分类	二级分类	三级分类	指标解释
卫生技术人员 6675549 人 73.2%	不适用	不适用	包括执业医师、执业助理医师、注册护士、药师（士）、检验技师（士）、影像技师（士）、卫生监督员和见习医（药、护、技）师（士）等卫生技术人员。不包括从事管理工作的卫生技术人员（如院长、副院长、党委书记等）。这一类卫生人员通常接受过更高的医学教育
不适用	医师 2616064 人 28.7%	不适用	执业医师和执业助理医师

续表

一级分类	二级分类	三级分类	指标解释
不适用	不适用	执业医师 2138836人 23.5%	指具有《医师执业证》及其“级别”为“执业医师”且实际从事医疗、预防保健工作的人员，不包括实际从事管理工作的执业医师。具有高等学校医学专业本科以上学历。执业医师类别分为临床、中医、口腔和公共卫生四类
不适用	不适用	执业助理医师 477228人 5.2%	指具有《医师执业证》及其“级别”为“执业助理医师”且实际从事医疗、预防保健工作的人员，不包括实际从事管理工作的执业助理医师。具有高等学校医学专科学历或者中等专业学校医学专业学历。执业助理医师类别分为临床、中医、口腔和公共卫生四类
不适用	注册护士 2496599人 27.4%	不适用	经执业注册取得护士执业证书，履行“保护生命、减轻痛苦、增进健康职责”的卫生技术人员
不适用	药剂师（士） 377398人 4.1%	不适用	负责提供药物知识及药事服务的专业人员。包括主任药师、副主任药师、主管药师和药师和药士。不包括药剂员
不适用	检验技师 249255人 2.7%	不适用	医学检验技师和医学影像技师。包括主任检验师、主管检验师和检验师
乡村医生 1094419人 12%	不适用	不适用	最初名字叫“赤脚医生”。指在村卫生室工作，持有“乡村医生证书”的人员。在村卫生室工作但不持有证书的被称为“卫生员”
其他技术人员 319117人 3.5%	不适用	不适用	从事医疗器械修配、卫生宣传、科研、教学等技术工作的非卫生专业人员
管理人员 372997人 4.1%	不适用	不适用	指担负领导职责或管理任务的工作人员。包括从事医疗保健、疾病控制、卫生监督、医学科研与教学等业务管理工作的人员
工勤技能人员 653623人 7.2%	不适用	不适用	指承担技能操作和维护、后勤保障服务等职责的工作人员。工勤技能人员分为技术工和普通工。技术工包括护理员（工）、药剂员（工）、检验员、收费员、挂号员等，但不包括实验员、技术员、研究实习员（计入其他技术人员），也不包括财务人员、会计员和统计员等（计入管理人员）

附表7.2　2003年和2013年中国卫生人才的城乡分布情况

分类	2003年			2013年		
	城市	农村	比例	城市	农村	比例
卫生人员总人数	3515780	1759006	2.0	4488500	5291983	0.85
卫生技术人员数	2828419	1478052	1.91	3680276	3520302	1.05
执业（助理）医师数	1216003	651954	1.87	1360118	1434636	0.95
注册护士数	1026607	459422	2.23	1261432	1024362	1.23

续表

分类	2003 年			2013 年		
	城市	农村	比例	城市	农村	比例
	928367	337592	2.75	1603913	1179208	1.36
每千人						
卫生技术人员数	4.88	2.26	2.16	9.18	3.64	2.52
执业(助理)医师数	2.13	1.04	2.05	3.39	1.48	2.29
注册护士数	1.59	0.50	3.18	4.00	1.22	3.28

来源：《中国卫生统计年鉴》(2004、2014)。

附表 7.3　2005—2012 年不同职业的平均工资　（单位：元）

职业	2005 年	2006 年	2007 年	2008 年	2009 年	2010 年	2011 年	2012 年	2012 年排名
农林牧渔业	8207	9269	10847	12560	14356	16717	19469	22687	19
采矿业	20449	24125	28185	34233	38038	44196	52230	56946	5
制造业	15934	18225	21144	24404	26810	30916	36665	41650	14
电力热力燃气及水生产和供应业	24750	28424	33470	38515	41869	47309	52723	58202	4
建筑业	14112	16164	18482	21223	24161	27529	32103	36483	15
交通运输、仓储和邮政业	20911	24111	27903	32041	35315	40466	47078	53391	7
信息传输计算机服务和软件业	38799	43435	47700	54906	58154	64436	70918	80510	2
批发和零售业	15256	1796	21074	25818	29139	33635	40654	46340	12
住宿和餐饮业	13876	15236	17046	19321	20860	23382	27486	31267	18
金融业	29229	35495	44011	53897	60398	70146	81109	89743	1
房地产业	20253	22238	26085	30118	32242	35870	42837	46764	11
租赁和商务服务业	21233	24510	27807	32915	35494	39566	46976	53162	8
科学研究和技术服务业	27155	31644	38432	45512	50143	56376	64252	69254	3
水利环境和公共设施管理业	14322	15630	18383	21103	23159	25544	28868	32343	17
居民服务和其他服务业	15747	18030	20370	22858	25172	28206	33169	35135	16
教育	18259	20918	25908	29831	34543	38968	43194	47734	10
卫生和社会工作	20808	23590	27892	32185	35662	40232	46206	52564	9
文化体育和娱乐业	22670	25847	30430	34158	37755	41428	47878	53558	6
公共管理、社会保障和社会组织	20234	22546	27731	32296	35326	38242	42062	46074	13
总计	18200	20856	24721	28898	32244	36539	41799	46769	—

来源：《中国劳动统计年鉴》(2006—2013)。

附表7.4 中国卫生人力资源管理架构

主题	任务和领域	法律法规	中央政府	管理主体				主要问题和挑战
				地方政府	公共事业单位	职业协会	卫生机构（医院/诊所）	
教育和培训	大学医科教育		教育部，与国家卫生计生委协商					教育投资和劳动力市场之间的不匹配
	毕业后培训-住院医师/全科医师规范化培训	全科医师规范化培训试行办法 国家卫生计生委1999	国家卫生计生委					
	在职培训	全科医师在岗培训指导方案 国家卫生计生委1999 乡镇卫生院卫生技术人员培训暂行规定 国家卫生计生委2004 乡村医生在岗培训基本要求 国家卫生计生委2004	国家卫生计生委			编写培训大纲和课程		
准入	确立资格标准，组织资格考试和认证 颁发执照	医师：中国执业医师法1999	国家卫生计生委规定考试程序	颁发执照：县和更高级卫生机关	国家医学考试中心实施全国考试			标准化的资格考试是一刀切政策，没有针对不同岗位、专业和水平的卫生服务人员进行分化 由于有不同的管理机关，药剂师的市场准入资格认证没有实现标准化
		护士管理办法 卫生部1993 护士条例 国务院2008	市场准入：国家卫生计生委	颁发执照：县和更高级卫生机关				
		执业药师资格制度暂行规定和执业药师资格考试实施办法 人力资源和社会保障部和国家食品药品监督管理局1999	人力资源和社会保障部和国家食品药品监督管理局	颁发执照：市和更高级食品药品监督管理局		/	/	
		乡村医生从业管理条例 国务院2003	国家卫生计生委制定管理办法	县卫生局颁发证书		/	/	

续表

主题	任务和领域	法律法规	中央政府	管理主体				主要问题和挑战
				地方政府	公共事业单位	职业协会	卫生机构（医院/诊所）	
编制		综合医院组织编制原则，1978 全国中医医院组织机构及人员编制标准，1986 城市社区卫生服务机构设置和编制标准指导意见，2006 关于乡镇卫生院机构编制标准的指导意见，2011 疾病预防控制中心机构编制标准指导意见，2014	中央编办，财政部和国家卫生计生委联合制定人员编制标准	各省、地区和县遵从全国标准制定当地标准				编制标准跟不上卫生服务需求和卫生技术人员职位和功能的变化 编制内和编制外卫生技术人员巨大的工资和福利差别
岗位管理		关于卫生事业单位岗位设置管理的指导意见 人力资源和社会保障部、卫生部 2007	人力资源和社会保障部、国家卫生计生委为卫生服务机构制定岗位设置管理指导标准	当地人事局和卫生局为每个卫生机构规定岗位的结构和数量			卫生机构没有岗位设置自主权	卫生机构没有岗位设置自主权 基层卫生人员提升空间有限
招聘	公开竞争招聘	关于深化卫生事业单位人事制度改革的实施意见 中共中央组织部、人事部、财政部和卫生部 2000	全国统一制定指导原则和招聘流程	当地人事局按要求招聘			一部分卫生机构参与招聘过程，其他的不参与	卫生机构没有招聘自主权 僵化的招聘程序
职称评定	职称设定和职称评定	关于加强卫生专业技术职务评聘工作的通知 人事部、卫生部 2000	人力资源和社会保障部、国家卫生计生委制定管理程序 国家卫生计生委人事司组织全国中级职称考试	省人事局负责制定高级职称评定程序（卫生局实施）			在职称评定和招聘分别管理的省，卫生机构有招聘自主权。在职称评定和招聘一体管理的省，卫生机构无招聘自主权。	职称评定制度使基层卫生人员职业发展空间有限

续表

主题	任务和领域	法律法规	管理主体					主要问题和挑战
			中央政府	地方政府	公共事业单位	职业协会	卫生机构（医院/诊所）	
绩效考核	包括：（1）政府对卫生机构的考核 （2）卫生机构对员工的考核	关于卫生事业单位实施绩效考核的指导意见，2010 社区卫生服务机构绩效考核指导方案，2011 乡镇卫生院和村卫生室绩效考核指导方案，2011 妇幼健康服务机构绩效考核指导方案，2010 急诊设施绩效考核指导方案，2010 卫生促进结构绩效考核指导方案，2011	国家卫生计生委制定绩效考核管理的实施方案	当地卫生局制定相应的当地方案			卫生机构制定自己的实施方案	考核指标系统需要改进 尚未建立第三方考核制度 尚未采用卫生管理信息系统（HMIS）以支持监控和考核 需要加强反馈和对考核结果的利用，以激励绩效。
薪酬		关于卫生事业单位内部分配制度改革的指导意见 卫生部 2002 卫生事业单位贯彻《事业单位工作人员收入分配制度改革方案》的实施意见 人事部、财政部和卫生部 2006 关于公共卫生与基层医疗卫生事业单位实施绩效工资的指导意见 人事部、财政部和卫生部 2009	人力资源和社会保障部为公共机构（包括公立医院）制定工资标准	当地人事局基于中央指导标准制定实施方案，为每个卫生机构设定总工资上限				固定的工资级别无法为增进绩效提供激励手段 目前的薪酬结构，很大一部分是于基于营业收入的奖金，需要进行调整 不同职位之间的工资差距太小，而城乡之间又存在较大的收入差距

附表 7.5　卫生服务机构人员编制标准

适用范围	发布日期	政策法规	编制标准
城市综合医院/医学院校附属医院/县医院/县专科医院/门诊卫生所	1978	综合医院组织编制原则（试行草案）	国家根据公立医院的病床数确定人员编制。综合医院病床与工作人员之比，根据各医院的规模和担负的任务，分为三类：300床位以下的按1∶1.30—1.40计算；300—500床位的按1∶1.40—1.50计算；500床位以上的按1∶1.60—1.70计算。行政管理人员占总编的8%—10%；卫生技术人员占总编的70%—72%，在卫生技术人员中，医师、中医师占25%，护理人员占50%，药剂人员占8%，检验人员占4.6%，放射人员占4.4%，其他卫技人员占8%
中医医院	1986	全国中医医院组织机构及人员编制标准（试行）	人员编制按病床与工作人员1∶1.3—1∶1.7计算。行政管理、其他技术人员和工勤人员占总编的28%～30%，其中行政管理人员占总编的6%—8%，其他技术人员占总编的2%；卫生技术人员占总编的70%—72%。在医药人员中，中医药人员要逐步达到70%以上
乡镇卫生院	2011	关于乡镇卫生院机构编制标准的指导意见	原则上，乡镇卫生院人员编制按照服务人员1‰左右的比例核定，具体由各省、自治区、直辖市根据本地区乡镇卫生院服务人口、交通状况以及财政承受能力等实际情况确定专业技术人员所占编制不得低于编制总额的90%，其中公共卫生人员所占编制不得低于专业技术人员编制数的25%。在核定的编制内首先要保证全科医师的配备；乡镇卫生院管理工作尽可能由医务人员兼职，乡镇卫生院领导职数由各地根据实际情况核定
社区卫生服务中心	2006	城市社区卫生服务机构设置和编制标准指导意见	社区卫生服务中心按每万名居民配备2—3名全科医师，1名公共卫生医师。每个社区卫生服务中心在医师总编制内配备一定比例的中医类别执业医师。全科医师与护士的比例，目前按1∶1的标准配备。其他人员不超过社区卫生服务中心编制总数的5%。具体某一社区卫生服务中心的编制，可根据该中心所承担的职责任务、服务人口、服务半径等因素核定。服务人口在5万居民以上的社区卫生服务中心，核编标准可适当降低
疾病预防控制中心	2014	疾病预防控制中心机构编制标准指导意见	疾病预防控制中心的人员编制以省、自治区、直辖市为单位，按照总量控制、分级核定、统筹使用的办法进行配备。原则上按照常住人口万分之1.75的比例核定；地域面积在50万平方公里且人口密度小于25人/平方公里的省、自治区，可按照不高于本地区常住人口万分之3的比例核定。疾病预防控制中心以省为单位实行人员编量总量控制、统筹安排、动态调整。专业技术人员所占编制不得低于编制总额的85%，其中卫生技术人员不得低于70%。疾病预防控制中心综合管理工作尽可能由专业技术人员兼任，后勤服务工作应逐步实现社会化
卫生监督机构	2010	卫生部关于切实落实监管职责，进一步加强食品安全与卫生监督工作的意见	按照“权责一致、编随责增、人事相宜、保障履职”的原则，综合考虑辖区人口、工作量、服务范围和经济水平等因素，参照辖区每万名常住人口配备1—1.5名卫生监督员的标准，测算所需卫生监督执法人员编制
妇幼保健机构	1986	各级妇幼保健机构编制标准（试行）	县以上（含县）妇幼保健机构的人员编制总额一般按人口的1∶10000配备；地广人稀、交通不便的地区和大城市按人口的1∶5000配备；人口稠密的省按1∶15000配备。妇幼保健院卫生技术人员占总人数的75%－80%。妇幼保健所卫生技术人员占总人数的80%－85%各级妇幼保健机构领导职数，可根据实际情况和不同规模分别确定：市（州、盟）以上妇幼保健院为2至4人，妇幼保健所为1—3人
村卫生室	2014	村卫生室管理办法（试行）	根据辖区服务人口、农村居民医疗卫生服务现状和预期需求以及地理条件等因素，原则上按照每千服务人口不低于1名的比例配备村卫生室人员。具体标准由省级卫生计生行政部门制订

注释

1.《关于建立住院医师规范化培训制度的指导意见》，国卫科教发〔2013〕56号。

2.《国务院关于建立全科医生制度的指导意见》,2011年。

3. 这反映了中国卫生人力资源更深层次的问题：只有28.6%的人拥有大学本科及以上学历（五年制以上医学教育），38.8%的人只有三年制大专或以下学历。

4. 薪酬数据来自《2012年全国卫生行业年度财政报告》，卫计委。

5. 调查数据来自《2013中国高考状元调查报告》，艾瑞深研究院(中国校友会网下属机构，cuaa.net)。

6. 2010年共发生了17243 起针对医务人员的暴力事件 (Hou等，2014)。

7. 人员编制系统创立于1956年，国务院编制工作委员会和卫生部联合颁布了“医院和诊所编制管理原则”。中国政府以编制制度为基础，建立了一整套公共事业单位的管理系统，规定了各种事业单位（包括医院、乡镇卫生院、社区卫生服务中心、疾病预防控制中心、卫生检查站等）的人员编制。各省以全国编制标准为基础，结合当地情况，制定省级编制。

8. 卫生部关于发布《综合医院组织编制原则试行草案》的通知（78）,卫医字第1689号。

9. 人事部，职称制度暂行规定（1995）。

10.《卫生部关于医师多点执业关于医师多点执业有关问题的通知》（卫医政发〔2009〕86号）。

11. “深化公共医疗服务单位人事制度改革”(2000)。

12.《事业单位人事管理条例》，国务院(2014)。

13.《关于深化卫生事业单位人事制度改革的实施意见》，人事部和卫生部（2000），详情参见附表7.4。

14. 薪酬数据来自《2012年全国卫生行业年度财政报告》，卫计委。

15. 加拿大家庭医师学院、加拿大医学会、加拿大皇家外科医师学院“2013年全国医师调查”(数据集)(2018年7月19查阅)，http://nationalphysiciansurvey.ca/surveys/2013-survey/。

参考文献

卫生部卫生统计和信息中心、人社部.《2011年中国卫生人力发展报告》，2011年。

卫计委发展研究中心，《研究报告——建立公立医院补偿机制》，2014年。

卫计委，《2014中国卫生和计划生育统计年鉴》，中国协和医科大学出版社，2014年。

Anand, S., V. Y. Fan, J. Zhang, L. Zhang, Y. Ke, and Z. Dong. 2008. “China’s Human Resources for Health: Quantity, Quality, and Distribution.” *The Lancet* 372: 1774–81.

Aran, Meltem, and Claudia Rokx. 2014. “Turkey on the Way of Universal Health Coverage Through the Health Transformation Program (2003-2013).” Health, Nutrition, and Population Discussion Paper Series 91326. Washington, DC: World Bank.

Boyle, Sean. 2011. “United Kingdom (England): Health System Review,” *Health Systems in Transition* 13 (1). World Health Organization. http: //www.euro.who.int/__data/assets/pdf_file/0004/135148/e94836.pdf.

Buchan, J., A. Kumar, and M. Schoenstein. 2014. “Wage Setting in the Hospital Sector.” Organisation for Economic Co-operation and Development, Health Working Paper No. 77. Paris: OECD Publishing.

Buchan, J. 2015. “Health Sector Wages in Context.” Unpublished background report for the World Bank Study on China Health System. Melbourne, Australia.

Cashin, Cheryl, Y.-Ling Chi, Peter Smith, Michael Borowitz, and Sarah Thomson, eds. 2014. *Paying-For-Performance in Health Care: Implications for Health Systems Performance and Accountability*. European Observatory on Health Systems and Policies Series, Open University Press. http: //www.euro.who.int/en/publications/abstracts/paying-for-performance-in-health-care.-implications-for-health-system-performance-and-accountability.

Daermmich, A. 2013. “The Political Economy of Health Care Reform in China: Negotiating Public and Private.” *SpringerPlus* 2: 448.

Development Research Center, National Health and Family Planning Commission. 2014. “Monitoring and Evaluation Report on Talent Planning, 2013-14.” Beijing: NHFPC.

Doran, Tim, and Martin Roland. 2010. “Lessons from Major Initiatives to Improve Primary Care in the United Kingdom.” *Health Affairs* 29 (5): 1023-1029. doi: 10.1377/hlthaff.2010.0069.

Freund, Tobias, Christine Everett, Peter Griffiths, Catherine Hudon, Lucio Naccarella, Miranda Laurant, and Lincoln Chen. 2015 “Skill Mix, Roles, and Remuneration in the Primary Care Workforce: Who Are the Health Care Professionals in the Primary Care Teams Across The World? ” *International Journal of Nursing Studies* 52: 727-743.

Gragnolati, M., M. Lindelow, and B. Couttolenc. 2013. *Twenty Years of Health System Reform in Brazil: An Assessment of the Sistema Único de Saúde*. Washington, DC: World Bank. https: //www.researchgate.net/publication/266969625_Twenty_Years_of_Health_System_Reform_in_Brazil_An_Assessment_of_the_Sistema_Unico_de_Saude.

Gregory, R. G., and J. Borland. 1999. “Recent Developments in Public Sector Labor Markets.” Chapter 52 in Orley Ashenfelter and David Card, eds., *Handbook of Labor Economics*, Vol 3. Elsevier. pp. 3573-3630. http: //econpapers.repec.org/bookchap/eeelabhes/3.htm.

Hou, Jianlin, Catherine Michaud, Li Zhihui, Zhe Dong, Baozhi Sun, Junhua Zhang, Depin Cao, Xuehong Wan, Cheng Zeng, Bo Wei, Lijian Tao, Xiaosong Li, Weimin Wang, Yingqing Lu, Xiulong Xia, Guifang Guo, Zhiyong Zhang, Yunfei Cao, Yuanzhi Guan, Qingyue Meng, Qing Wang, Yuhong Zhao, Huaping Liu, Huiqing Lin, Yang Ke, and Lincoln Chen. 2014. “Transformation of the Education of Health Professionals in China: Progress and Challenges.” *The Lancet* 384: 819–27.

Johnson, C.D., Noyes, J., Haines, A., Thomas, K., Stockport, C., Ribas, A.N. 2013. Learning from the Brazilian community health worker model in North Wales. Globalization and Health. 2013; 9: 25.

Kroneman, Madelon, Pascal Meeus, Dionne Sofia Kringos, Wim Groot, and Jouke van der Zee. 2013. “International Developments in Revenues and Incomes of General Practitioners from 2000 to 2010.” *BMC Health Services Research* 13.

Liu, X. 2015. “Health Worker Labor Market Situation Analysis in China.” Background Report for the World Bank Study on China Health System. Beijing, China.

Marchildon, Gregory. 2013. Canada: Health System Review. Health Systems in Transition, European Observatory of Health Systems and Policies, 2013. 15(1): 1-179.

McPake and others［<need author info］(2015). “Wage Setting in Hospital and Primary Care: Case Studies of Five OECD Countries.” Unpublished background report for the World Bank Study on China Health System. Melbourne, Australia.

Organisation for Economic Co-operation and Development (OECD). 2014. *Health Statistics*

2014. Paris: OECD.

Paim, J., C. Travassos, C. Almeida, L. Bahia, and J. Macinko. 2011. "The Brazilian Health System: History, Advances, and Challenges." *The Lancet* 377: 1778–97.

Paris, V., M. Devaux, and L. Wei. 2010. "Health Systems Institutional Characteristics: A Survey of 20 OECD Countries." Organisation for Economic Co-operation and Development, Health Working Paper No. 50. Paris: OECD Publishing.

Qin, X., L. Li, and C. R. Hsieh. 2013. "Too Few Doctors or Too Low Wages? Labor Supply of Health Care Professionals in China." *China Economic Review* 24: 150–64.

Roland, M., B. Guthrie, and D. Thomé. 2012. "Primary Medical Care in the United Kingdom." *Journal of the American Board of Family Medicine* 25 (1): S6-S11. doi: 10.3122/jabfm.2012.02.110200.

Vujicic, M., K. Ohiri, and S. Sparkes. 2009. *Health Workforce Policy in Turkey: Recent Reforms and Issues for the Future.* HNP Discussion Paper. Human Development Sector Unit, Europe and Central Asia Region. Washington, DC: World Bank.

Wang and others. [<need author info]. 2011. "The Status and Strategy of Medical Workers' Evaluation in China." *Chinese Journal of Health Policy* 4 (12).

Woodhead, M. 2014. "How Much Does an Average Chinese Doctor Earn? " *China Medical News*, 31 March. http: //www.chinesemedicalnews.com/2014/03/how-much-does-average-chinese-doctor.html.

World Bank. 2013. *Turkey: Performance-Based Contracting Scheme in Family Medicine – Design and Achievements.* Human Development Sector Unit, Europe and Central Asia Region. Washington, DC: World Bank.

Xu, D., B. Sun, X. Wan, and Y. Ke. 2010. "Reformation of Medical Education in China." *The Lancet* 375: 1502–04.

Yip, W. C., W. Hsiao, Q. Meng, W. Chen, and X. Sun. 2010. "Realignment of Incentives for Health-Care Providers in China." *The Lancet* 375: 1120–30.

第 8 章

推手 7：促进社会力量参与卫生服务

8.1 引言

中国的医疗卫生服务体系已经从原来那种纯粹由政府经营的体系转向一种分散管理、向社会力量开放的体系。社会力量参与医疗产品和医疗服务的生产、筹资与提供的基础是在20世纪 70 年代末经济改革初期打下的。后来政府逐渐放宽了社会办医法规，并进行了各种探索，使之更贴近政府对未来中国医疗行业的前景设想。2000年以来出台的各项政策——特别是“十二五”规划期间的改革以及2015年国务院颁布的各项政策，[1]肯定了民间资本对中国医疗服务体系发展的作用，进一步鼓励社会力量参与医疗行业。

民营医疗机构的迅速发展给政府、投资者和居民带来了很多机会和挑战。现在中国已有超过1万家民营医院，占全国医院总数的52.6%。大多数民营医院规模较小（拥有不到 100 张床位）。2015 年，民营医院占全国医院床位总数的 19.4%，住院病人总数的 14.7%，门诊病人的 12%。近年来民营基层卫生服务机构的数量也大幅增长，现已接近公立基层卫生服务机构的数量。

社会办医虽然目前规模有限，但市场份额增长很快，势必导致中国医疗卫生市场的转变。一方面，民营医疗机构提供了更多选择；另一方面，医疗卫生服务体系中出现营利性机构（不管是公立还是民营），带来了道德、法律、经济和政治方面的问题。尽管中央的政策鼓励社会力量在医疗行业发挥更大作用，但许多地方政府在卫生服务规划和公共投资中仍以公共机构为核心。无论是出于对改善医疗服务的期望，还是出于对民营机构高度逐利特性的担忧，中国卫生领域所有利益相关者都在密切关注民营医疗机构的发展。

本章分析中国的民营医疗机构现状，并就今后如何加强社会力量对医疗卫生服务的参与提出建议。社会力量办医与政府医疗改革的目标息息相关，并可以提高资金的价值。本章接下来的内容组织如下：第8.2节简要回顾中国对社会办医的政策演变；第8.3节介绍民营医疗行业当前的规模、范围和近期发展；第8.4节分析政府在民营医疗机构管理方面面临的挑战；第8.5节在总结中国自身经验及经合组织国家经验的基础上，就如何加强社会力量参与医疗卫生服务提出一系列可操作的具体建议。

8.2 中国社会办医政策的演变

中国对社会办医的政策是一个逐渐演变的过程，大体可分为五个阶段（见表8.1）。

表8.1 社会办医政策演变

阶段	政策、意见、法规	对社会办医的影响
第1阶段：社会化医疗（1949–1978年）	• 1951年卫生部关于调节公立与私立医疗机构关系的政策 • 1951年卫生部关于公私合营的政策 • 1963年卫生部对从医人员的临时管理措施	• 理顺50年代医疗卫生行业公立与私营部门的关系 • 最终于60年代中期关闭了所有私立机构
第2阶段：向私营部门开放（1979–1992年）	• 1978年十一届三中全会 • 1980年卫生部关于允许个人行医的规定 • 1985年国务院和卫生部关于卫生工作改革若干政策问题的报告 • 1989年卫生部和外经贸部关于在中国建立国际医院和诊所的规定	• 将包括医疗卫生行业在内的中国经济向私营企业开放 • 有关政策为私人行医、国营或集体医疗机构转为私有、外商对卫生行业投资打下了基础 • 改革强调通过公私竞争来提高医疗服务的效率和质量
第3阶段：社会办医的各种尝试（1993–1999年）	• 1992年邓小平南巡讲话和中国共产党十四大 • 1994年国务院颁布《医疗机构管理条例》 • 1998年国务院建立城镇职工医疗保险制度 • 1999年卫生部《关于开展区域卫生规划工作的指导意见》 • 1999年卫生部《关于发展城镇社区卫生服务的若干意见》	• 中国领导人和中共十四大确定了开放市场的改革方向 • 国务院和卫生部谨慎地将卫生行业向非国有部门开放 • 其他卫生政策也提到非国有卫生机构 • 但政府强调卫生行业以公立机构为主体，民营机构为“补充”
第4阶段：逐步增长（2000–2008年）	• 2000年国务院《城镇医药卫生制度改革指导意见》 • 关于“十一五”卫生规划和印发医药事业“十二五”规划的通知	• 2000年代初开展的很多政策改革将医疗卫生产业进一步向非国有机构开放，为其提供了前所未有的机会 • 民营医疗机构经历了一些挫折 • 民营医疗机构发展有限；低于预期
第5阶段：新的机会（2009–2015年）	• 2009年中共中央和国务院印发《关于深化卫生体制改革的意见》 • 2010年卫生部《关于公立医院改革试点的指导意见》 • 2010年国务院《关于进一步鼓励和引导社会资本举办医疗机构的意见》 • 2012年国务院关于“十二五”医疗卫生事业规划的文件 • 2013年国务院《关于促进健康服务业发展的若干意见》 • 2013年《关于加快发展社会办医的若干意见》 • 2015年“深化医药卫生体制改革的主要任务”	• 2008/2009年的改革对社会办医有重大影响 • 改革强化了公立机构在医疗体系各方面的主导地位，同时也允许社会力量在医疗卫生投资和服务中发挥更大作用 • 2012年，国务院首次对社会办医确立目标：到2015年民营医疗机构的医院床位和门诊人数应达到总数的20% • 2013年国务院40号文件提出非营利性机构应成为新的多元办医格局的核心组成部分 • 国家卫计委五年规划草案提出了社会办医的重点发展领域，这些领域并不限于医院，打开了民营机构作为医保定点单位代表政府提供卫生服务的大门 • 针对社会办医的政策加快发展；为引导社会办医的发展方向打下了基础，再次明确提出要“大力”支持建立服务于所有人的包含多种所有制的医疗卫生体系

8.2.1　第一阶段：社会主义医疗卫生服务（1949—1978 年）

在中华人民共和国成立以前，医疗服务主要是由私营部门提供。到了这一阶段，中国转为实行社会化医疗。1963 年，私人行医被认定为非法。在此后的 30 年里，中国政府建立了世界上最为庞大的医疗机构网络和医务人员队伍（Huang 等，2009），公立医疗卫生机构的数量比 1949 年增长 20 倍，人员数量增长 5 倍（Liu，1994）。

8.2.2　第二阶段：医疗卫生行业向私营部门开放（1979—1992 年）

1978 年改革开放后，经济的迅速增长和生活水平的提高刺激了医疗服务需求的增加。为缓解医疗服务的短缺，政府在 1980 年决定将私人行医重新合法化。这为国有和集体所有的医疗机构转为私人所有打下了基础。到 1985 年，社会力量已经可以合法地投资办医。在这段时间，农村合作医疗体系崩溃，赤脚医生开始自己提供收费服务（Liu，2005；Ramesh 等，2014）。

8.2.3　第三阶段：社会办医的各种尝试（1993—1999 年）

20 世纪 90 年代，经济改革不断深化，同时医疗卫生行业也面临日益增长的压力，人们要求获得更多更好的服务。国务院和卫生部因此颁布了一系列政策和法规，鼓励谨慎地发展民营医疗机构，对政府的医疗服务体系进行补充。政策规定，医疗机构可以有多种所有制形式，包括国有、集体所有、私人所有和中外合资。到 20 世纪 90 年代末，几乎所有的农村门诊服务都是由私人机构提供——或者是私人行医的方式，或是由私人承包村卫生室（Liu，2005）。有些地区出现了中小规模的私立医院，但当时的政策和规划环境仍不鼓励私立医院大规模、有组织的发展（Gu，2006；Lim，2002）。

8.2.4　第四阶段：逐步增长（2000—2008 年）

2000 年政府出台了一系列政策将医疗行业向民间开放，给社会办医带来了前所未有的机会，包括中外合资医疗机构在内。正式确立民营营利性（PFP）和民营非营利性（PNFP）这两种民营医疗机构类型，所有民营机构都要按其中一类注册登记（Gu 和 Zhang，2006）。在此阶段，中国有若干家营利性和非营利性民营医院开办，还有很多医院从公立转为民营。与此同时，也有一些私立医院由于规模太小，经济上没有生存能力而转为公立。

8.2.5　第五阶段：新的发展机会（2009—2015 年）

为了进一步促进社会办医的发展，2009 年的卫生体制改革和 2010 年的公立医院改革为社会力量参与医疗卫生投资和服务创造了更大空间，每年都出台一系列新的政策、意见和法规来鼓励社会办医，包括：2010 年国务院发布的关于鼓励社会办医的意见是一项具有里程碑意义的政策，此后各省份和中心城市也针对本地情况发布了相关的配套文件。2012 年，国务院在“十二五”规划中提出到 2015 年民营医疗机构的床位和门诊服务量占 20% 的目标。2013 年，国务院 40 号文件强化了 2009 年提出的医疗卫生改革目标，鼓励通过社会办医的发展来增加医疗卫生服务。2014 年，卫生部提出了社会办医的重点增长领域，包括高端服务、康复和老年病专业服务、诊断和实验室检测服务和连锁药店等，并对增加合资医院表示支持。这为民营机构成为政府医疗保险制度的合同机构、向公立机构传授商业和管理技巧打开了大门。

近期，一些关于社会办医在医疗体系中地位的政策更加具体，指定了一些鼓励社会力量参与的部门。例如，“全国医疗卫生服务体系规划纲要（2015—2020年）”明确提出，非公立医院可以提供基本医疗服务，与公立医院竞争；可以提供高端服务，满足非基本需求；可以提供康复、老年护理等专业服务。[2]该纲要鼓励社会力量开办医疗卫生机构，包括专科中医医院、康复医院、养老院和口腔疾病、老年病和非传染病专科医院。

2015年的政策文件“深化医药卫生体制改革2015年重点任务”为引导社会办医的新发展打下了基础，并明确重申了政府建立所有制多元化的医疗体系、推动全民健康的决心。[3]文件提出要“大力”推进社会办医，让社会办医在不限于传统医疗服务的更多领域发挥更大作用，包括保健和疾病预防领域。这一政策文件没有确立全国性指标，而是提出了一种“公立医疗机构为主导、非公立医疗机构共同发展”的多元化办医格局，以非营利性医疗机构为主体、营利性医疗机构为补充。这份政策文件的主题包括“建立公平的竞争环境”，“放宽市场准入限制”，“放开非公立医疗机构医疗服务价格”和“多点执业和医疗人才市场”等。

8.3 中国社会办医的规模和发展状况

从2005年起，政府开始在统计中包括“民营”这个类别。为便于进行国际比较，我们将医疗机构的所有制分为国际通用的以下三种类型：公立（与中国官方统计一致）、民营非营利性和民营营利性（见专栏8.1）。

8.3.1 民营医院

近年来中国民营医院的数量，特别是民营非营利医院的数量迅速增长。2005—2012年医院总数从18644家上升到23170家，增长24%。这一时期公立医院的数量下降了14%，民营营利性医院增长了116%（从2971家增至6403家），民营非营利性医院增长了1681%（从190家增至3383家）（见图8.1）。[4]同一时期内，公立医院在医院总数中所占比例从83%下降到58%，住院人数所占比例从96%下降到89%。民营营利性医院在医院总数中占的比例从16%上升为28%，住院人数从3%上升为6%。民营非营利性医院在医院总数中所占比例从不到1%上升为15%，不过它们的住院人数只从1%上升到5%，这反映出这类医院大多规模较小（见图8.2）。按照这种趋势，不太可能实现政府2012年确定的到2015年民营医院（特别是民营非营利医院）床位数和门诊人数达到20%的目标。[5]

住院业务的增长速度和市场份额变化与门诊业务类似（图8.3）。到2010年，虽然约90%的住院和门诊还是由公立机构提供，但民营医疗行业已经在中国稳稳扎根。

中国民营医院规模一般小于公立医院，这从它们的床位数所占比例就可以反映出来。2012年，公立医院占床位总数的86%，民营医院只占14%（见图8.4）。几乎所有（96%）民营医院拥有的床位数都低于100张，相比来看，公立医院中只有60%是这样的情况（见图8.5）。由于中小医院的资本投入和管理要求较低，所以社会办医比较容易在中小医院这个领域扩张（Hou，2008）。几乎所有多于500张床位的医院都是公立医院。

民营医院中大约30%是专科医院，专科医院技术更先进，可以带来更高的利润。相比之下，公立医院中专科医院只占13%（Hou和Coyne，2008；Tang等，2013）。几乎所有新成立的民营医院都是专科医院，其中另外一个原因是专科医院比综合性医院更容易符合医保报销条件（Yip和Hsiao，2014）。

社会办医的扩张中，很大一部分是民营医院在城市地区提供“高端”服务，如整容手术、贵宾（VIP）服务[6]，以及不属于慢性病管理的“体检”（Yip和Hsiao，2014）。对有关人士进行访谈的结果表明，困难的市场环境和监

专栏 8.1 所有制类型：公立、民营非营利性、民营营利性

国际标准做法是将所有制形式分为三类：公立、民营非营利性、民营营利性。“非营利组织”指为营利以外的目的建立、收入不向其所有人或投资人分配的组织。“非营利”组织包括民营非营利组织（PNFP）和政府所有的非营利组织（如公立医院和政府拥有的社区卫生服务中心）。

中国的统计按登记注册类型分为两类：一是公立国有机构——公立医院和其他政府所有（包括中央和地方政府）和集体所有的机构；二是民营机构或非公机构，包括中外合资机构、合作机构、纯私营机构以及外资（港澳台和外国）机构。统计报告中还包括关于营利性的单独分类，也称为“按分类管理分类”：即营利性和非营利性，它们可以是公有，也可以是民营。

为便于进行国际比较，我们把政府所有的机构从所有非营利性机构中去除，创建了“民营非营利性”这个类别；同时，把民营非营利性从非公立机构中去除，创建了“民营营利性”这个类别。这么做是基于这样一种假设——如公立医院之类的公立机构按分类管理划分都登记为非营利组织，也就是说，公立营利性机构的数量少到可以忽略不计（不管公立医院的实际行为是否像是营利性组织）。

本书采用的对所有制形式的三分法定义符合中国自己对公立医院的定义（我们的“公立”完全对应官方统计中的“公立”）以及国际上对私营机构营利性和非营利性的区别标准。很难得到中国除医院以外整个医疗行业的全貌，这在一定程度上是由于包括村卫生室在内的基层医疗机构并不连贯性地报告其所有制或管理形式。即使到了2009年，很多基层机构的营利性质还是列为“不详”。

中国通常根据“主办单位”来将医疗机构（如医院和诊所）划分为三类：政府办、社会办和私人办。这种分类尽管可以对机构的管理形式提供额外信息，但不是对所有制、剩余控制权或法律权限的法律定义。“社会办”（或“私人办”）的机构可能是营利性的，也可能是非营利性的。对“政府办”的统计所包含的机构数量远远小于注册地位为“公立”的数量；而社会或个人办的统计中并没有包括私营机构。中国各地对对外承包的机构是否采用了一致的统计方法，这一点也不清楚——如果政府所有的医院被承包给营利性私营企业管理，这种情况是算政府办还是社会办？在实地考察访谈中，某些地方表示他们没有收集相关数据，无法对私立机构进行营利性或非营利性的划分。

中国可能希望保留自己特有的根据管理单位和注册地位划分的方法，将医疗机构分为“政府办公立医疗机构”“社会办公立医疗机构”和“社会办民营医疗机构”，而后者包括了“社会办”和“个人办”的机构。但这不是国际标准的分类方法。如果中国采用国际上标准化的统计报告分类，就可以更好地进行国际比较，就像中国采用世卫组织/经合组织的标准报告和比较医疗卫生支出一样，标准的支出类别包括公共支出和私人支出及其细分条目，同时也保留中国自己的医疗支出分类（政府支出、社会医疗保险支出和自付支出）。

来源：Morris等，2014；Rudd，2011；Turner等，2016。

图 8.1　2005—2012 年不同所有制类型医院的数量

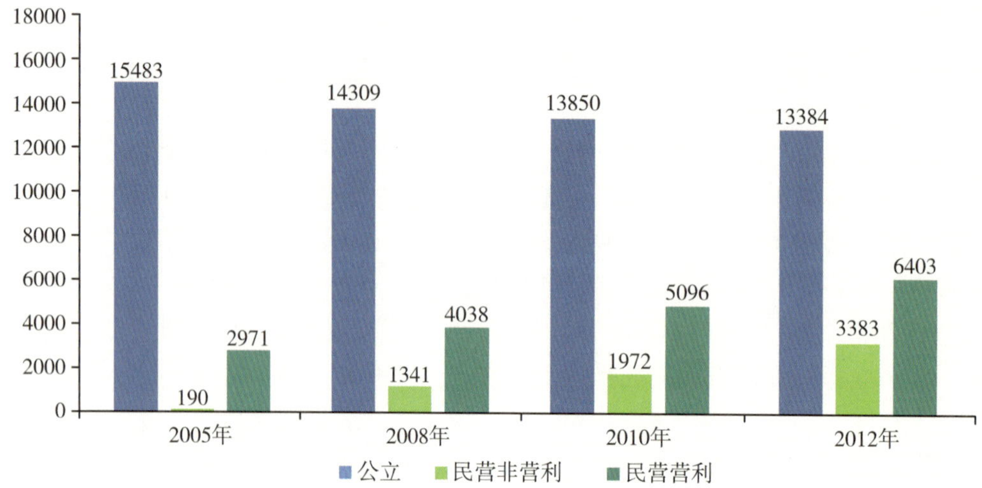

来源：作者对《2013 中国卫生统计年鉴》数据的分析（参见专栏 8.1）。

图 8.2　2005 年和 2012 年中国各类医院住院病人的市场份额

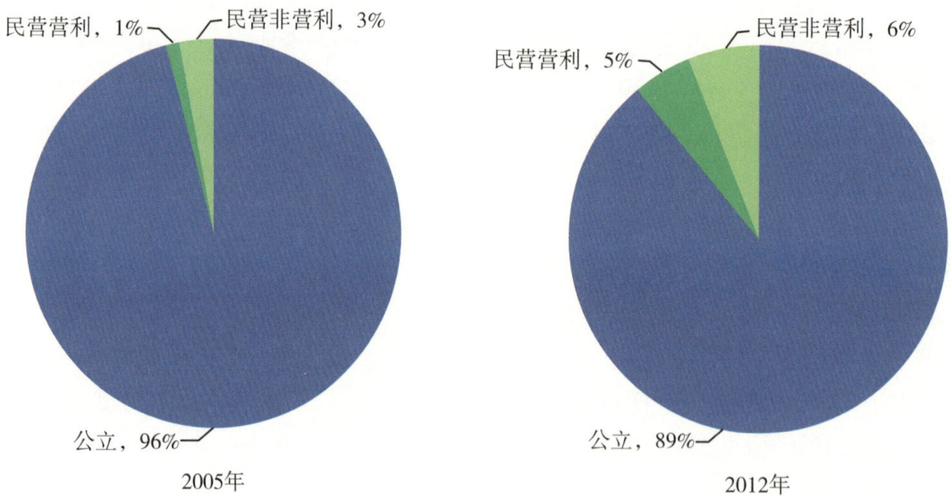

来源：作者对《2013 中国卫生统计年鉴》数据的分析（参见专栏 8.1）。

管政策导致社会办医主要以非基本服务为投资和发展方向，因为这些领域面临的障碍较小。但与此同时，也有一些由民营企业作为医保合作单位向大众提供专科和/或基本服务（而非选择性服务）的重要案例。很多人认为民营医院只服务于中国最富有的人，但事实上由于缺乏系统性数据，这种看法并没有什么依据。Liu 等（2006）报告说，没有任何文献或数据支持"民营医疗机构主要服务于富裕人群"这一说法。该文还报告说，现有数据表明民营机构也广泛地向中低收入群体提供服务。

在全国范围内，民营医院主要集中在东部地区，占 41.5%（见表 8.2）。其他类型的医院也是主要集中在东部。西部地区在民营医院中所占的比例居其次（32.5%），中部地区最少（26%）。

用人均 GDP 来衡量，各省经济发展水平与民营医疗行业的规模（按民营机构占门诊服务比例衡量）之间没有相关性（见图 8.6）。[7]

图 8.3　2005—2012 年中国各类医院门诊和住院人数的趋势

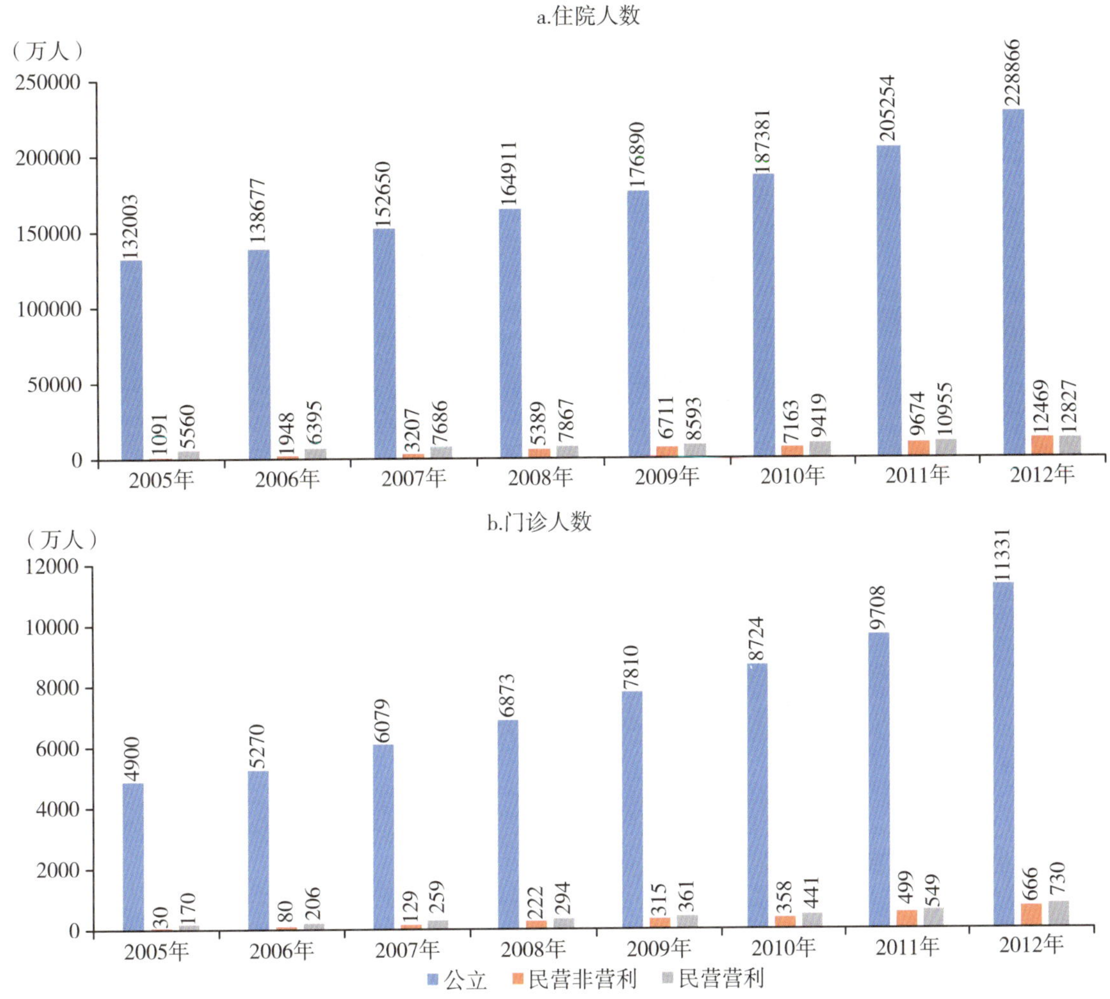

来源：世界银行对《2013 年中国卫生统计年鉴》数据的分析。

图 8.4　2005—2012 年中国各类医院的床位数

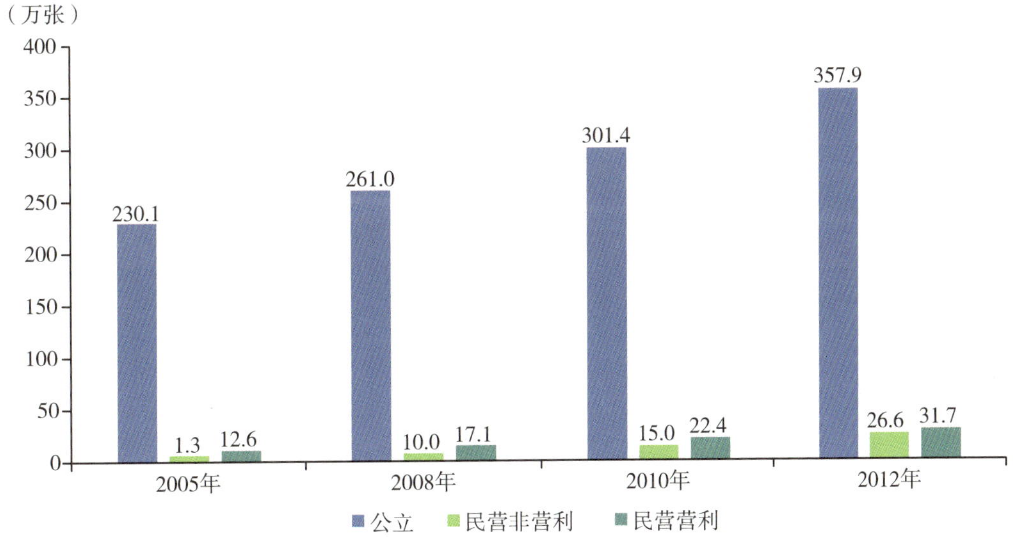

来源：世界银行对《2013 年中国卫生统计年鉴》数据的分析。

图 8.5　2012 年中国公立医院和民营医院的床位分布情况

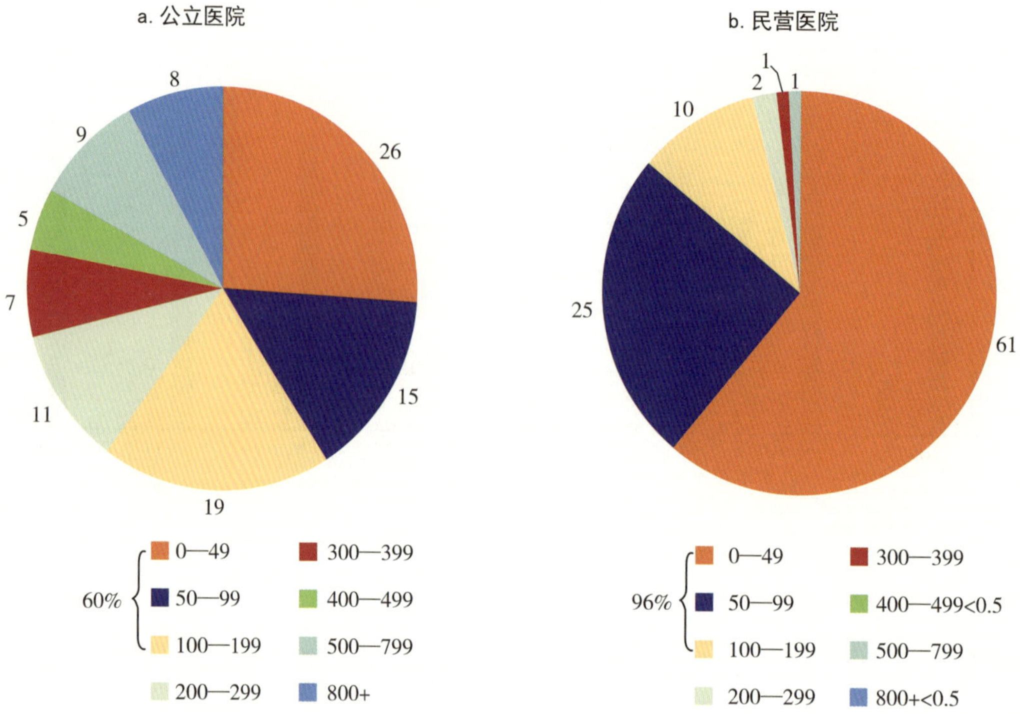

来源：《2013 年中国卫生统计年鉴》。

表 8.2　2012 年中国民营医院在各地区的分布情况

医院类型	总数（家）	地区		
		东部（%）	中部（%）	西部（%）
综合医院	6047	39.8	22.4	37.7
中医院	571	48.0	32.4	19.6
中西医结合医院	187	40.1	26.7	33.2
民族医院	23	8.7	30.4	60.0
专科医院	2905	43.1	32.4	24.8
疗养院	53	90.6	3.8	5.7
总和	9786	41.5	26.0	32.5

来源：卫生部的统计。

有些富裕地区（如上海）和贫困省份（如甘肃）由民营机构提供的门诊服务比例都很低（6%）；但在另外一些富裕省份（如江苏）和低收入省份（如贵州），其所占比例又都很高（19%）。

8.3.2　民营基层医疗服务机构

民营基层医疗服务机构数量也有所上升。这里采用中国对基层医疗机构的定义，即包括所有非医院机构，如村卫生室、乡镇卫生院、诊所（或门诊部、医务室）、社区卫生服务站和社区卫生服务中心。民营非营利性的基层医疗服务机构数量增加最多，从 2008 年的 15204 个增加到 2012 年的 216614 个（见图 8.7）。2008—2012 年营利性基层医疗服务机构只增加了 9%，从 202537 个增加到 220642 个。到 2012 年，从机构数量上来看，营利性和非营利性机构分别占基层医疗服务机构的 24%，它们合在一起（48%）则接近公立机构所占比例（52%）。但是，我们尚不清楚基层民营机构门诊服务量所占比例，因为这方面的数据没有统一的报告。

由于对医疗机构重新分类，基层卫生服务机构中民营营利性机构和公立机构所占的

图 8.6　2012 年各省民营医院占门诊服务的比例与人均收入之间的相关性

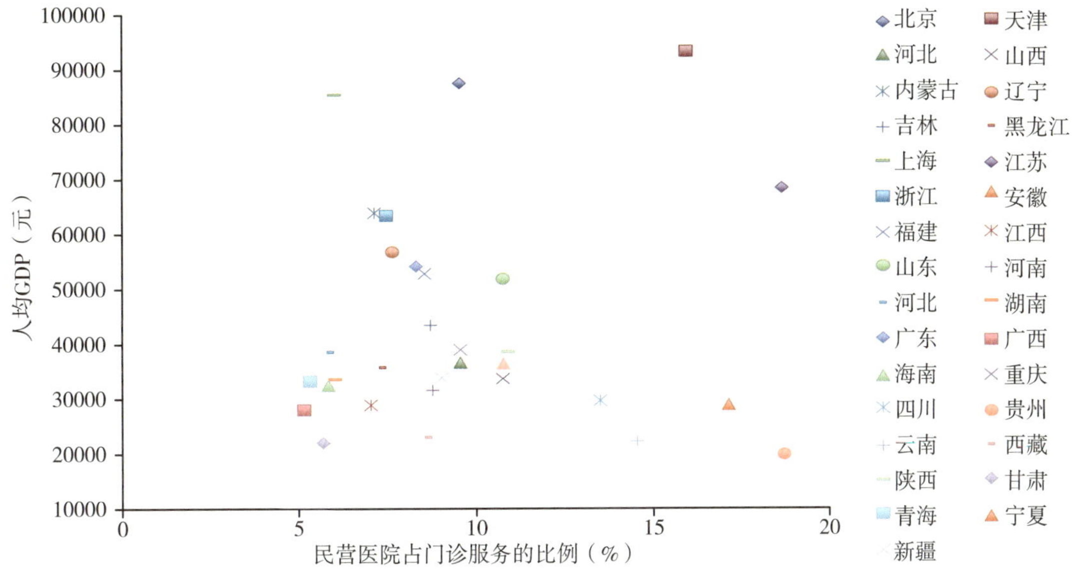

来源：《2013 年中国卫生统计年鉴》表 5-2-3。

图 8.7　2005—2012 年中国不同所有制类型基层医疗服务机构的增长情况

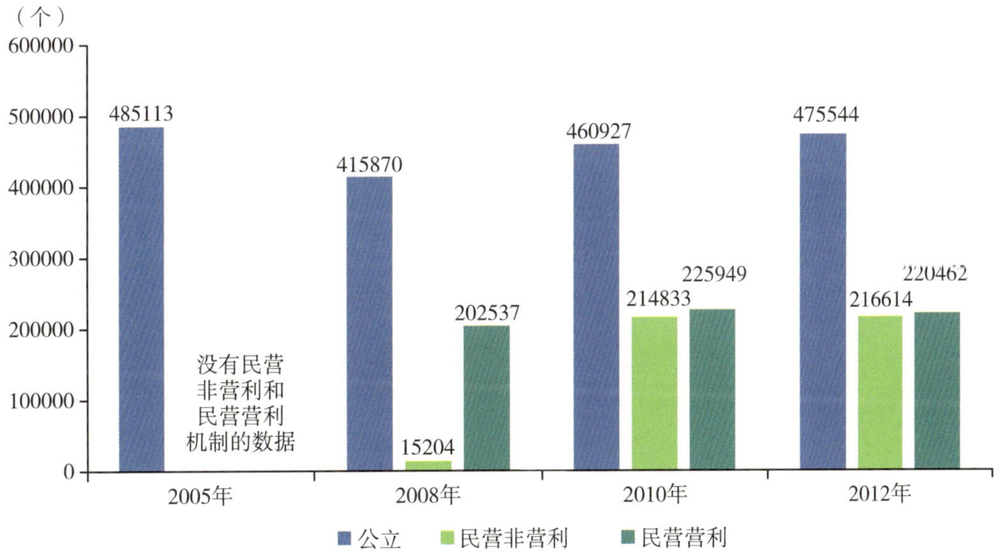

来源：世界银行对《2013 年中国卫生统计年鉴》数据的分析。

比例分别从 2008 年的 32% 和 66% 降至 2012 年的 24% 和 52%。中国的有关人士指出，医疗卫生服务供应链上的其他商品和服务，如诊断分析、药品、医疗器械和牙科服务等，民营部门所占份额有所增加。[8]

民营部门雇用的卫生工作者的比例比其在门诊或床位方面所占的市场份额（10%—11%）要高（见表 8.3）。2012 年，全国 9100 万名卫生工作者中有 18% 就职于民营机构，82% 就职于公立机构（见表 8.4）。从医生到行政人员的各类人员分配比例情况都差不多是这样，村医除外：37% 的村医就职于民营机构。

表8.3 2010—2012年中国公共部门和民营部门的卫生工作者数量 （单位：万人）

年份	医院			基层医疗服务*		
	公立	民营	民营所占比例（%）	公立	民营	民营所占比例（%）
2010	377.0	45.8	10.8	235.0	93.2	28.4
2011	398.1	54.6	12.1	241.8	95.7	28.4
2012	428.2	65.5	13.3	248.3	95.4	27.8

注：*“基层医疗服务”包括所有非医院机构，如村卫生室、乡镇卫生院、诊所（或门诊部、医务室）、社区卫生服务站和社区卫生服务中心。

来源：Ha，2014。

表8.4 2012年中国公共部门和民营部门的卫生工作者类型

卫生工作者类别	总数（万人）	部门	
		公共部门（%）	民营部门（%）
医生	261.6	81.5	18.5
护士	249.7	86.3	13.7
药剂师	37.7	86.4	13.6
技师	36.4	88.2	11.8
其他	81.5	88.0	12.0
村医	109.4	62.7	37.3
其他技师	31.9	88.4	11.7
行政人员	37.3	85.1	15.0
后勤人员	65.4	84.6	15.4
总和	910	82.2	17.8

来源：Ha，2014。

8.4 主要挑战

即使现在中国的法律法规鼓励社会力量办医，但民营服务机构在进入地方医疗卫生市场方面仍面临诸多挑战。近年来鼓励社会办医的政策改革步伐加快，范围扩大，但各方对民营机构在改善医疗服务、实现国家健康目标方面到底应发挥何种作用仍没有清晰的统一认识。政府各部门对民营机构与公共医疗服务体系的关系尚未形成共识：它们应当是相辅相成，还是民营机构只是对公共医疗体系的补充，或是民营机构是公共医疗体系的一个组成部分。数量指标促使私营部门的增长和国家卫生目标不一致。

加强利用私营部门的扩张来解决医疗工作的重点问题，如改善贫困地区的医疗服务可及性，或对政府在康复、老年护理和非传染性疾病综合管理等领域所做的工作进行补充。各省试图将私人资本吸引到偏远的农村地区或政府服务供给不足的新的城市周边地区，而私人资本则倾向于留在医疗资源充足的城市地区。这一节将详细讨论这些问题。

8.4.1 对民营医疗机构的作用难以达成共识

国家已经出台了很多关于支持社会力量办医的政策，但由于政策出台速度太快而给未来带来很大不确定性，且导致不同省份对政策的解读和采取的行动有很大差异（Brixi等，2013）。有些省市比较犹豫，而另外一些省市则已果断采取了相关行动（附件8.1围绕14个主题总结了国家有关政策，展示了不同地区在政策解读和具体执行方面的差异）。这种步调不一致一方面构成了挑战，但同时也为总结学习全国各地的不同经验提供了机会。

中央有很多支持民间资本对医疗卫生行业投资的政策。例如，国务院办公厅印发的《关于县级公立医院综合改革试点的意见》要求地方政府“落实支持和引导社会力量办医政策”。[9]然而，并不是所有省份都积极或大范围地落实相关政策。例如，各省在实现到2015年使民营医院床位数和门诊量占到20%这个目标方面就表现出了很大差异。有些省份（如云南）采用了中央政府确定的这个目标；另外一些省份（如湖南）则确立了更高的目标，表示在2020年以前上述两个比例要达到25%。[10] 湖南长沙则又往前迈了一步，表示要在2020年前超过30%。深圳的目标是在2015年前使上述两个比例都超过30%，同时要有两至三家民营医院达到三级医院标准。总的来说，约三分之二的省市鼓励民营医院发展，一半以上省市尤其鼓励“高端”（现代化、高科技）和专科医院的发展。很多地方表示要鼓励“有一定规模和水平”的民营医院，有些省份（如湖北）则确立了不同类型医院的床位数目标。

增加医院当中民营医院比例的一个做法是转变原公立医院的所有制。例如，浙江省政府将公私混合所有制作为推动私人投资（“民间资本”）的一个过渡阶段，同时探讨保证服务质量、恰当处理国有资本的方式。有些省份在没有建立防止国有资产流失的有力机制的情况下就对医院进行转制。昆明儿童医院就是一个例子。昆明本来希望通过医院自筹资金和政府出资共同建设一个新院区，结果该医院被华润医药集团收购。华润集团虽然是国有企业，但它也是一家上市公司，因此就产生了将国有资产转让给私人投资者的风险。

而对社会办医在基层卫生服务和社区服务中的作用，相关政策很不清晰。这反映了人们对社会办医的作用有不同理解：它应当是医疗体系的一个内在组成部分，还是只作为对公立机构的补充发挥有限的作用。几乎所有省份都鼓励社会力量在公立医疗机构服务不足的地区开办服务，特别是新建城镇、农村和偏远地区以及城乡结合部。然而，民营（和公立）医疗机构都愿意留在医疗资源本来已经很充分的城镇地区。

很多省份鼓励民间资本在目前资源缺乏或能力薄弱的领域进行投资，如康复医疗、疗养护理、老年病和慢病管理等。一些省份鼓励民营机构在社区和乡镇卫生服务中心提供基本服务。有些省份比较重视传统中医、回医或藏医。安徽省有一个做法比较突出，它按照经合组织国家的模式制定了医疗卫生行业民营部门的发展愿景，鼓励社会力量在农村地区提供基本医疗服务，在城镇地区建立高端专业医疗机构。

总体来说，目前的情况是社会办医发展较快的很多服务领域并不符合以PCIC模式的要求，也不能与公立机构的服务形成互补。当前按服务收费的制度驱使民营和公立服务方都在能带来大量收入的非基本服务领域大量投资（如VIP服务、过度处方、整容手术、与慢性病管理无关的“体检”），而不是针对那些有助于改善公众健康、强化PCIC的领域。

各地卫生部门对社会办医的激励或约束措施也表现出很大差异。例如，2010年云南设立了每年2000万元的专项资金来鼓励社会办医和建设示范机构（2014年增长到每年4000万元）。云南还为包括医疗企业在内的民营企业提供吸引人才的特别支持，如对骨干人才提供15万—30万元住房补贴。有些省市限制公立医院的发展，以促进非公机构进入医疗市场。例如，陕西省的法规不允许新建公立医疗机构，并试图关闭公立医院的VIP服务，把这个细分市场留给民营机构。重庆市卫生管理部门严格控制公立医院的VIP服务。深圳则用自己的财政资金直接补贴民营机构。

利益相关者一直持谨慎态度，担心某些政策变化会改变社会办医的政治环境，出现政策逆转。许多地方政策的设计都很灵活，可以比较容易地改变方向，因此市场和投资者对政府的长期支持没有信心，而这种长期支持是使某些重要投资（如人力资源培养投入）实现盈利所必需的。政策的不确定性导致民间投资多为短期投资，加剧了人们对社会办医只追求短期利润、不符合卫生行业长期发展目标的怀疑。

8.4.2 民营部门发展监管框架的缺陷

民营机构的发展需要政府对医疗卫生行业进行有效管理，包括对那些危害病人安全或骗取医保资金的行为进行监督（必要时关闭违规机构）。目前各地对医疗服务问责和质量保证的监管框架各不相同且强度不一。人们普遍认为，与公立医疗机构相比，民营机构更有可能出现虚假广告、过度治疗、欺诈性收费等做法。不出意外，民营机构在中国消费者心目中口碑不佳。尽管一些民营机构已经扭转了这种看法并树立起比公立医院更好的服务质量信誉（如北京和上海的和睦家医院），还有的已经实现了高效运营（如爱尔眼科、武汉亚洲心脏病医院等），[11]但由于政府部门对质量低下或不合格的民营医疗机构的监督、处罚能力有限，人们的这种印象短期内不大可能改变。

青海是医疗卫生服务监督工作资源和经验有限、面临严重困难的一个例子。青海只有两个质量监测人员来监督全省近30万医务人员的工作，而且没有完整的信息体系，只能依靠从卫生和计划生育委员会和其他相关单位借调人员来开展专项检查。即使在相对富裕的福建和浙江两省，关于医疗卫生服务问责和质量保证的监管框架也不健全，而且省内各地的监管水平参差不齐。那些积极推进社会办医的地方，如江苏宿迁，已经认识到需要通过严格监管来确保患者的利益得到保护（Chen，2015；Liu，2015；Zhou，2015）。

如果被监管对象认为法规的确服务于某种有用、有意义的目的，他们就更可能去遵守法规，执法也就更加容易和可行。现代的（也是更容易成功的）监管方法是协作式而不是胁迫式的。然而，中国目前与民营部门进行政策讨论的能力有限，决策者与民营医疗行业之间几乎没有任何直接互动。

8.4.3 进入市场困难

我们在2014年和2015年初采访的公共和民营部门的利益相关者都认为，市场条件是社会办医发展的一个重要障碍。《关于促进社会办医加快发展的若干政策措施》（国办发〔2015〕45号）提出了很多详细政策，包括放宽准入门槛、拓宽融资渠道、促进资源流动、改善监管环境等。[12]然而，民营医疗卫生行业的发展仍面临很多制约，尤其是相对于其他行业民营部门发展而言。特别是在招聘合格专业医务人员方面面临困难（Gu和Zhang，2006）。

开办一家民营医疗机构不是件容易的事，需要和多个政府部门打交道，提交多项报告并支付多种费用（Zhang，2006）。开办一家外资独资的医疗机构需要由卫计委、商务部、发改委和环保部等多个部门批准，由工商部门颁发营业执照，还要在税务部门登记注册（Glucksman和Lipson，2010）。审批过程可能要花费一年多的时间。

业务扩张面临的另一个障碍是政府禁止不同分支机构的财务整合，这种整合可以帮助民营企业抵消一部分纳税。每个城市都想得到自己那份税收，所以每个分支机构都被视为一个独立主体，构成单独的财务单位。

地方政府和省政府通过年度资本投资计划对医疗设备采购的数量和种类进行控制。切实落实关于社会办医的“若干措施”和“全国医疗卫生服务体系规划纲要（2015—2020年）”[13]将有助于减少合格民营医疗机构业务扩张面临的障碍。

8.4.4 医生多点执业政策的贯彻落实情况不均衡

政府的政策和做法使民营医疗行业相对于公共部门处于不利地位，并且影响其在市场上进行公平竞争。目前，民营医疗行业仍然在人力资源方面面临巨大的问题。根据规定，医生只能够在一个机构注册和行医。医生多选择在公立医院工作，因为公立医院可以给他们提供一个已知且稳定的职业发展道路。专业职称、职业发展、薪酬和养老金福利都与医生的就业合同（通常和某一特定的公立医疗机构）挂钩。另外一个制约部门之间流动的因素是过时的医疗责任保险。只有很少的民营保险公司提供有限的责任保险。因此，医生和其他医疗工作者不愿意到民营机构工作，因为民营机构缺乏对医疗事故的保障。

有些医院已经制定了成功的人力资源战略。比如，一个1000张床位的民营非营利性股份制三级肿瘤专科医院进行了一些旨在吸引和留住人才的改革探索，其中一条是建立退休补偿基金，以保证医生的薪酬水平可与公立医院持平；同时，为管理人员和医生设立一个专项基金，为其提供在其他医院学习和工作的机会。浙江一家大型三级综合性医院与另外两家公立医院合并并转制为民营非营利医院后，成为全国排名前十的医院。该医院为90%以上的医院员工保住了正式编制，而且其员工和公立医院员工参加同样的卫生局职称考试，这对招聘和保留人才有很大帮助。

最近实施的改革开始允许医生多点执业，包括到民营医院执业，这增强了高水平医生的流动性，也使民营医院更容易聘请到高水平医生。省级政府已经开始对多点执业政策进行试点，但各地的具体落实情况差别很大。例如，广东和福建已经推行了一系列开创性的改革措施，而青海这个人口密度低、医务人员短缺的西部贫困省份却尚未开始实施多点执业政策，且其民营医疗行业仍然面临着人力资源短缺的问题。实际上，多点执业政策，或公立和民营机构兼职执业政策并没能为医务工作者建立一个良好的劳动市场，对于公立医院或民营机构都未发挥好的作用。这一政策并未像民营机构希望的那样给它们带来很多专业人才。尽管政策允许医生不需申请批准就可以多点执业，但实际操作中公立医院的管理者给多点执业设置了很多困难。北京一家民营医院的所有者说："多点执业是一个临时步骤，而不是一个革命性措施。医生仍然和公立医院绑在一起。"一名公立医院管理人员解释说，多点执业给公立医院带来管理上的挑战："如果你经验最丰富的员工当中每周都有一些人不在，这就很难对工作进行计划。"因此，这是一项实施起来非常困难的改革。

过时的医疗责任和事故追究制度是限制医务人员流动的另一个制约因素。很少有商业保险公司提供有限责任保险。因此，医生和其他卫生工作者不愿到民营机构就业，因为它们不能提供针对医疗事故的安全保护。

8.4.5　民营医院参加医保报销政策实施情况不均衡

民营医院面临着医保报销方面的制约，导致患者倾向于去公立机构就诊（Liu，Guan，Gao，2014）。不是所有城市都允许民营机构参加医保定点医院网络；而在医保报销涵盖民营机构的城市，有限的医保资金也是首先面向公立机构，只有当资金有富余时才面向民营机构。最新的改革措施将改变这种做法，正在考虑将越来越多的民营医院列入社会医疗保险网络，采用与公立医院相同的报销条件。那些被批准加入医保报销的民营机构表示，加入医保报销网络后病人数量大幅增加，包括很多远道而来寻求专科治疗的病人。将民营医院纳入医保报销比其他任何政策改革给公立医院带来的压力都更大，这项措施已经开始帮助民营机构与公立医院成功地展开吸引病人的竞争。

民营机构的代表抱怨医保报销比例太低。原则上，对医保定点单位的审批应该与医院的所有制无关，但事实上两者的待遇还是有区别的。例如，云南医保报销比例与当地社保部门对医疗机构的分级挂钩，而社保部门对民营医疗机构的分级可能低于卫生部门的分级，导致报销比例较低（见专栏8.2云南肾病医院的案例，该案例表明即使一个面向医疗服务不足人群的非营利医院也面临困难的市场条件）。

设立预算上限或统一预算的试点实际上有利于现有的市场参与者（通常是公立医院），不利于新进入市场的机构。统一预算通常是由当地医保管理部门通过与各个医院的直接谈判形成的，其依据是医院以往几年的平均收入。这项政策对历史较短的民营医院不利，尤其是那些处于初创阶段、收入有限的新医院。

另一方面，当前的价格结构给公立和民营的医疗服务机构都造成了过度治疗、过度处方的激励。这个问题凸显了改变医保制度的支付和购买安排、推动医疗机构注重社会价值的重要性。近期出台的政策再次呼吁"破除以药养医机制"（县级医院改革），要求"降低大型医用设备检查治疗、检验价格"，同时"合理调整提升体现医务人员技术劳务价值的医疗服务价格，特别是诊疗、手术、护理、床位、中医等服务项目价格；建立以成本和收入结构变化为基础的价格动态调整机制"。改变价格结构将有助于通过医保报销制度来引导民营机构发展，促使公立机构提供更符合社会价值的医疗服务。

有些民间投资者与公立医院建立了公

专栏8.2　云南肾病医院面临的困难市场条件

云南肾病医院位于云南省会昆明，成立于1997年，是一家非营利性专科医院。2014年底，该院有140名员工，包括42名医生。医院有160张病床和约100台透析机，为400名需要长期治疗的肾病病人提供服务。医院于2015年扩建，新址有600张病床，建有一个肾病医疗中心、心脏病中心和妇幼保健中心。医院经常接收被公立医院拒收的患有严重并发症的病人。有时它会对付不起治疗费用的贫困病人减免费用。

该医院的董事长对医院面临的资金、税收、保险和人员方面的困难做出了如下阐述：

（1）资金：1995年《担保法》规定，服务于公益目的的非营利性医院的医疗设施不得用作担保或抵押。这使医院很难得到银行按揭贷款。私营非营利性医院扩大经营，就不得不通过私募（PE）或风投（VC）公司筹集资金。然而，医疗机构一旦被PE/VC公司控制，就不再被视为非营利性。

（2）税负：地方政府对所有医疗机构（包括非营利性机构在内）的留存收益按25%的税率征税。其他多数省份都不是这么做的。

（3）人员：医院过去几年招了100多名医生，但只有32人留下来。大多数医生，尤其是年轻医生，都在获得了专业资格后去了公立医院。该医院能吸引一些公立医院的医生前来任职，是因为它赋予医生很大的权限，包括对低收入者减免治疗费用的权限。

（4）医保报销：在云南，医保报销比例与社保部门对医疗机构的分级挂钩，而这个分级可能与地方卫生部门对医疗机构的分级不同。比如，有些被卫生部门评为三级医院的医院被社保部门定为二级，采用较高的报销比例。社保报销支付的拖延也增加了医院的财务压力。

来源：Morris等，2014；Rudd，2011；Turner等，2016。

私伙伴关系（PPP），以此作为克服市场困难（特别是获得合格医生和专家）的一种策略，向中高收入者推销它们的服务。民营医院每年向合作的公立医院交纳一笔服务费，同时向来自公立医院的医生直接支付劳务费，这样它就可以以公立医院的名义、通过公立医院的工作人员提供服务。有几个此类案例中，公立医院是新建民营机构的少数股东。至于这种安排是否使双方受益，人们有不同的看法。但对这种安排对病人的影响以及对效率和成本方面的影响，几乎没有进行过任何评估。有很多关于民营机构一方不履行合同、迫使政府不得不将其回购的零散报道。这种"权宜之计"不仅不是能够提高服务质量和效率的互利性伙伴关系，反而可能抑制公平竞争，尤其是如果这种合作会助长市场控制权甚至带来垄断的情况下。这表明，中国亟须建立有助于推动良好医疗服务市场形成的制度，加强医疗市场的协调和融合。

8.5　关于促进社会力量参与医疗服务的建议：中外经验启示

中国已经采取了一些重要步骤来制定有关政策，推动社会力量在医疗卫生体系中发挥更大作用。然而，要确保民营机构提供优质有效的医疗服务、改善人们的生活和健康，要做的工作还很多。中国在改革过程中可以从经合组织国家汲取很多经验，这些国家也经历了对改革的预期、政策、意识形态和行动不断调整的困难阶段。本节针对三个核心行动领域提出建议（见表 8.5）：（1）就社会力量可为实现医疗体系目标做出何种贡献形成清晰共识；（2）强化关键法规和执法能力，确保医疗服务的生产和提供符合社会总体目标；（3）为公立机构和民营机构建立公平的竞争环境，鼓励社会力量办医。

表 8.5　加强社会力量办医的核心行动领域与实施策略

核心行动领域	实施策略
1. 就社会力量可为实现医疗体系目标做出何种贡献形成清晰共识	• 确定在哪些领域民营部门能够最有效地为中国健康事业作贡献 • 将重点放在质量提升而不是数量增长上，不再对民营部门的市场份额设立量化目标，而是将支持性政策与监管措施相结合，确保民营机构的发展符合整个卫生体系的发展目标 • 达成共识和愿景，对其加以清晰阐述并广泛宣传 • 正式推动各方参与进程，起草指导意见供省级领导小组根据当地情况执行
2. 强化关键法规和执法能力，确保医疗服务的生产和提供符合社会总体目标	• 对现有法规进行系统性回顾，增强法规的统一性，消除过时内容和前后不一致的内容 • 回顾现有机构框架，给予治理一个有公私部门共同参与的混合卫生系统的技术和资源 • 以上述考察评估为基础，采用恰当的政策和监管手段，引导民营部门参与卫生服务，尽可能地降低劣质民营服务机构增加带来的风险 • 对关键监管职能出台相关指南 • 对省市政府就多元化（公立及民营）医疗卫生体系的间接管理、管理工具、新法规及实施指南开展培训，提高各级政府的监管能力 • 配置充足的执法资源
3. 为公立机构和民营机构建立公平的竞争环境，鼓励社会力量办医	• 对民营医疗机构的发展规划、准入要求、盈余使用和公益服务等做出明确规定 • 找出并消除在卫生专业人员、土地使用、设备采购、职称评审等方面的限制障碍 • 对公立和民营机构实行同样的合同标准和支付原则

8.5.1　核心行动领域1：就社会力量可为实现医疗体系目标做出何种贡献形成清晰共识

8.5.1.1　策略1：明确民营企业在中国医疗卫生体系中的作用和地位并广泛宣传

对民营企业在中国医疗卫生体系中的作用和地位加以明确阐述至关重要，这既可以向业界发出明确的信息，同时也有助于减轻某些政府部门或社会上对民营医疗机构在伦理或意识形态方面的顾虑。这一愿景应该广泛传达给所有利益相关者，而且政府领导层要公开表明支持态度。对愿景的阐述中必须明确说明以下几点：

（1）民营部门是否被视为中国医疗卫生体系的一个内在组成部分；

（2）民营医疗机构最好采取何种组织形式（营利性还是非营利性）；

（3）哪些领域最需要社会力量参与（门诊或住院服务、专科三级医疗、VIP服务、药品、康复治疗、老年护理、诊断和实验室分析检测服务、疾病预防等）。

在大多数经合组织国家，政府在卫生筹资方面的作用（平均占总筹资的75%）大于在服务提供方面的作用（平均35%，以15个经合组织国家公立医疗机构床位数和医务人员所占比例衡量）（Rothgan等，2010）。私营部门在初级医疗中所占比例最高，而在医院服务中比例最低，在专家门诊服务中占的比例则介于以上两者之间（见表8.6）。私营部门的服务通常是由具有独立营业执照的医生提供的，他们与政府或社会保险系统订立服务合同。

在大多数经合组织国家，独立执业的医生或私营医疗机构与政府或社会保险机构签订合同，提供初级医疗服务。英国的全科医生制度就是这样一个例子。如表8.6所示，经合组织成员国当中只有十个是主要由公立诊所和拿工资的医务人员提供初级医疗，包括智利、芬兰、匈牙利、冰岛、以色列、墨西哥、葡萄牙、斯洛文尼亚、西班牙和土耳其。[14]在这些国家，由私营机构提供的初级医疗服务则非常分散。也就是说，它们发生于核心医疗网络之外，通常由私人自行付费。

经合组织国家医疗卫生行业营利性和非营利性部门的相对规模各有不同（见图8.8）。丹麦、冰岛和新西兰规定，核心医院网络只能由公立医院组成。[15]大多数国家私立医院较少。加拿大和荷兰只允许非营利性的私立医院存在。在几个私立医院所占比例较高的国家主要由非营利性医院主导，如比利时、韩国、日本和美国；私立营利性医院占有比较重要地位的国家只有德国、希腊、法国、墨西哥和斯洛伐克共和国。

8.5.1.2　策略2：用政策与监管机制相结合来替代数量目标，使民营医疗机构与卫生系统目标相一致

没有任何经合组织国家采用量化目标来扩大私营部门对医疗行业的参与。它们的支持措施都是“间接”地引导医疗服务提供的政策、程序和监管框架。

同样，经合组织国家也提供了很多可以帮助私营医疗机构确定优先领域的例子。在大多数经合组织国家，私营医疗机构在医疗服务供给方面发挥着重要作用，在某些领域重要性（比如，基本医疗）超过其他领域（比如，住院服务）。大部分门诊服务由私营医疗机构提供，其独立执业的医生与政府或社会保险机构签订合同提供基本医疗服务。这个领域（和其他诸如零售药店、化验等）的特征在于有完善的质量标准，使得它容易被协议且可竞争。

不是所有的住院服务具有这些特征，因此私营机构提供住院服务的份额相对较低。门诊专科服务介于两者之间，提供服务的公立机构数量比基本医疗多，政策约束比基本医疗多但比医院少。

各国营利性医院和非营利医院所占比例

表8.6　21世纪头几年经合组织国家医疗服务各个亚行业的主要服务提供形式所占比例

国家	初级医疗		专家门诊		医院重症治疗	
	主要形式	百分比	主要形式	百分比	主要形式	百分比
澳大利亚	私营	89	私营		公立	70
奥地利	私营	80+	私营		公立	73
比利时	私营	75	私营	80	非营利	66
加拿大	私营	52	公立		公立	100
智利	公立	30	公立	40	公立	
捷克共和国	私营	90	私营	60	公立	91
丹麦	私营		公立		公立	97
爱沙尼亚	私营	77	公立	84	公立	
芬兰	公立	88	公立	90	公立	89
法国	私营	65	私营	90	公立	66
德国	私营	76	私营	76	公立	49
希腊	私营	60	私营	60	公立	69
匈牙利	公立	100	公立	61	无数据	
冰岛	公立	95	私营	60	公立	100
爱尔兰	私营		公立		公立	88
以色列	公立		公立		无数据	
意大利	私营	65	公立		公立	82
日本	私营		私营		非营利	74
韩国	私营		私营		非营利	65
卢森堡	私营		私营		公立	68
墨西哥	公立	78	公立		公立	65
荷兰	私营	54	私营	50	非营利	100
新西兰	私营	52	公立		公立	81
挪威	私营		公立	70	公立	99
波兰	私营	76	私营		公立	95
葡萄牙	公立	100	公立		公立	86
斯洛伐克共和国	私营	98	私营		公立	60
斯洛文尼亚	公立	67	公立	65	无数据	
西班牙	公立	97	公立	88	公立	74
瑞典	公立		公立	17	公立	98
瑞士	私营		私营	60	公立	83
土耳其	公立		公立		公立	90
英国	私营	100	公立	95	公立	96
美国	私营		私营	30—50	非营利	60

注：日本的数据来自2008年医疗体系调查问卷中关于“私人诊所”的数据。

来源：医院重症治疗的数据：Paris、Devaux和Wei，2010；初级医疗和专家门诊的数据（截止到2014年4月）：2012年经合组织医疗体系调查问题27（http：//www.oecd.org/els/health-systems/characteristics.htm）以及经合组织秘书处估算。

图 8.8　2012 年以及之后经合组织国家不同所有制医院的床位数比例

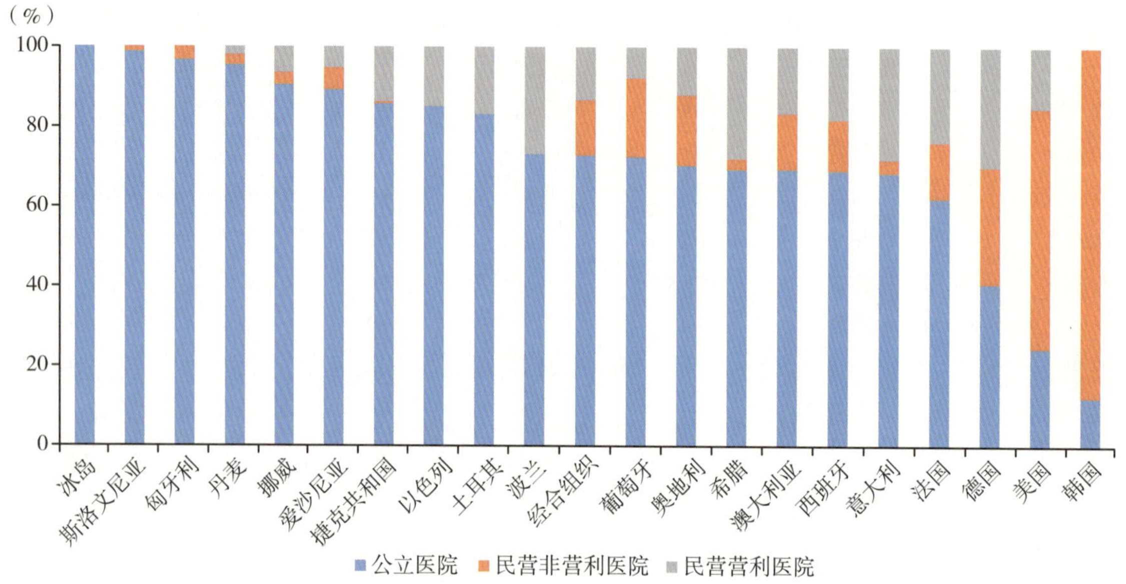

来源：2013年经合组织卫生统计数据库。

不同，一方面，是因为各国医疗行业有不同的历史发展轨迹；另一方面，是各国在资本动员和合理激励这两方面不同的权衡选择：让营利性公司进入市场最便于动员资本，但营利性公司的趋利本性可能导致它们更频繁地出现机会主义行为——除非建立和实施严格的监管框架（Deber，2002）。初级医疗服务由私营部门提供，人们普遍接受这种做法；但人们对营利性医院却有很大顾虑——可能是因为医院提供的服务更难以衡量，因此也更难明智地进行采购和监管（Preker、Harding和Travis，2000）。[16]

8.5.1.3　策略3：通过起草省级领导小组指南，使民营机构参与医改过程正式化

要扩大民营部门的作用并将其融入国家医疗卫生体系，就需要建立良好的监管体制来保证病人的安全，确保服务质量，提高效率，使社会办医的发展符合全社会的健康目标。上文已经提到，如果监管法规得到监管对象的认可，那么实施起来就会比较容易。如果制定法规的过程中充分征求民营部门的意见，并且充分考虑非公有机构的视角，法规就更可能得到他们的认可。开展对话有助于政府和民营部门加强相互理解，建立互信，推动协作。国务院可以考虑就省医改领导小组与民营医疗行业的对话起草指导意见。这种指导应当解释与私营部门对话和接触的必要性、接触原则（如互相尊重、问责、结果报告）和接触机制（论坛、会议、讨论会），地方政府可根据当地情况加以实施，把各种利益相关者包括进来。

重要的是，中国需要确定并表明其对于民营机构参与的形式和部门的偏好。这将有助于资本市场以及各级地方政府制定适当的监督和监管机制，以引导私营部门以最佳的方式对现有的公共医疗服务系统进行补充。

8.5.2　核心行动领域2：强化关键法规和执法能力，确保医疗服务的生产和提供符合社会总体目标

私营部门可以为实现国家的健康目标发挥重要作用，但这首先要求建立恰当的政策和监管框架。实际上，监管法规和激励机制对所有的医疗服务机构都产生着巨大影响，不管是公立机构还是民营机构。

8.5.2.1　策略 1：进行系统的审查，以协调和消除过时和不一致的法规

虽然经合组织各国的医疗体系中由民营部门提供服务非常普遍，但服务提供方并不是在纯粹的自由市场环境中经营。各国政府无一例外地采用各种政策和程序来对医疗服务的提供进行“间接”管理。政府利用这些政策工具来管理混合型的医疗体系，影响服务供方的行为，以实现医疗卫生服务在服务可及性、财务保护、效率和成本控制等方面的目标（见表 8.7）。中国可以借鉴有关国际经验，通过建立有效的监管机制来监督和指导全国医疗卫生服务的提供，不论服务供方是公立机构还是民营机构。

8.5.2.2　策略 2：审查监管体制框架，并赋予其管理混合型医疗系统的职能

在澳大利亚新南威尔士州，卫生部对全州私人拥有和经营的医疗机构进行监管。在 2007 年通过的《私立医疗机构法》指导下，监管重点是确保私立医疗机构能提供恰当的医疗服务，保持专业水准，并为全州规划并提供全面、均衡、协调的医疗卫生服务。这部法律还规定了私立医疗机构的营业许可要求，包括为患者提供安全、恰当和优质服务的最低标准。

对医院服务的监管面临一系列不同于门诊服务监管的挑战。对管理混合型医院网络有两种不同做法：一种是“一体化”方法，所有医院都要遵守同样的法规；另一种是“分割式”方法，根据医院的所有制以及营利或非营利特性，适用不同的监管法规。经合组织国家有各种所有制形式和组织结构的医院，也有各种不同的监管体系，它们可为中国提供有益的借鉴。

加拿大和荷兰是“分割式”方法的例子。在这两个国家，核心医院网络只包括公立医院和非营利性医院。这种安排是基于这样一种假定，即没有创收压力的公立医院和非营利医院的管理者的目标与国家的健康目标具有一定一致性。用来指导核心医院网络的政策工具有时被称为“基于信任的治理”，这些工具可能完全不适用于对营利性医院的监管（Costain，2000；Deber、Topp 和 Zakas，2004）。加拿大和荷兰的营利性医院不能获得社保报销，因此对它们的监管较少。由于它们与政府出资机构之间没有合同关系，因此也就不受那些旨在确保服务的公平分配、可及性和财务可持续性的监管措施的约束

表 8.7　医疗体系治理工具/间接政策工具

工具	描述	在医疗卫生行业的应用举例
社会法规	影响个人行为和组织行为的规章，对不合规行为确立处罚机制	所有医生必须加入专业协会并根据协会的业务指南提供高质量服务
经济法规	关于价格、产出和/或公司进入和退出市场的规章，有确保法规得到实施的法律和司法程序	各项服务的医保报销比例，药品最高利润率
公共信息	向特定群体提供信息，推动行为的积极变化	网上发布医院的质量信息数据
订立合同	通过正式合同委托私营机构代表政府向特定群体提供服务	政府与私营服务供方签订某一地理区域内的检测诊断服务合同
认可	根据明确标准对质量和其他特性加以确认。获得公共资金通常需要首先获得某种认可。	达到一系列明确标准（如人员、质量、服务、规模、营业时间等）的医疗机构可获得认可；对认可地位定期审查
税收	通过减少/增加个人或组织的税收负担、影响其成本而鼓励/抑制某些行为。	非营利医院如果一定比例的病人属于社会经济地位较低的群体，则可减免某些税项 对具有重大社会效益的物品（如疫苗）减免关税和/或销售税

来源：根据 Salamon（2002）改编整理。

（Busse等，2004）。

在法国、德国和瑞士，核心供应网络方采用了“一体化”的监管方法，监管对象包含了公立医院、非营利医院和营利性医院，它们都在同一治理制度下运行。医院具有相对独立性，公司型（营利性）医院提供的服务占相当大份额。这些国家采用对各种所有制类型都适用的机制来管理医疗机构的扩张（服务能力和基础设施）（Ettelt等，2008）。这样，卫生管理部门既可以确保人们对医疗服务的公平获取，同时也使私立医院在一定程度上对预期服务量有所把握。

这种体系还具有完善的制度化合同程序，对服务供方的责任加以明确说明。服务合同也是解决合规问题的主要机制。合同中通常既包括各种情况下的报销比例，也明确了最少和最多的服务量。[17] 报销比例和服务量协议是由服务购买方机构与医院双方代表通过谈判达成（Busse等，2002，136-141），由具有对报销水平进行复杂成本分析能力的机构对他们提供支持。[18] 专栏8.3描述了德国高度一体化的混合型医院市场所使用的间接政策

专栏8.3 德国医院市场间接政策工具的使用

德国有约2000家综合医院，其中私营非营利医院（由教会或其他慈善组织所有）、私营营利医院和公立医院大约各占三分之一。即使是公立医院，它们的日常运营也有很大的自主权，基本上独立于政府。

医院的大部分资金来自（非营利的）社会医疗保险组织，它们按病种向医院付费。（德国也有私营医疗保险，但这个市场很小。）对服务供方的报销水平是事先协商好的，反映了治疗成本。社会医疗保险组织的代表机构与代表所有医院的一个协会定期会面，对报销水平进行修订，对额外收费（如自付费用、高级待遇的补充费用等）进行审批，并对协议的变更进行谈判。病人自己选择医院；资金付给他们所选择的医院。

由于服务价格是固定的，所以医院围绕质量开展竞争。那些以优质服务闻名的医院可以吸引更多病人，从而获得更多收入。但一般来说，病人往往缺乏评价医院服务质量所需的信息和专业知识，因此医院之间对病人的竞争并不能保证它们都提供优质服务。通过以下社会监管政策工具，这个问题（在一定程度上）得到了缓解：实施广泛而有效的职业自我监管，要求所有医生成为专业协会会员；强制要求医院向联邦质量保证机构进行质量报告；社会保险报销合同要求服务供方建立质量管理体系，并要求医院搜集和提交标准化的质量信息。

由“医疗服务透明度和质量机构”（由社会医保组织协会组建）、医师协会、医院联合会和护理理事会对医院进行认可。认可是自愿性的，但由于病人和转诊医生可以在诸多医院中选择，医院有争取获得认可的强大激励。

政策制定者也运用经济监管手段：联邦卡特尔办公室作为主要的经济监管机构要对医院并购计划进行审查，还负责防止出现垄断力量和过高的服务价格。医院区域规划机构负责预测对医院服务的需求，对将新医院或分支机构纳入由社会保险出资的供方网络进行审批，而不考虑医院的所有制性质。这种治理制度的结果并不是完美无缺。德国的医疗服务价格高于本地区其他一些国家，而且供方有过度提供报销水平高的服务的倾向。但总的来说，这个制度以公众愿意支付的总体成本，提供了充足的、基本上是高质量的医疗服务。

来源：Busse和Blumel，2014。

工具。这种治理制度是通过多年的实践而逐渐形成和完善起来的。

8.5.2.3　策略 3：采取政策和监管措施，引导私营部门参与，并将与低质量私营供应商增长相关的风险降至最低

中国早期的医院转制试点虽有一些成功案例，但很多公私合作医院和公立医院完全转为民营的结果十分令人失望，政府不得不重新回购或是诉诸严格监管（Chen 和 Zhang，2015）。这些经历凸显了支付方式和合同安排的重要性：（1）支付制度必须为私营供方提供恰当的激励，使其服务于国家的健康目标；（2）合同和其他制度安排必须能对服务质量进行管理和监督，确保对医院的问责。还有一些案例说明，当医院的供应商投资成为医院的所有人时，会出现利益冲突问题，对这一现象需要保持警惕。

人们对江苏省宿迁市 2000 年以后进行的医院转制改革的看法呈现出两极分化。[19] 反对市场化改革的人士引用传闻证据强调宿迁医改的负面影响：医院供应商诱导患者的服务需求，过度治疗，医疗费用大幅上升，逐利行为导致医疗质量下降。支持市场化改革的人士则指出，私有化加强了市场竞争，给医疗行业带来了活力，增加了医疗服务的供给，提高了服务的多元化。

对宿迁医改的结果迄今尚未进行过严谨的评估。实际上，关于中国数百个医院转制案例以及其他早期的社会办医案例，我们所了解的事实信息非常有限，从而错失了宝贵的学习机会。应当对新政策的实施结果进行系统和透明地研究，这不仅有助于推广和复制成功的改革经验，也有助于增强对那些未达预期目的或产生了不可接受的负面影响的改革措施的了解，以便停止这类改革或调整改革方向。

8.5.2.4　策略 4：关键监管职能的实施指南

在开展严格透明的数据收集、将其作为私营机构监管的核心政策工具方面，丹麦是一个很好的例子（见专栏 8.4）。丹麦的做法也反映了经合组织在管理初级医疗服务方面的常用方法。

丹麦的初级医疗服务从业者必须获得卫生部下属的卫生和药品管理局颁发的执照，根据与地区政府的合同开展业务。地区政府通过对所有获得政府报销的从业者的监管来管理服务能力和服务质量。只有在地区政府认为他们需要增加服务的情况下，新从业者才能进入可获得政府报销的从业者名单；否则他们只能购买即将退休的医生的诊所（和报销权）。合同采取全国统一模式，规定服务内容、诊所开放时间、医生学历和收费方法（人头费和服务费相结合）。

一系列社会规范也影响着医生的服务。所有从业者必须遵守各自所属专业协会的从业指南和质量标准，这些协会会不断制定和更新各种指南和标准。从业者还必须允许"全科医学质量机构"收集其质量数据以及对病人进行标准化用户调查（电子档案系统已使这项工作自动化）。"全科医学质量机构"向每个从业者提供其本人的各方面数据并与同地区其他医生的汇总数据进行比较，如处方情况、对各种检测方法的使用、是否符合治疗指南、治疗结果等。这种做法改善了医疗服务质量和病人的健康结果，缩短了住院时间，降低了总成本（Schroll 等，2012）。

中国自己也有一些将初级医疗服务有效承包出去的成功例子（见专栏 8.5）。Hou 等（2012）2008 年对 28 个城市逾 5000 个社区卫生服务站的研究发现，公立和民营的卫生服务站提供相似的基本医疗服务，而且如果给民营服务站充分报酬的话，它们也提供公共卫生服务（如建立居民健康档案、分发健康教育宣传材料等）。这一发现再次佐证了其他国家从大量研究中所得出的一个结论，即所有权或组织形式对健康结果的影响远远小于监管安排、合同管理、质

专栏8.4 丹麦在初级医疗行业使用的间接政策工具

丹麦的初级医疗和医院服务都是免费向患者提供，是由税收支持的全民医疗体系的一部分。初级医疗的从业者扮演着重要的“守门人”角色——必须有初级医疗机构的推荐，病人才能获得专科门诊或医院服务。初级医疗的从业者都是私营、自雇性质，大多数独立工作或几人合作。病人可以在附近的从业者当中自行选择，大多数病人会在某个从业者处注册登记，形成较为固定的关系。初级医疗从业者与地区主管部门签订合同，合同是全国统一的，每两年由全科医生协会和支付方协会（医疗服务谈判委员会）对合同进行谈判。这种“制度化合同”在医疗卫生行业非常普遍。

对初级医疗的报销水平很高，所以初级医疗医生的平均收入高于很多在医院工作的医生。地区政府为每个注册病人支付一笔人头费。人头费占初级医疗医生收入三分之一左右，其余收入则来自服务付费。病人在三个月后可以更换医生。“钱随人走”，所以医生的收入取决于他们吸引和留住病人的能力。由于报销水平是通过行政手段确定，而且初级医疗对病人免费（对药品的少量收费除外），因此医生争取病人的唯一方式就是提供更好的服务。

医生的行为也受到一些社会法规的影响。所有的初级医疗从业者都属于全科医师协会，该协会与全科医学院一道不断制定和更新各种指南，并将其分发给所有初级医疗从业者。“全科医学质量机构”——地区协会和全科医师协会的联合机构——负责协调质量改进活动并制定服务质量标准，协会成员必须遵守。协会成员必须向“全科医学质量机构”提交自己的服务质量数据，还要对病人进行标准化用户调查并提交调查数据。“质量机构”利用这些数据来检查医生在处方、诊断检测等方面是否有异常表现，考察医生是否遵守有关指南，并对病人的健康结果进行比对。所有的措施都是为了找出提高服务质量、改善病人健康结果的机会。

评价：对欧洲地区31个国家初级医疗的研究发现，丹麦的制度表现突出（Kringos等，2013）。丹麦人对初级医疗服务表示满意：接受欧盟委员会民意调查的丹麦人中有91%对家庭医生的评价为“好”，而欧盟27国的平均数为84%（EC，2007）。当然没有哪个制度是完美的：2013年经合组织的一项研究认为，丹麦的初级医疗面临由于公众对服务连续性期望很高而引发的挑战（OECD，2013），而且人头费与服务收费之间的平衡关系也是一个争议性问题。但总的来说，丹麦对初级医疗的管理制度在使私营实体服务于社会目标方面还是行之有效的。

来源：Pedersen、Andersen和Søndergaard，2012（除非另有说明）。

量监控和有效激励（或负激励）等因素的影响。如果中国能加强对医疗机构的治理和问责监管框架（包括财务报告、内部和外部审计、质量保证机制），就可以使民营机构发挥更大、更有效的作用。

经合组织国家在为管理多种所有制混合的卫生服务体系建立有效的政策和监管框架的过程中也经历了很多挑战。这是一个长期的过程，需要持续监测政策实施情况并加以改进，根据情况的不断变化做出调整。中国在放开医疗行业的过程中，通过借鉴别国经验，可以避免它们曾经犯过的错误。

对《关于促进社会办医加快发展的若干政策措施》[20]和近期其他政策的实施情况进行系统性考察将有助于理顺监管环境，为公立、民营营利性和民营非营利性服务供方提供相

专栏 8.5 中国从民营和公立服务供方购买社区服务的经验

山东省自2008年以来进行了购买社区卫生服务的试点，建立了以“政府领导、社会责任、市场机制、公私兼有”的社区卫生服务新模式。例如，潍坊市采用公开招标的方式向公立和民营社区卫生服务中心授予服务合同。每个中心的服务区域由市政府以科学方法确定。在人口密度大、目前没有服务中心的地区建立新的中心。位于特定区域的医疗卫生机构都可以投标。大医院、企业医院、民营医疗机构和其他医疗资源在市财政局和卫生局的指导下经营社区卫生服务中心。市政府采购中心的公开竞标中，16个社区卫生服务中心（4个为民营）和64个社区卫生服务站（38个为民营）中标。公立的社区卫生服务机构是由公立医院或疾控中心经营；民营的社区卫生服务机构要么纯粹是私人经营，要么是由企业医院转包给私人经营。

为保证合理收费，由一家第三方专业机构根据相关标准对人工、交通、通讯、材料和公共卫生服务成本进行估算。支付和采购制度的设计尽可能简单，同时又要实现政府的多重目标。第三方评估机制将服务供方的绩效与政府补贴挂钩，参加评估的有会计事务所人员、社区卫生服务专家、地方官员、社区代表等。支付制度中包含了绩效付费的元素：对社区卫生服务站的绩效打分包括了各种基本服务、慢病管理、社区健康宣传和社区居民满意度等多个方面。绩效差的机构将受到批评（而且无绩效奖金）。连续两次绩效评级很低的机构将退出医保制度的社区服务网络。

一个对潍坊的案例研究利用多种方法和数据来了解它向民营供方采购城镇初级卫生服务和预防性卫生服务的经验，包括行政档案数据、对潍坊市和对比城市Y市1600名社区居民的住户调查以及对潍坊市和Y市1000多名社区卫生服务站工作人员的供方调查，另外还对关键人员进行了访谈（Wang等，2013）。两个城市的所有社区卫生服务站都是非营利机构（公立或民营非营利性）。分析显示，潍坊的公立社区卫生服务站与民营服务站在控制了规模和其他特征之后，它们的绩效没有统计差异。相比之下，对照城市Y市的整体绩效相对较差，而且公立服务站与民营服务站之间有很大差别。这并不是因为公立供方服务的病人条件更差。事实上，与公立服务站所服务的社区相比，民营服务站所在社区居民的社会经济地位更低（有更多的人没有保险，而且健康状况较差）。

来源：Wang等，2013。

似、可预见和统一的市场条件，加强政策法规的统一性，废除过时和/或前后矛盾的规定。本报告调研过程中发现某些领域监管不足，而另一些领域则监管过度，而且对民营非营利性机构法规的解读和执行缺乏统一性。对公立和民营医疗机构都实行“科学的绩效考核制度”[21]将有助于加强整个医疗服务体系的问责。实际上，前面章节里提出的很多问题也影响了中国动员社会力量来实现社会健康目标的能力。

8.5.2.5　策略5：加强监管能力通过培训多级政府对混合经营的间接管理（公共和私营），支持省级政府使用间接政策工具

除了针对服务提供方的法规以外，还需要允许和支持省级政府使用间接政策工具。对现有法规进行全面回顾可以找出监管漏洞以及法规的重叠或矛盾之处。而且，要管理混合型的医疗卫生体系，很可能需要额外建立一些制度，培养新的技巧，获得新的资源。瑞典的改革（见专栏8.6）是一个很好的例

专栏8.6 瑞典的“选择”改革：从政府直接提供服务到间接管理初级医疗市场

历史上，瑞典初级医疗部门由很多公立的医疗中心组成，这些中心雇用多学科的医务人员。初级医疗部门与医院行业相比较为薄弱。人均全科医生问诊率以及全科医生与医生总数之比在经合组织国家中都属于较低水平。和中国一样，瑞典的卫生决策非常分散，大多数医院和初级医疗机构由21个省管理。因此，2007年开始进行“选择”医疗改革，其目的是改善医疗服务可及性、提高服务质量、强化初级医疗，而改革中也必须考虑中央政府和省政府的政治意识形态。

各项改革目标的相对优先次序由各省自行决定，改革的具体设计也相应地各有不同。比如，斯德哥尔摩省强调提高医疗服务的可及性，因此决定供方支付的很大一部分（补偿总额的近40%）将由全科医生的问诊人次决定。其他省份的做法则与此不同，他们规定补偿总额的80%或更多是要按每个诊所登记病人的人数来付费（人头费）。“选择”改革开始时只是一个省的地方性倡议；但另外两省随后也自愿实施了改革。以他们的经验为基础，2010年瑞典中央政府发布了一条新法律，要求所有省份赋予达到市场准入条件的私营初级医疗供方“开业自由”，并向病人自己选择的供方付费。具体改革方案由省政府委员会根据各地具体情况和目标来制订。市场准入条件、财政支持水平、病人主动或被动地在诊所登记、补偿模式等问题都由各省自己决定。中央政府确定改革方向，但并不就具体的改革模式向省议会提供指导。很多省希望学习几个改革先行省份的经验，中央就为这类学习和交流活动提供了方便。

中央政府增加了新的职能，现有机构被赋予了新任务：瑞典竞争局需要对初级医疗市场的竞争条件进行评估，确保公立和私立供方面临同样的市场条件；瑞典法律、金融和行政服务局（Kammarkollegiet）要向21个省提供服务采购支持，为招标文件建立一个全国统一的网站，确保公共采购程序公开透明；国家卫生与福利委员会要继续对所有省的医疗服务质量和医疗卫生业务进行监督监测；瑞典地方机构和地区协会（一个服务于雇主利益的组织）为实施改革的各省政府委员会提供法律建议和程序支持，组织有关会议；另外，还新成立了“瑞典健康和医疗服务分析署”这个新机构，其职能是从病人和公民的角度分析医疗和社会服务，增强病人和医疗服务用户的市场地位。中央政府发挥的这些职能十分关键——它们为地方上开展的改革提供了必要框架。

对“选择”改革的评估研究显示，改革的确改善了初级医疗的可及性。初级医疗服务供方的数量增加了20%，病人与初级医疗机构和全科医生的接触增多，初级医疗机构的电话更容易打通，也更容易约到医生。评估没有发现公立与私营供方在服务质量和效率上有什么系统性差异。大多数省（除斯德哥尔摩以外）用人头费作为补偿的主要依据，因此改革成本是可预见而且是成本中立的。决定加强初级医疗的省将一部分住院服务支出转向了初级医疗。关于改革对医疗服务公平性是否有影响，人们有激烈的辩论。在大多数省，服务的连续性似乎没有什么改进。由于各省对初级医疗的任务和补偿要求有不同定义，难以对各省的绩效进行横向比较。

各省目前仍在继续对“选择”改革进行调整和改进。在斯德哥尔摩省，发展部在对很多问题进行探讨，例如，如何加强初级医疗部门的协调，哪些补偿机制的效果最好，对表现不佳的供方应采用何种程序让其退出市场，如何改善患有多种疾病和慢性病的病人的医疗服务质量，政府在竞争中如何保持中立等。2015

年的一份报告显示，所有省都具备了开展质量竞争的条件，但在人口密度很低的地区，由于路途遥远，人们对初级医疗服务供方的选择仍很有限。这份报告还发现，有些省允许公立供方（省政府所有）亏损经营。这种做法损害了竞争中立性，因而受到了批评。报告建议，省政府委员会要对私营供方的财务状况进行密切监测，防止由于它们倒闭而给病人造成不良影响。

来源：Anell，2015，瑞典国家审计署，2015，瑞典竞争局，2015，以及2015年3月25日对Anders Anell教授和斯德哥尔摩省政府委员会工作人员的访谈。

子，它说明了管理混合型医疗体系给现有政府机构带来的新任务以及建立新的中央管理机构的必要性。挪威和芬兰以及一些东欧国家（捷克共和国、爱沙尼亚、拉脱维亚、立陶宛、罗马尼亚和波兰）也进行了类似改革。

8.5.2.6　策略6：为执行分配足够的资源

行使这些新职能需要学习新的技能。省政府需要开展培训，培养使用所有制中立的质量标准对所有医疗服务供方进行质量监测、推动质量改进的能力。参加医保报销是促使医疗机构达到质量标准的一个强大激励，对公立和民营的服务供方都适用。很可能省、市级政府需要更多资金，才能确保满足合规监测和法规实施工作在人员、交通和培训等方面的需求。

研究人员就竞争是否提高了中国的医疗服务质量、降低了服务成本这个问题进行了研究（Liu等，2009；Pan等，2015）。所得出的结论与对其他国家的研究结论类似（见专栏8.7），也就是说，对某些服务或病情而言，加强竞争具有改善质量和/或降低成本的潜力，但在整个医疗系统层面没有明确结论。一部分原因是，在分析竞争和所有制的影响时，制度环境（如支付激励和监管执法能力）

专栏8.7　质量保证和公平竞争

私营部门的支持者有时会说，增加一层质量保证官僚程序会起到反作用，因为这会抑制创新，阻碍企业家进行新的尝试。他们认为，让私营机构与公立医院平等竞争会自动地提高质量标准。但这种说法经不起中国和国际经验的检验。虽然中国加强公立机构与民营机构的竞争可能有助于推动创新，但对经合组织国家有关做法的认真评估显示，竞争并不总能提高效率和质量。美国和英国有几项研究发现竞争带来了质量的改善（Propper、Burgess和Green，2004；Cooper等，2011；Gaynor、Moreno-Serra和Propper，2013；Bloom等，2015；Kessler和McClellan，2000）；但另外一些研究发现竞争可能引起质量问题（Gowrisankaran和Town，2003；Propper、Burgess和Gossage，2008；Capps，2005；Ho和Hamilton，2000）。竞争与恰当的支付激励（以控制支出，在奖励优质服务的同时避免减少服务）相结合，将有助于提高医疗服务的社会价值，但如果在按服务收费的制度下进行竞争，则可能引发“医疗服务军备竞赛”，造成严重浪费。一项关键挑战是建立恰当的服务购买和支付机制，确保医疗企业的追求与PCIC和社会价值目标相一致。

发挥着很大作用，而这些因素在各个省份、各个不同时期都有很大差异。

由于缺乏关于服务质量和服务程度的系统性数据，也没有关于不同供方服务对象病情情况的良好指标，因而阻碍了研究人员和政策制定者的工作。例如，Pan等（2015）用急诊室死亡率作为医院质量的指标之一，但医院的病例构成以及病人离院后的死亡率也是非常重要的变量，应当被纳入服务质量评价。与此类似，他们用病人等候时间作为门诊服务的“质量”指标，因为目前中国还没有系统性数据（或未向第三方发布）来从服务程序和结果方面对私营或公立供方的门诊服务质量进行评估。而要了解改革是否达到了预期效果（包括民营供方是否为改善健康结果发挥了积极作用），进行系统性评估将是极为重要的。

关于质量保证措施有很多有用的实例。德国赫里奥斯医院集团的做法是最为严格的质量保证体系之一（见专栏8.8）。瑞士已引入这一做法，将其作为全国性体系。

8.5.3 核心行动领域3：为公立机构和民营机构建立公平的竞争环境

通过为公立机构和民营卫生服务提供者之间公平竞争，有助于创造一个具有成本效益的服务提供的竞争环境，从而促进私营部门积极参与。

8.5.3.1 策略1：就民营机构的发展规划、准入要求、盈余使用和公益服务要求发布明确的指南

与公立机构相比，目前中国的民营医疗机构获得营业执照面临的不确定性较大，成本较高。中国可以考虑就民营机构的发展规划、准入要求、盈余使用和公益服务要求等事项向省级政府提供更清楚的指南，并对执行情况进行严格监督。另外，还需要对政策法规进行定期回顾，以确保民营机构和公立机构得到同等对待。此外，中国可以进一步落实民营机构在土地使用、设备购买和职称评定方面和公立机构享有同等的地位。

8.5.3.2 策略2：取消在政策和实践中仍然存在对医生多点执业的限制

中国还可以考虑取消在政策和实践中仍然存在对医生多点执业的限制，以增强医生的流动性，让劳动力市场更好地发挥作用。中国国内有很多做法可以推广，尤其是广东、福建等省在这方面进行的试点。

专栏8.8 德国赫里奥斯医院的质量措施

欧洲很多医疗机构使用参照比对及相关的管理工具来改善服务水平和服务的稳定性。德国赫里奥斯医院集团系统性地对自己的表现与德国其他医院进行比较，利用142个关于并发症、死亡率等事项的指标对30种疾病和治疗方法进行监测。所有的质量数据都在公司内网上公布，并向医疗保险机构（Krankenkassen）提供，后者搜集质量管理统计数据并定期发布大部分数据。赫里奥斯集团的管理者表示，认真分析医院的质量数据可以推动绩效改进，因此对集团每个诊所和部门的质量数据都尽量做到最大的透明度。

赫里奥斯集团努力确保医疗规程的适当性并对它们定期更新。集团每月举行内部会议，各专科领域的医生介绍他们最近碰到的疑难病历，一年四次根据具体病例对医疗规程进行回顾审查。每个专科领域的部门主任每半年一次、25人一组举行会议，对有关规程进行回顾审查。

来源：Busse和Blumel，2014。

此外，中国可能会继续实施政策和法规，以确保民营机构在土地使用、设备购置、职称评定等方面享受与公立机构类似的待遇。

8.5.3.3　策略 3：采用同样的合同标准和支付原则

最后，中国可以通过在所有地区均衡同步地实施改革，解除对民营机构参加医保报销的限制，使病人就医时能有更多选择。要建立公平的竞争环境，就需要对公立和民营机构采用同样的合同标准和支付原则，促进公立和民营医疗服务机构的共同发展。

附件 8.1　补充表格

附表 8.1　中国中央和省级社会办医政策概述和比较

政策类别	中央政策	地方的解读/实施
市场准入		
愿景	• 中央对社会办医在医疗卫生体系的地位没有清晰愿景	• 全国没有对社会办医的统一愿景，省政府有制定自己愿景的“空间”
所有制类型	• 社会办医政策以 20% 的目标为核心 • 在企业登记和纳税登记中设立了民营营利性和民营非营利性的种类 • 民营非营利机构是为了公益目的而非机构本身的利润而设立。收入盈余只能用于机构的发展，如改善质量、引进先进技术、扩大服务等 • 对民营营利性医疗机构来说，其收入是投资者的收益 • 鼓励非政府主体提供具有一定质量和规模的服务，强调从小规模转为质量好、技术先进的大型医疗集团和医院 • 重点支持民营非营利机构，因为它们更具公益性	• 各省对所有制类型（特别是民营非营利）的解读不同 • 各省对社会办医作用的解读大致分为三类：（1）在公立医疗资源缺乏的农村和城乡结合部提供服务；（2）建立高端的专科医院；（3）对一些公立部门薄弱的医疗领域投资——康复、护理、老年病、慢性病等。很少人提到社区和乡镇层面的基础医疗服务 • 安徽省对社会办医有比较全面的愿景：鼓励社会力量在农村提供基础医疗服务，在城市建立高端专业医疗机构 • 为推动非公医疗机构的发展，有些省份对公立医院的数量以及公立医院的 VIP 服务进行限制
公立医院转制	• 有关政策鼓励民营实体以各种方式获得公立医院的所有权，从而减少公立医院的数量 • 政府先对某些地区的公立医院和国有企业经营的医院进行改革试点 • 医院改制首先要防止国有资产流失，妥善安置医院工作人员	• 省里希望将经营不善的公立医院和国企医院转制 • 改革围绕以下重点：（1）对公立医院资产进行估值和处理；（2）人员安置 • 政府担心国有资产减少，人员失去稳定性 • 所有地方政府都发布了医院转制的法规 • 改革既有成功的例子，也有失败的例子
外资	• 外国实体可通过股份制或与中国企业共有产权的形式建立医疗机构 • 外资所占比例将逐渐下降 • 合格的外国企业最终可在中国建立外商独资医疗机构 • 中央层面对是否允许建立外商独资医疗机构仍有分歧 • 允许海外投资者在中国开办非营利性和营利性医疗机构 • 鼓励海外投资者在中西部地区建立医疗机构 • 根据相关法规，港澳台投资者在建立外资机构方面享受一些优待	• 很多省份正在逐渐放宽对外资的限制。有些省正在进行外商独资医疗机构试点 • 目前，大多数省份鼓励国外资本在公共资源薄弱的领域开办高端设施和/或服务 • 对外国投资的政策存在很多空白

续表

政策类别	中央政策	地方的解读/实施
土地政策	● 有关部门应当根据城市土地规划为非公医疗机构分配用地 ● 营利性和非营利性医疗机构需要遵守土地政策，必须具有经营资格 ● 民营医疗机构不得未经批准改变土地用途	● 大多数省份对社会办医采用相似的土地政策 ● 民营非营利医疗机构不得改变土地用途，但可以通过土地出让和经批准的出售或租赁获得土地 ● 民营营利性医院可以购买土地 ● 江苏省对某些领域的民营医疗机构（如护理、老年病等）给予用地优惠，陕西省对500张病床以上的医院给予用地优惠
审批/许可	● 区域医疗卫生规划部门负责新建民营非营利性机构的审批 ● 卫生部门负责核对设施类型、临床专业、床位数量等信息，以确保医疗机构有恰当的服务能力 ● 优先考虑符合当地医疗服务重点和卫生事业规划的民营机构 ● 只要满足准入条件，就应及时批准 ● 对非公医疗机构的经营范围没有限制 ● 外国投资者开办合资或合作企业，要由省卫生和商务部门审批 ● 外商独资医疗机构由卫生部和商务部审批	● 各省的审批制度各有不同。仍有很多不必要的手续和多种收费 ● 取决于拟建医疗机构的业务种类和规模，卫生部门的多个机构参与审批。除卫生部门外，还需要获得工商、商务、消防等多个政府部门的批准 ● 主要的市场准入法规（《医疗机构管理条例》（国务院和卫生部）和《医疗机构基本标准》（试行））已经过时 ● 大多数省份试图简化审批程序。例如，有的省根据投资规模或床位数决定由哪级政府审批，还有的省将审批权下放给县市。有的省规定了审批时限，鼓励快速完成审批
运营		
税收	● 民营非营利医疗机构有权依法获得税收优惠	● 对民营医疗机构的政策法规很宽松 ● 对民营非营利医疗机构免征营业税。很多省对民营非营利机构免征增值税和其他税项（如土地税、建设税等） ● 对"自制"、"自用"的制剂免征增值税、建设税、土地使用税和车船税 ● 在大多数省份，对改善当地医疗条件的民营营利性医疗机构在头三年免征建设税和土地使用税。有些省份将这种优惠延长到三年以上
价格	● 民营非营利医疗机构提供的服务和药品价格必须符合政府的价格规定 ● 民营营利性医疗机构可以独立确定自己的服务价格	● 各省关于民营非营利性机构的医疗服务和药品价格的政策是统一的，因为它们必须遵守中央确定的价格 ● 对民营非营利性医疗机构和公立医疗机构采用同样的水、电、天然气价格 ● 民营营利性医疗机构可自行确定服务和药品价格。大多数省份要求它们价目公开 ● 有些省份设立价格上限，如天津对专科服务和技术设立价格上限，湖南对药品设立价格上限
医疗保险	● 符合条件的非公立医疗机构应被纳入城镇职工基本医疗保险、城镇居民基本医疗保险、新型农村合作医疗、医疗救助、工伤保险和生育保险的定点单位清单 ● 对合格的非公立医疗机构的报销政策应当与公立机构相同 ● 禁止地方政府在医保定点资格审批时对不同所有制的医疗机构区别对待	● 从政策条文上来看，几乎没有地方政府把社保定点单位局限于公立机构，唯一的例外是上海 ● 但在访谈中，知情人表示实际做法与政策条文有所不同

续表

政策类别	中央政策	地方的解读/实施
大型设备	● 允许非公立医疗机构根据其业务范围、规模和目标人群购置恰当设备 ● 卫生部门根据地区或本地的大型医疗设备配置计划来审批大型设备的购置 ● 对非公医疗机构的设备需求应给予充分考虑，并纳入大型医疗设备配置计划的编制和调整 ● 对大型医疗设备的审批与医疗卫生机构的机构和经营执照审批同时进行 ● 在配额范围内，卫生主管部门不能限制合格机构购置大型医疗设备	● 和营业执照一样，各省对大型医疗设备审批政策的实施各不相同 ● 尽管多数省份已经在纸面上放宽了对非公医疗机构大型医疗设备的配额限制，但实际上省和地方政府仍在限制审批数量
政府采购	● 政策鼓励卫生主管部门与合格的非公医疗机构签订合同，由其代表公共卫生部门或政府提供卫生服务 ● 服务签约优先考虑支持农村和偏远地区的卫生服务 ● 鼓励非公医疗机构，特别是社区层面的卫生服务中心和诊所，在基本卫生服务体系中发挥更积极的作用 ● 非公医疗机构应当根据相关法律获得政府补偿 ● 在出现公共卫生突发事件时，非公医疗机构应当对政府的工作形成补充	见第6章（理顺激励机制）
法律地位变更	● 原则上民营非营利医疗机构不得转为营利性的法律地位，除非原主管部门同意 ● 民营营利性医疗机构可以根据法律规定的程序申请转为非营利性机构。法律地位改变后，必须遵守相应的国家价格政策和税收政策	除江苏以外所有省份都统一执行国务院政策对此做出的规定
人员	● 医务人员与非公医疗机构依法签订劳动合同，并且应当参加社会保险	
多点执业	● 2014年1月，国家卫计委、发改委、人力资源和社会保障部、国家中医药管理局和中国保监会共同发布了关于推进医师多点执业的意见，鼓励医务人员在公立和非公立医疗机构之间流动	● 现在所有省份都鼓励医务人员在公立和民营医疗机构之间“自由流动” ● 有几个省有禁止公立医疗机构阻止医师多点执业的政策 ● 大多数省份正在放宽对多点执业的限制，如不再要求医生多点执业需经公立医院院长同意 ● 北京是推动多点执业的先行者 ● 但实际上，很多省的公立医院仍然限制医务人员的流动 更多细节见第7章关于人力资源的讨论
专业职称	● 医务人员的学术地位、职称评定、职业技术水平评估和专业技术培训不应受其就业单位的影响 ● 人力资源和社会保障部应当根据非公医疗机构的级别将它们包括在专业培训和其他常规指导中	

续表

政策类别	中央政策	地方的解读/实施
医疗机构监管	• 国务院和卫生部“医疗机构管理条例”适用于非公医疗机构 • 卫生主管部门应当将非公医疗机构纳入医疗质量控制评估体系 • 对非公医疗机构的执业条件和所属人员应当通过日常监督管理、现场考察和医师评估进行检查和核实 • 依法对非法执业和医疗欺诈行为进行惩处 • 对非公医院的医疗广告进行监管，禁止虚假和非法医疗广告	• 所有省份都强调有必要将非公医疗机构纳入质量管理体系 • 省级法规强调服务质量、客户满意度和定期提交准确报告的重要性 • 但很多受访的省政府官员表示，他们没有足够的人员和能力来对越来越多的非公医疗机构进行监督和监管

附表8.2 各地社会办医政策概览

区域	准入政策						人力资源政策			医保政策	价格政策	税收政策	监管政策
	鼓励高新技术和特色医疗	鼓励在偏远/欠发达地区办医	鼓励在市中心办医	鼓励公立医院改制	允许外资参与	简化并规范审批程序	引进高端人才	返聘退休医务人员	医生多点执业	列入医保定点医院名单	非营利性医院：政府指导价/营利性医院：市场调节价	对营利性医疗机构：免除营业税	建立监管机制
北京	√	√		√	√	√	√		√	√	√	√	√
天津	√			√	√	√			√	√	√		
河北	√	√		√	√	√			√	√	√	√	√
山西	√	√		√		√			√	√	√	√	√
内蒙古	√	√		√	√	√		√	√	√	√	√	√
辽宁	√	√		√	√	√			√	√	√	√	√
吉林	√	√		√	√	√			√	√	√	√	√
黑龙江						√			√				
上海	√	√		√	√	√	√		√	√	√	√	√
江苏	√	√		√	√	√		√	√	√	√	√	√
浙江	√	√		√	√	√			√	√	√	√	√
安徽		√	√			√			√		√	√	√
福建	√	√		√	√	√			√	√	√	√	√
江西	√	√		√	√	√	√	√	√				√
山东	√	√		√	√	√		√	√	√	√	√	√
河南		√	√	√	√	√	√	√	√	√	√	√	√
湖北	√	√		√	√	√		√	√	√	√	√	√

注释

1.《全国医疗卫生服务体系规划纲要(2015—2020年)》，国办发〔2015〕14号；《关于全面推开县级公立医院综合改革的实施意见》，国办发〔2015〕33号；《关于促进社会办医加快发展若干政策措施》，国办发〔2015〕45号。

2. 赤脚医生是指“接受过短期医疗和辅助医疗培训的在农村提供基本医疗服务的农民”(Yang和Wang，2017)。

3.《全国医疗卫生服务体系规划纲要(2015—2020年)》，国办发〔2015〕14号。

4.《深化医药卫生体制改革2014年工作总结和2015年重点工作任务》，国办发〔2015〕34号。

5.除另有说明外，图表中的数据均来自卫生部出版的《2013年中国卫生统计年鉴》(2013)。研究团队采用对民营营利性和非营利性机构的标准国际定义对数据进行了分析(见专栏8.1)，以确定两类机构的数量。

6. 撰写本报告时还没有2015年的数据。

7. 对VIP服务，病人需要支付更高的价格，同时也能获得更好的服务。

8. 人均收入与民营医疗机构所占份额的相关系数几乎是零(0.06)，如果排除天津或江苏这两个离群值，相关系数则转为负值。

9. 这个回顾只针对民营医疗服务。

10.《关于全面推开县级公立医院综合改革的实施意见》，国办发〔2015〕33号。

11.《关于促进健康服务业发展的若干意见》，湖南省人民政府(湖南省政府公告2012年第30号)。

12.关于爱尔眼科和武汉亚洲心脏病医院的更多信息，参见第5章。

13.《关于促进社会办医加快发展若干政策措施》，国办发〔2015〕45号。

14.《全国医疗卫生服务体系规划纲要(2015—2020年)》，国办发〔2015〕14号。

15. 对公立诊所的预算资金分配通常取决于居住在特定地理区域/诊所服务区域的居民数量。

16.经合组织国家医院网络数据来自“2012年经合组织卫生系统特征调查”，http://www.oecd.org/els/health-systems/characteristics.htm。

17. 可衡量性是指对医疗卫生服务的投入、过程、产出和结果能在何种程度上进行判断和衡量(Preker等, 2000:782)。

18. 在“成本和服务量协议”中(也广泛用于英国)，医院根据一定的基线业务量(病案数量、治疗数量)会收到事先约定的资金，高出基线的业务则根据事先确定的费率按病案收费。设立基线有助于医院进行业务规划，而设立上限有助于主管部门控制支出。详细介绍见Duran等(2002)。

19. 对这些机制和程序的介绍，参见 Busse等(2011)。

20. 宿迁是坐落在江苏省大城市。该市公立医疗资源非常有限，无力扩大医疗卫生服务，于是自2000年起对所有乡镇医院和多数城区医院进行了所有制转换。转制有三种模式：净资产转让，无形资产竞拍；股份合作制；兼并托管。宿迁医改带来了很多变化，改革后的医院在市场上竞争病人客源，获得了更多决策权(医院的投入、产出、结果和程序/管理等事项)，而且可以获得医院经营净收入的结余资金。医院在没有政府补偿的情况下承担着一些社会职能(Liu，2015；Zhou和Qiren，2015；Chen，2015)。

21.《关于促进社会办医加快发展若干政策措施》，国办发〔2015〕45号。

22. 正如国办发〔2015〕33号《关于全面推开县级公立医院综合改革的实施意见》所要求的。

参考文献

《云南省医疗机构管理条例》，百度百科。

四川省财政厅，《关于2014年城镇居民基本医疗保险财政补助项目资金安排情况的公告》。

青海省基本医疗保险支付方式改革方案，http: //www.qhhrss.gov.cn/html/4583/ 268860.html。

陈兴杰，“在宿迁消灭公立医院，落马的仇和做对了”，2015，http: //comments.caijing.com.cn/20150317/3841575.shtml。

《中国统计年鉴2013》，中国统计出版社。

《中国统计年鉴2014》，中国统计出版社。

“青海省财政下拨城镇居民基本医疗补助”，http: //www.huaxia.com/qh-tw/qhyw/2012/04/2818907.html。

“福建省财政厅关于做好2014年新农合工作的指导意见”，http: //www.fjhfpc.gov.cn/xxgk/zfxxgkzl/zfxxgkml/wszh/jcws/201403/t20140319_156709.htm。

2013年卫生计生工作总结，http: //www.fjhfpc.gov.cn/xxgk/ghjh_1782/jhzj/201404/t20140401_155306.htm。

福建提高2015年新农合政府补助标准，http: //www.fujian.gov.cn/fjyw/fjyw/201410/t20141010_866279.htm。

关于进一步做好2012年城镇基本医疗保险工作，http: //www.fujian.gov.cn/ggfwpt/shbz/shbx/yilbx/czjmjbylbx/zcfg/201308/t20130822_626075.htm。

福建：今年城镇基本医保参保率力争达96%，http: //www.fjsen.com/c/2012-04/09/content_8160101.htm。

长沙市人民政府办公厅，《关于进一步鼓励和引导社会资本举办医疗机构的实施意见》，http: //www.changsha.gov.cn/xxgk/gfxwj/szfgzbm/szfbgt/201410/t20141014_645274.html? yundunkey=1cfeb3463843d792eb66906901e7c00781423278718_5054919&yundun=fa5072062c4d021eec52。

深圳市卫计委，《深圳卫生统计年鉴》，http: //www.szhfpc.gov.cn/wsj/view?&id=13&oid=menunews&ntyp=A10B032。

浙江卫计委，http: //www.zjwst.gov.cn/。

湖南省“十二五”期间深化医药卫生体制改革暨实施方案，http: //wenku.baidu. com/link? url=r0TXw4dvvEyyFpajy45caHsaDWvsyzqfg1z4ikdlXjShjVSwMZFSDAKWoeoAI9eRkXm89_ASZ8dHIHQU_szJyIK9NJFN9YLJfjdRLU6XOLS。

济宁任城改革医保支付方式 提升医疗保障能力，http: //www.sd.xinhuanet.com/sd/jin/2012-08/27/c_112862853.htm。

刘国恩、官海静、高晨，“中国社会办医的现状分析”，《中国卫生政策研究》2013,6（9），41—46。

刘薇，“‘卖光’医院十年后，宿迁为何重建公立医院”，http: //www.infzm.com/content/108036。

四川省流动人口调查报告，http: //www.docin.com/p-499787268.html。

四川省财政厅关于下发2013年新型农村合作医疗统筹补偿方案的通知，http: //www.scwst.gov.cn/index.php/2012-07-24-12-50-21/5541--2013。

四川省人民政府关于深入推进农村改革加快发展现代农业的意见，http: //politics.scdaily.cn/szyw/content/2014-01/24/content_6819710.htm? node=3605。

山东省人民政府关于建立居民基本医疗保险制度的意见，http: //sdgb.shandong.gov.cn/art/2014/1/21/art_4563_2238.html。

四川省人民政府关于居民基本医疗保险试点的意见。

青海省增加居民基本医疗保险标准，http: //qh.cnpension.net/yanglaojin/1247526.html。

浙江省居民基本医疗保险体系研究。

四川2015继续推进医改，http: //scnews.newssc.org/system/20150226/000540788.html。

浙江省新型农村合作医疗工作五年工作情况回顾，http: //www.zj.xinhuanet.com/zjgov/2007-12/06/content_11862825.htm。

2013年浙江省人口变动抽样调查主要数据公报，http: //www.zj.gov.cn/art/2014/3/6/art_931_ 1127646.

html。

国务院，卫生事业发展“十二五”规划，2012年。

许婧，“调查显示：医改四年沪人依旧看病难、看病贵”，中国新闻网，2015.4.07，http: //finance.chinanews.com/jk/2015/04-07/7188631.shtml。

云南省人民政府关于促进健康服务业发展的实施意见，2014年9月25日，http: //service.law-star.com/cacnew/201410/3965095945.htm。

云南省人民政府关于鼓励社会资本进入医疗服务市场加快民营医院发展的意见（云政发〔2010〕177号），2010年。

云南省“十二五”期间深化医药卫生体制改革规划暨实施方案的通知，2012年8月，http: //xxgk.yn.gov.cn/uploadfile/document_20120701/20130325095514922.pdf。

浙江省财政厅，“我省提高城乡医保和基本公共卫生服务补助——让百姓看病更实惠”，http: //www.zjczt.gov.cn/pub/zjsczt/zwgk/xwzx/mtjj/201501/t20150119_352823.htm。

周其仁，“周其仁谈宿迁医改”，2015年，http: //www.21ccom.net/articles/economics/chanjing/20150318122404.html。

Administrative Committee of Guangming New District. Guiding Opinions on Location Selection for Medical Institution Construction (Version 2013). Web. June. 2013. http: //www.szgm.gov.cn/publish/main/59/93/498/2013/06/09/2013060911411451855 6999/index.html.

Anell A. 2015, “The Public–Private Pendulum — Patient Choice and Equity in Sweden” The New England Journal of Medicine 372 (1).

Anell A. 2012 ” Hälso- och sjukvårdstjänster i privat regi” Chapter 6 in ” Konkurrensens konsekvenser. Vad händer med svensk välfärd? “Editor Laura Hartman. SNS Förlag. http: //www.sns.se/sites/default/files/konkurrensens_konsekvenser_pod_2.pdf.

Atun, R. A., and others (2006). “Introducing a complex health innovation-primary health care reforms in Estonia.” Health Policy 79(1): 79-91.

Beam, C. (2014). Letters from China. Under the Knife: Why Chinese Patients are Turning Against their Doctors. New Yorker Magazine. August 24, 2014 issue.

Blomqvist, Å. and J. Qian (2008). Health System Reform in China: An Assessment of Recent Trends. Singapore Economic Review. 53(1): 5-26.

Bloom, Nicholas, Carol Propper, Stephan Seiler, and John Van Reenen. “The impact of competition on management quality: evidence from public hospitals.” The Review of Economic Studies 82, no. 2 (2015): 457-489.

Brixi, H., and others (2013). Engaging Sub-national Governments in Addressing Health Equities: Challenges and Opportunities in China’s Health System Reform. Health Policy and Planning. 28(8): 809-824.

Busse, R., and others (2004). Regulating Entrepreneurial Behavior in Hospitals: Theory and Practice. Chapter 6 (pp. 126-144) in Saltman, Busse, and Figueras (editors), Social health insurance systems in Western Europe, McGraw-Hill International.

Busse, R., and others (editors), 2011. Diagnosis-Related Groups in Europe: Moving towards transparency, efficiency and quality in hospitals, McGraw-Hill International.

Busse R. and Blumel M. 2014. Germany Health System Review. Health Systems in Transition Vol. 16 No. 2.

Capps, Cory Stephen. The quality effects of hospital mergers. Vol. 5. US Dept. of Justice, Antitrust Division, 2005.

Chen, X.-Y. (2006). Clinical Bioethics in China: The Challenge of Entering a Market Economy. The Journal Of Medicine And Philosophy. 31(1): 7-12.

Chen, Qiulin, and Wei Zhang, 2015. To Privatize or Not to Privatize: The Political Economy of Hospital Ownership Conversion in China, " Working paper, Renmin University of China and CASS.

Clark, Andrew E., and Carine Milcent. "Public employment and political pressure: The case of French hospitals." Journal of Health Economics 30.5 (2011): 1103-1112.

Chunmei, H. and Y. Ning (2013). Acquisition of Public Hospitals. Pages 1-14.

Cooper, Zack, Stephen Gibbons, Simon Jones, and Alistair McGuire. "Does hospital competition save lives? Evidence from the English NHS patient choice reforms." The Economic Journal 121, no. 554 (2011): F228-F260.

Costain, D. (2000). Regulating quality & price in private UK health markets. Issues in Health Sector Regulation: OPI Seminar Series, Oxford Policy Institute.

Christensen, Clay, Jerry Grossman, and Jason Hwang, 2009. The Innovator's Prescription: A Disruptive Solution for Health Care (McGraw-Hill).

Dalton, Christina Marsh, and Patrick L. Warren. 2014. "Outsourcing Intensity and Ownership: Theory and Evidence from California General Care Hospitals." Available at https://mpra.ub.uni-muenchen.de/61949/.

Deber, R. 2002. Delivering Health Care Services: Public, Not-for-profit, or Private, Commission on the Future of Health Care in Canada.

Deber, 2004. Private Delivery and Public Goals: Mechanisms for Ensuring that Hospitals Meet Public Objectives. Unpublished background paper commissioned by the World Bank.

Donahue, Jack, and Richard Zeckhauser. (2011). Collaborative Governance: Private Roles for Public Goals in Turbulent Times. Princeton, NJ: Princeton University Press.

Donahue, Jack, Karen Eggleston, Yijia Jing, and Richard Zeckhauser, 2015. "Private Roles for Public Goals in China's Social Services: Health, Education, Housing, and Long-Term Care, " working paper, Harvard University Kennedy School of Government.

Duran, A., and others (2002). Purchasers, Providers, Contracts: Contracting in Eastern and Central Europe. Purchasing for Health Gain. J. Figueras, E. Jakubowski and R. Robinson. London, Health Observatory.

Eggleston, K. W. (2008, Vol 19, Issues 5-6). From Plan to Market in the Health Sector? China's Experience. Journal of Asian Economics, 400-412.

Eggleston, Karen, Yu-Chu Shen, Joseph Lau, Christopher H. Schmid, and Jia Chan, (2008). "Hospital Ownership and Quality of Care: What Explains the Different Results? " Health Economics 17: 1345–1362 (http://dx.doi.org/10.1002/hec.1333).

Ettelt, S., and others (2008). Capacity planning in health care: A review of the international experience. Policy Briefs, European Observatory on Health Systems and Policies.

European Commission. 2007, Special Eurobarometer 283: Health and Long-term Care in the European Union, http://ec.europa.eu/publicopinion/archives/ebs/ebs_283_en.pdf.

Fujian Provincial People's Government Official Website. http://www.fujian.gov.cn/

Garthwaite, Craig, Tal Gross, and Matthew J. Notowidigdo, 2015. "Hospitals as Insurers of Last Resort, " working paper, January 2015.

Gaynor, Martin, Rodrigo Moreno-Serra, and Carol Propper. "Death by Market Power: Reform, Competition, and Patient Outcomes in the National Health Service." American Economic Journal:

Economic Policy 5.4 (2013): 134-166.

Gaynor, Martin S., Carol Propper, and Stephan Seiler. "Free to Choose? Reform and Demand Response in the English National Health Service." NBER Working Paper w18574 (2012).

General Office of the People's Government of Shenzhen Municipality. Shenzhen The Twelfth-Five Year Plan for the Development of Health and Family Planning. Shenzhen Health and Family Planning Commission Announcement No.63. Web. May. 2015. http: //www.szhealth.gov.cn/wsj/main? fid=open&fun=show_news1&nid=21836.

Glucksman, J. and R. Lipson (2010). Private Health care: A Tough Market to Crack. China Business Review.

Gowrisankaran, Gautam, and Robert J. Town. "Competition, Payers, and Hospital Quality1." Health services research 38.6p1 (2003): 1403-1422.

Gu, E. and J. Zhang (2006). Health Care Regime Change in Urban China: Unmanaged Marketization and Reluctant Privatization. Pacific Affairs. 79(1): 49-71.

Gu, E. (2006, Vol 70, No. 1). Health Care Regime Change in Urban Chia: Unmanaged Marketization and Reluctant Privatization. Pacific Affairs, 49-71.

Haidong Municipal Government. P.R. China. http: //www.haidong.gov.cn/.

He Da, Wang Jin, Wang Zian-j, Xie Chun-yan, Jin Chun-lin (April 2014). The Status Quo of Development on Private Medical Institutions in China. Chinese Journal of Health Policy. Vol. 7, No. 4.

Häger Glenngård 2015. "Primärvården efter vårdvalsreformen. Valfrihet, kvalitet, produktivitet" SNS Förlag.

Hipgrave, D., and others (2012). Chinese-style Decentralization and Health System Reform. Plos Medicine. 9(11): e1001337-e1001337.

How to deal with the enormous number of Migrants. Ho, Vivian, and Barton H. Hamilton. "Hospital mergers and acquisitions: does market consolidation harm patients? " Journal of Health Economics 19.5 (2000): 767-791.

Hou, X. (2008). Emergence of Proprietary Medical Facilities in China. Health Policy, 141-151.

Hou, Wanli, Hong Fan, Jing Xu, and others 2012. "Service Functions of Private Community Health Stations in China: A Comparison Analysis with Government-sponsored Community Health Stations, " Huazhong Univ Sci Technol [Med Sci] 32(2): 2012 159.

Huang, C., and others (2009). The Emerging Role of Private Health Care Provision in China: A Critical Analysis of the Current Health System. Working paper series on health and demographic change in the Asia-Pacific. K. N. Eggleston, Stanford University Walter H. Shorenstein Asia-Pacific Research Center Asia Health Policy Program working paper #10.

Huang, C. L. (2009). The Emerging Role of Private Health Care Provision in China: A Critical Analysis of the Current Health System. Palo Alto: Water H. Shorenstein Asia-Pacific Research Center, Stanford University.

Huang, Y. (1996). Central-local Relations in China during the Reform Era: The Economic and Institutional Dimensions. World Development. 24(4): 655-672.

Hunan Provincial People's Government. Main Tasks on Furthering the Reform of Health Care System. Hunan Provincial Governmental Announcement No.74. Web. Aug. 2014. http: //www.hunan.gov.cn/xxgk/fz/zfwj/szfbgtwj/201409/t20140901_1136312.html.

Jing, Yijia. (2015 forthcoming). Between Control and Empowerment: Governmental Strategies of nonprofit development in China. Forthcoming, Asian Studies Review.

Jing, Y . (2012). From Stewards to Agents? A Case of Intergovernmental Management of Public-Nonprofit Partnership in China. Public Performance and Management Review, 36(2), 230-252.

Jing, Y ., & Gong, T. (2012). Managed Social Innovation：The Case of Government-Sponsored Venture Philanthropy in Shanghai. Australian Journal of Public Administration. 71(2)：233–245.

Jing, Yijia, and Yefei Hu (2015), Linking service contracting to collaborative governance：Evidence from Shanghai, Fudan University working paper.

Jeurissen, P. (2010). For-profit Hospitals：A comparative and longitudinal study of the for-profit hospital sector in four Western countries. Rotterdam.

Kaminska, M. E. (2013). "The missing dimension：a comparative analysis of health care governance in central and eastern Europe." Journal of Comparative Policy Analysis：Research and Practice 15(1)：68-86.

Kessler, Daniel P., and Mark B. McClellan. "Is Hospital Competition Socially Wasteful？" The Quarterly Journal of Economics 115.2 (2000)：577-615.

Koppel, A., and others (2003). "Evaluation of primary health care reform in Estonia." Soc Sci Med 56(12)：2461-2466.

Kringos, D. and others (2013), "The Strength of Primary Care in Europe：An International Comparative Study" , Netherlands Institute for Health Services Research (NIVEL), Utrecht.

Loevinsohn, B. 2008, "Performance-based contracting for health services in developing countries：a toolkit" . The World Bank.

Lim, M. Y. (March 2011). The role and scope of private medical practice in China. Washington D.C.：The World Bank.

Liu, G. L. (1994；Feb：27 (2)). Privitazation of the Medical Market in Socialist China：a Historical Approach. Health Policy, 157-74.

Liu, Yuanli, Peter Berman, Winnie Yip, Haocai Liang, Qingyue Meng, Jiangbin Qu, and Zhonghe Li. "Health care in China：The role of nongovernment providers." Health Policy 77, no. 2 (2006)：212-220.

Lien, H. -M., Chou, S. -Y., & Liu, J.T. (2010). The role of hospital competition on treatment expenditure and outcome：Evidence from stroke and cardiac treatment in Taiwan. Economic Inquiry, 48, 668–689.

Liu, G.G., Li, L., Hou, X., Xu, J., & Hyslop, D. (2009). The role of for-profit hospitals in medical expenditures：Evidence from aggregate data in China. China Economic Review, 20, 625–633.

Maarse, H. and C. Normand (2009). Market competition in European hospital care. Investing in hospitals of the future. Rechel, Wright, Edwards (editors). Copenhagen, WHO Regional Office for Europe on behalf of the European Observatory on Health Systems and Policies：103–123.

McCallum, A., and others (2006). The impact of primary care purchasing in Europe：a comparative case study of primary care reform. In Saltman and others (editors) Primary Care in the Driver's Seat？ Organizational Reform in European Primary Care.

McCuen, S. (2004). Report on hospital organizational reform in Germany. Unpublished background paper, for World Bank.

Morgan, D. and Astolfi, R. (2015). Financial impact of the GFC：health care spending across the OECD. Health Economics, Policy and Law, 10, pp 7-19 doi：10.1017/S1744133114000218.

Nemec, J. a. (2006). Market-based Health Care Reforms in Central and Eastern Europe：

Lessons Learned After Ten Years of Change. International Review of Administrative Sciences: 72, 11-26.

New Rural Cooperative Medical Schemes Merge Urban Residents Medical Insurance into One. http: //www.cfen.com.cn/web/cjb/2013-05/09/content_974896.htm.

OECD, 2014. OECD Health System Characteristics Survey 2012 and Secretariat's Estimates. Information as of April 2014. 1 Based on selection "Private clinic" in the HSC 2008 questionnaire. http: //www.oecd.org/els/health-systems/characteristics.htm.

OECD, 2013. OECD Reviews of Health Care Quality: Denmark 2013. Raising Standards.

Paris V. M. Devaus and L. Wei, 2010. "Health Systems Institutional Characteristics: A survey of 29 OECD Countries", OECD Health Working Papers No. 50, OECD Publishing.

Opinions on Establishing Resident Basic Medical Insurance by People's Government in Shandong Province. http: //sdgb.shandong.gov.cn/art/2014/1/21/art_4563_2238.html.

Opinions on Implementing [2007] 20th Document of Making pilots of Urban Resident Basic Medical Insurance by People's Government in Shandong Province.

Opinions on Making Pilots of New Rural Cooperative Medical System by People's Government in Sichuan Province. http: //www.medscience-tech.com/bencandy.php?fid=499&id=5978.

Pan, Jay, Xuezheng Qin, Qian Li, Joseph P. Messina, and Paul L. Delamater. "Does hospital competition improve health care delivery in China? " China Economic Review 33 (2015): 179-199.

Paris V. (2014). Buying service to the private sector. An Overview for South Africa. Powerpoint delivered at WHO South Africa Seminar, June 17, 2014.

Paris V., M. Devaux and L. Wei (2010). "Health Systems Institutional Characteristics: A Survey of 29 OECD Countries", OECD Health Working Papers, No. 50, OECD Publishing. http: //dx.doi.org/10.1787/5kmfxfq9qbnr-en.

Pedersen K.M. Sahl Anderson J. and Sondergaard J, 2012. "General Practice and Primary Health Care in Denmark." The Journal of the American Board of Family Medicine. March-April 2012 vol. 25 no. Suppl 1 S34-S38. doi: 10.3122/jabfm.2012.02.110216J.

Preker, A.S. A. Harding and P. Travis, 2000. "Make or buy" decisions in the production of health care goods and services: new insights from institutional economics and organizational theory." Bulletin of the World Health Organization 78(6): 779-790.

Propper, Carol, Simon Burgess, and Katherine Green. "Does competition between hospitals improve the quality of care? Hospital death rates and the NHS internal market." Journal of Public Economics 88, no. 7 (2004): 1247-1272.

Propper, Carol, Simon Burgess, and Denise Gossage. "Competition and quality: Evidence from the NHS internal market 1991–9*." The Economic Journal 118, no. 525 (2008): 138-170.

Poulsen, C. A., 2014. "Introducing out-of-pocket payment for General Practice in Denmark: Feasibility and support." Health Policy 117(1): 64-71.

Putian Municipal Government. P.R. China. http: //www.putian.gov.cn/.

Qinghai Provincial People's Government Official Website.http: //www.qh.gov.cn/dmqh/.

Reibling, N. and Wendt C, 2012. "Gatekeeping and provider choice in OECD health care systems" Current Sociology 60(4) 489–505. DOI:

10.1177/0011392112438333.

Rose-Ackerman, Susan, and Yingqi Tan, 2015. "Corruption in the Procurement of Pharmaceuticals and Medical Equipment in China: The Incentives Facing Multinationals, Domestic Firms and Hospital Officials, " UCLA Pacific Basin Law Journal 32(1).

Rothgang H, Cacace M, Frisina L, Grimmeisen S, Schmid A, Wendt C. The State and Health care: comparing OECD countries. Houndmills, Basingstoke: Palgrave Macmillan; 2010.

Schroll H, Christensen R, Thomnsen J, Andersen M, Friborg S and Søndergaard J. The Danish Model for Improvement of Diabetes Care in General Practice: Impact of Automated Collection and Feedback of Patient Data. International Journal of Family Medicine, 2012. Article ID 208123, 5 pages. http: //dx.doi.org/10.1155/2012/208123.

Shen, Yu-Chu, Karen Eggleston, Joseph Lau and Christopher H. Schmid, 2007. "Hospital Ownership and Financial Performance: What Explains the Different Findings in the Empirical Literature? " Inquiry 44(1): 41-68.

Sichuan Provincial People's Government Official Website. http: //www.sc.gov.cn.

Sloan, Frank A. (2000). "Not-for-profit ownership and hospital behavior." Handbook of health economics 1: 1141-1174.

Status Quo of Migrant in Shandong Province.

Swedish Competition Authority (Konkurrensverket), 2014. "Etablering och konkurrens bland vårdcentraler – om kvalitetsdriven konkurrens och ekonomiska villkor" . Rapport 2014: 2.

Swedish National Audit Office (Riksrevisionen), 2015. "Primärvårdens styrning – efter behov eller efterfrågan? (RiR 2014: 22).

Tang, C. (2014). The growth of private hospitals and their health workforce in China: a comparison with public hospitals. Health Policy and Planning, 30-41.

The Effects and Challenges of the Implementation of New Rural Cooperative Medical System.

The People's Government of Zhejiang Province. http: //www.zj.gov.cn/index.html.

The People's Government of Zhejiang Province: Geographical Situation. http: //www.zj.gov.cn/col/col922/index.html.

Weisbrod, B. 1988, The Nonprofit Economy (Cambridge, MA: Harvard University Press).

Wendt, C., T. Agartan, amd M. Kaminska, (2013). "Social health insurance without corporate actors: Changes in self-regulation in Germany, Poland and Turkey." Social Science & Medicine 86(0): 88-95.

World Bank (2014). Poland - Improving the financial sustainability of the hospital sector in Poland: towards a systemic approach.

Wu, Yvonne, Sheryl Jacobson, Maria Liang, Xu Si Tao, Lydia Chen, and Andrea Ding (Deloitte China Research & Insight Center), 2015. "China's health care provider market: Riding the waves of reform, " available at http: //www2.deloitte.com/content/dam/Deloitte/global/Documents/Life-Sciences-Health-Care/gx-lshc-china-health care-provider-market-en-150512.pdf.

Xiamen Municipal Government, P.R. China. http: //www.xm.gov.cn/.

Xining municipal Government. P.R. China. http: //www.xining.gov.cn/default.html.

Yuliang Hu. Explorations on Perfecting the Supervision Legislation of Medical Institutes. Chinese Health Law[J]. 2011.1, 24-26.

Zhang, G. E. (2006). Health care regine and change in urban China: unmanaged marketization and reluctant privatization. Pacific Affairs, 49-71.

Zhang, M. (2006). The Development of Private-Own Hospitals in China：Can Health Policies be Transferred from Other Countries in China. New Dehli：Network of Asia-Pacific Schols and Institutes of Public Administration and Governance.

第 9 章

推手 8：实现卫生服务规划现代化，引导卫生领域资本投入

9.1 引言

为强化“以人为本的一体化服务”（PCIC），更加重视人们的健康需求，资本投资决策必须加强基层卫生服务建设，使人们能在合适的时间和合适的地点获得可负担的卫生服务。这意味着资本投入的重点必须从三级卫生服务转向基层卫生服务，而三级卫生服务机构则需深化供给体系改革，而不是进一步的扩张。这是卫生服务规划的根本依据，也是本章内容的主旨。

据2013年《中国卫生统计年鉴》显示，中国一半以上的首诊是在医院，医院占了全国医疗卫生支出的54%，住院人次年均增幅12%。伴随这一趋势，2011—2013年医院收入年增长23.6%，而且预计到2017年将超过4万亿元人民币。推动医院行业增长的是巨额资本投资，这导致整个卫生系统的发展头重脚轻，并进一步推高了医疗服务成本。

正如第一章中所提到的，即使是看门诊，患者也倾向于去医院，且低级别的医疗机构不起到卫生系统守门人的作用。自2005年以来，中国的病床人口比增长了56%，住院率增加了一倍多，高于大部分中等收入国家的水平，接近经合组织国家的平均水平。

中国卫生行业正在迅速发展。行业分析人士预测，到2020年卫生行业规模将超过1万亿美元，占全国GDP的7%以上，这将是2010年规模的3倍，也意味着中国将成为仅次于美国的全球第二大医疗市场（EIU，2015；Le Deu等，2012）。卫生行业每年的资本投资在2020年前可能会达到500亿美元。仅对目前的投资规模来讲，这些投资是否“物有所值”现在已经非常重要；而对更多的新投资而言，这个问题就尤为关键，特别是在中国致力于到2020年实现可负担、公平和有效的卫生服务的背景下。

本章讨论中国和一些经合组织国家的资本规划，并提出了一个将现代服务规划方法引入资本投资规划过程的框架。本章第9.2节分析了中国当前的资本投资规划工作面临的挑战；第9.3节根据中国和若干经合组织国家的经验，就如何建立更符合中国当前卫生服

务需求的投资模式提出一系列可操作的建议；第9.3节进行了总结。

9.2 中国卫生领域资本投资面临的挑战

投资指的是收购土地、诊所、医院或者设备等预计可以有多年效益的资产或者固定资产。中国目前的资本投资规划模式存在两个突出问题：第一，投资缺乏规划，导致超规模投资，特别是医院的扩张；第二，资本支出中过于强调规模扩大，而非提升现有设施的服务能力以更好满足人们的健康需求。由于城市医院基础设施不成比例的扩张，导致以医院为中心的卫生系统的形成，该系统的特点是城市医院规模庞大且资源丰富，而农村门诊机构数量少且条件差。

9.2.1 呼吁以人为本的资本投资规划

中国各省的卫生资本投入支出占卫生总费用的5%—10%，相比而言，高收入国家平均为7%，[1]欧洲的平均水平为2%—6%（Rechel等，2010）。[2]但是，由于现在每一块钱的资本投入还会决定未来的经常性支出分配，这使得54%以上的公共投资直接集中在医院。相比之下，经合组织国家这一比例大都低于50%（平均为38%）。另外，中国大多数省份每千人口的病床数已超过经合组织国家水平。

过去10年来，中国的医院数量增加了50%。公立医院数量减少，民营医院数量增加，病床数量翻番。尽管这些对医院不同程度的投资对满足暂未满足的服务需求和人口增长所带来的需求而言可能是必要的，但继续扩张会在不久的将来给卫生行业带来严重的财政影响。

解决这些问题需要转变资本在卫生领域的投资规划模式。在中国传统的基于投入要素的规划体系中，投资决策不是根据实际需求来做，而是由高层的宏观指标驱动。这种做法应该让位于新的投资规划方法，即充分考虑流行病学因素和人口结构的不断变化，注重利用新技术实现有效的区域化和服务一体化（见专栏9.1）。

在这种以人为本的服务规划模式中，卫生服务的生产和供给基于人们的需求，公共投资项目的优先顺序是根据疾病负担、人口分布、日常服务需求和健康状况等因素来决定。这种方法中的资本投资规划确定并利用所有资金机会（包括保险和直接公共预算资金）来指导未来设施的开发，并确保不会产生过剩能力，进一步加剧低效率和资本错配。

专栏9.1 有效的服务规划方法所具备的特点

- 根据应对具体健康挑战的需要进行规划。
- 依据人口结构、流行病学和城市发展规划，采用长期视角。
- 实现实际需求与供给的平衡。
- 建立为目标人群提供所需服务的一体化网络。
- 对各省的资本投入要着眼于改进服务均等化，帮助落后地区。
- 提高门诊服务份额，包括基层卫生服务、日间手术和日间医院等。
- 增加综合医院，减少专科医院。
- 使用地理信息系统（GIS）进行空间分析，保障服务可及性。
- 综合考虑建筑、人和技术的一体化视角。
- 将民营部门作为实现卫生目标的合作伙伴。

它提供了重塑卫生服务提供者网络（包括设计、文化和实践）的机会，以更好地满足患者和家庭的需要和那些为他们提供医疗保健的愿望。考虑私营部门在满足人口服务需求方面的作用对于减少公共部门的资本需求和优化现有能力的利用也至关重要。

中国已经认识到有必要建立一种基于人口需求的服务规划所驱动的资本投资模式，并已经为改善资源配置和投资规划做出了很多努力。自20世纪90年代以来，作为卫生政策改革的一部分，中国开展了区域卫生规划来提高卫生部门的绩效。1997年，国家发改委、卫生部和财政部联合发布《关于开展区域卫生规划工作的指导意见》，该意见就区域卫生规划的概念、内容、方法、程序和实施进行了详细阐述，反映出有关部门已经认识到资本规划应当由人们的健康需求来驱动。地方政府应该根据这些指导意见规划和预测卫生服务。

然而，虽然中央做出了很多努力，但区域和地方层面的卫生规划并未采取高效一体化的服务模式，资本规划策略继续向大医院倾斜。医院投资中有很大一部分来自债务融资、账外收入或土地置换，这就会削弱政府控制卫生服务价格上涨的能力。而且，政府治理的高度碎片化、透明度和问责机制的缺乏也限制了政府财政补助作为政策工具的有效性。因此，从这个角度来看，公共财政对资本投资的补充未能作为一种自上而下的机制被充分利用，从而促进建立合理的以患者为中心的服务网络，以响应人们不断变化的健康需求和提供物有所值的医疗服务。

当前面临的关键挑战是，要使各省的投资决策符合中央的指导方针和标准，确保资本投资被用来建立以人为本的卫生服务网络，在恰当的时间、恰当的地点提供恰当的服务。如前所述，卫计委[3]牵头确定总体规划目标，发改委审批项目，但很多投资审批都是基于各省市自下而上提出的发展目标，而并未考虑服务需求或现有（公立和民营）服务能力。

朝着这个方向迈进的第一步是2015年颁布的旨在理顺资本投资的《全国医疗卫生服务体系规划纲要（2015—2020年）》（国办发〔2015〕14号），进一步明确了各类医疗卫生机构的功能定位、人员配备标准、不同层次和不同类型医疗机构的整合和统筹。[4]总之，资本投资还是应进一步纳入区域服务规划，同时在制订到2020年的发展规划目标时要确保考虑到民营部门的服务能力。

9.2.2　卫生投资规划面临的挑战：对三个省市进行的调查

三个省级行政区（四川省、湖北省和天津市）开展了一项有关资本投资决策的案例研究。这些地区在人口、经济发展、公共资源和健康水平等各方面情况迥异。这项研究揭示了中国卫生部门所采用的投资模式还面临许多根本性挑战。本节的其余部分总结了通过这三个案例揭示的挑战。

四川

西部省份四川面临的主要挑战如下：控制医院扩张规模以及医疗卫生人员的不均衡分布。图9.1表述了四川以医院为中心的资本投资规划。虽然医院的发展在2010—2012年到了稳定期，其在过去四年的年平均增长率（10%）仍然比其他类型的医疗卫生机构高得多，而且其他类型的医疗卫生机构的增长率，包括初级医疗卫生机构，实际上在逐步降低。

2012—2014年地方政府共支出了10.055亿元用于县级医疗卫生机构的资本投资项目，但是只有3.6996亿元用于重大疾病预防控制的资本投资项目。此外，2012年四川的医院（包括综合医院、中医院、专科和国有医院）的固定资产达到了400.79亿元，而基层的医疗卫生机构（包括医院、县医院、社区卫生服务中心和门诊部）只有90.6亿元的固定资产。

图9.2给出了2009—2012年四川省总卫生资本性支出分布的更为全面的情况。

图 9.1　2008—2009 年以及 2011—2012 年四川医疗卫生机构的增长率

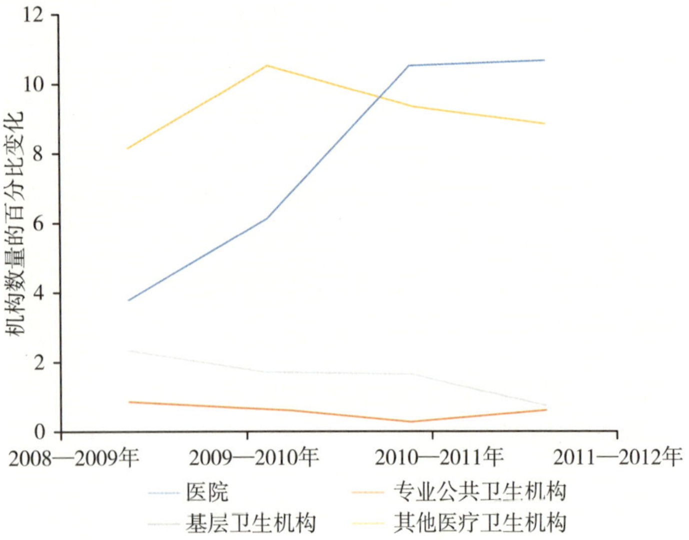

来源：Sanigest International。

表9.1描述了卫生服务人员的分布。在城市或者城区每1000名居民拥有的卫生人员数量比县城或者农村地区多。为了提供更多高质量的服务，四川的官员必须评估如何根据服务需求来鼓励卫生专业人员的分布更为均衡。

湖北

青睐大医院的趋势在东部省份湖北也很明显。图9.3展示了2008—2013年卫生机构的增长率。2009年以来，保持稳定增长的唯一一类医疗卫生机构是医院。若这种趋势继续下去，湖北的资本投资仍将以医院为中心，医疗系统会在不经意之间吸引本该去基层医疗机构就诊的患者去医院。

天津

2000—2013年位于中国东北部的直辖市天津的卫生支出持续增长，而且城市医院得到的资金比任何其他类型的医院都多。图9.4展示了2000—2013年各级医疗机构在总资本支出中的占比（见图9.4）。

图 9.2　2009—2012 年四川省总卫生资本支出总额的分布

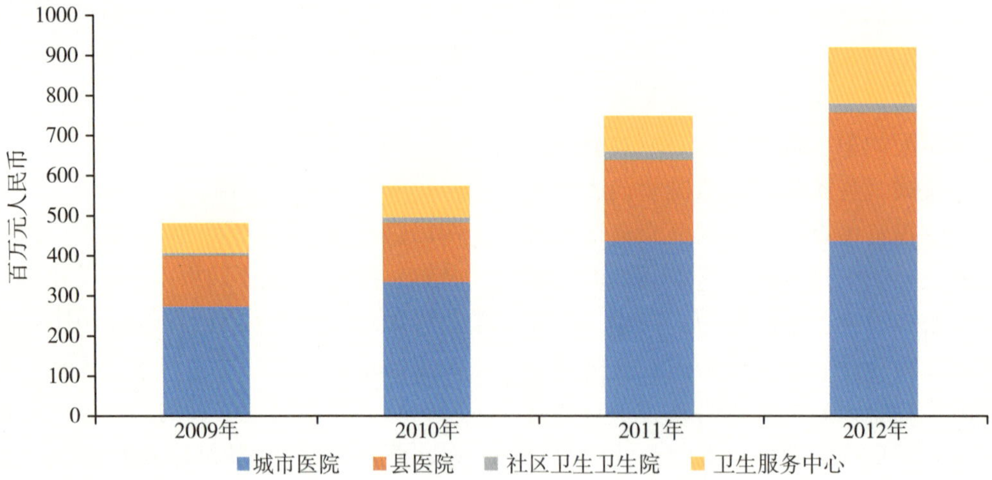

来源：Sanigest Internacional。

问卷调查

为了评估三个省市的资本投资规划过程，我们设计了一个标准化的问卷调查，以将现行的做法和以服务为导向的规划模式进行对标分析。本研究使用了结构化的问卷对各省市主管卫生服务资本投资规划的政府官员进行访谈。这些政府官员代表了与此最相关的政府部门：卫生和计划生育委员会、发改委、财政厅、人力资源和社会保障厅和建设厅。在用同样的问卷现场采访医疗机构时，我们也对医院管理层进行了访谈。本案例研究主要分析以下问题：资本投资规划知识、资本投资规划融资、项目立项和评估。

表9.1 2008—2012年四川卫生人员的分布情况（每千名居民）

职业类型	2008年	2009年	2010年	2011年	2012年
执业（助理）医师					
城市	2.18	2.31	2.44	2.60	2.73
县	1.06	1.09	1.11	1.17	1.23
卫生技术人员					
城市	4.85	5.32	5.78	6.29	6.82
县	2.08	2.22	2.30	2.49	2.74
执业（助理）医师					
城区	2.02	2.15	2.32	2.45	2.58
农村	1.13	1.32	1.35	1.43	1.50
卫生技术人员					
城区	4.79	5.29	5.79	6.26	6.82
农村	2.51	2.68	2.80	3.05	3.33

来源：《2012年四川卫生年鉴》。

9.2.2.1 有限的资本投资知识和规划能力

三个省市对访谈中有关资本投资规划相关知识的问题答案都高度一致。访谈结果表明，决策者都明白资本投资规划应由需求驱动，了解这样做的重要性和必要性。卫生计生委官员向调研者说明所有基础项目都和战略卫生目标一致。

人口卫生服务需求被认为是资本投资规划考虑的主要内容，但是受访官员给出了不同的方法。例如，四川省是用人口规模和医疗机构服务半径作为判断卫生服务需求的主要指标，而天津市则采用疾病模式和发病率以及医疗机构的使用情况（如就诊数量、服务类型、医疗费用等）作为主要指标。在被调研的三个地区，受访者说明服务利用率和患病率是卫生局规划者制定资本投资规划的主要因素。此外，只有天津的受访者说明卫生目标对资本投资决策影响极大；对湖北的影响为中等，对四川的影响很大。然而，在任一情况下，只有人口密度这项被列为资本投资决策的关键因素，人均床位数作为医疗资源配置的主要指标（见表9.2）。这两者都是资本投资规划的传统标准，和服务需求相关性很低甚至不相关。

数据还表明，在所调查的三个省市中，卫生资源的实际配置是由医疗设施而非人口需求驱动的。例如，在仁寿县一家医院申请搬迁扩建的可行性研究报告中，床位数量、施工规划和选址的依据是设施需要（见表9.3）。没有迹象表明卫生资本投资规划考虑了为所服务人口提供服务的最佳地点。

图9.3 2008—2009年以及2012—2013年湖北卫生机构的增长率

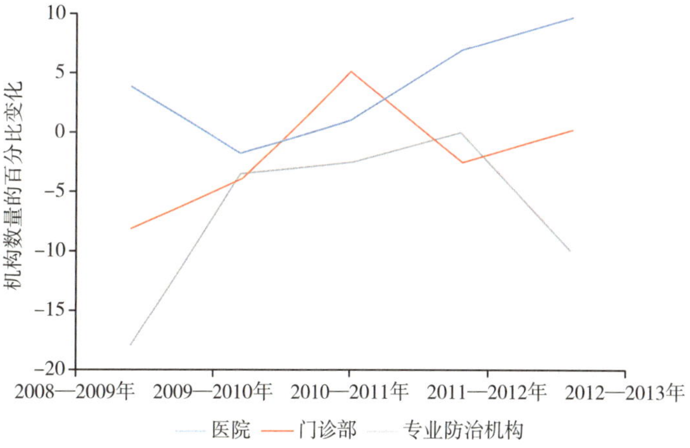

来源：Sanigest Internacional。

图 9.4　2000—2013 年天津市卫生资本投资分布情况

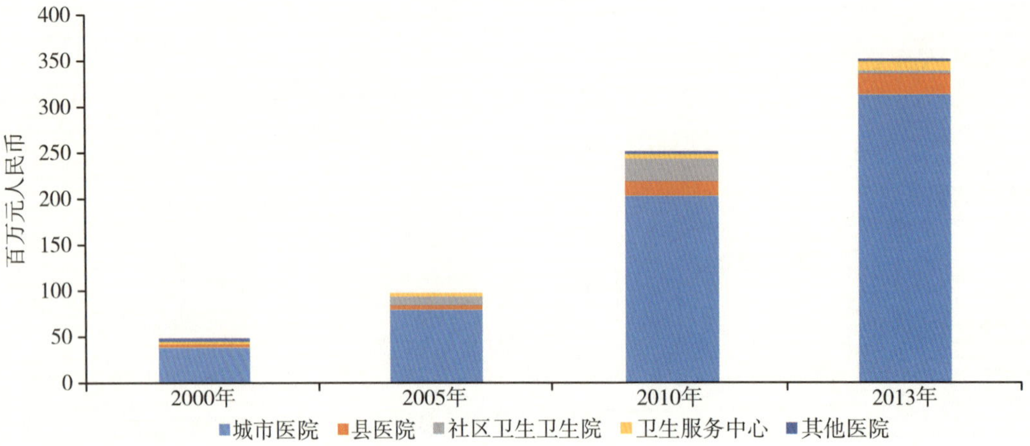

来源：Sanigest Internacional。

表 9.2　中国部分省市卫生机构、床位和卫生人员卫生资本投资规划

省市	卫生机构 （人口：卫生机构）	床位（张）	卫生人员 （人/1000名居民）
四川	• 3万—10万人：一个社区卫生服务中心 • 30万—50万人：一个县级医院和一个县级中医院 • 允许人口超过50万人的县增加公立医院的数量，这些医院应该达到二级标准 • 人口超过80万人的县成立的医院需要达到三级标准 • 100万—200万人：1—2个城市医院（二级），每个医院的服务半径需要达到50公里	每千居民： • 医院：4.8（其中，公立医院应该多于3.3） • 基层卫生机构：1.2	• 卫生技术人员：7 • 执业（助理）医师：2.5 • 护士：>2.8 • 全科医师：2.5
天津	• 2000—3000人：一个社区卫生服务站（村诊所），服务半径为1.5公里 • 1.5万—2.5万人：一个社区卫生服务站（城市） • 5万人：一个社区卫生服务中心 • 30万—50万人：一个城市医院（二级）	综合医院： • 三级医院：1000—1500 • 二级医院：500—800 中医院： • 三级医院：800—1500 • 二级医院：500—800 基层医疗卫生机构（每10万居民）： • 社区卫生服务中心/镇医院：15—30（最高不超过50）	—
湖北	• >3000人：两个村诊所 • 5000—10000人：一个社区卫生服务站 • 3万—10万人：一个社区卫生服务中心（城区） • >10万人：两个社区卫生服务中心 • >80万人：1—2个农村县级医院	每千人口： • 综合医院：4.0—4.5（武汉市7.0—7.5） • 镇医院：0.6—1.2 • 基层卫生服务机构：0.3—0.6 把居民数作为县级医院的标准： • <10万人：100—150 • 10万——30万人：200—300 • 30万—50万人：300—500 • 50万—80万人：400—600 • 80万—100万人：500—800 • >100万人：800—1000	综合医院执业医师：1.95—2.15

来源：改编自2008—2020年四川卫生资源配置标准和2015—2020年四川医疗卫生服务规划；2014—2020年天津医疗卫生机构规划布局；2011—2015年湖北医疗卫生资源配置标准。

表 9.3　2009 年仁寿县医院搬迁和扩建的可行性研究结果

搬迁和扩建的原因	项目规划	融资估算（万元）
• 增长的门诊和住院需求（根据利用率估计） • 床位严重缺乏 • 各科室分散在不同地方 • 有些建筑容易受到和天气相关的风险影响（如地震） • 医院扩建缺乏土地 • 科室设置受到有限的空间限制	• 县级床位需求总数=2—4 个床位/1000 人 × 总人口 • 床位缺口=县级床位需求总数–县级现有床位数； • 规划医院床位数＝现有床位数（498）＋床位缺口 × 30% • 每床位对应建筑面积：88 m^2/床（按照国家指导方针） • 建筑面积：800（床位数）× 88=70400m^2（按照国家指导方针） • 选址（考虑因素：交通便利、安全、环境好）	• 总投资：16451 • 基建投资（3 年）：16451 • 流动资金：0 • 资本来源：16451 • 灾后重建基金：8111 • 资产置换：4650 2417.64（第一年）+2232.36（第二年）+0 • 贷款（政府财政贴息）：3690

来源：改编自 2009 年仁寿县人民医院可行性研究报告。

以设施为基础的规划并非仁寿县独有；区域或地方设施经常偏离国家标准。这表明，中国的卫生资本投资规划往往是由医疗设施需求驱动的，而非由人口的卫生保健需求所驱动。

9.2.2.2　缺乏清晰的流程来评估物有所值的投资

融资是资本投资规划的重要组成部分。没有适当的财务管理和规划，资本投资项目往往缺乏方向，失败的概率很高。案例研究发现，这三个省市都缺乏清晰的管理和经济准则来评估长期投资的潜在盈利能力和可持续性，或确定竞争性投资项目哪个更物有所值。虽然政府正着手开展三年财政预算，但国家发改委投资审批流程尚未用基于预期现金流和运营支出，或者在效率和可负担性方面的物有所值来评估投资的可持续性。

各省的回答表明三级卫生机构都是卫生服务资本成本的构成因素，但是没有详细说明在各省哪一级卫生机构的成本负担更重。受访的每个官员都说各个卫生机构都承担着长期成本负担，但没有详细说明这些成本对卫生机构造成的负担有多大，或者它们是否会对资本改善项目的投资构成威胁。

9.2.2.3　缺乏明确的项目立项与评估程序

项目立项与评估是资本投资规划过程中的重要内容，其调研结果和其他内容的结果也类似。在每个案例中，投资优先考虑的是政府政策和可行性报告设定的标准。各省官员都说批准新的项目时总是要先仔细考查现有的基础设施，但是没有提到怎样进行考查。有意思的是各省都说没有监督、评估和报告基础设施的有效性、效率和可持续性的方法。受访者还提到没有设立信息管理系统来支持监督和评估，在资本投资规划过程中也没有使用成本核算工具和标准。此外，每个受访者都说在资本投资项目中没有设立风险管理程序。上述重要内容的缺乏引人忧虑。

即使有管理和评估程序，如果没有使用最好的最先进的工具，结论也可能是不可靠的。因此，有理由认为如果正确使用管理和评估工具，中国卫生资本投资的效率问题可能会有所改善。

9.2.2.4　行政上报和规划审批的流程错配

在中国，在规划过程中采用行政隶属管理的原则，在行政层面，医院（包括省级、市级、社区和县级）与对应级别的政府相关联。各级政府制定自己的资本投资计划，省级政府对总体规划作出最终决定。例如，天津医科大学总医院直属教育部，而不是天津市政府；然而，这家三级医院在天津市发改部门的管理下制定了资本投资计划。这造成了混乱，尤其当不同类型和级别的政府间没有进行共享信息时，这也对项目识别和评估造成了不利影响。

资本对医院过度投资的情况持续发生，

尤其在城市地区，如在四川、湖北和天津。除非有指导未来机构发展的准则，否则资本投资规划将会按现状永久化，或更糟糕的是，会创造过剩的能力，加剧现有的低效率和资本错配。规划审查应考虑私营部门的能力和各省的计划投资，以确保达到基于服务规划和人口需求的总体目标。

9.3 关于推进服务规划改革的建议：国内外的经验启示

中国正在努力把资本投资战略的制定和实施从以宏观标准为驱动力转变为以基于人群真正需求的服务规划为驱动力。不仅中国如此，经合组织国家虽然情况各有不同，在卫生领域资本投资方面也都面临着很多共同的挑战：与老龄化相关的人口结构和流行病学变化，医疗和制药技术的发展，公众对医疗服务预期的不断提高，始终存在的健康公平性问题等。这些国家和中国一样，都面临着如何在现有资源与人们的健康需求和期望之间进行协调的挑战。有些经合组织国家已经实现或正在进行这一转变，它们的经验可以为中国提供重要借鉴。

中国需要牢记的另一个挑战是规划、融资、建设、运营新的医疗卫生机构所需要的漫长的时间跨度。从提出建设大型医院的主张到投入使用，期间可能有5到10年的跨度，还需要花费几年的时间建设医院（Rechel和Erskine等，2009）。这会影响到医院的可持续发展和医院对人群的医疗卫生服务需求的反应。从投入使用到运营的长期跨度可能意味着很多医院在刚刚开始运营时，没有满足其辐射人口当前（或者未来）的卫生服务需求。

同时，人群的需求在不断变化。卫生服务需求对医院服务人群的变化非常敏感，包括人口结构的变化和移民。动态的变化环境使得预测医疗卫生服务需求变得困难，不管是数量还是使用类型。此外，20世纪70年代以来，医疗技术发展迅猛，对临床服务需求产生了深远的影响（Rechel和Erskine等，2009）。确保今天建设的医院能够在将来保持其意义和价值是个深刻的挑战。虽然提供卫生服务不仅仅是有形资产，但是有形资产是在合适的地方合适的时间提供可持续和高质量临床服务的切入点。这意味着医院的设计应该非常灵活，能够满足新的要求。

中国可以借鉴经合组织国家的经验。关于上文所述的挑战在不同的环境中是怎样得到解决的，这些案例研究提供了不同的角度，展示了各种基于服务的资本投资策略的方法——从基于需求的养老、残疾人和中风患者的规划到地区资本规划等。

这些案例虽然各不相同，但是在卫生服务如何满足人群需求方面还是有某些共同点。例如，明显倾向于使用系统化的诊疗路径作为提供医疗卫生服务的方法，包括将其与资本投资结合起来。诊疗路径的目的是为了明确某种疾病症状所需的医疗卫生服务，理想的状态下，应该包括可测量的投入和健康结果指标。它们为把人口结构和流行病学趋势转化为可以用来规划卫生资本投资的概念提供了一种基础。此外，它们还提供了一种方式使临床医生参与进来，同时为费用控制提供推手。如果将之应用于卫生服务系统而不仅仅是医院，并且有合适的资源配置系统支持，诊疗路径可能会对卫生资本投资产生最大的影响（Hindle、Dowdeswell和Yasbeck，2004）。

此外，案例研究还强调了需要设立全面的能力规划系统，采用新的衡量医院能力的方式而不仅仅是床位数量。用床位数量来衡量医院能力虽然老旧过时，但仍旧在很多国家使用（经合组织国家和非经合组织国家都存在）。其他国家在寻找源于系统的诊疗服务路径的衡量方法，或者至少和实际能力而不是床位数量更为密切相关的方法。但是，这只是仍然处于初级阶段的方法论，还需要做更多工作，采取一种可靠得力的方式衡量医院的能力，而不是基于床位数。图9.5展示了

图 9.5 经合组织国家的医疗服务转换

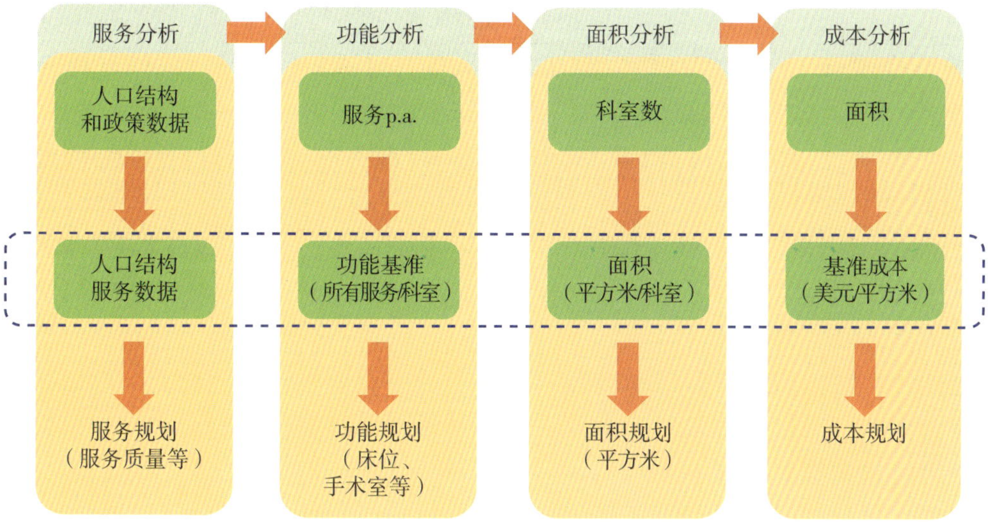

来源：经合组织的解释，2008；Rechel 和 Erskine 等，2009；Rechel 和 Wright 等，2009。

经合组织国家的最佳做法，即把服务规划和测算的投资成本结合起来。

经合组织国家案例研究表明需要把医院的运营和灵活的融资模式相联系。医疗技术和建筑的更新周期越来越短，都越来越看重医院生命周期的有效性和经济的可持续性。致力于设计适应力更强的建筑与服务的医院同样也力图采用更为灵活的筹资模式。

表 9.4 概括了加强卫生领域资本投资以强化“以人为本的一体化服务”的五个核心行动领域及相应实施策略，包括：（1）根据区域流行病学和人口概况进行资本投资，而不是传统的投入规划；（2）让所有利益相关者和社区参与规划过程；（3）赋予各地区制定本地资本投资计划的权利和能力；（4）实现“需求认证”制度，对卫生行业的新资本投资项目进行评估和审批；（5）以社区卫生项目为优先。

9.3.1 核心行动领域 1：根据区域流行病学和人口概况进行资本投资，而不是传统的投入规划

中国是一个人口结构多元化的大国，应当根据各地区人口的具体需求而不是全国平均状况来进行投资规划，这种方法可以更好地满足人口健康目标。具体的行动策略有助于改变当前卫生规划的思路方法，让人口需要决定卫生服务规划。荷兰采用基于需求的“地平线”方法来规划养老资本投资，该模式以满足人口卫生需求为中心，同时认真规划长期资本投资是资本投资规划模式的一种（见专栏 9.2）。

对比基于需求的方法（needs-based）和旧式的基于要求（demand-based）的方法会发现一些有意思的差别。例如，根据老龄人口的信息情况，基于需求的模式预测 2009 年荷兰全国的床位数量需要少量增长。因为考虑到了城市人口的不平衡分布，这种方法比线性的基于要求的方式更为准确。

海牙树立了运用“地平线”方法进行资本投资规划的好榜样。2009 年，基于需求的模式预测服务类别 4 和类别 5 需要 4.3 个床位（每千人口），而基于要求的模式预测 3.5 个床位（Nauta、Perenboom 和 Galindo.G，2009）。基于需求的模式考虑了海牙和荷兰人口结构的差异，计算出不同服务类别的需求，为海牙提供了更为准确的养老资本需求信息。

基于需求的地平线模式灵活，可以进行

表9.4 加强资本投资的核心行动领域与实施策略

核心行动领域	实施策略
1.根据区域流行病学和人口概况进行资本投资，而不是传统的投入规划	• 制定监管框架，使卫生事业资本投资以改善服务和提升价值为重点 • 对资本投资采用服务规划的方法，并要求未来所有投资都要以对人群的需求评估为指导 • 开发一个卫生服务能力规划工具，对全国医院体系的资金和物质资源需求按照省份、专科和等级进行评估 • 编制省级“战略规划”，涵盖未来5—10年对基础设施、设备、技术和人力资源开发的投资需求 • 将资本规划纳入中期支出框架，并将资本规划与预算编制相结合，同时也要考虑民营部门的能力（已有的和计划的） • 建立必要的法律框架来支持新的规划和治理安排，确保新规划方法得到切实执行和贯彻
2.让所有利益相关者和社区参与规划过程	• 识别各种利益相关者群体及社区和民营部门领袖，针对每个利益相关者群体制订参与策略 • 按照参与策略举行咨询磋商 • 要求对所有资本项目进行严格评估和信息披露，包括以慈善捐款和实物捐赠建设的“自有资金”项目 • 公布各省按照医院级别和单张病床平均所占面积确定每张病床的基准支出，并确保投资满足标准
3.赋予各地区制定本地资本投资计划的权利和能力	• 建立省级卫生投资和资本开发委员会 • 制定省级战略规划（或总体规划），其中包括未来5—10年在基础设施、设备、技术和人力资源开发方面的投资需求，以确保投资与不断变化的人口健康需求相协调 • 制定总体资本支出的区域卫生规划时，将社会资本投资考虑在内
4.实现“需求认证”制度，对卫生行业的新资本投资项目进行评估和审批	• 要求资本投资的可行性研究必须以人口的健康需求为基础 • 要求可行性研究说明拟开展的资本投资对满足既定目标需求的必要性，并需考虑到各个区域的公立和民营服务供给情况 • 要求新资本投资申请的可行性研究必须包含需求认证
5.以社区卫生项目为优先	• 在省、市一级的资本投资预算中划拨一定比例的专项资金用于社区项目 • 确定重点社区，结合三年预算框架制定多年度社区资本投资计划

更长期预测。例如，基于要求的线性模式认为2019年海牙的床位需求量大约增加到4.0。然而，基于需求的模式预测2019年床位需求量会减少到3.9。基于需求的模式有利于进行未来资本投资规划，而且可以应用于医疗卫生的其他部门。实践证明，“地平线”方法是荷兰根据需要进行养老服务长期投资的良好模式。这表明基于需求的规划是可行的，事实上也可能为资本投资项目提供了更为准确的评估。

中国也面临人口老龄化，可以探索采用类似的模式，指导资本投资规划向着满足老龄人口需求的方向前进。像“地平线”这样的规划方式会有助于中国卫生官员规划资本投资时依据其独特的人口结构，而不是泛泛的依据整个国家的卫生需求。这将允许设计个性化的卫生资本投资，满足特定的卫生需求；结果是，每个地区独特的卫生需求将会更容易被资本满足，这是改善人群健康状况的正确方向。

9.3.2 核心行动领域2：让所有利益相关者和社区参与规划过程

让所有利益相关者，尤其是目标服务人群和民营部门参与规划过程，有助于使资本投资决策同时满足人们的健康需要和国家的政策

专栏9.2 荷兰的“地平线”方法三步骤

和其他国家一样，荷兰面临着人口老龄化的问题。为了更好地规划老年基础设施，荷兰卫生官员从原来那种线性的按照要求估算转为采用“地平线”方法，根据更准确的人口健康状况估算，进行更有效的以人群卫生需求为中心的投资。

原来荷兰养老资本投资规划采用的是传统的方法，用75岁以上人口比例来计算服务需求。到1998年，荷兰意识到这种方法存在明显不足，于是转向一种基于具体需要的方式，将其称为“地平线”方法，这种方法将实际的生理残疾和精神残疾信息用于资本投资项目的规划（Nauta、Perenboom和Galindo Garre，2009）。这样，荷兰卫生官员就从原来那种线性的按照要求估算转为采用“地平线”方法，根据更准确的人口健康状况估算，进行更有效的投资。

第一步是发放调查问卷，了解人们的健康状况、身体能力、生活状况以及处理日常生活事务的能力。关于养老服务情况的信息是从多个渠道收集的，用“潜在类别分析”对健康状况进行分类。根据健康状况分类制定不同的服务类别，针对老年人当中最普遍的健康问题。然后再进行人口随机调查，检验这个服务类别是否对整个人口具有代表性。这项调查每年进行一次，以便对数据进行更新，确保数据反映老年人最新的健康需求。利用当前人口信息和对未来人口结构的预测，可以估算每个区域属于每种服务类型的人数。

第二步是确定每种服务类别需要哪些服务，因为每种类别反映了被调查群体的一个基本状况。这个步骤耗时较短，因为各种类别事先已经进行了分类。

第三步是根据各种服务类别确定最恰当的服务方式。这一步要评估每种类型老人的需要并考察最适宜的服务方式。这一步所进行的分析对资本投资规划十分重要，因为它指导着对养老服务需求的具体规划。

来源：Nauta、Perenboom和Galindo Garre，2009。

要求。这方面应采取的主要步骤包括：（1）识别各种利益相关者群体及社区和民营部门领袖，针对每个利益相关者群体制订参与策略；（2）按照参与策略举行咨询磋商；（3）要求对所有资本项目进行严格评估和信息披露，包括以慈善捐款和实物捐赠建设的“自有资金”项目；（4）公布各省按照医院级别和单张病床平均所占面积确定每张病床的基准支出，并确保投资符合标准。

澳大利亚东海岸的新南威尔士州为更好地满足残疾人的需要，已经开始使用一种新的资本投资方法。这种方法被称为“部门规划框架”，是一种可根据各个子群体的需求进行修订的灵活方法，因此可以应用于不同的群体。这种新方法的一个主要特点是把当地社区（包括残疾人及其家人和护理人员在内）置于规划过程的中心，使他们成为制订规划的合作伙伴，也使该州能以最适合每个社区需要的方式兑现其对地方社区的服务承诺。这种方法认识到每个社区都有其独特的健康需求，而要想满足这些需求，资本投资就不能采取“一刀切”的方式。

新南威尔士州现在采用了这种新方法（见图9.6）。之前，残疾人服务资本规划是一种基于项目（Programe-based）、中心驱动的规划方式，根据机构的优先权制定计划，关注重心是服务产出以及规定的服务模式（新南威尔士州政府，2011）。

图 9.6 澳大利亚新南威尔士州采用新的部门规划方法

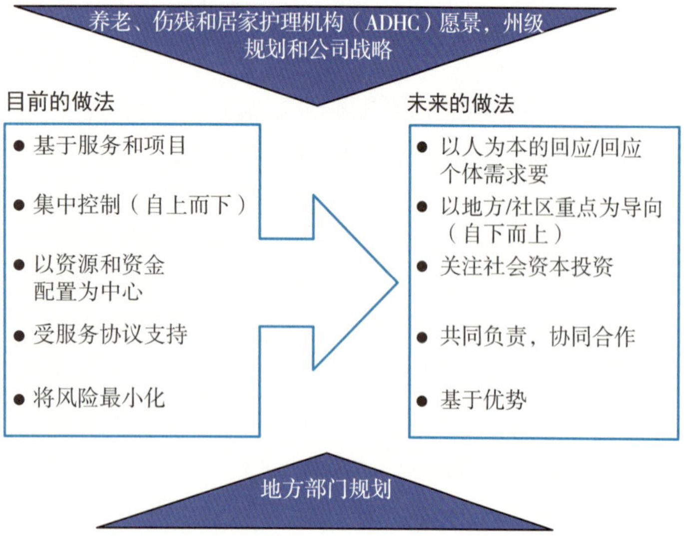

来源：新南威尔士州政府，2011。

这种新方法会在以下方面有助于服务体系：

• 以人为本，把残疾人及其家人和护理人员置于决策的中心，让他们就自己所接收的服务、谁提供了支持，以及如何和何时接收支持提供意见。

• 因为是终生服务，残疾人能够积极地参与为他们自己提供的卫生服务安排的规划和设计。

• 重点是把残疾人的经验和机会最大化。

• 促进经济参与和就业机会。

• 积极调动非政府组织以及当地社区的能力和社会资本。

部门规划框架将会统筹安排，重点制定5—10年的长期投资规划。该框架将会根据有力的证据、研究和数据进行规划。这将有助于更好地满足人口需求，同时也把利益的实现置于规划周期之中。框架将整合州、地区/地方和组织不同层级规划。这将会实现对每个社区的规划进行量身定做，同时也会和新南威尔士州的整体目标保持良好对接。同时，加强组织机构层面的规划，在组织机构的帮助下提供工具以支持地区规划。此外，它还会为更大范围的家庭和消费者服务规划框架（Family and Consumer Services，FACS）提供帮助，并确保根据当地情况制定的战略在更大范围的家庭和消费者服务规划框架以及新南威尔士州的残疾人规划中得到反映（新南威尔士政府，2011）。

这种方法使得规划过程中各层级可以开展公开、广泛的对话。细致的分析研究和充分的社区参与有助于将最适合各类人群健康需要的项目纳入投资计划。这种方法也有助于资本投资瞄准每个社区的独特需求，促进基于服务的投资决策。新南威尔士州已经认识到这种规划方法并不局限于残疾人服务，而是可以面向任何群体加以调整应用。

新南威尔士州的“部门规划框架”为中国提供了很多有吸引力的方案。中国可以采用这种方法，将规划涉及的各个层级都纳入到投资规划过程中，从而做出兼顾健康需要和政策要求的资本投资决策。“部门规划框架”可以加强各级政府、机构、卫生服务提供方和社区之间的协调，以确定优先目标和建立跨机构合作关系和公私伙伴关系，以便将来更易于实现服务整合。中国可以考虑采用这种灵活的方法来满足各种人群的健康需求，而不必每次都重新创造一种程序。

9.3.3 核心行动领域3：赋予各地区制定本地资本投资计划的权利和能力

要让中国地方政府负责制定自己的资本投资规划，需要采取一系列关键措施。《国务院办公厅关于印发全国医疗卫生服务体系规划纲要（2015—2020年）的通知》（国办发〔2015〕14号）为这种规划确立了初步框架，确保框架的实施将是朝着正确方向迈出的重要一步。[5]中国可以深入研究国际上的成功范例来修订自己的资本投资程序。

其中一个例子是法国的资本投资框架。在这个框架下，卫生投资规划是根据人口的服务需求，通过“战略性区域卫生规划”（SROS）而做出的。SROS提出医疗卫生服务的总体战略目标，明确优先重点、目标和指标，并确定区域内的量化目标和卫生设施布局。SROS由区域卫生管理局（ARS）与利益相关者协商制定，利益相关者包括卫生部、医疗保险基金、医院联合会、医疗卫生专业人员和患者代表（EOHSP，无日期；Ettelt等，2008）。法国卫生部起着协调作用，同时还会根据国家层面的需求评估和国家重点目标来编写卫生服务目录，各地区的规划中要包含这些服务（Ettelt等，2008）。

一般来说，区域卫生管理局负责服务规划，并授权医院提供社会医疗保险覆盖的服务；他们还负责监督现有医院基础设施的变化，包括医院重组和兼并等。唯一的例外是新医院（包括私立和公立医院）和综合急救中心的建设，这必须由卫生部批准。在战略规划的制订过程中，区域卫生管理局需要根据本地区卫生服务利用数据和相关人口数据（如死亡率、发病率等），对卫生服务需求进行评估。每个区域的数据都要与其他区域进行比较分析，以确定服务需求与供给状况。这些评估分析中也会考虑专家对未来卫生服务需求和技术变革趋势的预测——这些预测的主要依据是流行病学数据和其他国家（主要是美国）观察到的趋势（Ettelt等，2008）。

"战略性区域卫生规划"（SROS）是区域性资本投资和卫生服务规划最重要的工具，它主要关注医院规划和医院提供的昂贵治疗和技术。自2003年实施以来，SROS已经在各地区取代了法国卫生部原来使用的量化规划工具"国家医疗地图"。这个地图将每个区域划分为不同的医疗服务单位，对每个地理区域按主要专科的床位人口比例设定标准（EOHSP，无日期；Ettelt等，2008）。与原来全国性规划的做法相比，SROS的目的是使卫生服务更好地面向当地人口的需求。

为了进行资本投资规划，SROS要明确各地区和分地区每个卫生服务领域（包括全科医疗、外科、妇产科、事故和急诊治疗、新生儿护理、放疗、心血管病重症监护和精神病护理，以及磁共振扫描仪等昂贵设备）的服务机构数量，从而确定服务能力。SROS要根据服务类型计算服务量，并确定各个指标的基准以便横向比较。服务量是用病人数量、地点、天数（住院时间）、治疗方法和住院人数等单位进行衡量，表述为数量或比率，或是与以往相比的变化情况。以服务量而不是床位人口比例为基础进行投资规划，主要目的是为了控制供给过剩——这是一些城市（巴黎）和地区（法国南部）长期存在的一个问题（Ettelt等，2008）。

自2003年实施国家卫生规划改革以后，法国卫生服务体系已呈现效率提高的发展趋势。例如，门诊病人的比例已从2001年的48%增至2006年的53.4%，增长主要体现在急症护理（从30.9%增至39.2%）及出院后随访和康复部门（从60.3%增至67.4%）的日间服务量上。急症护理的平均住院天数从2001年的5.7天降低到2006年的5.4天。但与周边国家相比，急症护理部门的利用率仍然相对较低，2005年仅为73.4%，表明产能仍旧过剩（EOHSP，无日期）。

法国的经验，尤其是各地区SROS的发展历程为中国如何把利益相关者纳入卫生服务的规划过程中提供了启示。然而更为重要的启示是转变以床位人口比例为依据来确定卫生服务配置的做法。正如中国的个案研究所示，在中国资本投资规划仍然主要基于人口预测和床位数量。法国2003年改革前也实行这一做法，其弊病在于常常导致卫生服务供给过剩，特别是在法国南部和巴黎这样的城市中心区。中国可以学习法国的经验，采取服务量方法，即根据服务量（包括服务类型、病人数量、地点、住院时间、住院人数和治疗方法）来计算卫生服务能力和配置。服务量为过去某一时段的，需要与目前水平进行基准比对。

9.3.4　核心行动领域4：实现"需求认证"制度，对卫生行业的新资本投资项目进行评估和审批

中国现有的资本投资项目审批制度要求

所有项目提交可行性报告，但这些可行性报告往往使用根据卫生服务规模和范围等宏观指标确定的标准。

可行性研究对政府评估和审批新资本投资项目至关重要。前文介绍了关于中国仁寿县医院迁址和扩建的可行性研究，值得注意的是，新址的选择和医院的建设规划是根据机构需要而非人群需求确定的。"需求认证"（CON）制度提供了一个可能的解决方案。

在美国，需求认证制度被广泛用于评估和批准新的资本投资项目。1974年美国通过了《医疗资源计划和发展法案》，规定所有50个州在批准任何卫生资本投资项目（如扩建设施或购买新的高科技设备）之前必须进行需求认证评估。这项规定的目的是控制医疗设施投入成本，并对卫生服务及相关建设加强统一规划。许多州都实施了需求认证制度，以便获得联邦政府拨款。尽管《医疗资源计划和发展法案》及相关资金在1987年被取消，但至今仍有36个州保留着某种形式的需求认证制度，而其余14个州虽然没有实施这项制度，但也有其他机制来控制服务成本、避免服务重复。

9.3.4.1 缅因州需求认证制度

在美国，每个州都制定了自己独特的方法。许多州认识到了解人口的健康需求对资本投资规划的重要性，并应用人口健康需求分析来指导资本投资项目。如缅因州在2012年通过了《需求认证法案》，以便减少不必要的服务设施建设和改建以及重复建设，从而降低成本、提供更优质的医疗服务。

缅因州的需求认证制度包括下列核心原则（Ashcroft和缅因州州议会，2011）：

- 支持有效的卫生规划；
- 支持提供高性价比的优质医疗服务；
- 支持理性选择医疗服务、避免过度重复；
- 确保联邦基金审慎地用于医疗卫生服务方面；
- 确保公众在医疗卫生服务中的参与度，参与确定服务的组合、分布、数量、质量以及成本等；
- 提高医疗卫生服务在全州范围的普及性；
- 支持医疗卫生服务的发展和普及，不管消费者的支付能力如何；
- 寻求医疗卫生服务竞争和监管之间的最佳平衡点，以实现本法案的目标；
- 促进初级和二级预防性卫生服务的发展。

需要认证工作组（CONU）由一名组长、三名财务分析师和行政助理组成。为平衡全年工作量，工作组错开时间受理不同的投资项目申请。为使投资项目得到受理，申请者必须向工作组提交需要认证申请书。收到申请书之后，工作组会安排召开公众信息听证会，并发布公告。这一流程对需要认证制度的成功实施非常必要，它考虑到受理投资项目的公众反馈，使公民有机会表达他们的需要和担忧。任何缅因州公民都有机会对拟议中的卫生资本投资项目提出意见看法（Ashcroft和缅因州州议会，2011）。

除了公众的看法和意见，需求认证工作组同时考虑来自缅因州质量论坛（Maine Quality Forum）、缅因州疾病控制中心以及保险局（Bureau of Insurance）等组织提供的信息。通过咨询缅因州疾病控制中心，工作组能够根据人群健康需求做出正确决策。在这一过程中，做出需求认证决定需考虑以下重要因素（Ashcroft和缅因州州议会，2011）：

- 申请者有资格、有能力并且有意愿提供符合标准的拟议服务项目；
- 拟议服务项目的经济可行性；
- 公众对拟议服务项目有需求；
- 拟议服务项目符合州医疗卫生机构与资源的经济发展及有序发展的要求；
- 拟议服务项目与州卫生规划相一致；
- 拟议服务项目确保高质量结果，对现

行医疗服务的质量没有任何不利影响；

- 拟议项目不导致服务利用方面的不当增长；
- 拟议项目可以得到资本投资基金（CIF）的资助。

显然，缅因州实行的需求认证制度要求在新的资本投资项目开始之前进行公众听证。申请者必须证明他们提出的投资项目是为了满足某项公共需求。而且，每一项申请将对缅因公民的卫生服务造成何种影响，需求认证工作组都会向缅因州质量论坛和疾控中心征求意见。图 9.7 详细描绘了缅因州需求认证制度的流程。

缅因州的需求认证制度要求提供有力证据证明资本投资项目的潜在价值。人口健康至关重要。因为有了需求认证程序，如果不经过申请者本人、疾控中心和缅因州质量论坛对人群健康需求的详细审议，任何资本投资项目都不会得到批准。这样的彻底审查会减少大医院投资比例过高这一现象，有助于资本投资分布于各个层级的卫生服务机构，以便最大限度地满足人口健康需求（Ashcroft 和缅因州州议会，2011）。

中国可以像缅因州那样，建立一个基于人群健康和公众需求的需求认证制度来审批资本投资规划。

图 9.7　美国缅因州需求认证流程图

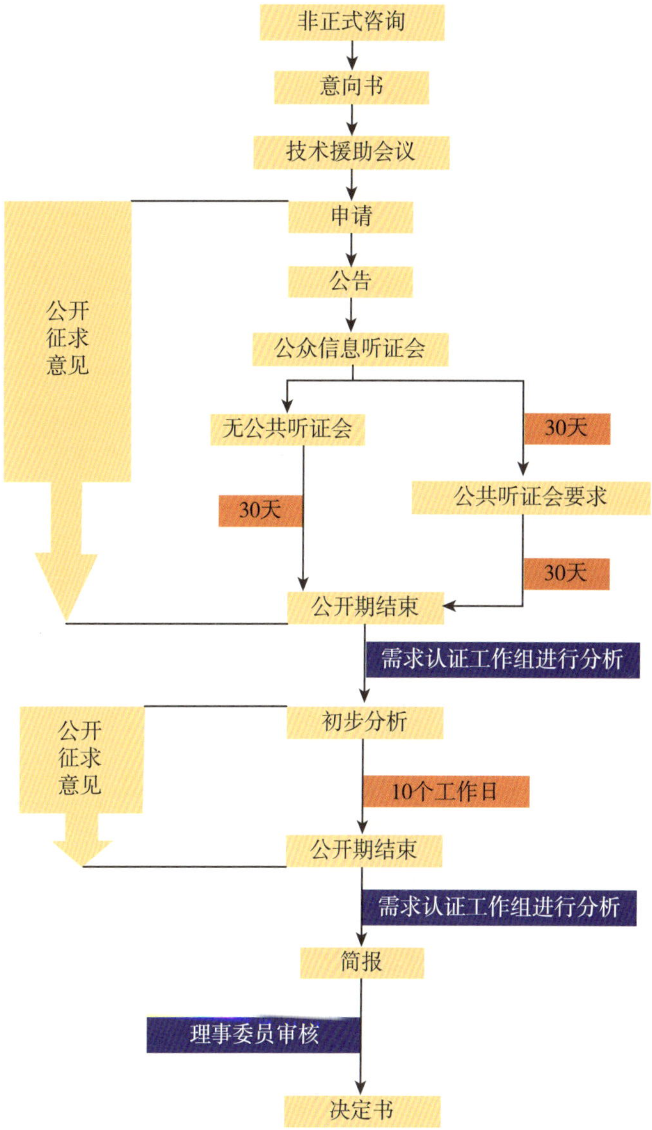

来源：“2010 Report，Certificate of Need Act.” ©缅因州卫生与公共服务部（Maine DHHS）。经许可，转载自缅因州卫生与公共服务部。如需转载，需获得许可。

9.3.4.2　肯塔基州需求认证制度

肯塔基州也实行了需求认证制度，以激励持续性医疗服务的发展。一些医疗机构致力于独立或者合作发展稳健型持续性医疗服务，需求认证制度为他们提供支持。这样做的部分原因是美国的支付结构和医疗服务行业环境一直在不断变化。

同时，如果达到了稳健质量指标，需求认证制度也会给予激励。这一点尤其重要，因为肯塔基州目前的医疗状况不佳。卫生官员希望通过各种激励措施，使更多享受医疗补助的成员、新投保者以及未投保的公民得到更多的医疗服务——这对贫困的农村社区尤为重要，因为这些社区慢性病很常见，未投保率也比较高。

美国的医疗服务正从按服务收费模式转向基于价值的购买框架，在这一时期，需求认证制度将更加关注价格透明度。为了促进肯塔基州医疗卫生体系的现代化，需求认证制度赞成使用有利于慢性病预防与治疗的新医疗技术。另外，这一制度对现代医疗服务发展趋势和人口健康需求进行反思，以进一步促进现代化建设的发展。上述各点为需求认证现代化的核心原则已于2014年10月公布。[6]

9.3.4.3 密歇根州需求认证制度

美国另一个可供中国借鉴的例子来自密歇根州。该州早就认识到，单纯基于成本的投资计划可能对卫生服务行业造成扭曲，对服务质量和可及性都会产生不利影响。密歇根州卫生行业实施的需求认证制度多年来逐步发展成熟，促进了服务体系的多样化，不再以医院为中心。该州还为保证资本项目达到相关标准提出了各种要求，这同样也是中国面临的一个挑战。

最初，密歇根州的需求认证制度完全基于资本投资项目的成本，结果医院得到了更多关注，因为在全部医疗支出中它们占绝大部分。该制度最初仅覆盖医院资本投资项目，然而，负责卫生政策的官员后来认识到单纯基于成本的投资计划可能对卫生服务行业造成扭曲，对服务质量和可及性都会产生不利影响。例如，在成本最低的地点兴建新服务项目或许并不会提高可及性，或按照需求配备医疗专业人员。因此，尽管仍然非常注重床位数量，密歇根州的需求认证制度正逐渐向基于需求并以患者为中心的方向发展（密歇根公民研究委员会，2005）。

密歇根州1972年通过的256号法案规定，医院必须首先通过需求认证，证明其拟议项目确实有必要，才能进行服务项目的建设、改建、增建或者使之更先进。这种需求分析要素已成为需求认证制度的一部分。该法案指定卫生局负责需求认证，并建立委员会来监督这一制度的执行情况。这就保证了资本投资规划不受任何政治议程的影响。按照这一法案，资本投资提案必须包含以下内容（密歇根公民研究委员会，2005），这些准则为中国设定资本投资项目的要求提供了很有价值的参考。

- 直接受益社区和地区现有医疗服务机构的充足性、可获得性以及使用模式和水平；
- 申请需求认证的医院对社区居民和医生的可及性程度；
- 可替代住院治疗的其他医疗服务的充足性和可获得性，例如住院前治疗、门诊治疗和家庭护理等；
- 通加强高度专业化服务，共享实验室、放射诊断等中心服务，以便改善经济状况、提升服务水平；
- 通过医院和其他机构之间联营或签订合约来改善经济状况、提升服务水平；
- 为完成各项服务所需要的医护人员的可用性；
- 证明医院在聘用、房间分配、培训等方面没有区别对待行为；

证明消费者是公立医院的治理主体；

- 证明医院具有经济实力，能够资助项目建设，并在完成后保证服务机构的正常运转；
- 证明投资项目符合当地的规章制度及标准；
- 其他有助于优质卫生服务的有序发展的因素。

1978年通过的368号公法进一步修订需求认证制度，扩大了覆盖面，将养老院等非医院服务机构和某些临床服务机构囊括在内。这使密歇根逐渐改变了以医院为中心的资本投资规划模式，越来越多地考虑人群健康需求。10年后，331号公法和332号公法进一步扩大了需求认证制度的覆盖面，囊括了更多的临床服务机构，并通过州法确定了该制度涵盖的7类医疗器械。同时，继续根据州法对地区卫生规划代理机构进行授权。332号公法允许相关部门要求提交需求认证申请一并附上数据和统计资料，并立法规定一旦批准必须对需求认证项目进行监督，以保证该项目与投资项目保持一致，并符合人口健康需求（密歇根公民研究委员会，2005）。

显然，密歇根州的需求认证制度比缅因州的更为复杂，体现了美国所实施的需求认证项目的多样性。各州实施的需求认证制度都尽可能地适应该州的独特卫生政策规程、政府运作程序以及人口健康需求。在密歇根，拟议计划必须满足以下六项要求（密歇根公民研究委员会，2005）：

- 必须满足一项未满足的需求；
- 必须包括可选方案以及为何认为该方法最主要的原因（如果未提供可选方案，必须说明原因）；
- 必须说明拟建服务项目成本最低；
- 必须符合操作标准和质量保证标准，必须说明拟议计划如何保证适当的可用性，指出如何测评有效性，以及申请者曾经并且目前均符合州政府和联邦政府的许可及认证要求；
- 如果拟议计划与某一机构相关，申请者必须证明接受拟建服务项目的机构必须满足这6项要求中的一项；
- 非营利申请者所属的董事会或理事会中消费者必须占绝大多数。

这样的要求对中国非常有借鉴意义，尤其是还没有全面遵守中央指令的省份。这些要求使资本投资规划基于实际健康需求，并保证资本投资项目能够促进人口健康的改善。

密歇根的需求认证制度说明这样的制度可以逐步发展成熟，并证明只有不以医院为中心的需求认证制度才能成功引导资本投资，改进整个卫生行业。同时，该州的需求认证制度也说明了如何精心策划这一制度，如何根据现有需求和未满足需求来更好地规划资本投资结构。

9.3.4.4　美国需求认证制度对中国的启示

美国实施的需求认证制度为中国带来了很大的希望，因为在中国机构需求对决定医院是否扩建至关重要。例如，对四川省眉山市的仁寿县医院进行了详细调研，结果表明该医院的选址和建设规划取决于机构需求，而不是人口需求。类似于需求认证这样的制度为这一问题提供了解决方案。

美国各州实施的需求认证制度都为中国提供了可借鉴的经验：

在认识到本州人群健康的可怕状况之后，肯塔基州力图将其需求认证制度转向发展关注健康需求的资本投资。中国也可以这样做，发展类似于需求认证的制度来满足人群健康需求。通过关注某一人群的健康需求，资本投资项目有助于促使医疗机构提供最优并且最易获得的卫生服务，从而改善人群整体健康状况。在改善人群健康状况方面肯塔基州还任重而道远，但是该州已开始重新定向其资本投资规划，从正面证明了基于服务的资本投资规划的重要性。

在缅因州，资本投资项目申请者必须证明该投资项目旨在满足某项公众需求。这项要求很重要，因为会有助于减少服务设施的重复建设，也有助于将投资引向最需要投资的领域。另外，公开听证是需求认证过程中的一个重要特色，它使公民有机会对拟议中的投资项目表达他们的需求和看法。这种做法也增强了卫生官员和公众之间的沟通，进一步强化了投资规划中的“以人为本”原则。中国可以像缅因州那样，建立一个根据实际的人群健康需求数据进行资本投资决策的工作程序。

密歇根州认识到单纯基于成本的投资计划可能对卫生服务行业的服务质量和可及性都会产生不利影响，这对中国有着重要启示。需求认证制度多年来逐步发展成熟，促进了服务体系的多样化，不再以医院为中心。该州还为保证资本项目达到相关标准提出了各种要求；而中国正面临遵从的问题，因此这些要求可以使实际操作更好地符合政策要求。密歇根的需求认证制度说明这样的制度可以逐步发展成熟，并证明不以医院为中心的需求认证制度才能成功引导资本投资，改进整个卫生服务行业。同时，该需求认证制度也说明了应该如何精心策划这一制度，如何根据现有需求和未满足需求来更好地规划资本投资结构。

9.3.5 核心行动领域5：以社区卫生项目为优先

同中国一样，北爱尔兰的资本投资曾经也是以医院为中心，而且投资主要集中于急症治疗。从2007年开始，北爱尔兰开始将投资转向社区层面的卫生机构。新模式试图建立一个由各种服务机构形成的一体化服务体系，从家庭护理到基层服务、社区服务、亚急性/观察病房和急症治疗设施，而这一切都由结构清晰的医疗服务网络提供支持。

这一模式背后的战略包含两方面的考虑：增强社区内的卫生服务提供，同时将复杂的医疗服务集中起来。就第一项内容而言，北爱尔兰进行了一次全面的全区域规划，决定新建42个社区卫生服务中心，全部位于人口中心区（见专栏9.3）。

第二项内容要求对某些服务加以集中——从地方综合性医院集中到急症中心或地区级医疗中心。这些复杂的医疗卫生服务对专业技能和知识有很高要求，地方医院难以轻易提供，或是很难以可负担的成本提供。在确定哪个医院为急症治疗医院时，所采用的一个关键指标是，患者从北爱尔兰任何一个地方前往急症中心的行程最多不超过一小时，该中心应能够提供全面的事故和急诊医疗服务。

这种新模式的一个主要目的就是改善优质、及时的卫生服务的可及性。单个卫生设施的具体位置是由若干重要因素所决定，包括《区域卫生战略》核心原则、位于城市还是农村、当地人口数量、流行病学因素、出行时间和距离、工作人员数量和专业设备的群聚效应、现有设施的状况和位置、改善可及性、减少等待时间、降低住院率、提高可负担性等多方面考虑。

此外，北爱尔兰一直试图在新模式中引入灵活的设计原则（见图9.8）。这些原则包括：采用分期建设的方法从现有设施过渡到新设施；在提供复杂服务（如重症治疗或医学影像）的区域附近留置“软性”空间（如较容易搬迁的办公空间或教学场所），因为这些提供复杂服务的设施将来可能需要扩大，而它们的搬迁成本很高；推行标准化（Rechel和Erskine等，2009）。

该模式鼓励将1级机构和2级机构设立在同一位置，尤其是在高人口密度地区，因为在这些地区去看全科医生的路程更有可能处于可接受范围内。如果3级或4级机构已经位于自然人口中心区，将1级机构和2级机构

专栏9.3 北爱尔兰卫生体系的重新设计

北爱尔兰卫生体系物理位置的重新设计体现了五个特点：

1. 根据卫生服务的空间需求，将“卫生和社会照料信托组织”（供方组织）从17个减少到5个，每个组织都面向当地人口提供全面的医疗卫生和社会照料服务；

2. 指定或建设区域性中心，将其作为那些适于集中提供的三级医疗服务的唯一供方；

3. 将提供全面急症服务的综合性医院从18个减少为10个；

4. 将其他9家医院中的7家重新建设为新的非急症观察治疗机构，以服务本地社区为重点，增强其提供多种中级医疗服务的能力；

5. 新建42家一站式社区卫生服务中心（无病床），主要目的是避免不必要的住院治疗。

来源：Rechel和Erskine等，2009。

设立在同一位置更有利，同时又能保持他们各自的独立身份和组织结构。如果提议这种“同处一地”，实施后则会被称为“卫生村”。表9.5概述了各个层级提供的医疗服务范围。

北爱尔兰的例子表明，卫生体系完全有可能实现这种实体性的转型，改变原来那种以医院为中心的体系。北爱居民现在可以更好地获得社区和急症医疗机构的服务，而这两类机构的设计都是以改善人群健康为宗旨。

这种以各地区的具体需求为重点的做法可以为中国提供重要借鉴，增加对社区卫生服务的资本投入、提高优质服务的可及性将使中国大为受益。认识到社区层面具有独特的健康和资本投资需求，北爱尔兰将其资本投资集中于社区卫生服务机构，改变原来那种以医院为中心的模式。不仅如此，北爱尔兰还将一些资本投资专门用于建设具有灵活

图 9.8　北爱尔兰的一体化服务模式

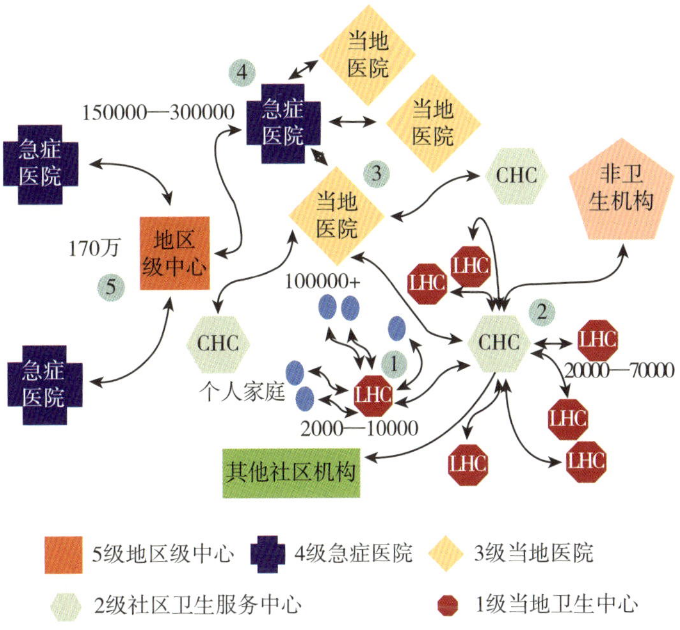

来源：北爱尔兰贝尔法斯特卫生、社会服务和公共安全部（DHSSPS）。

表 9.5　北爱尔兰一体化模式中各个层级提供的医疗服务

（人口：卫级别生机构）	医疗服务服务
1级：当地卫生中心 • 建设成本范围：100万—500万英镑 • 1级卫生机构经常合并至2级卫生机构中	• 全科诊疗 • 非复杂诊断检验 • 基础治疗和护理 • 治疗方法有限
2级：社区卫生服务中心 • 建设成本范围：500万—1500万英镑	• 非上班时间全科诊疗服务 • 门诊医疗 • 小手术 • 非复杂医学影像和诊断 • 儿童诊疗服务 • 物理疗法 • 言语障碍治疗 • 足病治疗 • 牙科服务 • 社会服务 • 心理健康服务 • 多领域外展团队 • 志愿部门 • 社区卫生机构 • 药房

续表

（人口：卫级别生机构）	医疗服务服务
3级：当地医院 • 建设成本范围：4000万—7000万英镑	• 急救中心（不同于全面的事故和急诊医疗服务） • 门诊中心 • 包括放射治疗在内的全面诊断 • 日间手术部门（可以指定3级机构为“保护性备选中心”） • 过渡性医疗照护、康复和全科床位 • 心理健康部门 • 辅助服务
4级：急症医院 • 建设成本范围：2亿—3亿英镑	全面的标准医院急症服务，包括： • 由专家指导的事故和急诊服务 • 危重诊疗科室 • 急症内科和外科科室 • 儿科 • 门诊部 • 放射科
5级：地区级中心 • 不限建设成本 • 通常与4级急诊医院位于同一位置，但也有例外	例如： • 肿瘤治疗 • 整形外科 • 心脏外科 • 神经外科

来源：改编自Rechel和Erskine等（2009）。

性设计的设施（这些设施可以根据未来需要对功能和用途加以调整），提高了投资的长期效率，使卫生系统可以更好地响应未来的人口健康需求，而无须投入新的资本或从头设计新的设施来满足当初未预见的需求。中国可以考虑探索这种灵活的设计方式。

注释

1. 经合组织卫生支出数据来自2015年经合组织统计及健康统计数据库，https://stats.oecd.org/index.aspx?DataSetCode=HEALTH_STAT.

2. 国民经济核算数据提供了关于资产和资本支出类型的一种观点。尽管资本支出可能年年浮动，但总体而言，经合组织国家的建设支出（如建造医院和其他卫生服务设施）和设备支出（医疗设备、救护车以及ICT设备）之间存在差距。合计共占资本支出的85%。其他的15%是知识产权产品——研究成果、创新发展。

3. 国家卫生和计生委员会于2013年组建，不再保留卫生部和人口计生委。然而，2018年3月，其职能被整合到一个名为国家卫生健康委员会的新机构中（新华网，2018年3月13日，http://www.xinhuanet.com/english/2018-03/13/c_137035722.htm）。

4.《全国医疗卫生服务体系规划纲要(2015—2020年)》，国办发〔2015〕14号。

5.《全国医疗卫生服务体系规划纲要(2015—2020年)》，国办发〔2015〕14号。

6. 关于肯塔基州需求认证制度的更多信息，参见肯塔基健康和家庭服务内阁网站，https://chfs.ky.gov/agencies/os/oig/dcn/Pages/cn.aspx。

参考文献

《四川统计年鉴2012》，中国统计出版社，2013年。

Ashcroft, B. & Broome, A. 2011. Certificate of Need: Process Appears Clear, Consistent and Transparent. *Paper 26.* Main State Legislature: Office of Program Evaluation and Government Accountability.

Atella, V., Brugiavini, A., & Pace, N. 2015. The health care system reform in China: effects on out-of-pocket expenses and saving. *China Economic Review* 34, 182-195.

Citizens Research Council of Michigan. 2005. The Michigan Certificate of Need Program. [Report 338].

Goldstein, L.B., Adams, R., Alberts, M.J., Appel, L.J., Brass, L.M., Bushnell, C.D. 2006. Primary Prevention of Ischemic Stroke: A Guideline from the American Heart Association/American Stroke Association Stroke Council. *Stroke* 113(24), 873-923.

European Observatory on Health Systems and Policies. (n.d.). Health Systems in Transition (HiT) Profile of France. Retrieved from http: //hspm.org/countries/france25062012/livinghit.aspx?Section=4.2%20Planning%20and%20health%20information%20management&Type=Section.

Ettelt, S., Nolte, E., Thomson, S., Mays, N. & the International Health care Comparisons Network. (2008). Policy Brief: Capacity planning in health care—A review of international experience. World Health Organization in behalf of the European Observatory on Health Systems and Policies.

Hindle D, Dowdeswell B, Yasbeck A-M (2004). Report of a survey of clinical pathways and strategic asset planning in 17 EU countries. Utrecht: Netherlands Board for Hospital Facilities.

Interior Health. (2013). Interior Capital Health Strategy 2013-2023.

Kentucky Cabinet for Health and Family Services. (n.d.). Certificate of Need. Retrieved from http: //chfs.ky.gov/ohp/con.

Kirschner, H.S., Biller, J. & Callahan, A.S. (2005). Long-term Therapy to Prevent Stroke. *Stroke Journal of the American Board of Family Medicine* 18(6), 528-540.

Klungel, O.H., Kaplan, R.C., Heckbert, S.R., Smith, N.L, Lemaitre, R.N., Longstreth, W.T., Leufkens, H.G., de Boer, A. & Psaty, B.M. (2000). Control of blood pressure and risk of stroke among pharmacologically treated hypertensive patients. *Stroke*, 31(2), 420-424.

National Conference of State Legislatures. (2015). Certificate of Needs: State Health Laws and Programs. Retrieved from http: //www.ncsl.org/research/health/con-certificate-of-need-state-laws.aspx.

Nauta, J., Perenboom, R. & Garre Galindo, F. (2009). A new horizon for planning services and health care infrastructure for the elderly. [Proceedings]. HaCIRIC International Conference.

New South Wales Government (2011). Sector Planning Framework: Policy Statement. [Version 1.0].

O' Donnell, O., Van Doorslaer, E., Rannan-Eliya, R. P., Somanathan, A., Adhikari, S. R., Harbianto, D., Zhao, Y. (2007). The incidence of public spending on health care: comparative evidence from Asia. *The World Bank Economic Review* 21(1), 93-123.

OECD (2008). Annual report 2008. Paris: Organisation for Economic Co-operation and Development.

Rechel, B., Wright, S., & Edwards, N. (2009a). Investing in hospitals of the future. *Observatory Studies Series No. 16.* World Health Organization, on behalf of the European Conservatory on Health Systems and Policies: Copenhagen, Denmark.

Rechel, B., Erskine, J., Dowdeswell, B., Wright, S. & McKee, M. (2009b). Capital Investment for Health: Case studies from Europe.

Observatory Studies Series No. 18. World Health Organization, on behalf of the European Conservatory on Health Systems and Policies: Copenhagen, Denmark.

Rechel, B., Wright, S., Dowdeswell, B. & McKee, M. (2010). Even in tough times: Investing in hospitals of the future. *Euro Observer* 12(1), 1-3.

Shi, G., O' Rourke, M., Liu, J., Zhong, D., Liu, X., & Li, J. (2003). Organisational reform in health care in China: impacts on the social functions of public hospitals. Australian Health Review 26(3), 61-72.

Woo, D., Haverbusch, M., Sekar, P., Kissela, B., Khoury, J., Schneider, A., Broderick, J. (2004). Effect of untreated hypertension on hemorrhagic stroke. *Stroke* 35(7), 1703-1708.

第 10 章

加强卫生服务改革的实施

10.1 引言

中国卫生服务体系下个阶段的发展应以全面提高体系中各级医疗服务的价值为核心。前面的章节已经就八项改革推手中要做出的改变进行了详细讨论，同时根据国内外经验对每项核心行动的实施提出了具体战略。这一章将着重讨论如何实施这些重要变革；重点介绍怎样为改革创造有利的组织环境，以及将前面章节中提出的核心行动和战略付诸实施并保持下去的工具。创造有利的组织环境是有效实施改革的前提，因此是非常关键的前提条件。如果没有良好的组织环境，改革将很难取得实际进展。

本章是按照以下逻辑组织的：第 10.2 节分析在中国的制度和组织环境中实施改革面临的障碍。然后，本章主体部分将讨论前面章节中提出的改革建议付诸推广的一个具体实施模式。第 10.3 节提出一个具有可操作性的改革实施框架，重点放在四个“实施”体系上：（1）宏观实施与影响；（2）协调与支持；（3）服务提供与学习；（4）监测与评价。第 10.4 节针对每个体系根据中国具体情况提出了具体策略，其中建立促进一线卫生服务改进和相互学习的组织平台尤为重要。例如，如果只靠薪酬激励而没有其他方面的支持，绩效差的机构发生转变的可能不大（Cutler，2014）；促成改进还要有相应的支持系统，以开展能力建设，并建立有助于推动组织（和个人）做出改变的有利环境。[1] 第 10.5 节进行总结，并就改革实施顺序和全面推广提出建议。

10.2 改革实施面临的挑战

中国已经制定了很好的医改政策，这一点是各方的共识。但多数观察家认为，这些政策还没有转化为改进卫生服务提供所需要的可推广、持续性的行动。和在其他领域的改革一样，中国也主要是用试点的方式来推动医疗卫生改革。这种先由地方政府开展小规模试点的方法虽然对推进经济改革发挥了有效作用（Heilmann，2008），但在扩大医疗改革方面还需继续推进。[2]这一点在解决供方激励、社会力量办医、公立医院改革和卫生服务再平衡等深层、复杂的问题上尤为明显。

原因之一是原来由政府对医疗机构直接进行管理，现在要转为“保持距离”的治理方式或间接治理方式，即政府通过激励、监管和其他制衡手段对卫生体系进行引导，这种转变是非常困难的（Meessen和Bloom，2007）。体制的碎片化、领导权的分散和既得利益更是增加了实现转变面临的挑战。在这种情况下，试点项目即使行之有效，也无法继续保持或大规模推广。实施八项改革推手的改革建议，需要在以下三个层面上认真管控实施中的各种问题：中央政府，省和地方政府，以及一线服务提供方。下面将逐个加以讨论。

10.2.1 中央政府：对改革实施情况的监督监测较为分散

中国通常的做法是，中央政府的政策指令多为一些基本原则或指导意见，以鼓励地方创新，允许地方政府在将这些原则应用于本地情况时保留灵活性。创新通常是经中央政府批准后先进行试点。正如本报告中一些案例所反映的那样，试点中的确有成功的创新，但能得到广泛推广的创新却较少。创新和改革的实施往往较为“个人化”，反映的是地方领导的理念和观点。这可能与缺乏对改革进展及问题的实证分析和信息反馈有关。对创新的严格科学论证不多，特别试点工作都是在地方展开，而各地之间所面临的现实情况差别很大。

国务院医改领导小组总体负责制定医改政策和监督医改的实施，但对实施的监管责任分散于中央政府各部门，每个部门根据自己的职能重点负责卫生改革的某个方面（譬如服务定价、保险、药品标准、人力资源、医疗服务等）。监管报告往往是基于简短实地考察所收集的信息，而这些考察通常由不同机构的代表分别进行。此外，由于中央政府部门与地方上的相应机构并不完全脱离，因此评估的独立性会受到质疑。中国还没有系统性地建立一个用于收集信息、评估改革进展的独立机制。这些情况表明，中央政府可能需要针对改革的实施提供政策指导，整合和强化对实施进程的监督，并建立必要的制度，以便从更加“全局化”和系统化的角度来监测验证改革进展，评估改革实施效果。

10.2.2 省级和地方政府：缺乏协调，领导分散

由于卫生改革的职能分散在多个政府部门，而且部分地方层面尚未将其作为一项优先重点，因此各部门缺乏改革自主意识，领导分散。在卫生改革的实施方面，尚未建立对地方政府官员问责的有力机制。与推动经济增长相比，地方官员在规划和实施卫生改革方面的动力普遍较弱，例如，促进经济增长和发展的激励措施（Huang，2009；Ramesh、Wu和He，2013）。地方官员的政绩和升迁一般不取决于卫生改革的进展。在这种情况下，地方官员自然不愿意去解决那些复杂的问题——如公立医院的逐利行为等。

要建立新的卫生服务模式，就需要加强卫生体系中各方面的协调，特别是要解决机构分割问题——既包括横向分割（横跨多个政府部门），也包括纵向分割（纵贯市、县、区各级政府）。在当前情况下，各部门往往只从自身利益出发，因而很难开展可持续、可推广的改革。对复杂问题的决策经常是通过机构间的讨价还价做出的，这就削弱了改革的整体性（Huang，2009；Qian，2015）。由不同利益的多个政府部门通过谈判协商，针对改革事项采取一些零散的行政措施，这种做法短期而言可能有效，但长期来看是不可持续的——除非政府增强自身的协调能力并将其制度化，同时做出必要的组织安排使之具有可操作性（He，2011）。总之，要想有效、

规模化和可持续地实施卫生改革，就需要落实推动地方官员和政府部门加强协调、切实推行改革的激励措施和问责机制。

10.2.3 第一线服务提供：领导组织机制及卫生服务提供者推动医改的共同学习机制尚待加强

医疗卫生服务的改善发生在服务一线，即家庭、村卫生室、社区或乡镇卫生院，以及医院。转型性的变革单靠某个医生或医疗机构难以实现，而是需要一组服务供方相互合作，共同为患者提供服务。政策改革不会在卫生机构层面自动得到可靠的实施，而是必须制定内容明确、重点清晰的实施计划并加以贯彻执行。国际经验已经充分说明了这一点，如英国的初级医疗协作联盟（详见附件10.1），美国的退伍军人健康管理局（详见第2章），以及美国老人医疗保险和穷人医疗保险管理中心最近建立的“患者伙伴关系计划”等（详见第3章）。

国际经验表明，要使医疗机构的组织目标从提供治疗转为改善健康结果，需要组织文化的根本性转变。仅靠“点名批评”式的谴责来促使卫生服务机构转变做法，无法形成以价值为导向的卫生服务体系。实证经验证明，应当采取针对整个医疗卫生体系的方法，包括实行绩效报告制度，增强数据透明度，以及——可能也是最重要的一点——系统性地运用那些能够推动卫生机构做出改变并不断从结果中汲取经验的学习模式（Garside，1998；Schouten，2008；Greene、Ried和Larson，2012）。一些有助于同行机构在宽松环境下相互借鉴成功和失败经验的协作方式，可以迅速推动改革的实施。

10.3 一种包含四部分内容的可操作实施框架

实施包括用来将政策、改革和证据付诸实践的一系列活动、程序和干预。高质量的实施有助于改革取得预期效果（Aarons等，2009；Durlak和DuPré，2008；Meyers等，2012；Wilson、Lipsey和Derzon，2003）。例如，Durlak和DuPré（2008）通过对五个荟萃分析包含的483项研究和另外59项研究的回顾，发现项目结果与实施水平有高度关联。高质量的实施会促使项目取得更好绩效，使项目参与者有更高概率获得更大收益。

全球范围内，人们普遍认为医疗体系当前提供的健康效益与其潜力之间有巨大差距（WHO，2007）。造成这种差距的原因之一就是实施和将知识付诸实践的过程中存在的缺陷。换句话说就是，在很多情况下，循证医疗技术和服务模式未能得到可靠实施。正如《实施科学》杂志的编辑在其发刊辞中所指出的：“研究成果得不到到均衡采用，并且由此产生的不当服务存在于各种环境、各个专业和各个国家”（Eccles和Mittman，2006，1）。

以大量文献为基础，过去二十年里关于实施的科学已取得了很大进展，出现了一些具有可操作性的框架，可以帮助规划者、实施者和社区推动改革实施（Aarons、Hurlburt和Horwitz，2011；Damschroder等，2009；Durlak和DuPré，2008；Fixsen等，2005；Meyers、Durlak和Wandersman，2012；Meyers等，2012；Peters、Tran和Adam，2013；Wandersman、Chien和Katz，2012；Wandersman等，2008）。这些框架以实证为基础，就改革的关键阶段、行动步骤和要素提供指导，从而促进改革的有效实施并最终将成功做法可持续化、制度化。

尽管实践证明这些框架可以发挥良好作用，但使用时仍需保持谨慎。框架中某些要素已有很强的实证支持，另外一些则可能相对欠缺有关证据。而且，改革的实施本质上离不开改革所处的具体环境：没有什么“放之四海而皆准”的解决方案，因此必须因地制宜地进行必要调整。对下面提出的实施步骤、组织平台以及实施顺序和时间安排，需要根据各地的能力、环境和起始条件的不同而加以调整。

缩小政策与实践之间的差距，需要具备必要的能力、资源、问责制度，还要对协作、评估和学习做出承诺。本章以关于实施的文献为参考，提出一个简化但可操作的实施框架。该框架包含了四个适应中国基本国情的体系。需要重点说明的是，这些体系之间存在交叉重叠，而且在实施中可能还需要根据具体情况进行进一步调整。

10.3.1 宏观实施与影响体系

这个体系指的是通过一些外部“影响因素”来建立推动改革有效和持续实施的有利环境（Fixsen等，2005，59）。实施不是在真空里进行，而是要有恰当的制度、政治和经济环境，这种环境将确定重点实施工作的领导者和倡导者，确立实施目标和绩效指标，并对实施工作的质量和影响进行审查。有利的实施环境对转型性改革的成功实施至关重要，因为转型性改革意味着需要建立新的模式，克服固有路线和既得利益。研究表明，有利的宏观环境与更好的改革结果和实施“忠实度”具有相关性——所谓实施“忠实度”，是指改革的实施在多大程度上符合改革的预期、设计和规划（Fixsen等，2005；Meyers、Durlak和Wandersman，2012；Meyers等，2012）。

高层政策制定者和领导人提高对实施工作的重视并加强相关监督对卫生服务改革的顺利进行至关重要。需要考虑的具体事项包括：建立衡量改革实施绩效的清晰问责体系；展示领导层对实施改革的承诺；确立实施过程中的里程碑和结果；建立监测和反馈体系，用来总结实施经验并及时调整政策方针；为支持改革实施进程动员必要的资源；就如何开展独立评估做出安排。建立有利的实施环境（见下文），策略之一是加强中央政府对改革实施情况的监督和监测。

10.3.2 协调与支持体系

协调与支持体系的目的是为有效实施一线改革培养必要能力和构建有利环境。协调与支持体系的主要功能包括：与关键利益相关者协调，确保他们对改革的承诺；安排培训和技术援助；制定和调整实施方案和时间表；与社区、卫生服务机构和卫生专业人员就改革行动和预期结果进行沟通；就实施进展和结果对一线服务机构问责；确保改革得到足够的行政支持；对改革实施活动开展实地监测，包括记录对原始方案与设计的调整修改。

协调与支持体系的组织结构要靠近一线的改革实施，这样才能有效行使上述职能，监督实施进展。有些国家成立了专门的实施工作组，来鼓励关键利益相关者参与和支持改革的实施，监测和控制机构压力和政治压力，引导一线服务供方完成复杂的改革过程（Dewan等，2003）。如下文所述，中国可以考虑在省级或地方政府层面建立获得全面授权的医改领导小组或指导委员会来行使以上职能。

10.3.3 服务提供与学习体系

服务提供与学习体系是改革实施的主要环节，很多卫生改革和服务改进的解决方案都是在这个体系中设计与执行的。这个体系处于服务提供的第一线，包括卫生服务机构（如医院、乡镇卫生院、社区卫生服务中心）、服务供方联合体和社区。该体系不仅涉及个人的行为改变和广泛的组织变革，而且还要推动“组织文化”的改变（Garside，1998，S8）。正是在这个体系中，实证经验被付诸实践，实施者一方面从自己的实践中总结学习，另一方面借鉴他人的经验并根据自己的情况加以调整应用。

从具体操作来说，需要为解决问题、促

进从业人员之间的相互指导和协作、推动经验分享和持续学习做出必要的组织安排。如下文所述，中国可以成立“转型学习协作联盟”（Transformation Learning Collaboratives，TLC），作为服务提供与学习体系的组织基础。

学习体系包括一套观察、实验和反馈方法，用来积累知识，实现以病人为中心的改革成果。在美国，国家科学基金会多年来支持举办一系列多学科、跨部门研讨会，来探讨一种新的“学习体系科学”（Friedman 等，2014；Etheredge，2014）。研究人员已经提出了多种产生新洞见（创新）、开发证据（研究）以及确保有影响力的研究成果得以可靠实施（传播和实施）的技术模型（Rogers，2010；IHI，2003）。美国医学研究所认识到医疗卫生体系迅速从服务改善实践中总结学习的必要性和重要性，因此成立了“了解美国的医疗卫生体系”委员会（Yong、Olsen 和 McGinnis，2010）。[3]

10.3.4　监测与评价体系

对改革实施的有效性和改革的影响进行监测和评价是实施过程中一项十分关键但又常被忽视的内容。中国需要从实施改革的实践中积累实证经验，并以实证为基础调整做法，指导未来的决策。周密的监测体系有助于了解实施行动是否符合改革的既定目标和路线（或是已经偏离轨道），以及实施的改革是否与预期的改革相一致。周密的监测体系需要有良好的衡量指标，而这些衡量指标又必须符合各种利益相关者的信息需求。要做出准确的衡量，就需要优先建立和加强高质量的全国和地方信息平台。此前中国已经为改善医疗卫生服务统一数据报告做了一些努力，因此具备了一定的基础，可以对基层卫生服务数据进行收集和分析，以便推动服务的持续改进。为了使这些数据对一线从业者发挥实际作用，帮助他们进行系统性改进，就需要将数据信息提供给一线，由一线人员对数据加以解读和使用。有些地方可能已经建立了整合本地数据、创建分布图表、收集参照值的体系，这些内容可以反馈给各个服务提供单位，供其研究思考。至于如何提高数据提交、整理和反馈的准确性、完整性和及时性，国外文献可以提供很多指导（Mate 等，2009）。

另外，在改革实施过程中，最好同时开展有效的卫生服务研究（Health Services Research，HSR）和影响评价。HSR 和影响评价可以对改革的预期效果以及意想不到的结果进行严谨衡量。HSR 和影响评价从方法上来说比监测的要求更高，但它们可以为理解改革的影响提供有价值的信息，同时为包括政策制定者在内的主要利益相关者提供实用指导。另一个将监测与影响评价相结合的重点环节是分析改革的实施为什么成功或失败（Berwick、Nolan 和 Whittington，2008）。在中国，建立一个有力的监测与评价体系来配合改革实施，需要中央政府高度重视并加强与省级和地方政府的协调。

10.4　推进改革：以有效和可持续的方式在地方层面实施改革

中国目前正在进行多项试点，以使医改政策具有可操作性。但改革要想取得成功并得到推广，就需要做到全面、深刻，以审慎、协调的方式实施。在建立更好的卫生服务体系的过程中，中国面临的一个重大挑战是怎样做到全面实施，即在每个市、县、乡、村试验和推广卫生服务改革。

根据上一节所提出的框架，本节将讨论中国推进改革的实施和推广可以采取的策略及相应行动。对应前面介绍的四个实施体系，表 10.1 归纳了每个体系的策略和行动。为了建设 21 世纪的医疗卫生服务系统，这些策略对规划干预行动、确立行动的优先次序和时

表 10.1　四个实施体系中各层级的职能、策略/职责和行动

可操作的实施体系		行动
体系和负责层级	主要策略和职责	
宏观实施与影响体系（中央层面）	• 建立有助于形成持续、有效实施环境的外部“影响因子” • 高层决策者和领导人更加重视实施实践，加强对实施工作的审查	• 中央政府围绕国家政策的实施和监测提供有力的监督领导，负责开展以下活动： • 明确实施责任，对实施绩效进行问责，表明领导人对实施过程的承诺，说明实施的预期里程碑（阶段性成果）和预期结果 • 建立监测与反馈体系，以总结实施经验，调整有关政策和指南 • 为支持实施进程动员必要资源 • 组织安排独立评估
协调与支持体系——省和地方层面	• 克服机构间的职能重叠交叉，为有效实施改革培养必要的能力，形成良好的实施环境	• 在省和地方政府层面建立协调和领导机制（领导小组或指导委员会），培养有效实施改革的能力，加强问责。具体包括： • 对主要利益相关者加以协调，确保他们对改革的支持 • 组织培训和技术援助 • 开发和调整实施计划和时间表 • 就改革活动和预期进行沟通 • 对实施活动进行实地监测，包括记录对原始改革计划和设计的调整
服务提供与学习体系——一线服务供方	• 建立一个活跃的学习体系——即包括观察、实验和反馈的一套方法；一线工作人员可使用这个体系来实施服务提供方面的改革，设计和执行改进服务的解决方案，从而在实施过程中积累知识并相互交流	• 开发本地的转型学习协作联盟模式，促进一线的改革实施和服务改进 • 为解决问题、加强从业人员之间的相互协作与指导、推动经验交流和持续学习建立必要的组织安排
监测与评价体系——中央和省	• 对改革实施的有效性及改革影响进行监测与评价——这是实施过程中一项十分关键但常被忽视的内容	• 开展有力的独立监测，并向做出医疗服务决策的一线人员提供数据反馈 • 开展严密的影响评价，来了解整体医疗卫生改革目标的进展

间顺序是至关重要的。所有这些策略和行动都要求中央政府的不懈支持。每个体系所包括的主要策略如下：

• 宏观实施与影响体系：中央政府围绕国家政策的实施和监测提供有力的监督领导。

• 协调与支持体系：在省和地方政府层面建立有力的协调和领导机制，培养有效实施改革的能力，加强问责。

• 服务提供与学习体系：地方上，在医疗服务网络和服务机构层面建立转型学习协作联盟，加强一线的改革实施和服务改进。

• 监测与评价体系：确保开展有力、独立的监测和影响评价。

10.4.1　宏观实施与影响体系：中央政府围绕国家政策的实施和监测提供有力的监督领导

中央政府可以对改革的实施，包括“八项推手”系列改革，发挥更直接的指导和监督作用。中国可以考虑让国务院承担这项工作，可以考虑充分发挥国务院医改领导小组的统筹协调作用，拟订一系列政策执行及监测指南来指导各省及地方政府制订规划及实施（见图 10.1）。

可以就各项政策制定实施与监测指南，指导省和地方政府的改革规划和实施。根据第二章到第九章提出的核心行动领域，表

图 10.1　对卫生服务改革实施与扩面的监管、协调与管理的建议

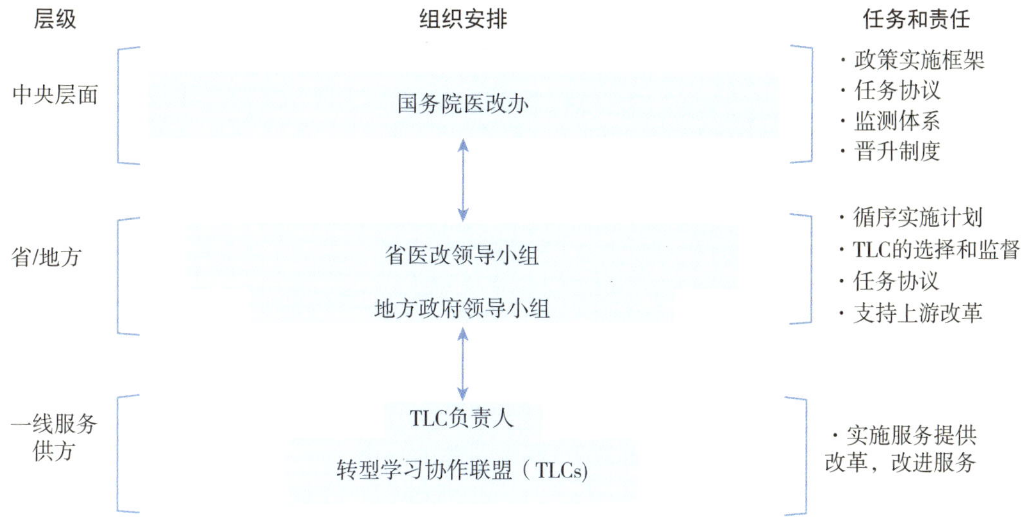

10.2提供了这些指南可包括的相关内容。这些指南可以描述与改革实施相关的可核实（也可衡量）的任务目标或阶段性成果，从而促进改革在各地得以全面落实。这些指南不是具体的实施计划或普遍适用的行动蓝图，但它们应当具有实操性，明确说明“要做什么”。省和地方政府应当有充分的自主权决定“怎样做”——根据本地条件制定和执行改革计划，确定改革的先后顺序。

卫生领域涉及诸多政府部门，政策的落实又要靠地方，而协调各相关部门的立场非常困难。中国可以考虑充分发挥国务院及各地方医改领导小组的职能，更好地协调各利益相关方，以优化资源配置，并将医改实施情况纳入省市领导的绩效考核（见下文）。

10.4.2　协调与支持体系：建立协调和组织机制，使得省和地方层面对结果负责，支持一线改革的实施

加强问责制度，特别是省级和地方层面的问责制度，是推动改革有效实施的另一项关键要素。所有问责安排都应具备足够的力度来协调各个机构的立场，在处理与卫生服务供方以及与既得利益的关系时服务于政府的优先目标。

一种方案是由高层领导（即党委书记或省长）牵头，在省级建立有充分授权的领导小组或医改指导委员会。各地也可根据本地情况，在地方层面（县、市、地区）成立领导小组。中国可以利用现有的这类领导小组来监督医改的实施，支持一线的改革行动。高层官员需要向领导小组提供积极有力的领导和广泛的政治支持，还应充分授予他们推动本辖区医疗改革实施的权力（和责任）。这类领导小组应当包括与医疗卫生行业有关的各政府部门代表，同时也应该有民营机构代表和社区领袖。

以上建议的这种领导小组安排所具备的一个优势是，它是一种为大家熟悉的跨机构协调机制，在中国当前的机构框架中也得到了成功应用。它可被视为为了缓解机构碎片化可能对改革实施产生的不利影响而做出的一种临时组织安排——但它并不会将跨机构协调制度化。更长期的解决方案将要求进行机构整合，而这种机构整合将是更广泛的精简政府行政体系和组织结构改革的一个组成部分（见专栏 10.1）。

如第 5 章所提到的，在三明市，由于地区级领导小组的协调行动和政府强有力的政治支持，三明得以采取统一协调行动，成功

表 10.2 以价值为导向的卫生服务体系改革实施监测指南示例

领域	关键要素描述
服务提供体系	
根据“以人为本”的一体化卫生服务模式（PCIC）建立分级诊疗服务提供体系 （推手 1）	• 加强基层卫生服务，使其成为病人就医的首诊服务点并发挥守门人作用，同时负责提供连续性的综合医疗服务 ——由社区卫生工作人员通过电子医疗系统与全科和专科医生建立联系，将医疗服务延伸到社区、社会服务机构和家庭 • 由独立于医院管理层的转型学习协作联盟领导团队负责建立和管理学习网络 • 在网络内，由组织良好的跨学科团队（包括临床和非临床人员）为患者提供全面服务 ——居民向医疗服务团队登记，并根据其患病风险和健康状况进行分类管理 ——服务团队在疾病治疗、预防及患者参与方面共同承担责任 • 在基层卫生服务层面对个人预防性和治疗性服务进行横向整合 ——疾病控制部门（CDC）侧重公共卫生；个人预防性服务转入基层卫生服务 • 通过成立跨学科团队、一体化循证医疗临床路径和转诊制度（如出院后服务）以及对慢病患者的个人服务方案，实现医院、基层卫生服务和社区的纵向服务整合 • 利用信息通信技术支持不同服务供方之间的整合并加强一线工作人员的服务能力
卫生服务质量和患者参与 （推手 2、3）	• 由国家相关部门对所有卫生服务机构的服务质量进行评估、监管和监督 • 慢性病患者的自我管理是服务方案的一部分 • 公开披露供方的服务质量信息 • 开展循证医疗知识宣传，鼓励健康行为
医院改革与服务整合 （推手 1、4）	• 赋予公立医院更大的管理自主权，但同时需要建立一个强有力的监管和问责框架，确保医院将推动医疗服务整合、降低成本和减少不必要的医疗服务，并将常见病治疗下沉到基层 • 三级医院重点提供疑难杂症治疗，并承担为二级医院和基层医疗卫生服务提供技术支持、科学研究和人才培养的责任 • 二级医院提供必要的专科医疗服务，与基层医疗卫生机构紧密配合，为其提供技术支持、督导和培训。通过与基层医疗卫生机构组建跨学科治疗团队，共享专业医务人员 • 制订专业化医院管理计划
筹资和制度环境	
服务购买与供方支付 （推手 5）	• 基于质量和效率标准对卫生服务进行战略购买 • 将服务数量与供方收入脱钩 • 供方支付方式逐渐从向单一供方付费转为向服务网络付费（按人头付费），以及按治疗某种疾病病人的服务包付费（例如，治疗特定的患者群体，捆绑付费）
人力资源 （推手 6）	• 建立对医生、护士和药剂师等所有专业医务人员的科学和标准化的培养和教育制度 • 确保基层卫生服务人员有专业地位和充足收入 • 改革医生薪酬制度和以医院为基础的人员编制制度 • 培养和引入新的不同类别的卫生专业人员
社会办医 （推手 7）	• 制订相关规定，促进优质民营机构在与公立机构公平竞争的情况下，提供高效的医疗服务 • 社会保险经办机构向有执业许可并达到质量标准的民营机构购买服务
服务/投资规划 （推手 8）	• 基于人群健康需求和人口结构的新型服务规划模式 • 在资本投资规划中整合所有公共筹资来源 • 将社会办医纳入规划过程

专栏10.1 政府管理体制改革和国际经验

机构重组是多年来中国行政体制改革的重要内容（Saich，2015；Xue和Liou，2012）。简政放权政策着重于促进部门间协调和减少职责的重叠。这些改革被认为是正在进行中的深化经济、社会和其他领域改革，转变政府职能、加强监管和简政放权中的一部分（Li，2015）。通过简政让政府的机构更加有效，“建立一个统一的监管平台”（Li，2015）也是监管和执行的关键。本研究中的这些改革是否会使机构整合或在卫生领域创建一个制度化的部门间协调平台仍是一个亟待解决的问题。

中国可以考虑借鉴经合组织国家的卫生管理体制，包括组织构架，责任分工，机构间的职能协调。经合组织国家卫生部门管理结构大都由一系列的机构组成，包括中央层面的各部委，自治团体和专业协会，附属机构，独立委员会和地区卫生部门。*机构配置取决于：（1）卫生体系的类型（即：通过税收为国家医疗卫生系统融资或社会保险体系；（2）分权的程度；（3）国家在医疗卫生领域三个核心功能：监管，筹资和服务提供上的参与程度（Bohm et al.，2013；Jabukowski、Saltman和Duran，2013；Mossialos 和Wenzl，2015）。

在过去的二十年，中国从通过税收为国家医疗卫生系统融资，由国家主导医疗卫生的监管，筹资和服务提供，转向了社会医疗保险体系为主，国家保留了监管职能，社会保险体系承担了主要的筹资功能，服务提供则由公共机构（和越来越多的）民营机构承担。中国可以探索建立与以社会医疗保险为主要筹资方式的医疗卫生体系的相应的治理管理制度，如德国，奥地利，荷兰和韩国的模式。

在经合组织国家，所有参与卫生领域管理的政府部门一般都在一个机构管辖下，由这个机构负责制定政策、战略和规则。在过去的二十年里，经合组织国家进行了卫生管理体制改革，增加了国家级机构（即：质量监督、评估和改善、绩效和监管），同时整合了不同级别政府部门之间重复的功能和职责，包括整合各项社会保险基金（Jabukowski和Saltman，2013）。这些改革旨在加大中央政府的影响力。同样，在解决部门协调，成本控制和公平方面，国家增强了中央政府和一些主管部门的决策制定权，包括职能的再集中。值得注意的是，这种职能集中的趋势既包括基于税收的医疗卫生系统融资国家（英国），又涵盖了社会保险国家（德国）。

但是，对于一些分权制国家，更强的中央级职责并不能保证更好的政策制定和政策执行的完整性。此外，国际经验表明，增强的政府职责不应意味，例如政府对社会保险体系运行的干预。政府医疗卫生机构和社会保险机构之间明确的职能和权利分工，对社会保险机构与政府医疗卫生政策和重点保持一致至关重要（Savedoff和Gottret，2008）。

注：* 有关经合组织国家卫生部门机构配置的详情，请参见Mossialos等（2015），以及http：//www.euro.who.int/en/about-us/partners/observatory/publications/health-system-reviews-hits/。有关亚洲国家的相关情况，请见：http：//www.wpro.who.int/asia_pacific_observatory/hits/series/chn/en/。

地开展了一系列改革。三明经验表明，领导小组这种安排在短期内可以有效地协调多个政府部门的决策，规划和实施复杂的改革任务。但要想持续实施改革，就需要建立制度化平台来加强利益相关者之间的协调，将问责机制和激励机制正规化。国际和国内经验都表明，实施卫生改革是一项长期任务，在技术上和政治上充满复杂性，而且改革过程中还要进行无数次调整。由于存在诸多干扰因素，改革的预期结果可能需要很长时间才能实现，而且改革还可能导致未预见的负面影响。另外，在中国这样一个大国，由于各地改革起点不同，具体条件也存在巨大差异，因此改革还需要具有灵活性。

可以通过以下方法来强化领导小组这种安排，支持更长期的改革实施。第一，明确衡量改革实施进展的标准、预期结果以及最终的人口健康指标，中央政府可以据此对省级领导小组问责。对这些协议可以每年进行一次或两次评估，国务院医改办可以考虑建立基于改革绩效的奖惩措施。第二，可将某些改革实施绩效指标纳入省级和地方官员的考核晋升体系。第三，如前文所讨论的，国务院医改办应当对改革的实施情况进行严密监测，并与学术机构合作进行独立验证。可以通过组织全国性和地区性的研讨会，对各省的实施情况进行评估和对比。这有助于发现一些表现突出的地方，对他们的做法加以认真研究，总结成功经验供其他地方学习复制。

10.4.3 在医疗服务网络和服务机构层面建立转型学习联盟，使其作为基础模块推动一线的改革实施、保持和推广

实现从重视疾病治疗向重视健康结果的转变，即重视医疗服务的价值而不是医疗手段，需要在组织文化上发生根本性变化。采用不断学习和专注于解决问题的做法，可以使所有医疗卫生机构，无论是卫生服务网络、医院、社区卫生服务中心或乡镇卫生院，都从中受益，推动改革的成功实施。前面章节中建议开展的卫生服务改革包括了全国各地服务机构需要发生的变革：使用循证医疗诊疗规范，推广电子医疗创新，实行一体化服务，遵守向专科医生和医院转诊的规则，跟踪和衡量服务结果等。这些变革可以且应该由中央和省级领导人来推动，但各地医疗机构在实施过程中还需要在学习交流、解决问题和适应调整等方面得到帮助。

要想以更低成本取得更好的健康结果，中国的卫生服务机构需要学会提供服务的新方法。为支持这一学习过程，公立和民营机构可以联合起来，建立致力于实施以人为本的一体化卫生服务模式的联盟，并推动相关的筹资和制度改革。如果组织和领导方式恰当，那么联盟成员就不必靠自己单打独斗，而是可以互相学习，互相帮助。城市和农村都可以组织这种卫生机构联盟或团体，它们将在省领导小组的监督下，按照国务院医改领导小组制定的政策实施框架，负责在基层实施改革。这种联盟可以推动卫生服务体系更快地发生转变，形成一种相互协调、合作、以结果为导向的卫生服务文化。

根据国际经验，我们建议成立“转型学习协作联盟”（Transformation Learning Collaboratives，TLC），即一个由县、区或市的卫生服务机构形成的伙伴关系，来实施、管理和保持一线的改革。[4]TLC概念背后的指导思想是协助和指导地方医疗机构（如村卫生室、乡镇卫生院、社区卫生服务中心、县区医院）实施并推广新的服务提供模式，消除“知道”与“执行”之间的鸿沟。省（和地方）领导小组可以挑选参加 TLC 的医联体或网络、医院和基层卫生服务机构。

世界上很多国家都对这种推动同一地区所有机构相互学习的方法进行了尝试，包括巴西、智利、德国、葡萄牙、新加坡、瑞典、英国和美国。专栏10.2总结了它们的做法及其影响。附件10.1介绍了TLC方法在苏格兰对改善病人安全以及在整个英国为加强基层卫生服务所发挥的作用。

本节下面几个分小节将详细阐述中国可以如何构建和运行TLC，包括：（1）TLC的基

专栏10.2“转型学习协作联盟”方法的成功应用案例

协作联盟这种方法在一些国家的大型医疗卫生服务体系取得了令人瞩目的成果，被很多组织采用和完善。下面是上百个此类案例中的几个代表：

美国退伍军人健康管理局（VHA）用协作式学习的方法，将初级卫生服务的等候时间从60天减少到28天，下降53%。VHA是美国最大的一体化医疗服务提供体系，照顾600多万名病人。VHA坚持向整个体系推行医疗服务的“高度可及性”。从2002年7月到2003年10月，等候就医的退伍军人总数从超过30万人下降到不到5万人（Schall等，2004；IHI，2004）。

英国国家医疗服务体系在2000年启动了全国医疗服务协作联盟。该联盟可能是当前全球最大的医疗服务改进项目。它包括全国各地的近2000个服务机构，涵盖近1820万名病人。这个项目使病人预约全科医生的等候时间平均降低了60%（Oldham，2004）。

英国的国家卫生服务现代化机构于1999年成立了癌症服务协作联盟，以改进癌症病人的服务可及性和服务质量。项目团队在1999年9月至2000年8月期间对4400项改变进行了测试，涉及约1000名病人。65%的项目显示病人第一次治疗的等候时间至少下降50%（Griffith和Turner，2004）。

健康伙伴组织（PIH）采用了“系列突破”模式来改进对穷国和发展中国家人口的医疗服务。在秘鲁，每十个肺结核患者中九人会死亡，而PIH的病人却有80%的治愈率。该项目的成功说服了世界卫生组织（WHO）将肺结核药物列入了WHO基本药物清单（Shin等，2004）。

美国北卡罗来纳州的纳什医疗服务体系将呼吸机病人使用呼吸机的平均天数减少了34%，将他们的平均住院时间缩短了25%。与呼吸机有关的肺炎病例下降了50%以上。采用新诊疗规程的病人与基线对照组相比，住院费用平均下降3.5万美元以上。

新加坡医疗服务改进网络（SHINe）采用协作方法改善了全国所有急症医疗机构（包括服务于行为健康和长期医疗需求的医院在内）的病人安全（参见http：//shine.com.sg/）。

础原则、结构和管理理念；（2）TLC的分层管理体系；（3）TLC用来帮助成员实现改进的程序；（4）对TLC内部干预行动顺序的建议。

10.4.3.1 “转型学习协作联盟”的原则、结构和管理理念

“转型学习协作联盟”（TLC）是用来支持多个卫生服务供方或组织共同学习、加快改革的一个制度。在这个制度下，联盟的成员不用单打独斗，而是可以相互学习，彼此交换想法和经验，分享有关改革成果和实施监测指标的信息，并进一步激励相互交流。TLC不仅体现了“二人智慧胜一人”的思路，而且强调“集思广益，多多益善”。

这样的方式摆脱了那种订立绩效指标、找出绩效不佳的机构并公开批评的做法。这种做法会造成一种恐惧文化，导致数据不完整或被扭曲，损害创新精神，破坏人们的改革意愿。在TLC模式下，其目标是所有人都不断改进提高，相信每个人都有能力继续改进（包括那些表现最佳者）。这种模式鼓励各个卫生机构的团队在不惧失败的环境下，对新体系进行实验和改进。要对数据进行认真分析，但目的不是为了找出表现不佳者，而是为了表彰优秀者并学习他们的经验。对成绩的认可和表彰，而不是对失败的惧怕，是推动TLC所有成员实现更好绩效的驱动力。

TLC模式旨在迅速向一个地区内的所有机构推行更好的做法，不管是农村的一个县还是一个城市。在卫生服务改革实施之初，每个参加改革的省可以选择在哪个行政级别上组织TLC最为合适——县、区、市还是地区。TLC应当逐步建立和推广，而且省内所有卫生服务机构（不管是公立还是民营）最终都应加入TLC。大多数省份可能都需要采取几种TLC类型相结合的做法。例如，农村地区的TLC可以包括县医院、乡镇卫生院、村卫生室和民营服务供方；城市的TLC则可包括三级医院、区医院、社区卫生服务中心、社区卫生服务站和民营服务供方；其他组合方式也可以考虑。图10.2描绘了关于TLC合

图 10.2　转型学习协作联盟（TLC）的三种不同安排

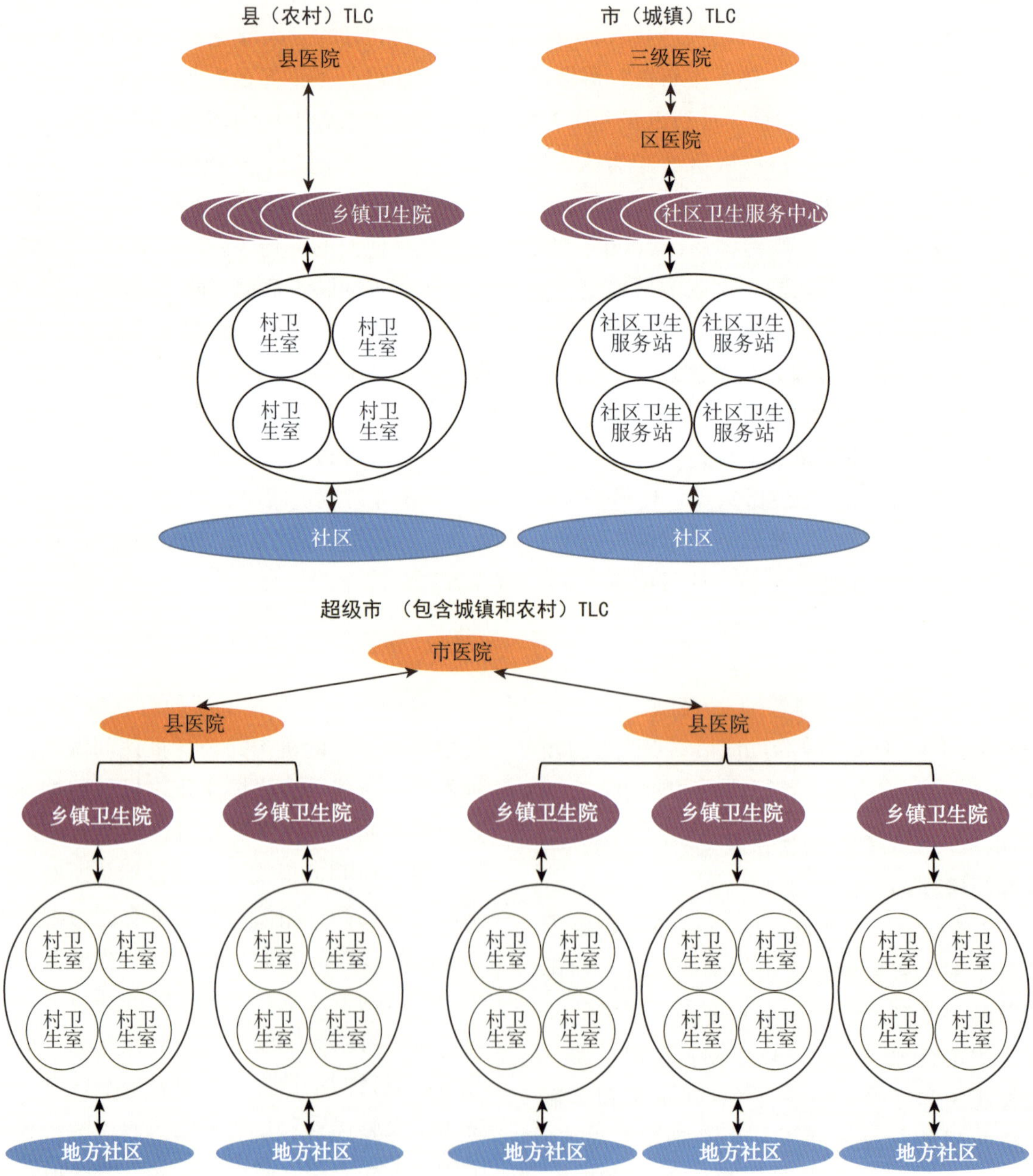

来源：©World Bank。

作安排的三个例子：县级（农村）TLC，市级（城镇）TLC，地区级（城镇和农村）TLC。

10.4.3.2 TLC的管理系统

根据各地的具体情况，可由省医改领导小组或地方领导小组来负责TLC的组建和监督。省级或地方领导小组将确定参加联盟的机构数量和联盟覆盖的地域范围，指定负责人，邀请有关机构和团队加入，并主持联盟的活动。领导小组将指定TLC的管理团队，它应当由受到人们信任的本地医院和诊所领导人组成，同时由一名系统改进顾问和来自成员医院的管理人员提供辅助。

鉴于TLC的业务性质，省领导小组应当考虑将TLC的管理与政府的行政领导职能分开。TLC和省领导小组之间的良好沟通以及持续的数据交流将有助于加强省领导小组的监督管理作用，同时又给TLC留出充足的创新空间。省医改领导小组还应确保各个卫生服务机构都积极参与TLC，避免个别医院把持TLC的领导。领导小组可与TLC领导层签署任务书。

需要指出的是，省级领导小组要跨越多个TLC，在宏观层面上推动制度和融资环境的改革和改进（如省级改革），消除阻碍TLC发展的具体障碍。例如，在TLC成员机构为实现以更低成本提供更好的服务而试图推广改革时，他们将遇到使这些改革难以实施的障碍。消除这些障碍需要高于TLC成员机构的高层领导和领导小组采取行动。例如，TLC可能需要省领导小组的支持来处理以下问题：人力资源政策的调整，供应链问题，激励机制的转变，资本规划与投资，鼓励社会办医等。国际经验表明，高层领导（这里指省级领导）的一个关键作用是与TLC成员保持联系，着重解决“上游”问题，为TLC的运行创造条件。

需要培养必要的管理能力来指导、支持和开展TLC的活动，这对任何一个TLC的成功都是至关重要的。这方面的任务包括培养TLC成员的相关能力和技能，使其知道怎样管理服务体系的科学性改进。为获得这些技能，TLC应当考虑与中国领先的学术机构建立技术合作关系，后者可以提供技术知识，而且它们的声誉也是对TLC的一种支持。如果需要的话，还可以通过国内学术机构获得国外合作伙伴和技术援助。

10.4.3.3 TLC怎样运行

每个TLC 都是一个有明确期限（18—24个月）的学习体系。启动TLC之前，省级或地方领导小组要确定将实施哪些改革以及用什么指标衡量参与机构取得的进展。例如，一项改革措施是向团队式服务过渡，这将改善对糖尿病等慢性病的服务。所有参与机构都可以通过事先各方同意的“过程指标”（如参与临床服务团队的一线工作人员的比例；指定了临床服务团队的患者比例；指定了服务团队的患者每年就诊次数；药品处方量）和“结果指标”（如糖尿病人中糖化血红蛋白低于8的患者比例）来跟踪进展。

图10.3阐述了协作联盟的运作方式。TLC的参与机构要派代表本机构的团队参加TLC会议。这种机构一级的团队可以是每个机构3—5人，包括业务领导和核心临床工作人员。来自各参与机构的团队每4—6个月举办一次面对面的“学习讨论会”，讨论在实施基层卫生服务改革过程中所取得的成功、遇到的障碍和挑战，分享更好的做法，并分析经验教训。这种学习讨论会的内容和作用是多方面的，包括强化改革的共同意愿、就与卫生改革有关的专门技能和技术问题进行培训、由参与团队分享克服具体改革实施障碍的经验和想法等。

每次学习讨论会结束时，每个团队要提出会后行动阶段的实施计划。比如，某个以改善初级医疗服务可及性为重点的协作联盟最近的一次学习讨论会上，与会人员用四分之一的时间以全会的方式学习技术性技巧，四分之一的时间在各自团队里对未来的行动

图 10.3 转型学习协作联盟的设计

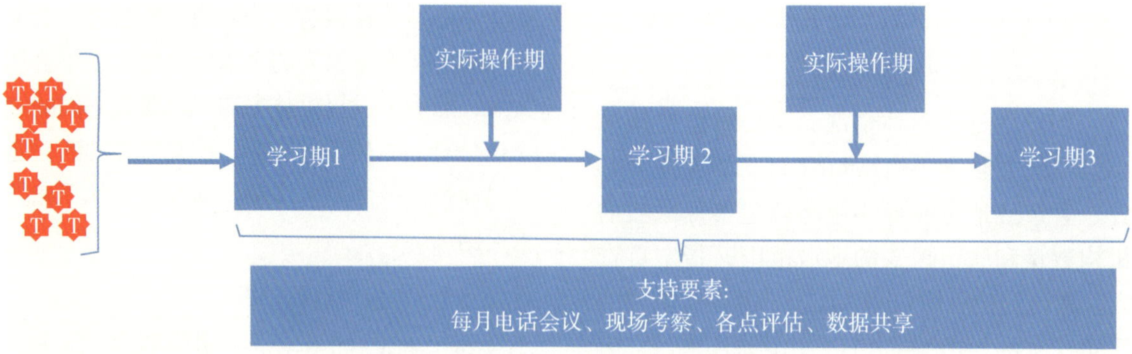

T 机构一级团队由三至五人组成，包括运营经理、临床领导者和数据经理。

来源：©World Bank。

进行规划，其余时间用于和其他团队就一些实用技能和工具开展交流。

在这些面对面会议之间是“行动阶段”，各团队在各自的机构尝试和实施干预措施并收集和报告数据，衡量这些措施的影响。各团队将提交月度进展报告，同时还可采用电话会议、同行实地考察和网络讨论等方式分享信息，并向全国各地的专家和其他医疗卫生机构学习。这些措施的目的是加强协作，向尝试新观念、新做法的成员机构提供支持——哪怕是远距离支持。

各团队将采用一种被称为“计划-执行-研究-行动”（Plan-Do-Study-Action，PDSA）循环的方法，反复测试旨在改进系统绩效的方案（附件10.2）。[5] 比如，在行动阶段，各团队将测试开展团队式服务的各种做法。他们可以用不同方法来组织团队；或是采用不同的沟通策略，如每天早上开会，讨论团队负责的所有病人情况；患者服务的时间安排也可以采取不同形式。各团队还可以尝试某种根据病人特征和状况进行分类的新方法，以便发现病情规律。各团队每月通过一个数据收集门户网站，就事先商定的衡量指标提交进展报告——比如前面提到的糖尿病人中糖化血红蛋白低于8的患者比例，以及高血压患者中血压得到控制的比例。这些数据可供所有TLC成员查看和审核。

10.4.3.4 TLC内部的改革顺序和结果衡量

在选定的改革省份逐步成立TLC的过程中，很重要的一点是要考虑相关的实施顺序。附件10.3提出了一个实施路径（实施指南）的例子。TLC可以在八个改革领域中选择一个或几个为重点。很难事先预测每个TLC会选择哪些改革领域，因为他们所处的具体环境将决定TLC的负责人会认为哪些改革最重要。在TLC成立之初就应当向TLC负责人提供完整的改革事项清单，而TLC一旦开始运行，其负责人首要任务之一就是通过与成员机构代表的协商，设计一个“改革路径”总体规划。

10.4.4 监测评价体系：确保实行有力和独立的监测和影响评价

国务院可以考虑与学术机构合作，建立一个能够对改革实施进展和影响进行独立评估和验证的强有力的监测评价体系。医改办公室可以在上文提出的实施指南和现有监测体系的基础上，制定衡量改革实施情况的标杆以及其他用来跟踪实施进展的指标。表10.3提供了根据三大改革目标（改善服务、改善健康、降低成本）进行分类的以服务价值为导向的指标示例。

不管对现有改革重点采取何种具体的实施路径，每项改革都需要一个清晰且普遍适

表 10.3　三大改革目标监测指标示例

行动领域	监测指标
目标 1：改善个人卫生服务	• 二、三级医院的糖尿病、高血压和慢性肺病并发症住院率，争取两年内降低 20% • 基层卫生服务机构的首诊病人数量，争取两年内提高 20% • 基层卫生服务机构和门诊诊所的抗生素处方量，争取两年内降低 25%
目标 2：改善人群健康水平	• 18—75 岁高血压患者中血压得到良好控制（<140/90）的比例，争取两年内提高 20% • 糖尿病患者中糖化血红蛋白 A1c <8% 的比例，争取两年内提高 20% • 16—64 岁妇女中增加一次宫颈癌涂片检查的比例，争取两年内提高 20%
目标 3：使服务成本可负担	• 千人住院率，争取两年内降低 15% • 平均住院日，争取两年内二、三级医院平均住院日降低 20% • 由社会保险机构发布的人均医疗费用季度报告显示，医疗费用上涨与消费价格指数的涨幅大体相当

用的测量框架，来帮助 TLC 负责人和省领导小组了解一线改革所取得的进展。如果医疗机构开展的某项改革已渐趋成熟，通过监测和了解相关进展，TLC 负责人和省领导小组就可以鼓励该 TLC 转入新的改革领域。从具体操作上来说，省领导小组可以对 TLC 的进展进行跟踪（见表 10.4），并与中央政府一起监测服务利用率、成本、质量和结果指标等方面的数据。对改革进展的跟踪还要通过影响评价来加以补充，影响评价应当使用严谨的方法，并能对实施类似改革的不同地区进行横向比较。

表 10.4　转型学习联盟评分体系

1. 成立	• 成立 TLC。 • 确立实施目标，开始衡量基线数据。
2. 活动	• TLC 定期举行会议。 • 参与团队开始在本地实施改革。
3. 测试	• 对新做法进行尝试，但尚未看到改进。 • 定期报告相关指标数据。
4. 程序改进	• 出现对实现 TLC 目标非常重要的程序改进。
5. 结果改进	• 出现与 TLC 目标相关的结果改进。

注：对每个 TLC 的进展按照上述描述打分（1—5 分）。这些数据可在各个层面上进行汇总平均，供省级和中央部门开始绩效评估使用。

10.5　全面推开改革的循序实施计划

今后 5—7 年里，建议以省为单位推进改革。每个省要为在全省各地推广改革制定详细计划，确保省内所有卫生服务机构参加 TLC 并实施改革。这一节介绍在全省推行八项改革可采用的“波浪式”过程（Barker、Reid 和 Schall，2016）。

可以分批逐渐在所有县、区建立 TLC。根据当地的具体情况和改革起点，每个行政区（如比较大的市或县）可以建立不止一个 TLC。让 TLC 覆盖全省要经历四个阶段：[6]

（1）筹备：包括省级和地方为改革实施采取的准备步骤。

（2）建立可推广的 TLC 单元，即原型设计阶段。

（3）尝试推广，将核心知识扩展应用于若干不同的环境，这些环境代表着全面推广时将要面临的各种情况。

（4）全面推广，迅速在全省铺开，帮助更多地方或机构采用/复制相关干预措施。

图 10.4 展示了这种循序实施过程，除了上述四个阶段以外，还描述了推动实施进展的采纳机制和支持体系。采纳机制是指在任何系统里推动变化所需要的系统要素。支持

图 10.4　循序实施计划

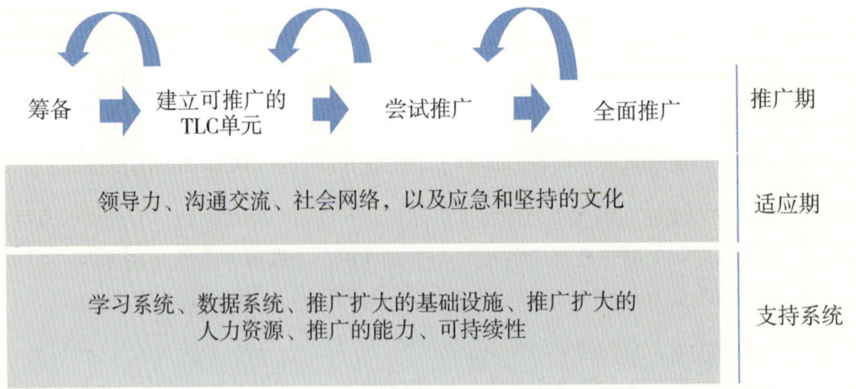

来源：©World Bank。

体系指的是医疗卫生系统为了实施改革而必须强化的基础要素，包括学习体系、数据体系、基础设施、人力资源和技术能力。

表10.5描述了在一个包括60个县区的假想省份全面推广TLC的时间顺序。

表 10.5　TLC循序实施计划：分阶段、分地区在全省推开

阶段	时间	在县/区实施TLC
1. 筹备	第0个月	0个县
2. 建立可推广的TLC单元	第3个月	1-2个“先期”县区
3. 尝试推广	第12个月	第1波：10个县区
4. 全面推广	第24个月	第2波：增加10个县区
	第36个月	第3波：增加10个县区
	第48个月	第4波：增加10个县区
	第60个月	第5波：增加10个县区
	第72个月	第6波：增加10个县区

10.5.1　筹备

在筹备阶段，省级领导部门开始设计改革具体应当“怎样”实施，首先要分析本省的行政管理结构，确定在哪个层级成立TLC。需要决定分别成立多少城镇和农村TLC，各个TLC将有哪些卫生服务机构参加，哪些TLC先启动，哪些后启动。这个阶段要成立省/地方领导小组和TLC管理团队，开始筹备建立全省的第一个TLC。中央、省和地方的管理团队要就TLC的治理安排、绩效衡量框架、任务协议和发展路径达成共识。

省级领导部门将研究所有改革内容和实施事项清单和国务院医改办的实施指南，设计适应本省情况的总体改革路径。这个总体路径要列出关键的变革理念、目标和核心行动领域，以便设计一系列更具体的改革干预措施（见专栏10.3）。它本质上是一个指南，指出要采取的改革行动，确定行动顺序，尽可能地协调各项行动的步调，并根据本地情况进行必要调整。这个总体路径将以前面第二至九章提出的核心行动领域为中心，但更注重对行动的先后顺序进行认真安排，充分考虑所有相关事项，如医院改革、PCIC模式、质量改进，以及实施临床程序的变化之前需要做出的支付机制、采购安排、团队构建、人才培养等结构性变化。没有哪个总体路径会是完美的，因此它的设计应当具有灵活性，使省领导部门可以与TLC负责人共同不断对它进行修订。这项工作进展较快，可以在三个月内完成。

需要针对总体改革路径所提出的具体核心行动领域制定更深入的实施路径，详细说明在本领域需要做些什么。附件10.1提供了一个详细的实施路径示例，它可被用来对

专栏 10.3　总体改革路径示例

这个总体路径的目的是帮助基层卫生服务团队重新设计服务方法，以满足有复杂需求的病人的需要。这是一个演示性的例子，内容包括：服务团队可进行测试和实施的一些想法；根据世界各地专家和基层卫生服务团队的经验总结出来的一些提示和指导；有助于支持团队取得进展的资源；以及具体的服务模式举例。

专栏图 2 说明了改善有复杂需求的病人的健康、降低成本所涉及的关键变革理念。不管是已经建立了针对有复杂需求的群体的服务模式的团队，还是那些正在开发针对这类人群的服务模式的团队，都可以通过这个设计程序来完善服务干预，突出干预重点。

选择你的*BHLC*（“以更低成本获得更好健康结果”）群体，了解其优势和需求，这包括以下任务：

- 确定你所服务的整个群体。
- 识别各个子群体，选择开展干预的重点群体。

选择参加你的强化服务方案的理想候选人，具体任务包括：

- 通过各种方法识别这些候选人。
- 使用实时识别。

彻底改变与病人的接触方式，包括：

- 制定招收病人加入服务的程序。
- 采用针对你的重点群体专门制定的病人接触战略。

开发适合重点群体需求和优势的强化服务模式，包括：

- 与病人合作制定个性化的服务方案，为重新设计服务模式做准备。
- 通过反复测试开发新的服务模式。
- 开发恰当的工作程序以确保服务的统一性和连续性。

加强本机构内部及机构以外的伙伴关系，包括：

- 加强社区伙伴关系，以满足重点群体的需求，强化他们的优势。
- 在你的强化服务方案中培养一个良好团队。

有效地使用数据。如果不能得到良好实施，最好的模式也会失败。关于执行的一些概念提供了有效、高效使用数据和扩大工作规模的策略：

- 数据以及如何使用。
- 持续投入，形成可持续的工作规划。
- 建立学习体系。
- 扩大工作规模。
- 将服务扩大到目标群体的所有个人。

专栏图 2　“以更低成本改善健康”改革路径

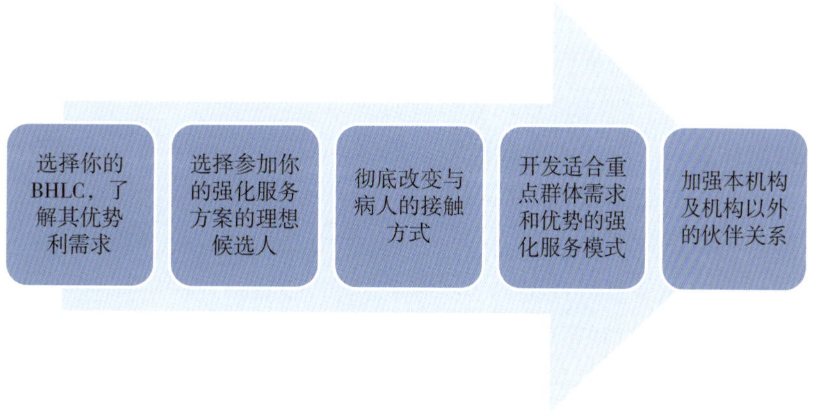

来源：©World Bank。

PCIC模式具体内容的实施和行动顺序提供指导。实施路径要提出清晰的目标、里程碑、可衡量的产出和需要采取的具体行动。每个省将根据本地情况选择自己的实施路径。

10.5.2 建立可推广的TLC单元

在初期阶段，“推广单元”是体系内可全面推广的最小代表性单位。对一个省来说，县、区或市可能是理想的推广单元。这里是改革实施行动的发生地，也是将TLC付诸实施的地方。

第一年里，省内的每个目标地区将至少建立一个、最好不止一个“先期”TLC。这些先期TLC的目的是集中测试地方上对最佳做法的各种设想。这项工作的一项重要成果是一套有详细文件记录、针对具体环境的改革实施策略，对这些策略可加以进一步测试和完善。[7]

选择哪些机构参加这个阶段的试点至关重要。关于变革管理和创新扩散的研究表明，好的做法是找出那些有改革意愿和动机的领军者，而且国内外的经验显示，领导层必须做出有力的政治承诺，才能打破卫生行业根深蒂固的既得利益，做出困难选择，坚持不懈地为取得目标成果而努力。这个阶段将延续约九个月。

10.5.3 尝试推广

这个阶段要对计划推广的干预行动进行试点。“先期”TLC所采取的成功策略需要在更大范围内试点，然后才能全面推广。根据国际经验，每个选定的改革省份应于改革第2年增加10个TLC进行试点。

在此期间，应当对所有用来支持改革全面推广的基础设施进行记录、研究和调整，包括人才培养（如领导能力、管理能力和一线服务能力）、信息系统管理和供应链等。这个阶段是让领导人和一线工作人员建立改革信心和意愿的重要机会。随着工作的推进，会对改革实施有新的洞察，形成可在全省范围内全面推广的更恰当和更成熟的战略和思路。这个阶段将延续一年时间。

10.5.4 全面推广

这是改革迅速推开的阶段，每个省已对有关做法进行了充分试点，并得到可靠的数据反馈，因此这些做法可向全省的一线人员推广。虽然各地还需根据自身情况对干预措施加以调整，但这已不是本阶段的关注重点。在进入全面推广阶段之前，需要已经具备改革意愿、知识、经验、基础设施和能力等各方面的条件。

此时，每个选定的改革省份都将波浪式地启动新的TLC（见表10.5），每一波的推广将以前一波积累的知识为基础，前几波里表现最佳的TLC将指导后几波的新TLC团队。这种推进步骤需要在改革前期明确说明并提供必要支持，使先期成立的TLC可以做好对后续TLC进行指导的准备。这样，成功的做法可在全省复制，从而大幅提高转型速度。

表10.3提出了一个在全省逐步实施改革的计划。根据这个计划，每年按一波10个县区推广改革，直到覆盖全省。第一年每个省建立1—2个先期TLC之后，第二年TLC将在下一波县、区、市进行推广试点。一年后再启动下一波10个县区，然后依次铺开，直到覆盖全省。

附件10.1 转型学习联盟（TLC）案例

案例1：苏格兰国民健康服务体系的转型学习联盟

背景

自1999年起，苏格兰建立了独立于英国其他地区的国民医疗服务体系（苏格兰NHS）。苏格兰共有36个急症医院，由14个地方卫生局监督管理。苏格兰NHS有注重服务价值、安全和创新的悠久历史。2004年，它参加了英国“改进患者安全”倡议。这个倡议是测试在医院层面改善患者安全方法的一个大规模改进计划。通过这一计划，苏格兰的纳维尔斯医院在三年内将患者受伤害的案例减少了60%以上。在这一成绩的鼓舞下，苏格兰于2007年推出了“苏格兰患者安全计划”（SPSP）——一个旨在改善苏格兰所有医院患者安全的转型学习协作联盟。这个联盟非常成功，相关经验现已在苏格兰NHS的初级医疗、长期护理、精神健康和孕产妇保健领域得到复制。[8]

目标

SPSP协作联盟的初级目标是在五年内将医院死亡率降低15%。为实现这个总体目标，联盟领导人又确定了一些具体目标，如将“抢救”数量减少30%、将金黄色葡萄球菌菌血症减少30%。SPSP的另一个目标是在NHS系统首次对协作联盟这一方法进行实地测试。如果测试成功，就可以把这种方法推广到初级医疗和急症后护理领域。

实施

学习协作联盟模式被用于四个临床领域：普通临床病房，重症监护病房，围手术期病房，以及药品管理和使用。为了推广成功的新做法，交流有关经验，不同医院的团队聚集在一起，举行面对面的学习讨论会，了解试图做出同样变化的同行们取得的成功和遇到的挑战。

在筹备协作联盟的过程中，苏格兰做了大量工作在领导层面建立激励机制，增加他们的相关知识，并建立了实现改进所需的关键组织基础。苏格兰地区领导人制定了政策框架，地方卫生局制定具有针对性的实施计划并将其传达给医院工作人员。患者安全被视为工作重点，而且整个医疗体系的各级领导在卫生局会议上以及对医院的患者安全实地考察中对此加以反复强调。

地方卫生局也被要求任命一名负责患者安全的项目经理，后来又针对四个临床领域各任命一名执行经理。为SPSP项目专门成立了一个领导团队（包括来自苏格兰政府和苏格兰非政府组织的领导人）。苏格兰政府还成立了一个咨询委员会来对该项目进行监督指导。咨询委员会由苏格兰首席医疗官任主席，成员包括来自NHS、政府和患者团体的代表。

为了培养实施和改进能力，36家医院的200多名临床医生接受了关于实施和改进科学的大量指导。医院董事会或理事会成员和领导人也获得了如何有效领导这方面工作的指导。

SPSP协作联盟每年举行两次苏格兰全区会议（学习讨论会），项目领导团队和四个临床领域的地方卫生局团队在这些会议上见面，分享在克服困难和解决问题上的经验。很重要的一点是，苏格兰NHS执行总裁等重要领导人也会出席这些会议。这种做法传递出一个信息：协作联盟是全区的工作重点，有关团队需要对此尽到责任。此外，协作联盟还经常举办各类活动，50—300名医生在一天或两天内聚在一起，培养在结果衡量、变革测试、创新传播等方面的技巧。

面对面会议之间的时间是行动阶段，各团队回到各自医院对变化进行测试和实施。在此期间，四个临床领域的医生每月召开电话会，报告取得的进展和遇到的挫折，并与其他团队进行讨论。每个地区都有地区协调员，他们对区内的医院非常熟悉，经常进行实地考察，向其提供支持。整个协作联盟频繁地进行各种非正式讨论。协作联盟的领导人主动与医院总裁、董事长、医疗主管、护士主管及患者团体交流，与他们讨论相关规划和工作进展。团队之间也经常相互交流，探讨他们碰到的问题或挑战。

每个临床团队要从SPSP协作联盟提供的

工具包里选择一系列改进做法，但具体实施完全是地方层面的活动。项目鼓励本地团队根据需要对干预措施进行修改，使之更符合他们自己的环境和经验。例如，对某一个检查方法，一家医院是用推车将检查用品运到病床边，而另一家医院则开发了一个检查包，里面包含对一个病人进行这项检查所需的所有用品。不管具体采用什么方法，最重要的是每个团队确定对自己最恰当有效的方法，并予以严格遵守。

数据管理是另一个关键要素。临床医生需要将所有的病人医疗数据输入一个专为SPSP开发的网络数据门户。为了尽量减少工作量，已经通过其他项目收集的数据（如感染率），将被自动纳入SPSP项目数据库。

项目最初以急症医疗为重点，后来逐步扩大，将精神健康、初级医疗、妇幼保健也包括进来。每个临床领域都有自己的协作学习构架。2014年11月召开了一个苏格兰全区大会，四个临床领域的代表齐聚一堂，共同学习和交流。

结果

从2012年底至2013年初，SPSP已经实现了将医院死亡率降低15%的目标。其他一些具体成果包括：因使用呼吸机使得得肺炎率下降66%；中心导管相关的血流感染率降低70%；65岁及以上患者中艰难梭菌感染率下降79%；抢救率下降15%；用药比对（medication reconciliation）增加至少21%。

案例2：英国基层卫生服务协作联盟（与约翰·欧德海姆爵士共同编写）

背景

1997年英国工党赢得大选，组成新政府。工党在竞选期间做出的一项承诺是改善公共服务，特别是国民健康服务（NHS）。为此，政府成立了全国初级医疗发展团队（NPDT）。这是一个很小的全国领导小组，它的任务是改善全国的初级医疗服务，减少等候时间，改进服务效果。为了推广改革，该团队使用了本章所描述的协作联盟方法。该项目被称为“初级医疗协作联盟”。2000年底，政府启动了改革医疗服务的政策框架——“NHS计划”，同时推出“初级医疗协作联盟”作为实施改革的手段。政策框架的愿景是以患者为中心重新设计初级医疗，提供“无缝”服务，注重患者体验和健康结果（Oldham，2004）。

当时，英国初级医疗的医生通常是三四个人联合开办一个诊所。这些小诊所被组织成规模较大的初级医疗集团（PCG），后来又重组为初级医疗托拉斯（PCT）。协作联盟成立初期共包含310个PCG和PCT，每个PCG或PCT包含20—25个小诊所。这些PCG和PCT就是协作联盟的可推广单元。

目标

全国初级医疗发展团队的目标是：在初级医疗的可及性方面实现可衡量的改进；改善冠心病患者的疾病管理；建立初级和二级医疗之间的能力与需求管理系统。所有参加协作联盟的初级医疗服务机构都被要求同时在这三个方面做出努力。

这个项目还有一个更广泛的目标，即建立一个专注于改进初级医疗临床实践的团队。政府领导人致力于实现可持续的长期变革。

实施

协作联盟最初有20个PCG和PCT，由NPDT密切管理。每个PCG或PCT要从下属诊所中选择五个来参加协作联盟。因此，联盟的第一波包含了约100个初级医疗诊所。在诊所一级，每个诊所要选出一个全职项目经理，他/她被诊所雇用，但由协作联盟的全国管理团队进行培训并对其问责。项目经理的职责是对诊所核心人员进行辅导，确保有关数据得到提交，增强本地人员对项目的了解，并招募新的PCG或PCT。他们每个月要接受两次培训，培训内容包括辅导方法、团体协作技能、流程和流程的重新设计、数据管理、沟通和传播技巧以及改进科学。他们自己也形成了一个社区，相互分享各种挑战和解决方案。基础医疗协作联盟网站上也有他们的专门平台，为他们的信息分享创造便利条件。

为了扩大这个全国性学习协作联盟，每个PCG或PCT内最初五个参与联盟的诊所要对另外15—20个诊所的同事进行辅导。这使好的做法迅速得到推广：这种同行指导和知识传播的作用几乎是立竿见影。通过五个初始参与诊所的指导，同一PCG或PCT下属的另外15—20个诊所也与协作联盟正式联系起来。协作联盟一般运行两年。在第一年，五家诊所以自己学习和在自己诊所实施变革为重点；第二年，他们将自己已经学到的方法和实施理念传授给其他诊所的同行。

为了推动学习联盟的进一步扩大，NPDT随后进行了四波扩展，每一波包括20个PCG或PTS（100个初级医疗诊所），每一波都按最初那批的路线推进：第一年的重点是参与联盟的五家诊所自身的改变，第二年着重指导其余诊所实施改革。每两波的启动时间间隔四到五个月。每一波扩大都由一个知识渊博、经验丰富且享有威信的临床医生担任主管。主管的主要作用是主持面对面学习讨论会和其他会议，并对外作为学习联盟的代表。

在每一波参加学习联盟的两年中，首先加入的核心诊所和后来加入的诊所每月都要按期提交有关数据。截至2001年底，共有约1500家诊所参加了这个全国转型学习协作联盟，涵盖约100万名病人，涌现出强劲的变革势头。

这是很好的进展，但如何将全国其余的3000家诊所（涵盖3000万病人）也包括进来呢？

这里NPDT采取了一种不同的解决方案。它创建了一些地区办公室，这些办公室是半自治性的行政单位，通常设立在学习协作联盟中表现最好的机构内，被称为NPDT中心。NPDT通过这些中心来在各个地区分波推进学习联盟的扩大，实际上就是在地区层面复制上面提到的全国学习联盟的实施过程。

结果

这些实施活动取得了什么样的成果？三年之内，4900家诊所参加了全国范围的学习协作联盟，覆盖3100万人。到2004年1月，协作联盟中初级医疗的可及性改善了72%（即等候时间下降72%）；参加联盟的诊所心血管疾病死亡率下降幅度比英国其他诊所相比高出四倍。最重要的是，通过这个联盟，英国建立了改进医疗服务和推广改革的强大而可持续的基础设施。

附件10.2 推动变革的“计划–执行–研究–行动”周期

计划–执行–研究–行动（PDSA）周期可以引导个人和组织系统性地测试新想法，并判断变革是否可以带来可持续的改进。PDSA周期来自科研和工业领域长期以来的假设检验和变革管理这一传统。最初先是由统计学家沃尔特·史沃特表述为“计划–执行–检查–行动”周期，后来由W. 爱德华兹·戴明加以完善，形成现在的“计划–执行–研究–行动”模式（Kiran，2016）。这个简单的四步过程被用于医疗和非医疗行业的多种环境，通过小规模测试来改进整个系统的绩效。

PDSA周期

一个PDSA周期包括四个步骤：计划：详细规划阶段；执行：尝试新做法、观察其效果的阶段；学习：对执行结果进行分析；行动：根据分析确定后面的步骤（对变化是保留、调整，还是彻底放弃并进行新的尝试）。

- 第1步：计划：对要进行的测试进行规划，包括对数据收集进行规划。
  - 阐述测试目标。
  - 阐述你希望通过测试回答的问题，对测试结果进行预测并说明原因。
  - 制定测试变革的计划。（谁？什么？何时？何地？需收集哪些数据？）
- 第2步：小规模测试。
  - 进行测试。
  - 记录出现的问题和未预见的情况。
  - 开始对数据加以分析。
- 第3步：花时间分析数据，研究测试结果。
  - 完成数据分析。
  - 将数据与你的预想进行比较。
  - 对研究结果进行总结思考。
- 第4步：根据测试结果对新做法加以完善。
  - 确定要做出哪些修改。
  - 制定下一个PDSA周期的计划。

PDSA实施方法

任何一个组织和团队都可以使用以下步骤来实施PDSA：

- 组建团队：由恰当人选组成实施团队是成功实现改进的关键。实施团队的规模和人员结构没有一定之规，可以由初级医疗医生、专家、护士和其他医务人员共同组成。每个机构可以根据自己的需要和当前的改进目标来组建团队。
- 确定改进目标：改进目标应当有时效要求并可衡量；应当说明针对的特定患者群体或系统。比如，改进目标可以是今后一年所有糖尿病患者都应按照世卫组织指南获得良好照料，或是今后18个月内所有肺结核患者都应按IMAI指南得到病情管理。
- 确定衡量指标：实施团队要使用量化指标来判断某项改变是否带来了改进。沿用上面的例子，衡量指标可以是糖尿病人中糖化血红蛋白小于8的比例，或是肺结核患者中转为痰液培养阴性的比例。
- 选择变化方案：新的做法可以来自医疗体系中的工作人员，或者来自新观念或其他的创造性思维方法，或是借鉴其他机构的成功改进经验。
- 对变化进行测试：PDSA周期就是对实际工作环境中对改变进行测试的简短说法——先进行规划，然后进行尝试，观察结果，然后根据得到的经验教训采取下一步行动。这是开展“行动导向型学习”的科学方法。
- 实施变革：通过若干个PDSA周期在小范围对变化进行测试、研究和完善后，实施团队就可以在更大范围推行该变化——例如面向整个试点人群或整个单位。
- 推广变革：在面向整个试点人群或整个单位成功地实施了变化或一揽子变化之后，实施团队可将这些变化向本组织的其他部分或其他组织推广。

附件10.3　详细实施路径示例

推手1：根据以人为本的一体化卫生服务模式（PCIC）建立分级诊疗服务供给体系

- 案例实施路径所选择的推手1中的核心行动领域如下（在第2章中有进一步的详细说明）：核心行动领域1：使基层卫生服务成为病人就医的首诊服务点（详见路径1.1，附表10.1），对病人进行分配和风险分级（详见路径1.2，附表10.2）。
- 核心行动领域2：建立运行良好的跨学科团队（详见路径1.3，附表10.3）。
- 核心行动领域7：衡量、标准与反馈（详见路径1.4，附表10.4以及路径1.5，附表10.5）。

附表 10.1　路径 1.1：提高病人将基层卫生服务作为首诊服务点的使用率

思路：让基层卫生服务承担起守门职能，限制对专科服务的使用，从而减少不当治疗，实现在恰当地点、恰当时间提供恰当服务

里程碑	产出	活动
里程碑1：制定符合社区情况的守门规程，鼓励人们将基层卫生服务机构作为首诊服务点，同时为病人保留一定的选择权，以增强人们对卫生体系的信任 时间：第1—2年	产出1：确定适当的守门方法	活动1：考察卫生服务供方对守门功能的想法，包括对限制病人选择的顾虑 活动2：与服务供方和保险经办机构协商制定对基层守门职能的激励。听取本地和本省各方面利益相关者的意见，特别要汲取过去在守门职能方面的经验教训 活动3：制定财务激励，鼓励人们使用基层卫生服务，不鼓励病人跳过基层直接获得专科服务
	产出2：向病人进行基层卫生服务宣传教育，增强社区对卫生体系的信任	活动1：向医生提供建立与病人长期牢固关系所需的知识 活动2：向本地患者团体和公众开展宣传，鼓励他们首先使用基层卫生服务
里程碑2：就各方同意的守门计划开展试点 时间：第1—2年	产出1：将里程碑1中设计的激励和程序制度化	活动1：根据社区提出的意见建议，设计用来监测产出2的衡量指标和衡量体系
	产出2：衡量基层卫生服务守门职能的履行情况	活动1：确立衡量指标，如在基层卫生服务机构的就诊率、本可在基层卫生服务机构就诊的疾病患者直接寻求专科服务的比例以及患者/服务供方的体验 活动2：建立监测体系（参见路径1.5，附表10.5）
	产出3：通过持续学习和供方及客户反馈来指导未来的运作模式	活动1：为供方和患者建立意见反馈系统，了解他们对守门模式的优点和不足的看法（参见路径1.5）
里程碑3：提高基层卫生服务的可及性 时间：第1—2年	产出1：增加基础卫生服务的工作时间	活动1：对基层卫生服务机构提供周末和晚间服务进行有限试点 活动2：宣传基层卫生服务机构的周末和晚间服务，让患者明白这可以是等待时间长、自付费用高的专科/医院就诊的替代方案 活动3：向基层卫生服务机构提供财务激励，鼓励他们为患者就诊提供更多时间选择 活动4：衡量这些可及性政策对基层卫生服务就诊率和相关医疗网络供方专科服务使用率的影响
	产出2：对有急迫需求的病人提供当日就诊服务	活动1：与两个县的基层供方合作，每天至少留出30%的就诊名额留给有急症/有急迫需求的未预约病人 活动2：衡量这一“开放服务”计划对接诊人数和附近医院使用率的影响

附表 10.2　路径 1.2：根据预后风险和对医疗服务的使用率对病人分级，为高风险人群制定服务计划

思路：主动针对那些预后较差、对医疗服务使用率高的病人通过基层机构提供高密度的协调服务

里程碑	产出	活动
里程碑1：根据风险程度对分配的病人分级 时间：第1—2年	产出1：开发风险分级算法	活动1：确定风险分级的目的（如改善健康、降低成本） 活动2：确定最适合本地需要的风险分级算法，考虑疾病负担、既定目标和可用资源等因素。其他地方使用的算法包括：调整后临床组；病情分级系统；老人风险评估；慢性病共病计数；察尔森共病指数；明尼苏达卫生服务家庭分层法 活动3：用历史数据对算法进行试点，确定“高风险”的界定门槛
	产出2：启动对病人的风险分级	活动1：从已被分配到各个跨学科团队（MDT）的群体开始，使用开发的算法找出“高风险”病人 活动2：决定多长时间对“高风险”病人名单进行一次更新（比如3个月、6个月） 活动3：为高风险病人指定一名MDT成员负责其长期医疗管理

续表

里程碑	产出	活动
里程碑2：为高风险病人制定个人化的医疗计划 时间：第1—2年	产出1：制定高负担疾病的服务路径	活动1：选择负担最重和/或成本最高的疾病
		活动2：组织来自各级医疗机构（基层卫生服务和医院）的多学科专家团队，开展磋商
		活动3：回顾相关文献，确定最佳循证医疗方案
		活动4：制定标准化的服务路径，做到：澄清团队成员在每个服务层次上的作用和责任，建立明确的转诊条件，建立出院后跟踪程序
	产出2：对少量疾病的卫生服务路径进行试点	活动1：建立对服务路径的程序及相关健康结果进行评估的监测框架（参见路径1.5）
		活动2：开始对选定的疾病应用制定好的服务路径
		活动3：与各级卫生服务机构的跨学科团队举行定期审评会，评估实施中的瓶颈问题，提出解决方案，确定新的覆盖范围和完成目标

附表10.3　路径1.3：组建跨学科团队，对患者人口进行分配

思路：促使基层卫生服务体系和服务供方对人口健康结果负责；将服务从以医院为中心转为以人为本的一体化服务；改善病人与服务供方的关系，加强信任；通过跨学科团队扩大服务覆盖面，提高效率，从而缓解卫生服务人力短缺造成的影响

里程碑	产出	活动
里程碑1：将卫生服务提供重组为跨学科团队（MDT） 时间：第1—2年	产出1：确定每个地方的跨学科团队最佳组成方式	活动1：评估本地的疾病负担、人口结构和群体偏好
		活动2：评估可用的人力资源，包括医生、注册护士、执业护士、社区卫生工作者以及精神健康专家、药剂师、营养师、社工等其他与健康工作人员（第7章就如何将这项工作与人力资源改革相协调提出了建议）
		活动3：对基层人员需要获得支持的技术和专业领域进行一个快速调查统计
		活动4：划分团队中每个成员的职能和责任，任命负责人
		活动5：制定适合本地情况、适应基层人员需要的技术援助支持计划。计划中要包括援助活动的频率、援助事项、各级人员的职能和责任等详细信息。可以开展的援助活动包括：由较高层级卫生服务机构的工作人员对低级机构人员进行现场指导（包括门诊服务、住院病人巡查、病例讨论、讲座等），或者为基层人员提供到高级机构长期实习培训的机会
	产出2：跨学科团队成立并提供服务。培养合作文化	活动1：为卫生服务供方举办各种活动（讲座、圆桌讨论等），介绍转向团队式卫生服务的原理，回答问题，消除疑虑
		活动2：按照产出1所确立的标准组织服务团队
		活动3：让各团队研究成员的职责分工，根据本地情况和本团队需要进行调整
		活动4：每个团队任命一名服务协调员；不同地区对服务协调员的专业资质以及要接受何种培训可以有所不同，最重要的一点是他们要履行对高风险病人在各种机构接受的卫生服务进行跟踪并主动与其接触的标准化职能
		活动5：推出跨学科团队的小范围试点
		活动6：计划和实施定期的团队培训活动，在支持和指导下推动协作文化

续表

里程碑	产出	活动
里程碑2：（与里程碑1同时）：将人群分组，分配给跨学科团队 时间：第1—2年	产出1：编写选择和实施患者分配策略的指南和规程	活动1：根据社区反馈和可用的技术资源，比较各种分配方案的优劣。可使用的方法包括纯粹基于地理位置分配、根据病人选择分配或将两种方式相结合。根据病人选择分配或两种方式结合的方法要求具备对病人进行跟踪的能力，与他们进行实时沟通，确保在他们转换服务供方时能尽量减少服务漏洞
		活动2：在少量几个情况各异的地理区域测试不同的分配方法
		活动3：进行患者注册，建立保留和使用注册记录所需的IT能力和人力资源
		活动4：根据这些规程确定患者分配每组的种类和规模
	产出2：培养服务供方和社区对患者分配的支持。启动分配分组	活动1：为多学科供方团队举办培训活动，说明对患者分组分配的原因，澄清新制度下服务供方的职能
		活动2：开展社区宣传，介绍分组的目的；说明这些变化对他们获取卫生服务意味着什么
		活动3：对居民进行分组登记，为其指定跨学科团队

附表 10.4　路径 1.4：回顾试点情况，进行推广

里程碑	产出	活动
里程碑1：推广风险分级和服务路径 时间：第3—4年	产出1：根据新地点的需求和目标开发风险分级算法	活动1：确定新地理区域的风险分级目标（如改善健康、降低成本）
		活动2：确定最适合当地需要的风险分级算法，考虑疾病负担、可用资源等因素
		活动3：用历史数据对算法进行试点，确定“高风险”的界定门槛
	产出2：对更多病人进行风险分级	活动1：在新地区内，使用确定的算法找出“高风险”病人
		活动2：决定多长时间对“高风险”病人名单进行一次更新（比如3个月、6个月）
		活动3：为高风险病人指定一名MDT成员负责其长期医疗管理
	产出3：将服务路径应用于进行了风险分级的各组病人	活动1：建立对服务路径的程序及相关健康结果进行评估的监测框架（参见路径1.5）
		活动2：开始对选定的疾病应用服务路径
		活动3：与各级卫生服务机构的跨学科团队举行定期审评会，评估实施中的瓶颈问题，提出解决方案，确定新的覆盖范围和完成目标
	产出4：根据本地服务供方的技术能力和人口疾病负担修改服务路径	活动1：召集本地各级卫生服务机构（基础卫生服务和医院）的跨学科团队进行磋商
		活动2：根据本地专家的意见反馈修改服务路径
里程碑2：对新疾病制定临床路径 时间：第3—4年	产出1：找出高负担/高成本但尚未确定临床服务路径的疾病	活动1：组织各级卫生服务机构（基础卫生服务和医院）的跨学科团队专家进行磋商
		活动2：回顾相关文献，确定最佳循证医疗方案
		活动3：制定标准化的服务路径，做到：澄清团队成员在每个服务层次上的作用和责任，制定明确的转诊条件，建立出院后跟踪程序
里程碑3：建立对服务路径定期回顾的程序 时间：第3—4年	产出1：对每个临床路径至少每两年进行一次评估	活动1：与本地服务供方举行征求意见会，了解实施中的瓶颈、临床路径存在的技术问题或其他需要改变的地方
		活动2：回顾新的文献，确保针对各项疾病的临床路径符合最新的研究证据
		活动3：根据活动1和2对临床路径进行必要调整更新
		活动4：与各级卫生服务机构的跨学科团队对修订后的路径加以审核

续表

里程碑	产出	活动
里程碑4：通过高级与低级卫生服务机构之间的技术援助，扩大和深化跨学科团队的能力 时间：第3—4年	产出1：按照里程碑1中所描述的程序，将跨学科团队的使用扩大到试点地区以外	活动1：确定本地跨学科团队最佳组成方式 活动2：推动跨学科团队的组建，培养合作文化；持续培训至关重要
	产出2：卫生工作者和乡镇卫生院获得县区医院的技术援助	活动1：在分级诊疗体系中找出进行推广的恰当机构，包括县医院、乡镇卫生院和村卫生室 活动2：对基层人员需要获得支持的技术和专业领域进行一个快速调查统计 活动3：制定适合本地情况、适应基层人员需要的技术援助支持计划。计划中要包括援助活动的频率、援助事项、各级人员的职能和责任等详细信息。可以开展的援助活动包括：由较高层级卫生服务机构的工作人员对低级机构人员进行现场指导（包括门诊服务、住院病人巡查、病例讨论、讲座等），或者为基层人员提供到高级机构长期实习培训的机会 活动4：在选定的服务团队内实施技术援助活动 活动5：持续了解病人的看法、服务供方的看法和知识以及健康结果（参见路径1.5）
里程碑5：在更多地方推广将患者分组并分配给各个跨学科团队的做法 时间：第3—4年	产出1：为新地区编写选择和实施分配策略的指南和规程，或对已有指南和规程进行修订	活动1：评估分组方案、本地技术能力和社区需求 活动2：测试不同的分组方法 活动3：进行病人注册 活动4：根据规程确定分组的种类和规模 活动5：为各组注册居民指定跨学科团队
	产出2：服务供方和社区支持患者分配	活动1：为多学科供方团队举办培训活动，说明分组的原因，澄清新制度下服务供方的职能 活动2：开展社区宣传，介绍分组的目的；说明这些变化对他们获取卫生服务意味着什么

附表10.5 路径1.5：实施持续监测与评价计划，跟踪改革进展，指导反复改进

思路：从改革伊始就应开展持续的监测与评价，将其作为改革的一个内在组成部分，这对改革的成功极为关键。对相关指标持续进行衡量有助于确保改革不偏离原定计划；便于收集重要利益相关者（服务供方、客户和社区）的反馈；可以尽早发现和纠正未预见的负面影响；并根据改革结果提供及时数据

里程碑	产出	活动
里程碑1：对跨学科团队的推广进行持续监测与评价 时间（与路径1.1同时持续进行）：第1—4年	产出1：制定衡量体系	活动1：设计一个监测评价框架，确定需要跟踪的关键程序、中期产出和结果，包括服务连续性和协调性等PCIC关键功能、患者反馈和供方观点等 活动2：考察跟踪监测评价计划所确定的关键指标可用的数据来源 活动3：根据需要设计新的数据搜集工具，以跟踪现有数据来源未捕捉的指标
	产出2：开展持续监测评价和质量改进	活动1：对确定的指标进行连续监测 活动2：在试点地区进行反复改进，解决发现的问题，找出改进机会 活动3：持续进行衡量与改进的周期循环，为第3-4年的扩大推广做准备

续表

里程碑	产出	活动
里程碑2：对居民分组的推广进行持续监测与评价 时间（与路径1.1同时持续进行）：第1—4年	产出1：制定衡量体系	活动1：设计一个监测评价框架，确定需要跟踪的关键程序、中期产出和结果，包括服务连续性和协调性等PCIC关键功能、患者反馈和供方观点等。需要跟踪的关键指标包括：病人分组的规模是否符合相关指南、对跨学科团队来说是否可管理？跨学科团队是否了解他们所负责的病人和社区？
		活动2：考察跟踪监测评价计划所确定的关键指标可用的数据来源
		活动3：根据需要设计新的数据搜集工具，以跟踪现有数据来源未捕捉的指标
	结果2：持续进行监测评价和质量改进	活动1：对确定的指标进行连续监测
		活动2：进行反复改进，解决发现的问题，找出改进机会
		活动3：持续进行衡量与改进的周期循环，为第3-4年的扩大推广做准备
里程碑3：对风险分级和临床路径进行持续监测与评价 时间（与路径1.2同时持续进行）：第1—4年	产出1：确定恰当的风险分级战略	活动1：根据选择风险分级算法时所使用的标准，确定需要跟踪的关键指标，以判断是否对风险最高的患者进行了有效识别。例如，如果在风险分级中采用了心血管病作为一个风险评价标准，那么监测跟踪指标就可以包括CHADS2评分、ACC-AHA心血管疾病风险计算器等
		活动2：在固定的时间间隔，将被识别为高风险的人群与那些不被视为高风险的人群就心肌梗死、中风、慢性阻塞性肺病和外周血管疾病的住院率进行比较
		活动3：如果风险分级算法未能充分识别高风险病人，根据需要进行修改
里程碑3：对风险分级和临床路径进行持续监测与评价 时间（与路径1.2同时持续进行）：第1—4年	产出2：制定衡量体系	活动1：设计一个监测评价框架，确定需要跟踪的关键程序、中期产出和结果
		活动2：考察跟踪监测评价计划所确定的关键指标可用的数据来源
		活动3：根据需要设计新的数据搜集工具，以跟踪现有数据来源未捕捉的指标
	产出3：持续进行监测评价和质量改进	活动1：以定期临床服务路径审查会议为基础，对试点进行持续监测评价，包括服务连续性和协调性等PCIC关键功能、患者反馈和供方观点等指标
		活动2：在试点地区进行反复改进，解决发现的问题，找出改进机会

注：PCIC=以人为本的一体化卫生服务模式；PHC=基层卫生服务；MDT=跨学科团队。

注释

1. 这种环境也是实现有效而可持续的改革实施和推广所需要的。

2. 国办发〔2015〕33号《国务院办公厅关于全面推开县级公立医院综合改革的实施意见》、国办发〔2015〕70号《国务院办公厅关于推进分级诊疗制度建设的指导意见》。

3.更多信息，请参见医学研究所关于价值和科学驱动的医疗卫生圆桌会议网站，http://iom.nationalacademies.org/Activities/Quality/VSRT.aspx。

4. 这部分内容来自以下实证研究：Brush等，2009；Franco和Marquez，2011；Hulscher和Schouten，2009；Grol，2009；医疗保健改善研究所，2003；Jones和Piterman，2008；Kritchevsky等，2008；Schouten等，2008。

5.“计划-执行-研究-行动”（PDSA）周期可以引导个人和组织系统性地测试新想法，并判断变革是否有助于改进服务。PDSA周期来自科研和工业领域长期以来的假设检验和变革管理这一传统。简单来说，这个周期的运作是：由团队首先根据文化和组织特性，制定检验变革的全面计划；再将变革融入标准工作流程并用量化手段跟踪进展；然后，对变革的结果加以认真研究，分析如何进一步改进；接下来是将成功的做法永久化，或是对需要进一步完善的做法进行调整。这是一个不断循环的过程，每个循环周期都做出新的完善。关于PDSA周期的更详细介绍，见附件10.2。

6. 例如，英国就通过类似的方式成功地推广改革并取得了巨大成功，在候诊时间、心血管病服务和患者满意度等方面都得到了重大改善。

7. 例如，在巴西一个旨在降低剖腹产率的项目中，各个团队测试了多种减少剖腹产财务激励的方法。结果显示，最成功的做法之一是向医生支付固定工资，而不是将薪酬与手术量挂钩。这个办法对降低剖腹产率产生了立竿见影的效果，成为其他机构也努力实施的一项策略。

8. 关于苏格兰患者安全计划的更多信息，参见https://ihub.scot/spsp/about-us/。

参考文献

中共中央国务院关于深化医药卫生体制改革的意见，http：//www.gov.cn/test/2009-04/08/content_1280069.htm。

“国务院办公厅关于成立国务院深化医药卫生体制改革领导小组的通知”，2008年，http：//govinfo.nlc.gov.cn/jlsfz/zfgb/200901/201010/t20101009_442972.htm？classid=434。

《国务院办公厅关于全面推开县级公立医院综合改革的实施意见》，国办发〔2015〕33号。

《国务院办公厅关于推进分级诊疗制度建设的指导意见》，国办发〔2015〕70号。

Aarons, G. A., M. Hurlbut, and S. M. Horwitz. 2011. “Advancing a Conceptual Model of Evidence-Based Practice Implementation in Public Service Sectors.” *Administration and Policy in Mental Health and Mental Health Service Research* 38: 4-23.

Aarons, G. A., D. Summerfield, D. B. Hecht, J. F. Silovsky, and M. J. Chaffin. 2009. “The Impact of Evidence-Based Practice Implementation and Fidelity Monitoring on Staff Turnover: Evidence for a Protective Effect.” *Journal of Consulting and Clinical Psychology* 77: 270-280.

Barker, P. M., A. Reid, and M. W. Schall. 2016. “A Framework for Scaling Up Health Interventions: Lessons from Large-Scale Improvement Initiatives in Africa.” *Implementation Science* 11: 1-11.

Berwick, Donald M., Thomas W. Nolan, and John Whittington. 2008. “The Triple Aim: Care, Health, and Cost.” *Health Affairs* 27 (3): 759-769.

Brush, John. E. Jr., E. Rensing, F. Song F, and others. 2009. “A statewide collaborative initiative to improve the quality of care for patients with acute myocardial infarction and heart failure.” *Circulation* (119): 1609-15.

Cutler, David. 2014. The Quality Cure: How Focusing on Health Care Quality Can Save Your Life and Lower Spending Too. University of California Press.

Damschroder, Laura J., David C. Aron, Rosalind E. Keith, Susan R. Kirsh, Jeffery A. Alexander, and Julie C. Lowery. 2009. “Fostering implementation of health services research findings into practice: a consolidated framework for advancing implementation science.” *Implement Sci* 4, No. 1: 50.

Dewan, N. A., D. Conley, D. Svendsen, S. P. Chon, J. R. Staup, and A. L. Miller. 2003. “A Quality Improvement Process for Implementing the Texas Algorithm for Schizophrenia in Ohio.” *Psychiatric Services* 54 (12): 1646-1649.

Durlak, J. A., and E. P. DuPré. 2008. “Implementation Matters: A Review of Research on the Influence of Implementation on Program Outcomes and the Factors Affecting Implementation.” *American Journal of Community Psychology* 41 (3-4): 327-50. doi: 10.1007/s10464-008-9165-0.

Eccles, M. P., and B. S. Mittman. 2006. “Welcome to Implementation Science” *Implementation Science* 1 (1).

Etheredge, L. M. 2014. "Rapid Learning: A Breakthrough Agenda." *Health Affairs* (Millwood) 33: 1155-62.

Fixsen, Dean L., Sandra F. Naoom, Karen A. Blasé, Robert M. Friedman, and Frances Wallace. 2005. Implementation Research: A Synthesis of the Literature. University of South Florida.

Franco LM, Marquez L. 2011. "Effectiveness of Collaborative Improvement: Evidence from 27 Applications in 12 Less-developed and Middle-income Countries." *BMJ Quality & Safety* (20): 658-65.

Friedman, C., J. Rubin, J. Brown, M. Buntin, M. Corn, L. Etheredge, C. Gunter, M. Musen, R. Platt, W. Stead, K. Sullivan, and D. Van Houweling. 2014. "Toward a Science of Learning Systems: A Research Agenda for the High-Functioning Learning Health System." *Journal of American Medical Informatics Association.* doi: 10.1136/amiajnl-2014-002977.

Garside, Pam. 1998. "Organisational Context for Quality: Lessons from the Fields of Organisational Development and Change Management" . 7 (suppl): S8-S15.

Greene, SM, RJ Reid, and EB Larson. 2012. "Implementing the learning health system: from concept to action." Ann Intern Med. 2012 Aug 7; 157(3): 207-10. Doi: 10.7326/0003-4819-157-3-201208070-00012.

Griffith, Clive, and Jill Turner. 2004. "United Kingdom National Health Service: Cancer Services Collaborative 'Improvement Partnership.' " *European Journal of Surgical Oncology* 30: 1-86.

He, Jingwei Alex. 2011. "Combating Healthcare cost Inflation with Concerted Administrative Actions in a Chinese Province." *Public Administration and Development* 31: 214-228. doi: 10.1002/pad.602.

Heilmann, S. 2008. Policy Experimentation in China's Economic Rise. *Studies Comparative International Developments* (43): 1-26. doi: 10.1007/s12116-007-9014-4.

Hulscher M, Schouten LMT, Grol R. Collaboratives. 2009. The Health Foundation. London.

Huang, Yanzhong. 2009. "An Institutional Analysis of China's Failed Health care Reform." In Guoguang Wu and Helen Landsowne (eds.), *Socialist China, Capitalist China: Social Tension and Political Adaptation under Economic Globalization.* New York, NY: Routledge.

Institute for Health care Improvement (IHI). 2003. *The Breakthrough Series: IHI's Collaborative Model for Achieving Breakthrough Improvement.* Cambridge, MA: IHI.

———. 2004. "The Courage of What If: 2004 Progress Report." Cambridge, MA: IHI. http: //www.ihi.org/about/Documents/2004_IHIProgressReport.pdf. (Accessed 2/26/16.)

Institute of Medicine (U.S.). 2015. "Roundtable on Value and Science-Driven Health Care." http: //iom.nationalacademies.org/Activities/Quality/VSRT.aspx (accessed February 1, 2015).

Jakubowski, E., & Saltman, R. B. (2013). 29 The Changing National Role in Health System Governance.

Jones K, and L. Piterman. 2008. "The Effectiveness of the Breakthrough Series Methodology." *Australian Journal of Primary Health* (14): 59-65.

Kritchevsky SB, Braun BI, Bush AJ, and others 2008. "The Effect of a Quality Improvement Collaborative to Improve Antimicrobial Prophylaxis in Surgical Patients: A Randomized Trial." *Annals of Internal Medicine* (149): 472-80.

Li Keqiang. 2015. "Streamline Administration, Delegate Power, Strengthen Regulation and Improve Services to Deepen Administrative Reforms and Transform Government Functions." *The State Council, the People's Republic of China.* http: //english.gov.cn/premier/speeches/2015/05/23/

content_281475113213526.htm.

Mate, K. S., B. Bennett, W. Mphatswe, P. Barker, and N. Rollins. 2009. "Challenges for Routine Health System Data Management in a Large Public Programme to Prevent Mother-To-Child HIV Transmission in South Africa." PloS one 4: e5483.

Meessen, Bruno and Gerald Bloom. 2007. "Economic Transition, Institutional Changes and the Health System: Some Lessons from Rural China." *Journal of Economic Policy Reform* 10 (3): 209-231.

Meng, Qinqyue, Hongwai Yang, Wen Chen, Qiang Sun, and Xiaoyun Liu. 2015. *People's Republic of China, Health System Review.* Health Systems in Transition Series, Vol. 5, No. 7. Manila: WHO, Asia Pacific Observatory on Health Systems and Policies.

Meyers, Duncan C., Joseph A. Durlak and Abraham Wandersman. 2012a. "The Quality Implementation Framework: A Synthesis of Critical Steps in the Implementation Process" . *American Journal Community Psychology* 50: 462-480. DOI 10.1007/s10464-012-9522-x.

Meyers, D. C., J. Katz, V. Chien, A. Wandersman, J. L. Scaccia, and A. Wright. 2012b. "Practical Implementation Science: Developing and Piloting the Quality Implementation Tool." *American Journal of Community Psychology* 50 (3-4): 481-96.

Mossialos, Elias, Martin Wenzl, Robin Osborn and Dana Sarnak. 2015. International Profiles of Health Care Systems. The Commonwealth Fund. United Kingdom.

Oldham, John. 2004. "Sic Evenit Ratio Ut Componitur: The Small Book about Large System Change." January. Chichester, U.K.: Kingsham Press.

Peters, David H., Nhan T. Tran, and Taghreed Adam. 2013. *Implementation Research in Health: A Practical Guide*. Geneva: Alliance for Health Policy and Systems Research, World Health Organization.

Qian, Jiwei. 2015. "Reallocating Authority in the Chinese Health System: An Institutional Perspective". *Journal of Asian Public Policy*, 8 (1): 19-35. http: //dx.doi.org/10.1080/17516234.2014.1003454.

Ramesh, M., Xun Wu and Alex Jingwei He. 2013. "Health Governance and Healthcare Reforms in China" . *Health Policy and Planning*, 1-10. doi.10.1093/heapol/czs109.

Rogers, E. M. 2010. *Diffusion of Innovations*. New York, NY: Simon and Schuster.

Saich, Tony. 2015. *Governance and Politics of China*. (Fourth edition.) London, U.K.: Palgrave.

Savedoff, William D., and Pablo Gottret. 2008. Governing Mandatory Health Insurance: Learning from Experience. The World Bank. DOI: 10.1596/978-0-8213-7548-8.

Schall, Marie W., Terrence Duffy, Anil Krishnamurthy, Odette Levesque, Prashant Mehta, Mark Murray, Renee Parlier, Robert Petzel, and John Sanderson. 2004. "Improving Patient Access to the Veterans Health Administration's Primary Care and Specialty Clinics." *The Joint Commission Journal on Quality and Patient Safety* 30 (8): 415-423.

Schouten, L. M. T., M. E. J. L. Hulscher, J. J. E. van Everdingen, R. Huijsman, R. P. T. M. Grol. 2008. "Evidence for the Impact of Quality Improvement Collaboratives: Systematic Review." *BMJ* 336: 1491-4.

Shin, Sonya, Jennifer Furin, Jaime Bayona, Kedar Mate, Jim Yong Kim, and Paul Farmer. 2004. "Community-Based Treatment of Multidrug-Resistant Tuberculosis in Lima, Peru: 7 Years of Experience." *Social Science & Medicine* 59 (7): 1529-1539.

Wandersman, A., J. Duffy, P. Flaspohler, R. Noonan, K. Lubell, L. Stillman, M. Blachman, R. Dunville, and J. Saul. 2008. "Bridging the Gap between Prevention Research and Practice: The Interactive Systems Framework for Dissemination and Implementation." *American Journal of Community Psychology* 41: 171-181.

Wandersman, Abraham, Victoria H. Chien, and Jason Katz. 2012. "Toward an Evidence-Based System for Innovation Support: Tools, Training, Technical Assistance, Quality Assurance/Quality Improvement for Implementing Innovations with Quality to Achieve Desired Outcomes." *American Journal of Community Psychology* 50 (3-4): 445-59.

White, Lynn. 2014. "Comment on Decentralization and Central-Local Relations in Reform-Era China." In Kenneth Lieberthal, Chen Li, and Keping Yu, eds., *China's Political Development: Chinese and American Perspectives.* Washington, DC: Brookings Institution Press.

Wilson, S. J., M. W. Lipsey, and J. H. Derzon. 2003. "The Effects of School-Based Intervention Programs on Aggressive Behavior: A Meta-Analysis." *Journal of Consulting and Clinical Psychology* 71: 136-149.

World Health Organization (WHO). 2007. *Everybody's Business: Strengthening Health Systems to Improve Health Outcomes: WHO's Framework for Action.* Geneva, Switzerland: WHO Press. http: //www.who.int/healthsystems/strategy/everybodys_business.pdf.

Xue, Lan and Kuotsai Tom Liou. 2012. "Government Reform in China: Concepts and Reform Cases" . *Review of Public Administration* 32(2): 115-133. DOI: 10.1177/0734371X12438242.

Yong, P. L., L. Olsen, and J. M. McGinnis. 2010. "Value in Health Care: Accounting for Cost, Quality, Safety, Outcomes, and Innovation: Workshop Summary." Washington, DC: National Academies Press.

Zhou, Tianyong. 2008. "Thirty Years of Chinese Public Administrative Reforms" [Zhongguo xingzheng tizhi gaige 30 nian] . Shanghai, China: Gezhi Press and Shanghai People's Press.

附 录

补充表格

附录表1 改革推手与核心行动建议

改革推手	核心行动领域
推手1：根据以人为本的一体化服务模式打造“分级诊疗”卫生服务提供体系	1.基层首诊制 2.行之有效的多学科团队 3.包括转变医院职能在内的纵向整合 4.横向整合 5.信息化建设（“电子健康系统”） 6.统一的临床路径和行之有效的双向转诊制度 7.测量标准与反馈 8.认证
推手2：提高卫生服务质量，实现以人为本的一体化服务	1.促进设立有利于建立信息库和制度质量改善策略的组织结构 2.系统地评估卫生服务质量，并利用产生的数据不断对质量改善工作提供支持 3.通过改革管理模式来提高医疗机构的卫生服务质量
推手3：加强公众对以人为本的一体化服务模式的参与	1.提高健康素养 2.加强自我管理 3.促进医患共同决策 4.创建公众参与的有利环境，推动健康促进和改善
推手4：推进公立医院治理与管理改革	1.为自主管理的公立医院建立有力的问责机制以提高绩效 2.建立与公众目标及问责制度相一致的激励机制 3.建立合理的公立医院治理组织架构 4.逐渐把更多的决策权下放给医院 5.加强医院职业化管理能力

续表

改革推手	核心行动领域
推手5：理顺服务购买与供方支付的激励机制	1.从按项目付费为主的支付方式改为按以按病种付费为主，按人头、按床日为补充的多元复合支付方式（包括按诊断相关组付费） 2.调整和理顺激励机制，该机制具有统一性且覆盖全网范围，以促进人群健康、医疗质量和成本控制 3.改变和理顺激励机制，扭转目前各级卫生服务使用分布不合理的现状 4.巩固和加强保险机构的能力建设，使其成为战略购买者
推手6：加强卫生人力建设，实现以人为本的一体化卫生服务	1.创造有利环境，加强基本医疗服务的卫生人力建设，推动以人为本的整合医疗 2.提高基层医疗服务的人力组成和能力 3.改革薪酬体系以激励优良绩效 4：改革编制制度，促进更为灵活的卫生人力市场和高效的卫生人力管理
推手7：促进社会力量参与卫生服务	1.就社会力量可为实现医疗体系目标做出何种贡献形成清晰共识 2.强化关键法规和执法能力，确保医疗服务的生产和提供符合社会总体目标 3.为公立机构和民营机构建立公平的竞争环境，鼓励社会力量办医
推手8：实现卫生服务规划现代化，引导卫生领域资本投入	1.根据区域流行病学和人口概况进行资本投资，而不是传统的投入规划 2.让所有利益相关者和社区参与规划过程 3.赋予各地区和各省制定本地资本投资计划的权力和能力 4.实现“需求认证”制度，对卫生行业的新资本投资项目进行评估和审批 5.以社区卫生项目为优先

附录表2　与八个推手相关的政府改革政策

八个推手	政策目录	政策文件
1.根据以人为本的一体化服务模式打造“分级诊疗”卫生服务提供体系	• 坚持以人为本，把维护人民健康权益放在第一位。 • 坚持医药卫生事业为人民健康服务的宗旨，以保障人民健康为中心，以人人享有基本医疗卫生服务为根本出发点和落脚点 • 注重预防、治疗、康复三者的结合，加强对慢性病的预防 • 社区卫生服务承担起“守门人”的职责。加强农村分级诊疗体系建设，完善以社区卫生服务为基础的医疗服务体系 • 推进医疗卫生信息化建设。充分利用信息网络技术推进三级医院与社区卫生服务机构的合作 • 构建协同发展的服务体系，以基层服务能力建设为基础，以分工协作机制为支撑，综合运用法律、社保、行政和市场手段，提高医疗质量，引导合理就医 • 构建基层首诊、双向转诊、急慢分治、上下联动的分级诊疗模式 • 加强以全科医生为重点的人才队伍培养，建立医疗卫生人才培训体系	• 《中共中央国务院关于深化医药卫生体制改革的意见》（中发〔2009〕6号） • 《国务院关于印发卫生事业发展“十二五”规划的通知》（国发〔2012〕57号） • 中共中央关于制定国民经济和社会发展第十三个五年规划的建议 • 《国务院办公厅关于城市公立医院综合改革试点的指导意见》（国办发〔2015〕38号） • 《国务院办公厅关于全面推开县级公立医院综合改革的实施意见》（国办发〔2015〕33号） • 《国务院办公厅关于印发全国医疗卫生服务体系规划纲要（2015—2020年）的通知》（国办发〔2015〕14号 • 《关于印发以全科医生为重点的基层医疗卫生队伍建设规划的通知》（发改社会〔2010〕561号） • 《国务院办公厅关于推进分级诊疗制度建设的指导意见》（国办发〔2015〕70号） • 关于进一步规范社区卫生服务管理和提升服务质量的指导意见（国卫基层发〔2015〕93号）

续表

八个推手	政策目录	政策文件
2. 提高卫生服务质量，实现以人为本的一体化服务	• 强化医疗卫生服务行为和质量监管，完善医疗卫生服务标准和质量评价体系，规范管理制度和工作流程，加快制定统一的疾病诊疗规范，健全医疗卫生服务质量监测网络 • 加强医疗质量管理与控制，规范临床检查、诊断、治疗、使用药物和植入类医疗器械行为	• 中发〔2009〕6号 • 国发〔2012〕57号 • 国办发〔2015〕38号 • 国办发〔2015〕33号 • 中共中央关于制定国民经济和社会发展第十三个五年规划的建议
3. 加强公众对自身健康和卫生服务的参与	• 加强健康促进和教育。实施健康教育，加强医药卫生知识的传播，倡导健康文明的生活方式，促进公众合理营养，提高群众的健康意识和自我保健能力 • 构建健康和谐的医患关系 • 及时查处为追求经济利益的不合理用药、用材和检查及重复检查行为 • 加强医院信息公开，建立定期公示制度，运用信息系统采集数据，重点公开财务状况、绩效考核、质量安全、价格和医疗费用等信息	• 中发〔2009〕6号 • 国发〔2012〕57号 • 国办发〔2015〕38号 • 国办发〔2015〕33号 • 国办发〔2015〕14号 • 中共中央关于制定国民经济和社会发展第十三个五年规划的建议
4. 推进公立医院治理与管理改革	• 转变政府职能，推动公立医院政事分开，管办分开 • 完善公立医院治理机制，落实独立 法人地位 • 推进现代医院管理服务创新，促进院长队伍的职业化、专业化建设，提高公立医院的管理水平 • 落实公立医院人事管理、内部分配、运营管理等自主权	• 中发〔2009〕6号 • 国发〔2012〕57号 • 国办发〔2015〕38号 • 中共中央关于制定国民经济和社会发展第十三个五年规划的建议 • 国卫基层发〔2015〕93号
5. 理顺服务购买与供方支付的激励机制	• 随着经济社会发展，逐步提高医疗保险筹资水平和统筹层次，缩小保障水平差距，最终实现制度框架的基本统一 • 探索建立城乡探索建立城乡统筹的居民基本医保制度 • 全面推进医疗保险支付方式改革 • 充分发挥基本医疗保险的基础性作用，强化医保基金收支预算，建立以按病种付费为主，按人头付费、按服务单元付费等复合型付费方式，逐步减少按项目付费。鼓励推行按疾病诊断相关组（DRGs）付费方式 • 建立各类医疗保险经办机构和定点医疗机构之间有效、公开、平等的谈判协商机制和风险分担机制 • 建立对医疗费用增长的控制机制，控制医疗费用不合理的增长 • 推行基本医疗保险费用直接结算，实施成本核算与控制。充分发挥各类医疗保险对医疗服务行为和费用的调控引导与监督制约作用，有效控制医疗成本	• 中发〔2009〕6号 • 国发〔2012〕57号 • 国办发〔2015〕38号 • 国办发〔2015〕33号 •《关于开展基本医疗保险付费总额控制的意见》（人社部发〔2012〕70号） •《关于开展按病种收费方式改革试点有关问题的通知》（发改价格〔2011〕674号） •《关于进一步推进医疗保险付费方式改革的意见》（人社部发〔2011〕63号） • 国办发〔2015〕70号 • 中共中央关于制定国民经济和社会发展第十三个五年规划的建议 • 国卫基层发〔2015〕93号

续表

八个推手	政策目录	政策文件
6. 加强卫生人力建设，实现以人为本的一体化卫生服务	• 加快实施人才强卫战略，大力推进医药卫生人才制度完善和机制创新 • 建立合理的收入分配激励机制，提高医务人员待遇。建立符合医疗行业特点的人事薪酬制度。医务人员工资水平不与医院业务收入挂钩 • 实行以服务质量及岗位工作量为主的综合绩效考核和岗位绩效工资制度，有效调动医务人员的积极性 • 深化编制人事制度改革。在岗位设置、收入分配、职称评定、管理使用等方面，对编制内外人员待遇统筹考虑，按照国家规定推进养老保险制度改革 • 实行聘用制度和岗位管理制度，形成灵活的用人机制。落实公立医院用人自主权 • 推进注册医师多点执业	• 中发〔2009〕6号 • 国发〔2012〕57号 • 国办发〔2015〕38号 • 国办发〔2015〕33号 • 国办发〔2015〕14号 •《关于印发推进和规范医师多点执业的若干意见的通知》(国卫医发〔2014〕86号) • 国办发〔2015〕70号 • 中共中央关于制定国民经济和社会发展第十三个五年规划的建议
7. 促进社会力量参与卫生服务提供	• 鼓励和引导社会力量发展医疗卫生事业 • 积极促进非公立医疗卫生机构发展，形成投资主体多元化、投资方式多样化的办医体制。鼓励社会力量以出资新建、参与改制等多种形式投资医疗 • 完善鼓励和促进非公立医疗机构发展的政策措施 • 进一步放宽准入 • 落实非公立医疗卫生机构的税收政策 • 纳入医保定点范围的非公立医疗机构执行与公立医疗机构同等政策 • 完善医疗机构的分类管理者政策，出台对非营利医疗机构监管细则，明确对经营性质、资金结余使用等的监管办法	• 中发〔2009〕6号 • 国发〔2012〕57号 • 国办发〔2015〕38号 • 国办发〔2015〕33号 • 国办发〔2015〕14号 •《国务院办公厅印发关于促进社会办医加快发展若干政策措施的通知》(国办发〔2015〕45号) •《国家卫生计生委、商务部关于开展设立外资独资医院试点工作的通知》(国卫医函〔2014〕244号) •《国务院办公厅转发发展改革委卫生部等部门关于进一步鼓励和引导社会资本举办医疗机构意见的通知》(国办发〔2010〕58号) • 中共中央关于制定国民经济和社会发展第十三个五年规划的建议 • 国卫基层发〔2015〕93号
8. 实现卫生服务规划现代化，引导卫生领域资本投入	• 强化区域卫生规划 • 优化配置医疗资源 • 在不同的属地层级实行资源梯度配置。地市级及以下，基本医疗服务和公共卫生资源按照常住人口规模和服务半径合理布局；省部级及以上，分区域统筹考虑，重点布局 • 根据功能定位、医疗技术水平、学科发展和群众健康需求，坚持资源共享和阶梯配置，引导医疗机构合理配置适宜设备 • 要把区域卫生规划的落实情况作为医院建设、财政投入、绩效考核、医保支付、人员配置、床位设置等的依据，增强规划的约束力，定期向社会公示规划执行情况	• 中发〔2009〕6号 • 国发〔2012〕57号 • 国办发〔2015〕38号 • 国办发〔2015〕33号 • 国办发〔2015〕45号 • 中国中央关于制定国民经济和社会发展第十三个五年规划的建议 • 国办发〔2015〕14号 • 国办发〔2015〕70号

附录表3 分级诊疗服务的新政策与核心行动建议

政策方针	支持政策方针的推手	支持政策方针的具体核心措施
1.基层首诊	根据以人为本的一体化服务模式打造"分级诊疗"卫生服务提供体系(推手1)	基层首诊制
2.双向转诊	根据以人为本的一体化服务模式打造"分级诊疗"卫生服务提供体系(推手1)	统一的临床路径和行之有效的双向转诊制度
3.上下联动	根据以人为本的一体化服务模式打造"分级诊疗"卫生服务提供体系(推手1)	包括转变医院职能在内的纵向整合
4.明确各级各类医疗机构诊疗服务功能定位	根据以人为本的一体化服务模式打造"分级诊疗"卫生服务提供体系(推手1)	包括转变医院职能在内的纵向整合
5.加强基层医疗卫生人才队伍建设	加强卫生人力建设，实现以人为本的一体化卫生服务(推手6)	创造有利环境，加强基本医疗服务的卫生人力建设，推动以人为本的整合医疗； 改革薪酬体系以激励优良绩效
6.大力提高基层医疗卫生服务能力	根据以人为本的一体化服务模式打造"分级诊疗"卫生服务提供体系(推手1)； 理顺服务购买与供方支付的激励机制(推手5)； 促进社会力量参与卫生服务提供(推手7)	包括转变医院只能在内的纵向整合 调整和理顺激励机制，扭转目前各级服务使用分布不合理的现状 就社会力量可为实现医疗体系目标做出何种贡献形成清晰共识
7.整合推进区域医疗资源共享	理顺服务购买与供方支付的激励机制(推手5)	调整和理顺激励机制，扭转目前各级服务使用分布不合理的现状
8.加快推进医疗卫生信息化建设	根据以人为本的一体化服务模式打造"分级诊疗"卫生服务提供体系(推手1)	信息化建设("电子健康系统")
9.完善医疗资源合理配置机制	根据以人为本的一体化服务模式打造"分级诊疗"卫生服务提供体系(推手1)； 理顺服务购买与供方支付的激励机制(推手5)	包括转变医院职能在内的纵向整合 调整和理顺激励机制，扭转目前各级服务使用分布不合理的现状
10.推进医保支付制度改革	理顺服务购买与供方支付的激励机制(推手5)	调整和理顺激励机制，该机制具有统一性且覆盖全网范围，以促进人群健康、医疗质量和成本控制 调整和理顺激励机制，扭转目前各级服务使用分布不合理的现状
11.建立完善利益分配机制	理顺服务购买与供方支付的激励机制(推手5)	巩固和加强保险机构的能力建设，使其成为战略购买者
12.构建医疗卫生机构分工协作机制	根据以人为本的一体化服务模式打造"分级诊疗"卫生服务提供体系(推手1)	包括转变医院职能在内的纵向整合

注：新政策是指《国务院办公厅关于推进分级诊疗制度建设的指导意见(国办发〔2015〕70号)》。